国家古籍整理出版专项经费资助项目

国家社科基金重大项目『中国近代日记文献叙录、整理与研究』

（项目编号：18ZDA259）阶段性研究成果

晚清珍稀稿本日记

潘祖荫日记

（上）

主编——

徐雁平
马忠文

（清）潘祖荫 著

蒋云柯 蒋伟平 整理

凤凰出版社

图书在版编目（CIP）数据

潘祖荫日记 /（清）潘祖荫著 ; 蒋云柯，蒋伟平整理. -- 南京 : 凤凰出版社，2023.12
（晚清珍稀稿本日记 / 徐雁平，马忠文主编）
ISBN 978-7-5506-4035-1

Ⅰ. ①潘… Ⅱ. ①潘… ②蒋… ③蒋… Ⅲ. ①潘祖荫（1830-1890）－日记 Ⅳ. ①K827=52

中国国家版本馆CIP数据核字（2023）第219844号

书　　　名	潘祖荫日记
著　　　者	(清)潘祖荫 著　蒋云柯　蒋伟平 整理
责 任 编 辑	吴　琼
装 帧 设 计	姜　嵩
责 任 监 制	程明娇
出 版 发 行	凤凰出版社(原江苏古籍出版社)
	发行部电话025-83223462
出版社地址	江苏省南京市中央路165号，邮编:210009
照　　　排	南京凯建文化发展有限公司
印　　　刷	江苏凤凰通达印刷有限公司
	江苏省南京市六合区冶山镇，邮编:211523
开　　　本	880毫米×1230毫米　1/32
印　　　张	20.375
字　　　数	529千字
版　　　次	2023年12月第1版
印　　　次	2023年12月第1次印刷
标 准 书 号	ISBN 978-7-5506-4035-1
定　　　价	158.00元(全二册)

(本书凡印装错误可向承印厂调换，电话:025-57572508)

序

　　明清时期，写日记已是蔚然成风。不少文人、官员和学者，出于各种目的，基本都有记日记的习惯，只是本人刊行的日记比较少。究其原因，可能在时人观念中，日记还算不上"著述"，不值得去刊刻传世；当然，更主要的原因或许在于，日记的私密性太强，不便拿给外人看。所以，大部分日记还是以稿本或钞本的形式被保留在子孙、门生手里，一代代传承下来。自古迄今，经历种种劫难，存世的稿钞本日记已经不多了。据统计，有日记留存于世的近代人物只有 1100 人左右。因此，今天保存于公、私收藏机构或个人手里的稿本日记，无不享受着善本的待遇，备受世人的关注和珍爱。

　　如人们所知，日记属于一种比较特殊的文献，具有全面记载生活各个侧面的综合性特点。日记永远都能以第一现场的感觉，将阅读者带入特定场景，沿着作者的心路，去体会当年的生活、境遇与情感，熟悉已经远去的风俗习惯和历史细节；哪怕从其中的任何一天读起，也可以读得下去，因而被视为一种很容易与读者产生共鸣的"有温度"的文献。人们喜爱日记正是源于其自身所具有的独特魅力。当然，注重个性化材料和社会日常生活的研究取向，也推动了学界对日记的重视和利用，以日记为核心材料从事研究的学术成果也越来越多。

　　目前，日记的出版主要通过原稿影印和整理标点两种形式。原稿影印日记始于 20 世纪石印、珂罗版技术被大量采用的时代。20世纪 20 年代，商务印书馆陆续影印出版有李慈铭《越缦堂日记》和翁同龢《翁文恭公日记》。同为晚清著名日记，比起同时代排印的《湘绮楼日记》，李、翁的日记都是根据稿本影印的，因而使人们能够更为真切地感受日记的原始样貌，甚至作者的书法风格、涂改痕迹，都得以原原本本地保留下来。时至今日，先进的数字扫描和印制技术，进一步促动了新一轮稿本日记的大批量出版，使"久藏深闺"的珍稀稿本日记，得以更多地呈现在研究者面前。可是，对学术研究而言，影印本虽然保存了日记原貌，出版周期也相对较短，但卷帙庞大，且日记多为行草书书写，字迹不易辨识，阅读和利用并不及整理标点本方便。所以，根据原稿本或影印本将日记内容加以点校，一直是文献整理者的重要任务。近些年影印出版的近代人物日记，如钱玄同、绍英、皮锡瑞、朱峙三、徐乃昌、江瀚、张枬、王伯祥等人的日记，也陆续经学者整理后出版了点校本，大大方便了学者利用和研究。由凤凰出版社推出的"中国近现代稀见史料丛刊"，自 2014 年以来，已经出版 9 辑 100 余种，其中日记占到三分之一以上，诸如孙毓汶、有泰、张佩纶、邓华熙、袁昶、耆龄等人日记都是据稿本或稿钞本影印版整理出来的，上述日记一经刊行就受到学界的广泛欢迎。整理本还有一个优势，便是对日记中的讹误做出校订，加补公元纪年，方便读者查核。不惟如此，整理本日记除学者外，也受到不同兴趣读者的欢迎。这几年，出版界、读书界兴起的"日记热"，都与整理本日记的大量印行密切相关。可见，持续推进稿本日记的整理出版工作，对普及中国传统日记知识，增进读者对传统文化的亲切感，具有积极的作用。

在全国古籍整理出版规划领导小组和凤凰出版社的积极支持下，"晚清珍稀稿本日记"得以立项，精选十二种有重要价值的晚清珍稀稿本日记邀请专家进行整理。这批日记分藏于中国社会科学院近代史研究所、清华大学图书馆、上海图书馆、浙江图书馆、苏州博物馆、常熟市图书馆等机构，一部分尚未影印出版。这次整理，在做好字迹辨识、释文、标点的前提下，更提倡以研究为基础，撰写有学术深度的导言，搜集传记资料作为附录，并尽可能编制人名索引，来为读者和研究者提供更多的学术支持和便利条件。这十二位日记作者，既有位列封疆的李星沅，状元洪钧，探花潘祖荫、吴荫培，传胪华金寿，翰林秦绶章，也有满洲官员、驻藏大臣斌良，兵部侍郎文治，还有像楼汝同、黄金台、柳兆薰、萧穆这样的地方官员、学者和士绅贤达。这批日记的内容十分丰富，举凡晚清重大历史事件、典章制度、教育考试、金石学术、社会风俗、人物交往、文艺创作、生活琐事等，靡所不包，合而观之，不失为观察晚清社会的一面镜子。另外，此次所选日记多为首次整理。也有例外者，如《李星沅日记》，此前已有据上海图书馆藏钞本整理的刊本，这次整理所用底本则是中国社会科学院近代史研究所珍藏的稿本，较前整理本篇幅大为增加，更加完善。

总之，这批稀见稿本日记具有极高的学术价值，是研究文学史、政治史、经济史、社会史、军事史、教育史、文化史、生活史、气象史、思想史的珍贵史料，参加整理者都是长期从事文史研究和文博事业的专家学者，具有扎实的文献学功底和整理经验。相信这套书的出版，将对传播优秀传统文化、推进中国近现代历史和文化研究发挥重要作用。当然，由于在文字识别等方面实际存在的困难，难免会存在一些问题。在此，我们诚恳希望读者不吝批评指正，以便今后的工作精益求精，不断提高。

目　录

前　言

　　潘祖荫(1830—1890)，江苏吴县(今属江苏苏州)人。咸丰二年(1852)一甲三名进士，探花。晚清重臣、金石家、藏书家。

　　苏州四大名门之一的"贵潘"，可谓钟鸣鼎食之家，诗书簪缨之族。道光十年(1830)，潘祖荫出生于北京米市胡同，时任工部尚书兼署左都御史的祖父潘世恩为他取名祖荫，字东镛，号伯寅，小字凤笙。咸丰二年潘祖荫考中进士，咸丰八年署国子监祭酒，身历道、咸、同、光四朝，官至军机大臣、兵部尚书、刑部尚书、工部尚书、顺天府尹。平生嗜金石彝器、图书碑版，交游多饱学之士。有《攀古楼彝器款识》《滂喜斋藏书记》等传世，并辑刻《滂喜斋丛书》和《功顺堂丛书》。

　　跟阮元一样，潘祖荫既是朝廷重臣，也是学术领袖。在波诡云谲的晚清政坛上，潘祖荫游刃于守旧派、维新派和清流之间，深得包括慈禧在内的各方认同。光绪十四年(1888)，正在酝酿变法的康有为专程拜访了潘祖荫，并获赠金若干。在鱼目混珠的金石彝器收藏圈，潘祖荫与陈介祺、张之洞、王懿荣、翁同龢、吴大澂、端方、盛昱、吴重熹、缪荃孙等同声相应，同气相求，商周鼎彝、秦砖汉瓦源源而来。潘祖荫还深深折服于前辈藏书家佞宋主人黄丕烈，辑《士礼居藏书题跋》六卷行世，并在吴云、叶昌炽、赵之谦、李鸿裔、汪鸣銮等人的帮助下，收藏了大量的宋元佳椠、古刻名钞。难能可贵的是，潘祖荫还是一位独具只眼的学术赞助人，李慈铭、赵之谦这两位老死不相往来的"冤家"，都曾得到潘祖荫的长期资助。而叶昌炽缘督庐中的金石拓片，有相当一部分来自潘祖荫的长期馈赠。这些拓片对《语石》产生了多少影响，无法估量。《语石》中对潘祖荫的敬意，亦时时可见。除了赵之谦、王石经，尚未出道的吴昌硕当年也是潘祖荫的座上宾，"井西书屋"即出自苦铁之手……这些珍贵的金石学、考古学、艺术史、图书流通史以及晚清艺术品交易信息，都深藏在潘祖荫的日记中。

20世纪50年代，在苏州石子街潘家旧宅的"废书"堆中，文管会工作人员拣出了12册稿本潘祖荫日记。其中，同治二年（1863）1册、光绪七年（1881）1册、光绪八年1册、光绪九年1册、光绪十年1册、光绪十一年3册、光绪十二年1册、光绪十三年1册、光绪十五年1册、光绪十六年1册。除同治二年1册外，其余11册日记所用稿纸版心下均有"滂喜斋"字样。此日记版式字体，与上海图书馆所藏《先文勤公日记》相同（上图本为潘祖荫光绪十四年日记，潘景郑题签）。据此推测，潘祖荫的日记可能远远不止这些。幸运的是，我们今天还能看到他最后十年的背影，并借此感受他那个时代的脉动。

潘祖荫存世的日记有写本、刻本和石印本三种。写本日记即上海、苏州两地的稿本日记，文物出版社影印出版，编入《苏州博物馆藏晚清名人日记稿本丛刊》；刻本即光绪间刊行的《西陵日记》《东陵日记》《沈阳纪程》《秦辖日记》，广陵古籍刻印社1998年影印出版。石印本即《己丑恩科乡试监临纪事（附武乡试监临纪事）》，1944年吴县潘氏据手稿重录影印，编入"陟冈楼丛刊"甲集之十。

本次整理，即以上述写本、刻本和石印本为底本，并以"潘祖荫日记"为名。我们参考了程仲霖、潘佳等的学术研究成果以及《莫友芝日记》《翁同龢日记》等古籍整理成果，尽可能保持日记的原貌。在原年、月、日后增加公元纪年，用（ ）注其后。文中（ ）用以补正缺字或作补充说明，〔 〕用以校正误字、别字、省笔字等。【 】用以补入天头、附页上的文字及整理者按语等。因涂抹过甚或无法识别之字，以及原文空缺之处，用□代之。图书碑帖、书法绘画，不论其全称简称，一般均加书名号。原稿夹注、双行小字用小五号字单行排印。正文与夹注标点原则上各自独立。行间添注文字，视内容和文意确定是否用正文排出。原稿中与现代翻译规范不相符的外国名、人名及中国地名均仍其旧。原稿中所记人名用同音或音近之字等,不作统一。原稿中的异体字,一般改为现今规范字形。原稿因"上谕""上""皇太后"等尊称而换行起首的则不换行,按正文语序接排。为方便读者检索,还编制了人名字号音序索引。

本次日记整理,按时间顺序重新编排。先咸丰八年《秦轺日记》,次同治二年日记,次同治六年《沈阳纪程》,次《东陵日记》《西陵日记》,次光绪七年至十六年日记,最后是《己丑恩科乡试监临纪事(附武乡试监临纪事)》。需要说明的是,《西陵日记》和《东陵日记》时间有交叉,整理中作为一个整体排入。《西陵日记》中1887年2月28日至3月9日的内容,与稿本日记不同,原因待考,今亦并存。《己丑恩科乡试监临纪事(附武乡试监临纪事)》部分内容摘自光绪十五年日记,文字小有差异,今并存,"附武乡试监临纪事"取自潘承弼文末识语。附录实包括三部分内容:《赐寿礼节》《武闱监临事宜》《武闱规则》。

日记为私人性质的文本,记录既有一定的规律,也有很强的随意性,这在潘祖荫日记中尤为明显。其中文意跳跃、曲折隐晦、简写省写、添补增改乃至潦草率意在在可见,也因此增加了整理的难度。《潘祖荫日记》的整理,得到了叶康宁先生、潘杰先生、张武装先生、徐曦先生的大力帮助,责任编辑吴琼博士为本书倾注大量精力,订正了许多重要差错,特此鸣谢!感谢上海图书馆梁颖老师为查阅资料提供方便,感谢凤凰出版社副总编樊昕编审的悉心指导。由于整理者学识浅陋,错讹误会、贻笑大方在所不免,敬请海内外方家不吝赐教。

2021年5月1日

秦辀日记(1858)

咸丰戊午六月二十二日(1858年8月1日)　奉朱笔:"陕甘正考官着潘祖荫去,副考官着翁同龢去。钦此。"

二十三日(8月2日)　具折谢恩,引见时跪安及碰头谢恩。

二十四日(8月3日)　军机处领翻译汉字题、清字四书题,上有御宝、御押。

二十七日(8月6日)　递折请训,用黄里折。与销假请安。召对于勤政殿后之明殿,碰头谢恩。问病体及起程日期,并命询问陕西情形,留心阅文之训,即跪安。

七月初六日(8月14日)　巳刻行,辛兄、谱兄、筱兄、味弟、芝弟送至仁寿寺而别。申刻抵良乡县,与叔平同住。良乡县令邓锡恩。

初七日(8月15日)　辰初起行,巳刻豆店尖,午刻抵涿州,舆人还京。作家禀,致伯冰书托琴西、春盦书交筱涯。张瀛舫刺史来。甲辰举人。常店有蝻,村民呼噪驱之。沟深尺咫,蝗不能出,颇合古法。

初八日(8月16日)　晴。卯正一刻发涿州,午正高碑店尖,有安童碑,乾隆时为某大府磨刻巳〔己〕文矣!申初抵定兴县,县令钱莹来见。小岩,行四,常州人,由县丞海运保举。

七夕和翁六兄韵

征韶初发晓烟冥,杨柳离亭眼尚青。惜别昨犹萦短梦,诹痴今始悔时名。青天碧海感离合,绿酒红灯几醉醒。只恐晓风残月里,催人霜鬓渐星星。

附原唱

燕台回首树冥冥,尚见西山未了青。薄醉岂能消积痗,远游终是逐浮名。凤低蝉薄知成梦,鱼枕凫灯唤不醒。人事变更谁料得,涿州城下看双星。

初九日(8月17日) 寅初一刻发定兴,午刻尖安肃,申刻抵保定西关。腹痛,呻吟终夜,延叶香士诊视。李仲宣大令延瑞来,未见。清黻庭廉访盛、清河道董酝卿丈醇、保定府王阴堂榕吉,甲辰。差接。

初十日(8月18日) 雨,以病未愈仍留驿馆一日。李仲宣大令、范眉生丈来,未见。发家禀于京师。眉生又来,香士来诊。

摸鱼儿　为翁叔平题《驿亭听雨图》

莽前途,征尘无际,今宵况又苦雨。蓬山回首无多日,梦到藕香深处。愁几许,听滴碎、空阶掩抑如人语。天涯羁旅。更马齿空槽,蛮吟败砌,一例没情绪。　　邮亭树,一叶一声细数。晓窗容易催曙。者般滋味和谁省?幸有高阳俊侣。曾记否?记泪染、冰绡更比秋霖苦。坠欢无据,待研恨成笺,磨愁作去墨,写出断肠句。

十一日(8月19日) 雨时作时止,病愈,仍服香士方。寅刻发保阳,陉阳驿换马。午刻次方顺桥,满城令陶治安差接。申刻次望都县东关,换夫马,县令李铭翰。庚子,李味生之弟,癸卯举人。酉刻抵清风店。竟日泥涂难行,舆夫颠踬不已,颇觉行役之苦。从李大令借邸钞,郑小山、叶廷杰典山东试,子嘉、九霞典山右试,汴生、张伯典中州试。

十二日(8月20日) 黎明发清风店,涉唐河,卯刻抵定州。署知州汪少安刺史鸣和差接并令其小阮筱苟来见。过明月店,望见嘉山,自涿州西南行三四百里未见山也。未刻次新乐县,县令朱华差接。闽人，辛卯孝廉，号荣轩。涉派河，河如琴弦，一曰琴川。廿里许又涉一河，酉刻宿伏城驿。即新城铺。正定令高维翰差接。泰州人，高次梅刺史堂弟，号墨缘。

十三日（8月21日） 黎明发伏城驿，晨食正定府。许少珊、高大令来见。正定，唐成德军也，行辕有《唐李宝臣纪功颂》。城南渡滹沱，西山爽气渐来亲人。抵获鹿县，获鹿山城弹丸，群峰环抱，金元好问北渡后居此。县令蔡岳屏锡申来见。

浪淘沙　派河如琴弦，一曰琴川。
谱赠叔平，时叔平有骑省之悼

断续七条弦，桥鹊难填。风轮雨楫小留连。说起影娥桥畔路，梦绕家山。　　驿路早秋天，绣被孤眠。无端锦瑟感年华。只有琴心无处寄，泪渍红绵。

菩萨蛮　山行闻鹧鸪声

无情抛得西山碧，马头又见青山色。野店枕山城，城头正五更。　　蓬山成小别，梦也难飞越。愁听鹧鸪声，相思第几程。

齐天乐　道出获鹿，经莲花峰下

曼陀香散诸天雨，飞来乱峰无数。掌露搓花，肤云排朵，翠叶浑疑攒聚。愁生步步，怕罗袜沾来，几分尘土。无限销魂，留仙回首汉宫舞。　　屏风四围遮住，山城如斗大，夜听砧杵。梦到横塘，浣纱人远，赢得相思千缕。征骓去去，问玉井峰头，高寒如许。乐府新歌，一声声听取。

十四日（8月22日） 卯初发获鹿。以牵翼舆入土门，乱石纵横，岩岫重叠如累棋。度白皮岭，即东天门。嵚崎突兀。午刻食微水镇。涉微水，沿水行，回望水南诸山，明秀万状。再涉微水，曝烈日中，殊不似早秋风景。抵井陉县，县令罗锦雯孙云，行一，广西丁酉举人。来见。城东有桥，在绵水上，今圮，涉水始入城。土人云，此水经微雨即盛涨，通微水并入滹沱。

井陉口

废垒荒荒满绿苔，淮阴广武迹俱灰。收功睢水囊沙后，设策草山拔帜来。残局一枰秦赵劫，交情千古耳余哀。漫将腐史填胸臆，蒿目吾思大将才。

贺新凉

明日山西矣。是者般、未收残暑，已凉天气。西去太行山万叠，也似乱愁无际。把愁绪、倩谁料理。料得高堂千里梦，共天涯、夜夜随游子。待说起，怎生睡。　　遥怜金谷诸昆季，正分付、翠尊雕俎，风怀旖旎。独有征衫茸帽客，匹马乱云堆里。只领略、怀人滋味。雨绝星稀思往事，剩钓鳌、词客同羁旅。倚长篆，谱金缕。

十五日（8 月 23 日）　寅刻发井陉，仍涉微水，渡旧关。鸟道千盘，峭壁插天。忽见豁然开朗，戍楼雉堞，列列在目。甘桃驿换马，食柏井驿。唐长庆初，裴晋公为镇州招讨使，驻兵承天，即此过青玉峡抵平定州。州以东廿里西郊，村农赛会旗鼓甚盛。州牧董汇芳。香从，天津壬辰举人。

山行口占

仄径羊肠路百盘，倚天长剑极荒寒。近来略带幽燕气，十万横磨放眼看。

十六日（8 月 24 日）　辰初发平定州，过新兴镇，山麓巨石上造像甚多，惜未及摹拓。自义井镇滩行，或揭或厉，有"七十二渡"之称。

午刻食测石驿，地属盂县。十里新店，十里张静镇。十里芹泉驿，换夫。十里七岭铺，莫抵寿阳，雨。县令王德芬。丁酉拔。由芹泉上土岭，殊陡，土赭色，山径回环，下视百仞。寿阳东关外有朝阳阁，层楼出云，下列石柱，甚壮丽。土人俱供一佛，高尺许。询之，云明建文逊国时过寿阳，所食之家必倍利，故尸祝至今。时年号革除，诸子禁锢而民不能忘，遂有程史从亡西山老佛之说。可见三代直道之遗存于草野者，尚可见也。悲夫！

寿阳读韩文公诗碑

我过寿阳驿，来诵昌黎诗。何物王庭凑，种出阿布思。尚书不与健儿语，血衣哪记先太师。吁嗟县官实自弱，从此朝廷失魏博。侍郎三月向边城，月子团团马头落。韩愈可惜知者谁，太息独一元微之。呜呼！深州围解牛元翼，君不见，怀光希烈杀贺救。

十七日(8月25日) 寅刻发寿阳，食太安驿，次什贴镇，属榆次。县令谢均差接。暮抵王胡镇。是日行一百二十里。县治在镇西南十里，恒中丞、常方伯、沈廉访、瑞观察差接。榆次以西苦旱。

十八日(8月26日) 发王胡，食永康镇。未刻抵徐沟，边心巢丈为县令，遣人来接，计行七十里。

十九日(8月27日) 二十里尧城，有帝尧庙。十里同戈站，盖因同过水得名而讹。入祁县界，十五里贾令铺，十五里祁县，二十里入平遥界，十里洪善铺，二十里抵平遥县。古陶邑，帝尧初居于此，陶氏得姓所自始也。汉曰平陶，魏避太武讳改焉。汉文帝国此曰代，后称中都。《括地志》谓中都故城在平遥西南十二里，本属太原郡。祁县张晓湖大令来见。汝清，山东潍县人，辛亥孝廉，己酉拔。平遥刘月斋大令。登云，湖北兴国人，行一，己酉拔。

二十日(8月28日) 晴。食张兰镇，抵介休县，县北五里拜郭有道祠墓,有蔡中郎碑,一郑谷口书,一傅青主书,至原碑则不可得见矣。所谓万历时郭青螺子章钩摹重刻本,亦未见。郦《注》又有宋子浚碑,宋名冲,林宗友也,今佚。东关内有文潞国祠。是日行八十五里。县令沈钟。石年,长洲同乡。

二十一日(8月29日) 二十里义棠镇,入灵石界,有冷泉关,即《水经注》所载冠爵津也,又名雀鼠谷。自此滨汾河行三十里,食两渡镇,东岸即绵山,三十里抵灵石。隋开皇中得瑞石于此,文曰"大道永吉",因名。行八十里,县令俞云锦来见,甲辰、乙巳连捷,扬州人,竹如伯姻亲也。号纺秋。发家禀于京师。

绵上聚,和叔平韵

感慨龙蛇字,崎岖雀鼠关。桥通十三孔,田转万重山。死者已沦隐,游人只等闲。可怜征战地,想像汉唐间。

二十二日(8月30日) 发灵石,俞大令来送,山路荦确,去汾水渐远。二十里登韩侯岭,谒侯祠墓。壁间诗版甚多,杨巍诗云:"一庙荒如此,曾登上将坛。功高能盖世,名重不辞官。魍魉夜岩啸,薜萝秋径寒。宝身兼报主,惆怅古来难。"常伦:"汉代推灵武,将军第一人。祸奇缘蹑足,才大不容身。带砺河山在,丹青祠庙新。长陵土一抔,寂寞亦三秦。"二诗为渔洋所赏。食仁义驿。《宋史·杨廷璋传》:周世宗时,以兵七千入太原,拔仁义寨是也。十里逍遥岭,入霍州界。又五十里,抵霍州。州牧贾棣堂刺史联芳,陕西甲午举人。差接,州吏目郑言慎来见。

谒韩侯庙

萧萧古木拥神祠,晓日灵风大将旗。欲吊淮阴休落笔,上头崔灏有题诗。

晓发灵石

晓骑初离灵石城,树头隐隐见铜钲。径穿韩岭蚕丛路,石战汾流龙吼声。戍卒寥寥虚废垒,仆夫草草问邮程。似闻父老犹传说,此地当年屡苦兵。

行霍州道中

野色荒凉似晚秋,几家村落有碉楼。晓风淡日无杨柳,万折陂陁下霍州。

高阳台　题碧螺春盦小影

影瘦黄花,心焦绿蜡,远山写上眉梢。留认惊鸿,凭他尺幅冰绡。灯前拈取相思豆,展愁肠、一寸红蕉。悔年时,不学丹青,输与人描。　夜深唤取真真字,奈一千里外,水阻山遥。好梦惊回,丁冬漏促残宵。睡来拚闰更筹,怕醒时、依旧无聊。者心情,没个人知,蓦地魂消。

二十三日(8月31日)　晨兴出南门,五十里次赵城,县令姚锡均差接。南关外有豫让桥,又曰国士桥。城东五里有娲皇庙。三十里抵洪洞县,县令郭定生差接。《郡国志》:河东郡杨县,晋羊舌大夫叔向邑。《汉书·杨雄传》:"扬在河、汾之间,周衰而扬氏或称侯,号曰扬侯。会晋六卿争权,逼扬侯,扬侯逃于楚巫山。"按,雄氏扬,当是扬县。杨祖德言"吾家子云",《王氏谈录》辨之。

国士桥

赵州城外暂停舆,国士桥边水满渠。谁道青荇逊豫让,姓名只见不韦书。

风蝶令　犀厂前辈云,洪洞绕郭皆荷花, 来此乃无一花也,感赋

短堞都环水,斜阳半在山。我来迟暮感流年,江上芙蓉一例渺秋烟。　　粉惜红衣坠,丝怜玉藕牵。罢参清月忏犀禅,回首澄怀风景总依然。

二十四日(9月1日)　巳刻次平阳,府治临汾县,古冀都也。太守王静庵溥,文恪公从叔。来接,县令吴子选师祁,行二,甲辰举,潘木君女夫。亦来接,并来见,又送至城外。李莲士亦来,现馆王太守处。午刻过赵曲镇,属襄陵。申刻至史村铺,属太平,县令阮菜。平阳城大而荒陋已甚。癸丑兵燹之后,元气未复也,闻是时男妇死者七千余人。

二十五日(9月2日)　丑刻发史村铺,午刻食侯马驿,属曲沃县,县令刘兰皋。己卯举人,庚辰教习。申刻抵董镇,即左氏所谓"董泽之蒲"是也,属闻喜。县令朱应杓,号粟如。其尊人号二泉,名瀚,己卯举人,庚辰教习,庚子进士。竹如伯来。由绛州三十里至侯马。

忆旧游　纪梦

正风引三山,雾迷五里,云帆吹渡瑶津。亲扣葳蕤锁,道元都观里,葵麦摇春。刹那酒行麟脯,掷米海扬尘。除七宝香轮,三珠琪树,谁证芳因。　　青鸾前导去,枉夜奏通明,一瓣香熏。珍重文鸯字,抵仙桥灵鹊,弱水纤鳞。刘安自珍鸿宝,舐鼎更何人。待唤阿香车,鞭笞鸾凰凌紫雯。

二十六日(9月3日)　辰刻次闻喜,朱粟如大令来。未刻过涑水镇,地属夏县,县令赵彭寿。夜抵北相镇,属安邑。己戌刻,张石卿同年令此地,来迎并同晚饭。北相本名相里镇。

二十七日(9月4日)　辰刻发北相,食牛杜镇。唐三世宰相张

嘉贞、延赏、宏靖所居，在城内有鸣珂里、三相坊，地属猗氏。县令李濬。己亥北榜，直隶人。莫抵樊桥驿，属临晋，县令易继曾。河南人。行馆有亭，可眺中条诸山。

二十八日**(9 月 5 日)** 发樊桥驿，十里椿阳镇，十里七级镇，四十五里高市镇，三十五里抵坡底镇，坡上有普救寺。同年李小湘太守、章子和同年来见。县令岳玉溪。昆圃，山东利津人，文峰先生之子，有己酉年谊。寄家禀于京师。

途中望中条山作

人生如寄耳，况复此留连。牧马盘秋地，疏林向晚天。长官娴吏事，客子结山缘。萧寺曾游处，凄娥绝可怜。

二十九日**(9 月 6 日)** 发坡底，食匼河，行柿林中。晡时渡黄河，抵潼关。先是，匼河旁首阳山，山在中条山西南，居雷首之阳，夷齐庙在其麓。至此坡陀益高，下见黄河，河南连山，绵绵不绝。三峰峭拔，迥出天外，知是华岳也。时见白云逢逢自山半出，惝恍无定姿，心目为之清旷。至风陵渡渡河，戴延之所谓"风塠"也。对岸即潼关，入陕西界。《水经注》云："秦穆公帅师送公子重耳，涉自河曲。"黄河自龙门南山至潼关，折而东流，故曰"河曲"也。河水历船司空与渭水会，即此地。潼关，古桃林塞，秦立函谷关，汉武始废函谷，守潼关。今关西一里有潼水，《西征赋》所谓"溯黄卷以济潼"也。昔哥舒一败而明皇幸蜀，孙传庭一败而李自成长驱入关僭号，明遂以亡。孙樵铭《潼关甲》云："潼关之甲完，吾谁与安？潼关之甲弊，吾谁与济？"诚有慨乎？其言之也。吴莲生观察、春焕，甲午，浙人。顾古生别驾、淳庆，壬辰、甲辰。定九峰协镇安来见。文巡捕照磨章嵘、巡检舒国用来接。林方伯、蔡廉访、王卓侯、麟石峰、沈小梅诸丈，李大令、炜，号惺夫，甲午、庚子。徐大令、芝圃，行大，壬午、甲辰。杨大令艎差接。

八月朔（9月7日）　早发潼关，三十五里憩华阴庙，周柏在殿东北隅，其余亦揭秦汉字样。观唐宋题名及后周《华岳颂》、韩择木《祭华岳文》，至《袁逢碑》则不可得见矣。犹忆今年正月，在崇朴山斋中见阮文达所藏全拓本，或亦今日之预兆耶？县令杨春帆舻，甲辰，云南人。来见。冒雨登万寿阁，阁南与太华相对，东指河潼，北眺泾渭，上悬明高帝《梦游西岳》文。雨半日，望人家皆在云气中。过汾阳故里，莫抵华，州牧陈晓堂煦来见。因捕蝗不力，革职拿问。少华在州南，与太华本一山。何仲默所谓各望其地、异名号者也。曾卓如中丞差武弁四人来接。

初二日（9月8日）　四鼓发华州，舆中酣睡一觉，不知所之。辰次渭南食，县令李祝龄。庚子。县南倚丰原，北负渭水。酒水自石鼓山北流汇于城西。《注》称首水径秦步高宫东，历新丰原东北，径步寿宫，又北入渭。首水即酒水也。有白太傅、寇莱公祠墓。午次新丰，汉文帝令慎夫人鼓瑟，指邯郸道慷慨悲怀处。过鸿门阪，有留侯、舞阳侯庙。莫抵临潼县，秦骊邑，汉阴盘、栎阳地。骊山负西城，华清宫在北山麓，宋改为灵泉观。《雍大记》云，温泉在临潼县南一百五十步。泉凡三泓，自山麓琮铮而下，至城西门散落溪谷，流为潼水。传称宫中自供奉二汤外，更汤十六所。甃以文瑶密石，中央有玉莲花捧汤。又以沉香木为山，锦绣为凫雁。明皇时泛钑镂小舟，嬉游焉。时松声满山，流水东逝。唐人云："绣岭宫前鹤发翁，犹唱开元太平曲。"俯仰盛衰之际，为之惘然。浴罢宿泉上公署，即九华殿故址也。有张诗舲中丞集杜句云："行云不下朝元阁，村篴犹吹阿滥堆。"州牧倪印垣因汉回械斗事未来。林方伯、常蓉舫观察瀚、沈小梅丈差接。林丈又遣武弁四人来接。

初三日（9月9日）　平明发骊山，三十里过灞桥，道光甲午重修，夹道植杨柳，古名销魂桥。渔洋诗云"闺中若问金钱卜，秋雨秋风过灞桥"。《方舆记》：汉灞桥在古长安城灞城东二十里，南北两桥以通新丰道。唐灞陵桥在京兆通化门东二十五里，近文帝灞陵。桥盖有二。灞水即古滋水，出蓝田，会渥、浐，北入渭。秦穆更滋水为灞，以彰霸业。汉文因山为藏，就水为陵号，故曰灞陵。又十里，渡浐水桥，亦新修。郦《注》浐水出京兆田谷，北至灞陵入渭，关中八水之二也。上长乐坡，远远望见终南。午初抵西安。按长安旧城有三：汉都城名北斗城，直子午谷，在今府城北二十里；隋于汉故城东南，据龙首川为新都，名大兴城，直石鳖谷；唐因之。宋吕大防尝刻《长安图》，今西安府治，何仲默以为当在隋、唐宫城之间也。城闉坚厚，不下京都。将军、监临、学使、都统、司道等遣人迓，咸长李大令、徐大令送二席。李铁梅世丈差人来。

过灞桥有感

　　杨柳依依百感增，秋风秋雨最难胜。伤心一样临川曲，凄绝琴弦已广陵。

初四日（9 月 10 日）　为文巡捕舒国用、翊卿，一。章嵘。云峰，二。书团扇。曾中丞咨文来，称初六系关帝中祀，斋戒期内例应停止筵宴。考官、同考官至抚署大堂一茶，茶毕入闱云云。即饬巡捕往询应何服色。

初五日（9 月 11 日）　中丞送金花一帖，回一帖。下请宴启，回一帖，原启留。送科场条例。

初六日（9 月 12 日）　中丞下三速帖，午刻补服、花衣赴抚署，监临、司道、监试、帘官行相见礼，各一揖。茶毕换朝服，望阙谢恩。坐亮轿入闱，至监临堂下轿。中丞旋至，一揖，临试及各帘官来见，即往答。晤王太守、金玉麟、沈鉴泉际清、刘子谦同年懋功、张其翯、曹映斗。

　　内监试，试用知府王仲选；顺天武清县人，山甫，号映山，甲午、乙酉。

　　内收掌，绥德州清涧县王佑；山东，甲辰、癸丑，竹溪。

　　同考官，即补同知沈际清；浙江，己酉解元，拣泉。

　　延安府宜川县李生华；山西，戊子，春园。

醴泉县汪世泽；云南，癸丑、己酉举，少谷。

同州府白水县杨上达；山西，乙巳、辛巳，省斋。

同知衔郿州中州县曹映斗；湖南，辛巳，星槎。

同知衔兴安府紫阳县张其翻；广东，甲午，彦高，名士也。

同知衔即用知县刘懋功；四川，子谦，辛亥、壬子。

候补知州金玉麟；四川，壬辰举人，戊戌，石船。

甘肃即用知县何履亨；福建，翊卿，丙辰、壬子举。

延安府安塞县曹德元。四川，笠亭，辛卯。

初七日(9月13日)　内帘诸君以缣素索书者纷至沓来，日不暇给矣。得监临来文六件、十科题一本，上堂掣十房签，穿补服。

初八日(9月14日)　同叔平拟题"子使漆雕开仕，对曰：吾斯之未能信""子曰：父母其顺矣乎"、"有安社稷臣者"二节。赋得"水面月出蓝田关"，得"波"字。请监试王映山丈、同考官沈拣泉丈、刘子谦同年、金石船明府协同查察。寅初刻得题纸七千八百张，送题，晤监临、外监试、提调，一揖而退。睡已卯初矣。午后小雨。

初九日(9月15日)　王映山丈送邸钞来看，知仁山师、袭芸典楚北试，寿蘅丈督学闽中。七月十九日采南、剑泉、孝候［侯］郭丈、嵩焘，丁未。滨石奉旨在南书房考试。十四日长洲相国有封事。

初十日(9月16日)　王映山来谈，即将三场题交沈拣泉、刘子谦、金石船，转致各房分写并往答王映山。

十一日(9月17日)　同叔平拟二场题："樽酒簋贰，用缶。""导河积石，至于龙门。""文茵畅毂。""冬，介葛卢来。僖公二十有九年。""君子听鼓鼙之声，则思将帅之臣。"请监试及张彦高、何翊卿、杨省斋、曹星槎、曹德元来查察。李生华、汪世泽未来。酉刻而毕。子正补服送题，中丞未到。

十二日(9月18日)　以三场策题交沈、金、刘诸君缮写。晚卷子进七百本，补服分各房，嗣后由监试分矣。

十三日(9月19日)　上堂阅卷，荐二十四本，亥刻阅毕。映山病,午后未上堂矣。拣泉、石船、王竹溪均在。叔平处谈。戌刻叔平得简放视学陕甘之命。

十四日(**9月20日**) 风雨阴冷,往问王映山病。阅荐卷二十三本。同拣泉、石船谈。子刻补服送三场策题。

十五日(**9月21日**) 外场送月饼。招拣泉、石船、子谦、彦高饮。为张彦高题《月桂图》二绝。阅卷二十三本。

十六日(**9月22日**) 为叔平缮谢恩折。晤卓如抚军。送翻译题。阅卷三十八本。

十七日(**9月23日**) 阅卷二十六本。

十八日(**9月24日**) 晤卓如抚军,阅卷二十五本。

十九日(**9月25日**) 阅卷二十九本。

临江仙　阅卷毕有作

记得当年辛苦地,灯花深夜频挑。殷勤送尔上青霄。漫夸眉样好,一味入时描。　怎认轻加红勒帛,有人暗里魂消。无情明月有情宵。几回拼弃置,恐有泪珠抛。

记得早凉燕市别,潇潇秋雨征程。灞桥东去短长亭。平芜行不尽,何处望高城。　有个人人常作伴,无聊相对昏灯。砌前蛩语不堪听。梦来刚就枕,容易又天明。

百字令　闺中忆辛芝兄、秋谷弟,时应京兆试。
用去年八月十五望月韵

池塘梦好,料今宵矮屋,当头月满。拟遍上林婴武[鹦鹉]赋,刚是三条烛半。桂子香时,槐花忙后,榜帖题门馆。金汤镀了,五云会有风卷。　愁予头脑冬烘,车中闭置,寂寂垂帘幔。弹指韶华容易过,抛得轻罗小扇。第一关心,归程草草,好把征衫浣。重阳风雨,者番青紫应换。

题彦高刺史《月出蓝关图》，子谦同年画。用前韵

松年画本，莽披图尺幅，云烟落满。更有玉田词客好，落落朱霞天半。绝世仙心，天然真面，不让停云馆。夜堂深处，片云随意舒卷。　　宵来铃柝沈沈，高寒如许，只有风吹幔。曾向莲花峰下过，回首潼关四扇。此际风檐，几人月府，笔向云蓝浣。鹄袍往事，流年今又催换。子谦壬子同捷春官，今七易寒暑矣。

【按：二十日（9月26日）日记原缺。】

二十一日（**9月27日**）　阅头场卷毕，夜改七房首艺。

二十二日（**9月28日**）　同叔平改八房次艺。

二十三日（**9月29日**）

二十四日（**9月30日**）　阅叔平处头场卷，彼此互看。访张彦高。

二十五日（**10月1日**）　访拣泉、石船、子谦谈。

二十六日（**10月2日**）　阅贰场毕，改诗艺一篇。阅邸钞，得悉顺天学政万青藜、江苏孙葆元、安徽邵亨豫、湖北俞奎垣、山东郑敦谨、山西彭瑞毓、四川李德仪、云南陈亮畴、贵州黄图南，余俱留。顺天考官柏葰、朱凤标、程延桂，同考官麟书、张桐、徐桐、邹石麟、何福咸、溥安、郭梦惠、景其濬、瑞联、赵树吉、宝珣、钟琇、周士炳、宋梦兰、丁绍周、刘成忠、涂觉纲、王楷。刑右黄赞汤补，兵左陈孚恩调署，兵右李维翰署，伯父署礼左。定九月初六日揭晓，移文知照监临。夜访彦高，有星见翼、轸之间，长丈余，形如彗，近斗柄。后数日移角、亢，又扫天市垣而灭。

二十七日（**10月3日**）　王映山来，阅三场毕。同叔平改礼艺一篇，彼此斟酌，烛尽而止，则子初矣。

二十八日（**10月4日**）　顺天题"吾未见刚者""敬其所尊""敢问夫子之不动心"至"毋暴其气"，赋得"万竿烟雨绿相招"，得"丞"字。

二十九日（**10月5日**）

三十日(10 月 6 日)　发热头痛。中卷已定,圈三场毕,阅邸钞,知蒋达参梁同新负气出闱。蒋严议梁任用匪人,有心徇庇,先行议处,交瑞□会景廉、载鸷查参。

九月朔(10 月 7 日)　定草榜,以草榜及中卷亲送王映山处,又至各房答拜,朔也。校阅闱墨,共得文三十三篇、诗十八首、经艺五篇。拣泉来,解首出其房。拣泉,先文恭公己亥所得解元也。是日搜落卷毕。

初二日(10 月 8 日)

题刘子谦画菊花　摊破浣溪纱[沙]

　　帘卷西风瘦不支,乡心怅触鬓如丝。又是菊花天气近,雁声时。　　料得重阳风雨后,有人惆怅卧东篱。寄语落英憔悴甚,不禁吹。

初三日(10 月 9 日)

初四日(10 月 10 日)　为刘子谦题《魁星记》。

初五日(10 月 11 日)　申刻填榜,中丞、方伯、廉访、提调、监试等官俱来。唱名毕,已天明矣。

初六日(10 月 12 日)　雨。侯国璋、吕儁孙、曼叔,丙午同年,署同州太守。毛瀚季海、徐芝圃、李惺夫、沈少梅丈来。竹如伯弟四郎开福来并有信,即覆之。

初七日(10 月 13 日)　雨。张邦俊、丁酉。汪鈖幼岑、开寿眉卿、王竹侯、麟石峰、徐观涛澜、施本、周介福、景堂,丙子,雨蕉年伯赓盛之子。岵瞻方伯来,门人王怀珍来。

初八日(10 月 14 日)　雨。易亨礼复未入流。张和斋、唐立中、刘宗缙、江西,癸酉拔。门人李应莘、常蓉舫廉访来。午后搬公馆,即来时所住粉巷之屋也。访中丞、方伯、廉访、粮道、太守、司马及两大令。拣泉、李春圃、张彦高来。是日委员张□□来，领朱墨卷解部。

初九日（**10月15日**）　卓如中丞、杨省斋、曹星楂、王映山、岵瞻丈、毛季海、孙松坪、周世兄文会、欧阳铭常来晤。门人薛浚、蒋善暮来。候补县张守峤来，未见。

初十日（**10月16日**）　汪少谷、陆寿庄塾、王竹溪佑、熊文华、门人管涝、徐韦佩来。曹笠亭、李德钟、陈国鼎、方炳文、虎臣、四君皆丙辰同年。任熙弼、谭能高、刘保三廷鉴、开眉卿寿、梁渤、张彦高、何翊卿、张邦俊来。门人薛浚来。是日赴鹿鸣宴，甚整肃。拜客。

十一日（**10月17日**）　施本、施曰霖安生来。门人萧季垂来。禄祥、锦堂，琦文甫师之侄。刘钲、乌兰都保都统来。毛季海来。缪树本来。门人王襄、郭云汉、康缙、李清瑞、陆襄钺来。石船、子谦、彦高、松坪来。得朱申庵、曹季皋、谢令瑜、瞿京之书，即覆之。

十二日（**10月18日**）　易亨、戴儒珍、俞志敬、薛铭来。门人萧季垂、罗秀书来。宋炋，差。林兆禧来。门人王勤来。刘式蒲，差。陆塾，差。来。马允驷来。是日公宴，在粮道寓。

十三日（**10月19日**）　张恩荣、沈寅清、雍载庆、毕赓言来。门人阎迺烑来。郑光杞、张俊士、王兑，癸丑，世兄。曹毓庆、方炳文、徐澜、麟石峰、李铁眉、司徒子临、管春洲、张彦高、李应燉、王竹溪来。是日太守、两大令招饮。

十四日（**10月20日**）　毛季海、雍载庆春舫、张恩荣锡庭、俞志敬星厓、毕赓言黻堂、戴儒珍幼安、刘子谦、林兆禧子鸿、陆塾寿庄、汪鈖幼岑、郑光杞南桥、周介福景堂招饮，皆同乡也。唐立中、宋志濂、张守峤、曹映斗、李惺夫、周文会、孙琴士来。

十五日（**10月21日**）　陆塾、刘廷鉴、李应燉、支少鹤来，门人刘均、张承燮、张承熊来。访铁眉、松坪、小梅。门人杨先庚来。孙琴士来。

十六日（**10月22日**）　沈拣泉、张守峤、陆塾、邢景周、刘子谦、管春洲来。将军招饮，同抚军、都护及司道。辞行。

十七日(**10 月 23 日**)　卓如中丞来,门人康楷、赵联登、卢树政、马称德、李廷瑞、刘铣、陈凤阁、魏丙□俊来,蔡梅庵来。辞行。

十八日(**10 月 24 日**)　宋志濂、张恩荣、杨上达、王竹侯、徐观涛、王映山、刘鸣宵、保余堂乌世芳、林岵瞻丈来。门人袁廷俊来,李惺夫、徐芝圃、蒋若讷、菊潭之叔。李应莘、曹笠亭、汪少谷、李春园来。门人陆襄钺来。谭能高、方炳文虎臣、薛子新、孙琴士、张彦高、沈小梅、司徒子临、周景堂、朱百珏双之来。李培塈、萧季垂来。孙松坪夜来谈。

十九日(**10 月 25 日**)　卯刻与叔平别于行馆。至皇华亭将军以下至司道寄请圣安。太守沈小梅丈以下送于山西会馆。监试、收掌及房官送于道左。及门康楷等二十余人送至数里外。周景堂送至灞桥。县丞徐镇来见。宿临潼。县令张竹楼丈来见,舒尊。道进子,庚子副榜也。作札致叔平。

二十日(**10 月 26 日**)　卯刻发临潼,次渭南,县令李谦山世丈祝龄、刘继来。夜戌刻抵华,州牧钱钧号孟兰,乌程人。来见。

二十一日(**10 月 27 日**)　卯刻发华州,午次华阴。至华岳观瞻礼,县令叶建侯来见。湘筠世丈,丁酉拔贡。名法之次子也。亥刻抵潼关,拜吴莲生观察、定九峰协镇、顾古生别驾。定、顾俱来答。作札谢卓如中丞。又函致叔平、章巡捕。于临潼辞去戈什哈二名,于今日辞去藩臬、首府、首县,俱遣家人送赏扇对。

二十二日(**10 月 28 日**)　发潼关,吴莲生观察、定九峰协镇、顾古生别驾送至河干。渡河后,五里风陵渡,十里北极河,七里匼河,食时午初刻。八里常旺,十五里上源头,八里辛店,七里韩杨镇,十里薛家岩,至坡底,至蒲州府。晤李小湘同年,时病喘。晤章子和同年、高桂坡同年大奎。小湘留饭。子和谈及贵州有姜伯约碑,在仁怀厅。夜郎、君济二大碑在大定府,郑珍有考,为之神往久之。小湘以首阳各碑见赠。县令岳昆圃、吴惠元霖宇来,均不及见。札至子嘉交小湘。

二十三日(10月29日)　发坡底,次高安镇,抵樊桥驿未初耳。毛季海赠《昭陵碑考》,系近人孙桂珊所著,《裴艺碑》录中凡再见,余亦多袭青浦《萃编》,且并未见《姜退碑》,率以《萃编》文入录。余所得本较《萃编》多九百余字,张松坪本亦多四五百字,若松坪者,方不愧笃志好古耳。并记于此。章子和同年过目不忘,学问淹博,为余言莫郘亭、莫芝生、郑子尹诸君。

金缕曲　留别叔平殿撰

君住吾归矣。记来时、连床风雨,居然昆季。佳节思亲同作客,难制盈盈铅泪。只赢得、愁眉相对。秋雨茂陵偏善病。但殷勤、好作加餐计。吾去也,谁相慰?　共君此夜须沈醉,待他年、尊前重把,而今提起。此去关河成独自,那复偷声减字。诉不尽、相思滋味。一事告君应羡我,说澄园、有个人知己。谓滨石。更剪烛,话君耳。

青玉案　题叔平《重阳风雨》便面

凫灯鱼枕多凄咽。叔平七夕诗有黄门之感。记七夕、词凄切。往事伤心休更说。夜堂深处,中秋一瞥,又是茱萸节。　无情最是长安月。偏是圆时容易缺。风雨宵来情百结。重阳过了,月华如雪,灞岸和君别。

华阴题壁

满林红叶送征骖,看遍天浆廿八潭。肠断一声孤雁去,昨宵有梦到终南。

二十四日(10月30日)　平明发樊桥,十里城东桥,临晋。五里水头塘猗氏,五里祁任村,五里祁任塘,十里香乐镇,五里牛杜镇,十里李汉,五里安邑。交界,五里高阳汛,十里北相。张石卿同年来,所赠却之。弟开福来,得辛芝兄捷京兆第三十四名之信。

二十五日(10月31日)　发北相。十里张村,十里将军庙,十里王范,有卫瓘、卫玠、蔡伦墓。五里夏县交界,五里岔口,十里涑水镇,食于村店。十里义门堡,五里闻喜交界,五里郭店镇,十里宋店镇,十里闻喜,朱粟如大令出接并来见,借《两般秋雨盫随笔》一函。粟如官声甚劣,今年四月,有乡民万余拥至官署,几成大变。近闻有滥刑毙命之事。

二十六日(11月1日)　发闻喜,十里十里铺,十里冯家庄,五里川口村,五里东镇,早饭。二里中庄,三里姚村,五里问店,五里裴柏村,五里兰德镇,十里隘口镇,十里史店村,五里上马村,五里侯马驿。曲沃。竹如伯及大郎来,留晚饭。县令刘兰皋。

二十七日(11月2日)　发侯马。五里西庄镇,五里郭马,十里杨村,五里高阳村,五里高显镇,食于村店。五里北封王村,五里北辛店,十里蒙城驿,十里过古义士桥、闫店镇,十里抵太平县史村驿,县令沈熙龄。

二十八日(11月3日)　寅刻发史村,二里襄陵、太平。界牌,八里荆村铺,五里赵曲镇,五里张林铺,十里灵伯铺,五里临汾、襄陵。界牌,五里大韩铺,五里尧庙,五里岔口,十里平阳府城。太守王静庵、县令吴子选出接并到公馆来见。李莲士亦来。十里高河镇,十里韩村铺,五里洪洞牌,五里羊獬铺,十里阳曲镇,十里左壁村,十里过聚瑞桥,抵洪洞县。县令郭定生未来见。

憎　虱

　　此是何虫豸?居然亦有名。噬肤人最苦,反掌尔难生。裈处意犹得,轮回贯易盈。世无宣武辈,何用四筵惊。

　　与尔原无素,斯行亦偶遭。啮肥知已久,附热有同曹。猫犬原难觉,触蛮徒自劳。麻姑何处是,鸟爪痒里搔。

二十九日（11月4日）　平明发洪洞，五里官庄，五里苗村，五里赵城界。五里王开铺坊，十里赵城县食，县令姚锡均未来。五里窑子镇，五里卫店，十里益昌铺，五里霍州界，五里辛置镇，五里南坡底，五里銮铃铺，相传唐太宗过此，挂铃于树。五里坛底镇，五里霍州，贾棣堂、刺史郑言慎出迎并来见。一路左山右水，栈道居多，民住窑屋。遥望霍山，如在云际。霍山去城五十里，一名霍太，又曰太岳，《禹贡》："至于太岳。"《周礼》："河内曰冀州，其山镇曰霍（山）。"《尔雅》："西方之美者有霍山，多珠玉焉。"上有赫连勃勃墓。隋开皇十四年，诏以霍山为冀州镇。历代因之，号曰中镇，本古之中岳也。

阅《霍州志》，录梁中靖《再访古碑记》：

由夏门西南行六七里，曰照碑滩，两碑相照故名。山势峙立，汾水中流，幽谷深邃，袤长四十里。其南即阴地关，盖古之雀鼠谷也。碑在河北者，唐咸通十三年萧珙《通济桥记》，记有高壁镇、雁归亭诸胜，书法苍老，距水高数寻。在河南者，唐大中三年节度使王宰记，自叙其升迁之故与往来之由。楷法遒劲，入水深数尺。又其上有小碑，字剥落不可辨，盖古驿通衢，游人多题咏焉。乾隆丁未，与乔君访于牧竖而碑始显，偕同人往拓之。今年秋，天日清爽，水落沙见，同游者复有访碑之约。于是携酒肴、度略约，由古峪滩循水而南。水流石崖下，匍伏行数武，乃缘石磴而登。荒径逼仄，狭不容步。危临绝涧，激浪怒号，心摇目眩，惴惴不敢下视。约数里始至，至则览雄镇、寻古胜，碑犹对峙，而寒山寂寞，野草苍茫。所谓高壁镇、雁归亭者渺不可得。噫！大中至今九百六十年矣，而碑之显，乔君以前无闻焉。岂古人胜迹有所待而后见耶？抑碑之显晦自有时耶？丁未至今二十五年，而古碑残缺又不如昔，则后此者可知也。亦安知有好事如吾侪者复从而访之耶？时嘉庆辛未重九。同游者李君辑五、张君一山、李晓文师、赵君德贞，诸侄象晋、光斗、石二、宁森。

《西福昌寺碑》，许敬宗撰。《敕修应圣公祠堂碑》、郑瀚撰，李执方书，开成二年正月十八日。《新修女娲庙碑》，裴丽泽撰，张仁愿书，天宝六载十一月十六日。《金重修女娲庙碑》、王纲撰。《重修应圣公神祠碑》、仇守中撰，王纲书。《宋重修应圣公庙碑》。阎光庋撰，张仁艺书，乾德五年。

三十日（11月5日） 寅刻发霍州，由十里汛、北坡、周村汛、师庄镇、白水、老张湾、逍遥岭，食仁义驿。饭后黑甜一觉，北台、郭家沟、韩侯岭、竹竿坡、坡底镇、裴家峪皆自梦中过也。抵小水镇，俞纺秋大令出接并来见，此老盖长于时文者。

菩萨鬘［蛮］

斜阳冷淡山明灭，车声轹辘惊鸿瞥。意外忽相逢，冷泉关道中。 参军花面舞，祠客腰里鼓。一样感飘零，春莺非旧声。

十月朔（11月6日） 平明发灵石，食于两渡镇，未刻抵介休，住城内行馆，额曰"洽洽堂"。县令沈石年来，往答之，云是顾南雅、侯叶、唐时文弟子也。时正发县案，案首闫从绳。黔学使黄太史图南来长谈，即往答之。渠前月十六出京。

初二日（11月7日） 辰刻发介休，食张兰镇，申刻抵平遥。庆云谱方伯甫行，适相左。寄到家谕一函，中秋所发。介休绵山岩沟有开元古碑，隶书，《志》云剥落不可读。

初三日（11月8日） 平明发平遥，食祁县，莫抵徐沟。得子嘉书并闹墨，即覆之，交来人带回。

浣溪纱［沙］

如水衾裯睡亦慵，搅人偏是五更钟。灯花何喜也能红？酒力那支风力硬，霜痕更比梦痕浓。醒来何事在胸中。 百折千盘路几重，自缘身在最高峰。终南何处望迷蒙？窄径尽将心地问，上坡休放脚根松。看人进步忒从容。

初四日（11月9日） 发徐沟辽西村汛，五里入榆次界、郝村、永康镇,食于村店。张庆铺、南谷村、荣村、郭村堡,抵王胡镇,申初刻。

初五日(11月10日)　寅刻发王胡镇,八里傅村,有青龙桥,原名灞陵。七里傅家窑,二里罗家庄,三里腰店,地有北齐白显墓,碑已泐。八里三岔口,七里什贴,五里韩家沟,十里要罗镇,十里西岭铺,十里食泰安驿,轿杆折。十里黄杨铺,十里清平镇,十里大树埋,五里青羊岔,五里黄门镇,五里童子河,五里抵寿阳县,县令王明府德棻来,即答之。

初六日(11月11日)　平明发寿阳,食测石驿,遇陈德生学使,余癸丑教习,庶常也。至新兴滩,轿杆中断,骑行四十里。抵平定州,州牧董香丛刺史来见并赠轿杆,即答之。

初七日(11月12日)　平明发平定,东门外有英公祠,甚巍焕。食柏井驿,度固关。小城跨山坳,北接娘子关,相去不二十里,守御及榷税皆直隶官吏、弁兵。《志》云:古井陉口即今固关,明正统二年始名故关,后改为固。又言古井陉口有二,西则固关,东则获鹿之土门口也。所谓西天门者,则距此十七里。阎王台去西天门五里,而近凿石通涂,倚岩临涧,有碑题曰"枯木井""阎王台"。北天门即旧关,题曰"晋阳锁钥"。南天门去平定五里,即黑砂岭,陶文毅《日记》作"黑煞"是也。过界牌,五里抵核桃园,宿于村店,渔洋《驿程记》两使蜀中皆寓此。

初八日(11月13日)　平明发核桃园,五里龙窝寺,五里长生镇,五里板桥村,五里朱村,五里井陉县,五里东窑岭,五里郝家村,五里张村,五里横口,五里长冈村,五里微水村食。土人读"获"如"怀",读"微"如"思"。十里白石岭,五里上安,五里下安,五里仰字岭,五里郯家庄,有界石。五里土门口,《元和郡县志》:此即古井陉口,为太行八陉之弟[第]五陉。县西十里有鹿泉,土门一带赖以灌溉。五里进获鹿西门,出东门,县令郭会昌来见。河南甲辰举人。

初九日(11月14日)　辰刻发获鹿,五里海山岭,一名乱石岭。十五里安舍铺,十里赵陵铺,有尉佗先冢。五里萧家营,五里柳林铺,十里度滹沱河，长桥卧波，草平土软。滹沱一作虖池，一作恶池，别作亚驼，又作呼沱、恶沱、虖勺，见《山海经》《礼记》《诅楚文》《韩非子·初见篇》《法言·吾子篇》，虖勺亦见《山海经》。十里抵正定，少珊观察来，即答之。至大佛寺，即龙藏寺。过十里铺、即拐角铺。二十里铺、三十里铺，抵伏城驿，闵子骞故里。遇洪张伯探花自中州差，旋寓此。

初十日（11 月 15 日）　寅刻发伏城驿，五里正定北界牌，五里吴村堡，五里藁城界牌，五里马头铺，五里同常店，二里十八里铺，三里小寨铺，八里七里铺，七里食新乐县南关。十里田村铺，五里定州界牌，五里三十里铺，五里明月店，有汉光武鸡鸣台址。五里咬村铺，五里嘉水桥，五里八角郎，十里定州，十里清水河，十里乐庄铺，十里抵清风店。定州访汪少安刺史。城内有东坡《雪浪铭》，伪作也。有中山靖王墓。晚与洪张伯对门宿，张伯来。

十一日（11 月 16 日）　发清风店，十里荆坟铺，十里戚里铺，八里顺城铺，二里望都县，十里良村，五里十五集，五里高映铺，属完县。五里拱宸镇，属满城。五里食方顺桥，五里太平庄，五里孟村，五里陉阳驿换马。五里汤村，有兴胜寺。五里郭村，有郭隗故里。五里阁望铺，五里大激店，十里小激店，十五里保定，汉樊舆县地。李仲宣大令来，叶香士赠画一帧。

十二日（11 月 17 日）　发保定，十五里徐河桥，十里西漕店，五里漕河，有慈航寺，方恪敏微时流寓于此，后兴修之。五里荆塘铺，相传荆卿故里。五里刘祥店，五里十里铺，有刘伶墓。十里食安肃县村店。县令德秋舫明府成来，即答之。十里白塔寺，五里麒麟店，五里田村，有桥，桥下鸡爪河。五里定兴交界，五里固城镇，有铁瓦寺，又有黄金台故址。十里尚汲店，唐贾岛故里。五里十五汲，五里泥河铺，四里六里铺，三里三里铺，三里北河店，即河阳渡，有北河寺，有杨忠愍墓道碑，桥侧有椒山读书处。国初大破李自成于此河之下流，曰白沟。有六郎堤，宋杨延昭守益津关所筑也。今新城北有孟良营，雄县有焦赞墓，稗官非尽杜撰，惜史无可考耳。近人诗云："巨马河边古战场，土花埋没绿沈枪。至今村鼓盲词里，威镇三关说六郎。亚古城荒焦赞墓，桑乾河近孟良营。行人多少兴亡感，落日秋烟画角声。"途遇兵差络绎，云往省垣听调及大名防堵者。五里小北河，即易水，燕丹送荆卿及高渐离击筑处。又五里抵定兴，已昏黑。钱小岩明府来，同洪张伯同住，夜长谭。寄家禀于京师，律升去。

十三日(11 月 18 日)　平明发定兴，五里祖村店，五里新城界，五里三丈铺，五里马村河，五里高碑店，十里平安店，五里泽畔铺，五里熨斗店，五里松林店，五里忠义店，张桓侯故里，有祠。五里包子铺，十里食涿州。五里胡良河，五里仙峰坡，五里常店，五里挟河村，十里燕谷店，镇北桥长数十丈，倚铁竿一。俗传王彦章铁篙，妄也。桥下为圣水，宋大中祥符间路振《乘轺录》谓之"琉璃河"。嘉祐中，宋敏求《入蕃录》谓之"六里河"，《金史》谓之"刘李河"。十五里宿窦店，燕乐毅、宋窦禹钧故里。

十四日(11 月 19 日)　辰刻抵良乡，申刻进城。

十五日(11 月 20 日)　下园、筱涯、馨伯来。玉甫来。

十七日(11 月 22 日)　具折请安，召对于东书房。

同治二年日记(1863)

同治二年癸亥,元旦(2月18日)　慈宁门行三跪九叩礼,乾清门行三跪九叩礼,补服、花衣,礼毕换补褂、常服。奉敕恭代御笔陕西淳化县关帝庙"显佑绥疆"扁一面、城隍庙"神功佑顺"扁一面。归,天地神佛前行礼,尊长前叩贺。秋谷来。

初二日(2月19日)　入直。派拟惠亲王五十扁、对。派许写。硕卿、珊士来。

初三日(2月20日)　入直。见昨日上谕:"宗人府丞着潘祖荫署理。钦此。"勉甫、珊士来。

初四日(2月21日)　正阳门关帝庙拈香。入直。具折谢恩。

初五日(2月22日)　入直。刘南卿招,辞之。孔绣山招,辞之。

初六日(2月23日)　入直。胡月樵凤丹招,辞之。

初七日(2月24日)　入直。拜刘兰墅。

初八日(2月25日)　入直。勉甫、陆涑文来。

初九日(2月26日)　入直。孝侯视学山右。

初十日(2月27日)　入直。

十一日(2月28日)　入直。同乡谢恩。派写天坛神牌。珊士来。

十二日(3月1日)　入直。许、杨俱未到。许师自初二以后未入直。派写《帝鉴图说》十六张,本日呈缴。秋谷来。

十三日(3月2日)　入直。杨到。刷印《阴骘文阐义》一百六十四部,价壹百六十二吊,又八十吊。贺孝侯。访修伯。

十四日(3月3日)　入直。

十五日(**3 月 4 日**)　入直。杨到。赏元宵。祝许太师母寿。

十六日(**3 月 5 日**)　入直。杜云巢师招松筠庵。

十七日(**3 月 6 日**)　入直。许、杨到。

十八日(**3 月 7 日**)　入直。许、杨到。曹子千毓英来。

十九日(**3 月 8 日**)　入直。郑心廉先生观寿授侄成谷读。

二十一[二十]日(**3 月 9 日**)　入直。勉甫来。

廿一日(**3 月 10 日**)　入直。杨到。

廿二日(**3 月 11 日**)　入直。杨到。

廿三日(**3 月 12 日**)　入直。杨到。

廿四日(**3 月 13 日**)　入直。杨到。卯刻到宗人府任。

廿五日(**3 月 14 日**)　入直。杨到。同青士招华峰、小岩于谢公祠,因体中不舒,未去。琴舫、康芝山来。

廿六日(**3 月 15 日**)　入直。秋谷卅旬初度。闻俊民下世之信。以凤翔信送议政王阅。

廿七日(**3 月 16 日**)　入直。杨、许到。秋谷来。李理臣孝廉昭炜来,并寄到夏㪍甫炘书及《景紫堂全书》二函,即覆之。

廿八日(**3 月 17 日**)　入直。杨到。徐琴舫招,同周叔芸、董研秋、沈仲复、李菊人、吴亦梅。秋谷、硕卿来。

廿九日(**3 月 18 日**)　入直。杨到。同许师、杨兄招黄孝侯、宋锡蕃、彭子嘉于余庆堂。胡石生孝廉澍来,又号荄夫。

二月朔(**3 月 19 日**)　入直。杨。复俞恂卿书。门人吴绰、王广寒、孔宪悫、孙纪云来,莱山来。

初二日(**3 月 20 日**)　入直。门人王师德来,叶兰石来。复姚致堂函。致子青。

初三日(**3 月 21 日**)　入直。杨。门人孟传琦来,毕茂昭来。

初四日(**3 月 22 日**)　入直。杨。首调元来。门人梁振英、黄维翰、赵思沅、钱奉助、任曰清、艾庆曾、艾尔杰、李汝霖、李裕后、刘纯熙来。高丈甲午。黄龄、李李村、郭玉六来。

初五日(3月23日)　入直。许、杨。送孝侯行,孝侯来辞行。门人孔宪苾、孔宪兰、孔继熿、吴敦源、沙兆德、田洪修、金绍庭来。门人高彤瑄、毛鸿飞、姜桐冈、陈秉和、慕芝田来。

初六日(3月24日)　入直。门人邹振岳来,方勉甫来。

初七日(3月25日)　入直。杨。诸门人来。

初八日(3月26日)　入直。杨。诸门人来。

初九日(3月27日)　入直。杨。诸门人来。

初十日(3月28日)　入直。许、杨。诸门人来。

十一日(3月29日)　入直。杨。诸门人来,子嘉来。

十二日(3月30日)　入直。杨。诸门人来。修伯、勉甫、丁默之来。

十三日(3月31日)　入直。胡荣宝来。

十四日(4月1日)　入直。杨。许师入闱。访邵汴生。杨协卿、郑小雅孝铭来,海邱子也。

十五日(4月2日)　入直。杨。访朱久香师。晚间不舒,夜延柳岑诊。

十六日(4月3日)　未入直。杨。发烧,遍身作楚,延柳岑诊,服两剂。硕卿、秋谷来。门人来,俱未见。

十七日(4月4日)　具折请假,赏十日。宝笙、苇村来。仍服柳岑药两剂。

十八日(4月5日)　咳呛尚未愈,热亦未净。服柳岑方。硕卿、秋谷来。

十九日(4月6日)　仍服柳岑方。

二十日(4月7日)　仍服柳岑方。袁启豸、滨石来。

廿一日(4月8日)　张辉山、王仲宣来。遣人贺仁师令爱下定,知仁师假十日。秋谷来,赵毓芝、公道东、石裕绅、吴重熹来。辛兄来,本日到京。仍服柳岑方。

廿二日(**4 月 9 日**) 金绍庭、勉甫来,虞汝平来,辛兄、秋谷、硕卿来,李端遇、陈象灏、丁耀时、郑允修来。

廿三日(**4 月 10 日**) 祝沈凤墀六十。贺琢如令郎完姻。魏培楠、李兆梅、杨敬廷、高彤瑄、刘文骧来。

廿四日(**4 月 11 日**) 杨。销假请安。送周、载、杜、许师处带见赆敬各十二两,廿六带见。黄体芳、韩丕耀来。汴生来,闻俞袭芸跃井死,伤哉! 李兰荪说。

廿五日(**4 月 12 日**) 引见时跪安。雨。

廿六日(**4 月 13 日**) 入直。杨。果同泽、孔宪憼、孟传琦来。招辛、秋、谱、莘甫、揆初、硕、玉森、诵清饮。

廿七日(**4 月 14 日**) 入直。杨。李之青、马天房、郭森、林天龄、秦谊亭来。

廿八日(**4 月 15 日**) 入直。杨。马天房、田洪修、吴其珍、吴福谦来。

廿九日(**4 月 16 日**) 入直。珊士、辛芝、金凤梧来,勉甫来。访采南。

三十日(**4 月 17 日**) 入直。许、杨。高梧来。钟孟鸿、邱廷枢、魏培楠、采南、驾航来。

三月朔(**4 月 18 日**) 入直。许、杨。许达京、钟孟鸿、钟觉黎、庞赞卿门人。田洪修来。得张云骞信。

初二日(**4 月 19 日**) 入直。杨。光禄寺值日。谊亭索酝卿信。招裕兴饮。驾航招。吴竹如来。

初三日(**4 月 20 日**) 入直。风。派写乐安寺额。

初四日(**4 月 21 日**) 入直。杨。宋雪帆招,辞之。勉甫、汴生来。

初五日(**4 月 22 日**) 入直。许、杨。陆仪卿慎言来。

初六日(**4 月 23 日**) 入直。滨石分校礼闱。辛芝、秋谷招。

初七日(**4 月 24 日**)　入直。复筠仙、云骞书。

初八日(**4 月 25 日**)　入直。

初九日(**4 月 26 日**)　入直。李元善春舫、徐琴舫来。

初十日(**4 月 27 日**)　入直。光禄寺值日。与仁师遇于内阁。知会试题"大畏民志"二句,"其养民也惠"二句,"于是始兴发"四句。诗"譬海出明珠"得"才"字。硕卿来。

十一日(**4 月 28 日**)　入直。答吴竹如。

十二日(**4 月 29 日**)　入直。许。写御笔《心经》签带。洪张伯来。

十三日(**4 月 30 日**)　入直。黎召民来。

十四日(**5 月 1 日**)　入直。汴生、芍亭来。

十五日(**5 月 2 日**)　入直。许。嘱珊士为余选定律诗。

十六日(**5 月 3 日**)　入直。许。辛、谷来,并出文阅之。

十七日(**5 月 4 日**)　入直。上诣大高殿祈雨。王长申、王师德来。

十八日(**5 月 5 日**)　入直。值日。魏培栩、方勉甫、郑淑詹、张庭诗来。董竹坡招,辞之。招亭秋。

十九日(**5 月 6 日**)　入直。刘伯芙、李诏白、庞门生。孔昭瑾、孟传琦、陶凤超、陕。虞汝平、赵善全、诸葛樟、金绍庭、田洪修来。

二十日(**5 月 7 日**)　入直。朱学爽、薛浚、赵朗甫来,袁启豸、孔宪悫、李树田来。

廿一日(**5 月 8 日**)　入直。相龙章、车翘、苏贻英、丁凤年、屈秋泰、吴重熹来。

廿二日(**5 月 9 日**)　入直。许。毕茂昭、吴怀[环]卿、郑小雅、高彤瑄、硕卿来。

廿三日(**5 月 10 日**)　入直。许。万寿圣节。前三后三,常服朝珠,行礼时补褂。上御乾清宫,王公以下行礼,赏寿桃一盘。庞永龄来,杨绍、程传谱来。

廿四日(**5 月 11 日**)　入直。李端遇、魏培栩、王渐鸿、公道东、赵毓芝、仁师来。中额：满七、蒙二、汉五、直廿、奉三、山东十八、山西七、河南十九、陕六、苏十四、安七、浙十一、江十七、湖北十一、湖南八、福八、广东十二、四川五、云三、贵三。

廿五日(**5 月 12 日**)　入直。许。吴仲恽、韩丕耀来，吴怀［环］卿来。

廿六日(**5 月 13 日**)　入直。许。龚显曾来，王广寒来，张椿龄来，李菱洲来。

廿七日(**5 月 14 日**)　入直。上诣大高殿祈雨。马东垣来。雨。

廿八日(**5 月 15 日**)　入直。辛兄、韩丕耀来，辛兄又同秋谷来，李兆梅、庞永龄、孙翰卿、文明、王泽普来。

廿九日(**5 月 16 日**)　入直。许。梁振英送文。出韵。魏石村来，山左门人公送席。派充磨勘官。许达京、袁廷俊、李树田来。大雨。

三十日(**5 月 17 日**)　入直。发下御笔《心经》，写签带。四叔加按察使衔，辛芝侍读衔、小雅花翎，小匡加衔花翎。邵汴生来。

四月朔(**5 月 18 日**)　许。派写《帝鉴图说》签。赏晾羊、风猪。陆之干、俞绍茱、王文棨、钱保塘来。

初二日(**5 月 19 日**)　入直。派写《图说》册引首"万世玉衡"四大字。袁启豸、沈凤墀、方勉甫来。

初三日(**5 月 20 日**)　入直。辛兄来。得姚致堂、尹杏农书，即复之并子青信。

初四日(**5 月 21 日**)　入直。硕卿来。

初五日(**5 月 22 日**)　入直。高彤瑄来。

初六日(**5 月 23 日**)　入直。发季父禀。武福泰来，庞永龄来，辛、秋来。

初七日(**5 月 24 日**)　入直。武福泰来，孔宪悫、吴仲饴、相文卿、辛兄来。赏浴佛日五香豆一碟。

初八日(5月25日) 入直。许。命拟江西万载县城隍庙扁。派许。同许师、星叔、润泉、辛、秋饮同兴楼。门人获售者山东八人。张沇清、姜桐冈、丁凤年、王文荣、李端遇、邹振岳、张瑞麟、张蕙圃。丙辰荐卷一人,黄体芳。庚申覆试一人,高梧。

初九日(5月26日) 入直。许。派书御用扇唐王维诗二首,其一面慈禧太后宸绘也。姜桐冈、陈珊士、李端遇、刘古山、丁凤年、辛芝兄来。答丁竹溪。

初十日(5月27日) 入直。杨。磨勘班未到。发下国史馆刊传四本。访硕卿、辛、秋。答觐唐。范抟九、吴仲饴、邹振岳、孔宪悫、张蕙圃、张瑞麟、王文荣来。

十一日(5月28日) 入直。许、杨。魏解元来,丁心斋、车翘、诸葛樟、虞汝平、赵善全、张椿龄、辛兄、硕卿来。

十二日(5月29日) 入直。张沇清、秋谷来。光禄寺值日。是日上诣大高殿祈雨。

十三日(5月30日) 入直。杨。发下广福寺扁额。杨。范鹤生、毕茂昭、李树田来。

十四日(5月31日) 入直。许。辛兄来,陆吾山来。

十五日(6月1日) 入直。在懋勤殿阅苏东坡《枊木诗卷》、赵子昂临《十七帖》卷、仇十洲《太真上马图》、王齐翰《江山隐居图》、燕文贵《萧寺图》、曹云西《溪山平远图》、董香光《自书告身卷》、《望山采南图》、《保母砖》卷子(香光藏本也)。秋谷来。

十六日(6月2日) 入直。访方勉甫。贺寿甫。访叔平不值。袁启豸来。藕船明日招于福泰刘局,辞之。

十七日(6月3日) 入直。杨。命拟三姓、关帝庙、城隍庙扁额。派许。致藕船书。秋谷、李莼客来。

十八日(6月4日) 入直。许。辛芝、秋谷来,勉甫、叔平来。

十九日(6月5日) 入直。在懋勤殿阅李伯时《吴中三贤图》、赵伯驹《弘文雅集图》、李伯时《五马图》、任仁发《饮中八仙图》、唐张南本《华封三祝图》、钱陈群赞。姚允在《仿宋元六家山水卷》、梁楷《王羲之书扇图》、张即之书楼钥《汪氏报本庵记卷》、赵仲穆临李伯时《番马图》、董邦达摹马远《潇湘八景图》、方琮摹黄大痴《富春山居图》。招辛芝、秋谷、硕卿、诵清、谱琴于宴宾，遇驾航。

二十日(6月6日)　入直。值日。递封奏一件。在懋勤殿阅陆治《上元宴集图》、文徵明《石城草堂图》、孙克宏画花鸟卷、阎立本画《孔子弟子象》、五十九人，蒋溥跋。姚公麟杂画、赵伯驹《六马图》、范宽《秋山萧寺卷》、高江村诗。隋人书史岑《出师颂》、张翌达善跋。文嘉、钱谷、文伯仁《半偈庵图》合璧。皇甫汸、黄河水、张献翼、沙弥道魁、顾允焘、王世懋、王世贞、黄姬水诗，文嘉书。陶凤超、郭森来，李和生来，硕卿来。上诣大高殿祈雨。

廿一日(6月7日)　入直。许、杨。发下扇八柄，缮写臣敬书三柄。辛兄来，即招辛兄、秋谷饮。访钱馨伯。

廿二日(6月8日)　入直。李和生来。

廿三日(6月9日)　入直。许、杨。招藕船、汴生、仲复、研樵、谊亭、玉双、鹤洲于谏草堂。

廿三[廿四]日(6月10日)　入直。许、杨。滨石具折请假，四月开缺，回籍省亲。状元翁曾源，榜眼龚承钧，探花张之洞。午后雨。

廿五日(6月11日)　入直。杨。滨石谢恩。濒行告予曰："子好名之念太重，天之所忌亦人之所恶也，以后韬晦为妙。"翁仲源归第，同乡俱集常昭馆。勉甫来。

廿六日(6月12日)　入直。在懋勤殿阅张宗苍《仿黄公望笔意卷》、《竹坞林亭卷》，唐子畏山水，李季云印，老松题签。董文敏《麦饼宴诗卷》，方朔印。马轼、李在、夏芷分作《归去来辞图》，易元吉《聚猿图》，周之冕画花卉真迹，王著《千文》真迹，金润《溪山真赏图》，汪由敦临王宠《诸葛亮出师表》，宋旭《西湖图》，张宗苍《兰亭修禊图》，王蒙《听松图》。八十三翁马士英、王赦题。秋谷来。

廿六[廿七]日(6月13日)　入直。许。访子嘉不值。晤铁笙。

硕卿来。辛芝谈竟日。

　　廿八日(6月14日)　许。昆新收复。赏帽纬一匣、袍料一个。在懋勤殿阅张照《千字文》,高宗题。唐子畏《松阴高士图》,李季云印。朱德润山水,都穆题。李伯时《吴中三贤》,董邦达《仿王诜渔村小雪图》,钱文敏《塞山雪景》,怀素《自叙》真迹,梁楷《右军书扇图》,又一本。张宗苍《雪溪帆影》,张照临董、临苏杂帖卷,文衡山《洛原草堂图》。康海、王九思、杨慎、薛蕙、唐龙、赵时春诸人题。江村跋。白贞夫一札附后。

　　廿九日(6月15日)　入直。许师派阅卷。引见时磕头谢恩。在懋勤殿摹东坡《梏木诗》墨迹、王著《千文》未竟。辛兄来。丁竹溪招文昌馆。

　　五月朔(6月16日)　入直。许。赐角黍。钱辛伯、黄漱兰、郑小雅来。

　　初二日(6月17日)　入直。在懋勤殿摹王著《千文》。阅姚绶杂画卷,颜辉《煮茶图》,沈石田《西山雨观》,张宗苍《层楼曲栈》,莫是龙杂书,张宗苍画《惠山园图》,钱维城《狮子林全景》,沈石田写生,玉兰、蟹蚌。林逋、苏轼诗帖卷,唐子畏、文衡山书画合璧卷。在内阁晤仁师。谕旨:"南书房翰林需人,着倭仁、贾桢于翰詹各员内择其品学端方者酌保数员,候旨考试。钦此。"

　　初三日(6月18日)　入直。许。在懋勤殿摹《千文》并阅黄谒《雪猎图》、高房山《秋山暮霭图》、任仁发《出围图》、文衡山《姑苏四景》、沈石田山水、沈士充子居。《仿宋元十四家笔意》。晤硕卿、秋谷。高梧、武福泰、邵汴生丈、傅达泉、杨雪门来。同宝笙、汴生、月樵、辛甫、蓉州、植三出钱滨石。

　　初四日(6月19日)　入直。祝滇生先生寿。晤仁师。秋谷、珊士来。李端遇、钟觉黎来。计内廷用童一百廿吊,艮[银]三两。孟、柳一百廿吊,刘五十吊,李卅六吊,懋勤壹百廿吊,管四十二吊,报十二吊,朝房十八吊,各处节礼三百九十三吊。

初五日（**6 月 20 日**）　入直。许。欠周用李三两。赐角黍。为大人预祝。伯父、小匡、谱怡、味秋、玉森、诵清同饮。

初六日（**6 月 21 日**）　入直。摹《千文》竟。大人散诞，小匡、亚陶、玉森、诵清、辛、秋、谱同饮。翰林院保送南斋三人：徐颂阁、欧阳用甫、孙莱山，初九日考试。

初七日（**6 月 22 日**）　入直。许。摹子昂临《十七》帖。莱山来，访滨石。

初八日（**6 月 23 日**）　入直。许。辛芝来，仁师来。

初九日（**6 月 24 日**）　入直。许。在殿上见黄筌《柳塘聚禽图》、陈闳《八公图》、王烟客《晴岚暖翠图》。访赵之谦益甫。吊朱修伯。徐颂阁来，欧阳用甫来。徐、欧皆本日奉旨直南斋者也。李村来。

初十日（**6 月 25 日**）　入直。许师未到。王文荣、孙莱山来。

十一日（**6 月 26 日**）　入直。许师未到。在殿上见李唐《雪景》、张师夔舜咨树石、张训礼《围炉博古》、李士行遵道画松、阎立本《竹林五君》。张瑞麟、张蕙圃来，辛芝、秋谷、丁凤年来。夜雨。

十二日（**6 月 27 日**）　入直。贺颂阁、用甫。祝顺公福寿。晤秋谷、硕卿。李端遇来。

十三日（**6 月 28 日**）　入直。在殿上见赵伯驹《汉宫图》（香光题）、夏珪禹玉《西湖柳艇》、仇十洲《梅石抚琴图》、仇十洲《移竹图》、王石谷《晚梧秋影》（南田题）、郎世安［宁］《花底仙龙》、唐岱仿王叔明山水。辛芝来。三亶［坛］祈雨。上诣大高殿拈香。雨。

十四日（**6 月 29 日**）　入直，许师未到。姜桐冈、武福泰来。招玉六、仁师、滨石、颂阁、用甫、勉甫于宴宾斋。勉甫因病不至。夜大雨。

【本日日记天头上书"勉甫十两、珊士四两、刘兰墅四两"。】

十五日（**6 月 30 日**）　入直。光禄寺值日。宗人府带教习引见一名，李锡珍。滨石行。方寿甫来。

十六日（**7 月 1 日**）　入直。在殿上见小李将军《洛阳楼图》、香光跋不真。陈琳《溪凫图》、王蒙山水直幅、《层嵊叠嶂》。董北苑《龙宿效民图》、香光、王横云题皆极佳。王原祁《虞山秋色》、张得天临右军《山川诸奇帖》。辛芝、硕卿、许达京、王广寒、赵毓芝来。

十七日(7月2日)　入直。在殿上见荆浩《匡庐图》、任仁发《花村春庆图》、马远画《雪景》、王诜《九成宫图》、赵雍《骏马图》、吴仲圭《墨竹》、钱选《五蔬图》、冷枚《赏月图》、冷枚人物画幅、金廷标《钟馗探梅图》、金廷标《吹箫召鹤图》。翁师入贤良祠,未去。

十八日(7月3日)　入直。许师未到。酷暑。在殿上见关全《关山行旅》、安仪周印。赵昌花鸟、赵孟坚《水仙》、盛懋《仓山白云》、倪瓒《远岫树石》、自题极佳。钱选《雪梅集禽》、吕纪《鸳央[鸳鸯]》。秋谷、勉甫来。修伯开吊,未去。

十九日(7月4日)　入直。许师、颂阁未到。

二十日(7月5日)　入直。许师、颂阁未到。李村、辛芝来。

廿一日(7月6日)　入直。许师未到。遣人以水礼四色送子福师,廿三行。大雨。

廿二日(7月7日)　入直。俱到。张叔平观准来。

廿三日(7月8日)　入直。值日。访许太老师。辛芝谈竟日。访秋谷。李菱洲来。

廿四日(7月9日)　入直。俱到。访吴环卿。

廿五日(7月10日)　入直。许师未到。送韵和行。访刘云生。秋谷、硕卿、韵和、莼客来。

廿六日(7月11日)　入直。许师未到。贺秋谷、俊叔、韵初取学正,皆不直。大雨。

廿七日(7月12日)　入直。许师未到。颂阁作烧鸭东。小匡夫人寿,吃面,大醉。

廿八日(7月13日)　入直。许师未到。大雨,秋谷来,知未记名。

廿九日(7月14日)　入直。许师未到。访许师。阴。用甫作烧小猪东。访叔平、馨伯不值。王文棨、李端遇来。

三十日(**7 月 15 日**)　入直。许师未到。颂阁来。晚大雷雨。

六月朔(7 月 16 日)　入直。同乡谢恩，赐苏子叶饺。许师未到。

初二日(7 月 17 日)　入直。俱到。祝玉森三十。辛、秋、硕卿俱来，姜桐冈来。

初三日(7 月 18 日)　入直。许师未到。酷暑。袁鹤洲来。梦甚恶，签亦不祥。

初四日(7 月 19 日)　入直。许师未到。寄若农书交云生。暑更酷。黄太夫人忌辰。李端遇来。

初五日(7 月 20 日)　入直。俱到。晚雨。

初六日(7 月 21 日)　入直。恭篆"文宗显皇帝大恩皇考之圣灵宝位"十四字。许师未到。遇宾、辛兄来。

初七日(7 月 22 日)　入直。许师未到。王文棨、秋谷来，郑孝铭来。

初八日(7 月 23 日)　入直。许师未到。晨雨。与谱琴饮宴宾。汤东笙来。

初九日(7 月 24 日)　入直。直日，颂阁未到。秋谷来。

初十日(7 月 25 日)　入直。许师未到。发下《皇朝兵志》、国史馆《列传》八本，恭校。秋谷来，同吃烧鸭。

十一日(7 月 26 日)　入直。许师未到。大雨，入直时衣履俱湿。

十二日(7 月 27 日)　入直。硕卿招饮龙源楼。范鹤生来。

十三日(7 月 28 日)　入直。许师未到。访滇生先生、许师。见《化度寺碑》九百余字，宋刻宋拓。曾在商邱陈伯恭处，有王孟阳印、翁覃溪跋，诒晋斋、南韵斋皆有跋。今郑邸出售，价壹百二拾金。

十四日(7 月 29 日)　入直。冯柳堂观察镕来，张香涛来。

十五日(7月30日)　入直。许未到。颂阁招同小匡、香涛、霞峰饮。秋谷招,未去。

十六日(7月31日)　入直。许未到。答香生、云生。小山招同莱山、秦文伯光、缉甫、杨澧南、郝季饮。访莱山。

十七日(8月1日)　入直。许未到。光禄寺值日。访辛、秋、硕卿。访叔平。孔经之来。

十八日(8月2日)　入直。许师未到。访琴舫。琴舫、赵秀田毓芝来。

十九日(8月3日)　入直。许师未到。辛芝来谈竟日。以范眉生信交孔经之。

二十日(8月4日)　入直。赏面食四器,他□一器。以伟如信、苏炳臣信交琴舫。童观察秀春、何桂苑继俨来。大人服小匡药。

二十一日(8月5日)　入直。许师未到。御笔《心经》写签带。徐、欧。秋谷来,辛芝来。郑心廉年伯观寿来,并索萧质斋、章采南信。夜雨。

二十二日(8月6日)　入直。王广寒、吴其珍来。暑。

二十三日(8月7日)　入直。许师未到。暑。

二十四日(8月8日)　入直。许师未到。巳刻立秋。访硕卿、辛芝、秋谷。

二十五日(8月9日)　入直。

廿六日(8月10日)　入直。许师未到。昨约同兴楼,今日同用甫、颂阁到同兴楼,则竟未去也。硕卿来。

廿七日(8月11日)　入直。许师未到。秋谷来辞行。明日行。二伯招宴宾斋,未去。访叔平、玉甫、李浚、馨伯未值。校《文宗御制诗文集》毕。

廿八日(8月12日)　入直。许师未到。命拟直隶束鹿县河神庙匾。派徐。许师招同兴楼同颂阁、用甫。勉甫辞行,初三行。李菱洲来。夜雨。两月以来假贷无一成者,景况不堪矣。

廿九日(8月13日)　入直。泥泞难行。送勉甫行。访修伯。得四叔信。李端遇、小研来,辛芝来。

七月庚申朔,乙巳(8月14日)　入直。赏餪糕一盘。许师未到。内子病,延小匡诊。辛芝来。致谱香信交勉甫。

初二日,丙午(8月15日)　入直。访馨伯。博希哲明《西斋偶得》《凤城琐录》甚渊雅。致俪笙、芙卿信。

初三日,丁未(8月16日)　入直。许师未到。《湖南通志·金石志》一门是瞿木夫手。玉甫来。

初四日,戊申(8月17日)　入直。继母陆夫人二十周忌,龙泉寺礼忏。二伯、硕卿、玉森、诵清、苕村、柳岑、三琴、辛芝俱到。

初五日,己酉(8月18日)　入直。许师未到。沈韵初来。写"牵牛河鼓天贵星君""天孙织女福德星君"神牌。

初六日,庚戌(8月19日)　入直。许师未到。在内作烧鸭东。韩仁山自山东来,辛芝来。

初七日,辛亥(8月20日)　入直。许师未到。颂阁招许师、用甫于同兴楼。

初八日,壬子(8月21日)　入直。许未到。访朱生、仁山。同仁师、星叔集于福兴,有颂阁、用甫。夜大泻十余次不止,服柳岑两方。

初九日,癸丑(8月22日)　惫甚不能入直。许亦未到。札致用甫、颂阁。服柳岑方。辛芝来。赵秀田毓芝、翁叔平来,硕卿来。

初十日,甲寅(8月23日)　入直。派恭代十二日御笔《心经》。赵秀田来辞行,赠以四金。汴生来,辛芝来。服柳岑方。

十一日,乙卯(8月24日)　病未能入直,遣人告颂阁。服柳岑方。韩仁山来。

十二日,丙辰(8月25日)　两下钟进内。辰刻慈安皇太后万寿圣节,慈宁门行礼。得中鲁六月十二书,即复之。许师上陵。

十三日,丁巳(8月26日)　入直。访贺郑惕厂、丰少卿麟、郭玉六、杜荣三。刘云生、蒋拙庵来。

十四日,戊午(8月27日)　入直。答伯芳。祀先。钟遇宾来,刘南卿来。

十五日,己未(8月28日)　入直。交用甫五十金、颂阁十金,赠莼客四金。以荆山信交南卿。李菱洲来。

十六日,庚申(8月29日)　入直。

十七日,辛酉(8月30日)　入直。雨。硕卿、韵初来。

十八日,壬戌(8月31日)　入直。吴环卿来,王广寒、南卿、李村来。

十九日,癸亥(9月1日)　入直。硕卿、辛芝来谭竟日。以《五凤石刻》赠韵初。

二十日,甲子(9月2日)　入直。光禄寺值日。许师复命未入直。颂阁未入直。

二十一日,乙丑(9月3日)　入直。颂阁未到。颂阁来,辛芝来。访韵初、硕卿。

二十二日,丙寅(9月4日)　入直。许未到。唁颂阁内艰。

二十三日,丁卯(9月5日)　入直。许师未到。访硕卿、辛芝。韵初、李小研来。赠韵初《卢丰碑》、汉《周憬碑》,陈兰浦沣有拓本。李研卿说吴《丁奉碑》在湖州某桥下。赵益甫说陈似是知者大师成慧善阇黎。碑张松坪目睹在金、衢间,《萧宏阙》程文荣搜得。余已赠之均初。赏榆次瓜。辛芝来。

二十四日,戊辰(9月6日)　入直。许师未到。唁竹坡丁艰。珊士来。

二十五日,己巳(9月7日)　入直。许师未到。访硕卿、辛芝。辛芝来竟日。

二十六日,庚午(9月8日)　入直。大雨,许师未到。

二十七日,辛未(9月9日)　入直。恭编《文宗显皇帝诗文全集》诗八卷、文二卷。刊刻完竣。共进呈本二十部,备赏本八十部,装订成帙,敬具折呈递。旨收。赠韵初《高颐碑》《贾君阙》。刘燕庭拓本。

二十八日(9月10日)　入直。晨雷雨,许师未到。议改王传旨,颁赏《文宗显皇帝诗文全集》一部并另有赏赐。光禄寺值日。晚又雨。吴环卿、沈韵初来。为韵初作缘得《化度寺碑》。

二十九日(9月11日)　入直。赏顾绣蟒袍一袭、大卷江绸、袍褂各一连,磕头谢恩。祝仁师寿。辛芝来。

三十日,甲戌(9月12日)　入直。许师未到。驾航来谈。

《娄寿碑》华中父真赏斋本,今在杨氏继振号又云、铁云,又号莲公处,有丰南禺、朱竹垞、何义门、钱竹汀、龚定庵、六舟跋,何子贞七古二首。有文后山鼎、秦光第、六舟、何子贞题签,孙渊如题"墨皇"二大字。有陆谨庭名印,曾在其处也。名号印不计其数。

见"鹤寿本",有翁覃溪诗、王惕甫跋、何义门题签,为筠圃题,细看是伪本。留耕斋藏。有"荣鉴印",印甚多。

八月朔,乙亥(9月13日)　入直。许师未到。辛芝来。雨。

初二日,丙子(9月14日)　入直。许师未到。吴怀[环]卿辞行。访韵初、硕卿、辛芝。雨。

初三日,丁丑(9月15日)　入直。许师未到。吊颂阁。贺湅文娶。无日不阴雨,道途甚难行也。

初四日,戊寅(9月16日)　入直。许师未到。钟遇宾、康芝山来,辛芝来。

初五日,己卯(9月17日)　入直。许师未到。访修伯。韵初、珊士来,范萼生来。访叔平。

初六日,庚辰(9月18日)　入直。许师未到。辛芝来,托买之皮未成。刘云生来。

初七日,辛巳(9月19日)　入直。许师未到,派写之件送其家。

以郭筠仙信交刘云生。雨。

初八日,壬午(9月20日)　入直。许师未到,访许师。

初九日,癸未(9月21日)　入直。许师未到。在内见宋拓《九成宫》《圣教序》。一本"林"字已有裂文。有杨名耀、杨霦、杨渑祖景西印,未佳。《九成宫》袁司农物。有思白题签并补弟[第]一页者,佳。宋拓《庙堂碑》王彦超本。颇旧。拙老人题签,王虚舟印。均初来,文翰初启来,赠六金。

初十日,甲申(9月22日)　入直。许师未到。辛芝、均初、高凤冈梧来。假王蓉洲汉石经残字来观,一《论语》,一《仪礼》,与钱梅溪摹本悉合,恐非汉石,亦非宋石也。贺李村得子。

十一日,乙酉(9月23日)　入直。颂阁开吊。交高凤冈、郑谱香信。叔平来。

十二日,丙戌(9月24日)　入直。许师未到。访许师、滇生先生。均初来。

十三日,丁亥(9月25日)　入直。开发内廷节礼。范抟九、鲍步垣、辛芝来。

十四日,戊子(9月26日)　入直。许师未到,于内阁见之。访单地山。周、载、杜、许师处送节敬。丁濂甫来。

十五日,己丑(9月27日)　入直。许师未到。答陈绿樵象沛。赏西瓜三个、果子三盘、月饼三盘。

十六日,庚寅(9月28日)　入直。辛芝悼亡。

十七日,辛卯(9月29日)　入直。雨竟日。均初来。

十八日,壬辰(9月30日)　未入直。宗人府考供事,同治贝勒辰初到,酉刻散。杜清讬以"端始"进题。半夜雨。

十九日,癸巳(10月1日)　未入直。宗人府供事对笔迹,辰到,午散。

二十日,甲午(10月2日)　入直。辛芝来。

廿一日,乙未(10月3日)　入直。许师未到。贺用甫移居城内。修伯、芍庭来。

廿二日,**丙申(10月4日)**　入直。许师未到。用甫招许师同兴楼。陈象灏来,宝笙来。

廿三日,**丁酉(10月5日)**　入直。许师未到,以黄孝候函及《御制文集》交郭太史从矩。

廿四日,**戊戌(10月6日)**　入直。以郑小山、黄孝候、王静盦信付袁民章。张云衢来。尔遴,原名鸿昊。

廿五日,**己亥(10月7日)**　入直。许师未到。辛芝来,用甫来。

廿六日,**庚子(10月8日)**　入直。许师未到。辛芝开吊文昌馆。

廿七日,**辛丑(10月9日)**　入直。许师未到。访硕卿、辛芝。自中秋后信均属徐亚陶写。邵汴生来。

廿八日,**壬寅(10月10日)**　入直。许师未到。抟九来。

廿九日,**癸卯(10月11日)**　入直。许师未到。访辛芝。交会文斋刻王平子诗。珊士来,均初来。

三十日,**甲辰(10月12日)**　入直。访辛芝。康芝山来。夜风。

壬戌九月朔,乙巳(10月13日)　入直。许师未到。访辛芝不值。辛芝、张尔遴来,硕卿、均初来。

初二日,丙午(10月14日)　入直。在内阁《醴泉铭》、虞潢跋。《皇甫碑》,成邸跋,四百两得荷屋。《圣教序》、王虚舟、蒋拙存、李世倬跋。钟王小楷、曹倦圃、沈文恪跋。晋唐小楷。成邸、郭兰石跋。

初三日,丁未(10月15日)　入直。许师未到。抟九来。得程小泉书。

初四日,戊申(10月16日)　入直。许师未到。途遇许师。访辛芝、小山。辛芝、莼客来。

初五日,己酉(10月17日)　入直。许师未到。

初六日,庚戌(10月18日)　入直。至馆晤东山。硕卿、均初来。得丹初片。

初七日,辛亥(10 月 19 日)　入直。许师未到。

初八日,壬子(10 月 20 日)　入直。许师未到。贺李村子满月。访益甫、硕卿。辛芝、小山来。许师送《东库帖》四本来,宋拓也。

初九日,癸丑(10 月 21 日)　入直。在均初处待继又云,竟日不至。沈守之先生来书,即复之,大顺寄。并为作子青书。先姚汪夫人忌辰。《武梁祠》三卷,黄小松拓本。观《淳化》宋拓弟[第]六卷、《十三行》荆川本、《九成》、《砖塔》,皆佳。

初十日,甲寅(10 月 22 日)　入直。

十一日,乙卯(10 月 23 日)　入直。以张子青书交袁民章。

十二日,丙辰(10 月 24 日)　入直。许师未到。贺吕九霞视楚南学。访辛芝。

十三日,丁巳(10 月 25 日)　入直。许师未到。访辛白。

十四日,戊午(10 月 26 日)　入直。许师未到。

十五日,己未(10 月 27 日)　入直。许师未到。硕卿来。

十六日,庚申(10 月 28 日)　入直。光禄寺值日。彭榴仙夫人开吊,在长椿寺。

十七日,辛酉(10 月 29 日)　入直。许师未到。派出定陵,释服三分之一,瑞常、孙葆元、灵桂、罗惇衍、中常、吴廷栋、薛焕、裕瑞、师曾、□□□、赵东昕。许师招东兴。鲍步垣来。

十八日,壬戌(10 月 30 日)　入直。许师未到。访辛芝,遇茞村。得见《娄寿碑》,留之三日。

十九日,癸亥(10 月 31 日)　入直。许师未到。派写东河河神庙"茨防永佑"扁。补缮《文宗显皇帝御制诗文》底本毕。呈进。

二十日,甲子(11 月 1 日)　入直。许师未到。宗人府带领引见一名,黄家相。发下《皇朝兵志》、国史馆《忠义列传》,恭校。辛芝、桂山来。

廿一日,乙丑(11 月 2 日)　入直。访硕卿。均初来,李村来。

廿二日,**丙寅**(11 月 3 日)　入直。许师未到。访颂阁。均初来。

廿三日,**丁卯**(11 月 4 日)　入直。许师未到。

廿四日,**戊辰**(11 月 5 日)　入直。许师未到。汴生来。

廿五日,**己巳**(11 月 6 日)　入直。许师未到。辛芝来。

廿六日,**庚午**(11 月 7 日)　入直。许师未到。汴生来。

廿七日,**辛未**(11 月 8 日)　入直。访均初、硕卿。送馨伯行。拃九来,馨伯来辞行。

廿八日,**壬申**(11 月 9 日)　入直。许师未到。访单地翁。辛芝来。

廿九日,**癸酉**(11 月 10 日)　入直。许师未到。

十月朔**甲戌**(11 月 11 日)　入直。赏熏猪、晾羊。

初二日,**乙亥**(11 月 12 日)　入直。许师未到。访硕卿、均初。

初三日,**丙子**(11 月 13 日)　入直。许师到。均初来。武会状黄大元。

初四日,**丁丑**(11 月 14 日)　入直。许师未到。许师来。函致八太太。宝笙、辛芝来。

初五日,**戊寅**(11 月 15 日)　入直。许师未到。招门人陈寿祺、康缙、张尔遴、郭森、杨澍鼎、薛浚于家。和丰招仙城馆,同许师、用甫、涑文、檀浦。

初六日,**己卯**(11 月 16 日)　入直。许师未到。余生日,招亚陶、小匡、玉森及诸兄弟于时丰。

初七日,**庚辰**(11 月 17 日)　入直。许师未到。贺辛芝补中书。张尔遴来。先妣汪夫人生忌。

初八日,**辛巳**(11 月 18 日)　入直。许师未到。鲍小山、薛小云来。钟遇宾之门人广东朱宝珊、福太守以鉴来见。康福、辛芝来。

初九日,**壬午**(11 月 19 日)　入直。许师未到。

初十日,**癸未**(11 月 20 日)　入直。慈禧皇太后万寿,长信门行礼。卫静阑来。

十一日,甲申(11月21日)　不入直。

十二日,乙酉(11月22日)　卯刻行。栅栏店食,住烟郊。

十三日,丙戌(11月23日)　丑刻行。食段家岭,住蓟州。

十四日,丁亥(11月24日)　食马伸桥,住隆福寺。内务府科房堂郎中田师曾季瞻、行二。郎中阿尔萨兰廓然、行大。堂主事恒杰英圃、松仰景瞻士、宝琳昆圃,行二。均来送菜。惇邸、劻贝勒遣人来并送菜。

十五日,戊子(11月25日)　辰初,文宗显皇帝暂安处行释服礼,礼毕即行。食蓟州,住枣林。三河县。

十六日,己丑(11月26日)　子刻行。夜大雾弥漫,对面不见人。夜行六十里,食栅栏店,申刻还家。

十七日,庚寅(11月27日)　味琴招同芍庭、玉甫、子英、柳岑、玉森。用甫来。

十八日,辛卯(11月28日)　入直。具公折复命,光禄寺值日。许师未到。方寿甫、辛芝来。答谢绵竹坡。晤元甫、田季瞻。

十九日,壬辰(11月29日)　入直。许师未到。

二十日,癸巳(11月30日)　入直。引见时跪安。访均初、硕卿。答静阑。

廿一日,甲午(12月1日)　入直。许师未到。张尔遴来辞行。芍亭来。

廿二日,乙未(12月2日)　入直。许师未到。文昌馆硕卿开吊。蔡同春来,许师来。

廿三日,丙申(12月3日)　入直。许师未到。小匡生日,痛饮竟日。

廿四日,丁酉(12月4日)　入直。许师未到。硕卿来,为小匡祝,同饮。递封奏一件。奉上谕:"实属冒昧,不知政体,着传旨严行申饬。钦此。"

廿五日，戊戌（12月5日） 入直。许师未到。康芝山来。许涑文招同韫斋、筠庵、汴生、馨士、莱山、檀浦吃鱼生。

廿六日，己亥（12月6日） 入直。许师未到。王子泉庭桢来，贞孚来。

廿七日，庚子（12月7日） 入直。许师未到。光禄寺值日。贺许师令爱送妆，同用甫在彼饭。雾。

廿八日，辛丑（12月8日） 入直。许师未到。写内廷帖落毕，共十二份。

养心殿平安宝殿内明间南墙门口上向北，横，白绢。宋程子《上殿劄子》。"君道之大"至"辅养圣德"。

东间西墙门北边，直，黄蜡笺。汉班固《东都赋》。"是以四海之内"至"道德之富"。

殿内西里间南床西墙，直，白素蜡笺。汉王褒《得贤臣颂》。"圣主必待贤臣"至"离世哉"。

殿内东里间南床东墙，洒金绿粉笺，直。真德秀《进大学衍义表》。"畎亩不忘君"至"更推作新民之化"。

殿内西间西墙瓶式门南边，白绢，字斗。张蕴古《大宝藏》。"闻之夏后"至"游神于至道之精"。

绥履殿内东间西墙门南边，黄蜡笺条。苏轼《进陆宣公奏议劄子》。"至于用人听言之法"至"实治乱之龟鉴"。

殿内明间西墙门南边，藏经纸条。曹植《七启》。"世有圣宰"至"声教之未厉"。

养心殿后殿能见宝殿内东墙门上向西，黄纸，横。朱子《敬斋箴》。"正其衣冠"至"万变是监"。全。

能见宝殿内北墙有窗，东边，绿纸条。吕祖谦《周师氏箴》。"时维师氏"。全。

养心殿后殿攸芋斋殿内西墙门上向东，黄纸，字斗。张栻《虚舟斋铭》。全。

养心殿绥履殿内西间北墙方窗两边七言对："宝露常滋三秀草，杏云深护九如松。"五言对："克勤思禹绩，无逸绘豳诗。"

贺许师，答长乐初。硕卿来，李村来。

廿九日，壬寅（12月9日） 入直。许师未到。赏哈密瓜。访均初、硕卿。贺经笙抚山西。李雨崖应霖，稼门之兄。来。

三十日，癸卯（12月10日） 入直。许师未到，许子滨来。

十一月甲辰（12月11日） 入直。许师未到。穿貂褂。顾俊叔来，苇村、辛芝来。

初二日，乙巳（12月12日） 入直。许师未到。访均初，遇辛芝。同韫斋、宝笙、□甫、筠庵、濂甫、汴生、伯荪集涑文寓。苟庭来。

初三日，丙午（12月13日） 入直。许师未到。茗生来。伤足。

初四日，丁未（12月14日） 入直。许师未到。梁檀浦、梁馨士招，辞之。闻官军十月廿六日收复苏州。汪姑母十周年。玉森、苇村在西方丈礼忏，前往行礼。二伯散诞，硕卿诸君同席。叔平、辛芝来。

初五日，戊申（12月15日） 入直。许师到。光禄寺值日。苗逆伏诛。四叔以道员记名简放。周小棠、辛芝、鲍小山来。

初六日，己酉（12月16日） 入直。许师未到。访辛芝不值。裴石麓来。

初七日，庚戌（12月17日） 入直。许师到。辛芝来。

初八日，辛亥（12月18日） 入直。许师未到。访辛芝。

初九日，壬子（12月19日） 入直。许师未到。至长椿寺，彭文敬周年。辛芝来，遇宾来。

初十日，癸丑（12月20日） 入直。崔羽堂银信面还周小棠。赏冰鱼。许师到。访滨石。均初来。储秀宫帖落一张，敬书崔瑗坐[座]右铭。

十一日，甲寅（12月21日） 入直。许师未到。到光禄寺署。冬至祀先。

十二日，乙卯（**12 月 22 日**）　入直。许师未到。柳岑写对，留饮。芍庭来。

十三日，丙辰（**12 月 23 日**）　入直。许师未到。柳岑写对，留饮。莼客来。

十四日，丁巳（**12 月 24 日**）　入直。许师未到。滨石仍入直。

十五日，戊午（**12 月 25 日**）　入直。许师未到。贺滨石。访南卿。辛芝来。

十六日，己未（**12 月 26 日**）　入直。许师未到。抟九、南卿、辛芝来。

十七日，庚申（**12 月 27 日**）　入直。许师未到。访辛芝。汴生来。

十八日，辛酉（**12 月 28 日**）　入直。许师未到。伯芳、硕卿来。

十九日，壬戌（**12 月 29 日**）　入直。许、杨未到。访辛芝不值。华友竹鉴来。夜再访辛芝。

二十日，癸亥（**12 月 30 日**）　入直。许师未到。访辛芝。辛芝来。

二十一日，甲子（**12 月 31 日**）　入直。许师未到。周蔗园尔尧来，南卿来。

二十二日，乙丑（**1864 年 1 月 1 日**）　入直。许、杨俱到。访价人、修伯。驾航来。

二十三日，丙寅（**1 月 2 日**）　入直。许、杨未到。祭翁文端。访均初、硕卿、子嘉不值。辛芝、滨石来。

二十四日，丁卯（**1 月 3 日**）　入直。许师未到。宗人府带引见二名。硕卿来。

二十五日，戊辰（**1 月 4 日**）　入直。许、杨未到。恭书养心殿等处楣眼集锦卅三件进呈。计共八十七件。

二十六日，己巳（**1 月 5 日**）　入直。许师未到。栾以绂来。

二十七日，庚午（**1 月 6 日**）　入直。许、杨未到。贺杜师二世兄完姻并祝。访涑文遇仁师。辛芝来。

二十八日，辛未（1月7日）　入直。恭代御笔"福"字一百六十方、"寿"字三十二方进呈。秋泉来。

二十九日，壬申（1月8日）　入直。许、杨未到。命拟平安室三字、四字扁，五言、七言对，派许底。子嘉、萼生来。

十二月乙丑，癸酉，朔（1月9日）　入直。散后光禄寺京察过堂。慕杜、芍庭来。

初二日，甲戌（1月10日）　入直。许、杨未到。慈禧皇太后赐"福""寿""龙""虎"字各一方，又赏大卷江绸袍褂料各一件。祝周师寿。中州馆焚屋三间，即灭。辛芝、张鸿来，涑文、慕杜、芍庭、修伯来。

初三日，乙亥（1月11日）　入直。到署拆京察封。莼客来。

初四日，丙子（1月12日）　入直。杨未到。命拟绥履殿、平安室、钟粹宫、储秀宫春帖等件。小汀师寿。李村、辛芝来。

初五日，丁丑（1月13日）　入直。引见时碰头谢恩。命篆宝样八件呈进。写春条、挂屏各二件呈进。宗人府京察过堂。

初六日，戊寅（1月14日）　入直。许、杨未到。慈禧皇太后御笔兰竹，命题七律一首并拟四字。添写平安室春条、挂屏八条呈进。辛芝来。

初七日，己卯（1月15日）　入直。添写钟粹宫春条、挂屏四件呈进。赏耿饼二十五个。郭森来。

初八日，庚辰（1月16日）　入直。许、杨未到。高小坡彦冲来，筠坡同年子也。

初九日，辛巳（1月17日）　入直。许未到。命写扁四面、底子。珊士来。访辛芝不值。

初十日，壬午（1月18日）　入直。许、杨未到。发下国史馆书八本。贺用甫生子。松庭陆母舅周年，在龙泉寺。

十一日,**癸未(1月19日)**　入直。许师未到。访辛芝,辛芝来。

十二日,**甲申(1月20日)**　入直。杨未到。命写扁十二面、底子。夜访辛芝。

十三日,**乙酉(1月21日)**　入直。命拟四字扁三十二面并写底子。郭森来,辛芝来。

十四日,**丙戌(1月22日)**　入直。命拟养心殿三字、四字扁各二面,七言对二付,八字斗方一面并写底子。赏御笔"福""寿"各一方,字径三寸许。硕卿来。

十五日,**丁亥(1月23日)**　入直。许未到。进呈写件。赏黄羊。至长椿寺,彭文敬明日葬也。辛芝来。

十六日,**戊子(1月24日)**　入直。进呈写件毕。赏"福"字,引见时碰头谢恩。访若农。用甫来。

十七日,**己丑(1月25日)**　入直。许、杨未到。访子嘉。辛芝、若农来。

十八日,**庚寅(1月26日)**　入直。许师未到。赏鱼一尾、山鸡四只。过年敬神。董砚秋招,辞之。顾肇熙来。

十九日,**辛卯(1月27日)**　入直。许、杨未到。访硕卿、均初。竹如、苊村、子嘉来。

二十日,**壬辰(1月28日)**　入直。许师未到,晤于阁。慈禧皇太后赐"居安资深"四字扁一面、春帖子,赏"福"方十张、各色绢三十张、湖笔二匣三十枝、朱墨一匣八锭。年例赏大卷江绸袍褂料各一匹、帽纬一匣。命书绥履殿对五言一副,黄蜡笺。恭代御笔进呈慈安皇太后"福禄寿喜"扁边款。

二十一日,**癸巳(1月29日)**　入直。杨未到。苊村、辛芝来。

二十二日,**甲午(1月30日)**　入直。神武门磕头谢恩。均初来。

二十三日,**乙未(1月31日)**　入直。许师未到。赏黄米糖。祀灶。周尔尧、鲍步垣来。

二十四日,**丙申(2月1日)** 入直。师未到。赏大卷袍褂各一连、帽纬一匣。

二十五日,**丁酉(2月2日)** 入直。同乡谢恩。若农来。

二十六日,**戊戌(2月3日)** 入直。懋勤殿跪春,赏香橙。招若农、益甫、荄夫、均初、小匡、拵九饮。

二十七日,**己亥(2月4日)** 入直。赏荷包、貂皮二个,手巾二个。恭代御笔进呈慈禧皇太后"福禄寿喜"扁边款。次日传旨,补写"子臣御名敬书"六字。辛芝、汴生、兰岩来。

二十八日,**庚子(2月5日)** 入直。寅刻进内,上诣太庙,出乾清门,侍班。回时磕头谢恩,赏荷包四个,得狍鹿赏。

二十九日,**辛丑(2月6日)** 入直。杨未到。载、瑞、全、朱师处送节敬。珊士来。

三十日,**壬寅(2月7日)** 入直。许、杨、欧均未到。许、杜、周、贾师、翁师母处送节敬。田逢年送诰轴来。夜接灶祀先。

沈阳纪程（1867）

　　奴才都兴阿跪奏，为查勘陵寝要工缘由，请旨简派大臣查估兴修，恭折奏闻，仰祈圣鉴事：

　　窃据福陵掌关防常升报称，碑楼工程现有紧要情形呈请查勘前来。奴才当即咨行盛京工部，选派熟谙工程司员等覆加详勘去后，兹准该部咨称：据本部派出司员等前往，敬谨查勘，得碑楼正脊劈倒，吻兽脱落损坏，铜钩铜练损坏，头停上下二层琉璃瓦片多有破碎，铜帽脱落不全。四角岔脊歪闪，亦有损坏。飞檐椽望斟杇坠落，仔角梁斟杇，油饰彩画爆落。楼门铜丝罩损坏，不露明处恐亦有斟杇处所。一切情形甚属较重，与原报相符。惟查此项工程向系钦工修理，本部并无办过估修成案，碍难核估等因。咨覆前来，奴才随带领司员亲诣工次，覆勘无异。查此工曾于嘉庆二十一年间经钦工修理，已逾保固限外。惟碑楼系安奉神功圣位碑正座，工程最关紧要，亟应先行奏明。请旨简派大臣，带同工部熟谙工程司员前来，敬谨查估。应否兴修之处，恭候钦定。所有奴才查勘要工，请派大臣查估缘由，理合恭折具奏，伏祈皇上圣鉴，训示遵行。谨奏。

　　同治六年二月二十六日（3月31日）内阁奉上谕："都兴阿奏福陵碑楼工程请派员查估兴修一折，着派毓禄前往盛京，会同桂清敬谨查估。钦此。"

　　同治六年四月十三日（5月16日）内阁奉上谕："工部左侍郎毓禄奏病难速痊恳请开缺一折，毓禄着准其开缺调理，其查勘盛京福陵工程，着派潘祖荫前往，敬谨查勘。钦此。"

　　跪单衔奏为奏闻请旨事：窃臣准工部咨称，同治六年二月二十六日（3 月 31 日）内阁奉上谕："都兴阿奏福陵碑楼工程请派员查估兴修一折，着派毓禄前往盛京，会同桂清敬谨查估。钦此。"嗣于四月十三日（5 月 16 日）内阁奉上谕："盛京福陵工程着改派潘祖荫前往，敬谨查勘。等因。钦此。"钦遵移咨前来。臣谨遵于四月二十三日（5 月 26 日）束装起程，率同司员前往，敬谨查勘，理合恭折奏闻，伏乞训示遵行。谨奏。再，臣循例拣派工部郎中长润、主事吴景萱、随带书吏前往，同于二十三日（5 月 26 日）起程。查历届出关，由兵部给发口票。进关请用盛京内务府佐领图票，往返查验在案，理合奏明，伏候命下，臣即行文各衙门遵照办理，谨附片奏闻。谨奏。同治六年四月二十日（5 月 23 日）具奏。奉旨："知道了。钦此。"

　　跽双衔奏为遵旨敬谨查勘福陵碑楼工程恭折仰祈圣鉴事：窃臣潘祖荫于四月二十日（5 月 23 日）请训，二十三日（5 月 26 日）率同司员等由京起程，五月初八日（6 月 9 日）行抵盛京，恭诣福陵、昭陵行礼后，即会同臣桂清，敬谨查勘。得福陵碑楼一座，重檐四面各显三间，正脊劈倒，头停渗漏，角梁椽望黢朽，吻兽瓦片破碎，俱多脱落。铜懞损坏、踏跺、座台闪卸，砖石间有酥碱。谨拟拆修座台、踏跺，选用石料，八成糙砖，五成细砖，换新揭窊。头停油画见新，大脊正吻勾滴添新，脊瓦料件换新，五成修理。其不露明处所，俟承修大臣拆卸时，如续有情形，即由该大臣酌量奏明办理。所有臣等会同敬谨查勘缘由，理合据实奏闻。伏候命下，即将应修做法清册移咨工部，核算钱粮，奏请钦派承修。再，臣潘祖荫于拜折后，即率同司员等起程回京，合并声明。为此谨奏。

沈阳纪程

同治六年四月二十三日，丙午（5 月 26 日）　辰刻行，食双桥，宿燕郊。酉刻寿峰、硕卿到，蒋芝庭来，托寄信。

出都柬长寿峰、吴硕卿两水部

桥山石马汗犹新，千里关山百战尘。自是春陵钟王气，从知辽水出真人。两家群纪风原古，几辈倕般技入神。熟读考工知有法，漫将靰掌说劳薪。

二十四日，丁未（5 月 27 日） 寅刻行，巳刻食段家岭，申刻宿别山镇，属蓟州，计行一百四十里。

二十五日，戊申（5 月 28 日） 寅刻行，巳刻食玉田，四十里至沙流河，又四十里至丰润，计行一百三十里。时申刻，沽酒同寿峰、硕卿饮。

二十六日，己酉（5 月 29 日） 寅刻行，巳刻食榛子镇，五十里至沙河驿，又二十里至野鸡坨，计行一百二十里。时申刻，地属迁安。过沙河后车行甚迟，烈日炎风，惫甚。榛子镇属滦州。

二十七日，庚戌（5 月 30 日） 寅刻行，巳刻食永平府。三十五里双望，属卢龙。三十五里抚宁县，风沙眯目，殊不可耐。申刻到店，发家禀交钱大令小岩。计行一百十里。

二十八日，辛亥（5 月 31 日） 寅刻行，巳刻深河驿食，属抚宁。申刻到山海关，拜长乐初都护。成竹坪税使、俊至堂观察俱来店寓晤。张星炜大令庆奎来。风颇冷。长都护在店寓请圣安。发家禀交乐初。遣人答张大令。

二十九日，壬子（6 月 1 日） 卯初行，出山海关。自乐都护以下均送至东关，城楼颜曰"天下第一关"。辰刻老君屯食。至中前所，西路缉捕委员、宁远正红旗佐领李国文来见。未刻宿前屯卫。望夫台在前屯卫城西南七十里，姜女墓在老君屯正南入海一里许。圣祖圣制诗："朝朝海上望夫还，留得荒祠半仞山。多少征人埋白骨，独将大节说红颜。"计行七十七里。中前所驻防镶蓝、正蓝二旗，兵二百名，佐领一，骁骑校二，属宁远州。竟日阴云密布，晚雷电雨作，行人不能不虑，中前所以兵七人护送。食鱼甚美。

山海关

草色连云古战场，漫从胜国论边防。北来地势横元菟，西去河声走白狼。皂帽辽东空一榻，青山华表几斜阳。阑风伏雨无聊甚，行客先秋鬓已霜。

前屯卫夜雨

行行极目尽平芜，且向山村薄酒沽。夜雨廉织人不寐，卧听羸马龁残刍。宋人句。

五月朔，癸丑（6月2日） 寅刻行，五十里食中后所，宁远何刺史焕经遣人接至望海店。五十里沙河所宿，中后所驻防镶白、镶红二旗，有巡检一。掌路记佐领觉罗额尔精额来见，沙河所李国文来见。宁远州城西六十里有鹰窝山。曲尺河自山东发源，东关驿河从山西发源。计行一百里。

初二日，甲寅（6月3日） 寅刻行，三十里宁远州食，何耕畲刺史出迎，到店见并送至八里外。曹庄驿河自龙湾嘴东发源，东南流绕曹庄西，遂南入海。州东三十里双树堡河自碚子山发源，东南流绕茨儿山入海。城东一里有汤沙河，或呼姜女河，城西为女儿河，环城合流入海。未初连山茶憩，属锦县。连山河源出境内大虹螺山，东南流绕连山城，东至壶卢岛入海。州城西南有巨无霸塔，宁远正白、正红驻防。申刻高桥宿，署锦州副都统古尼音布、署锦县增厚田大令堃差接，计行九十五里。

太宗天聪三年亲统大军伐明，围燕京而不攻，遣使议和，班师直趋永平，以猛士二十四人乘夜薄城，克之。

明末以山海关为重镇，屯戍密布。而我军每从古北、喜峰诸口入。天聪三年太宗征明，入大安口，八年入张家口，后屡命王贝勒入边略地。迨吴三桂请兵于我，于是睿忠亲王统兵入关，恭迎世祖定鼎燕京。

崇德间,我兵围锦州,洪承畴等集十三万兵来援,太宗亲统大军,乘二白马自盛京疾驰六日,驻师松山、杏山,明兵望见黄盖指挥,大惧,夜遁。我兵四面截击,大败之,遂围松山城,克之。于是锦州、塔山、杏山皆下。

松山之破,明副将夏承德内应,遂生擒洪承畴于吕翁山。圣祖有"十万健儿皆解甲,一时大将此成擒"之句。

明末骤加辽饷至八百余万。我朝牧政分布于上都,盐泽及大凌河各有牧场。此处牧政夏则放逐水草,冬则分交内府官庄喂养。列圣皆有诗。

初三日,乙卯(6 月 4 日)　寅刻行,辰刻食松山,副都统古尼音布请圣安。增厚田大令、文士林太守来,至大凌河茶憩。风狂雨骤,雷电交作,遂止。时未刻,恐前路难行矣。高桥河源出于小虹螺山,东南会七星河入海。小凌河一名锦川,南流五十余里至唐家台西入海。镶黄、正黄二旗驻防,小凌河署路记佐领宝玺来见。大凌河自义州九官台流入边,经出头山流九十三里至团山东,又东南六十五里至鲇鱼塘东入海。住永泰店,屋宇甚精洁。计行八十四里。

初四日,丙辰(6 月 5 日)　寅正二刻行,渡大凌河,过石山站,又名十三山站,金蔡珪诗"闾山尽处十三山"是也,距大凌河三十里。又行二十六里,食四台子。店主人李维祺,其兄平泉令李维塈也。又行十八里闾阳驿,属广宁县,继可庭大令德差接。医巫闾峰在东北五十里。又行十八里,常兴店茶憩。又行二十四里,至距广宁站九里之孤家子住。计行百二十六里。时酉刻,大风,惧其雨也。夜雨,闻自东来者,水过马腹。此三百里中,不知若何过去耳。

初五日,丁巳(6 月 6 日)　寅初二刻行,巳刻食小黑山镇。酉初刻雨中行四十里,住一半拉门。计行一百三十里。小黑山,前明于此筑边至今老边驿,其中东西二百余里,为三卫驻牧之地。有二道河,源出境内乱石山,经紫荆山西入小凌河,旧志属锦县。城东北十二里又有头道河,源出龙嘴山。夜雨不止,可谓甘雨随车矣。谚云"端阳有雨主丰年"。行人虽苦，足为农人庆有秋也。

小黑山镇

东行无日无风雨，风雨来时客路长。白酒黄鸡拼一醉，黑山镇里是端阳。

初六日，戊午（6月7日） 寅正二刻行，大白旗堡署同知谈云浦大令广庆差接。巳刻过柳河沟，午初新民屯食。谈大令出迎并来见，巡检茅尚年来见。申初至巨流河，缆船径渡。申刻宿孤家子，谈大令复来见，已送至三十里外矣。巨流河一作"枸柳河"，谓是枸河、柳河合流之处，本"句骊河"。《汉书》《水经》俱作"大辽水"，源出边外。自开原县入边，经铁岭县。北凌河自东来会，入双峡口西南分而为二，曰内辽河、外辽河，或即此合流欤？绕县之西南合而为一，至开城为巨流河。又分流复南汇，经海城县之西，与太子河会，遂为三汊河入海。辽河左右即分辽东、西。计行一百十里。中忽雨忽晴，将军、都统差接。

初七日，己未（6月8日） 卯初刻行，六十里抵永安桥。署承德县冯安洲大令继尧来见，寿峰、硕卿先进城。

初八日，庚申（6月9日） 卯刻行，辰刻恭谒昭陵。总管请圣安。实胜寺小憩。西关外南关帝庙将军、都统、侍郎、府尹、府丞请圣安。至公馆，志霭云、额小山同年，都质夫将军，杜都统嘎尔，清吉甫前辈，冯安洲大令，延树南、桂莲舫同年，王瀚桥年丈，唐伯华司马均来。安洲尊人士杰号古堂，先祖进学门生。蒋和叔治中来，恩竹樵府尹来，工部司员延年、明哲来。蒋和叔令郎汝偦、汝传，冯安洲令郎金鉴。

初九日，辛酉（6月10日） 辰刻恭谒福陵。同桂莲舫敬谨查勘福陵碑楼工程。莲舫设食。归途答杜佩之、额晓山、清吉甫、都质夫、王瀚桥、恩竹樵、桂莲舫、延树南、志霭云。霭云留晚饭，大醉。答唐伯华、蒋和叔、冯安洲,不晤。又拜赵子厚祖望,不晤。

初十日,壬戌(6月11日)　冯安洲、额晓山来。谨案:盛京以西向多沮洳,其近沈阳者,太祖命修叠道百二十里。太宗崇德六年,建永安桥、柳河沟一带叠道。高宗乾隆丙申,允商民捐资筑治,赐复两岁,见圣制诗序中。天命十年,迁都沈阳,城周围九里三百三十二步,门凡八。东曰抚近、曰内治,西曰怀远、曰外攘,南曰德盛、曰天佑,北曰福胜、曰地载。池周围十里二百四步。

十一日,癸亥(6月12日)　都质夫、杜佩之、晓山、吉甫、树南、蔼云、莲舫、竹樵、瀚桥公请于府尹署中。雨雹。蔼云来。

十二日,甲子(6月13日)　同莲舫到工部署发折。莲舫来,发家禀。阴雨。

十三日,乙丑(6月14日)　访蔼云、莲舫、树南,畅谈。清吉甫、蔼云、冯安洲、王瀚桥来。晚赴晓山、莲舫招,同席者瀚桥、竹樵、蔼云、树南,亥初散。夜雨。

十四日,丙寅(6月15日)　发家禀,交晓山折差。阴雨,辞行。晤额晓山、清吉甫、王瀚桥、都质夫,未晤者杜佩之、蒋和叔、冯安洲、唐伯华。树南、蔼云来早饭。杜佩之来,答朱亮卿并璧其所赠之拉貂皮甬、参枝。竹樵、瀚桥招,同树南、蔼云、晓珊、莲舫饮,竹樵送帽檐、袖头、食物,质夫来送。

十五日,丁卯(6月16日)　辞行。蔼云、树南、莲舫、竹樵均未晤。莲舫、安洲、瀚桥、竹樵、唐伯华、赵子厚来。安洲送皮货,受其一。晓珊、莲舫、瀚桥所赠食物等皆受之。晓山来送,晚赴树南招,同蔼云、竹樵、小山、莲舫饮。

十六日,戊辰(6月17日)　寅初即起,卯初二刻至善缘寺。将军、都统、侍郎、府尹寄请圣安。冯安洲送至永安桥。午初食老边站,未初谈云浦迎至孤家子,酉初宿新民屯。计行一百二十里。渡巨流河后雷电雨。夜自炕堕地,跌碎右膝,甚痛。

十七日,己巳(6月18日)　丑正起,寅刻行。谈云浦送至正白旗堡，途遇俊至堂观察，匆匆略谈。食一半拉门，宿胡家窝铺。计行百三十里。右膝痛甚，不能行。晨雨，午后阴而风，夜风雨大作。晨过柳河沟，无水。

十八日，庚午（6 月 19 日） 膝盖甚痛，不便行动。仍住胡家窝铺。闻羊肠河一带泥泞难行。奈何！奈何！

十九日，辛未（6 月 20 日） 卯初行。坐椅以绳缚之，用四人舁之而行。共八人，值四十千，合五金。食中平堡，住广宁站。计行九十里。广宁令继德差接。令长泰进城雇轿未成。继可庭大令来见。增厚田大令差接。

二十日，壬申（6 月 21 日） 卯初行，仍以四人舁一椅而行。辰刻食闾阳驿，未刻石三山站茶憩，申初住大凌河，即永泰旧店。过大凌河，水势盛涨，乱流径渡。今日行炎风烈日中竟日，生平所未尝也。舁夫值五十一千。计行一百十里。

二十一日，癸酉（6 月 22 日） 卯刻夏至，自锦县借轿来。行巳刻，食松山。古协领尼音布寄请圣安。文士林、增厚田来。酉初刻住高桥堡，右膝仍不能行动，计行八十四里。何耕畬刺史差接。

二十二日，甲戌（6 月 23 日） 寅正二刻行，午刻食宁远州，何耕畬刺史出迎，又至公馆来见，又送至六里外，遣锦县轿归，付十三金工食，又赏三十吊。又晨服李姓接骨丹，赏八吊。戌初刻住望海店，大风竟日如吼，关内所无也。借用宁远州轿，四周仅有布帷，俨然袁浦渡黄河所乘者。佐领色普铿额来见。

二十三日，乙亥（6 月 24 日） 寅刻行，冒雨行三十五里，过豹花岭，下坡即六股河。辰刻食中后所，巳刻行，仍有微雨。未刻住前屯卫。计行八十余里。膝盖仍未愈。关外得雨深透，可望丰收。

二十四日，丙子（6 月 25 日） 寅刻行，食老君屯。午刻抵山海关，乐初至关门，又至公馆。拜成竹坪，答长乐初。张星炜大令来，即往答之。竹坪来。膝盖结痂因行动绞裂流血。申刻长乐初招饮，对酌至亥初散。

赠长乐初

　　弹指光阴几鹧鸪，兹游喜得笑言同。旌旗直变临淮色，锁钥全归寇准功。羽扇从容名将略，醇醪交谊古人风。山花驿柳情何限，明日关城在梦中。

　　二十五日，丁丑（6月26日）　卯初行。都统在西关关帝庙请圣安，张星炜大令亦在。巳刻食深河驿，申初住抚宁。村民祈雨者以千计，关以内至今未得透雨也。膝盖甚痛，钱小岩大令差人来请安。寿峰拟每日先赶二十里，早到京一日，交以家禀。寄盛京信，在东华门外折差下处，寄乐初信，在打磨厂永平车店。不雨而风，甚热。

　　二十六日，戊寅（6月27日）　卯初行，食永平府。代理卢龙县府经历吴钦、号文俊，武进人。典史张文并来见。永平，古北平地。卢龙塞距碣石二十里。城西门外临青龙河，水涨则险。城内南面有水门一以资倾泄，已淤。午刻过青龙河，滦河则以舟渡。申刻住野鸡陀，热甚。亢旱之象已成，再过三四日不雨，则农人无望矣。奈何！寿峰于尖后分路前行。

　　二十七日，己卯（6月28日）　寅刻行，巳刻食榛子镇，未刻板桥茶憩，申刻住丰润，县令彭载恩差接，颖埠都转子未来见。膝盖作脓肿，痛未消。道中燥热异常，毫无雨意，行客亦苦之，不独农人也。铁城磖虽有高坡，尚无大石，烂车山则有石矣。酉刻折差领折回，奉上谕："工部知道。钦此。"并得二十二日家谕。行文照知盛京工部。计行百二十里。

　　二十八日，庚辰（6月29日）　寅刻行，巳刻食玉田，路旁有明石文介宝神道。未刻采亭桥茶憩良久。酉刻住别山，热风竟日，晚更甚。计行一百三十里。四日前在关外犹着棉衣，至此则境界全非矣。关外时雨时止，阴晴无定；关内则风高日燥，天无片云。异哉！

　　二十九日，辛巳（6月30日）　寅刻行，巳刻食段家岭，食后途遇蒋芷庭解遵化州饷东去，亦奇缘也。未刻住枣林。计行九十五里。

风热。膝盖仍未愈，行走仍不甚便。

三十日，壬午（7月1日） 卯初行，巳刻食栅栏店，申初刻抵双桥。膝盖未愈，因行动复肿。复何耕畬书。

六月朔，癸未（7月2日） 是行也，糜白金三百八十八两六钱一分。

初二日，甲申（7月3日） 具折复命、请安。太宗天聪年间，敖汉、奈曼、喀尔喀、巴林、喀喇沁、扎鲁特、土默特诸部落奔走臣服。崇德六年，太宗破明兵十三万于松、杏山之间。归建寺，额曰"实胜"。高宗因征金川，建寺亦名同。

盛京宫阙之制，正门曰大清，正殿曰崇政殿。直北为凤皇楼，楼北曰清宁宫，正殿东为颐和殿，后为介祉宫。西为迪光殿，殿后为保极宫，宫后为继思斋，更东有大政殿，乃太宗御以听政之所。左右列署十，则诸王大臣议政之所也。

高宗《盛京土风杂咏·霞棚》诗序云："汉语糠，灯也。"有"土障葛灯应忆朴"之句。又《拉哈》诗序云："圬墙，所缀麻也。"有"层层坏土砌为墙"之句。

澄海楼，旧所谓关城堡也，城根皆以铁釜为基，以御海涛冲射。

天命四年己未二月，明经略杨镐统兵二十万，分四路侵兴京。我太祖与太宗率贝勒定计，先攻萨尔浒营，破之，又败明兵于斡珲鄂莫，又败之尚间崖，又败之菲芬山。

按《天香阁随笔》：广宁既失，辽东险要尽去，议筑城大凌河当其冲。金举祖大寿往，板筑未完大兵已迫城下。吴襄拥救兵不敢进城，遂陷，大寿被卤[虏]。某王知其世将，甚重之，与之钻刀说誓，命以固山管正黄旗事。大寿进言曰，某守锦州，妻子俱在，愿归举城以听命。某王大喜，命饯其行。其下谏曰不可，曰："吾既许之矣，可食言乎？"大寿既行，惧其追也，由他道进驱，果追之不及。既至锦州，会众议。其弟大弼先镇宁夏，经略洪承畴以剿贼至，大弼醉，拳殴承畴，被疏罢。归乃谓大寿曰："吾属世受国恩,奈何献城?"遂定城守计而飞章上闻。□□大至,围未合,大弼欲乘其未定冲击之。大寿曰:"吾众少,借以拒守,待救兵,此万全之策。"兵不果出。围日急,朝廷命洪承畴为经略九边十三路大总兵,督精兵二十万出关往援。大兵围锦州已三年,闻之将解围,去辎重先发。承畴至,营于吕洪山。某王登山望其营,谓左右曰:"彼以数十万众而团聚一隅,可破而走也。"乃伏兵于南,而英王率锐骑直冲上山。时洪承畴大兵树木栅,中列火器,唐通督前部所练火器百发不绝者。英王一骑先冲至栅下下马,肩开其栅即入,火器皆不及发。营中大乱,承畴惶遽不知所出,谓诸将曰:"若自为计。"乃各奔。吴平西将从西大路奔,所亲柏总兵曰:"大路烟起,必伏兵也,盍从而南? 南则寂然。"平西曰:"君未悉敌虚实。"乃俱西奔。奔而南者遇伏多死,独二总全部归,柏乃服。大兵卤[虏]承畴去,承畴爱将曹变蛟从至凌河,谓承畴曰:"可以死矣。"承畴不死,变蛟乃扼吭而死。变蛟西人,文诏侄也,骁勇,能臂上过车。在关西杀贼有功,为承畴所亲爱,常与人博,以乘马偿所负,承畴为赎还之。城中闻承畴败,皆丧气。大寿自刎,众救止。某王曰:"若以城下,不若仇也。"及开门,待大寿如初。《天香阁随笔》,昆仑山樵李介字介立所著。其言亦未足为据,姑录之以备考。

　　附京至沈阳路程:

　　朝阳门至大王庄,二十里,有店;

　　八里桥,十二里,有店;

　　通州,八里,有店;

　　栅栏店,二十里;

　　燕郊,二十里,有店;

　　马起乏,八里,有店;

　　夏店,十二里,有店;

　　新店,十六里;

　　百福图,六里;

西枣林,六里,有店;

东枣林,三里,有店;

三河县,三里,有店;

草桥河,五里;

石碑,五里;

段家岭,十里,有店;

邦均,二十里,有店;

胡家庄,十里;

献渠,八里;

龙湾,五里;

阴溜,二里,有店;

张家店,八里,有店;

别山,十二里,有店;

梯子山,四里;

螺山,六里;

蜂山,三里;

小枯树,六里;

大枯树,二里,有店;

采亭桥,十里,有店;

西八里铺,十二里,有店;

玉田县,八里,有店;

龙池庵,五里;

东八里铺,三里,有店;

二十里铺,十二里;

两家店,五里,有店;

凉水桥,五里,有店;

沙流河,十里,有店;

闫家铺,十五里,有店;

曹家庄,十里;

卢各庄,七里,有店;

丰润县,八里,有店;

板桥,二十里,有店;

铁城坎,十里,有店;

榛子岭,二十里,有店;

王家店,二十里,有店;

新店,十里,有店;

七家岭,五里,有店;

马坡营,五里;

红庙子,五里,有店;

沙河驿,五里,有店;

唐家庄,三里;

沙河铺,九里;

野鸡坨,八里,有店;此处多盗。

安河,十五里,有店;

望府台,五里;

范家店,五里,有店;

南秋庄,十二里,有店;

永平府,三里,有店;

骡曹儿,五里;

十八里铺,十三里,有店;

蔀落岭,五里;

腰站,五里;

双望铺,五里,有店;

背阴铺,五里,有店;

卢峰口,十二里,有店;

抚宁县,十八里,有店;

五关营,八里;

白石墩台,二里,有店;

榆关,十里,有店;

纲子店,十里,有店;

深河驿,十里,有店;

望海店,五里;

凤凰店,七里;

大力营,八里,有店;

范家店,十里,有店;

红瓦店,二十里,有店;

山海关,十里,有店;

新店,二里,有店;

八里铺,八里,有店;

老君屯,十二里,有店;

中前所,十五里,有店;

小松林沟,五里,有店;

大松林沟,四里,有店;

高岭站,五里,有店;

陡峰台,五里;

高家站,五里;

西王冈台,五里,有店;

东王冈台,三里,有店;

石子河,三里;

前屯卫,二里,有店;

凉水河站,八里;

满井,六里,有店;

狗儿河城,十里;

叶家坟,六里;

周家村,十五里,有店;

中后所,十五里,有店;

三里河,二十三里,有店;

望海店,十二里,有店;

半拉门,三里;

观台河,四里,有店;

沙河所,八里,有店;

五里桥,五里,有店;

七里坡,七里,有店;

曹庄,六里,有店;

宁远州,十二里,有店;

首山,五里;

双树铺,十三里,有店;

老和尚台,二里,有店;

五里河,五里,有店;

连山,五里,有店;

罩篱山,十里,有店;

三义庙,二里,有店;

塔山,六里,有店;

红旗营子,五里,有店;

高桥,十里,有店;

七里河,八里,有店;

杏山,十里,有店;

松山,十八里,有店;

小凌河,十八里;

小凌河站,五里,有店;

双阳店,五里,有店;

四桶牌,八里,有店;

渡堡子,又名大凌河甸子。十二里,有店;

大凌河渡口,二里,有店;

秃老婆店,十八里,有店;

石三山站,十二里,有店;

望山铺,八里,有店;

五台子,十里;

四台子,八里;

三台子,三里,有店;

二台子,五里;

头台子,五里;

闾阳驿,五里;

三台子,五里;

二台子,三里;

头台子,五里,有店;

常兴居,五里,有店;

北镇堡,二里;

双河铺,六里,有店;

兴隆店,五里,有店;

广宁站,五里,有店;

焦家店,五里,有店;

孤家子,四里,有店;

达子营,四里;

二台子,四里;

侯家屯,三里;

于家台,十里,有店;

中安堡,五里,有店;

羊肠河,十八里,有店;

小黑山,十二里,有店;

十里铺,十里;

胡家窝铺,十里,有店;

茶棚庵,二十二里;

二道井,八里,有店;

靠山屯,十二里,有店;

半拉门,八里,有店;

小白旗堡,十八里;

大白旗堡,十二里,有店;

营房,五里;

石狮子,十里;

柳河沟,十五里;

大黄旗堡,八里;

小黄旗堡,五里,有店;

新民屯,五里,有店;

郭家屯,四里,有店;

塞勒台,六里;

五道河,四里;

巨流河,六里,有店;

辽河渡口,七里,有店;

孤家子,九里,有店;

兴隆店,十二里,有店;

旧边站,十三里,有店;

板桥,七里;

大房身,八里;

三十家子,五里;

三家子,五里,有店;

永安桥,五里,有店;

转湾桥,十里;

塔湾，八里；

沈阳，十二里。

由京至山海关六百六十里，由山海关至盛京八百一十里，共一千四百七十里。土人云当年逢山遇岭，不在里数之内，更兼今之绕路较多，实在约计里数一千八百里有零。

弟祖年谨校

东 陵 日 记

乙丑(1865)

同治四年九月十六日(11月4日) 入直。都察院直日。午刻起身,申刻住李珠圃家,仁师、子授、朴斋同住。

十七日(11月5日) 卯刻至燕郊。上于午刻至行宫,侍班后行,住白涧帐房。

十八日(11月6日) 上于午刻至行宫,侍班后即行。蓟州尖,夜至隆福寺。帐房迟到,张毕已天明矣。

十九日(11月7日) 上于未刻至行宫,戌刻看视梓宫包裹,通夜未睡。帐房移于山下。

二十日(11月8日) 卯刻同子久恭送梓宫,步行二十七里,酉刻奉移隆恩殿毕,已昏黑。住小圈,饭于恕皆处。

二十一日(11月9日) 巳刻行迁奠礼,同子久、晓珊。奉梓宫由隆恩殿至芦殿毕。微雪,仍住小圈。

二十二日(11月10日) 同地山、子久、晓珊、恕皆辰刻梓宫奉安地宫,天极晴朗。同地山、子久、晓珊、恕皆隧道门口照料,带校尉等出。午刻行虞祭礼毕。车返至隆福寺帐房,即行,住白涧之五百户温家永顺店。

二十三日(11月11日) 上于申初至行宫,碰头谢加级恩。赏圆果一桶、蜜枣一瓶、杏脯一瓶、苹果一瓶。住夏店,去燕郊十二里。

二十四日(11月12日) 卯刻至燕郊。上于午刻至行宫,侍班后行,戌刻进东便门。

癸酉(1873)

　　三月初四日(3月31日)　入直。巳刻径抵燕郊,行帐支好巳更余。颂阁、用甫同到。上卯初启銮,未刻至行宫,合肥节相、心斋方伯送席。门人李庆葆来。

　　初六日(4月2日)　子初起身,辰正到营,大车午正到,饮食俱废。上未初至行宫,侍班。李督、孙方伯、英莘田皆送席。林远村方伯来。

　　初七日(4月3日)　亥初起身,辰正到营。上卯初启銮,隆福寺拈香后,行宫阶上侍班。赏莕荇一桶,赏克什。荣仲华、成竹坪送席。

　　初八日(4月4日)　上于普陀山更衣谒陵后还行宫,侍班。总管送乳饼、蜜饯、福橘,赏克什。

　　初九日(4月5日)　寅正,上诣定陵行敷土礼、大飨礼,荫策骑前往,午初至桃花寺行营。上于申初至行宫,侍班。李、孙送席。夜雨。

　　初十日(4月6日)　丑初起身,巳初到营。上于卯初启銮,申初至白涧行宫。大雨,侍班散,门泥皆没踝,从万马中蹒跚跋涉而归。申刻拔帐前行,命长泰至燕郊定住址,胖子至竹坪处。夜行至三河,用、颂二君不知去向矣。

　　十一日(4月7日)　卯初至燕郊,遍寻客店,长泰等车无一至者,行帐亦未到。齐七为觅一土屋,略坐。鼻因车侧碰伤,左臂亦然,与翻车大同小异而其险更甚,行路狼狈之状,可笑人也。未刻上至燕郊行宫,即行。夜家人不识路,觅一引道者欲抄近路,误陷于河。余偕喜儿策马乱流而渡,门兵蒋日坤纠众救车骡,仅而得免,真试命一遭也。

定陵恭纪

　　　至尊霜露感,悽恻万年心。鸿业艰难继,龙髯岁月深。炉烟香蔼蔼,陵树影森森。前席曾宣室,沾襟涕不禁。

行帐听雨

心灰鬓雪两匆匆，天上莼鲈兴正浓。廿载江南惟有梦，潇潇
何处响孤篷。

乙亥(1875)

九月十八日(10月16日)　辰初，穆宗毅皇帝、孝哲毅皇后奉移
山陵于隆福寺暂安处，偕同派出恭送之广少朋、翁叔平、于莲舫、崇文
山，步行送出东直门，酉刻梓宫奉安烟郊芦殿，偕荫轩、莲舫、叔平、绍
朋同住帐房。合肥送席。

十九日(10月17日)　寅初，上诣梓宫前行朝奠礼。卯初行，申
刻梓宫奉安白涧芦殿。省斋送席，香岩协揆送菜。

二十日(10月18日)　寅初，上诣梓宫前行朝奠礼。卯刻行，未
刻梓宫安奉桃花寺芦殿。合肥送席。文山来晤。兰荪、荫轩、莲舫、
少彭、叔平同晚饭。

二十一日(10月19日)　寅刻。上诣梓宫前行朝奠礼。卯刻
行，午初梓宫安奉隆福寺暂安处。卯刻抵隆福寺，昏黑中觅帐房不
得，晓乃得之。

二十二日(10月20日)　寅刻一，几筵前行飨奠礼。礼部奏准，
礼成回京。荫暂留一日。奉上谕，赏加一级。桑百斋、子授、合肥、用
甫来。

二十三日(10月21日)　辰刻具折谢恩。上诣惠陵，宫门外碰
头，即起程。蓟州尖，申刻宿段家岭。

二十四日(10月22日)　夏店尖，遇鹤师。抵通州再渡河，宿通
达店。所居芜秽近厕，室无窗纸，买饭食之。

恭送穆宗毅皇帝、孝哲毅皇后安奉隆福寺暂安处，恭纪

丁年侍宴玉皇家，亲见真龙驭绛霞。自运枢机平祸乱，更通

琛赍达幽遐。重华云断苍梧野，九月霜凄白奈花。廿载再逢真不幸，侍臣和泪入风沙。

咸丰丁巳六月，侍文宗显皇帝宴同乐园，命穆宗毅皇帝出见侍宴诸臣，臣荫得瞻仰天颜。自是每岁皆得见，惟辛酉在热河，臣未获扈从。盖臣荫之入直廿年矣。

二十五日(10月23日)　卯刻起身，巳刻到京。

丙子(1876)

光绪二年□月□日【按：此处日期原文空缺。】　派崇厚、潘祖荫承修工程。

十月二十五日(12月10日)　请训。

二十六日(12月11日)　巳刻启行，未初尖栅栏店，西正住夏店。随带桂斌、刚毅、慕芝田、李稺、崇恩、吴重熹。

二十七日(12月12日)　寅刻启行，尖段家岭，住蓟州。

二十八日(12月13日)　寅刻启行，尖马伸桥，住马兰峪。真武庙后小亭，醇邸所建，颜曰"简园"、曰"守默庵"、曰"小蓬庐"。诣景总镇、瑞，时在裕陵小圈。梀贝子、芸公、木厂。和顺、天聚、恒顺、德盛。羽士号岫亭，以联书赠。屋内有刘文正对、煦斋诗幅。随员来者，惟仲饴一人。辰刻过隆福寺，叩谒穆宗毅皇帝梓宫，摘缨纬、青长袍褂。

二十九日(12月14日)　寅初启行，寅正到陵，设铺垫，孝东陵厨库后土行礼。景陵燎炉二座、惠惠皇贵妃园寝燎炉二座、裕陵朝房、荣亲王配殿、礼部鼓楼收工，原估者何地山，续估者宜春寓。礼毕即行。巳正抵濠门尖，昏黑中绕行陵中终夜也。宿蓟州。

途中遇雪

两陵匝月轮蹄遍，十度田盘未一登。风雪漫天吾未倦，更思揽胜十三陵。

三岛赐游叨异数,六花志喜和宸篇。追思同乐园中景,不见文皇十六年。

寒岩枯木无暖气,野店荒村犹熟眠。敢怨崎岖填未遍,愿为蔀屋祝丰年。

山舆我正冲寒至,海舶人曾触暑行。暑往寒来缘底事,黄粱一醒自分明。

三十日(12 月 15 日)　卯刻启行,巳正尖段家岭,申正住马起乏。

叩谒穆宗暂安处,恭纪

两载光阴迅,寒云莘路深。山容余悄悄,树色亦沈沈。落日苍梧野,凄风白奈吟。缅惟知遇感,掩袂泪沾襟。

十一月初一日(12 月 16 日)　卯正启行,尖栅栏店已近午初矣。

初三日(12 月 18 日)　办安折三分,由刑部片文交礼部笔帖式葆成,是月派出穆宗毅皇帝二周年礼。

宗人府:郑王、惠王、治贝勒、澂贝勒;

吏部:宝鋆、沈桂芬、载龄、崇礼、灵桂、潘祖荫、贺寿慈、绍祺、成林、阿昌阿、铨林、徐树铭、毓清、夏家镐、荣禄、宝森、徐致祥、昆冈、周瑞清、爱廉、恒明、张家骧、闫信芳;

兵部:照公、八额驸。

二十八日(1877 年 1 月 12 日)　在内询吴、江协揆,云不请训,初八日递安折,穿行衣云。

十二月初一日(1 月 14 日)　寅正启行,巳正食栅栏店,申初住燕郊,店俱满,住三义馆柜房。

出都赠张子腾

此行得共玉堂仙，日淡风高雪后天。原隰骁征今几度，桥山龙化未多年。离宫缥缈怀前梦，炊屋苍茫见晚烟。策马行行村市散，浊醪且与话樽前。

初二日(1 月 15 日)　卯初启行，巳正尖段家岭，申初住蓟州。

初三日(1 月 16 日)　卯正启行，辰正食马伸桥，午正抵夏家林工部办公下处。

途中口占

山色撩人豁远眸，王程期近敢淹留。平生憾事曾无几，十度盘山未一游。

蹒跚行来薄笨车，问君何事不归欤？霜林亦与人情似，一度相逢一度疏。

初四日(1 月 17 日)　住夏家林。

题　壁

我来原不为看山，亦是浮生半日闲。回首玉遮归未得，暂时尘虑几分删。

两番遇雪全无雪，一腊非春却似春。草屋向阳浑不冷，须知客是日边人。

吴生字似郭忠恕，沈子书宗钦馒亭。棣萼轩中诗白好，惜无一幛绘丹青。

诗中有画偏无画，屋里看山不厌山。愧我萧然无一事，闲来吟眺欲忘还。

征车却共季鹰来，排闼青山面面开。宿火红炉温到晓，昨宵梦稳岭云隈。

居然三宿等空桑,拂拭缁尘解客装。满壁琳琅词翰美,风流端属水曹郎。

初五日(1月18日)　卯刻,穆宗毅皇帝几筵前行二周年礼,即行。午初食蓟州之五里桥,申初宿段家岭。寿蘅来。

穆宗毅皇帝二周年行礼,恭纪

寒殿深深耸翠微,千官如墨拜瑶扉。何期凤律才重换,无复龙斿护六飞。北极朝廷光复旦,东朝岁月报春晖。伤心扈辇长杨日,春雨秋风两度归。

蓟州怀王竹舫

畿辅诗人王竹舫,十年未见思悠悠。年年蹋遍渔阳道,每望田盘忆海秋。

初六日(1月19日)　卯正启行,巳正食夏店,申初抵通州,住莲舫署中,莲舫为假清作庵居之。

通州作

一年几度潞河行,残雪西山未肯晴。一笑敝车何偃蹇,看人飞骑入重城。

初七日(1月20日)　卯初行,将近东便门遇莲舫,略谈。午初抵寓。

丁丑(1877)

三月二十日(5月3日)　请训。景陵悫惠皇贵妃园寝东明楼一座揭瓬,端慧皇太子园寝神厨库北库一座三间揭瓬,昭西陵礼部油面房五间揭瓬,孝陵礼部金银器皿库三间揭瓬。随带刚毅、崇恩、吴重熹。

二十二日(**5月5日**)　卯初行,巳正抵通州,看八妹。同伟如住白马关帝庙。州牧高秉衢送席,璧。

别伟如

绿波春水黯消魂,今夜尊前剪烛论。君向湖湘开幕府,我来通潞值辒轩。云山渺渺愁雷岸,烟树荒荒冷蓟门。马首欲东明日计,异时鱼雁望源源。

二十三日(**5月6日**)　卯初行,午正食枣林,未初宿邦均万和汪店。

即　事

万事无如春梦好,一生惟觉晚晴佳。摩挲石拓偕金拓,消遣诗怀更酒怀。倦后行舆如卧榻,静中村店即山斋。晴沤若果忘机久,笑解天弢处处皆。

信天行去即通途,喜怒从来听众狙。新郑晚书精拙淡,江东旧唤诊痴符。漆屏醉草卢仝句,苍石天成米芾图。此是参同真秘诀,何妨五柳画胡芦。

尽拓纱窗面面通,斯行日日有东风。征程只怕春泥滑,吹散浮云日正中。

二十四日(**5月7日**)　寅初启行,辰正尖濠门,午正抵隆福寺穆宗暂安处行礼,偕荫轩,濠门遇之也。进西峰口,大红门恭谒昭西陵各陵,偕荫轩。未初一刻抵真武庙宿。工头马、高。备一鱼一饭一粥,余俱却之。

途中杂咏

缺月疏林挂浅黄,马头滚滚逐尘忙。从来晓日无真色,幻出云霞尔许光。

桃李山山烂漫枝,春光到我故迟迟。禅心已是庞居士,又却无人买罩篱。沿途买饭悬罩篱。

纷敷红紫眼麻茶,蝶闹蜂喧莫浪夸。亦有园林归不得,看人评泊担头花。

一春雨足尘都净,百里路遥日正喧。绝好朝陵回画本,不如付于赵王孙。

二十五日(5月8日)　沈阴终日。不食,遣人至各处。仲饴午后至夏家林,明日子园寝开工也。

和诒晋斋韵

山城一望迷,雉堞低过云。对此蒙蒙影,深愁滑滑泥。风狂兼雨横,春冷似秋凄。盼得晴光好,杨花逐马蹄。

和煦斋韵示子良、惠廷、仲饴

四子偕行役,三春寓此间。去冬曾阻雪,今日又看山。雨过晴尤好,忙中病转闲。山光兼树影,何处觅荆关。

炊烟几万户,都在有无间。染得花青树,迷将豆绿山。冲泥行子倦,煎药短僮闲。檐雀喁啾语,如闻乐意关。

百八蒲牢吼,声声到枕间。不眠醒永夜,当户失遥山。林湿禽争语,车停马亦闲。明朝风日好,去去出东关。

二十六日(5月9日)　寅正起。慈惠皇贵妃园寝卯刻开工,即行。出西峰口,过隆福寺、濠门。已刻食蓟州永丰店。蓟州至段家岭四十五里。午初行,未正到,仍住大生李家店。

怀伟如

我自东归君已行,独居旅馆正残更。回思三十年来事,几度潇潇夜雨声。

东陵归,冒雨投通州旅店作

厖踪昔年三遇雨,于今龙去已三年。小臣前席承恩渥,今夕追思夜不眠。

二十七日(5 月 10 日)　寅初行,卯正食夏店王家店,辰正行,未初住西大街油市永茂店。

遇 雨

竟日廉纤雨,居然下尺深。顿忘行子苦,庶慰老农心。陇麦青如锦,堤杨绿有阴。所期歌既足,慎勿作霪霖。

频年灾歉遍,妖疫又兼参。目击流亡苦,心期稼穑甘。远人劳抚字,天意重濡涵。传语儒冠者,齐民术要谙。

二十八日(5 月 11 日)　寅刻行,午初始至齐化门,可想见其迟滞矣。

戊寅(1878)

三月十八日(4 月 20 日)　具折销假并请训,前往东陵收工。

孝东陵神厨库;

景陵悫惠皇贵妃园寝东明楼一座;

端慧皇太子园寝神厨库一座三间;

昭西陵礼部油面房一座五间;

孝陵礼部金银器皿库五间,库围墙一段长二丈;

裕陵礼部器皿库一座三间。

二十日(4月22日)　卯刻行,巳刻栅栏店西人和尖。未刻宿烟郊,沿途泥潦甚多,雨后始有人耕矣。

二十一日(4月23日)　寅初起身,辰初尖枣林德元李店,申刻宿蓟州顺和店。

二十二日(4月24日)　寅刻起身,卯正食濠门,辰初进龙门口子门,至惠陵小圈。随带崇、吴。

二十三日(4月25日)　寅刻至孝东陵神厨库等处收工。辰初至隆福寺,巳刻尖濠门,申刻宿段家岭。

穆宗毅皇帝暂安处叩谒,恭纪

圣节长春尚俨然,梦中广乐忆钧天。珍瓷法锦颁天府,玉膳琼酥拜御筵。百戏鱼龙呈曼衍,两行鹓鹭肃班联。凄凉白发贞元士,泪洒苍梧已四年。

咏轿车

风日能遮雨不妨,人闲何处不康庄。□躬三宿疑桑下,坐息双跗似笋将。砅水不须船就岸,下坡要记马收缰。考工若喻奇肱法,造父何劳御穆王。

二十四日(4月26日)　丑刻行,卯正尖夏店,午正双桥茶憩,申初进东便门。

双　桥

双桥柳色淡于烟,弹指光阴十一年。风景不殊吾老矣,杨花吹乱暮春天。同治四年赴沈阳曾尖此。

己卯(1879)

三月初五日(3月27日)　请训。头班司员二十名,夫役一百六名,约初九取齐。

初七日(3月29日)　卯刻行,午刻抵通州,见八妹、李问樵丈,即寓其四合院。

初八日(3月30日)　丑刻起,问翁出送。寅刻行,午正尖段家岭。酉初抵蓟州,借裕胜店暂住一宿。候文秋瀛,至戌初犹未至,想因一路查道也。

初九日(3月31日)　卯刻行,辰初尖濠门。巳正由马伸桥至隆福寺叩谒穆宗暂安处。午正抵惠陵大圈,吴、沈、潘、承四位来见。秋瀛仍未至,闻昨住邦均。

初十日(4月1日)　英奎、继昌等七人来。秋瀛、王赓祺来。未刻同秋瀛至惠陵演龙辀车一次,计四刻,申初归。

十一日(4月2日)　辰正演大升轝,自陵门三孔桥至大红门止。辰正演起至大红门止,四里强,六刻。巳刻演起至碑楼前止,五刻一往返也。午初归寓。

十二日(4月3日)　辰初总办诸君来,自大红门演大升轝自〔至〕隆福寺暂安处,时正午,大风甚冷。未初于坡上演小升轝样匣。计两时,合昨计二时六分。

十三日(4月4日)　未初至陵,演龙辀车。景总镇来,演小升轝一刻许,演龙辀车三刻许,演毕俟出铅乃散。恒顺木厂送信,十一日奉上谕:"补授工部尚书。钦此。"

十四日(4月5日)　未正演龙辀车。

十五日(4月6日)　寅刻行,奎俊等十八位来见。渔阳道上遇少荃相,略谈。巳初食蓟州,未正住段家岭天元店。濠门道中又遇德静山。连日甚为公务拘苦,几无片刻自在。今日虽村居荒凉,较舒服矣。

总办:联绥、奎俊、吴重熹、郑锡敝、潘骏猷、沈守廉;

龙辒车:承恩、继昌、松寿、朱其煊;

夹杠:韩荫棣、文海、英奎、韫德;

执灯:韩英文、惠裕;

执壁子:志彭、元麟、重慧、惠良。

十六日(4月7日) 丑初行。因御道不准车行,展转绕道,卯刻始到枣林,辰初食烟郊,午正过双桥,申初进便门。孔醉棠到京。

十七日(4月8日) 工部笔帖式来看折,明日复命并谢恩。

二十日(4月11日) 入直。朝房遇全师、董丈。寅正起儿下,即行。未正到营,秋瀛、颂阁约同住。进内即还营,晤佩相、经相。叔平、秋坪、耕娱、燮臣、颂阁、王宝来。

二十一日(4月12日) 夜风冷,不得睡,丑刻起。上未正到行宫,皇太后申初到行宫,皆侍班。酉正到白涧。

二十二日(4月13日) 上午正到行宫,皇太后未正到行宫,即行抵濠门宿焉。秋、颂同饭。赏蒲匋[葡萄]。

二十三日(4月14日) 寅正行,卯初到隆福寺。上于寅正启銮,午刻到行宫。皇太后午刻到行宫。未刻上至几筵前,王大臣等随同行礼。申刻偕恭、理、王大臣等,工部六人率同司员偕内务府大臣及司员进包裹,三刻毕事,未及酉正也。周福陔、景月汀、朱敏生、锡袭卿、启颖之来。赏克什。

二十四日(4月15日) 丑刻即起,行启奠礼。内廷皆在门内,旋即加杠,暂安处坡上请上大升轝。辰正行,步送廿四里,深感旧恩,不胜悲痛。未初梓宫到惠陵,换小升轝,安奉隆恩殿。未初竣事即出,仍住小圈。犹意[忆]同治四年九月二十日恭办定陵奉移,臣偕恒祺,臣独步行廿七里。卯刻行,酉刻到,事毕已昏黑矣。

二十五日(4月16日) 未刻行迁奠礼。梓宫由隆恩殿恭请至候时芦殿,计五刻。辰刻进内,申正二归。赏克什。

二十六日(4月17日) 卯初二奉安地宫,计五刻,卯正毕。行虞祭礼,入隆恩门西门。黄舆过,上跪,众毕跪。在门。辰正行,午刻食隆福寺,申正尖蓟州西关,酉刻抵白涧。

穆宗毅皇帝、孝哲毅皇后奉安,恭纪

定陵坏土几时干,又见先皇此奉安。侍从旧臣今白发,墨华和泪落毫端。此二次心伤无诗,以二十八字纪之而已。

二十七日(4 月 18 日) 笔帖式庆昌、郎中耆绅来,奉上谕:"着加恩赏加太子少保衔。钦此。"具折谢恩,又工部公折,又南斋公折。上于未刻到白涧,皇太后申初到行宫。上诣黄幄,来回侍班。申初行,戌刻到双井,寓门人于鉴堂小寓。三河令张铭来。

二十八日(4 月 19 日) 卯初行,二里至烟郊。上于午正到行宫,皇太后于未刻到行宫,未正行。上诣黄幄,来回侍班。申初抵通州沙子胡同,李珠圃来陪,八妹已进城矣。鹤师送黄花鱼,文沛等呈阅代奏谢恩折底。明日上寅正回銮。

二十九日(4 月 20 日) 寅正起,卯初行,巳刻进东便门,抵寓。

丙戌(1886)

二月十六日(3 月 21 日) 寅正入直,辰初先散。自寓起身,午初栅栏店轿夫尖,未刻到燕郊,斗南同住。随带瑞隆、伦五常,彦秀、惠霖、德升俱来。南书房太监来。

二十七日(4 月 1 日) 上卯正起銮,未初到行宫。皇太后未刻到行宫,皆侍班。

二十八日(4 月 2 日) 上午刻到行宫,皇太后未正到行宫,皆侍班。申初行,戌初到桃花寺。

二十九日(4 月 3 日) 上午初到行宫,皇太后未刻到行宫,即行。申正到隆福寺。连日门帐均遇树南、少希、寿薇、仲山、燕甫、恽

次远、长乐初、赵粹甫、裕寿田、钱馨伯。

三月初一日（4 月 4 日）　上卯初启銮，辰正到行宫，皇太后巳正一到行宫。赏南书房蒲桃［葡萄］一篓，赏克什。

初二日（4 月 5 日）　寅初到定东陵。上巳初行大飨礼，朝服。巳正礼毕，返隆福寺。上于酉初还宫，皇太后于酉刻还宫。

初三日（4 月 6 日）　入直。门帐听事后即行。辰刻抵桃花寺，冷可穿裘。午热不可当，一棉已足。山中气候以阴晴为冷暖耳。

初四日（4 月 7 日）　辰初上门。上卯初启銮，辰初到。皇太后巳刻到，不候起儿即行。未初到白涧。昨到桃花寺后了无一事，亦无人可谈。翻阅《古泉汇》竟日，乃知竹朋之陋，然已不易得。其所释"桃"字、"韩"字俱是"乘"字，释"梁"字则余所释也。至"充""兖"则与寿阴小布之"寿"字同。小布、铲布俱是地名，断无间文，以是知安臧文货□□之非。未正大雨。

初五日（4 月 8 日）　上巳正刻、皇太后未刻到白涧行宫，即行，住夏店。赏南书房酱莴苣笋一瓶、酱茄一瓶、彩蛋半桶。

初六日（4 月 9 日）　上卯初启銮，午正到烟郊行宫。皇太后申初到行宫，侍班后行。酉初进东关，抵通州李宅，晤八妹、外孙及老六。

初七日（4 月 10 日）　丑刻行，雨不止，巳刻始到寓。

十一月十二日（12 月 7 日）　请训。同行司员松寿、伦五常、征厚、梁有常。昭西陵神厨东库一座五间、景陵皇贵妃园寝西配殿五间、定陵东西朝房二座十间、端悯公主园寝西朝房一座三间，同派敬子斋。礼侍。

十三日（12 月 8 日）　辰初行，午初食栅栏店，申正宿夏店，计八十里。渡箭杆河半时许，草桥未成也。住大兴店。

十四日（12 月 9 日）　寅初启行，辰正尖段家岭，即行，四十五里邦均。未正三刻抵濠门，廿五里。沿途潢潦甚多，住邓万和店。

途中口占

今年两度桃花寺，无数群山亦有村。路远忽逢樵子问，顺风相送到濠门。

十五日（12 月 10 日）　卯刻行，辰刻过隆福寺，巳正到真武庙，拜承办事务衙门载迁、荣毓。至马兰镇拜英介臣总镇。廉。

十六日（12 月 11 日）　寅刻，昭西陵大红门外谒陵，行装膝地。昭西陵神厨等处收工。出西峰口，辰刻尖濠门，午初过蓟州，未初过邦均。遇叔平于白涧之东，立谈片刻。住段家岭。

十七日（12 月 12 日）　寅正起身，辰刻尖夏店，未刻抵通州，寓天井胡同李宅。晤八妹、菊人、子淼。

十八日（12 月 13 日）　寅初起身，巳正一入城。

庚寅（1890）

闰二月　派出随扈，同李苟农。官少詹。

十四日（4 月 3 日）　皇太后寅正启銮，上卯正启銮。先一日，臣荫于辰正祀先，清明节也。辰正行，栅栏店尖。许仲韬、郝近垣、张璞君，工部铁良、许祐身、世善来。未刻到燕郊，往拜星叔、子青、叔平、莱山、小山。申正苟农到，至其帐房，方在补钞闻人诠刻本《旧唐书》。南书房太监来。

十五日（4 月 4 日）　皇太后寅刻起銮，上卯刻起銮。荫寅刻起，赏克什。门人沈宝善来。叔平来，随带笔政联芳、惠霖、德升。陈鹤云、高星槎、江兰生来。上未初到行宫，侍班。皇太后申初到，跪迎，即行。戌正到白涧，苟农亦到第七段。张上稣道旁见，下舆揖之。

十六日（4 月 5 日）　上卯初起銮，皇太后卯正起銮。晨答仲韬、郝近垣、仲华，遇杨宗濂。兰荪来。上午正到行宫，皇太后未刻到，赏克什。申刻同苟农食蓟州，酉初行，借宿民家。

十七日(**4月6日**)　丑正行。上午正到行宫,皇太后申正到行宫,赏南书房蒲桃[葡萄]一篓。行帐在坡上,叶提督志超、通永镇吴育仁来。杨艺芳、裕寿泉来。

十八日(**4月7日**)　丑刻起,衣冠帐中坐,笔政候起儿。李相、仲华、芝庵、叔平、兰荪来。仲华送罗[萝]卜英、花椒叶等,仲韬送黄花鱼。

十九日(**4月8日**)　上寅正、皇太后卯正谒陵。上未初、皇太后酉正到行宫,请安后行,赏克什。戌正抵桃花寺。

途中口占

白发凄凉老翰林,卅年孤负受知深。西飞白日忙于我,忍事全灰一寸心。

二十日(**4月9日**)　上卯初启銮,辰正到行宫,皇太后午刻到行宫。沿途送席者日止之不得,从未沾唇。非嫌其不佳,余素薄滋味,并非矫情,而日废万钱。幸有随员分饷,否则真暴殄矣。此皆民膏血也,州县曰赔曰垫,而民脂民膏竭矣。身膺司牧,敢云不知!

二十一日(**4月10日**)　上辰正、皇太后未初到白涧行宫,磕头谢赏克什,即行。酉正住夏店。

二十二日(**4月11日**)　上卯初、皇太后卯正行。臣寅正起身,廿里至燕郊。上巳正、皇太后未正到行宫,即行。申正驻通州,寓关帝庙。

途中作

清明不见雨蒙蒙,但见尘飞滚滚红。千树桃花千树柳,一齐得意待春风。

二十三日(**4月12日**)　寅刻行,辰正抵寓。

西 陵 日 记

丁卯(1867)

同治六年十月初六日(11月1日)　具折请训。

初十日(11月5日)　卯刻行,午刻食长新店,申刻住窦店。

十一日(11月6日)　寅刻行,辰刻食涿州,申刻住涞水。衍东之年丈差弁接。

十二日(11月7日)　寅刻行,辰刻食易州,申初至半壁店。谒陵后途遇东丈,又至大圈拜藕舲师。工部友人为定小圈房。总办丰盛额、启庄、伊鉴额、王思沂、韩宗源、蒋嘉栋来。

十三日(11月8日)　笔帖式志全来见,即房主人。屋四面皆山,小有花木,颇得山林之趣。未刻至慕东陵演奉安事宜。

十四日(11月9日)　奕公、裕公来。至醇邸、钟邸、孚邸处投刺。午刻至陵,进包裹后复演一次。

十五日(11月10日)　丑刻进加杠,寅正奉安庄顺皇贵妃,卯刻礼成,即行。申初至涞水,答东耘,留往署内。

十六[日](11月11日)　卯刻行,东耘送帽沿等,却之。巳初尖涿州,申刻住良乡。

十七日(11月12日)　卯初行,巳初进彰仪门。赏燕窝。

丙子(1876)

光绪二年八月十八日(10月5日)　奉命西陵查勘泰陵圣德神

功碑楼、正红门又各陵办供库房,随带联、额、吴。午初长新店。申初窦店。

十九日(10月6日)　寅刻行,午初涿州,申初涞水店,在西市梢头,曰"三义"。

二十一[二十]日(10月7日)　卯初行,未刻半壁店。

示少甫、玉山、仲饴

真境由来写最难,昔贤两语费吟安。平时暑月官衣重,一夕边风塞草寒。稼穑登场农事薄,烟岚经眼画图看。考工有记凭谁读,廊庑居然近鲁般。

二十一日(10月8日)　寅刻祇谒山陵,行装行礼。查勘正红门及泰陵碑楼。又至慕东陵、慕陵、昌西陵、和裕皇贵妃园寝、昌陵、泰东陵、皇贵妃园寝。泰陵查勘各圈办供库房情形。午初返,申刻行,住易州。

二十二日(10月9日)　寅刻行,巳初涞水,未正涿州。

二十三日(10月10日)　寅正行,巳初窦店,未刻长新店。

二十四日(10月11日)　四十里至彰仪门。

乐毅墓

落日荒荒土一邱,我来望古值深秋。若非高节由王蠋,安得奇兵出火牛。下七十城惟有子,传三千载信无俦。只应一事犹输管,剩有遗书宋椠留。

十一月十四日(12月29日)　派查勘东、西陵工程。

十八日(1877年1月2日)　请训,随带额、吴。

十九日(1月3日)　辰初行,午正长新店,申初窦店。

大黉山赋霍原

广阳山下隐居处，千古犹悬大小黉。漫说门徒当日盛，豆田惆怅霍休明。

扉上有佩卿题诗

如何人面桃花地，独自含毫叹苦辛。一样冲风兼冒雪，碧纱笼句□何人。

柬玉山、仲饴

岐途路易讹，棒莽蹋冰过。西出飞狐口，东流拒马河。此时倦行李，当日枕雕戈。一卷《考工记》，经营意若何。

途中口占

易水萧萧往复还，玉楼银海路漫漫。谁家貂帐红炉暖，几处龙沙铁甲寒。两度山河如玉合，双轮日月递金丸。若非风雪长途去，眼界何处得纵观。

易水归来秋九月，仲冬又复赋遄征。敢云五雉司工正，那有双驺纵骑兵。微火难嘘村店暖，轻装讵比使车行。简书衔命安吾分，冰雪前头证素盟。

忆滨石

□陵曾记甲寅年，笳鼓瓜洲一渡船。今日云萍何处是，范阳道上雪漫天。

又

此地今年已再过，石梁圮矣水无波。树犹似此凋疏早，路亦如吾坎壈多。但使绥丰歌畎亩，不妨萧瑟动关河。风霜雨雪都经过，何处人生安乐窝。

二十日(1月4日)　卯初行,尖涿州。申初住涞水。街北古庙有皇统六年石幢,上作梵字四周。

二十一日(1月5日)　卯正行,尖易州,未正住半壁店。

和佩卿壁闲韵

大雪满天地,今年三度行。平看千幛没,不使一尘生。酒岂禁寒力,诗能遣俗情。五云知不远,指顾早登程。

壁上珠玑字,迟君十日行。书工松雪叟,诗妙玉溪生。何意驰驱境,偏饶唱和情。归来应一笑,相与话征程。

口　占

奇峰群玉山头见,妙境清凉国里开。好手惜无洪谷子,弹弓着粉写将来。

二十二日(1月6日)　子正起,卯刻行。偕额、吴二君遍至昌西陵、昌陵、泰东陵、泰陵、慕东陵、慕陵查勘岁修、另案、专案各工。午正行,未正住易州。

二十三日(1月7日)　卯初行,尖涞水。

二十四日(1月8日)　卯初行,食窦店,未正宿长新店。

松林店题壁

朝暮寒温迥不同,雪泥风絮任西东。年来好景分明记,都在车尘马足中。

二十五日(1月9日)　寅刻行,辰刻进彰仪门,知派出隆福寺行二周年礼。详《东陵日记》。

二十六日(1月10日)　函致德锦融,探其到京与否,以待同日复命也。额、吴来商折,拟廿八复命。

丁丑(1877)

五月初六日(6月16日) 续估西陵工程,请训。随员额、吴。
初八日(6月18日) 寅正行,辰初长新店,午正窦店。
初九日(6月19日) 丑正行,辰正松林店,午正涞水西关。

途中作

避热何妨夜半行,长桥已过看天明。轿窗偶有清风至,静听千林百鸟声。

赤日行空路正赊,黄蒸麦穗绽于花。晚投村店心闲甚,自启行囊细品茶。

初十日(6月20日) 寅初行,辰初食易州,巳初到华陀[佗]庙。
十一日(6月21日) 丑初起身,同联、额、吴赴泰陵、慕陵、慕东陵。卯初事毕,宿三元店。

涞水沽酒甚美

沽酒一具理,何须安定全。薰风来习习,我醉已陶然。

口 占

通州遇雨,易州遇风。无冬无夏,自西自东。

十二日(6月22日) 丑初行,卯正涿州,午初窦店。
十三日(6月23日) 丑初行,寅正食长新店,辰刻进彰仪门。
十四日(6月24日) 额、吴送看折底。夜雨。

戊寅(1878)

八月十一日(9月7日)　内阁奉上谕:"溥丰等奏查明紧要工程请派大臣查勘一折。慕陵隆恩殿暨内务府营房等处均有沉垂坍塌情形,着派潘祖荫将修理工程敬谨查勘,奏明办理。钦此。"

专案、另案验收各工:专案修理光绪二年查。泰陵大碑楼一座揭瓦。又专案二年查。方城一座拆砌、礓䃰一座拆砌。又另案查二年。泰陵月牙城前甬路一道挑漫、东西马路礓䃰二座拆修、方城上东北角石沟嘴换安、方城两边东西角门下内外礓䃰四座拆修、隆恩门一座五间后坡揭瓦、慕陵隆恩门一座五间油饰、慕东陵隆恩门一座油饰。续估三年查。泰陵大碑楼拆换柱木石料,又续估三年查。泰陵隆恩门一座揭宛前坡。

二十三日(9月19日)　假满,请安并请训,神武门跪安。

二十四日(9月20日)　卯刻行,随带少甫、仲饴、益匊农,尖长新,未刻住窦店。

口　占

非为看山去,真来触暑游。云横疑作雨,日午不知秋。滑滑深泥涉,阴阴万木稠。莫言行路苦,禾黍喜丰收。

示仲饴

史□尊彝出寿张,世家系本两难详。古城器倘容编录,博古王兼集古王。

病起颓唐怕构思,却如枯茧不成丝。山光树色都如许,报道先生懒作诗。

二十五日(9月21日)　寅初行,辰初尖涿州,未刻宿荣生店。

口　占

秋暑蝉声处处频，枣如紫玉菜如菌。年来最忆长蘅句，荞麦花开白似银。

昔闻此地酒涘雪，几度觅之无此名。聊以村醪当一醉，犹胜名士竟虚声。

二十六日(9 月 22 日)　寅刻行，辰初尖易州，巳正过梁各庄，晤秋皋。午正住鲁般庙。

赠秋皋

词馆文章重，戎韬武略宣。诗书深却谷，雅对属虞延。颇牧资中禁，燕云控九边。风流看缓带，髯也本如仙。

昔共云亭谊，今来易水游。司工惭五雉，引路遣双驺。风雨重阳节，农桑万里秋。翘瞻松柏路，斋祓谒珠邱。

二十七日(9 月 23 日)　卯初至泰陵、慕陵，慕东陵收工并查勘慕陵隆恩殿工程。巳初行，午抵易州店，对门白塔寺内有宣和石幢一。

二十八日(9 月 24 日)　寅刻行，辰刻尖涞水，未刻松林店。

愁　涝

元气经年浑未复，眼前农事可怜生。会看禾稼三秋熟，何意愁霖四夜倾。人冀逢年偿力稿，我惭刻日误公程。皇天若怜斯民疾，急敕西风早放晴。

旅馆苦雨

陆无辐更水无舟，闭置帷中任泳游。西域贾胡留马援，南华秋水读庄周。巷无车马三朝雨，子有衣裳一袭裘。比似催租败诗兴,不知邰老苦吟否。

二十九日(9月25日)　卯正行,巳刻尖涿州,未正窦店宿。

郁郁沉阴不肯开,秋霖三日恐为灾。如绳檐溜无休歇,盼煞西风顷刻来。

九月初一日(9月26日)　泥途难行,用轿夫四班。巳初长新店尖,申刻进彰仪门。

十一月二十五日(12月18日)　祁世长奏请慕陵隆恩殿天花板吊挂支条之帽儿梁黔朽情形,其钻金柱内三间情形相似,请饬覆加勘核。

二十六日(12月19日)　请训。

二十七日(12月20日)　辰初行,巳刻尖长新店,未刻住窦店。

大　雪
考工衔命记深秋,短堠长亭古易州。今日分明泥印爪,满天风雪过云沟。

又
直疑身是画中行,到此能无涤俗情。古道瘦驼寒有迹,空庭乾鹊嗓无声。四周林木银装就,万里山河玉合成。三度行陵三遇雪,惜无妙手写关荆。

赠春畬丈
飞絮漫天出凤城,相逢旅舍喜班荆。工司五雉追随久,堂集三鳣誉望清。棘院昔曾偕永叔,笋舆何幸见泉明。君家南仲真墝羡,拓古寒窗趁好晴。

二十八日(**12 月 21 日**)　卯刻行,巳刻尖涿州,未刻住涞水。买重唇鱼,二百六十文一尾。

赋重唇鱼

　　却从比目穿晴外,独以重唇旧得名。见志。味外味宜充入馔,时乎时适值调羹。冬至前三日鱼始上,斯行适遇之。亦知鱼藻恩原厚,其奈鲈莼思易生。飞絮漫天长至日,携将涞酒一题评。

二十九日(**12 月 22 日**)　寅初起,辰初尖易州,巳正到鲁般庙。

三十日(**12 月 23 日**)　卯刻谒陵,至慕陵勘估毕行,未初抵涞水。

十二月初一日(**12 月 24 日**)　寅刻行,巳刻抵涿州,午正抵窦店。

题壁

　　前夕同狂如虎吼,今朝晴暖一尘无。世间万事皆如此,吾意无端忆五湖。

初二日(**12 月 25 日**)　寅初行,辰刻尖长新店,午正进彰仪门。

庚辰(**1880**)

四月初五日(**5 月 13 日**)　请训。慕陵隆恩殿天花板帽儿梁钱湘吟、祁子禾工竣事,于二十七日收工覆命,荫原估也。随带联少甫、益匊农。

初六日(**5 月 14 日**)　卯初行,巳初尖长新店,午正住窦店。

过引恩寺

王郎卜者太纷纷，钩党东林齿自焚。王铎罪真浮马阮，谢升死竟类婴蚡。似闻汀驿逃隆武，谁道滇云隐建文。未必石渠真信史，半朝銮驾有遗闻。

黄巢雪窦原疑幻，重进雕青或未诬。堪笑九宫山下事，貌他蝎鼻作浮图。

失　题

赞皇亦感于陵意，和仲遍奇章援文。未必钟王真李郃，要知贾董即刘蕡。

绝学熙朝冠古今，前江后戴抉经心。著书不慎供怀挟，谬种人人购典林。

莫忘师事东原日，尺牍如何斥晓岚。底事植之商兑学，却将八比引陶庵。

巨眼断推凌次仲，博闻惟有俞理初。古今成败都参透，龚定庵文总不如。

初七日（5 月 15 日）　寅初行，辰正涿州尖。午正抵涞水荣升店。

戊寅题壁重唇鱼，诗已无有矣，次前韵

敢薄虫鱼矜磊落，纱笼无复旧题名。问奇那入侯鲭录，擅美如何骨董羹。早岁穭曆叨供奉，频年蔬素□门生。却思□敦征邾莒，欲觅延陵古器评。

初八日（5 月 16 日）　寅正行，辰正尖易州，至梁各庄拜秋皋总镇。

庭中紫芍药甚盛

万山苍翠势潆回,麦陇青青待雨来。户外一丛围紫玉,斯行却喜值花开。

失 题

文字姚刘诗厉吴,画成浟长字形模。汝南自叙分明在,作许何曾作邑无。

东涧人原不足论,集名有学却堪存。并时倦圃灵均外,芝麓梅村更栎园。

四十知非悔酉阳,粲如汝器□□光。专门日□传天锡,不把黄金铸子昂。

初九日(5月17日) 寅刻行。大红门谒陵,行三跪九叩礼。慕陵隆恩殿收工。辰初行,未食宿涞水。以《易水志》还秋皋,雍正时所著,陋甚不足取。癖谈论古之识,在顾、董、李、洪之上,惟多武断耳。知古币与古器同一源则识字易。英、沈笔记颇有掌故,非昨暮所知也。

初十日(5月18日) 丑正行,巳正抵窦店宿,热甚,尘土甚大。齿痛。集《圣母》《藏真》帖,知吴荷屋之书得力于怀素也。

十一日(5月19日) 子刻起,丑初行,巳初进彰仪门。

十二日(5月20日) 巳刻少甫、菊农送奏底来,拟十四覆命。

丁亥(1887)

二月

派出随扈兼查道。

初六日(2月28日) 卯正自寓起身,巳初到长新店。午初到黄新庄,芍农同行。晤青丈、小山、星叔、莱山。

初七日(3月1日)　午正上至行宫,申初皇太后至行宫,侍班。申正行,亥正半壁店。督李藩松送席,以后日日送。

初八日(3月2日)　午正二上到行宫,申刻皇太后到行宫。

初九日(3月3日)　午刻上至行宫,未正皇太后至行宫,申正抵梁各庄。

初十日(3月4日)　辰刻上门,巳初上至行宫,午正皇太后至行宫。邹振岳、刘树棠、恩良、合肥、松峻峰、叔平、燮臣、颂阁来。

十一日(3月5日)　上寅正二、皇太后卯正二起銮谒陵,例不侍班。上午刻、皇太后申刻还宫,俱跪安。申正三散直。

十二日(3月6日)　寅初起身。慕陵大飨礼,随同行礼。上寅正启銮,皇太后未往。上未刻自九龙峪还宫,侍班。申初行,酉正到秋澜。寅刻偕孙、徐至李帐房,随豹尾后至东口子门分路去。上到时仅一刻,食于营房。上侍皇太后九龙峪,申初上先归。召见军机,毕传散,众皆散。

十三日(3月7日)　上巳初、皇太后午正到。

十四日(3月8日)　上午刻、皇太后未正到,侍班,申初行。

十五日(3月9日)　上午正到,皇太后申正到。荫申初行年,戌正到家。晤仲华、珍亭,珍亭为留彰仪门也。

光绪七年日记(1881)

光绪七年辛巳正月庚寅朔,甲子(1月30日) 关帝庙前门、关帝庙拈香。辰初,慈宁门行礼,辰正二上御太和殿受贺。寅初,惇、恭、醇、军机、翁公阅曾电,一复一片。懋勤殿开笔,两宫皇太后上前递如意三柄,回赏。拜年。未初二归。军机招辞,都察院辞,秋审处辞。

初二日,乙丑(1月31日) 入直。孙、徐未。拜年数家。到署,文、孙到。复稚黄、广安。

初三日,丙寅(2月1日) 入直。徐未。吊沈经笙。奉上谕:"着充国史馆正总裁。钦此。"经伯来。

初四日,丁卯(2月2日) 具折谢恩。懋勤殿跪春。日本田边太乞书,总署于除夕送来,本日函交总署。樊圃、雪庄、竹轩、莲舟、未至夫可斋。施之博、廖寿丰来,皆提调。胡来,陆学源来。大风。

初五日,戊辰(2月3日) 入直。派写皇天上帝神牌,赏春帖子赏。夜大风。叔平来。

初六日,己巳(2月4日) 入直。叔平属拟一文,午刻送去。晚风。马来。风。

初七日,庚午(2月5日) 入直。到署。今年奇冷。得十二月初四、十二日四叔、济之、竹年信,即复。又莆卿、伟如信。

初八日,辛未(2月6日) 入直。送杨艺芳五十幛、对、福寿。济之四十,十色,七包。交杨荫北。马来。

初九日,壬申(2月7日) 入直。上诣太庙,乾清门侍班,补褂、常袍。偕叔平奏进陈奂《毛诗传疏》,交南书房阅看。候兰荪,兰荪来。得鹄山信并刘道芗林含芳求对二。

初十日,癸酉(2月8日)　入直。拜年。总署外国来晤,英、威。德、巴。法、宝。美、安。俄、凯。日。阿。日本田边。来,未正二散。

十一日,甲戌(2月9日)　入直。宗培、松宝面禀。发下李、刘、张、裕、穆、何、勒、吴、谭折,三邸公阅,商复奏稿。风。宝森不惑。南斋复奏。奉上谕,等因。钦此。殷秋樵来。

十二日,乙亥(2月10日)　入直。缮复奏片,辰初递。以寄南果子膏、山查[楂]糕交敖季和。李来,廿。殷秋樵来。发南信。

十三日,丙子(2月11日)　入直。到署。派写甘肃巩昌庙扁。春圃招,同李景、壬申散。杨荫北赴津。赏香橙,赏元宵。十五安徽团拜,辞。

十四日,丁丑(2月12日)　入直。吊治贝勒。吉云舫来,李来,马来。沈谥文定。

十五日,戊寅(2月13日)　入直。辰正,保和殿侍宴,蟒袍、补褂,巳初散。发南信,济之、干庭、麟生、伟如、荴卿、柳门。午后风。

十六日,己卯(2月14日)　入直。壶天。午正,同昨乾清宫廷臣宴,宝、全、灵、景、恩、广、文、瑞、志、万、董、徐、李、潘、翁、毛。赏蟒袍、大卷、鼻烟、如意。花瓶。风。盘子二两,送席四吊。复谭文卿。马来。

十七日,庚辰(2月15日)　入直。午初大风。胡来。

十八日,辛巳(2月16日)　入直。到署。文该班,代之。冷。

十九日,壬午(2月17日)　入直。到国史馆任。卯刻到署开印。马来,十。宝森来。

二十日,癸未(2月18日)　入直。壶天。到署。马来。廿。

二十一日,甲申(2月19日)　入直。到署。敬该班。上祈雨。壶天。晤兰荪。

二十二日,乙酉(2月20日)　入直。公同阅看曾十一电,一复一片。到署。文未到。得济之廿三信,即复,并致平斋、眉伯,交仲田。寄芍庭《叶选》二部,《请雨》《祈雨》《伐蛟》各十部。

二十三日,**丙戌(2 月 21 日)** 入直。派写直隶武强关帝庙扁。上库。到署。

二十四日,**丁亥(2 月 22 日)** 入直。到署。星岩招。

二十五日,**戊子(2 月 23 日)** 入直。寅刻雪珠。壶。到署。松未到。刑加班。风。

二十六日,**己丑(2 月 24 日)** 入直。壶。到署。偕惇、醇、翁连衔封奏一件。

二十七日,**庚寅(2 月 25 日)** 入直。壶。到署。松未到。发南信,麟生、伟如、愉庭。

二十八日,**辛卯(2 月 26 日)** 入直。壶。到署。文、孙未到。朝房晤季皋。交还国史馆《本纪》卷四十七至五十四,共八卷。胡来。

二十九日,**壬辰(2 月 27 日)** 入直。壶。到署。贺季高。总理兵、军机、总署。雪酉正止。得振民信。

二月辛卯朔,癸巳(2 月 28 日) 入直。卯正二,坤宁宫吃肉。壶。到署。孙先行。芍庭寄《陆祁生集》,即复,交仲田。

初二日,甲午(3 月 1 日) 入直。壶。到署。文未到。巳初大风。

初三日,乙未(3 月 2 日) 入直。直日。到署。薛未到。上库,巳刻散。寄济之、伟如、振民信。方元仲来。

初四日,丙申(3 月 3 日) 入直。壶。到署。风,冷。

初五日,丁酉(3 月 4 日) 入直。三王、枢廷、翁同议球案一片,又左说帖一件。壶。到署。文东陵。盛京李永智一案刑卷宗到部,即派司员十人。吉、吉、廷、钟、凤、杨、刘、殷、赵、徐。季高、芥帆来。送元仲、芥帆屏、联。

初六日,戊戌(3 月 5 日) 入直。壶。到署。胡来。

初七日,己亥(3 月 6 日) 入直。壶。到署。连日冷。寄济之、伟如、麟生、莆卿、振民信。

初八日，庚子（3月7日）　入直。壶。到署，会法。钟稚泉、凤辉堂、孙来。残陶六十，直十金。仍冷。联少甫、陆凤石来。夜雪。

初九日，辛丑（3月8日）　入直。壶。到署。松未到。胡来，秋樵来。

初十日，壬寅（3月9日）　入直。刑加班，派验放。壶。到署。敬该班。庚子万、董团拜，辞之。复王补庵裒。孙来。十。

十一日，癸卯（3月10日）　入直。直日。壶。到署。佩卿来，胡来。刻字铺。百五。复文卿。

十二日，甲辰（3月11日）　入直。上祈雨大高殿。赵清韶到案。吉、宗、赛、穆、崇、濮、刘、殷、方、孙。壶。到署。文到京。兰荪来。夜大风。

十三日，乙巳（3月12日）　入直。鹤师家吃肉，同袭卿、汴生、达峰。晤受之。文到京。风。马来。

十四日，丙午（3月13日）　入直。刑加班，李永智复验一折。上谕，等因。壶。到署。松未到。十五丙午团拜，未去。

十五日，丁未（3月14日）　入直。壶帖。到署。马来。

十六日，戊申（3月15日）　入直。派恭代御笔《心经》。壶帖。到署。松未到。孙来。

十七日，己酉（3月16日）　入直。壶。到署。孙来，马再来。

十八日，庚戌（3月17日）　入直。壶。到署。李永智案人证廿一名到部。得济之正月廿五日书，即复。孙来，马来。

十九日，辛亥（3月18日）　入直。壶。到署。薛请训，文未到。施、廖两提调来。

二十日，壬子（3月19日）　入直。到署。答星岩、寿泉、子授、子斋、云伯、受之，辞者袭卿，申初散。

二十一日，癸丑（3月20日）　入直。惇差公同阅看曾电二件，一复一片。壶。到署。薛是日行，文未到。谢惺斋、吉云舫来。换灰鼠褂。

二十二日,**甲寅(3月21日)** 入直。壶。到署。文未到。寄济之果子膏、奶子共三匣。寄振民圪塔头、杏仁、冬菜、口蘑二包,交凤石托云台之子晋生寄。

二十三日,**乙卯(3月22日)** 入直。恭差公同阅看曾电一件,一复一片。壶。到署。孙未到。

二十四日,**丙辰(3月23日)** 入直。国史馆奏事。壶。到署。敬差。廖国士来,马来。复缉廷。

二十五日,**丁巳(3月24日)** 入直。壶。送左书。到署。松未到。廿四已酉团拜,未去。复济之。

二十六日,**戊午(3月25日)** 入直。壶。到署,会法。崇、许。候兰荪不值。送云阶、颂阁、子授津门鱼虾。薛到京。换银鼠裉袖头。

二十七日,**己未(3月26日)** 入直。公同阅看曾电,一电一复。壶。到署。文、松差。正班。

二十八日,**庚申(3月27日)** 入直。上库。到署。孙、敬未到。壬子团拜到文昌。复挚叔,寄以书八种,交方祖绥寄。复桂文圃,寄屏、联。

二十九日,**辛酉(3月28日)** 入直。壶。到署。

三十日,**壬戌(3月29日)** 入直。派阅孝廉方正卷卅四本。景、钱。辰初散。壶。到署。绍彭来。换羊皮冠绒领。

三月壬辰朔,**癸亥(3月30日)** 入直。到署。俱未。松、孙、敬、薛招聚丰。崇、锡到,文班。得南信,复四叔、济之、祝年、伟如、麟生。

初二日,**甲子(3月31日)** 入直。上祈雨。壶。到署。松未到。马来。

初三日,**乙丑(4月1日)** 入直。上库。钟、泰。到署。文、松未到。孝廉方正孟晋瑛来,号次修。苏来。

初四日,**丙寅(4月2日)** 入直。壶。到署。松未到。江佐清北楼来。换毡冠。月白绒领、棉袍褂。

初五日,丁卯(4月3日)　入直。到署。文未到,松假。壶。胡、孙来。助袁民章之子枢百金,交云阶。

初六日,戊辰(4月4日)　入直。夜微雨。巳初晴。清明。上诣奉先殿、寿皇殿,改派惇、恭。壶。到署。孙来。九十。寄魏稼生。《舆地碑目》《古泉丛记》《沙南碑释》《籑斋别录》《东古文存》,交子授,初八。复芍庭,寄伟如交仲田。

初七日,己巳(4月5日)　入直。风。冷。到署。文未到。殷秋樵来。李永知兄永发自尽。加班奏。

初八日,庚午(4月6日)　入直。到署。文未到。苏来,马来。大衍,清完。夜狂风,冷。

初九日,辛未(4月7日)　入直。加班。到署。文该班。孙来,胡来。

初十日,壬申(4月8日)　入直。派验放。到署。俱未到。受之、袭卿招。复济之、伟如、麟生、平斋。孙来,大衍。胡来。

十一日,癸酉(4月9日)　丑初惊悉慈安皇太后于昨戌刻上宾。摘缨。命惇、醇、御前军机、毓庆宫、南斋、王大臣至钟粹宫哭临,未刻行殓奠礼。慈宁宫门内行礼,未成服。亚陶来诊。

十二日,甲戌(4月10日)　入直。已成服,早祭辰初一,晡祭申初三,日中祭午初三。到署。松未到,巳出。写扇卅柄。亚陶来。风冷。

十三日,乙亥(4月11日)　入直。到署。三祭到。风冷。派百日穿孝,共三十一人。

十四日,丙子(4月12日)　入直。到署。三祭到。寄济之《诗选》四部、麟生六部,交培之。风。孙来。十,赠之。

十五日,丁丑(4月13日)　入直。到署。三祭到。风。扇百十柄在内书。夜招亚陶。

十六日,戊寅(4月14日)　入直。辰刻殷奠礼后早祭。上库。

到署。孙、松未到。午祭未到,晚祭到。亚陶来诊。复莆卿,交仲田。风。发济、伟信。夜雹。公同阅电,醇王未到,一片无复。

十七日,己卯(4月15日) 入直。上颜料库。到署。孙、松、薛未到。午祭未到。亚陶来诊。笔彩樊来。

十八日,庚辰(4月16日) 入直。三祭到。得簠斋信并匋拓,廉生带来。巳刻至内阁,会议大行皇太后尊谥。荫与龢力言"贞"字宜首列。樊来。

十九日,辛巳(4月17日) 入直。到署。薛、孙未到。三祭到。樊来。亚陶来诊。扇四十柄。

二十日,壬午(4月18日) 入直。卯初奉移观德殿,辰正景山后东北隅跪迎,巳初二宫门内行礼。文、敬、松、孙未到。亚陶来诊。王廉生来。得眉伯信,以济之等信件属向通州吴君取。

二十一日,癸未(4月19日) 入直。福陔助东之子。《毛诗》交秋坪。早祭到。到署。文、松未到。送廉生以所刻书各四分、二分。会奏上尊谥。寄寿卿匋拓八百九纸,又埙三、古器四纸、《感逝集》一,交东甫。雨即止。

二十二日,甲申(4月20日) 入直。卯正二早祭到。上诣观德殿,侍班。到署。复芍庭叶《诗选》十部。复石查又花农信。胡、崔来。

二十三日,乙酉(4月21日) 入直。早祭到。到署。松未到。

二十四日,丙戌(4月22日) 入直。早祭到。派写四川南部县天后、龙王、城隍庙扁三面。胡来。卯正,上诣观德殿,侍班。廉生来。复方元仲。复杨见山。夜大风。

二十五日,丁亥(4月23日) 入直。早祭到。到署。次日换季。兰荪来,马、樊来。

二十六日,戊子(4月24日) 入直。卯初二上诣观德殿行初祭礼,辰初早祭。到署。少荃来。

二十七日,己丑(4月25日) 入直。卯正二绎祭,早祭到。答少荃。到署。潘协卿来,胡来。

二十八日,庚寅(4月26日)　入直。卯正二上诣观德殿行大祭礼,辰初早祭。到署。阴而不雨。得子泉、王忠荫来,交致芍庭。崔来。

二十九日,辛卯(4月27日)　入直。卯正二绎祭,早祭到。到署。文未到。寄济之信。马、樊来。夜亥正雨。

四月癸巳朔,壬辰(4月28日)　入直。雨不止。由神武门北上门至观德殿。到署。雨仍不止。夜雨。

初二日,癸巳(4月29日)　入直。上库。到署。松未到。雨。致伟如交仲田。夜雨。胡、崔来。

初三日,甲午(4月30日)　冒雨入直。仍由北上门赴早祭。到署。孙未到。孙来。

初四日,乙未(5月1日)　入直。晴。早祭到。到署。孙未到。崔来,孙来。吕望。

初五日,丙申(5月2日)　入直。早祭到。上诣观德殿。两邸云初七换红帽圈。到署。松未到。得济之、伟如、振民三月廿二信,即复。王振镐来,胡来,崔来。交管先生名礼恭,号寿铭。寄济之叶《选》六部。

初六日,丁酉(5月3日)　入直。早祭到。辰初雨即止。到署。送管君食物,前数日送培之食物。

初七日,戊戌(5月4日)　入直。派写天坛神牌。早祭到,除百日释服者皆释服,雨缨、青长袍褂。到署。马来,大衍。崔来,易笏山来。交王颂筜寄济之书十部,先欲交联少甫,少甫六月乃行也。

初八日,己亥(5月5日)　入直。招廉生饭。王筱云贻清来,胡来。

【本日日记天头上书"立夏"。】

初九日,庚子(5月6日)　入直。小雨自夜达旦。到署。文未到。联少甫来,交以谭德孙及孙欢伯书件及信。马来,崔来,耳顺。苏来,孙来。孔怀民寄鼻烟四刺。

初十日,辛丑(5月7日)　入直。卯初二上诣观德殿行礼,辰初早祭。到署。巳刻阴雨。寄尹次经、丁少山信,交幼轩。发济之、伟如、平斋信。廿二拓。施济航来。申正二雷雨。送涂朗轩书。

十一日,壬寅(5月8日)　入直。上诣观德殿行礼,辰初早祭。寄星农师自刻书及拓本,交陆蔚庭。苏来。

十二日,癸卯(5月9日)　入直。直日。到署。秋审弟[第]一包。张鹏翥来。寄次经信交幼轩。方正武从超来,号相侯。子英来。卅未付。

十三日,甲辰(5月10日)　入直。到署。弟[第]二包。胡、崔来。亚陶为大人诊。孙来。

十四日,乙巳(5月11日)　入直。发下曾折二、总折片各一、条约正本一册、地图一分、缩本二张、公阅复一片。昨午,黄二由宗人府逃。会法。夏、恩。子授户。右。廉生来,崔来,廿。郑仲远来,孙来。三包。

十五日,丙午(5月12日)　入直。到署。夏未到任。得伟、济信,肉桂。即复,初七所发。胡来。卅。弟[第]四包。

十六日,丁未(5月13日)　入直。刑加班。会总署奏俄约章封奏。到署。文未。弟[第]五包。崔带人来,戴。一砖三埧上蜡。马来。四十。廉生行。

十七日,戊申(5月14日)　入直。会吏部一件。上诣观德殿,辰初行礼。到署。弟[第]六包。上蜡。日饭三千。寄尹次经信,交幼轩。孙、胡来,樊来。

十八日,己酉(5月15日)　入直。到署。夏到任。弟[第]七包。史馆《河渠志》四本。寿泉来,廷寿峰恺来,樊来。批准。

十九日,庚戌(5月16日)　入直。子授顺学。到署。弟[第]八包。樊来。复芍庭交仲田。

二十日,辛亥(5月17日) 入直。到署。弟[第]九包。少仲寄《榕村全集》交周道懋琦。周送陆澄斋刻《丛书》,云是晴初、伟如门生。孙来。百。周号韩侯。送以《丛书》。

廿一日,壬子(5月18日) 入直。到署。寄清卿拓及书交康民。弟[第]十包。蕴宝介祁瑞苻来。畢。苏来,爵还。宝森来。程《雪楼》六十未付。交康民缉廷书五种及信。与吴同,无拓。大风。发济、伟信。夜小雨。

廿二日,癸丑(5月19日) 入直。到署。文未。十一包。崔来,蕴宝张来。

廿三日,甲寅(5月20日) 入直。上诣观德殿,辰初行礼。上库。巳正到署,同人已散。十二包。蕴宝来,刘兰洲璈来。

廿四日,乙卯(5月21日) 入直。到署。十三包。雨。得四叔、济之、伟如信,即复。崔来。致苟庭信交颂田。佩卿来。

廿五日,丙辰(5月22日) 入直。十四包。派验放。到署。复于鉴堂。崔来,《大易释言》百七十。《诗外传》《国策》。各十。因铨百信促钱,云迟一日,价另议。还之。笔彩方鼎、九十。敦。子孙父乙,九十。罢议不准再提。孙来。还四十,卤盖还之。欠五十。风。

廿六日,丁巳(5月23日) 入直。到署。风。十五包。蕴宝张来。寄次经交幼轩。

廿七日,戊午(5月24日) 入直。风冷。到署。文未。十六包。三库奏事。

廿八日,己未(5月25日) 入直。刑直日。仍冷。到署。文未到。十七包。蕴宝张来。

二十九日,庚申(5月26日) 入直。卯正一上诣观德殿,卯正三随同行礼。到署。十八包。杜绍唐培安来,蕴宝张来,晒五。子授来。

三十日,辛酉(5月27日) 入直。到署。发济、伟信。张来,胡来。卤晒。十九包。

五月甲午朔，壬戌（5月28日） 入直。到署。松未到。胡来，送王钟山瑜国、杜培安对、《洗冤》、本书。笔彩、胡来。二十包。

初二日，癸亥（5月29日） 入直。内廷开发节赏，并带子授者。到署。文未到。廿一包。马来，拓本、古泉俱还之。笔彩、蕴宝来。马松圃送鲫鱼。

初三日，甲子（5月30日） 入直。复徐巽卿。到署。蕴宝。清。笔彩。卤带回。纯客廿金。门人徐古香、葛振卿各礼四色，写赏扇也。胡来。百。复次经廿二信，交幼轩。秋案无。

初四日，乙丑（5月31日） 入直。到署。上库。廿二包。经伯卅两，瑞苻十两。得四叔、济之、振民廿七信，即复。周韩侯来，崔来，宝森来。四十。

初五日，丙寅（6月1日） 入直。卯初二上诣观德殿端阳祭，卯正三早祭，还宫侍班。微雨。到署。俱未到。送小山、袭卿诗扇，以奉使朝鲜也。寄伟如交颂田。以书十六种送韩侯。连日藻〔燥〕热。

初六日，丁卯（6月2日） 入直。直日。奏审限。奉上谕，等因。钦此。廿三包。胡来，清。舒世琛、裕庐信。

初七日，戊辰（6月3日） 入直。到署。沈退庵守谦来。承厚、施启宗来。复芍庭即交仲田。提调廖谷似、王小云来，宝森来。酉初雷雨即止。发南信。

初八日，己巳（6月4日） 入直。到署。笔彩来。鼎、敦。胡、舒来。廖、王提调来，施、承来。

初九日，庚午（6月5日） 入直。到署。手复庞省三。寄次经交幼轩。廿四包。王苾臣忠荫来。

初十日，辛未（6月6日） 入直。青长袍褂。卯初三上诣观德殿满月礼及早祭，仍缟素，来回侍班。到署。松未到。发济之、伟如、振民信。兰荪来。

十一日，壬申（6月7日） 入直。青长袍褂。上诣观德殿，仍缟素，来回班。到署。廿五包。樊来，崔来。

十二日，癸酉(6月8日)　入直。青长袍褂，换亮纱。派写遵化州扁三面。《本纪》二，秋坪商。到署，崔来。

十三日，甲戌(6月9日)　入直。寅正上阅册宝。巳初上诣观德殿，上孝贞显皇后尊谥。青长袍褂、摘缨。复竹年，谢洋钟、火腿。到署。雷殷来，陈砚香来。

十四日，乙亥(6月10日)　入直。寅刻雨。直日。到署。文未到。廿六包。雨竟日。十六日发南信。雨竟半夜。

十五日，丙子(6月11日)　入直。风凉。到署。廿七包。王达五振镐来，笔彩来。

十六日，丁丑(6月12日)　入直。请《文宗本纪》，于乾清门阶下交提调廖。到署，会法。钟、凤、文未到。时卯正矣。夜雨。

十七日，戊寅(6月13日)　入直。加班。卯正三上诣观德殿，随行礼。朝房见子授。到署。文、敬未到。复执叔，寄以书六种，交许绛知县。雨。

十八日，己卯(6月14日)　入直。到署。子授来。廿八包。得伟如、济之、竹年信，廿日复。崔来。颂得阁学。

十九日，庚辰(6月15日)　入直。到署。敬未到。

二十日，辛巳(6月16日)　入直。加班三件。到署，廿九包。松楚珩来。

二十一日，壬午(6月17日)　入直。到署。夜雷雨。寄次经交幼轩。

二十二日，癸未(6月18日)　入直。正班。到署。卅包。七本。

二十三日，甲申(6月19日)　入直。派写皇地祇神位。上诣观德殿，随行礼。上库。到署。俱散。得文卿中丞、花农书。笔彩樊、崔来。雨。夜大雷雨。送刘兰洲书及扇、对、屏。

二十四日，乙酉(6月20日)　入直。到署。还宝森梁茝林书四种。复知无交仲田。复文卿书七种。复花农《松壶集》五，交唐作舟。王隽颐来，原名承志，号子善，山西县。宝森来。

二十五日,**丙戌(6月21日)**　入直。到署。夏未。卅一包。七本。发南信,济之、伟如、竹年。

二十六日,**丁亥(6月22日)**　入直。到署。得济之十八信,即复。得平斋信。

二十七日,**戊子(6月23日)**　入直。到署,关吉详会法。崇、恩。夜雷雨即止。

二十八日,**己丑(6月24日)**　入直。到署。卅二包。廖、王提调来。夜电。

二十九日,**庚寅(6月25日)**　入直。与秋坪面商进《本纪》事。卯正,微雨。上诣观德殿,随行礼。到署。樊来。百。午后雷雨。寄济之。复平斋埙拓五、新得器五拓。

六月乙未朔,辛卯(6月26日)　入直。直日。李永智结。派验放。到署。卅三包。王补庵来。丑正三,有星见东北方。胡来。

初二日,**壬辰(6月27日)**　入直。到署。星仍见。樊、胡来。

初三日,**癸巳(6月28日)**　入直。到署。星仍见。满提调恩兴、兴升来,青士来,以腹疾未见。星仍见。司天始奏。

初四日,**甲午(6月29日)**　入直。卯初上库。到署。发南信。夜雨。

初五日,**乙未(6月30日)**　入直。到署。加班四件。到史馆秋香、薇公商,巳初三也。卅四包。三本。周子玉来。夜雨,雨止。星仍见。

初六日,**丙申(7月1日)**　入直。上诣观德殿,随同行礼。到署。卅五包五本。胡来。得质卿信。得伯足信。星见愈高。

初七日,**丁酉(7月2日)**　入直。到署。派恭代初九日御笔《心经》。候兰荪。樊来,宝森来。申初欲雨即晴。星见。

初八日,**戊戌(7月3日)**　入直。到署。赵香圃来。又铭孙、宝森来。星见。

初九日,己亥(7月4日)　入直。直日。到署。卅六包六本。寄济之信,复伯足、质卿。

初十日,庚子(7月5日)　入直。卯初二上诣观德殿,随行满月礼及早祭。派验放。到署。松未到。得次经十九、廿五信。复二函交幼轩。星见。

十一日,辛丑(7月6日)　入直。到署。送幼轩四色。

十二日,壬寅(7月7日)　入直。卯正上诣观德殿,随行礼。到署。卅七包。得济、伟、麟生信,即复。再致质卿,为调生诗也。十五。满汉提调来。星见。

十三日,癸卯(7月8日)　入直。史馆奏《本纪》事。到署,已散,偕子斋同散。会法。含英、笔彩、宝森来。

十四日,甲辰(7月9日)　入直。派写安平县扁三面。史馆缴《本纪》二函。到署。文未。

十五日,乙巳(7月10日)　入直。到署。酷暑。卅八包。七本。访兰荪。樊来。复芍庭。寄合肥交补庵。

十六日,丙午(7月11日)　入直。到署。晤兰荪。胡来。酷暑。

十七日,丁未(7月12日)　入直。直日。到署。酷暑。发南信。十五、十二。申初阵雨。宝森来。

十八日,戊申(7月13日)　入直。卯正上诣观德殿,随行礼。到署。卅九包九本。胡来。戌初雨。至丑正止。

十九日,己酉(7月14日)　入直。寅正上诣观德殿,行百日礼,释缟素,剃发。到署。俱未到。青士来。宝森来。卅。夜雨。

二十日,庚戌(7月15日)　入直。馆奏事。刑加班。到署。少甫来,未见。复王符五、徐花农。笔彩,百大衍。欠百八五。胡来。七十,欠百三。

【本日日记天头上书"初伏"。】

廿一日,辛亥(7月16日)　入直。到署。四十包七本。胡来。大衍。

二十二日,壬子(7月17日) 入直。派写薛福辰等扁。国史馆演礼散。巳初到署,俱散。复尹次经初八信,交幼轩。

二十三日,癸丑(7月18日) 入直。到署。文未到。文约廿四吃肉,辞之。得济之信,即复。致尹次经,交提塘。笔彩来,大衍。欠百卅五。

二十四日,甲寅(7月19日) 入直。寅正进《本纪》,至乾清宫,进贺表,补褂挂珠、纬帽蓝袍,卯初散。到署。俱未。四十一包五本。满汉提调来。孔到京。复廉生交香涛。

二十五日,乙卯(7月20日) 入直。直日。卯初一坤宁宫吃肉,蟒袍、补褂。派恭代二十八日御笔《心经》。到署。复仲饴交庚生。得次经书,次日复。寄文恭朱拓五、眉川、伯回《请雨经》四种,《东古文存》、《有真意》笔记,折稿,《簠斋别录》四本,《田公德政》、《红崖》缩本,《所安集》,朝卷等,七本。孔带南信到,复济之、振民。

二十六日,丙辰(7月21日) 入直。辰初上御乾清宫受礼,补服。到署。朱沄冒领艮[银]案派吉、吉、宗、钟、凤、雷、濮、殷、赵、方。复次经。又寄次经五十金,交幼轩。付次经来人李春等六金,廿七行。胡来。四十。

二十七日,丁巳(7月22日) 入直。卯正上诣缟素。观德殿行礼,青长袍褂。随行礼。到署。四十二包七本。酷暑。多福案。松、廷、刘、施。

二十八日,戊午(7月23日) 入直。补褂。到署。惟敬到。寄次经书一包,交幼轩。午初雨。胡来。星仍见。

二十九日,己未(7月24日) 入直。寅正进《本纪》于皇史宬,补褂。到署。四十三包,一本一起,在署看。复清卿、缉廷,交康民。

三十日,庚申(7月25日) 入直。卯正上诣太庙,乾清门侍班,补服。到署。宝森来。昨贺兰荪协揆。派写永善寺、瑞福寺扁。酷暑已旬日矣。明日发南信。

【本日日记天头上书"中伏"。】

七月丙申朔,辛酉(7月26日)　入直。到署。寄小宋信交周子玉懋琦。胡来,马来。浙中德孙、惠桂及广安信交子玉。

初二日,壬戌(7月27日)　入直。上库。到署。寄周福陔、李捷峰信。杜培安绍唐来,汪二官来。寄次经交提塘。胡来。夜十一点微雨。得济、竹信。昭官故。

初三日,癸亥(7月28日)　入直。直日。到署,会法。钟、恩。戌刻阵雨。复济、竹。朱以增劲伯足。叔父信。

初四日,甲子(7月29日)　入直。到署。敬未到。青士、秋樵来。裕、姚、倪、华尧峰、张丹叔。《雨》、《蝗》、《蛟》、《全生》、本书交杜培安。廖、王来。

初五日,乙丑(7月30日)　入直。上诣观德殿,随行礼。到署,宝森来。伯潜辞保举。胡来。寄刚子良、田星五交玉贵。

初六日,丙寅(7月31日)　入直。寅初阵雨。写"牵牛河鼓天贵星君""天孙织女福德星君"神牌。到署。马来。作谭德孙信。发捷峰、福陔信。又黎、许信。

初七日,丁卯(8月1日)　入直。到署。文未到。胡来。申正一大风作,雨势即止。

初八日,戊辰(8月2日)　入直。到署。热。宝森来,卅六。胡来。二百。

初九日,己巳(8月3日)　入直。到署。文未到。兰九瓣,胡带人来绘之。热甚。

初十日,庚午(8月4日)　入直。卯正上诣观德殿,随行礼。到署。夏未到。星仍在北极四辅之间。王贻清送保单。刑加班,热甚。

十一日,辛未(8月5日)　入直。正班到署。寄次经交幼轩。复伟如交仲田。寄芍庭交仲田。热甚。

十二日,壬申(8月6日)　入直。孝贞显皇后诞辰,卯正上诣观德殿,青长褂、摘缨。随行礼。到署,复叶燮生,作《蜀中金石志》序并寄以书七种。得雨生信即复。以高氏拓交小宇裱。胡来。

十三日，癸酉(8月7日)　入直。卯正上诣观德殿，随行礼。到署。文未到。丑正二刻雨，卯止。巳初又雨，即止。明日史馆保举上。

【本日日记天头上书"立秋"。】

十四日，甲戌(8月8日)　入直。史馆奏事。保案。到署，会法。崇、刘。

十五日，乙亥(8月9日)　入直。派恭代御笔《心经》。寅正二上诣观德殿，卯正三早祭，辰初中元祭，随行礼。辰初二皇太后诣寿皇、观德殿，不侍班。谟公云。丑正二刻雨，时大时小。苏、黎、许信交汪二官，书七种。大雨竟日夜。

十六日，丙子(8月10日)　入直。代馆员谢恩。卯初上库。到署，会法。崇、凤。复莱山。

十七日，丁丑(8月11日)　入直。到署。松未到。得济、伟初三信，即复。汪二官行。胡来。

十八日，戊寅(8月12日)　入直。答敬子斋。到署。子授来。复次经初九信交幼轩。小雨旋止。

十九日，己卯(8月13日)　入直。直日。到署。得振民信。

二十日，庚辰(8月14日)　入直。派写清苑、吴桥龙神、关帝扁。到署。寄振民、济之、竹年。

廿一日，辛巳(8月15日)　入直。卯正一上诣观德殿，随行礼。到署。青士来。耳痛。

廿二日，壬午(8月16日)　入直。到署，宗法，敬去。阴大雨。发南信。复知无交仲田。

廿三日，癸未(8月17日)　入直。派写甘肃、西宁扁二方。到署。为高南郑作《印章拾遗》序交次屏。

廿四日，甲申(8月18日)　入直。辰初雨。到署。致济之廿六发，寄挽秋谷联。

廿五日，乙酉(8月19日)　入直。加班。到署。藻[燥]热。复叔父、济之。致伟如。申初雨有雹，即止。酉初大雨如注，至丑正少稀。

廿六日，**丙戌(8 月 20 日)**　　入直。到署。署门水深数尺，遂回车。王荩臣来，交以知无信。申初又雷雨。寄次经交提塘。

廿七日，**丁亥(8 月 21 日)**　　入直。直日。到署。白云亭有水，坐大堂后过堂中。得次经信，即复，交提塘。月、太白昼见。井十二度。

廿八日，**戊子(8 月 22 日)**　　入直。到署。薛未遇。昨庚生来，今日胡来，子授来。彗见北斗之下台，天牢指天璇、天玑。

廿九日，**己丑(8 月 23 日)**　　入直。上诣观德殿，随行礼。到署。辰正阴雨，时作时止。宝森来。

三十日，**庚寅(8 月 24 日)**　　入直。到署。王应孚呈递封奏，明日递。胡来，宝森来。

闰七月朔，辛卯(8 月 25 日)　　入直。加班。到署。在署阅《朝审略节》四册。弟[第]一本实一起、缓九起十三名；二本实二起、缓八起十四名；三本实一起、缓九起十名；宗室三本四名。即批讫。宝森来，张承熊来。

初二日，**壬辰(8 月 26 日)**　　入直。赴库。到署。已散。寄次经交提塘。戌刻雨六刻。

初三日，**癸巳(8 月 27 日)**　　入直。到署。蒋少庵锡年来，江苏大令。

初四日，**甲午(8 月 28 日)**　　入直。到署。承厚、施启宗来。

初五日，**乙未(8 月 29 日)**　　入直。直日，八件。到署，送圣训来。

初六日，**丙申(8 月 30 日)**　　入直。派阅考御史卷，偕瑞、邵、薛，三十三本，辰正散。到署，看秋审三本各一起；朝审一本八起，实二缓六。唐鄂生来。

初七日，**丁酉(8 月 31 日)**　　入直。上诣观德殿，随行礼。到署。文。看秋审三本，二本皆一起，一本三起，山西。答鄂生。寄济、竹信,愉庭信。

初八日,戊戌(9月1日)　入直。到署。敬。复伟如、济、竹,知平阳大姊去世。任筱沅来。

初九日,己亥(9月2日)　入直。到署。答任筱沅。辰正雨,即止。送筱沅、念仔各一席。秋樵来。

初十日,庚子(9月3日)　入直。上诣观德殿行满月礼。到署。晤兰荪。寄次经交提唐。

十一日,辛丑(9月4日)　入直。寅正大雨。堂议云至苏。雨辰刻止。岱东来。

十二日,壬寅(9月5日)　入直。堂议未初散。王信甫来,李念仔来,胡来。

十三日,癸卯(9月6日)　入直。直日。到署。复次经交幼轩。

十四日,甲辰(9月7日)　入直。到署。文贵、三百五两。胡来,大衍。宝森来,贤人。苏来。发顺伯、济、竹信。戌刻,大人延亚陶诊。

十五日,乙巳(9月8日)　入直。上诣观德殿,随行礼。到署,见孔生。大人延亚陶诊。

十六日,丙午(9月9日)　入直。上库。到署。俱散。赏燕窝。大人延亚陶诊。

十七日,丁未(9月10日)　入直。到署。大人延亚陶诊。得芍庭信,即复,交仲田。胡云楣来送益甫信,即复。

十八日,戊申(9月11日)　入直。到署。徐郿假。大人延亚陶诊。霍子方来。

十九日,己酉(9月12日)　入直。到署。大人延亚陶诊。文贵。百,欠二百五金。国史馆请修《孝友传》一折。派写都天庙扁。

二十日,庚戌(9月13日)　入直。到署。大人延亚陶诊。施之博来,胡来。

二十一日,辛亥(9月14日)　入直。直日。到署。亚陶来诊。胡、刘来。古陶七件。酉雨。

二十二日,壬子(9月15日)　入直。到署。亚陶来。得四叔、济、竹、三姊、眉伯初六信,廿四复。又寄伟如。复辛芝五月十二信,交春记。

二十三日,癸丑(9月16日)　入直。卯正二上诣观德殿,随行礼。到署。亚陶来诊。得次经二函,即复交提塘。

二十四日,甲寅(9月17日)　入直。到署。又次经交提塘。亚来。

二十五日,乙卯(9月18日)　入直。加班。到署。又次经交幼轩并贤人。复稼生。岱东来,赠以联、幅、书。亚来。

二十六日,丙辰(9月19日)　入直。丑初三遇伯潜、王邦玺于朝房。到署。访兰荪不值。亚来,胡、崔、马来。

二十七日,丁巳(9月20日)　入直。到署。又致次经交幼轩。汇东、驾航来。

二十八日,戊午(9月21日)　入直。到署。徐满假。复济之、振民、平斋初一发。胡来,百。兰荪来。

二十九日,己未(9月22日)　入直。直日。到署。寄伟如,复柳门初一发。

八月丁酉朔,庚申(9月23日)　入直。派验放。到署。

初二日,辛酉(9月24日)　入直。到天安门朝房秋审上班。胡偕刘来。穆蓉舫信。候芥航、蔼人、张芹圃、李念仔、钟洛英,签商俞树钧一起。

初三日,壬戌(9月25日)　入直。加班奏事。卯刻朝审上班,杨树田呼冤。辰刻雷雨。送李念仔屏、联、书。寄次经《登瀛备览》、《慎庵诗文》、桂未谷拓《红崖碑》及所属书小条幅,交刘姓。李念仔来。

初四日,癸亥(9月26日)　入直。卯正到库。巳刻毕。刑部加班,奏朝审呼冤一折。到署。

初五日,甲子(9月27日)　入直。内阁看折稿。到署。发济、竹、伟、振民信,明日寄。廉生四十拓交小宇。送张龚宇。

初六日,乙丑(9月28日)　入直。到署。廖谷士来,崔来,苏来,宝森来。莼客诗来,送以廿金。

初七日,丙寅(9月29日)　入直。派写井陉庆云寺等扁。到署。馨伯来。送静山、星东食物。得子良信。寄次经。

初八日,丁卯(9月30日)　入直。直日。到署。星岩招。文贵。付五十。含英。付五十。宝森。付卅。

初九日,戊辰(10月1日)　入直。公折请止。恭送派恭代皇太后赏恭王扁、对。到署。

初十日,己巳(10月2日)　入直。上诣观德殿,随行礼。到署,修档房狱。神祠落成。发南信。青士、承厚、敏先来。得济之初三信。

十一日,庚午(10月3日)　入直。到署。得知无、硕卿信,即复。青士来,笔彩来,胡来,于鉴堂来。

十二日,辛未(10月4日)　入直。到署。风,小雨。冷。

十三日,壬申(10月5日)　入直。到署,会法。徐用仪。恩霙至午正方到。阴,小雨。开发内廷节赏。

十四日,癸酉(10月6日)　入直。加班。送派敬,行礼派文。到署。复王莲塘、豫东屏。复廉生。笔彩来,胡来。四十,全清。

十五日,甲戌(10月7日)　入直。卯正三上诣观德殿,随行礼。到署。俱未到。阴雨。瑞苻,廿。经伯。卅。赏瓜饼。苏、宝森、马来。

十六日,乙亥(10月8日)　入直。直日。寄济、竹、麟生、伟如、振民信。文采。一百。次经初二信,即复提塘。

十七日,丙子(10月9日)　入直。到署。洪秉钧来,有丁雨生信。梅荄来送张沇清信。胡来。

十八日,丁丑(10月10日)　入直。卯正三上诣观德殿,随行礼。到署。秋樵来,苏来。

十九日，戊寅（10月11日）　入直。到署。宝、李来会审。复雨生交洪秉钧。

二十日，己卯（10月12日）　入直。加班。到署。得济之、竹年、眉伯十三信，即复。胡来。

二十一日，庚辰（10月13日）　入直。赴颜料库收铁。到署。发南信，济、竹、振民、眉伯。寄次经交提塘，内郘钟九纸。胡来。郘十。

二十二日，辛巳（10月14日）　入直。到署。胡来，百。李伟卿贻隽来，雷瀛仙来。

二十三日，壬午（10月15日）　入直。到署。胡来，百。雷送奏底来。得莘卿复。

二十四日，癸未（10月16日）　入直。直日。到署。作济、竹、伟、振民、平斋信，廿六发。复莘卿交仲田。胡来。大衍。

二十五日，甲申（10月17日）　入直。到署。胡来。大衍。

二十六日，乙酉（10月18日）　入直。卯正三上诣观德殿，随行礼。加班，奏杨树田等案三件。到署。笔彩来。又柳质卿信。

二十七日，丙戌（10月19日）　入直。到署。不值。兰荪、胡来。

二十八日，丁亥（10月20日）　入直。到署。文未到。

二十九日，戊子（10月21日）　入直。到署。廿八彗始灭。

三十日，己丑（10月22日）　入直。到署。复四叔、济之、伟如、振民十九信，初二发。笔彩来，胡来。

九月戊戌初一日，庚寅（10月23日）　入直。上库，巳正散。到署俱散矣。马子祥来。复顺伯，初二发。得次经信，即复。

初二日，辛卯（10月24日）　入直。直日。观德殿齐集，朝鲜香供也。到署。松未。又寄次经信。笔彩来拓器。胡来。夜雨。

初三日，壬辰（10月25日）　入直。大雾。

[初四日],癸巳(10月26日) 入直。上诣观德殿,六满月,随行礼。到署。松未。笔彩来。

初五日,甲午(10月27日) 入直。到署。胡来,大衍。少荃来。提牢卅。

初六日,乙未(10月28日) 入直。史馆进未单,秋审进末单。到署。发济之、竹年、伟如、振民信。寄次经卅两,交幼轩。

初七日,丙申(10月29日) 入直。巳刻,观德殿祖奠礼、随行礼。到署。文、敬差,松未。马来,宝森来。

初八日,丁酉(10月30日) 入直。到署。文、敬差。

初九日,戊戌(10月31日) 入直。丑刻至观德殿,寅初三上至,皇太后至,侍班。寅正二孝贞显皇后奉移,步随出东直门,辰正跪送。派写四川彭县关帝庙扁、阆中桓侯祠扁。得南信,复济、竹、麟生。寄伟如、质卿,十一发。

初十日,己亥(11月1日) 入直。派验放。上库。到署。派写山东河神庙扁一面。苏来。

十一日,庚子(11月2日) 入直。大雾。派写景山关帝庙扁、对各一,又恭王寿物匣上四字二分。到署。马来,廿。胡来,卅。笔彩来。

十二日,辛丑(11月3日) 入直。直日。到署。苗颖章放、顺庆提、陈文田行走、赵舒翘坐办、陆光祖补。苏来,得次经信。于鉴堂来,莼客信,助廿金。

十三日,壬寅(11月4日) 入直。到署。丑刻大雾。

十四日,癸卯(11月5日) 入直。派写彭城镇龙神扁,卢氏关帝、城隍扁,共三方。到署。发伟、麟、济、竹信,十六寄。换羊皮冠、白袖头。

十五日,甲辰(11月6日) 入直。到署。大风始冷。胡来,廿,又《黄河清》《补柳图》。十。笔彩来。得尹、丁信。

十六日,乙巳(11月7日) 入直。冷。到署。派雷一套缺,函致文,送其家。交殷五十,棉衣六十套。崔来。

十七日,**丙午**(11月8日)　入直。冷。到署。换灰鼠一套,爪仁领、藏獭冠。崔来。《松壶》二。

十八日,**丁未**(11月9日)　入直。到署。亚陶、经伯来。

十九日,**戊申**(11月10日)　入直。到署。笔彩来。复济、竹、平斋、振民信。又董信。寄汪二官。

二十日,**己酉**(11月11日)　入直。到署。复莆卿。

二十一日,**庚戌**(11月12日)　入直。到署。文未到。派写十一言对。崔来,宝森、笔彩来,胡来。竹年文旦十八个。王维煜卿云寄信。

二十二日,**辛亥**(11月13日)　入直。到署。巳正一孝贞显皇后黄舆进大清门,跪迎升祔太庙陪祀。午正二刻散。复竹年信。交王。崔来,宝森来,廿。笔彩来。卅。

二十三日,**壬子**(11月14日)　入直。上库,巳正散。到署全散。晤云阶。复四叔、伟、济、竹九月十五信,并寄平斋光和量拓本。苗逸云来。得星师信。复拓本百五十九纸并小峰信。

二十四日,**癸丑**(11月15日)　入直。到署。敬未到,晤于朝房。星师信交蔚庭。崔来。百国史馆送《忠义传》来,即阅。复胡石查。

二十五日,**甲寅**(11月16日)　入直。到署。松未到。阴小雨。王信甫来。夜雨。

二十六日,**乙卯**(11月17日)　入直。到署。阴雨。

二十七日,**丙辰**(11月18日)　入直。阴雨。到署。松未。派写养心殿帖落一件、隶书"寿"字一件。派写赏恭王寿扁一件、"长寿"字一件。阴雨。

二十八日,**丁巳**(11月19日)　入直。到署。敬班。复芍庭交仲田。胡来。

二十九日,**戊午**(11月20日)　入直。正班。到署。松未。苏来,付十欠十九。胡来。一爵一瓠,次日还。

三十日,己未(11 月 21 日) 入直。上出乾清门,侍班补服。到署。发济、竹、伟,朔日。

十月己亥朔,庚申(11 月 22 日) 入直。坤宁宫吃肉。贺左季高。到署。改晚巳初。雪渔来。

初二日,辛酉(11 月 23 日) 入直。壶。云阶来谈。到署。崔来,宝森来。左七旬送酒。

初三日,壬戌(11 月 24 日) 入直。上库。到署。大风。

初四日,癸亥(11 月 25 日) 入直。壶天。到署。敬未到。崔来,二数。刘姓来。廿,送古匋四件。笔彩、宝森来。

初五日,甲子(11 月 26 日) 入直。派验放。壶天。到署。胡、崔来,李伟卿来。

初六日,乙丑(11 月 27 日) 入直。加班。派"延年益寿"各一方,"长寿"字二方。派阅考试汉御史卷,巳初散。董、瑞、锡。到署。发济、伟、平斋信。复花农、仲饴。

初七日,丙寅(11 月 28 日) 入直。壶天。到署。直日。胡带画者李来画埙。寄清卿信。得尹次经信。得济、伟信。

初八日,丁卯(11 月 29 日) 入直。派恭代御笔《心经》。壶天。到署。又寄缉庭信交小圃。复次经交东甫。寄清卿各书交彭小圃光誉。

初九日,戊辰(11 月 30 日) 入直。壶天。到署。崔来,左季高来。

初十日,己巳(12 月 1 日) 入直。派写"福""禄""寿""喜""龙""虎"大小各一分。辰初慈宁门行礼。到署。俱来。晤兰荪。文式如玉来。

十一日,庚午(12 月 2 日) 入直。壶天。到署。文、敬、松未到。

十二日,辛未(12 月 3 日) 入直。壶天。到署。文、敬未到。亚陶来。

十三日,壬申(12月4日)　入直。壶天。到署。文差。亚陶为大人诊。

十四日,癸酉(12月5日)　入直。壶天。到署。文、敬、松未。崔来。得廉生九日信并石坞、念初求字。亚陶来。

十五日,甲戌(12月6日)　入直。直日。鹤峰师招吃肉,贺文协揆。到署。松、薛、夏未到。季高招饮,辞之。

十六日,乙亥(12月7日)　入直。壶天。到署。敬班。胡来,岐子惠、王梦龄来。得叔父、济、竹、平斋初六信,即复。

十七日,丙子(12月8日)　入直。派写台湾天后庙扁。上颜料库。到署。吴谊卿到。

十八日,丁丑(12月9日)　入直。派写文澜阁斗子扁。壶天。到署。夏未到。吴谊卿、景东甫、洪植臣来,林开章、黄自元来。

十九日,戊寅(12月10日)　入直。壶天。到署。唐大案添派以载言。发济之、伟如、振民信,柳门信,四叔奶饼四匣,交洪植臣。王小雪来。

二十日,己卯(12月11日)　入直。壶天。文蔡卿来。到署。李和生、王锡九来,王达五来,廖谷士来。

二十一日,庚辰(12月12日)　入直。壶天。薛谈。到署。王芰臣来。

二十二日,辛巳(12月13日)　入直。壶。到署。姚协赞来,胡来。竹年交王槐三大令寄笋。

二十三日,壬午(12月14日)　入直。壶。薛来。直日。到署。文未。崔、梅。十。以临《书谱》六十交梁。何衡甫世兄政祥来。芍庭信。寄仲饴交庚生。胡来。

二十四日,癸未(12月15日)　入直。昨夜微雪。壶。到署。胡来。

二十五日,甲申(12月16日)　入直。壶。薛、敬、夏到署。文未。青士来。派篆宝四方。粟懋谦来,云是增炳子。

二十六日,乙酉(12 月 17 日)　入直。壶。到署。会法。钟、刘。冷。发南信,济、竹、伟、振。胡来。

二十七日,丙戌(12 月 18 日)　入直。壶。到署。文、敬未。福益三来,崔来。

二十八日,丁亥(12 月 19 日)　入直。上库,巳正散。到署。彭小圃来。

二十九日,戊子(12 月 20 日)　入直。壶。到署。文未。临书八十幅。胡来。日。以百廿幅交经伯。

十一月庚子朔,己丑(12 月 21 日)　壶。到署。文、松未。冬至夜,祀先。

初二日,庚寅(12 月 22 日)　入直。壶。到署。松、文未,薛请训上陵。崔来。临八十幅。

初三日,辛卯(12 月 23 日)　入直。壶。大风冷。派写四川自流井神扁。到署。敬未。临《书谱》七十,全完。

初四日,壬辰(12 月 24 日)　入直。壶。到署。

初五日,癸巳(12 月 25 日)　入直。壶。到署。发南信,济、竹、伟、振。初七胡、崔来。大衍。

初六日,甲午(12 月 26 日)　入直。壶。到署。王信甫来。

初七日,乙未(12 月 27 日)　入直。同乡谢恩。壶。到署。复济之。

初八日,丙申(12 月 28 日)　入直。加班。壶。到署。兰荪来。

初九日,丁酉(12 月 29 日)　入直。壶。到署。薛到京。崔来。四十。复小岩、知无。

初十日,戊戌(12 月 30 日)　入直。直日。到署。星岩招,未正散。

十一日,己亥(12 月 31 日)　入直。壶。到署。文未。崔来。唁伯足、用甫对。

十二日,**庚子(1882 年 1 月 1 日)**　入直。壶。至署。文未。翁道鸿仪臣来。胡。四十。

十三日,**辛丑(1 月 2 日)**　入直。派恭代皇太后"福""禄""寿"三星赞三件、题画五件,卯正毕。壶。到署。崔来。

十四日,**壬寅(1 月 3 日)**　入直。赏貂皮八、大卷四,引见时磕头。壶。到署。

十五日,**癸卯(1 月 4 日)**　入直。加班奏事。壶。到署。宝森来。派篆宝四方。

十六日,**甲辰(1 月 5 日)**　入直。壶。遇香涛。到署。叶冠卿伯英来。

十七日,**乙巳(1 月 6 日)**　入直。壶。到署。敬未。

十八日,**丙午(1 月 7 日)**　入直。直日。壶。到署。松未。派写"受兹介福"四字。写对百廿付。胡来,姚怪甫来,李岷琛来。

十九日,**丁未(1 月 8 日)**　入直。壶。到署。敬未。六十付。胡来。

二十日,**戊申(1 月 9 日)**　入直。加班。壶。到署。文、夏未。风。崔、笔彩来。

二十一日,**己酉(1 月 10 日)**　入直。壶。到署。胡。五十。崔、五十,卅付。胡又来。寄复济之、麟生、质卿。寄伟如、振民。

二十二日,**庚戌(1 月 11 日)**　入直。壶。到署。文未。四十付。胡来。

二十三日,**辛亥(1 月 12 日)**　入直。写年差六十余件。上库。到署。文未。崔来,大衍。胡来。

二十四日,**壬子(1 月 13 日)**　入直。派写东岳庙扁三面。史馆提调未见。壶。到署。文未。胡来。发南信。马号失书。

二十五日,**癸丑(1 月 14 日)**　入直。加班。三库奏事。壶。到署。会法。钟、许、文未。胡来。

二十六日,**甲寅(1 月 15 日)**　入直。直日。壶。到署。文未。

胡。百。

二十七日,乙卯(1月16日)　入直。壶。到署。文未。

二十八日,丙辰(1月17日)　入直。加班,减等。三单二千九百六名,毕。壶。到署。复廉生。胡来。百。

二十九日,丁巳(1月18日)　入直。壶。祈雪。到署。胡来,毅卿来。赠孝□达《中说》。

三十日,戊午(1月19日)　入直。壶。到署。

十二月辛丑朔(1月20日)　入直。派写"福"字五方。壶。到署。答香涛。

初二日,庚申(1月21日)　入直。上库。到署。文未。小雪。

初三日,辛酉(1月22日)　入直。京察过堂。复次经,还一齐瓦器,有伪字百余。赏李春二人十两。赏大卷二、帽纬一。复少山。二百八十块瓦片。来人二两。

初四日,壬戌(1月23日)　入直。直日。候补过堂。胡、马、崔来。发济、伟、麟、振信。

初五日,癸亥(1月24日)　入直。赏燕窝。上出内右门,磕头。壶。到署。文未。崔来。京察开封。馆奏事。

初六日,甲子(1月25日)　入直。壶。到署。崔来,马来,廿六。胡来。

初七日,乙丑(1月26日)　入直。馆奏事。派写长春宫七言对四分。壶。到署。文未。亚陶来。复济、竹、伟十一月朔信。

初八日,丙寅(1月27日)　入直。上颜料库。到署。崔来。百。薛奉使江苏。有旨。

初九日,丁卯(1月28日)　入直。王信甫来。派写同仁寺扁。壶。到署。夜雪一寸。

初十日,戊辰(1月29日)　入直。壶。到署。松未。香涛来。

十一日,己巳(1月30日)　入直。壶。到署。文、敬未。送香涛。派写对五付、春条底九分。

十二日，庚午(1月31日)　入直。派写对二付。三库京察，灵、广、徐、奎、王。到署。

十三日，辛未(2月1日)　入直。壶。到署。文未。潘遹送益甫信来，即复。

十四日，壬申(2月2日)　入直。壶。到署。文未。复茀卿交仲田。亚陶为大人诊。

十五日，癸酉(2月3日)　入直。军机传旨袁大马等云云。壶。薛来。到署。文未。马、崔、胡来。复芍庭交仲田。发南信。亚陶来。

十六日，甲戌(2月4日)　入直。派题画兰诗。上库。到署。夜亚陶来。

十七日，乙亥(2月5日)　入直。赏穿带縢貂褂。毅卿来，亚陶来。

十八日，丙子(2月6日)　入直。具折谢恩。壶。到署。会法。崇、刘。崔、胡、笔彩来。

十九日，丁丑(2月7日)　入直。加班。到署。赏袍褂料、帽纬。复廉生交协同庆。

二十日，戊寅(2月8日)　入直。直日。上诣大高殿。神武门碰头。壶。到署。送云阶。晤候[侯]子和，署左。

二十一日，己卯(2月9日)　入直。到署封印。卯刻胡来。

二十二日，庚辰(2月10日)　入直。壶。到署。会法。徐、许。发济、竹、伟信，廿四行。

二十三日，辛巳(2月11日)　入直。派题画十一首、题画六件，巳正散。皇太后赏"福""寿"字各一分、"长寿"字一分、貂皮十张、大卷八个。到署。刑部加班。复周子玉交蔚长厚。旨："毋庸谢恩，亦不必具折。"笔彩来，胡来。百。得伟如信、眉伯拓。

二十四日，壬午(2月12日)　入直。派写四字语五分赐军机者。同乡谢恩。到者董、潘、徐、夏。李、卅。梁、卅。祁、廿。崔来,六十。
龚颖生、李兰荪来,胡来。百。唁恩露圃。

二十五日,癸未(2 月 13 日) 入直。派写福、贵、财、喜神位等
五件。到署。答兰荪。

二十六日,甲申(2 月 14 日) 入直。到署。文、敬。赵、孙、贡、
李来,凤石来,陆寿门来,梁斗南来,崔来。百。宝森。四十。

二十七日,乙酉(2 月 15 日) 入直。皇太后御笔题画诗七首。
派写陕西郿县太白庙匾。赏荷包、貂皮、手巾。上诣太庙,侍班,归时
磕头。到署。全到。阅复陈启泰折。崔。六十。

二十八日,丙戌(2 月 16 日) 入直。派恭代御笔《心经》。加班
奏事。到署。文到。子刻敬神。崔、大衍。宝森、百。梁、卅。李、大衍。
祁。廿。

二十九日,丁亥(2 月 17 日) 入直。刻字铺。百。祀祖先。接
灶。得南信。马来,十四,十吊。胡来。百。赏香橙。

光绪八年日记(1882)

光绪八年壬午正月朔，戊子(2 月 18 日) 丑初进内，前门关帝庙拈香，辰初慈宁门行礼，蟒袍、补褂。乾清门行礼，懋勤殿开笔，派恭代元旦御笔《心经》。不拜年。归。吴毅卿、孔醉唐见。

初二日，己丑(2 月 19 日) 入直。卯正二坤宁宫吃肉，补褂。到署。俱到。寄芍庭。写南信，初六发。

初三日，庚寅(2 月 20 日) 入直。大高殿祈雪。马来。

初四日，辛卯(2 月 21 日) 入直。风冷。答子斋。到署。祁。胡来。

初五日，壬辰(2 月 22 日) 入直。答宝。到署。

初六日，癸巳(2 月 23 日) 入直。宝森来。廿。

初七日，甲午(2 月 24 日) 入直。到署。答夔石。崔来。

初八日，乙未(2 月 25 日) 入直。到署。祁。班龙膏并信交陆锡康。郝联薇近垣来。

初九日，丙申(2 月 26 日) 入直。上出乾清门，补褂，侍班。加班。到署。松。复陈荣叔，交秋樵。复稚璜。胡来。童德中以王国江赟，却之。节孝匾书之。

初十日，丁酉(2 月 27 日) 入直。加班。文未。到署。马来。夜雪。青士来。

十一日，戊戌(2 月 28 日) 入直。雪。十七谢。得南信，复。梅茨来。

十二日，己亥(3 月 1 日) 入直。到署。复张沇清。交梅书、字。复清卿、芍庭。

十三日,**庚子(3 月 2 日)**　入直。候兰荪。复芍庭。

十四日,**辛丑(3 月 3 日)**　入直。到署。

十五日,**壬寅(3 月 4 日)**　入直。朝房晤文。胡来。

十六日,**癸卯(3 月 5 日)**　入直。到署。祁。

十七日,**甲辰(3 月 6 日)**　入直。大高殿谢雪。崔来。

十八日,**乙巳(3 月 7 日)**　入直。加班。文未。到署。夏。文贵来。付八十两,欠七十九。

十九日,**丙午(3 月 8 日)**　入直。壶天。到署。会法。周、刘。复廉生交小宇。寄济、竹、振民、平斋书,伟如、麟生信,即日发。宝森来。

二十日,**丁未(3 月 9 日)**　入直。加班。到署。王信甫来,胡来。付太百四十。

二十一日,**戊申(3 月 10 日)**　入直。到署开印。壶。候兰荪不值。赵增荣、兰荪、胡来。

二十二日,**己酉(3 月 11 日)**　入直。壶。到署。胡、笔彩来。

二十三日,**庚戌(3 月 12 日)**　入直。派写福建宜兰城隍庙扁。上库。到署。

二十四日,**辛亥(3 月 13 日)**　入直。到署。万、董等开缺。

二十五日,**壬子(3 月 14 日)**　入直。壶。四百六十。到署。祁未。发济、竹、伟、振信。宝森来,廿。王小宇来。

二十六日,**癸丑(3 月 15 日)**　入直。直日。到署。松未。

二十七日,**甲寅(3 月 16 日)**　入直。壶。公同谢折。到署。敬未。王隽颐来。

二十八日,**乙卯(3 月 17 日)**　入直。引见时谢照旧供职恩。到署。王信甫来。是日京堂引见。

二十九日,**丙辰(3 月 18 日)**　入直。派写养心殿贴落一张。壶。到署。文、松、祁未。

二月癸卯朔，丁巳（3 月 19 日）　入直。壶。到署。文未。马来。换洋灰鼠褂。马来。

初二日，戊午（3 月 20 日）　入直。坤宁宫吃肉。补褂，洋灰。到署。文未。寄济之信。野。笔彩来。

初三日，己未（3 月 21 日）　入直。壶。到署。文、祁未。复次经交幼轩。寄廉生交小宇。胡来。

初四日，庚申（3 月 22 日）　入直。上库。到署。英俊折，库吏韩士俊等。古尼音布折。溥来。王鹏运来，有交片。马来，还小币，百一。胡来。

初五日，辛酉（3 月 23 日）　入直。直日。到署。胡来。百。

初六日，壬戌（3 月 24 日）　入直。到署。大风。

初七日，癸亥（3 月 25 日）　入直。派写东岳庙、文昌关帝扁二面。得振民信。大风。王补庵来。

初八日，甲子（3 月 26 日）　入直。大风。到署。

初九日，乙丑（3 月 27 日）　入直。鹤师招吃肉。到署。会法。胡来。小宇十二行，寄济、振麻姑［蘑菇］、杏仁。

初十日，丙寅（3 月 28 日）　入直。加班二件。小回回。到署。敬未。刚子良毅来，马来。

十一日，丁卯（3 月 29 日）　入直。丑刻雨。到署。文未。

十二日，戊辰（3 月 30 日）　入直。到署。文未。童德中来。得济、伟廿九信，即复。

十三日，己巳（3 月 31 日）　入直。到署。文未。信甫来。

十四日，庚午（4 月 1 日）　入直。到署。文、祁未。

十五日，辛未（4 月 2 日）　入直。加班。到署。文、祁、松未。贺子青兵尚。问汴生病。复四叔、济、振、麟。

十六日，壬申（4 月 3 日）　入直。到署。寄瘦羊。《小漠》一、《叶选》二、《松壶》一交小宇。

十七日，癸酉（4 月 4 日）　入直。大风。到署。祁未。晤兰荪。

自十九起早衙门。崔、胡、凤石、子青来。

十八日，甲戌（4月5日） 入直。到署。敬未。胡来，言山东庞姓铜器三件被扣留。王春庭作孚、伯希来，温棣华来。

十九日，乙亥（4月6日） 入直。到署。青士、展如、秋樵来，斗南来，胡来。

二十日，丙子（4月7日） 入直。到署。松未。会法。钟、刘。王小宇来辞行。换银鼠褂、白袖头。

廿一日，丁丑（4月8日） 入直。直日。到署。祁未。马来。

二十二日，戊寅（4月9日） 入直。到署。文未。

二十三日，己卯（4月10日） 入直。到署，先散。派拟兰诗百廿首，四字、五字、七字百廿分。次日递。毅卿、经伯、仲田、凤石未正散。

二十四日，庚辰（4月11日） 入直。请安看方。到署。许筠庵来，胡来。换羊皮冠、黑绒领。

二十五日，辛巳（4月12日） 入直。胡、崔来。派验放。肃、松、王。到署。祁未。

二十六日，壬午（4月13日） 入直。命拟兰诗廿首。同徐。到署。会法。赵蓉镜、刚子良、崔来。莼客廿金。经伯来。

二十七日，癸未（4月14日） 入直。加班。到署。展如来。兰荪为幼樵要参。六钱。庚生、伯希来。

二十八日，甲申（4月15日） 入直。到署。文、祁未。

二十九日，乙酉（4月16日） 入直。直日。到署。文、祁未。

三十日，丙戌（4月17日） 入直。到署。信甫来。得济、竹、眉伯信，复。

三月甲辰朔，丁亥（4月18日） 入直。到署。胡来。

初二日，戊子（4月19日） 入直。辰初雨。到署。松、祁未。夜雨。施启宗、承厚、夏伯英、陆宇生来，胡来。

初三日，己丑（4 月 20 日）　入直。到署。敬未。

初四日，庚寅（4 月 21 日）　入直。到署。上库。苏来，马来。十。

初五日，辛卯（4 月 22 日）　入直。到署。文、松、祁未。苏来。

初六日，壬辰（4 月 23 日）　入直。到署。会法。钟、刘。寄济、竹、伟、振、平斋信。信甫来。

初七日，癸巳（4 月 24 日）　入直。到署。松差。直日。复次经交幼轩。收回。访兰荪不值。

初八日，甲午（4 月 25 日）　入直。到署。文未。子良来，陆蔚庭、周希世尔珍教习。来。瑞符。二八。

初九日，乙未（4 月 26 日）　入直。到署。敬未。凤石、斗南、胡来，兰荪来。

初十日，丙申（4 月 27 日）　入直。带梁、陆进内。到署。马来。付幼轩廿金，还少山款也。派题兰花二幅，署款不书臣字。贺、梁、陆、胡来。皆十一日事。晡时微雨。

十一日，丁酉（4 月 28 日）　入直。到署，得济、伟、质卿信。凤石、斗南来。夜大风冷。胡来。十。

十二日，戊戌（4 月 29 日）　入直。上库。到署。文、敬未。换季。崔来。廿。得雨生讣，其侄来。

十三日，己亥（4 月 30 日）　入直。加班。到署。星厓招，午正散，皆同署。

十四日，庚子（5 月 1 日）　入直。到署。发济、竹、庞小雅、胡石查、徐花农、质卿、伟如信。

十五日，辛丑（5 月 2 日）　入直。到署。文未。招徐、梁、陆。直日。笔彩、王姓来。

十六日，壬寅（5 月 3 日）　入直。到署。陈楚士、吴毅卿来。复清卿。

十七日，癸卯（5 月 4 日）　入直。到署。张云卿承燮来。再复清卿并拓本。风。

十八日,甲辰(5月5日) 入直。到署。笔彩、本立、宝森来。

十九日,乙巳(5月6日) 入直。到署。祁未,薛到。访云阶。笔彩、幼樵来。

二十日,丙午(5月7日) 入直。派写张恺《墨兰》《墨竹》签。徐、梁、陆招梁寓。酉初后小雨,即止。

二十一日,丁未(5月8日) 入直。赏扇百七十八柄送寅臣令郎写。到署。薛回任。蒯柘农廉访来。又赏扇送梁经伯。笔彩来。春光。

二十二日,戊申(5月9日) 入直。到署。青士来行文直督,为云南司案调川司派审。

二十三日,己酉(5月10日) 入直。直日。到署。上出景运门诣奉先殿,补褂侍班。王补庵来。

二十四日,庚戌(5月11日) 入直。派写巴里坤武圣庙扁一面。到署。文未,敬差。寄济、竹、伟、振民,廿六发。复次经交幼轩。

二十五日,辛亥(5月12日) 入直。派阅荫生卷。加班,停句并案得允。奎、徐、未正散。寄少山《说文》序一。

二十六日,壬子(5月13日) 入直。到署。敬差。胡来。

二十七日,癸丑(5月14日) 入直。到署。雨。黄名珏,号润生。来。

二十八日,甲寅(5月15日) 入直。到署。高扬九、宋伟度来。夜雨。胡来。

二十九日,乙卯(5月16日) 入直。上出乾清门,补褂侍班。派荣寿公主府扁、对七件。到署。黄贵诚允一、李维诚恂伯来,龚仲人寿图来,江苏道。恩纶来,崔来。廿九。小雨。

四月乙巳朔,丙辰(5月17日) 入直。派写荣寿公主府贴落五件。到署。文未。上库。日食。

初二日，丁巳（**5 月 18 日**）　入直。到署。本立刘来。得振民、竹年信件。

初三日，戊午（**5 月 19 日**）　入直。派写御药房扁二分、对三分。到署。胡来，恒寿、信甫来。

初四日，己未（**5 月 20 日**）　入直。到署。宝森来。

初五日，庚申（**5 月 21 日**）　入直。到署。苏来付卅，清。马来。复南信，伟、济、振、眉伯、平斋。胡来。卅。

初六日，辛酉（**5 月 22 日**）　入直。派字，斗一方、窗心廿八件。到署。敬回。经伯、毅卿、仲田来。

初七日，壬戌（**5 月 23 日**）　入直。到署。

初八日，癸亥（**5 月 24 日**）　入直。署中搭棚。贺星东、子腾。晤兰荪，幼樵不晤。黄名珏来。酉初雨。为柏师作序，伟度《易卦变》作序。

初九日，甲子（**5 月 25 日**）　入直。到署。文、松未。发济之、平斋信，内赵惠甫要拓本百十六纸、眉生要盂鼎一纸。得次经廿一信。崔来，廿。海韵楼来。

初十日，乙丑（**5 月 26 日**）　入直。直日。到署。会法。陈荔秋、刘叔纶。奉上谕："大学士会同查明具奏。"陈、张、邓参崇礼。卞颂臣来，宝森来。

十一日，丙寅（**5 月 27 日**）　入直。派荣寿公主府扁四字五面、二字二面、"寿"字一方。到署。秋审弟[第]一包四本。

十二日，丁卯（**5 月 28 日**）　入直。上库。到署各散。弟[第]二包四本。得济、柳信。

十三日，戊辰（**5 月 29 日**）　入直。到署。弟[第]三包四本。得芍信。

十四日，己巳（**5 月 30 日**）　入直。到署。弟[第]四包四本。青士来。派题皇太后御笔画兰四幅，各题四字隶书。喑若农并联、幛交生和太。掌扇胡同。

十五日,庚午(5月31日) 入直。到署。五包四本。胡来,兰荪来。

十六日,辛未(6月1日) 入直。派阅考差卷。徐、潘、瑞、麟、王、孙、许、锡、祁、夏。午散。

十七日,壬申(6月2日) 入直。到署。弟[第]六包七包。晨小雨。宝森来。十。

十八日,癸酉(6月3日) 入直。到署。直日。弟[第]八包。宋伟度来。得伟如信,全师去世。

十九日,甲戌(6月4日) 入直。到署。贺凤石。弟[第]九包。

二十日,乙亥(6月5日) 入直。吊小汀师。到署。弟[第]十包。毅卿、庚生来。

二十一日,丙子(6月6日) 入直。到署。复石查。得四叔、济之、振民信,即复。夜雨。

二十二日,丁丑(6月7日) 入直。查库,弟[第]一日四十万。午散。礼、庄、劻、张、乌、锡、徐、夏、兴、岳十人,庄假。廿日,管库灵、李、广、潘、奎、许,广在假。到署。弟[第]十二包。

二十三日,戊寅(6月8日) 入直。卯初开库,辰初先行。到署。文末。弟[第]十三包。

二十四日,己卯(6月9日) 入直。卯初开库,偕兴,辰初二先行。到署。弟[第]十四包。毅卿来。

二十五日,庚辰(6月10日) 入直。卯初开库,偕礼、兴,辰初先行。到署。文末。十五包四本。复芍庭,交仲田。

二十六日,辛巳(6月11日) 入直。卯初开库,礼、兴,辰初先行。到署。复子泉又芍庭信。十六包四本。

二十七日,壬午(6月12日) 入直。卯初开库。到署。派恭题皇太后画兰四幅并隶书四字。赏大卷四匹、葛布二、扇一、漳纱二、帽缨二、燕窝一包。马来。十七包四本。伟度要任筱沅信。

二十八日,癸未(6月13日) 入直。派大考差拟题。开库。卯初到署。候兰荪不晤。潜生侄来。赏袍褂料、纱葛、帽纬。十八包四本。

二十九日，甲申（6 月 14 日）　入直。皇太后赏御笔画兰四幅。卯初开库，巳初查银库完，画稿。到署已散。兰荪来，十九包四本。

三十日，乙酉（6 月 15 日）　入直。到署。二十包四本。函致益甫交捷峰。次日查库复命。

五月丙午朔，丙戌（6 月 16 日）　入直。到署。秋审廿一包四本。内廷节赏。谊卿来。

初二日，丁亥（6 月 17 日）　入直。到署。复柳门交谊卿。张友山来，马来。李、卅。梁、卅。祁。廿。

初三日，戊子（6 月 18 日）　入直。到署。宝森来。廿二包。

初四日，己丑（6 月 19 日）　入直。上库。到署俱散。马来，十两。全清。宝森来。十，初五付。派写扇二柄。

初五日，庚寅（6 月 20 日）　入直。到署。松到。招谊卿、仲田、孔先生及其子，偕潜生午饭。看廿三包，自五月起间日一包。崔来。

初六日，辛卯（6 月 21 日）　入直。卯初会同查内库。到署。薛未。辰正三大雷雨。发四叔、济之、眉伯、竹年、振民信。得徐花农信。次日复。雨至酉止。

初七日，壬辰（6 月 22 日）　入直。恭题皇太后画兰四幅。同前。卯初开库。尚。到署。看廿四包。王达五振镐来。答兰荪、子久。

初八日，癸巳（6 月 23 日）　入直。卯初开库。加班奏事。到署。候兰荪不值。提调姚协赞、王贶清来。嵩良来，回内库短少事。崔来。

初九日，甲午（6 月 24 日）　入直。卯初开库。查尾完后，桶外用钩搜找，尚欠二千五百两。午初封库。到署已散。廿五包。发捷峰信并寄益甫信。吴鲁肃堂、陈彦鹏行六。来，崔来。

初十日，乙未（6 月 25 日）　入直。到署。答梁、陆。伟度来。

十一日,丙申(6月26日)　入直。卯初开库,申初三散。廿六包。清秘来,未见。马来。泉币还之。

十二日,丁酉(6月27日)　入直。直日。奏结古铭狱案。奉上谕,等因。钦此。朝房晗丹初。到署。复次经、廉生。毅卿来。书寄恒轩篆扁。

十三日,戊戌(6月28日)　入直。开库,巳正散。短七百五十两。到署俱散。廿七包。复恒轩。

十四日,己亥(6月29日)　入直。恭题皇太后御笔画兰四幅。同前。到署。文未。晗丹初。

十五日,庚子(6月30日)　入直。查内库,复命并奏数目不符一折。奉上谕。钦此。到署。廿八包。

十六日,辛丑(7月1日)　入直。卯初段库,辰初散。到署。文未。济之信,张履谦、竹年信,郑桂生交来。邹振岳、魏培枏来。

十七日,壬寅(7月2日)　入直。卯初段库,卯正二散。发济之、竹年信。到署。廿九包。得筱雅信,即复。寄卫静澜、邵小村,为筱雅书馆。阜康。夜雨即止。

十八日,癸卯(7月3日)　入直。到署。丰仲泰来。作济之、竹年、振民信,与小雅信同于次日发。得伟如信,廿日到。

十九日,甲辰(7月4日)　入直。到署。松未。寄穆春厓、绍石安信交阜康。看秋审卅包。段库复命。

二十日,乙巳(7月5日)　入直。加库,收五十七万余。到署。夏未。得伟如信,明日进城矣。颜料库查弟[第]一日,未到。胡来。

二十一日,丙午(7月6日)　入直。卯初开颜料库四连、五连,卯正散。到署。松、敬未到。卅一包。伟如来,留饭,未刻散。复济之、振民。

二十二日,丁未(7月7日)　入直。卯初开供用库,卯正散,廿四复命。到署。松、敬未。晗伟兄、萝兄、贞孚、子宜。酉微雨,即止。

二十三日,戊申(7月8日)　入直。到署。敬未。复麟生并为书对、扇面。又亢铁卿,交凤石。戌刻后雷雨。卅二包。承厚、施启宗来。伟如来,次日始知,已睡故也。

二十四日,己酉(7月9日) 入直。到署。松、薛未。敬调兵,贵署刑右。查库复命。贺张友山、贵午桥、福箴廷调刑右。沈藻卿翰来,小雅之婿也;志栩来,皆未见。伟如来,崔来,呼瑞堂来。宝森。四十。

二十五日,庚戌(7月10日) 入直。到署。贵未到任。看卅三包。侄婿刘泉孙用杰来,镜如来。

二十六日,辛亥(7月11日) 入直。到署。松、夏未。阴雨时作时止。联纲幼农、佛升额伯恒、王信甫来。夜大雨。

二十七日,壬子(7月12日) 入直。到署。大雨。卅四包五本。承恩来。子正雨止。

二十八日,癸丑(7月13日) 入直。正班。到署。文、松未。柳门、毅卿、岱东来,胡、崔来。

二十九日,甲寅(7月14日) 入直。到署。松未。卅五包。

六月丁未朔,乙卯(7月15日) 入直。到署。贵到任,松未。昨夜雨,明日加班七件。伟如来,睡未见。

初二日,丙辰(7月16日) 入直。到署。松假。加班。卅六包。夜雨。

初三日,丁巳(7月17日) 入直。到署。燥甚,阴雨。柳门、萝杉、子宜来。张友山、伟如来。寄济之、振民、平斋信。

初四日,戊午(7月18日) 入直。上库。巳正散。到署。夏未。卅七包五本。

初五日,己未(7月19日) 入直。派写科布多河神庙扁。到署。夏未。

初六日,庚申(7月20日) 入直。到署。夏假,贵班。卅八包八本。

初七日,辛酉(7 月 21 日)　入直。徐、梁未。到署。夏、松假。得扨叔信。

初八日,壬戌(7 月 22 日)　入直。徐、梁未。到署。夏、松假。雨。卅九包九本。

初九日,癸亥(7 月 23 日)　入直。徐、梁未。到署。夏、松假。伟如来,施启宗、李传治来。

初十日,甲子(7 月 24 日)　入直。上库,巳正散。到署。贵未。四十包六本。

十一日,乙丑(7 月 25 日)　入直。到署。徐未。文署三库。胡。廿。马来,斗南得讲官来。贵未。徐宝晋。五十交风石。

十二日,丙寅(7 月 26 日)　入直。到署。贵未。四十一包五本。伟如来。复苟庭。马来。

十三日,丁卯(7 月 27 日)　入直。到署。松销假。巳刻雨。马来。徐惠生五十。交风石。

十四日,戊辰(7 月 28 日)　入直。到署。松未。马来。卅。一阏一砚,皆破。铜器七:二父戊、一兕、一爵鋬中有字,三无字。直三百五十,还之。施启宗来未见。江苏司去年五月初五奏命盗月申,该司六月稿已失,该员任内事,昨始查出耳。四十二包五本。胡来。二百。

十五日,己巳(7 月 29 日)　入直。直日。到署。寅初雨,时作时止且大雨。发济之、竹年、振民信。

十六日,庚午(7 月 30 日)　入直。到署。卯正雨。四十三包六本。亚陶、吉昌新放漳守。来。得尹次经信,复之交幼轩。

十七日,辛未(7 月 31 日)　入直。徐未。到署。松班。雨时作时止。马来。尊卅。发济之、竹年、振民信。十八。致小雅,内邵小村复信,交伟如。

十八日,壬申(8 月 1 日)　入直。到署。文、松未。四十四包。崔来,胡来。戴毅夫二次要参,共二两。

十九日,癸酉(8 月 2 日)　入直。到署。四十五包三本。素礼庭来,廿日。伟如来,已睡矣。廿日。秋审完。

二十日,甲戌(8月3日)　入直。到署。松。南信今日始发。又小雅、瘦羊信。

二十一日,乙亥(8月4日)　入直。到署。

二十二日,丙子(8月5日)　入直。到署。马来。得石查信,复石查。廿三。直日。

二十三日,丁丑(8月6日)　入直。直日。到署。

二十四日,戊寅(8月7日)　入直,到署。俱未。星岩招。伟如来,呼来。《鼎帖》六十,未付。跌手足。

二十五日,己卯(8月8日)　入直。到署。南斋四人为斗南祝五十。星师于十三去世,唁蔚廷。本日蓝袍常服,不挂珠。

【本日日记天头上书"立秋子正三"。】

二十六日,庚辰(8月9日)　入直。上御乾清宫受贺。到署。文到。招柳门、谊卿、仲田、伟如,午初散。

【本日日记天头上书"末伏"。】

二十七日,辛巳(8月10日)　入直。徐未。雨时作时止。到署。松未。夜雨。

二十八日,壬午(8月11日)　入直。徐未。到署。俱未。补褂蓝袍。夜雨达旦。

二十九日,癸未(8月12日)　入直。到署。松、贵未。雨。

三十日,甲申(8月13日)　入直。上出乾清门,侍班补服。到署。松未。呼来,胡来,崔来,姚协赞来。

七月戊申朔,乙酉(8月14日)　入直。徐未。直日。到署。夏假廿日。伟如来,马来。燥热。

初二日,丙戌(8月15日)　入直。到署。夏假日廿日。阴雨。马来。

初三日,丁亥(8月16日)　入直。散后徐来。大雨。到署。星农师开吊财盛馆，甚雨及之。发济之信。晚晴，夜雨。

　　初四日，戊子（8 月 17 日）　冒雨入直。徐未。朝房遇叔平。到署。伟如以庖人所作假莼以来。崔来作卣阁。

　　初五日，己丑（8 月 18 日）　入直。加班。到署。贵班。坐轿入直，车候西长安门。

　　初六日，庚寅（8 月 19 日）　入直。到署。英、贵未，福到，初八安。赏燕窝，伟如来，马来。夜不寐，雨。

　　初七日，辛卯（8 月 20 日）　入直。到署。贵未。

　　初八日，壬辰（8 月 21 日）　入直。到署。杨望洲来。朝房晤福箴廷。极热。贺贵午桥。山东主考。

　　初九日，癸巳（8 月 22 日）　入直。到署。文未。直日。阴雨。谊卿、联俊、杰卿、欧阳衔、宾丞来。

　　初十日，甲午（8 月 23 日）　入直。到署。文未。伟如来。得次经四月廿九信，伪古一匣，交臧笠亭寄。

　　十一日，乙未（8 月 24 日）　入直。到署。文未。复次经，还伪物，留小布、小泉，交幼轩。胡来，陈研香来。

　　十二日，丙申（8 月 25 日）　入直。到署。松未。答容方。王朗清德榜来。

　　十三日，丁酉（8 月 26 日）　入直。到署。松未。得济、竹，即复。盂鼎一。晤容方。

　　十四日，戊戌（8 月 27 日）　入直。到署。寄济盂、《担粥》、《问月》、文成，姚、林、吴字、祁对，瘦羊同有。《吾庐笔谈》交沈藻卿侄婿翰，赠以对、幅、书。子授来。又济要胎产丹、一笔句，交藻卿。

　　十五日，己亥（8 月 28 日）　入直。派恭代十七日御笔《心经》。到署。陈秉和梅村来。亚陶来为大人诊。送联俊字。伟散生日，未去。送江、刘芝田、何子峨、王朗清字。

　　十六日，庚子（8 月 29 日）　入直。到署。福十九到右任。亚陶来诊。伟如、陈梅村来，胡、崔来。崔廿四。

十七日,辛丑(8月30日)　入直。直日。到署,先散。派辑五名缺。上诣奉先殿,以直日侍班。派公主府扁九件、对五件、直条三件。陆九芝来为大人诊。苏来。亚陶来诊。

十八日,壬寅(8月31日)　入直。看朝审五本。派湖北黄陂、木兰山扁各一面。亚陶来为大人诊。云阶来。亚陶再诊。凤石来。

十九日,癸卯(9月1日)　入直。到署先散。派窗格眼卅二张。福篴廷到任。伟如来。

二十日,甲辰(9月2日)　入直。加班。到署。福未。答九芝、凤石。亚陶来诊。

二十一日,乙巳(9月3日)　入直。到署。文、松未。寿泉、梅村、胡来。明日军机处领交片。亚陶来诊。夜雨至次日辰止。答云阶。

二十二日,丙午(9月4日)　入直。卯初同芷庵军机处领交片。恭未。卯正到署,堂议云南至热河止。夏假廿日。胡来。

二十三日,丁未(9月5日)　入直。在内晤芷庵,堂议午正散。派审宗培、瑞霖、赵时熙、田我霖来。殷秋樵提牢班。本日奉上谕一道。

二十四日,戊申(9月6日)　入直。偕宗培四人晤芷庵。到署。福未。棣华、谊卿来。

二十五日,己酉(9月7日)　入直。直日。到署。晤芷庵。赏大卷四。研香、展如、雅农来、崔来,宗、瑞、赵、田来。

二十六日,庚戌(9月8日)　入直。朝房晤芷庵。到署。福、松未。伟如来,容方来,宗、瑞、赵、田来。

二十七日,辛亥(9月9日)　入直。徐、陆未。到署。福未。苏、马来。

二十八日,壬子(9月10日)　入直。同上。传心殿晤芷庵。到署。复石查野叟言。雨。胡来。夜雷电雨。秋樵来。

二十九日,癸丑(9月11日)　入直。徐、陆未。偕芷庵连衔封奏。到署。福假。赵蔼臣、胡、马来。奉上谕一道。发济、竹信。

八月己酉朔，甲寅（**9 月 12 日**）　入直。徐未。到署。福、夏假未满。马来。百五。卣，孙春山物，尚欠三个，五十。胡来，柳门来。

初二日，乙卯（**9 月 13 日**）　入直。颂阁徽学。陆假五日。恭题皇太后画兰四幅。到署。文未。伟如、谊卿来，胡来，百。潘任卿来，望洲来。艺芳送名世，却之，即复。石查信复。

初三日，丙辰（**9 月 14 日**）　入直。到署。文未。胡千里来，宗、瑞、赵、田来，冯文蔚来，马来。文奉命东陵查办。廷周。夜雷雨。

初四日，丁巳（**9 月 15 日**）　入直。直日。到署。寄廉生、清卿拓本，振民子鹤龄喜对，交镜如。午雨，夜又雨。镜如辞行。云初六行。

初五日，戊午（**9 月 16 日**）　入直。到署。惟薛到，文请训。辰雨。宗、瑞、田来，马来。文初七行。

初六日，己未（**9 月 17 日**）　入直。到署。松、薛。上谕："兼署礼部。钦此。"提调姚、王来。未刻又雨。

初七日，庚申（**9 月 18 日**）　入直。具折谢恩。到署。胡清瑞、吉昌、慕荣幹来。陆销假。

初八日，辛酉（**9 月 19 日**）　入直。加班奏覆勘朝审。到署。会法。陈、徐。伟如来。镜如已行。王鲁芗来。

初九日，壬戌（**9 月 20 日**）　入直。到署。松未。谊卿来，素礼庭来，派审五位来。

初十日，癸亥（**9 月 21 日**）　入直。派验放。礼直日。上出景运门，侍班。补服。到礼署。到署。

十一日，甲子（**9 月 22 日**）　入直。到署。李和生、青士来，殷、赵来。和生带去崧镇青信。

十二日，乙丑（**9 月 23 日**）　入直。直日。到署。崔、马来，兰荪来。复四叔、竹年、振民。次日又复济。

十三日，丙寅（**9 月 24 日**）　入直。到署。复李静山。彗于卯初一刻见东柳星之次。

十四日，丁卯（9月25日）　入直。到署。复邹岱东。恩诚、吴峋来。朝鲜遣赵宁夏、金宏集、李祖润来。莼客卅。经伯卅。瑞苻廿。胡来。百。

十五日，戊辰（9月26日）　入直。恩诚、吴峋来。赏月饼、瓜果。皇太后赏普洱茶、锅焙茶、活计一匣、大卷六个。到署。伟如来，毅卿来，宝森、马来，苏来。二两。夜雨。未刻大雨。

十六日，己巳（9月27日）　入直。礼加班封奏二件。到署。宗、赵、田来。发济之信。申雨。寄石查信。刻"癸未"小印。

十七日，庚午（9月28日）　入直。到署。同人公钱子授、颂阁，未正散。辰初雨。马来。卅。

十八日，辛未（9月29日）　入直。秋审，辰刻上班，巳初三刻散。福销假。王信甫来。得郝近垣信，即复。胡来。百。得竹年信。

十九日，壬申（9月30日）　入直。朝审上班，辰正散。柳门、联纲幼农、佛升额伯恒来。

二十日，癸酉（10月1日）　入直。直日。到署。招柳毅、伟、田。宗、殷、田来，驾航来，胡来。

二十一日，甲戌（10月2日）　入直。到署。发济、竹信。得次经信，未复。吉云舫来，崔来。

二十二日，乙亥（10月3日）　入直。到署。为清方伯盛作《谒岱记》作序。寄联少甫。寄四叔普洱茶、茯苓，交潜生。廿四行。赵、田来，马来。

二十三日，丙子（10月4日）　入直。到署。礼加班。雨。寄仲饴。臧良基、宗、赵、田、马来。

二十四日，丁丑（10月5日）　入直。到署。庚生来，呼瑞堂、笔彩樊来，胡来。

二十五日，戊寅（10月6日）　入直。到署。伟如、谊卿、呼来。发济之、眉伯信。复平斋。

二十六日，己卯（10月7日）　入直。礼直日，到署，又到署。以埙册寄恒轩题并瓦拓、竟［镜］拓。胡辑五来，交振轩信并书。芷庵、王振钤来，呼来。还《郭太碑》全幅，崇雨舲物，汪喜荀、车克慎跋，张氏世泽堂印。直五百金，伪物也。

二十七日，庚辰（10 月 8 日） 入直。到署。

二十八日，辛巳（10 月 9 日） 入直。直日。到署。福未。裕竹村来。晤芷庵于朝房。

二十九日，壬午（10 月 10 日） 入直。派阅孝廉方正卷奎、王、薛。百八本。除墨污仁如革。一本。巳正散。到署，俱散。阴雨。谊卿来饭。以诗贺香禅六十。

三十日，癸未（10 月 11 日） 入直。到署。发济、竹、振信。

九月庚戌朔，甲申（10 月 12 日） 入直。到署。伟来。

初二日，乙酉（10 月 13 日） 入直。到署。昨奉上谕："添派惇亲王、翁同龢会同查办。"本日同芷庵封奏，奉上谕一道。谊卿、庚生来，马来，大衍，欠六十。崔来。

初三日，丙戌（10 月 14 日） 入直。到署。文住通。胡来，百。臧笠亭来，裕竹村来。

初四日，丁亥（10 月 15 日） 入直。礼直日。到礼署。到署。陈世兄彦鹏来。

初五日，戊子（10 月 16 日） 入直。换毡冠绒领。芷庵请回避景王。派验放。文复命。到署。文未。王舆轩来，殷、瑞、赵、田来，胡、马来。发济、竹、振信。

初六日，己丑（10 月 17 日） 入直。梁以足瘘痛未入直。到署。替于寅初一刻即出。伟如来，胡云楣来。惇王赠星图三幅，以《乙巳占》答之。

初七日，庚寅（10 月 18 日） 入直。到署。臧笠亭来，于幼棠钟麟来。复于子戬蘅霖并李崧信。

初八日，辛卯（10 月 19 日） 入直。丑刻到内。弟［第］一次句到,奉新、云贵、两广、福。加班一件,又一件。到署接本。招伟、谊、柳、田,伟带菜五碟四。马偕潍人邵姓来。带一篑一敦,方赤物。

初九日,壬辰(10月20日)　入直。到署。达旦雨止。马来,二百。胡来。百,自八月起名世。作济、振信。十一发。

初十日,癸巳(10月21日)　入直。到署。加班覆卞折并及越诉。查嘉庆廿五年圣谕。唐维卿景崧来,运斋来。奉上谕一道。

十一日,甲午(10月22日)　入直。到署。福假。阴冷。伟如来。得初二南信,即复。

十二日,乙未(10月23日)　入直。礼直日。到礼署。到署。运斋来,宗、瑞、殷来。

十三日,丙申(10月24日)　入直。到署。得姚克谐信,号海楼。志裘、泉孙中式。

十四日,丁酉(10月25日)　入直。直日。晤芷庵。张瀛就获。到署。夏伯英开缺。运斋来,海韵楼来。许星叔刑右,童署。

十五日,戊戌(10月26日)　入直。到署。伟如来。

十六日,己亥(10月27日)　入直。辰正会法。陈、凤。运斋来,杨石泉来。平斋、恒轩信交运斋。

十七日,庚子(10月28日)　入直。句到弟[第]二次,四川。加班,胡体安一件。旨:"定案时再行请旨。"又二件。到署。胡寿祺来,马来。

十八日,辛丑(10月29日)　入直。梁未。到署。壶天少坐。本日改巳初到署。晨阴。

十九日,壬寅(10月30日)　入直。梁未。壶天。到署。会法。陈、英。知南榜信无一人也。

二十日,癸卯(10月31日)　入直。梁未。加班二件。到署。童到右任。风冷,换羊皮冠、黑绒领、珠毛袍褂。

二十一日,甲辰(11月1日)　入直。壶天。有冰。派河南河神扁二面。到署。福满。运斋、蒋少牧增荣来。孝廉方正。

二十二日,乙巳(11月2日)　入直。弟[第]三次句到。偕芷庵封奏。上谕一道,廷寄一道。派阅覆试卷,瑞、麟、锡、邵、薛、周、王。八十四本,一等廿,二等廿八。巳刻散。到署。同薛。吴攀桂、刘锟来。

二十三日,丙午(11月3日)　入直。派题皇太后画兰四幅。到署。童未。卅一起,以前同。四次句到。

二十四日,丁未(11月4日)　入直。壶天。到署。童未。窦威重子固、王序宗西庄来,苏来,胡来。觯。发南信。廿五发。

二十五日,戊申(11月5日)　入直。壶天。到署。潘任卿、林增华、葛庆春、徐德沅、张之燮、马蓁来,苏来。

二十六日,己酉(11月6日)　入直。壶天,到署。福、童未。运斋、胡来。复执叔交潘伯循。李振鹏来,马来,施敏先来。

二十七日,庚戌(11月7日)　入直。陆五日未。壶天。到署。松、童未。

【本日日记天头上书"立冬,戌刻"。】

二十八日,辛亥(11月8日)　入直。壶天。到署。童、福未。史馆提调来,崔来,晋荣、覆试。锡三来。得四叔、济、竹、三姊十九信,即复。梅葖、胡来,李传元橘农、宝森来。廿九。

二十九日,壬子(11月9日)　入直。壶天。到署。童未,象惊碎辂并伤。

三十日,癸丑(11月10日)　入直。直日。到署。童未。上诣太庙,乾清门侍班。陶玉琦来,升允来。讷,近堂子。覆吉甫。耿士璟来。

十月辛亥朔,甲寅(11月11日)　入直。卯正二坤宁宫吃肉。到署。童、松、福未。怡龄、鲍光灼来,信甫来。初二。交小宇助渭滨身后十两。伟如来。

初二日,乙卯(11月12日)　入直。壶天。到署。薛未。复芍庭。王小云、姚馨圃来,崔来。

初三日，丙辰（11 月 13 日）　入直。壶天。到署。童未。呼来，李菊庄来，福建司。冯芳泽来，覆试。敏先来。四十，却之。

初四日，丁巳（11 月 14 日）　入直。壶天。到署。童未。雨又雪，寄济、竹信。呼来，胡来。

初五日，戊午（11 月 15 日）　入直。壶天。到署。薛、童未。得静山信并袍褂料。寄平斋、清卿拓。秋樵来，苏来。

初六日，己未（11 月 16 日）　入直。加班。到署。童未。呼来。

初七日，庚申（11 月 17 日）　入直。壶天。到署考王国镛、陈廷彦、刘勋。夜雨。苏来，百十两。胡来，曹隽瀛来。

初八日，辛酉（11 月 18 日）　入直。直日。皇太后赏墨兰四幅、大卷六个。到署。已散，文、福、童未。答伟如。鹤师招吃肉。答兰荪。胡来，运斋来。

初九日，壬戌（11 月 19 日）　入直。壶天。到署。松班，童未。换貂冠白风毛。风。柳门来。

初十日，癸亥（11 月 20 日）　入直。蟒袍、补褂。慈宁门行礼，递如意，赏还。到署。俱未。胡来，呼来，宫子行、方成周、鹿名世来。

十一日，甲子（11 月 21 日）　入直。壶。到署。福、童未。伟如来，留饭。宝森来，《仕学规范》。马来。二石印。

十二日，乙丑（11 月 22 日）　入直。壶。到署。文未。莘卿交济、振枇杷、露葶油，即复。增子良来。绥定。

十三日，丙寅（11 月 23 日）　入直。壶。到署。薛闻，松、童未。子青来，祝吴母寿。晤运、柳，以对赠石泉。

十四日，丁卯（11 月 24 日）　入直。壶。到署。童未。运来。

十五日，戊辰（11 月 25 日）　入直。派验放。伟如来。送宫子行书、对。信甫来。发济、竹信。

十六日，己巳（11 月 26 日）　入直。直日。壶。到署。童未。晤兰荪。

十七日，庚午（11 月 27 日）　入直。派题皇太后画菊二幅。壶。

到署。童、福未，薛出闱。姚柽甫、石杉礼咸、运斋、王朗清来。

十八日，辛未(11月28日) 入直。壶。薛来。到署。大风。

十九日，壬申(11月29日) 入直。壶。芷庵来。到署。松、童、薛未。张尊三来，竹楼，方正。崔来。

二十日，癸酉(11月30日) 入直。到署。童未。运斋来。

二十一日，甲戌 (12月1日) 入直。壶。到署。童、福未。伟如来。

二十二日，乙亥(12月2日) 入直。到署。童未。苏来。复麟生交伟如。马来。又言分仲敦四百，先小宇三百。伟放江西。

二十三日，丙子(12月3日) 入直。伟至。壶。到署。松、童未。运斋、秋樵、胡寿祺来。送心岸貂裘、红狐马褂。

二十四日，丁丑(12月4日) 入直。壶。到署。宫子行、敬子斋来。马来。发南信。

二十五日，戊寅(12月5日) 入直。到署。童未。得南信，即复。

二十六日，己卯(12月6日) 入直。壶。到署。文、童未。子宜辞行。发南信。呼来。还《争坐》一、王帖一、《景君》一。

二十七日，庚辰(12月7日) 入直。壶。到署。童未。风。答王德榜、游百川。朱石峰文镜来，呼来。

【本日日记天头上书"大雪午正三刻"。】

二十八日，辛巳(12月8日) 入直。壶。到署。薛闱，童未。耿士璟来。派写帖落二张。

二十九日，壬午(12月9日) 入直。五次句到。山、直、热。到署。童未。伟如来。夜雪。

十一月壬子朔，癸未(12月10日) 入直。到署。文星岩招，同心月、子斋、袭卿、受之。柳门、莆卿来，殷、赵、田来。心月辞行。赠颂田鹿茸。次日。

初二日,甲申(**12 月 11 日**)　丑初送心月,未见,甫卧也。壶。到署。福班。会法。文晖、徐用仪。呼来,刘晓澜海鳌来,运斋来。

初三日,乙酉(**12 月 12 日**)　入直。直日。到署。考笔帖式。童未。胡来。

初四日,丙戌(**12 月 13 日**)　入直。派写南河金龙四大王庙扁。到署考笔帖式。宗、殷、赵、田来,呼来。

初五日,丁亥(**12 月 14 日**)　入直。壶。到署。文、福、童未。考笔帖式。

初六日,戊子(**12 月 15 日**)　入直。朝审句到。巳初二刻召对于养心殿。奉上谕:"在军机大臣上行走。"柳门、叔平来。兰荪来,止其辞,奉命也。到署,办孙、周折。

初七日,己丑(**12 月 16 日**)　入直。具折谢恩。引见时碰头。至三邸及同直处,不晤。斗南、殷、赵、田来。发南信。偕芝封奏。周革、孙解。运斋、凤石来。

初八日,庚寅(**12 月 17 日**)　入直。到署。答客一。陈荔秋来,秋樵来。冷。

初九日,辛卯(**12 月 18 日**)　入直。到署。运斋来。

初十日,壬辰(**12 月 19 日**)　入直。到署。文、福、童未。赏大卷各一,赏冰鱼。殷、赵来,子青来。冷。

十一日,癸巳(**12 月 20 日**)　入直,召对,碰头又磕头,谢赏。到署俱散,午刻矣。直日。大风冷。

十二日,甲午(**12 月 21 日**)　入直。到署。松未。殷、赵、田来,运斋来,凤石来。

十三日,乙未(**12 月 22 日**)　入直。卯刻冬至。壶。到署。文、福、童未。陆吾山来,瑞、殷、赵、田来。《书谱》四十。

十四日,丙申(**12 月 23 日**)　入直。壶。到署。童未。运斋来,《书谱》四十。宗、殷、田来,陈伟杰、欧阳衔来。

十五日,丁酉(**12 月 24 日**)　入直,召对。到署。福、童未。信甫来。《书谱》四十张。

十六日，戊戌(12月25日) 入直。壶。到署。童未。偕芝庵封奏。明发。胡卷。伯时卷十六。发南信。

十七日，己亥(12月26日) 入直。壶。到署。福未。风。派写"长寿"字等底子卅六方。

十八日，庚子(12月27日) 入直。兆子荷兰来。

十九日，辛丑(12月28日) 入直，召见。午正到署。吾山来，殷、田来。发南信。

二十日，壬寅(12月29日) 入直，召见。祝恭寿。午正到署。复恒轩交运斋。

二十一日，癸卯(12月30日) 入直，偕芝庵封奏。壶。晤莱山。到署。文、松、童未。风。胡、宝森、运斋、幼樵来，莱山来。

二十二日，甲辰(12月31日) 入直。壶。芝庵来晤。到署。文点验军器。大风。运斋、殷、赵、田来。

二十三日，乙巳(1883年1月1日) 入直，召见。赏鹿尾、鹿肉、冰鱼、野鸡。到署。吊桑文恪。

二十四日，丙午(1月2日) 入直。壶。到署。文、童未。

二十五日，丁未(1月3日) 入直。壶。到署。文、童未。朱伯华来赠五十，却之。殷、赵、田、燕起烈来，写对六十付。得初六南信。复济之、振民。柳门来。

二十六日，戊申(1月4日) 入直。壶。到署。运斋来。对六十付。上祈雪大高殿。

二十七日，己酉(1月5日) 入直。直日。到署。派恭代吉祥四字五分又六分、对六十付。

二十八日，庚戌(1月6日) 入直，召见。派恭题皇太后画兰四幅隶四字。运斋来。午到署。文、童、福未，余已散。得清卿信，即复。

二十九日，辛亥(1月7日) 入直。写如意单、"长寿"字、十三言对、五言对、"福"五方、"寿"一方、"天佑皇清"一张。到署。童未。

胡来,马来,苏来。

三十日,壬子(1月8日)　入直。到署。一人到。一点钟偕李、陈至英、美、德、吡、日馆。归申正三。

十二月癸丑朔,癸丑(1月9日)　入直。到署。文、松未。苏来。廿。发南信。刘仲良来。

初二日,甲寅(1月10日)　入直,召见,赏柿饼。到署,巳正俱散。运斋来,胡来,马来。四十。递如意单。赏大卷一、袍褂料各一。斗南来,呼来。

初三日,乙卯(1月11日)　入直。壶。到署。于次棠来,呼来。还风石,四十。在殿面缴。

初四日,丙辰(1月12日)　入直,召见。到署。午正。呼来,二百。宝森来,卅。胡来,二百。潘禄祖希彭来。复谟卿,复一山、岱东。峄卿来。

初五日,丁巳(1月13日)　入直。卯正二上诣寿皇殿,随同行礼。到署。童未。宗培来。

初六日,戊午(1月14日)　入直。到署。大高殿祈雪。弟[第]二。

初七日,己未(1月15日)　入直。到署。青士、薛叔耘福成、殷、赵、田来。赏对全完。

初八日,庚申(1月16日)　入直,召见。派恭题皇太后御画松鹤七绝一首并隶四字。陈宝箴右铭,辛亥,来,袁善来。未初到署。俱散。宝森来。四十。

初九日,辛酉(1月17日)　入直,召见。未初到署,会法已过。运斋来,呼来,二百。宗培来,王振铃来。还运。百五十,欠十。

初十日,壬戌(1月18日)　入直。到署。星叔明日复命。胡来,二百。马来。

十一日,癸亥(1月19日)　入直,赏燕窝。壶。到署。松未。宝

森来,十八两。秋樵、运斋来。刻字铺。一百。胡来,苏来。四十,欠
廿六。

十二日,甲子(1月20日) 入直。雪花即止。赏鳡、鳄鱼、回网
鱼一尾,紫蟹廿个。到署。福未。星叔交来南中十一月初二信。发
四叔、济、竹、振、平信,平斋信交运斋。

十三日,乙丑(1月21日) 入直,召见。未初到署。吉荣帆来,
口北道。王小宇、卅。胡来。

十四日,丙寅(1月22日) 入直。派写对四付、"岁岁平安"底
子二分。到署,饭于总署。俄国拜年。胡锡祜心斋来。

十五日,丁卯(1月23日) 入直,赏藏香。到署。得南十一月
十二日信、心月信。胡来。雪花。

十六日,戊辰(1月24日) 入直,召见。未初到署。复济之、竹
年、瘦羊、振民、眉伯及三姊信。宝森来。

十七日,己巳(1月25日) 入直。到署。文未到,许未刻任。会
法。张、凤。青士、柳门来。

十八日,庚午(1月26日) 入直。到署。许到任。召见。皇太
后大安。赏"松竹并茂"四字,赏黄米糖、香水梨、截梨、平顶香、书结,
共六种。呼来,二百,兮仲敦,欠五十。胡来,宝森来。百。手复张云卿
承燮,赠对、幅。崔来。

十九日,辛未(1月27日) 入直。赏袍料二、褂料一。帽纬。
壶。到署。笔彩来,苏来,崔来。

二十日,壬申(1月28日) 入直,召见。赏鲟鳇鱼。到署已未
初,是日辰刻封印。胡来,呼来。复鉴堂对、幅。夜雪达旦。

二十一日,癸酉(1月29日) 入直,召见。到署。文该班,薛到。
信甫来,苏来。复知无,复石安对、屏。子刻敬神。

二十二日,甲戌(1月30日) 入直。刑部加班十四件。到署。
朝房晤同人及芝庵。运斋来,得南信。吉顺、潘庆澜来。

二十三日,乙亥(1月31日) 入直,召见。苏来,胡来,两数。

二十四日,丙子(2月1日)　入直,晤星厓、恭邸。到署。薛。运斋来,苏来。名世。纯四十、瑞廿。

二十五日,丁丑(2月2日)　入直,召见。未初到署,遇福。柳门来,百五,清。运斋、十,交柳。崔来。二百,清。发南信,明日行。

二十六日,戊寅(2月3日)　入直。午正到署。文、许已散。毅卿、凤石来,呼来,百八十,尚欠卅。苏来,宝森来。复仲饴,复陆存斋交仲田。

二十七日,己卯(2月4日)　入直,召见。赏"庆蔼迎春"四字,赏"延年益寿"二张、"岁岁平安"一张、貂皮十张、袍料六卷。褂料二卷。到署。文、薛已散。青士、秋樵、胡来。

【本日日记天头上书"巳正立春"。】

二十八日,庚辰(2月5日)　入直。上诣太庙,乾清门侍班,补褂。派恭题皇太后御笔松鹤二幅、七言诗并隶四字。祝佩翁。到署。黄酒馆。五十两,一年未付也。

二十九日,辛巳(2月6日)　入直。恭代御笔福、贵、喜、财神位等五件。到署。赏荷包。苏来,百,已六百矣。呼来。招小宇、廉生、莆卿、运斋、柳门来。长允升萃来,陈右铭来。胡两数。

三十日,壬午(2月7日)　入直,赏荷包、金银锞。祀祖先,祀灶。梁、四十二。笔彩、大衍,欠九十。纯、廿,连前共六十。苏、已付六百,尚欠百五。呼来,马来。廿,欠九两。复恒轩交运斋。宝森来,十两。卜霖来,宜子望之弟也。得辛芝信,为伟度身后事,即复,交宝隆寄。

光绪九年日记(1883)

光绪九年癸未正月朔,癸未(2月8日) 子初进内,前门关帝庙拈香。卯初养心殿召见,递如意,赏还,赏八宝荷包二个。辰初慈宁门行礼、乾清门行礼。巳刻寿皇殿侍班,随同行礼。孔雀房恭候。赏荷包一个,驾到时谢恩。懋勤殿开笔。诣恭邸、醇邸。祝兰荪。

初二日,甲申(2月9日) 入直。卯正坤宁宫吃肉,补褂。到署。大雪,子正至巳初。

初三日,乙酉(2月10日) 入直。到署。答客。

初四日,丙戌(2月11日) 入直。到署。答客。访吉荣帆不值。运斋、信甫来。

初五日,丁亥(2月12日) 入直。同人偕诣恭邸。发济之、竹平[年]、眉伯、瘦羊、振民、平斋信。初七。胡、崔来。

初六日,戊子(2月13日) 入直。答佩蘅。巳初到署。大雪。凤石来,仲良来。大雪时作。

初七日,己丑(2月14日) 入直。到署。大雪未止,午晴。胡来,郝近垣来。

初八日,庚寅(2月15日) 入直。到署。薛。召见。雪时作。夜雪。长允升来。

初九日,辛卯(2月16日) 入直。卯正二上诣太庙,乾清门补褂侍班。恭代皇太后赐荣寿公主卅寿扁、对。恭代上"福""禄""寿""喜"四方。雪。寄平交运。到署。松。呼来,《皇甫》四百廿。运来。

初十日,壬辰(2月17日) 入直。到署。文未,余俱到。在叔平寓招宝、李、景。壶。寅雪,辰愈大,辰正止。

十一日,癸巳(**2 月 18 日**)　入直。派题《群仙祝寿图》五律一首。到署,全到。面商王树文一案。呼来,全清。发济、竹信。

十二日,甲午(**2 月 19 日**)　入直。召见。到署已午刻。刘春轩、潼商道。刘仲良来。浙抚,本日请训。

十三日,乙未(**2 月 20 日**)　入直。到署。壶。佩翁招,同直于东园,申初散。

十四日,丙申(**2 月 21 日**)　入直。壶。上诣奉先殿,内右门侍班。到署。薛。斗南来,信甫来。

十五日,丁酉(**2 月 22 日**)　入直。壶。到署,门逢福。辰正微雪。运斋来。

十六日,戊戌(**2 月 23 日**)　入直。午正到署,召见。王朗清来。

十七日,己亥(**2 月 24 日**)　入直。壶。答惇邸。到署。文、松、薛。青士来。

十八日,庚子(**2 月 25 日**)　入直。召见。到署,加班十件。文星岩招本日,辞之。运斋、柳门、莆卿、嵩书农昆、郑小亭贤坊、盛蓉洲植型来。

十九日,辛丑(**2 月 26 日**)　入直。到署。秋坪招。发南信。

二十日,壬寅(**2 月 27 日**)　入直。贺芷庵太夫人栋鄂氏八十。到署。文、松、雪。青士来。凤石来,胡来。世勋送翁批《阁帖》肃本,却之。

二十一日,癸卯(**2 月 28 日**)　入直。午刻开印。到署。薛。

光绪九年正月廿一日以后日记

廿二日,甲辰(**3 月 1 日**)　大人于昨夜亥刻中痰不语,本日丑刻暝[瞑]目而逝。抢地呼天,百身莫赎。痛哉! 运斋、柳门、凤石、经伯、仲田、董彦合来,后日日来。翁、李、薛、敬来。申刻大殓。运斋一切皆其照料。

廿三日,乙巳(**3 月 2 日**)　酉刻,接三,演口,同直、同寅均来,司官门生来。发南信。八妹来。

廿四日,[丙午](3月3日)　奉上谕:"追赠三品卿衔,赏银二千两。等因。钦此。"来客不备录。再发南信。

廿五日,丁未(3月4日)　李、翁来,客不备录。地山、芷庵来。三妹来。

廿六日,戊申(3月5日)　漆饰,弟[第]一次。王朗清祭。客不录。青士来,报销案派子青。

廿七日,己酉(3月6日)　编录《年谱》。吴、汪各祭,客不录。以下同此。八妹归。

廿八日,庚戌(3月7日)　头七念经,演口。半舫。惇王祭。董妹祭。法源寺祭。袁氏三太太。祭。陶妹祭。文星厓再来。杠房定四千吊。马工头祭。

廿九日,辛亥(3月8日)　漆饰,弟[第]二次。运斋交来孝达信。由幼樵交。客不录。讣目清出,明日请人写签。在假山洞。高慎德饽饽桌。

二月朔,壬子(3月9日)　请写讣签,徐迪新、徐宝晋、吴少渠、沈子培、许鹤巢、刘咏诗、王小宇、王廉生、韩荫菜耀曾、梁经伯、杨雪渔、彭仲田、顾康民。陶妹归。写讣五分,惇、恭、醇、载、万共一千七十分。

初二日,癸丑(3月10日)　得正月初八济之、振民信。江西司祭。韩镜孙来见。宝佩翁送粥、菜蔬。

初三日,甲寅(3月11日)　壬戌,山东门人祭。醇王送饽饽桌、豕羊各一。敬子斋再来。得孝达、豹岑书,未复。运斋言平斋正月十一去世。酉初雪。复济之、振民,初四发。文、锡送饽饽桌。

初四日,乙卯(3月12日)　刑部文、张、松、薛、福、许公祭,饽饽桌、羊豕一。丁丑门人卅一人公祭。王春沛祭席。风。运斋一切皆总其成,无日不到。至戚究异于人也。客不备录。下同。

初五日,丙辰(3月13日)　漆饰。三次。癸酉门人祭,五十余人。

宗培祭。三佺女偕刘佺婿来。

初六日，丁巳(3月14日)　二七念经。龙泉寺祭。梁、陆公祭。刘佺婿祭。演口子正毕。风。得合肥信、如冠九喧信，复。

初七日，戊午(3月15日)　风冷。柳门交校订《年谱》，即付梓。崇地山再来。

初八日，己未(3月16日)　两班汉章京祭，羊豕席。湖广司来八人。恭王遣澂贝勒来，送幛、羊豕。叔平三次来。得济之正月廿五信、瘦羊信。薛抚屏来送分。张丹叔信未复。

初九日，庚申(3月17日)　两班满章京公祭。云南司、福建司公幛。兰苏三来。幼樵再来。廷子隽复。恩良祭。

初十日，辛酉(3月18日)　子静佺来。云南全司、国史馆提调等、户部、工部各司来。翰林院幛。都察院幛。

十一日，壬戌(3月19日)　文星厓、文书田、豫锡之再来。郝近垣祭。司务厅等公幛。

【十一日日记后书"江苏全省托邵小村；闽，托何小宋；浙，德小峰；川，托王莲塘，廉生之翁；直托郝近垣；藩，崧镇青；山西张香涛；云，李蓼生；江西，伟如；湖北，芍庭；湖南，庞省三；贵，林贞伯，抚，陕，善星垣；盛，崇文山；吉，清卿；甘，谭文卿；山东，涑隽丞；安，裕寿山；广东，托刚子良；广西，倪豹岑。

匋卅九件、瓶罐十九件、磬一件。砖十二方，有匣四方，无匣四方。无字小铜器廿件一匣。砖三件无匣。破铜器一件"。】

十二日，癸亥(3月20日)　八妹、三妹来。乙丑、辛未、丙子门人及同事宝、李、景、翁公祭。得四叔、二弟信，即复。裕德祭。徐乃秋再来。

十三日，甲子(3月21日)　三七。五姨奶奶送经。胡先生祭。八妹祭。演口亥刻毕。福珍亭、贵午桥再来。

十四日，乙丑(3月22日)　国史馆汉提调等公祭。李问樵祭。福绥庭、钟渚英来。外讣约四百余分。十五发四叔、二弟信。六科公幛。南中托二彭寄件到。寄合肥信,托轮归照料。三妹归。

十五日,丙寅(3月23日)　宝竹坡、田季瞻再来。王莆卿、汪范卿祭。晚演口。得伟如信。

十六日,丁卯(3月24日)　领帖。晨雾,酉雨。熙年、泉生两侄来。翁、李、景、松均又来。肃邸来。陪客请十二位,三位满,唯长萃较早。客三百余人。谊卿戌初散,可感也。分六百二两,票七百余两。雪至次日午止。

十七日,戊辰(3月25日)　熙年、泉孙两侄来,子静亦来。未刻请兰孙点主,斗南、凤石、谊卿、柳门相题。戌刻行启奠礼。绍葛民、王信甫十余人来。

十八日,己巳(3月26日)　辰刻启殡,由本胡同北口大街至法源寺。门人路祭四处,壬戌、山东。癸酉、丙子、丁丑。未刻神主回吉,即回至寺宿。得合肥信。

十九日,庚午(3月27日)　李问樵、松峻峰来。申刻返寓。发四叔、济之信。归寓后沈士鑅来。

二十日,辛未(3月28日)　四七。董彦合、吴运斋、泉孙、陆凤石、胡子英来。演口亥刻毕。

二十一日,壬申(3月29日)　阴。漆饰。灰漆。廿八上布,廿九研布。张幼樵来。得扢叔、福益三、郭凤岐信。大风。回寓。

二十二日,癸酉(3月30日)　哀启甫刻成。得四叔、济之、振民、桂清姊、眉伯信,十四日所发,即复,廿三发。大风。孔先生来。廿六请朱先生赐卿,丙子副榜。权馆授年弟读。回寓。

二十三日,甲戌(3月31日)　请梁经伯写签。大风。运斋来,得窬斋书。再书寄四叔、济之,廿四发。张安圃引见御史。欲与易宅。

二十四日,乙亥(4月1日)　大风。漆饰,上布四人。又寄济之书共八纸。廿五发。经伯到寓写签,各直省讣也。殷还浦如珠来。回寓。

二十五日,丙子(4月2日)　发济之信。静涵来见。郝近垣乞撰《兰皋先生全集》序，莆卿代为之，本日交来。回寓。

　　二十六日，丁丑（4月3日）　运斋到庙并到寓。朱先生号赐卿，名敏修。到馆，吴、梁、孔同陪。外讣发。复伟如交运斋。复恒轩交运。杨聪来。托醉棠寄叶鞠裳聘书。金廿两。

　　二十七日，戊寅（4月4日）　寅初上供。五七念经，演口。仲田、经伯、亚陶、运斋来。董彦合、孔醉棠来。凤石、子静、熙年、泉孙来。汪柳门、陶见曾、刘倬婿亦号泉孙。来。斗南、莆卿来。夜微雨。

　　二十八日，己卯（4月5日）　发四叔、济之、麟生书。上灰漆。叔平、韩镜孙来。回寓。

　　二十九日，庚辰（4月6日）　运斋来。秦氏三甥来。得顺伯、四叔、济之、竹年廿二所发信，复，初一发。又振民信。柳质卿来。回寓。

　　三月丙辰朔，辛巳（4月7日）　复恒轩交运斋。江香岩、李洵安、王信甫来。得若农信，即复。运斋来。河南王树文案昨日结。青士放河南守。回寓。

　　初二日，壬午（4月8日）　复香涛交幼樵。漆饰横布。徐花农、汪瑜伯、奎斌、运斋来。复芍庭。回寓。

　　初三日，癸未（4月9日）　《年谱》送柳门校。廿七送去，本日送来，交刻字人改正。辰微雨。回寓。青士来，未见。

　　初四日，甲申（4月10日）　《年谱》始付刻，柳门校迟。《说文古文考》刻成。得近垣信，初三日。索还《晒书堂文集》《笔记》《笔录》等原本，即交来伻带回。运斋、青士来。潘誉征、区国琦、吉顺来。杭州丁孝廉丙之子。立诚送家刻百余册。《西泠五布衣诗》、《杭郡诗辑》、西湖丛编。

　　初五日，乙酉（4月11日）　六七念经，演口。孔醉棠、王以慭来。朱赐卿敏修、凤石、彦合来。运斋来，即复恒轩。胡子英来。发南信。

　　初六日，丙戌（4月12日）　复邹岱东。文、宝皆到寓。回寓。运斋上陵。东屏信。

初七日，丁亥（4月13日） 大风。晨马惊折足。回寓。兰荪到庙不值。腹疾。

初八日，戊子（4月14日） 沈守廉来，选永宁道。回寓。夜腹疾，大泻。

初九日，己丑（4月15日） 押布灰漆。得招商局黄刺史应笀，号花农。信，即复。夜腹泻五次。

初十日，庚寅（4月16日） 兰荪来。得四叔、济之初二日信。夜泻七次。回寓。

十一日，辛卯（4月17日） 复南信。

十二日，壬辰（4月18日） 七七念经，演口。刘春轩来辞行。孔醉唐、朱赐卿、彦合、柳门、子英来。缪小山、潘希彭来。黄绍箕来，亚陶来。得仲良、寿山信。得黄漱兰信。

【十二日日记后书"刘永福、叶成林、王朴盛、王二、刘兴阶。唐景崧折"。】

十三日，癸巳（4月19日） 阴，漆匠来上布。胡良驹来。回寓。夜雨。

十四日，甲午（4月20日） 大风。寄出书帖"淼古廨"、带件帖"矗古"。胡子英来，汪眉伯、运斋来。复振民。

十五日，乙未（4月21日） 眉伯祭。廉生来。

十六日，丙申（4月22日） 复济之初七信、振民信。漆饰押布。风。书七十三箱、书架、书匮□【按：原稿此处空。】件寄法源寺。以齐刀、尖刀、明刀一箱寄廉生。象济来。古匋廿七匣六百七十六件交廉，又三筐一匣三百九件交廉生。秋樵来。

十七日，丁酉（4月23日） 约含英阁装古器，邿轻钟一匣，一枚。又无字钟一架，寄廉生。眉伯、颜聘卿、孔昭泰、运斋、曾纪凤来。以匋器卅九件、瓶罐十九件、磬一件、砖十一件、有匣者四又三匣，又无字小铜器廿件一匣，又破铜无底器一件交廉生。又汉唐竟［镜］十一面、有字，无字兵器九件，权一件，又刀范三件皆无字。子静到寺，未晤。含英装古器。以下同。

十八日，戊戌（4月24日）　熙年、江佐清、王小宇来。豫绿樵章、泉孙来。钟十架二、齐刀五、明刀六十四、砖八交廉生，又古泉二匣，内一四匣，一二匣。又笺版一箱，又大埧。同作乃鼬。

十九日，己亥（4月25日）　漆饰，中灰四斤。浙同宗陛荣、运斋来。容方、桂文灿来。石刻三箱，棕箱二、红皮箱一交廉生。

二十日，庚子（4月26日）　发济之信。收拾拓本、字画五箱交廉生，明日送。付宝森六十四两，又饭钱四十千。是日换凉帽。汪瑜伯来，因忙未见。

二十一日，辛丑（4月27日）　阴，雨。运斋、陈贞来。廉生处送昨装之五箱，又今日之大长箱，又褾册拓本箱，共七箱，皆得复。杨保彝来。又一箱，共八箱交廉生。又马镫一对、汉洗连架，又建文槌，又自用印、木石五匣、铁泉九十五枚交廉生。

二十二日，壬寅（4月28日）　六十日念经，演口。漆饰细灰。子静、彦和、醉棠、康民、咏诗来。复伟如、缉廷。朱赐卿、运斋、汪瑜伯来。庚生来。申刻后阴小雨。

二十三日，癸卯（4月29日）　小雨。拓本箱弟〔第〕九、弟〔第〕十交廉生。得四叔、济之信，即复，廿三。又裱册拓本、未裱拓本二箱交廉生。得四叔、济之十四信，即复，廿五发。

二十四日，甲辰（4月30日）　运斋来，廿两，廿四两。潘衍桐来。宋元板书三箱、汉洗有字架二、无字大句鑃一、无字鼎一交廉生。

二十五日，乙巳（5月1日）　发南信。雨。无字大铸交廉生。廿五日漆饰浆。灰三斤。

二十六日，丙午（5月2日）　夜雨达旦。以宋元本二箱寄廉生。

二十七日，丁未（5月3日）　晨雨，巳刻晴。宋元本一箱寄廉生，本日止。

二十八日，戊申（5月4日）　漆饰。沈洁斋来辞行。长允升、王信甫到庙。

二十九日,己酉(5月5日)　运斋、胡千里来,胡来。宝森来。收拾南旋书。发南信。

三十日,庚戌(5月6日)　立夏。得四叔、济之、瘦羊廿二信。胡来。二百。朔。四百。

四月丁巳朔,辛亥(5月7日)　发南信。漆饰。十四次。胡寰敦,交长太。卅。

初二日,壬子(5月8日)　发南信,合前三函同发,共四函。宝森此次四日装书。又寄济一函,内有讣,属翻刻。运斋、蕴芩、子静、花农来,胡来。二数,清。

初三日,癸丑(5月9日)　静涵以其前代和尚象[像]求题。发南信,言拟二十日行。秦石麟来。兰苏到寺。含英收拾完。

初四日,甲寅(5月10日)　漆饰。十五次。雨。胡来,得陆存斋信及《藏书志》及集及《丛书》二集。

初五日,甲寅[乙卯](5月11日)　以下误。运斋来,廖仲山来。风。致济之信。

初六日,乙卯[丙辰](5月12日)　柳门来,马东垣未来。

初七日,丙辰[丁巳](5月13日)　漆饰。十六次。柳门来。秦阅、秦佩鹤吟燕来。马东垣来。复王符五。夜雨达旦。

初八日,丁巳[戊午](5月14日)　雨寅正止。秋樵来。兰苏来,送料壶二。

初九日,戊午[己未](5月15日)　寄济之信。赵展如到庙。得济之、振民初一信,复。

初十日,己未[庚申](5月16日)　寄济之信。以益甫、容斋对,陆《丛书》二集寄廉生。运斋、陈研香、赵展如来,李和生、叶挺生来。回寓。兰苏来,宝森来、四十。王振镐来。

十一日,庚申[辛酉](5月17日)　子静来。长泰赴通雇定太平船二。眉伯前日来,昨日去。《权文公集》寄廉。

十二日,辛酉[壬戌](5月18日)　寄四叔、济之信。漆饰。十七次止。运斋、子静、瑜伯来。江佐清来。孙钦晃未见。叔平来未见,腹疾。

十三日,壬戌[癸亥](5月19日)　漆饰以下误写十二日。又寄济之信,寄郝近垣信、黄花农信。陈世兄彦鹏来,颂南师子,行六,赠以廿四金。李士彬、廷杰、钟壎、裕彬、穆特亨额来。风。熙年、泉孙、花农来。刻字铺四百金。

十四日,甲子(5月20日)　阴。发南信。运斋、杜石生、凤石来。汪瑜伯来,即以帐目交付,明日先至通。

十五日,乙丑(5月21日)　午风。陆荣来,子静来,胡来。□□三百。长,卅两。余五人。廿两。宝森、四十又廿千。斗南来,未见。

十六日,丙寅(5月22日)　发南信。法源香火二百八十千,香资廿两。梁,卅两。莼。卅两。

十七日,丁卯(5月23日)　山东门人公祭,孙纪云、高彤瑄、郭鹏云、马瑞辰、刘中策、李端遇、陈秉和。同乡刘咏诗、鹤巢、康伯、毅夫、仲田、申之、康民、范卿、莆卿、谊卿、柳门公祭。幼樵、熙年来。黄子寿、李士彬来。以俸米捐粥厂。棺票四十交谊卿。

十八日,戊辰(5月24日)　吴均金、吴瀛上祭。程椿寿上祭。号季园,小泉堂弟,山东通判。韩荫棣上祭。叔平上祭。秋审赵时熙、陈惺驯、王田来。三秦上祭。兰荪上祭。燕起烈来,秋樵来。戌初雷电雨。潘庆澜来。

十九日,己巳(5月25日)　张霁亭、杜庭璞、冯伯申、吴、汪、董、亚陶、贡幼山、世锡之、熙年、秋樵、仲田来。癸酉、陆、蒋式芬、周志靖、沈士鑅、长萃、马锡祺、徐致靖、何崇光、魏晋桢、赵增荣、赵尔震、程夔、李润均、徐宝晋、张宝恩、孙承鉴、吴荫培、沈曾植上祭。世锡之上祭。朱子涵来。李莼客、王廉生、小宇、杨颐、陈昌年、王邦玺、斗南来。会章来,江容方、花农、王中荫、运斋来。

二十日,庚午(5月26日)　寅刻启灵。运斋来送,一人而已。午正,独龙杠抵通。三号太平船,又小船一只。王鲁芗、薛抚屏、郝近

垣、韩镜孙来。李珠圃来。熙年、泉孙、瑜伯同舟。申初开船,酉正柳
各庄泊。忆道光甲辰八月,奉先妣灵柩曾经此地。今复奉先君灵柩
泊此,悲哉!

【本日日记天头上书"八妹、董妹均送至通州"。】

二十一日,辛未(5 月 27 日)　寅初开船。白粮船极挤,舟子竟
日呼叫。赖今年水骤长,十余年所未有也。水自十九雨乃增。午初
前过张家湾,未刻过漷县马头,酉初杨家湾泊,距桥上十里。据称行
百余里,日日浅。

二十二日,壬申(5 月 28 日)　丑刻开船,戌正泊蔡村。

二十三日,癸酉(5 月 29 日)　寅初开船。至杨村,黄建笕、朱乃
恭差接,黄金志练军全队接。宜子望、花农来。王得胜来。额运使、
勒精额玉如。周道馥玉山来。刘道树堂景韩来,韩宗清来。至天津已
戌初,炮船迎送。

二十四日,甲戌(5 月 30 日)　廖谷士、瞿永嘉、浙委员,同知。赵
启心、刘亨霖来。韩宗清上祭送席。巳初张振轩宫保、额运使、周道、
刘道、宜守、北河同知李荫梧、候补府徐翰臣、津镇郑国魁、候府缪彝、
候通判方观国、津左守备吴振清、署津右副将彭道明、津都司副将徐
传藻来并上祭。朱福荣差接。子望来迭次。巳刻开船。朱乃恭送
席。眉伯来。巳正紫竹林,午初黄花农备执事,请灵辇上丰顺大船,
包大餐间四间。二百十两,赏四十两。花农、张敬熙友堂上祭。胡良驹
来。发电报,午刻得信。杨春贵、周士海、彭德、郑世贵、徐献廷、冯玉
春、袁文彪、刘芝顺、李正坡行礼。廖谷士、瞿永嘉竹庭来。花农送
席,子望送果点。发行李。自午至暮大风。子望、花农、郑镇、额玉
如、刘景韩、周玉山又来。许涑文差送。郑号一峰。子望又来送。花
农、张敬熙来送。眉伯别去。癸酉,倪文俊来。分发江苏州判。

二十五日,乙亥(5 月 31 日)　丑初起,寅初开船。风昨止,雨
作。自紫竹林以下仍易浅。辰初过新城百里,紫竹林至大沽二百四
十里。午刻出大沽口。风。船主茶哆时来见。未刻浅,候潮,云六点

二刻可行。至九点行。搁浅四时。

二十六日,丙子(6月1日)　作致兰荪、叔平书,到申发。晨有雾。又运斋、廉生书交兰。辰正二见岛屿,当在登、莱间矣。厨中办洋菜,以腹疾属弟侄食之。申刻过成山,呕吐者多。

二十七日,丁丑(6月2日)　未初过黑水洋,天气晴朗,有风,可着棉。夜过佘山见神灯。

二十八日,戊寅(6月3日)　寅刻近吴淞口,辰刻进吴淞口,到金利源马头。济之来,即换蒲鞋头。谢家福、谢钺、叶维干、汤纪尚、杨靖、参将陈永春、镜如、子静、守备傅文彩、李少荃节相、通判陈嵩屏、朱震、侄光宸移至珊记马头。潘琴轩、许仲韬、汪振民来。严锡康来。上海令黎光旦来。移泊老闸,行李迟延故也。徐道润来,号雨之。济之厨范姓、振民厨王姓试之,明日再试之。行李船六点钟未到,迟矣。小火轮船借四只,坐船连济之四只,行李船五只。通判蔡汇沧来。发兰荪四人信。发电报至苏,片刻可到。张桐来。

二十九日,己卯(6月4日)　丑初开船,申初刻抵娄门。内仓口。四叔及弟侄亲戚俱到。地方官自织造、藩臬以下来祭。

五月戊午朔,庚辰(6月5日)　寅初刻。启灵移狮林寺。四叔及弟侄亲戚俱送。廖生、沈宝恒维骢、吴国桦、家介福、敦先、志万、志晖、仁鹿、志裘、志恢、志绵、汪颂新、汪启新、开祉、开祺、开禔、之昌、介祉、志颖、抚藩、署桌、制府、毕县、金陈阳、陶承潞、汪启逵、黄祖络、署常镇道。朱维宾、江宗泰守备、晏化雨、吕达伊、姚长烜、沙得元、朱福清、程南金、张豫立、郑学镰、陆曜彦、洪钧、彭慰高、史惟善、顾文彬、任道镕、陆国祥、吴宝恕、贝荫泰、严辰、吴艾生、李景曾、姚觐元、小雅、王铺来。住狮林寺。琴兄、陶民、振民同早饭。昨来者:崔国清立山、金吴澜、陈建勋、阳肇先、吴大根佩卿、沈仲复、陆曜彦、志晖、吴家桢、汪启新、陶承潞、汪颂新、陆国祥、陈淮桢、吴嘉桢、介祉、汪开祺、汪尔昌、诵薰、汪兆柏都司、王秉升、志万、介福、敦先、陈嵩屏、吴郁生、丁兆芩、毕保釐、汪福安、郜云浩、许应鑅。小雅、济之看,同夜饭而未食。

初二日,辛巳(6 月 6 日) 百日礼。主僧中和如皋人。来见。四叔、二兄弟、侄辈来,蒋心香、志恢、嘉穗、汪开祺、汪鸿祚、汪兆柏、高承基、洪钧、汪尔昌、陆曜彩、吴郁生、介祉、敦先、志颖、仁鹿、汪之昌、陈寿昌、许钧、俞樾、翁庆龙、洪秉钧、叶鞠裳来。念经,演口。家属来,桂清三姨来。

初三日,壬午(6 月 7 日) 始到金太史场赁屋,妇及弟初一已到。谱兄、瑜伯来,至通恕敏慎。尊长俱见,拜鞠裳。枢廷同直及三邸信,运斋、柳门、凤石、廉生、花农、秋曹同寅谢信,均交文卿。

初四日,癸未(6 月 8 日) 三点钟赴狮林寺领帖,中丞等来祭。客不备述。申正后归。发少荃、振轩、小村信。三房送经。是日陪吊者绅则吴子实、吴培卿、吴语樵、洪文卿,戚则陆小松、汪鲁岩、瑜伯、景瞻、宗小畲、家子珊、麟生、桐生。次日济之赴玉峰。

初五日,甲申(6 月 9 日) 汪鲁岩、瑜伯、干卿、陶民、四叔来。藻[燥]热而风。

初六日,乙酉(6 月 10 日) 瑜伯、二兄、四叔、四弟、三弟、九弟、太官来。先君生忌,画禅寺念经。雨。答广安。朱镜清。

初七日,丙戌(6 月 11 日) 请叶鞠裳先生到馆,住"月到香来之室"。瑜伯、三弟、九弟、泉孙、熙年作陪。李世兄来。阴雨。文卿、广安、堂前五位内侄、任蒋桥静叔之子复斋。来。贝康侯来。广安荐书铺世经堂刻字毛上珍来。翁已兰来。广安荐裱褙家翰墨斋大顺坊巷孙姓来。漆饰。弟[第]一次。

初八日,[丁亥](6 月 12 日) 晨雨。寅刻,钮家巷、石子街堂前拜祠。百花巷四叔留饭。

【本日日记天头上书"以下皆误"。】

初九日,丁亥[戊子](6 月 13 日) 谢孝。晤二兄。怡琴来。愉伯、济之来。手复德小峰、竹年。作兰荪、运斋书,初十发。漆饰。

初十日，戊子[己丑]（6月14日）　谢孝。晤培卿。瑜伯来。四叔来。瑜伯为购松柏、洋枫、珠兰、末利[茉莉]、雀梅共十盆。以《年谱》、二百金寄莼客，为先君铭文，交运斋托培卿由阜康寄。能谷辞行，至竹年十弟处也。

十一日，己丑[庚寅]（6月15日）　谢孝三日之末日。据舆夫云已毕。余卅年未归故里，其巷陌已不识，而随从皆北人，无一知者，无如何也。志万硕庭来。取己酉日记阅之，如隔世事。瑜伯来。夜小雨。

十二日，庚寅[辛卯]（6月16日）　喑讷生，访仲复、彦士、荫甫皆不直。吴中皆宴起也。雨。手复宗子林，寄伟如交培卿，内有执叔书并《年谱》，恳撰先君墓文。二弟来。彦来。访广安。

十三日，辛卯[壬辰]（6月17日）　瑜伯、小畬来。漆饰。仲复、云楣来，即复执叔交云楣。汪景韩、景叔、珍妹之子。汪叔鸿、北街质甫之子。陶承潞织云及其子来。安甫同来，汪振民来，陆蔚庭、钱伊臣来，并为题星师《金石补正》及百砖拓本。

十四日，壬辰[癸巳]（6月18日）　到界石浜，敬展先妣、继妣茔，丙舍荡然，罗圈亦毁。遂偕瑜伯访培卿，商安葬修理事。卯刻归。发运斋、柳门、廉生信，乞书墓志。培卿来。熙年赴仪真辞行，李道应骓其姨丈。

十五日，癸巳[甲午]（6月19日）　至员峤巷宗祠、钮巷祠堂、狮林寺。百花巷见四叔、济之。济、瑜来。晚似欲雨而虹见。复桐西。

十六日，甲午[乙未]（6月20日）　广安、四叔、翰墨斋来，一饭三起，遂自辰至巳。闲书三送济。古器拓卅、又卅二。汉《裴岑》、吹角坝、《爨宝子》、《米帖》襄阳刻、《红崖》送硕庭。诒晋、少穆、荷屋、姬传送济、瑜并烟波舠。硕携邾铿钟来。酉雨即止。石查、谷宜来。漆饰。

十七日，乙未[丙申]（6月21日）　答石查、谷宜。石查、谷宜来。汤道小秋寿铭来，海秋子。培卿来。午后雷雨。答荫甫。大雨再作。答曲园。又小峰信交李、胡。

十八日，丙申［丁酉］（**6 月 22 日**）　复芍庭。瑜伯商葬事。石麐来，得谊卿信并唁信二件。硕庭、瑜伯来。还郖钟交硕。任浣香百，洪绪五十。

十九日，丁酉［戊戌］（**6 月 23 日**）　至寺。到家后漆饰弟［第］四次。瑜伯在。门人高承基、陈伟杰方正。来。广安来。得京报，内张承燮信。五十。赵价人寄香幛。

二十日，戊戌［己亥］（**6 月 24 日**）　发运斋、凤石、筱珊信。昨夜雷电。陆蔚庭来。族侄佑之光宸、侄孙容甫来。

二十一日，己亥［庚子］（**6 月 25 日**）　沈中复招看虢钟、颂敦、商父巳鼎、党于姜《九成》、王振鹏《荔支》、张即之《古柏行》，皆佳。听橹楼三面河。又项氏《千金帖》《阁帖》，继又云物。又米跋《褚河南兰亭》，诒晋斋物。又孙退谷《黄庭》《洛神》等。又王右丞、郭忠恕、赵千里、文衡山卷。济之、泉孙、硕庭来饮，同步怡园。夜小雨。看泉字。

【**本日日记下书"食荔支佳"。**】

二十二日，庚子［辛丑］（**6 月 26 日**）　晨小雨。发运斋、筱珊、廉生、花农信。广安、瑜伯来。陶方琦来，未见。夜大雨。

二十三日，辛丑［壬寅］（**6 月 27 日**）　瑞莲庵椒坡夫人廿周年。至百花巷见四叔、济之，交浙刘德信。答陶方琦。瑜伯去看破土。李笙渔嘉福来。

二十四日，壬寅［癸卯］（**6 月 28 日**）　胡春及来，若卿师子。麟生来。

二十五日，癸卯［甲辰］（**6 月 29 日**）　狮林寺茂叔念经。晤泉孙、复斋。访荫甫，未起。晤瘦羊、铜士。陆存斋来，硕庭来，李笙鱼来。得召鼎、散盘拓各一，竟［镜］一。百八十。四叔来，陶民来留饮。戴少梅来。为铜士题。《温虞公》，宋拓。《砖塔》。

二十六日，乙巳（**6 月 30 日**）　答少梅，存斋已行。发运斋、廉生信。庖人逐之。谱琴来。

【本日日记天头上方书"以上皆误"。】

二十七日，丙午（7月1日）　漆饰。五次。雨。曲园送笔记。仲复送酒及阮《款识》。吴蔚若借颜《家训》。沈洁斋来，复斋来。

二十八日，丁未（7月2日）　答洁斋，访眉生、俞曲园。任小沅来，以"龙"字十二、"龙虎"一付装。以御笔交瑜伯作匣。泉孙、硕庭来同饮。步至顾园，遇子山、小沅。步至师竹。复吕宪秋。瑜伯做花架六。

二十九日，戊申（7月3日）　为香禅题卷二、硕庭拓册一，送泉孙拓百五纸。

六月己未朔，己酉（7月4日）　至宗祠、钮巷、狮林寺，百花巷见四叔、四叔母、二弟。答小沅。程韵泉宝璐诊仲午。存斋寄子燮觥觚，硕庭借阮识。还赵印。热。写徐节母雷序。雷雨。

初二日，庚戌（7月5日）　济之来。为子山写对。函眉生得复。曲园得复。再雨。写字。

初三日，辛亥（7月6日）　发运斋信。送鲁岩乔梓联、屏。写字。夜大雨，戌刻至子刻。

初四日，壬子（7月7日）　曲园、仲复、子山复问《校邠》所出。初三。杨艺芳乔梓来，未见。张留仙来。夜雨。

【本日日记天头上书"小暑"。】

初五日，癸丑（7月8日）　答艺芳乔梓。白塔子巷大乘庵玉荀妇周年。艺芳父子来送酒席，送屏幅。申正泉孙来。热。以闲书尽送济之。老李。次日行，付十两。

初六日，甲寅（7月9日）　天初明，吴子备观乐、彭讷生来。辰初雨。寅正开枫窗。以闲书十一种送济之。复熙年，送两龟，交泉孙。四叔、硕庭来。草桥吴松甫卅周。

初七日，乙卯（7月10日）　到界石浜丙舍，竖柱上梁。卯午。至药师庵，吴太翁阴寿，晤培卿。答子备。手复季高，手复簹斋，交天库前同益兴王余山、韩惟功寄。

初八日,丙辰(7月11日) 余魁梅来。漆饰。弟[第]六次。硕庭、泉孙来,以"福"方与之。送余君扇幅。

初九日,丁巳(7月12日) 答余魁梅。况公祠。药师庵吴氏念经。百花巷见四叔、二弟。刘翰卿心埈来。孝廉方正。得运斋、恒轩、廉生、凤石、伟如信。今年有荔支,食三四次,昔无也。

初十日,戊午(7月13日) 复各信。伟如信内执叔润二百两交培卿。游拙正[政]园,买鼋六头,十番。花桥引之来,瑜伯放之西园。得眉生复并拓本。热甚。始有菱。竹年得缺,小峰信。

十一日,己未(7月14日) 热甚。赠眉生拓本。二弟来。竟日热甚。雷,小雨。

【本日日记后附记:"廿三过眉生送看《永阳王敬太妃墓志》、《姜遐》、宋拓。《刘仁愿》、宋拓《圣教序》、兰荪十三带归。翁摹《常丑奴》、宋拓《兰亭》。潘陋夫跋,王梦楼签。""十三送蓬莱五汉碑、《鹤铭》鹤寿本。""留蓬莱五汉一、鹤、盂鼎释一册。"】

十二日,庚申(7月15日) 谢小韩琦、李孟和福沂来,谢交知无信。热甚。夜小雨。

【本日日记天头上书"初伏"。】

十三日,辛酉(7月16日) 答小韩、孟和,送幅。答朱福清。广安、四叔、小雅来。夜风雨。

十四日,壬戌(7月17日) 眉生、石麟来。晚晤广安,同游顾园。

十五日,癸亥(7月18日) 到庄、钮巷、狮林寺、百花巷。漆饰。八次。大雨,雨时作时止。

十六日,甲子(7月19日) 作书谊卿、廉生。王振钤来,号篆五,振录、振镐之兄,扬州盐大使。卯正雨。复知无交讷生。绿印泥三次不好,交济之。西圃伯来。得运斋、廉生、秋樵信。次日复。广安以小舫"邢叔妥宾"来,即还,伪也。又一敦、一方爵。兰有十瓣者,有九瓣者。

十七日,乙丑(7月20日)　发京信。广安来,交还方爵。申初大雷雨。夜有鹈鹕。

十八日,丙寅(7月21日)　手复雪琴、大马。硕庭来。晚风雨。怡琴来。

十九日,丁卯(7月22日)　至瑞莲庵,东圃大嫂念经,太官尚未到。答费幼亭。以《唐石经校文》《说文声类》《吴氏印谱》十二册寄廉生,交培卿。存斋以子燮兕觥赠,谢之。以《款识》赠广安、眉生、中复、彦侍。邻人以秤伤徒死,申正检验。

二十日,戊辰(7月23日)　瑜伯来,写"潘氏丙舍"四字,刻年月款。复存斋。花农荐扬庖沈姓来。太官来。辞张留仙。翰墨斋来,泉孙来。风。

【本日日记天头上书"大暑"。】

二十一日,己巳(7月24日)　发运斋、花农、廉生信,内仲复拓汉瓦、豹牌、书范、泉范六种。翰墨斋孙姓一人来,裱张、李尺牍。吴、高、李眉生亦付装。风。

二十二日,庚午(7月25日)　到七襄公所,无一花。到百花巷,均未起,即归。孙姓六人来裱李、吴尺牍,本日毕。风。

二十三日,辛未(7月26日)　至百花巷见四叔。许星台来,未值。发运斋、胡子英信。风。

二十四日,壬申(7月27日)　风。

二十五日,癸酉(7月28日)　漆饰。济之来,竟日同步顾园。雨即止,数点而已。风。

二十六日,甲戌(7月29日)　以《百宋赋》托广安交点石不成。

二十七日,乙亥(7月30日)　至界石浜,丙舍已完。答星台。四叔、硕庭来。交三姊十元,为五姊及其女三小姐也。

二十八日,丙子(7月31日)　风。热。

二十九日,丁丑(8月1日)　得运斋十九、凤石廿日信,即复,并廉生、筱珊、花农。

三十日，戊寅（8 月 2 日） 以尺牍十册交苏邻题。又顺治十八年搢绅，又莫、章、高尺牍三册，又《适园印存》二本。韵和送瓜果、陈皮、香水。笙渔来。廿。

七月庚申朔，己卯（8 月 3 日） 到狮林，到庄，到钮巷。四叔昨函，止今日不必到宅。漆饰。小畬来。答韵和，答以二席。发运斋五函。叶师之母病。尺八、《印印》送苏邻看。雨即作即止。

初二日，庚辰（8 月 4 日） 香禅来属捐利贞厅卅元。复熙年。吴苍石俊刻"井西书屋"印，好。谱琴送瓜二、荷露一壶。雨时作时止。夜风雨。

初三日，辛巳（8 月 5 日） 阵阵雨做秋天也。得运斋信。

初四日，壬午（8 月 6 日） 雨不止。复运斋、莼客、廉生，以《墓志铭》乞廉生书。

初五日，癸未（8 月 7 日） 灵鹫寺竹年夫人念经。承天寺陶织云廿周，至则无人也。发运斋信。风雨不止，恐水灾耳。夜又雨。连日发胃痛，已六日矣。仓石来，赠拓本廿五纸。

初六日，甲申（8 月 8 日） 雨意犹浓，奈何。仓石名俊卿，从九，刻印、行草、诗文俱好，湖州人。硕庭来。酉初又雨。

【**本日日记天头书"卯正二刻立秋"。**】

初七日，乙酉（8 月 9 日） 复柳门，复知无。振民、嘉官来。十弟子也。振民带钮氏《说文考异》、张秋水《西夏本末》、《墨妙亭碑考》、《乌台诗案》去交局刻，泉孙来。

初八日，丙戌（8 月 10 日） 汪二官、眉伯来早饭。申，陶民来，留夜饮。夜胃疾又发。

初九日，丁亥（8 月 11 日） 卯正雨竟日。

初十日，戊子（8 月 12 日） 雨。申正四叔来。发运斋、廉生、小山、凤石、恒轩信。夜胃痛。

十一日,己丑(8 月 13 日)　复兰荪、伟如、执叔,内墓志稿。复苏邻,委题十册,以病未即题。后仍题。济之来谈竟日。

十二日,庚寅(8 月 14 日)　患河鱼之疾。夜雷雨即止。

十三日,辛卯(8 月 15 日)　子开、鹤舲来。藻[燥]热。

十四日,壬辰(8 月 16 日)　卯正赴界石浜。

十五日,癸巳(8 月 17 日)　狮林寺念经。四叔、二兄、四弟、二弟、汪振民、陶民、瑜伯、眉伯、潘小畬、吴广安来。演口后归。倪文俊来。

十六日,甲午(8 月 18 日)　眉生送一罜一甋,皆真,未受。

十七日,乙未(8 月 19 日)　至百花巷见四叔、二弟,其余各处均未起。得运斋初九书、文星厓信、恒轩信,次日复。

十八日,丙申(8 月 20 日)　得郝近垣寄先刻十九种。硕庭、泉孙来。得凤石信。鸥鸣夜夜。

十九日,丁酉(8 月 21 日)　汪鲁岩来,香禅来。

二十日,戊戌(8 月 22 日)

二十一日,己亥(8 月 23 日)　答柳质卿、吴蔚若、罗少耕、吴恒、吴熙,皆不晤。晤香禅即送行。未正后风雨竟日夜。

二十二日,庚子(8 月 24 日)　堂前大姊二周。晤振民、安甫、吉甫、鹤亭。至百花巷四叔、叔母、二弟。仍风雨,辰刻归。大风雨竟日,恐成灾。遣人持千候世锡之本日到任。风雨连夜。

二十三日,辛丑(8 月 25 日)　李眉生约看书件,并以汪太夫人、陆太夫人传乞书。看其宋尺牍、元人册。苏卷、《民师》。黄苏册、蓝林物。张即之《金刚经》、王元章梅卷,古器皆真。便饭,豆腐、豆粥、辣菜佳。答讷生,晤。藻[燥]热。蔚若来,交以御笔"福""寿""龙""虎"新重装各幅卅一件。写上下款。世勋来,未见。灯下胡子英来,带到延煦堂三器、廉生一函。

二十四日,壬寅(8 月 26 日)　发运斋、凤石、廉生宗周颂鼎。信。汪吉甫、安甫、陈嵩诠来。济之来,胡子英来。眉生送酸醶甚好。

二十五日，**癸卯（8 月 27 日）**　答世锡之。罗少耕来，硕庭来。锡之又来，未晤。送少耕联、幅。

二十六日，**甲辰（8 月 28 日）**　子英来。广安送金瘦仙拓，索二三千。还之。

二十七日，**乙巳（8 月 29 日）**　子英来。卣直付清。

二十八日，**丙午（8 月 30 日）**　答立豫甫山乔司空巷，不之见。胡子英来。

二十九日，**丁未（8 月 31 日）**　患泻。运斋、廉生信交长太带去。广安送杜氏敦、白作宝敦。卣、亚形失盖。爵𤮃、觯，父乙。还之。

八月辛酉朔，**戊申（9 月 1 日）**　到狮林，到庄，到钮巷，百花巷见四叔。立山来，未见。小畲来，泉孙来。将夜大雨即止。培卿来。《化度》。

初二日，**己酉（9 月 2 日）**　藻［燥］热异常，不可奈。广安言钟卣。

初三日，**庚戌（9 月 3 日）**　藻［燥］热如昨，夜欲雨而止。

初四日，**辛亥（9 月 4 日）**　藻［燥］热。广安、徐卜年，钟付。至界石浜，廿七水长［涨］一尺。彭漱芳开吊，未去。

初五日，**壬子（9 月 5 日）**　韩师愈来。四年孝方。

初六日，**癸丑（9 月 6 日）**　张沇清来。号东荣，送对、幅。藻［燥］热。

初七日，**甲寅（9 月 7 日）**　藻［燥］热。发运斋、恒轩信。硕庭刻大绅字，五元付。来。夜欲雨不成。三姊、十元。五姊、六元。三小姐。四元。

初八日，**乙卯（9 月 8 日）**　瑜。大衍，修敬。藻［燥］热。晨阴。刘继来送《海峰》《孟涂集》，未见。夜欲雨未成。

【此日天头上书"白露"。】

初九日，**丙辰（9 月 9 日）**　卯正雨，阴晴错。

初十日，丁巳（**9 月 10 日**）　约济之、硕庭、泉孙、瑜伯吃西瓜、鸭。四叔来。得伟如、挈叔信并墓志，即付刻。壬秋信并幛。

十一日，戊午（**9 月 11 日**）　仍藻〔燥〕热。桂亦无消息。

十二日，己未（**9 月 12 日**）　复伟如、挈叔。曲园、谱琴、振民来。为曲园校《茶香丛抄》。为铁蕉舅临子畏《云梦潇湘卷》。得凤石、廉生、莼客、运斋信。

十三日，庚申（**9 月 13 日**）　眉生约看书。倪文埈来。发运斋、廉生、凤石、莼客信。

十四日，辛酉（**9 月 14 日**）　马光勋、硕庭来。

十五日，壬戌（**9 月 15 日**）　至庄，至狮林寺。晨雨，午后热。陶民来。庙堂巷三官、四官来。秉舅之孙，四叔处妹之子。瑜伯之一子一女来。

十六日，癸亥（**9 月 16 日**）　阴晴错。热。内人至汪七、汪九家。题尧翁《鱼集》唱和册，为实甫，其曾孙。

十七日，甲子（**9 月 17 日**）　晨微雨。小雨竟日。叔母及侄女妹及女来。小畲及张继高。桂姊之外孙。

十八日，乙丑（**9 月 18 日**）　凉。寄廉生吴钧长垣本《华山》《东海庙残字》《温虞公》《化度》四种、姚刻《三十五举续再续》一本，交培卿寄。硕庭、广安来。

十九日，丙寅（**9 月 19 日**）　阴雨。捐直赈五百，交苏邻。莫宴均来。眉生来。延程、韵泉未来。

二十日，丁卯（**9 月 20 日**）　汪七来，培卿来。捐山东五百，均初夫人五十。

廿一日，戊辰（**9 月 21 日**）　辰雨。复恒轩并《说文古籀补》序文一交培卿。济之、眉伯、瑜伯同点心。陆存斋来，赠以宋版巾箱本《九经》。

廿二日，己巳（**9 月 22 日**）　再捐山东五百交培卿交柳门。四叔、吴仓石来。

廿三日,庚午(9 月 23 日)　发运斋、廉生、凤石信。答陆存斋。眉生约。瑜伯送湖莼。助伯足妾五十金,交苏邻。

【廿三日日记后,有名单附页二。

其一:

"坟吊　　十一月十三日,次日演口。

志颖、志万、介福、陆国祥、汪宗度、汪开禔、汪开祺、汪鸿祚、陆曜彩、潘绍辰、洪钧、诵斌、吴大根、吴大衡、吴仁杰、钟瑞馥、沈毓度、均初子。钦春煦、桐泽、金吴澜、陈志铨、马海曙、叶肇煦、吴勤干、顾曾骥、汪介耆、诵炳、汪之昌、汪尔昌、汪赞钤。"

其二:

"狮林寺　　十一月十四日,念经一日,演口。

彭慰高、洪钧、陆曜彩、汪开禔、汪开祺、绍宸、介祉、顾文彬、吴宝恕、倪文焌、陆曜彩、汪启新、彭逢吉、汪顷新、沈宝恒、吴郁生、吴家桢、汪之昌、汪肇敏、孙承鉴、吴嘉椿、姚觐元、吴大衡、吴大根、汪尔昌、诵宣、潘国桢、介福、志万、志颖、志晖、叶昌炽、叶肇煦、秦毓麒、胡永昌、敦先、汪鸿祚、诵炳、汪赞钤、汪介耆。"】

廿四日,辛未(9 月 24 日)　还存斋鲁公鼎、王作又将鼎彝。眉伯来。

廿五日,壬申(9 月 25 日)　廿三信被娄门抢,全太盛再补发。又缪筱山信。仲复来留饭。硕庭、泉孙来点心。

二十六日,癸酉(9 月 26 日)　存斋来,留格伯敦,赠毛鼎拓,带去《考古续图》四册一函。午后雨。

二十七日,甲戌(9 月 27 日)　汪九来。

二十八日,乙亥(9 月 28 日)　济之招饭,约定一鱼翅、一豆腐、一馒首,不得过三物也。

二十九日,丙子(9 月 29 日)　得运斋、廉生、凤石信,次日复。硕庭、小雅、子宜来。午后雨。

三十日，丁丑（9 月 30 日）　夜雨达旦。写京信后，写筱珊、伟如、子静、执叔、知无、德小峰、宗子林信，毕，天始微明。眉生、泉孙来。

九月壬戌朔，戊寅（10 月 1 日）　至庄，至钮，至狮林，见四叔、济之。发湖北、江西、通州郝、浙江德各信。怡琴来。

初二日，己卯（10 月 2 日）　潘彬卿、济之、亘之师、胡子英来。安斋去世。

初三日，庚辰（10 月 3 日）　香禅来。晤眉生。

初四日，辛巳（10 月 4 日）　吴熙来。初五。发运斋、廉生、凤石来〔信〕。

初五日，壬午（10 月 5 日）　至娄门，适闭门大索，乃归。闻有犯越狱也。硕庭、泉孙来。

初六日，癸未（10 月 6 日）　吊严缁生母。答香禅。

初七日，甲申（10 月 7 日）　出娄门至谭泾浜扫墓。广安约看古器、石刻、宋本书，留饭。汪七、硕庭来。步顾园。

【本日日记天头书"《开皇兰亭》、《十七帖》、《圣教》、二。《太清楼》、《鹤铭》、《阁帖》、《东海残字》、齐侯罍、二。师酉敦、二。师田父尊、三家敦、齐侯匜、庚黑卣、抚尊、牛首形。宋板《参寥》《中兴》《编年》《新定》四种、《大麻姑》、颜《元靖》，又张从申，皆宋拓之佳者"。】

初八日，乙酉（10 月 8 日）　赴耦园，约看《崔敬邕》、《常丑奴》、《韩敕》、《鹤铭》南村本、黄氏士礼居《温虞公》、党氏《九成宫》、《高湝墓志》木夫藏本。已刻回。陆笃斋学源、秦燮扬来。得凤石信。

初九日，丙戌（10 月 9 日）　志潮、海秋来，贞孚子也。杨望洲来。四叔、三弟、秦佩鹤来。三姊来住。送亘之师祝廿两，交瑜伯，由韵和交，十七生日也。

初十日，丁亥（10 月 10 日）　为曲园校《丛抄》，题诗记、书面。为香禅作序二。胡子英来。

十一日，戊子（10 月 11 日）　界石浜扫墓。

十二日,己丑(**10 月 12 日**)　眉生、泉孙、眉伯来。属香禅刻石梅孙诗《葵青居》五册。得京信。

十三日,庚寅(**10 月 13 日**)　发运斋、廉生、凤石、文星岩信。宜子望来。

十四日,辛卯(**10 月 14 日**)　托眉生属黎莼斋觅日本石刻五种。答子望。以墨妙亭研赠眉生。得陶堂印一枚。

十五日,壬辰(**10 月 15 日**)　至祠,是日秋祭,荫到尚无人,先行礼。至钮巷,至狮林寺。至百花巷见四叔、二弟。

十六日,癸巳(**10 月 16 日**)　发运斋、廉生、凤石、筱山信。眉生约。小畬来。

十七日,甲午(**10 月 17 日**)　香禅来交五十元,刻叶、石诗及刘辰孙杂著之用。夜访广安。硕庭来。

十八日,乙未(**10 月 18 日**)　方振业告助,送二元。从前壬戌山东曾见,正其革时,滨石戚也。何世兄毓祥来。雨。

十九日,丙申(**10 月 19 日**)　卯初偕泉孙登舟。巳正过钱园,午正到光福,见西圃伯父及兄弟子侄辈,共卅一人。夜雨不止,余住舟中。

二十日,丁酉(**10 月 20 日**)　卯初光福,辰正雅宜山,午正万禄山扫墓。早饭与硕、泉同,午后分手,申初胥门。舟直三元,菜三元,起早四百,舟子王四寿。

【按:本月二十一日日记原缺。】

二十二日,己亥(**10 月 22 日**)　复柳门并弟侄三人,移奖年万裘。微雨。硕庭来,为题《遂园修禊卷》。西圃伯命补书雅宜山对"枕上罗浮枝上月,卷中香雪画中诗",彭芝庭题贡湖公《探梅图》句也。文恭公书失去。

二十三日,庚子(**10 月 23 日**)　热甚。问广安母病。

二十四日,辛丑(**10 月 24 日**)　风雨。徐小匆、吴蔚若、四叔来。胡子英、眉生来。得廉生、运斋、小山、仲饴信,十六所寄。次日复。

二十五日，壬寅（10 月 25 日）　发各信交颂田，又凤石信。硕庭来，以莐圃《刘子》见示。子英来。二百。

二十六日，癸卯（10 月 26 日）　亘之师、香禅来。付四十两。硕庭示《蜕庵集》《侨吴集》《圭塘集》《友石集》，皆士礼居物，跋而还之。吴太夫人去世。

二十七日，甲辰（10 月 27 日）　唁广安内艰。阴雨。属硕庭刊《百宋赋》，送书五种来看。抄本甘复、《宋季事实》、《存复斋》、《潜溪文粹》、明刻《雁门集》。

二十八日，乙巳（10 月 28 日）　发仲田、廉生、凤石信。振民、眉伯、硕庭来，交之大衍。吴苍石来。阴。

二十九日，丙午（10 月 29 日）　晨阴。陈嵩佺来。送以《怡亭铭》，借去《甘亭注》。硕庭送菊卅盆，花〔厂〕送天竹。

三十日，丁未（10 月 30 日）　夜雨达旦。

十月癸亥朔，戊申（10 月 31 日）　狮林寺念经。四叔、二兄、二弟、四弟、汪七、汪九、吉甫、瑜伯、眉伯、小畬、梅若、硕庭来。

初二日，己酉（11 月 1 日）　谢各处。见四叔、叔母、济之。硕庭、泉孙来。

初三日，庚戌（11 月 2 日）　发仲田、凤石、筱珊、廉生信。济之来。西方色赤，酉。

初四日，辛亥（11 月 3 日）　答王祖畲、亘之师，广安处上祭。郑子惠立诚来。答邰荻洲。

初五日，壬子（11 月 4 日）　济之、陶民来。得凤石信。

初六日，癸丑（11 月 5 日）　得筠仙信，即复，交安裕艮〔银〕号。复伟如。全太盛。

初七日，甲寅（11 月 6 日）　雨。唁安斋。答郑立诚。讷生来。夜雨达旦。

初八日，乙卯（11 月 7 日）　阴雨竟日。潘云生学祖、刘少涂继来。硕庭来。

初九日,丙辰(11月8日) 眉生约。答潘芸生、刘少涂。得京信。运斋来。

初十日,丁巳(11月9日) 夜雨达旦。胡子英来。爵一。

十一日,戊午(11月10日) 四叔处饭,遇亘之师。发仲田、凤石信。

十二日,己未(11月11日) 夜大风,晨雨始冷。

十三日,庚申(11月12日) 运斋慈。七十生日,未去。

十四日,辛酉(11月13日) 发仲田、廉生、凤石、秋樵信。

十五日,壬戌(11月14日) 到庄,到寺、钮家巷、百花巷。香禅属刻魏忠节、陈忠裕《年谱》,《亭林馀集》,以有刻复之。又《山静居书[画]论》《樊榭》。谷人集外诗寥寥无几。

十六日,癸亥(11月15日) 晤运斋、广安。子英来,百。陶民来。

十七日,甲子(11月16日) 得秋樵、子斋信,次日复。又文卿、廉生、仲田、凤石信,十九日发。

十八日,乙丑(11月17日) 曹钟彝来,前太安县,琢如子。硕庭来。泉孙、济之来。

十九日,丙寅(11月18日) 沈师来,仁济堂廿元。吉甫、安甫来。阴雨。

二十日,丁卯(11月19日) 雨。汪汝纶来,丁卯覆试弟[第]一。得凤石信。次日复,又缪、王、彭。

二十一日,戊辰(11月20日) 雨。答曹、陈、名珍子、惠子,庶常。汪,俱不见。

二十二日,己巳(11月21日) 罗少耕来,田洪来。廉生信,毛鼎拓。

二十三日,庚午(11月22日) 还秋谷拓六本。跋香禅拓二。一盂、一张簠。发京信。彭、洪、陆、王,廿五发。

二十四日,**辛未(11 月 23 日)**　答署守桐泽。已刻开金井,培、济、瑜到。

二十五日,**壬申(11 月 24 日)**　发京信。济之、硕庭、振民来。谢埔以"二苏仙馆"印赠,为题"梅石庵图"四字。

二十六日,**癸酉(11 月 25 日)**　晤培卿、谊卿。谊卿、济之、子英来。夜雨达旦。

二十七日,**甲戌(11 月 26 日)**　雨至夜。培卿来。复陆存斋,还《考古图》,借《营造法式》影宋本,交陶估北仓桥漱艺斋。

二十八日,**乙亥(11 月 27 日)**　赠眉生《帖镜》《南村帖考》。交香禅五十元。刻资。助直振千金,为先妣资冥福,交运斋。

二十九日,**丙子(11 月 28 日)**　周季相、运斋来。得魏培栁、张丹叔又京信。

三十日,**丁丑 (11 月 29 日)**　熙年来。阴雨。

十一月甲子朔,戊寅(11 月 30 日)　阴雨。到庄、寺、钮、百花巷。熙年送食物二色。眉伯来,得海运。

初二日,己卯(12 月 1 日)　四叔、泉孙来。

初三日,庚辰(12 月 2 日)　陶民来。发京信。

初四日,辛巳(12 月 3 日)　界石浜上祭。各工粗毕。得眉生信及《高句丽碑》。

初五日,壬午(12 月 4 日)　济之来,程筠泉来诊。

初六日,癸未(12 月 5 日)　筠泉来诊。运斋来,即赴沪。谱琴来。

初七日,甲申(12 月 6 日)　筠泉来诊。硕庭、泉孙来。

初八日,乙酉(12 月 7 日)　裴樾岑来,次日答,已行。得仲田、秋樵信。汪九来,小畬来。

初九日,丙戌(12 月 8 日)　至界石浜。得凤石信,皆初十复。又廉生信。

初十日,丁亥(12 月 9 日)　发京信。

十一日,戊子(12 月 10 日)　济之、泉孙、文卿来。

十二日,己丑(12 月 11 日)　吊吴景和、培卿胞叔。广安。答文卿。至界石浜。陶民来。

十三日,庚寅(12 月 12 日)

十四日,辛卯(12 月 13 日)　至狮林念经,到者四十二人。子刻起灵下船。自仓口下船,绕闾、胥门到浜,一时有半送至浜。一夜未睡者,瑜、眉、陶民、叶。吴、培、谊均到,培又至浜。

十五日,壬辰(12 月 14 日)　寅初到界石浜,到者卅九人。亥刻封域,一丈五寸。留者济之、瑜伯、小畬、眉伯、叶缉甫、吴子贞、顾逸群、叶氏□□,皆吴帐友。看蹋作,连底五作……【按:原稿有缺文。】培、谊均到。

十六日,癸巳(12 月 15 日)　硕、泉、熙辞去。昨住舟中。竹年来。未初早饭,与叶、顾、吴、畬、瑜、眉同食。潘诵斌号仲全。来,昨亦来,瑜伯之甥也。演口毕。亥正二。夜济、瑜、眉、叶、顾、吴、小畬、仲全看蹋作。

十七日,甲午(12 月 16 日)　招钦敬敷来看,拜台旁东西宝藏二座拆去,旧所无也。拆席篷,仅留拜台以上者。午后阴,夜半晴。

十八日,乙未(12 月 17 日)　仍诸君看蹋作,每日三层,夜同,尚短二层。已十六层。得仲田、廉生信。培卿来。自十四至本日晴,十五有风。次日复仲田、廉生,又小山、凤石。未刻归。蹋作毕。上灯时毕。十八层以后加草皮,三日。高于罗圈即八风。半。约四尺,尺与周尺同。

十九日,丙申(12 月 18 日)　至界石浜。瑜、叶、顾、吴在,馀俱归。申刻后雨。加草皮。

【本日日记天头上有"十九日辰初记"文字:

坟向壬丙兼子午;

金门槛正丈六,找脊丈二;

八风高四尺阔二丈;

罗城周围十一丈二尺；

拜台；进深二丈八尺，阔四丈。

小拜台见方九尺；

甬道长十丈零六尺，阔六尺，界边石五十二块；

墓门高一丈阔八尺；

篱楗；周围五十六丈六尺。

石岩、十三颗[棵]。柏；一百零五颗[棵]。

子孙柏、一对。柳、卅二颗[棵]。梅；十二颗[棵]。

杏、七颗[棵]。芙蓉、十八。冬青；廿颗[棵]。

坟后石驳岸。高六尺五寸，阔十二丈三尺。

从前甲辰冬，先君自定此地，地师胡艺香。名骏声。此次择日，地师钦春煦号敬敫。始终其事者，培卿昆季及吴帐友叶、顾、瑜伯，后添吴子贞，亦吴友。

案：《会典》一品坟九十步，封一丈六尺，近皆高出八风本墓。八风高周尺四尺，加以倍亦仅八尺耳。钦云上元宜乎高，现高出八尺，去品制尚远，盖一品一丈六尺也。

添玉兰二株并补篱，以后添树再记。十九日辰初记。】

二十日，丁酉（12 月 19 日）　到界石浜。瑜、叶、顾、吴、畲、眉在。竹年来。申正雨。得知无信，白木耳、莲心。

二十一日，戊戌（12 月 20 日）　晴，至界石浜，六人均在。辛芝来。

二十二日，己亥（12 月 21 日）　辰初至界石浜圆冢。运斋、鲁岩、冠英来。瑜百卅，叶、顾卅，吴八十元，眉、畲十六。

【本日日记天头上记"冬至夜祀先"。】

二十三日，庚子（12 月 22 日）　交眉生寄莼斋、星吾自刻书、《丛》只存一部，《款识》只有上一本，余亦多未印。拓本一百七十七纸，答其日本碑三及《古逸丛书》也。送冠英十元。次日珍妹弟[第]三子完姻。初四日其长子完姻，共送四十元。

二十四日，辛丑(12月23日)　送眉生郝兰皋《丛书》全分，莼斋、星吾、陆存斋书各二分。《刘平国石刻》二分阿克苏新出汉石。交眉生。小畲、眉伯来。送二吴皮甬帽沿、济之五彩壶帽沿。

二十五日，壬寅(12月24日)　送竹年帽沿、活计、食物。

二十六日，癸卯(12月25日)　狮林寺安灵礼忏。来廿三人。申刻散。

二十七日，甲辰(12月26日)　谢客。见四叔、济之、竹年、即赴浙。培卿、谊卿。答任筱沅。属总捕，告以自置路灯。

二十八日，乙巳(12月27日)　谢客。见西圃伯，兄弟侄均见。归，伯父馈鲈鱼。送墓志，百花、花桥二处。

二十九日，丙午(12月28日)　至界石浜，八风完工。谢客毕。夜大风。

【按：本月日记中附清单一张，已见十九日附记中。】

十二月乙丑朔，丁未(12月29日)　红光如故，二月余矣。到庄、钮、百花巷。硕百元。赠鞠常《祁生》及《白燕集》、墓志及商刻陈立《公羊正义》事。

初二日，戊申(12月30日)　晤眉生。赠以南园对、《红崖》缩本、《吐蕃会盟碑》，前赠《朱博》《沙南》《爨宝》八种，裴、姜摹崖三种。

初三日，己酉(12月31日)　吊殷谱经，答子实、谢培之、庭芝、香禅。姚彦士来，昨生日，曾送礼。济之、硕庭、泉孙来。眉伯送花六盆。

初四日，庚戌(1884年1月1日)　发廉生、仲田、小山、凤石信。眉生送笺十余，送西圃党参、甘露，送辛之、运斋食物。

初五日，辛亥(1月2日)　辰初微雨。熙年来。济之送燕笋，运送鹿筋一碗，送罢……【按：原稿有缺文。】

初六日，壬子(1月3日)　四叔送鲈，分送眉生、培、谊。

初七日，癸丑(1月4日)　谊卿交艮[银]票。来，沈师来，五十元。

三姊来。送以"福""寿"字。助徐荛圃次子家桢国干卅元完姻，交谊卿。陈午亭章锡，丙辰，太湖厅。来。

初八日，甲寅（1月5日） 交香禅卅元，刻印全清。寄挹叔墓铭十分，玉壶碧玖盖、五彩壶翠盖为润笔。交伟如铭四分。二秦来。

初九日，乙卯（1月6日） 眉生招，辞之，适胃痛。引之、四叔来。汪七来。

初十日，丙辰（1月7日） 答许星台、吴引之。运斋、汪九来。世锡之尚衣送黄羊、野鸡，以赠许星台。硕庭送枯木黄杨、鲈。已馁。余茂林花敞［厂］千年运子、枸杞、黄天竹。香禅书板来。

十一日，丁巳（1月8日） 庞小雅寄《国朝文征》《蛾术编》、酒、腿，即复。辛芝来。硕庭刻金秋史对送来，悬墓庐。中有高伯足对，汪大绅横幅，左季高"蚕麦室"扁，文恭公"平为福"扁，赵之谦、王懿荣书墓志。送香禅卅金，为其刻日记。广安属林海如来商同卤，其数六百两，艮庵物，得之彦香者。德林。凤石信及邸报，前月十一日发，今日到。

十二日，戊午（1月9日） 赠中复金秋史对、大绅横幅、近刻吴人近箸［著］即香禅经手元叹、刘氏、叶苕、米条石父子。六种。赠眉生吴人近箸［著］六种。金先送。赠彦士吴六种、金对。赠西圃同。昨香禅交来五分，今去其四。板十一交来，归入《丛书》。

十三日，己未（1月10日） 至百花巷见四叔、济之。辛庭、硕庭来。

十四日，庚申（1月11日） 到界石浜吊吴景和。发廉生、小山、仲田、凤石信。讷生招十七，辞之。赠星台吴人六种、"平为福"一、秋史一。星台送午时茶。

十五日，辛酉（1月12日） 到钮，到庄。见四叔、济之。眉伯、小畲来。手复刚子良、张丹叔。作廉生、凤石、仲田信。未发。运斋来，见绳庵信。

十六日，壬戌（1月13日） 硕庭、辛芝来。又运斋信。暖。

十七日，癸亥（1月14日） 晨微雨，送济之血燕一包。香禅来，为朱孝子立增题词。复陈荣叔延益。寄执叔、伟如书，交培卿。手复宗子林培。志平高。

十八日，甲子（1月15日） 四叔、济之、泉孙、硕庭、顾姓来议《仲兖碑》。千六百金。得凤石初一信。

十九日，乙丑（1月16日） 晨微雨。运斋来。手复仲良、小峰。吴慰祖号荫余，成师子。送以五元。

二十日，丙寅（1月17日） 发廉生、仲田、凤石、小山信。陈亮伯贞来。

二十一日，丁卯（1月18日） 硕庭来。

二十二日，戊辰（1月19日） 眉生约。顾荃春岩来，凤仞之子，为作传。济之、眉伯来。寄伟如。戒溺及杀龟二事，交运。

二十三日，己巳（1月20日） 手复胡采庭晋兢福盐大使，芰舲之子。手复李孟和。祝灶。以有服，瑜伯代。

二十四日，庚午（1月21日） 周季相来。叶师解馆设席。以有服，瑜代陪。送桂清姊十元、五姊五元、其二姑奶奶五元。送林海如十六元，画砂壶、十六图册。送眉生《楚词[辞]》。端木刻。

二十五日，辛未（1月22日） 晨微雨。吴蔚若、小畲来。眉生送张廉叔裕钊刻《归批史记》。附方批，极精。星台送某[梅]花，即送锡之，加以拓本。以某[梅]四小并拓送星台。瑜。百。

二十六日，壬申（1月23日） 送陈嵩俖、吴仓石各四色，硕庭《武梁祠画象[像]》。复莼送以卅金。交仲田。又莼寄羊。复礼信交伟如。三函俱交运。运来，雨。

二十七日，癸酉（1月24日） 雨。手复少耕。送眉生四色。

二十八日，甲戌（1月25日） 熙年送食二，答之。济来。运斋送食二，答书拓。

二十九日，乙亥（1月26日） 至界石浜。复竹年。得凤石十一信。硕来。

三十日，丙子（1月27日） 供喜神。祀灶，瑜代。硕送食二，答之并《宝子碑》《舍利塔铭》。彦士送烟酒。胡子英食六。

　　【本月日记末页天头书"卣盖廿两。孔赞唐广钟来,赠蔚若《圣教》。锡之送褂料二。运斋送料壶、越图。少耕送苹、橘、□字。竹年送豆豉、家乡肉"。】

光绪十年日记(1884)

是年患目疾,四月十四日后长太代书

甲申元旦,丁丑(1 月 28 日)　来者不少。另记。

初二日,戊寅(1 月 29 日)　卯初雪,辰、巳甚大。

初三日,己卯(1 月 30 日)　辰初雨。彦士、嵩佺、眉生来。

初四日,庚辰(1 月 31 日)　大雪连旦。至界石浜。香禅、泉、硕来。

初五日,辛巳(2 月 1 日)

初六日,壬午(2 月 2 日)　到庄、钮巷、百花一带。辰、巳大雪,夜雪达旦。发京信。彭、陆、王、缪。

初七日,癸未(2 月 3 日)　至花桥、任蒋。眉生约。大雪竟日。

初八日,甲申(2 月 4 日)　雪未止。申立春。午后晴。

初九日,乙酉(2 月 5 日)　答客,晤讷生、梅若、辛之。

初十日,丙戌(2 月 6 日)　答客、刘家浜拜影堂,胃疼即归。得仲田信。

十一日,丁亥(2 月 7 日)　答客,晤培卿,又平斋周年。仓石来,四叔、辛之来。

十二日,戊子(2 月 8 日)　广安、蔚庭来。寄小村,为蔚庭之兄继德。复知无。十三日。

十三日,己丑(2 月 9 日)　曹福元再韩、许祐身子原来。眉生来。

十四日,庚寅(2 月 10 日)　得凤石信。星台来。

十五日,辛卯(2 月 11 日)

十六日,壬辰(**2 月 12 日**)　卯刻雪。硕庭、讷生来。子山以都钟看。

十七日,癸巳(**2 月 13 日**)　阴雨达旦。

十八日,甲午(**2 月 14 日**)　收容。还顾子山钟。香禅令千顷堂来。

十九日,乙未(**2 月 15 日**)　阴雨。张沇清来,向星台索伽南末。

二十日,丙申(**2 月 16 日**)　发京信、缉廷信。四叔、济之、香禅、泉孙来。

二十一日,丁酉(**2 月 17 日**)　陈亮伯贞来,付伟如信。为眉生题梦莲年伯画兰帐额。眉生小字与余同。

二十二日,戊戌(**2 月 18 日**)　大人周年,狮林念经。复宜子望、善征、蔚庭。

二十三日,己亥(**2 月 19 日**)　阴雨达旦。谢客。见四叔。答莫善征。佛升额、联纲来。善征来,送联右辅、佛升额席。得伟如、扨叔信。

二十四日,庚子(**2 月 20 日**)　谢客。见谊卿。送联少甫活计、鼻烟。小渔来。复伟如、扨叔,交运斋。

二十五日,辛丑(**2 月 21 日**)　晨雨。至界石浜。答陈少希,常镇道。联纲、佛升额辞行。香禅偕石方涑来。任阜长。廿元。

二十六日,壬寅(**2 月 22 日**)　文卿、少希来。眉生约。复伟信交运。

二十七日,癸卯(**2 月 23 日**)　龚世潼、张沇清来。

二十八日,甲辰(**2 月 24 日**)　少希来,执弟子礼,递如意,却之。济之、眉生来。

二十九日,乙巳(**2 月 25 日**)

三十日,丙午(**2 月 26 日**)　硕、卅元。陶民来。书板尽交香禅。

二月丁卯朔,丁未(2 月 27 日)　到庄、钮巷、百花,得仲田、廉生信。八日发。运斋、子静、硕庭、泉孙来。莼斋送《古逸》。二。杨。拓本四、名类抄。

初二日,戊申(2月28日)　发仲田、廉生信。康伯四十两,又复秋樵。少希、子静来。复伟如、芍庭。蔡研农来。

初三日,己酉(2月29日)　至界石浜,答少希、研农。朱福春、香禅、交五十两。泉孙来。《昭阳扶雅》集。

初四日,庚戌(3月1日)　赠黎书答《古逸》。四:方《正学》、陆存斋、罗《尊闻》、《昭阳扶雅》集。拓:舍利铭、毛鼎,又《墓志》、大绅、伯足。杨。《六艺纲目》、董武、毛鼎、十三行、退谷、江西、王文成、白鹿、忠孝,四字、八字。子静来,赠挢叔《潜书》。夜雨达旦。送香禅《潜书》、豆酱、土无锡。

初五日,辛亥(3月2日)　耕娱信。研农、蔚若辞行。四叔来。夜大风。

初六日,壬子(3月3日)　送蔚若喜筵。

初七日,癸丑(3月4日)　济之、云楣、云台来。凤石廿日信。

初八日,甲寅(3月5日)　答云楣、云台,送《酒政丛抄》。得小村信,寄蔚庭交讷生。孔昭乾来。惊蛰。《闭门》《船庵集》印四十部,香留十部。

初九日,乙卯(3月6日)　复讷生、吴世兄慰祖。号荫余。师母在堂,月助叁元。眉伯明日行,交仲田、凤石信,廉生书件。阴雨。

初十日,丙辰(3月7日)　阴雨。子静、辛芝来。辰雪,午晴。

十一日,丁巳(3月8日)　吴荫余来。得仲田、廉生信。硕庭来。

十二日,戊午(3月9日)　仓石来,留饭,仓石移西美巷。

十三日,己未(3月10日)　黄道祖络来,黄号幼农。

十四日,庚申(3月11日)　答黄道、彦士。星台送海螺。鲜鳆、江瑶柱。

十五日,辛酉(3月12日)　至界石浜,腹疾。济、谱、小渔来。

十六日,壬戌(3月13日)　发仲、廉、石信。子静来。缁生来。

十七日,癸亥(3月14日)　星师三月初九葬,送十元交讷生。泉孙来。

十八日,甲子(3月15日)　寄伟如、拗叔《闭门》等集。运来,寄窓书、拓本十纸。子英来,凤石初十信。电北宁失。

十九日,乙丑(3月16日)　界石浜家祭。阴雨,午后益大。伟如送陈皮,即复。

二十日,丙寅(3月17日)　复窓斋交运。廿二。

二十一日,丁卯(3月18日)　汪九来饭。四叔母及两妹来。

二十二日,戊辰(3月19日)　眉生自常未归。发京信。子静、济之来。

二十三日,己巳(3月20日)　复伟如,送星台周敦、诒晋磁对。属韵泉合“夺命丹”。百元。得仲田信。春分。

二十四日,庚午(3月21日)　存斋借《史载之方》《石林奏议》。至段泾浜,共七人。四叔、谱、怡、济、和太。陶民来。

二十五日,辛未(3月22日)　存斋来。复徐小勿。送《武林掌故》《韵补》《王子安注》。阴雨。子英来。

二十六日,壬申(3月23日)　至界石浜春祭。答存斋。复杨艺芳。

二十七日,癸酉(3月24日)　运来。泉孙来。耕娱寄英和《笔记》。答仲复英《笔记》、姚彦士《十三行》。

二十八日,甲戌(3月25日)　仲复送《退庵题跋》。子静来即行,付窓信。硕庭来,得花农信、温公八分。

二十九日,乙亥(3月26日)　复知无交讷。先伯集。复竹年并为王子献继香写书面。送彦士《刘平国刻石》,送存斋英《笔记》、汪退谷四种。

三月戊辰朔,丙子(3月27日)　至钮巷,至庄,至百花,四叔留饭。辛芝、曲园来。伯洪草刻,硕经手,成卅部。西十六、仲复四、彦士一、曲园一。送曲园点心,又耕娱二。《墓》二、《谱》一、《屠诗》、《浮集》。

初二日,丁丑(3 月 28 日) 至界石浜。得凤石信。硕庭来。

初三日,戊寅(3 月 29 日) 眉生来。

初四日,己卯(3 月 30 日) 硕以猴笺易笺,眉生要也。

初五日,庚辰(3 月 31 日) 交硕庭刻汪诗。百元,诗据云十万字。安太七百九十号。四叔来,即去。董彦和来,得仲田信。

初六日,辛巳(4 月 1 日) 晡运。眉生约。印《百宋》《纪要》二书未成。

初七日,壬午(4 月 2 日) 讷生夫人初九葬,往祭。发京信。田、廉、陆、缪、花农。

初八日,癸未(4 月 3 日) 狮林清明念经。瑜、渔、济、熙、硕、泉、谱、殷柏龄昆季、仲全来。庞小雅送《昭代丛书》。印书毕,廿部。

初九日,甲申(4 月 4 日) 出门见四叔、济。香禅来。竹年送莼。

初十日,乙酉(4 月 5 日) 晴。眉生借《莲溪文抄》,还《后村集》《七颂堂》《之溪老生集》。先著。陈伟杰来。山东东昌,方正。硕庭要喉药。

十一日,丙戌(4 月 6 日) 雨。以若卿师时文归胡春波并跋之。日本金石十九轴还眉生,眉生欲分赠,不忍受也。《中论》还眉生。得凤石朔信。

十二日,丁亥(4 月 7 日) 寄伟如信。阴雨。寄伟如索。《龙颜》、溪祖阕。

十三日,戊子(4 月 8 日) 眉借《石洲集》《七经考文》。小雅来。子英来。子初延韵泉诊蕲。得伟三函。

十四日,己丑(4 月 9 日) 至狮林,殷谱经十五殡。延韵泉。交运复伟。运、济、硕来。运。名世,育婴。

十五日,庚寅(4 月 10 日) 夜雨达旦。至界石浜。致艺芳马贞烈女坊事。

十六日,辛卯(4 月 11 日) 庄祠春祭。得仲田、廉生信。

十七日,壬辰(4月12日)　发京信。彭、王、缪、陆、徐。寄竹年王孝子文二。一碑一序。

十八日,癸巳(4月13日)　泉孙、振民来。四叔来。

十九日,甲午(4月14日)　子英来荐舒世琛之弟于海缵廷□。跋平斋尺牍。鹤龄来。硕庭来。

二十日,乙未(4月15日)　阴。复芍庭,知十三枢廷罢。

二十一日,丙申(4月16日)　运斋、汪兆柏来。得凤石、仲田十四信。济之来。

二十二日,丁酉(4月17日)　陶民来。硕庭来。宋沈氏墨迹还之。

二十三日,戊戌(4月18日)　四叔来。秋谷之婿陈骏生其镰偕志晖来,荣叔之子。张勋云是秋水曾孙。六元。彭子嘉谷孙、彭惠人清酥来。

二十四日,己亥(4月19日)　讷生夫人念经圆通寺。答二彭。

二十五日,庚子(4月20日)　送骏生袍、褂、砚、二。笺、席,送二彭席。骏生来。

二十六日,辛丑(4月21日)　卯初行,未初至光福、雅宜、万禄上冢。

二十七日,壬寅(4月22日)　未正二刻归,光福五十三人,万禄廿五人,硕、泉、希在舟同饭。昨至荥阳别墅,其楼面山临流。发京信。同前。得清卿信。初十、十一。

二十八日,癸卯(4月23日)　目疾三日。复清卿、镜如、伟如,复陈容叔交骏生。得凤石廿日信。

二十九日,甲辰(4月24日)　目疾。《小谟觞集》香禅自行交坊印四十部,送十部。除香一部外,姚一、眉二、陆一、吴广安一。运来。济来。

四月己巳朔,乙巳(4月25日)　目疾,不见客。

初二日,**丙午(4月26日)** 目未愈。艺芳、藕芳来,未见,送二席。夜甚痛。

初三日,**丁未(4月27日)** 未愈。平斋家念经,未去,送祭席,初八葬。得廉生、仲田廿二信。

初四日,**戊申(4月28日)** 未愈。

初五日,**己酉(4月29日)** 张富年未见。

初六日,**庚戌(4月30日)**

初七日,**辛亥(5月1日)** 运来,韵泉来。服药。发京信。

初八日,**壬子(5月2日)** 大府秘,四日不下。韵泉再来,用元明粉、大黄。雨。夜大下。

初九日,**癸丑(5月3日)** 雨,冷。

初十日,**甲寅(5月4日)**

十一日,**乙卯(5月5日)**

十二日,**丙辰(5月6日)** 得陆信,俱冷。

十三日,**丁巳(5月7日)** 以上服韵方。大黄。雨。

十四日,**戊午(5月8日)** 韵诊,大黄。

十五日,**己未(5月9日)** 韵诊。

十六日,**庚申(5月10日)** 韵诊。

十七日,**辛酉(5月11日)** 韵诊。发京信。胡来。

十八日,**壬戌(5月12日)** 韵诊。

十九日,**癸亥(5月13日)** 韵诊。用童便。运来。胡来。到陆信。

二十日,**甲子(5月14日)** 韵诊。用童便洗。文恭公三十周年,狮林寺未到。仲午病,亦未到。汪七来未见。

二十一日,**乙丑(5月15日)** 韵诊。程荐眼科蔡子谦。

二十二日,**丙寅(5月16日)** 韵诊。子谦来。运来。

二十三日,**丁卯(5月17日)** 程、蔡来。济之来,要借抚台小轮船,不许。胡子英来。夜大风雨。

二十四日,戊辰(5月18日) 程、蔡来。汪九来,未见。大风。

二十五日,己巳(5月19日) 程、蔡来。

二十六日,庚午(5月20日) 程、蔡来。发京信,彭、陆、缪、徐、王。夜雨。

二十七日,辛未(5月21日) 小满。程自二十日起看仲午。蔡来。得凤石、伟如信。昼夜雨。

二十八日,壬申(5月22日) 程、蔡来。寄伟如、执叔信,交运斋。得晓村信、曾侯信。

二十九日,癸酉(5月23日) 程、蔡来。复芍庭。

三十日,甲戌(5月24日) 程、蔡来。复竹年。

五月庚午朔,乙亥(5月25日) 蔡来。

初二日,丙子(5月26日) 程、蔡、谱琴来。得仲田信。

初三日,丁丑(5月27日) 搭棚。蔡来。

初四日,戊寅(5月28日) 蔡来。运来。胡来。姚送礼,世勋送礼,胡燨菜送礼。汪五十、李十四、三姊二十元。

初五日,己卯(5月29日) 蔡来。胡来。热。夜雨。

初六日,庚辰(5月30日) 蔡来。何其杰寄书。风。发京信,彭、王、陆。

初七日,辛巳(5月31日) 蔡来。得陆京信。

初八日,壬午(6月1日) 蔡来。倪文焌送食物。

初九日,癸未(6月2日) 蔡来。

初十日,甲申(6月3日) 程、蔡来。胡来。运来。

十一日,乙酉(6月4日) 程、蔡来。胡来。

十二日,丙戌(6月5日) 忙种。程、蔡来。沈宝青来,未见。

十三日,丁亥(6月6日) 程、蔡来。

十四日,戊子(6月7日) 程、蔡来。

十五日,己丑(6月8日) 程、蔡来。胡来。朱咸庚未见。

十六日,**庚寅(6月9日)**　程、蔡来。雨。

十七日,**辛卯(6月10日)**　程、蔡来。风。

十八日,**壬辰(6月11日)**　程、蔡来。风。刘廷枚来,未见。得徐琪信。

十九日,**癸巳(6月12日)**　程、蔡来。热。

二十日,**甲午(6月13日)**　程、蔡来。得陆、彭京信。热。沈秉成送枇杷。

二十一日,**乙未(6月14日)**　程、蔡来。发京信,彭、陆、王、缪、徐。得郭筠仙书。

二十二日,**丙申(6月15日)**　程、蔡来。雨。

二十三日,**丁酉(6月16日)**　程、蔡来。

二十四日,**戊戌(6月17日)**　钦云浦来。程、蔡来。

二十五日,**己亥(6月18日)**　程、蔡来。胡来。汪陶民来。帮潘公二洋。彭讷生送枇杷。吴运斋上烟台。阴,夜雨。

二十六日,**庚子(6月19日)**　雨。程、蔡来。

二十七日,**辛丑(6月20日)**　程、蔡来。徐花农送糟鱼。

二十八日,**壬寅(6月21日)**　程、蔡来。夏至节。

二十九日,**癸卯(6月22日)**　程、蔡来。得陆凤石信。雨。得镜如信。

闰五月朔,**甲辰(6月23日)**　蔡来。寄京信,陆、彭、徐、李。复镜如信。

初二日,**乙巳(6月24日)**　蔡来。夜雨。

初三日,**丙午(6月25日)**　蔡来。雨。

初四日,**丁未(6月26日)**　蔡来。

初五日,**戊申(6月27日)**　蔡来。得彭、王信,寄来书板、乌鱼穗。得直督咨,奉旨议叙。复邵晓村,寄蔚庭。

初六日,**己酉(6月28日)**　蔡来。

初七日,**庚戌(6月29日)**　蔡来。祁子禾来。

初八日,**辛亥(6月30日)**　蔡来。雨。

初九日,**壬子(7月1日)**　蔡来。胡来。得陆凤石信。

初十日,**癸丑(7月2日)**　蔡来。写马贞烈碑文。

十一日,**甲寅(7月3日)**　蔡来。发京信,彭、王、陆、徐、李。德寿来,未见。

十二日,**乙卯(7月4日)**　蔡来。送德寿席。

十三日,**丙辰(7月5日)**　蔡来。热。胡来。

十四日,**丁巳(7月6日)**　热。蔡来。雨。运来。

十五日,**戊午(7月7日)**　蔡来。寄伟如、执叔书一包,交运。小暑节,早雨。得伟如、执叔信。雷雨。

十六日,**己未(7月8日)**　蔡来。复伟如、执叔信。雷雨。

十七日,**庚申(7月9日)**　复芍庭。

十八日,**辛酉(7月10日)**　毛上珍印书,四日毕。

十九日,**壬戌(7月11日)**　发京信,彭、陆、王、徐。付毛上珍印书工料、酒资,共洋二拾二元,清。

二十日,**癸亥(7月12日)**　得陆凤石信。

二十一日,**甲子(7月13日)**　得殷信。热。

二十二日,**乙丑(7月14日)**　蔡来。时晴时雨。

二十三日,**丙寅(7月15日)**　早雨午晴。得徐琪信。

二十四日,**丁卯(7月16日)**　交叶九十七两票,又九十七两。

二十五日,**戊辰(7月17日)**

二十六日,**己巳(7月18日)**　蔡来。

二十七日,**庚午(7月19日)**　初伏。得陆心源信。午后雨。得汪鸣銮信。

二十八日,**辛未(7月20日)**　得李兰荪、翁叔平信。

二十九日,**壬申(7月21日)**　阴雨。胡来。刘来。蔡来。得彭信、陆信、尹信。

六月辛未朔,癸酉(7月22日) 风。大暑。

初二日,甲戌(7月23日) 风。蔡来。香禅来,付五十元。胡来。刘来。四叔来。

初三日,乙亥(7月24日) 雨。

初四日,丙子(7月25日) 雨,午后晴。

初五日,丁丑(7月26日)

初六日,戊寅(7月27日) 热。《马贞女碑》刻成,寄杨宗濂。

初七日,己卯(7月28日) 热。

初八日,庚辰(7月29日) 中伏。

初九日,辛巳(7月30日) 得伟如信。

初十日,壬午(7月31日) 复伟如信,内有执叔信。

十一日,癸未(8月1日) 发京信,彭、王、徐、陆、李、翁。胡来。陈寿昌来。张二书刻成。热。

十二日,甲申(8月2日) 热。

十三日,乙酉(8月3日) 热。寄廉生书七种交胡。胡来,得彭、王信。

十四日,丙戌(8月4日) 热。

十五日,丁亥(8月5日) 热。得刘兰洲信。

十六日,戊子(8月6日) 热。寄伟如、执叔信并经说。

十七日,己丑(8月7日) 午刻立秋,热。又寄伟如、执叔信。运来。汪陶民来。

十八日,庚寅(8月8日) 热。

十九日,辛卯(8月9日) 得伟如、执叔信。

二十日,壬辰(8月10日) 得杨宗濂《丛书》。胡来,得凤石信。香禅来。

二十一日,癸巳(8月11日) 发京信,彭、王、陆、殷。济之来。

二十二日,甲午(8月12日)

二十三日,乙未(8月13日) 雨。初五日至二十二日无雨十八天。得殷、彭、王、吴重熹信。

二十四日,丙申(8月14日) 发京信,殷、彭、王、吴重熹。

二十五日,丁酉(8月15日) 蔡来。得胡云[台]书并眼药。

二十六日,戊戌(8月16日) 雨。复云台书。徐花农送核桃。

二十七日,己亥(8月17日)

二十八日,庚子(8月18日) 雨,藻[燥]。大吉祥来合眼药。得胡云台信又眼药。

二十九日,辛丑(8月19日) 夜雨。复胡云台信。又得云台信。

三十日,壬寅(8月20日) 夜雨。复云台信。得陆凤石信。

七月壬申朔,癸卯(8月21日) 发京信,彭、徐、王、陆。热。

初二日,甲辰(8月22日)

初三日,乙巳(8月23日) 阴雨。夜雨大风。除[处]暑。得胡云台信,得王文韶书、信。

初四日,丙午(8月24日) 复胡云台信。四叔来,得胡云台信。

初五日,丁未(8月25日) 运来。

初六日,戊申(8月26日) 复云台。得云台信。硕庭、泉孙来。

初七日,己酉(8月27日) 复云台信。得胡云台信。

初八日,庚戌(8月28日) 复云台。得云台信。

初九日,辛亥(8月29日) 复云台。寄若农《丛书》交运斋。

初十日,壬子(8月30日) 发京信,彭、陆。得陆信。复胡云台。得云台信。

十一日,癸丑(8月31日) 运来,十三日赴广东。复王文韶信,送汪退谷帖。得翁叔平信。得伟如信。

十二日,甲寅(9月1日) 阴雨。复伟如信。

十三日,乙卯(9月2日) 午雨。

十四日,丙辰(9月3日) 雨。午晴。

十五日,丁巳(9 月 4 日)　热。

十六日,戊午(9 月 5 日)　热。

十七日,己未(9 月 6 日)　酉刻雨。胡来。热。

十八日,庚申(9 月 7 日)　白露。寄王廉生、吴仲饴信、书一箱。《墨妙亭碑目考》《眉山诗案广证》《咫进斋丛书》《乙巳占》《伏敬堂诗录》《说文古本考》《闭门集》《滂喜斋丛书》八函。陆心源来,未见,送《滂喜斋丛书》一部。热。

十九日,辛酉(9 月 8 日)　发京信,彭、殷、王、陆、翁。热。

二十日,壬戌(9 月 9 日)　夜雨。藻[燥]热。申初大雨。得陆信。

二十一日,癸亥(9 月 10 日)　夜雨。午雨。

二十二日,甲子(9 月 11 日)

二十三日,乙丑(9 月 12 日)

二十四日,丙寅(9 月 13 日)　刘传福来,未见。得伟如、执叔信。

二十五日,丁卯(9 月 14 日)　四叔来。唁星台长子,唁荣叔,扶柩。

二十六日,戊辰(9 月 15 日)

二十七日,己巳(9 月 16 日)　济之来。

二十八日,庚午(9 月 17 日)

二十九日,辛未(9 月 18 日)　得赵执叔、陆凤石信。

八月癸酉朔,壬申(9 月 19 日)　得云台信。

初二日,癸酉(9 月 20 日)　复云台。雨。

初三日,甲戌(9 月 21 日)　得徐琪信。胡来。

初四日,乙亥(9 月 22 日)　发京信,彭、陆、徐。雨。

初五日,丙子(9 月 23 日)　夜雨达旦。秋分。

初六日,丁丑(9 月 24 日)　夜雨。

初七日,戊寅(9 月 25 日)　得彭、王信。

初八日,己卯(9 月 26 日)

初九日,庚辰(9 月 27 日)

初十日,辛巳(9 月 28 日)　发京信,彭、陆、王、徐。

十一日,壬午(9 月 29 日)　硕庭来。

十二日,癸未(9 月 30 日)　得伟如信,硇砂,即复。

十三日,甲申(10 月 1 日)

十四日,乙酉(10 月 2 日)　雨。得彭信、殷信。世勋送礼,特还,姚送礼,特还。

十五日,丙戌(10 月 3 日)　雨竟日。得云台信。得吉荣帆信。《滂喜斋丛书》送李眉生、陈嵩伫、杨艺芳、运斋、恕园、黎花[莼]斋、姚彦士、廉生、存斋、仲饴、广安、叶鞠常。

《说文古本考》二十部送嵩伫一、广安一、廉生一、姚彦士、沈、俞、叶、仲饴、存斋、费屺怀。十四。

《百宋》《纪要》送叶、姚、吴广安、眉生、黎花[莼]斋。

《士礼》送李眉生、黎花[莼]斋、叶菊常、费屺怀、陆、王、姚。

十六日,丁亥(10 月 4 日)　复云台。复荣帆,寄徐琪书交俞。雨。

十七日,戊子(10 月 5 日)　雨。复云台。

十八日,己丑(10 月 6 日)　雨。

十九日,庚寅(10 月 7 日)　雨。寄缪小山《滂喜斋丛书》四函、《说文古本考》《士礼居题跋》《眉山诗案》《墨妙亭碑考》,交胡。寄廉生《恩福堂笔记》《周官故书考》《娱亲雅言》《汉印偶存》,交胡。得李兰荪信,得彭、王信。曲园来。胡来。

二十日,辛卯(10 月 8 日)　寒露。得陆信。

二十一日,壬辰(10 月 9 日)　发京信,彭、陆、王、徐、殷、李、吉。

二十二日,癸巳(10 月 10 日)　寄廉生交胡。胡来。许送仙螺。钱氏《艺文志略》《眉山诗案》《松壶》《百宋》《纪要》。

二十三日,甲午(10 月 11 日)

二十四日,乙未(10 月 12 日) 雾,大雨。

二十五日,丙申(10 月 13 日) 雨。墓祭未到。

二十六日,丁酉(10 月 14 日) 夜大风雨。

二十七日,戊戌(10 月 15 日) 复云台。复运斋。济之来。

二十八日,己亥(10 月 16 日) 叶二十一元四角,《湖海文传》《国朝文钞》。

二十九日,庚子(10 月 17 日) 秋祭未到。助念和葬其枢,十余口百元。

三十日,辛丑(10 月 18 日) 谭经浜未到。

九月甲戌朔,壬寅(10 月 19 日) 子牧来。雨竟日。《功顺堂丛书》鞠常二、屺怀、申季、泳之、查翼甫。

初二日,癸卯(10 月 20 日)

初三日,甲辰(10 月 21 日) 发京信,陆、彭、王、吴。酉刻雨。

初四日,乙巳(10 月 22 日)

初五日,丙午(10 月 23 日) 霜降。得李若农信。

初六日 丁未(10 月 24 日) 得吉云舫信并燕窝、《鹿洲集》。《士礼居》,申季、泳之、翼甫。

初七日,戊申(10 月 25 日)

初八日,己酉(10 月 26 日) 复徐小勿。

初九日,庚戌(10 月 27 日)

初十日,辛亥(10 月 28 日) 大雨。寄廉生《两罍轩印考》,交胡。

十一日,壬子(10 月 29 日) 夜雨。早雨。复敬子斋、殷秋樵。胡云台来并送礼。汪振民来,有人以空青售,还之。王清如来,未见。晚晴月出。

十二日,癸丑(10 月 30 日) 送云台《滂喜斋丛书》。送胡食物四色。

十三日,甲寅(10 月 31 日)　李宝章来。发京信,彭、陆、殷、敬。雨。胡来。得陆信。

十四日,乙卯(11 月 1 日)　雨。

十五日,丙辰(11 月 2 日)

十六日,丁巳(11 月 3 日)　夜雨,连日雨。

十七日,戊午(11 月 4 日)　夜雨达旦。《一切经音义》四十元,得莼斋寄《日本史》百本。得硕卿信,又锡器,又绍石安信。复硕卿。胡来。

十八日,己未(11 月 5 日)　夜雨。运到,苏送食物,答以席。胡来。复石安、丹叔、星五、莫卿,交缵廷。

十九日,庚申(11 月 6 日)　胡来。敦,欠百八。得伟如内召信。

二十日,辛酉(11 月 7 日)　立冬。送苏邻寿物。遣人贺星台浙藩,送星台熊掌。寄伟如信。子牧来。

二十一日,壬戌(11 月 8 日)　雨。

二十二日,癸亥(11 月 9 日)　夜风雨。运来。济来。送俞曲园食物。得陆信。

二十三日,甲子(11 月 10 日)　发京信,陆、彭、徐。四叔来。

二十四日,乙丑(11 月 11 日)

二十五日,丙寅(11 月 12 日)　雨。得胡云台信。

二十六日,丁卯(11 月 13 日)　雨。复云台。

二十七日,戊辰(11 月 14 日)　冷。莫善征来,未见,送《丛书》。

二十八日,己巳(11 月 15 日)　雨。杨艺芳来。荫北、礼官来,即北行,送席,送食物。

二十九日,庚午(11 月 16 日)　雨。得彭、王、殷信。

三十日,辛未(11 月 17 日)　吴仓石来。复秋樵、廉生、仲田。徐巽卿寄锡器二卓[桌]。

十月乙亥朔，壬申（11 月 18 日）　发京信。《功顺堂丛书》鞠裳二部。德小峰送虾油、八。酒。二。得花农信。熙小舫来。

初二日，癸酉（11 月 19 日）　得陆信。周季相来，未见，送食物答之。

初三日，甲戌（11 月 20 日）　送陈荣叔席。陈荣叔来。

初四日，乙亥（11 月 21 日）

初五日，丙子（11 月 22 日）　小雪。腿生疖三日矣。世锡之送米、腿、活计。谭送窗书。

初六日，丁丑（11 月 23 日）　吴县童试揭晓。

初七日，戊寅（11 月 24 日）　贺运子本斋入泮。

初八日，己卯（11 月 25 日）　得松壶画四。

初九日，庚辰（11 月 26 日）

初十日，辛巳（11 月 27 日）

十一日，壬午（11 月 28 日）　发京信，彭、陆、王。

十二日，癸未（11 月 29 日）　贺济之百元，福隆完姻也。玉妹四拾两。黄漱兰来，未见，以《马贞女碑》属其题。

十三日，甲申（11 月 30 日）　《士礼居题跋》赠孙得之传风。得陆初三日信。

十四日，乙酉（12 月 1 日）　眉伯自山西来。

十五日，丙戌（12 月 2 日）　香禅求《士礼居》三部。

十六日，丁亥（12 月 3 日）　阴冷。汪陶民子十九完姻，借顶、补、朝珠。送菜二，即以送陈骏生，报刻三印也。

十七日，戊子（12 月 4 日）

十八日，己丑（12 月 5 日）　以"羽琤山馆""红幅书堂""晚晴轩"属梅石、谢庸刻。《士礼居题跋》香禅索去三部。得徐花农信。香禅索去《眉山诗案》《墨妙碑目》各一部。再得徐花农信。胡云台寄洋水仙。

十九日，庚寅（12 月 6 日）　复云台。发京信，彭、陆、徐。费文管诗。香禅。

二十日,辛卯(12月7日)　写黎母吴挽联。大雪节。

二十一日,壬辰(12月8日)

二十二日,癸巳(12月9日)　以莼斋信交眉生。曲园送食物。郭鹏云、任焕奎吴县。来,未见。

二十三日,甲午(12月10日)　复胡云楣。济之来。得陆信。

二十四日,乙未(12月11日)　得兰苏、仲田信。云台又寄水仙二十头。

二十五日,丙申(12月12日)　复云台。为眉生跋《广开土王碑》。狮林中和送酒、笋。

二十六日,丁酉(12月13日)　冷。

二十七日,戊戌(12月14日)　复云台。季相、广安来,得硕卿信。

二十八日,己亥(12月15日)　复硕卿交运斋。郭南池鹏云来。发京信,彭、陆、徐、李兰苏。得云台信。

二十九日,庚子(12月16日)　复云台。叔母七旬,贺百元、五福捧寿五彩壶一。

十一月丙子朔,辛丑(12月17日)　贺芍庭头品信。鹤龄、福隆来。运来。

初二日,壬寅(12月18日)　伟如、泉孙来。得益甫讣。

初三日,癸卯(12月19日)　送伟如席。

初四日,甲辰(12月20日)　冷。夜祀先。眉伯、心岸来。

初五日,乙巳(12月21日)　西正冬至。

初六日,丙午(12月22日)　陈嵩佺送《西夏纪事》十部。伟如来诊,夜寒热大作。

初七日,丁未(12月23日)　伟如来诊。济之、子牧来,送《西夏纪事本末》。《士礼居》,辛芝、鞠常、玉荀、眉生、硕庭、香禅。送嵩佺

《功顺堂丛书》,送伟如《士礼居题跋》。夜仍作寒热。

初八日,戊申(12月24日)　仍避风。送嵩佺《乌目诗存》、江西蜜橘。夜寒热,是初四日起。

初九日,己酉(12月25日)　德小峰来见,赠《丛书》二种并送席。小峰送火腿、绍酒。寄唁益甫子赵寿佺信,交全泰盛,洋百元未寄。

初十日,庚戌(12月26日)　伟如来。

十一日,辛亥(12月27日)　伟如送《乌目诗存》十部。嵩佺送杨见山、朱修庭诗来。伟如来。济之送水仙廿头。

十二日,壬子(12月28日)　得张丹叔信。夜小雨达旦。

十三日,癸丑(12月29日)　雪。发京信,彭、陆、李、王、徐。

十四日,甲寅(12月30日)　复云台。沈仲复来。得柳门、芍庭信,即复。

十五日,乙卯(12月31日)　甚冷。伟如来。运来。陶民来。敦先及妹婿顾鹿鸣来,未见。

十六日,丙辰(1885年1月1日)　送汪惟清入泮礼拓本三张,少安之子也。《功顺堂丛书》,姚彦士、俞曲园。又《功顺堂丛书》送眉生二部。以殿板《左传读本》赠眉生。

十七日,丁巳(1月2日)　叶鞠常交来查翼甫信并《广均[韵]》《竹友集》,直名世元也。眉生赠《砖塔铭》,松下清斋物也。

十八日,戊午(1月3日)　以书直交鞠常,三百五十金,合洋五百。得耕娱太夫人讣、张振轩讣,知文星厓去世。

十九日,己未(1月4日)　似有雪意。伟如来。署皋田芝庭来。

二十日,庚申(1月5日)　小寒节。午后雨。

二十一日,辛酉(1月6日)　夜雨达旦。送嵩佺《松壶集》,未复。送芝庭联、幅。雨。

二十二日,壬戌(1月7日)　夜雨。复张丹叔并跋其诗。唁王耕娱,有幛。唁张振轩之子蔼卿华奎,有幛。伟如来饭,得朱丙寿信。

二十三日,**癸亥(1月8日)**　复云台,复朱少愚。汪燕庭诗二百廿洋,已付百洋,余约定今日付。广安来,硕庭来。漱艺斋账百洋清结。

二十四日,**甲子(1月9日)**

二十五日,**乙丑(1月10日)**　广安来。得子良信,得仲田、小山信。夜雨达旦。

二十六日,**丙寅(1月11日)**　雨。午后雪大。复刚子良、凤石、仲田、筱珊。

二十七日,**丁卯(1月12日)**　昨夜雪甚大。送广安《功顺堂丛书》一部。四叔来。

二十八日,**戊辰(1月13日)**　伟如、济之来。

二十九日,**己巳(1月14日)**　复镜如交伟如。复黄漱兰,送入泮礼。吴本斋运子。联、幅、朱拓三。叔重朱拓三、钱《艺文》。顾端文、志询雅南叔祖曾孙。朱拓三、俞《四书批本》。汪鹤龄朱拓三、《恩福堂》。吴应鼎子述长子。朱拓上、《西夏纪事》、《说文古本考》、《士礼居》。徐慧生宝晋、吴广安来。

三十日,庚午(1月15日)　大冷。复吉云舫,赠振民、钱伯玙、钱调甫《刘海峰》《孟涂集》四函。

十二月丁丑朔,辛未(1月16日)　发京信,彭、陆、缪。郭南池来。伟如送《江西诗征》。纯斋送《古逸丛书》二部,全矣。

初二日,壬申(1月17日)　晴暖。济之送风鸡、燕笋。以风鸡、白菜送伟如。刘继送《广列女传》,未见。

初三日,癸酉(1月18日)　夜雪。入泮日。振民送菜四,送伟。

初四日,甲戌(1月19日)　陈荣叔、讷生、伟如、运斋来。振民来。

初五日,乙亥(1月20日)　大寒节。

初六日,丙子(1月21日)　复卢艺圃。汪开祉来。

初七日,丁丑(1 月 22 日)　曹叔彦元弼、戴绥之姜福来见。赠以《滂喜斋丛书》《说文古本考》《士礼居题跋》,又先公《年谱》《墓志》及《马贞女碑》。

初八日,戊寅(1 月 23 日)　辛芝来。

初九日,己卯(1 月 24 日)　复刘仲良。吴卓臣本斋来见,运斋子也。言运斋昨到沪,十三、四可到粤。济之来。复芍庭。

初十日,庚辰(1 月 25 日)　手复涑兰,并序王彦威节母《焦尾阁稿》。

十一日,辛巳(1 月 26 日)　至白善桥观音庙眼目司拈香。送陈荣叔《西夏纪事本末》《眉山诗案》《墨妙亭碑考》《士礼居题跋》。吴仓石来。董彦和、汪眉伯未见。伟如来。许星台送辣菜,以送眉生。

十二日,壬午(1 月 27 日)　李笙渔以古玉三件求售,却之。济之说师趯鼎,以乏资未取。

十三日,癸未(1 月 28 日)　伟如、谱琴、广安来。伟送熏鱼、糟蟹。

十四日,甲申(1 月 29 日)　发京信,彭、陆、王、徐。寄运斋信,托购"苏合丸"交培卿。为心岸写"敏德堂""心月山房"扁,又一联。助吴子重十元,交西圃伯。

十五日,乙酉(1 月 30 日)　得叔平、廉生、凤石信,复之,二十日发。至界石浜。孙文起来,答之。

十六日,丙戌(1 月 31 日)　至四叔、香禅、谱琴、伟如处,留饭。香禅相左,书板领回。陶民来。

十七日,丁亥(2 月 1 日)　复云台。

十八日,戊子(2 月 2 日)　唁陈伯潜,送幛。陆馨吾送风鸡、燕笋。送三姑太太十元、五姑太太五元、二姑奶奶五元、何姑太太四元、小畲贺分十元。

十九日,己丑(2 月 3 日)　立春,亥刻。

二十日,庚寅(2 月 4 日)　得仲田、廉生信。叶师润敬百金。香禅属刻调生《赏奇集》六十家，内有西圃伯、吴子实、许鹤巢、辛芝、椒坡诗，辞以力不能矣。其直百六十千。

二十一日，辛卯（**2 月 5 日**）　借抄彦士《乾象新书》卅卷，知不足斋又申耆藏本。是日抄毕，还之。送《乌目诗》一部。抄《乾象新书》，装补《通考》二函、《一切音义》一部，裱《高丽王碑》，共十八元六角。广安来，沈亘之师三十两。陈嵩佺来，云文小坡欲来见。暖。夜小雨即止。

二十二日，壬辰（**2 月 6 日**）　送陈芝泉夫人十元。雨竟日。手复子林。

二十三日，癸巳（**2 月 7 日**）　送锡之《芷林题跋》、朱拓《裴岑》、《经石峪摩厓》、扁、联、锡器二匣。送彦士《栝［括］苍金石志》《泰山铭》集联一匣，貂帽沿、爪仁领、荷包一匣。送祁翰香先生孤寡十元。又钱叔美《仙海螺舟》一幅送锡之。送陈嵩佺印泥、笺四匣、食物四色。复李孟和福沂，赠以《功顺堂》，子林亦赠也。香禅来，以花四盆送眉生。祀灶。

二十四日，甲午（**2 月 8 日**）　送纳生二色，送培卿二色。为亢铁卿树滋书板"敏慎堂"扁。为石君秀题石梅孙自寿手卷，"扮乡祭酒"四字皆香禅代。以"玉堂富贵"一盆送伟如，伟如送梅花四盆。冷。设席请叶师。李世兄、瑜伯、文小坡来。伟如来。世锡之送梅花、橘、食物、火腿、马褂料。

二十五日，乙未（**2 月 9 日**）　晴冷。《茶磨诗》十部，送鞠常一、汪振民一、文小坡一，又香禅三，又陈嵩佺二，又眉生一，又曲园一。瘦羊送来《贞烈编》五部，眉生一、曲园一、陈嵩佺、杨见山、朱修庭。济之来。复少耕，送食物。卞宝树求助一元。彦士送铜佛、铜鼓、酒蟹。送伟如酒二坛、鸭、野橄榄、醉蟹，即少耕所送。得马光勋、筱沅信。得凤石信。伟如信云，法昨由川石山掠领水人，径由北行。

二十六日，丙申（**2 月 10 日**）　晴冷。以凤石马贞烈女诗交香

禅。广安送鱼膘一片、小种茶四，还其《新定续志》《中兴馆阁续录》
《吴郡图经续记》三种，皆宋椠，莪圃物也。答以糟鱼、海参。广安来。
有人以鸟集木咎作父癸宝尊彝敦来，直二百四十金，乏资却之，怀米
山房物。硕庭来。宋椠《纪事本末》六匣装一大匣、《古佚[逸]丛书》
二部六匣装一大匣。梯云送食物二，以食物二送曲园。

二十七日，丁酉（2月11日） 信未复者，皆本年来以目疾未复。
马光勋、孙儒卿、宜霖、福通、高承基、庞庆麟、联绶、刘兰州、张朗山、
施均甫、邵小村、曾劼刚、岐子惠、刘锡鋆、刘巽卿、郭筠仙。叶师以
《篇》《均[韵]》各二见示。《广均[韵]》宣德本，又元余氏双桂堂本。
《玉篇》魁本，宏[弘]治刻，又元本，颇精。吴仓石以彭姞钟拓见示，
伪。今年所见古物，册册父乙角、尚方竟[镜]、金涂塔，皆未收。所见
松壶画《心田种福》横、《西溪移居图》为张仲甫作，皆笙渔物，一廿、一
百金，均未收。曲园送日本空海墨刻卷及印泥，曰《朝阳阁集古》。眉
生属书《南诏碑》二册签，又称汪兆曾佳士。敦成。百二。手复潄兰，
赠以《功顺堂》《滂喜斋从书》。以黄诗交香禅。以左绍佐交前。王引
之送濮院绸、锡器。

二十八日，戊戌（2月12日） 狮林寺祖妣汪太夫人三十周年礼
忏。四叔云向于是日，忌辰是廿九日也。信未复者，王引之、陈少希。
狮林寺未刻归，怡琴、太官未到，客另记。文小坡乞书并索题西台墨
迹。又赠香光山水、煦斋奏草，余向不收字画，拟却之。培卿说运斋
昨方到粤，有电来。闻法兵舰六，去淞百里。酉刻小雨即止。

二十九日，己亥（2月13日） 阴冷。汪太夫人忌辰。还文小坡
二件。叶先生题古埙，释"邍"字甚精，小雨。伟如来。朱修庭观察幅
六"送青籁"扁，广安代求。又写文小坡横幅，又为题李西台临《坐
[座]位帖》一页，有眉生长跋。此册余疑不真。西台时《坐[座]位》未
行也，何以临之？草草为书数字而已。闻法舰又南行。援台南洋五
艘，犹泊浙之镇海。

三十日，庚子（2月14日） 恭悬喜神设供。天晴冷。送瑜伯百

金,来谢。眉生还盂鼎释文一本。汪兆曾号少符,仪征人,眉生说曾在雨生处。送还文小坡西台册及横幅,又缴其世愚侄名片。再致书伟如,还其电报。四叔送咖啡茶一小瓶,云以绢包煎汤加白糖。许星台送新会橙、山东面、《松江府志》。酉初接灶神。信未复者,吕宪秋。

光绪十一年日记(1885)

光绪十一年乙酉正月朔,辛丑(2月15日)　宜霖信,即答。伟如、瑜伯、宝谷、吉甫、安甫、鹤龄、仲全、眉伯、辛之、小畲、佑之、屈师、竹元、谷、彦士、生甫、干卿、陶民、四叔、济之、春畴、眉生、志恢、惠、刘家浜仰连。敦先来。

初二日,壬寅(2月16日)　雪。六世祖妣汪安人生忌。汪沐懋少甫、汪恩锦绸之、汪寅生、陶民子。衍谷、子牧、铜士、百花。振民、于开、麟生、熙年、陶子苈、汪鸿祚敬叔、和甫、志恢来。

初三日,癸卯(2月17日)　高祖考贡湖公生忌。修谷、志樾少霞、汪惟嵩、少安子。陈荣叔、泉孙、嵩佺、小坡、太官、叔九、汪鹤书、五妹子。汪毓瑛苈村子。来。

初四日,甲辰(2月18日)　鲁岩、平如、荚庭叔遵垓,刘家浜。汪宗度、子客、陆国祥礼之、曜庭、彦侍、志晖、戴祖芬揖青、志愉、万、绵、勋谷、玉韫玉守之、讷生、介祉玉荀、陶景弼、子苈子。敬谷、志鄂、汪福年来。是日亲戚内眷来。

【本日日记天头上书"雨水"。】

初五日,乙巳(2月19日)　汪鹏、骏生、费幼亭、程一琴、伟如、辛芝来。

初六日,丙午(2月20日)　至宗祠,又各宅拜影堂,四叔、伟如留饮。过谱琴,彼此未值。寄善征信交眉生。《功顺》三,善征、莼斋、仲武。郭南池、贝伟如来。夜雨。

初七日,丁未(2月21日)　大雪。星台来。得花农、亚陶信并马贞烈诗。秦大来。

初八日，戊申(2月22日)　答客并拜三处影堂。刘浜、任蒋、天官坊。阴小雨。复竹年、怡琴来。承悦来。

初九日，己酉(2月23日)　阴雨。答客鲟门等处。安甫来，小松乞橘红。

初十日，庚戌(2月24日)　晴。复运交培卿。叶师到馆，舆迎设馔。高祖妣汪夫人忌。钱道京砚宝传来。广安来。复缋廷。泉孙来。

十一日，辛亥(2月25日)　答客晤伟如、广安，退楼二周也。送星台，明日行。硕庭为大公望鼎作缘，却之。

十二日，壬子(2月26日)　广安来。星台送眼竟〔镜〕、烟壶。叔母及内眷来。眉生约午后过之。曲园来。阴。晤伟、镜。

十三日，癸丑(2月27日)　晴。镜如来。任石芝、陈少希来，即答。眉伯来。喜神前上灯果、花礤。

十四日，甲寅(2月28日)　答粮道王韵和。晤曲园，赠以峨眉铜佛、骆越鼓。托寄丁松生《滂喜》《功顺》各一。

十五日，乙卯(3月1日)　至宗祠，至百花巷。喜神前供元宵。得仲田十五信。广安来。晴暖。

十六日，丙辰(3月2日)　至界石浜。阴。午晴暖。伟来。得仲饴信。

十七日，丁巳(3月3日)　晴。复仲饴交廉生。李质堂来，即答。访讷生不晤。许子原、戴绥之来，各赠《功顺》一部。得丁少山书，即答交廉。竟如来。

十八日，戊午(3月4日)　敬收喜神。送曹叔彦《功顺》。阴，风。

十九日，己未(3月5日)　发京信，彭、陆、王、胡子英、吴仲饴、丁少山、徐。晤仲复。龚梓材世潼来，云可补昆山。程尚斋桓生来，即答。风。

【本日日记天头书"惊蛰，酉初"。】

二十日,庚申(3月6日)　送眉生《皕宋楼》《思进斋》二书。送叶师《管子纂诂》。仓石、仲复、炉青来,即答。陶民来。得秋樵信,称弟子。夜雨。

二十一日,辛酉(3月7日)　阴。梅垞伯母九十诞,狮林念经。送眉生《藤阴杂记》《蜀𬨎日记》。

二十二日,壬戌(3月8日)　先君二周年,狮林念经。四叔、眉伯、瑜伯、小畬、彦和、陶民、少甫、辛生泗、笏南诵咸、树庭、礼之、干卿、竟如、伟如、振民、广安、谱琴、怡琴、香禅、鲁岩、荣叔、沈旭初、眉生、小雅、安甫、泉孙、硕庭、熙年、飚生、培卿、志晖、景叔、修宝、勋谷来。范樾甲午,荫侯。来。得朗斋信。冷。

二十三日,癸亥(3月9日)　谢客。百花见四叔、济之。眉生处留面,午后归。送眉生《啸亭杂录》《群峰集》。得运信及代购丸药。冷。窎寄纸十、参廿支。

二十四日,甲子(3月10日)　复运、窎,交培卿。送眉生《武林掌故》八函、《国朝文征》四函。得云台信。

二十五日,乙丑(3月11日)　复云台,送以联、屏、横。容叔、叔彦来。晴,仍冷。眉伯、飚生来。送振民《乙巳占》等书卅八本。送眉生《蛾术编》、龚孝叔《定山堂集》。三函。

二十六日,丙寅(3月12日)　范荫侯樾来,今年七十九。洗蕉老人戴青书卿送马贞烈七古,恽次山之室也。诗交香禅。冷。

二十七日,丁卯(3月13日)　冷。《金石萃编》送叔彦,此眉生去冬赠者。送眉生、亨甫《诗选》八本,徐小勿刻。又京江鲍氏三女史诗。少梅所赠。济之来,朱璞山守和来,伯华父歔、本家心存尚志来。

二十八日,戊辰(3月14日)　伟嫂六十,送烛酒。泉孙来。夜雨。送振民书七本。

二十九日,己巳(3月15日)　雨。伟如来。申初晴伟如,明日赴湖。竟如赴沪。

三十日,庚午(3月16日)　抄《北堂书钞》,五十七万余字,二十八元。从申季借叶先生所借。送眉生《功顺》白纸一又二、强赓廷一、汪少苻一,共五部。

二月己卯朔,辛未(3月17日)　至界石浜,至百花巷。送申季《楞严蒙抄》,眉生所刻。郭文垲来,得莼卿信即答,并致仲田、凤石、廉生、秋樵、筱山、花农,明日发。送苪常郝《尔雅》《山海经》二函。瓺生志绵来。

初二日,壬申(3月18日)　发京信。属许子原书文叔、易安二文。候眉生,是日眉生留髯。子原来,赠以白纸《滂喜》一部、石印三枚。得兰孙、仲田信,即答并入前函,明日发。

初三日,癸酉(3月19日)　答田炽庭、郭文垲。狮林寺先舅卅周年。暖。炉青来,得凤石十九、廿九信。玉兰、盆梅盛开。

初四日,甲戌(3月20日)　寅正二大风雷雨,冷。送炉青。晤彦士。振民来。彦侍来乞书"馀福堂"。得花农信、丹叔信。

【本日日记天头上书"春分,酉正"。】

初五日,乙亥(3月21日)　晴。送眉生《尊闻居士集》《支遁集》及《琴操》。送叶先生《慧琳音义》九十九本三函。复丹叔。济之、小畬来。

初六日,丙子(3月22日)　复曲园湖上信。洋水仙开。访广安,遇费芸舫。复黄花农。王懋斋师德来。奇暖,夜大风。

初七日,丁丑(3月23日)　玉兰盛开。阴冷。四叔送洋水仙一盆。陶民来。伟如函招邓尉,云梅花大放,辞之。严缁生来。徐花农寄白菜十六颗、梨四十。夜小雨。

初八日,戊寅(3月24日)　阴冷。答客。晤眉生,留饼。申刻雷。眉生送《经藉[籍]纂诂》,却之。

初九日,己卯(3月25日)　阴寒。至百花晤济之。四叔来。文卿来。亥初二地微震,风雨达旦。

初十日,庚辰(3月26日)　阴冷。雨仍未止。问谱琴病。答文卿。晤培卿。伟如来,余尚未归也。五点钟后伟如又来。

十一日,辛巳(3月27日) 阴冷。伟如于十一月廿五奉赏假两月,期已过,将北行。子原来交二册,送以澄泥砚、印泥二、汪松泉拓四、文恭公额一、《十三行》一、伯足对一。眉伯、中复来。

十二日,壬午(3月28日) 送仲复行,十四。送以《丛书》二种、鼻烟四喇、旧料壶一匣,托寄书板八箱、木器七匣。晤伟如,云十六行,又云二十行。晴,大风,冷。送培卿对,又幅。夜小雨。田炽庭乞书对,又送一联。

十三日,癸未(3月29日) 晨小雨。送叶先生联,又幅。托伟带书箱,不允。广安来。得凤石卅日信。夜雨。段泾先定明日祭,四叔改期,以雨也。

十四日,甲申(3月30日) 阴雨。发京信,彭、陆、徐、李、翁。淙淙不已,檐溜如绳。得仲田并摺绅,又以仲田信托中复。

十五日,乙酉(3月31日) 至庄、祠、钮巷、百花,归辰正。叔九、宝谷来。送伟如火腿、点心,十八行也。夜大雨。阴冷。

十六日,丙戌(4月1日) 至界石浜,清明祭。阴雨。午晴。李宪之臬使来。夜雨。送子原文奁一、石印七、木印。

十七日,丁亥(4月2日) 同仲午段泾浜春祭,到者四叔、二琴、济均。送伟如不值。答李臬。为讷书"云住阁"。

十八日,戊子(4月3日) 送伟如行。候曲园未起。伟如云今日申刻行。日色赤。暖。吴培卿来。送眉生芮长恤《鲍瓜录》。送振民《养一斋札记》、方宗诚《志学俟命录》、刘开《广列女传》。总兵江万川来,川人,号晴波。得仲田、凤石、秋樵信,即答。夜阴雨。

十九日,己丑(4月4日) 雨。发京信,彭、陆、殷、李。谱琴来。曲园、广安来。风冷。申、酉雨更大。夜雨达旦。

【本日日记天头上书"清明,亥刻"。】

二十日,庚寅(4月5日) 雨。访眉生,未正归。雨益连绵。候曲园、子原。夜雨。

二十一日，辛卯（4 月 6 日）　夜雨达旦。复镜如。亘之师以书局恐裁其人，欲托中丞，告以不可。函询嵩佺，云无虑也。阴冷。眉生书云，清明后冷如此，吴中亦希有。夜雨。

二十二日，壬辰（4 月 7 日）　子正二大雷雨。阴冷。辰巳间雷雨。送叶先生《癸巳类稿》。芸台来。午见日光仍阴。复柳门。未申暖。子刻大雷雨。

二十三日，癸巳（4 月 8 日）　阴雨不止。手复耕娱，并送其夫人祭幛。雨中广安来。雨竟日不已。夜雨止。

二十四日，甲午（4 月 9 日）　阴冷。为屺怀跋《龙兴寺胆巴碑》，仁山师旧物也。李孟和来，即答之。午晴。夜风。

二十五日，乙未（4 月 10 日）　昨暖，今辰又冷。此地寒暖真不测也。叶先生送徐兴公、陆其清书目。《左氏补注》刻成。巳刻又雨。田炽庭来。嵩佺送《尚书要义》，答以《蜀辂日记》。送眉生红印《左氏补注》。送叶先生《藤阴杂记》。得伟如廿四上海信，即复。

二十六日，丙申（4 月 11 日）　阴，送嵩佺杨耐轩士达《古文钞》及《吏事识小录》。日赤、暖，又将雨也。嵩佺来。眉伯来。眉生书云，赵惠甫索所刻书，告以行李戒矣。托叶先生从屺怀借《知不足斋丛书》，不得。藻〔燥〕热。

二十七日，丁酉（4 月 12 日）　阴。沈廷杞楚卿来，丙子副榜，丁丑八旗教习，大兴人。山东候补府，现在皋幕。振民来，从屺怀借《凌次仲集》。午后见日，写仲田、凤石、伟如、兰荪信。惠甫昨以《石鼓纂释》来，字小不能看，即还。陈贞寄茶菇、草菇并信。

二十八日，戊戌（4 月 13 日）　子正大雷电风雨，小雨达旦。以二联送仓石，前来见所求也。雨又不止。王篆五振铃来。蒋干臣国桢来，无为人，浙道，督销盐局。曲园来借《丹泉海岛录》。作函与子英。小雨竟夕。

二十九日，己亥（4 月 14 日）　以凌次仲二文乞子原书之。仓石来。答炽庭，候眉生，留面。归知竞来，即往，未值。知伟如廿六上船。晴。曲园来。

三月庚辰朔,庚子(4月15日)　至界石浜。发京信,彭、陆、伟、李、胡。送叶先生《戴子高集》。百花见四叔、济之。访广安,又病不能见客。镜如送炮式二包。讷生、竞如来。李笙堂嘉宾来,丁丑教习。沈藻卿翰、王篆五来,以《功顺》寄尚斋。泉孙来。夜子正雨。风冷。

　　初二日,辛丑(4月16日)　阴雨。送讷生、南屏对。李宪之、笙堂、沈楚卿乞对,沈藻卿乞对、屏。答蒋道。吊椒嫂。见西圃伯、辛玉春兄弟。晤竞如。炽庭辞行,即送之。得仲田、凤石廿一、廿四信。

　　初三日,壬寅(4月17日)　阴。交仲田文星岩"龙兰簃",冯金鉴送幛,又写凤石信。培卿属书"瑞芝堂"扁。冷。答培卿。曲园晤,广安不晤。郭钟麟来乞书"清立堂"。得清卿信,即复,拓本三纸。午后晴。又作伟如书。

　　初四日,癸卯(4月18日)　晴。作廉生、拓本二纸。仲饴《捃古录》、酱菜。二书。朱道福清来,即答。至百花见四叔、济之。晤彦侍,见毛公方鼎、邵伯卣、敦二、盖一,器皆真。《凤墅》残帖八卷、《顺陵碑》全,义门、渊如、映山藏。小坡送画《指福图》。发京信,陆、彭、伟、王、吴仲饴。复斋来乞一扁、一联。夜半雨。四叔送莼菜。

　　初五日,甲辰(4月19日)　晨起阴寒。以莼送眉生。以双钩《夏承》还彦侍,是巴隽堂蟫藻阁刻本,否则梁瑶峰也。曹叔彦来。巳午小雨。广安病虐旬日,问之尚未愈。未申暖,沈阴。送四叔酱菜二、苦瓜四。复运斋信。

　　初六日,乙巳(4月20日)　阴。知伟如初一抵津,初三由水路赴通。子原来。送眉生《新疆舆图风土考》,即《遐域琐谈》。在眉处面。借庄氏《古籀疏证条例》一本来校。济之来。费幼亭除服,送礼。彦侍来,不值。子原乞书对二付。

　　【本日日记天头上书"谷雨,卯正一"。】

初七日,丙午(4月21日)　晴,还眉生庄珍艺《说文古籀疏证条例》,周孟舆从刻本抄者,殳甫之子也。亘之师来,得花农二月廿三日书。函致彦侍,问子尹《汗简笺证》。彦侍来,以《涪州石鱼文字所见录》属序。又讷生函招,初九日。

初八日,丁未(4月22日)　为彦侍作序。彦侍送拓本,容叔送《裕昆要录》。狮林寺西圃伯母廿周忌。以柏二盆、松二盆、黄杨一盆送眉生,眉生交来莫善征送淮局刻《韵会》《巢经巢》五种。得竹年信,即复,并谢送火腿、笋脯。眉伯来,晴,风冷。山茶二盆,一红一白甚佳,洋枫亦佳,黄天竹尚好。

初九日,戊申(4月23日)　讷生约辰、巳间。复陈容叔,交骏生。洋水仙亦盛开,粉红、大红、深浅蓝白四色,无黄者。讷生招茧园,南畇先生旧园,所过看菜花甚好。振民来,骏生来,未值。晴。能谷来。骏生又来,即辞行赴鄂。张桐以函求助五十,以函交竞如,属带十元,竞如于初六已行矣。

初十日,己酉(4月24日)　晴。以梁斗南、曹福元、曹叔彦所作马贞烈女诗交香禅。李铁琴庆恩来,李村堂弟,曾拜门生,现同知,自上海来。至百花见四叔、济之。彦侍《涪州石鱼文字所见录》中序又改数行,函致之。知京中换凉帽十五日。问广安,尚未愈。

十一日,庚戌(4月25日)　梁檀浦以《乔梓京兆图》乞题。彦侍送文僖遗著六种。钮氏《说文校录》刻成。嵩佺送来,其篆即出嵩佺手。小畬来,送眉生、菊常各一,以其抄本交菊常,还其孙钮惟善。此事十年始成,为之一快。济之来,属书宋培枬川人。《读管子寄言》书面。郭南池来,以刘氏叔器父鼎来看,拓本也。晴,风。申刻后阴。

十二日,辛亥(4月26日)　晴。以题檀浦图及复函属子原书之。子原来。四叔来。熙年来。《补注》尚欠十五元有零。付清。复檀浦交枭寄。沈楚卿、李笙堂来,送以八言对各一。笙堂明日行。

十三日,壬子(4月27日)　庄、祠春祭,寅正二去行礼。培卿迁居仓桥,送二席。送眉生《左氏补注》《论语孔注辨伪》各一部。眉生竹二白一、剞常竹一白一、泳之竹一、屺怀竹一、翼甫竹一、申季竹一。晤眉生,归检参二小支送去。存斋来,不值,送《秋室集》《仪礼古今文异同》《三续疑年录》。得仲田初三、廉生三月望、仲饴去冬书。热,可单衣。眉生处藤花盛开,绣球亦将放矣。存斋三种,各以其一送鞠常。

　　十四日,癸丑(4 月 28 日)　阴。《左氏补注》《释地》《孔注辨伪》,送彦侍各一、曲园各一、嵩佺各一。答存斋,送以《功顺丛书》一部,《补注》《释地》《辨伪》各二部。还存斋《史载之方》《石林奏议》,又《翰苑集》一册。送眉生《秋室集》、《仪礼异同》、钱补《疑年录》。写复仲田、仲饴、廉生信。曲园荐董姓太平船,告以不用。引之来。二沈书,叔彦竹一、绥之竹一,上有龚定庵手校款。钮非石亲书《说文》稿本,本日由嵩佺索回,交鞠常交其孙惟善。钮《说文》一送存斋。得凤石初二信、竞如信,张莼生十元已付。酉大雷电雨,亥止。

　　十五日,甲寅(4 月 29 日)　至界石浜。至百花见四叔、济之。得秋樵、展如信,手复之。复凤石。钮惟善号心泉。大风,冷。前二日可单衣,今日又重棉。午晴。谭序初送《古逸丛书》二部,即复。寅正二阴。

　　十六日,乙卯(4 月 30 日)　曲园以《茶香室续钞》属写书面,其前集亦余书面。存斋来。吴卓臣来。存斋,吴兴七才子之一。旧知子高、施均甫,询其四,则凌子与瑕、姚宗谌、俞竹、王承羲,王已亡。蓼生丈、贝汇如来。答蓼生、引之丈、吴培卿,皆不值。前《韵会》及《巢经巢》五种乃莫仲武所赠,子偲之子,名绳孙。得容叔信,又寄《裕昆要录》十本,并云廿日后即赴鄂。文卿、陶民来。

　　十七日,丙辰(5 月 1 日)　文小坡乞"瘦碧行窝"扁一、对一、贝汇如对二。仓石来。访眉生,绣球已开。得子林信,即复,答以对一、横幅一。培卿来,亦不值。大风,午后渐暖。

　　十八日,丁巳(5 月 2 日)　发京信,彭、陆、王、吴、殷、赵。晨阴,风冷。叶先生借查氏书,送看,翼甫名燕绪。《伯生诗续编》、尧圃本,

精。《李翰林集》、宋本。《九经直音》、不经见。《陈众仲集》、拜经楼,有
尧圃手札二粘后。《论语句解》、李公凯,未著录。有陈仲蔚印。中统本《史
记》、拜经楼。《南部新书》、兔床抄本。《世说新语》、宋本。《近思录后
钞》。宋刻,精。陈同礼润甫来,庶常,帖,晚生壬午、癸未。致堂之甥,怀
宁人。修脚。得镜如十六信,即复。

二十九日,戊午(5月3日)　晴。斋中山查[茶]犹盛。答陈吉士。
至百花见四叔、济之。香禅属书精舍及"双凤双虎专[砖]研斋"扁送
贝子木。张研孙诗五部,即送曲园、存斋、嵩侪、眉生、鞠常。午后又
奇暖,藻[燥]热。张桐去世,助以廿元,即由信局寄沪。雨,又藻
[燥]热。

二十日,己未(5月4日)　阴雨。存斋已归,昨信由济泰当寄
去。辰正后晴,藻[燥]热。临《书谱》一张。胡芸台属书绢屏四张,交
信局寄。熙年来。送眉生《裕昆要录》二本。穿两单,热极。柱础皆
蒸湿。得檀浦复信。酉初雷电雨。

二十一日,庚申(5月5日)　四叔送牡丹八盆,振民送一团和气
笺,答以笺二种。阴。叶先生送铁华馆刻《文子》《列子》《群经音辨》
《新序》《佩觿》《字鉴》。临《书谱》二张。辰见日,仍藻[燥]热。以蒋
氏书一部六种送眉生。问广安病,尚未愈。志潮、志鸿来。贞孚之子
号海秋、逯秋乞书对。济之来。手复青士。得凤石、黄花农信。月季
白者颇佳。

【本日日记天头上书"立夏,酉初一"。】

二十二日,辛酉(5月6日)　得兰孙信。晤曲园。眉生绣球藤
花开甚盛。李传元来,不值。晴,藻[燥]热。途遇游顾氏园者不绝。
申初自眉生处归。得竞如信十八日。

二十三日,壬戌(5月7日)　手复黄花农。复兰荪。临《书谱》
一张。钮心泉来,年五十余,还其原书二部,并送以局新刻一部。王
永升来,巡查都司,未之见。陆馨吾来,即答之。陆师母徐夫人今年
七十,六月正寿。龚仲仁、陈嵩侪、张东荣、许子原、沈楚卿来。嵩侪

乞书屏一、对一。得兰孙信。眉生送《张文虎诗集》。

二十四日，癸亥（5月8日） 复檀浦，交张沇清，送以书钮、沈。三部。送曲园食物，明日赴湖。曲园送《茶香室续抄》。二。答仲仁。晤彦士，见其宋元本。小字《纪事本末》，一本，汪。大字全部。《撮要》、黄。大字无注本《通鉴》二本，汪。又全。《玉山雅集》、元刻，全。《玉台新咏》、明。宋板《脉经》、黄。元板《伤寒百问》、明袖珍方。宋板《魏书》、《唐六典》、元板《通志》、十行本《穀梁》、元板《松雪集》、宋小字《山堂考索》、宋小字《左传》、元板《春秋集传大全》、宋板《孟东野集》、黄。影宋《韩非》、黄、顾。宋板《圣宋文选》、黄。宋板《崇古文诀》、宋板《尔雅注疏》、《颜氏家训》、黄校。《太平乐府》、黄校。元板《罗豫章集》、宋板《新唐书》、《柳集》、马柳东物，元。《韩文考异》、元。影宋《江湖小集》五十。毛。

又一极大铜鼓，有"建武十八年伏波造"字，精。复心岸十五信。得庞小雅信。送叶先生《续抄》一部，送彦侍钮《说文》一部。彦侍乞书《啸堂集古录》《铁桥金石跋》封面。泉孙来。藻〔燥〕热。酉初雨。戌初大雷雨。

二十五日，甲子（5月9日） 雨。得芸台信。阴冷。临《书谱》二张。午前无事，又临一张。以铜鼓拓寄廉生。复兰孙，明日发。眉生送《三龛记》、《千文》、《九歌图》集古稿。日本。世锡之乞书屏六、对一。以书板十四箱、书五箱托寄。得仲田十七信。

二十六日，乙丑（5月10日） 椒坡夫人开吊，在花桥。发京信，彭、陆、王、李另发。晤培卿、禄生、李传元、眉生，未初归。讷生送笺一包。眉伯来。莫善征来，未值。彦侍来，未值。

二十七日，丙寅（5月11日） 答善征。晴。风凉。《左氏补注》《论语孔注辨伪》，善征各一、莼斋各一、仲武各一。张东荣辞行。问广安病，未愈。至百花四叔、济之。答文小坡，不之见也。收拾书箱十二只，宋外金石书。又二大匣《唐书》，又《古逸》初印本一大匣、大字《本末》一大匣。

二十八日，丁卯（5月12日） 晴。曹叔彦来。临《书谱》三张。风冷。收拾已裱、未裱拓本书箱九只。腹泻已二日。

二十九日，戊辰（5月13日） 晴，石盆二架送眉生，去夏以六元一个得之者。晴，风仍冷。得徐花农信。鹤龄乞书扁一、对一。遣人问富仁坊，无信。

四月辛巳朔，己巳（5月14日） 至界石浜，至百花，四叔、济之留饭。归巳刻。得存斋信并师望鼎拓本、朱晦庵尺牍墨刻。大雨。湿蒸。即复存斋。夜雨。

初二日，庚午（5月15日） 雨。得心岸、仲田、凤石廿一等日信。发京信，彭、陆、伟、徐、王。晤广安。雨不止，风冷。访眉生长谈，未正归。培卿来。陈嵩佺送篆、隶对幅。培卿乞书扁、对，扁曰"尤氏秋荫义庄"。夜雨。

初三日，辛未（5月16日） 雨。复谢嵩佺。培卿扁、对交去。拓石湖《田家杂咏》五元，交叶先生。陈伟杰来。答培卿、彦侍。彦侍赠铜鼓全形拓、梁氏《兰亭》。又写《啸堂》封面。济之来，以沈廉卿对、屏乞书。又一对，李超琼。紫璈，拔贡。

初四日，壬申（5月17日） 送均初之子小韵、培卿之子讷士幅一。送眉生洋枫二盆。任石芝焕奎来。瘦羊来。晴。访眉生长谈，未正归。振民、郭南池来。

初五日，癸酉（5月18日） 叶先生之母舅、仲午同学李文钟伯英之父少华开吊。答任石芝。至百花见四叔、济之，留点。晤瘦羊。为醴如子号子乐志愉。书对。子原、广安来，得子英信、秦权拓本。蓼生乞对。陶民来。复子英。作颂田、凤石书。

初六日，甲戌（5月19日） 得心岸信，即复，交富仁坊。得程尚斋信，即复。王禹皋廷典来，蓬州人。禄生对写好，送去。临《书谱》一张。得陈骏生信，云秋间入都，未复。得仲田廿七信，内梅少岩信。禹皋乞郭夏二道，芝岑、定轩对，送以对、幅。收拾书箱四只。

初七日,乙亥(5月20日) 晴。昨酉正将睡,广安来,云即赴金盖山乞仙方,须四五日归。得香涛信,即复,并寄二沈书三部,一若农、一豹岑。临《书谱》一张。晤眉生,午正归。蘅病,韵泉来诊。京信明日发,彭、陆、胡、伟。

初八日,丙子(5月21日) 延韵泉来诊。送叶先生膏秫之资,百。又庄书《疏证》。百。送韵泉六言对。得芍庭信,即复,交讷生。陈嵩佺来。得竟如信,即复,云又将赴闽。叶拓石湖七分八元。船钱在内。

【本日日记天头上书"小满,卯正一"。】

初九日,丁丑(5月22日) 王禹皋来辞行。嵩佺为乔骏、翰卿代求对,即书送去。韵泉来诊。送以《乌目》《松壶》《秋室集》《蚕桑》《籑斋别录》五种。济之来。蕴苓、三秦来。马筱沅来,送以对、幅。李眉生来。眉伯来。秋谷书篋十二全送还榴官。

初十日,戊寅(5月23日) 石湖《田家》石刻昨面送眉生。韵泉来诊。又《墓志》二分寄香涛,交培卿寄。藻[燥]热,午初雨。史陈善雨林来,己酉,史藻之侄。叶先生送来《大唐类要》校本一本、《乾象通鉴》廿四本,温陵张氏旧藏。未正雨少大,热甚。得凤石初三信、檀浦信。收拾箱六只。

十一日,己卯(5月24日) 阴雨。以唐述山房书篋八只送眉生。延玉荀来诊。今日又凉。作复凤石信。香禅以鲁伯俞篋来,索二百四十元,还之。榴佺来。作致伟如信。振民来。又作仲田信。

十二日,庚辰(5月25日) 又作致王廉生信。晴。玉荀来。小渔来。鹤龄来。祥麟号寅生。榴官号葵生。熙年来。书二架连书寄李氏,托叶先生与前四架及书存一处。泉孙来。得孔赞唐信,即答,交信局。得心岸初一信,即答,交富仁坊。

十三日,辛巳(5月26日) 阴雨。辰初大雨。发京信,彭、陆、王、伟,明日发。玉荀来诊。柳门信,即复之。藻[燥]热。王鲁芩来,即答之。济之来。

十四日,壬午(5月27日)　未初奉先君神主进钮巷祠堂。来客自四叔以次及亲友抚、藩、臬、司、道、府、县共客八十八人,单另记。得运斋信,即日复,交培卿寄。沈楚卿来。

十五日,癸未(5月28日)　寅正二奉先君神位进义庄宗祠。至百花。玉荀来诊。复竞如、黄花农信。巳正后谢客,午正归。

十六日,甲申(5月29日)　谢客数十家。至花桥见西圃伯、辛兄、玉春弟、熙年、葵生侄。韵和七十,送礼、送席。汪九、史陈善乞书,还之。四叔、济之物受半,刘承锡送但收茶,汪鲁岩茶、腿受半,振民送席受,竹年送收半。玉荀来诊。马筱沅来。小畲送礼收半。眉伯来。眉生要去和合笺。刘承锡来,号子蕃,云开生其堂侄也。广安送朱竹石《刍言》来看。

十七日,乙酉(5月30日)　至界石浜。雨。李铁琴庆恩来。玉荀来诊。讷生送扇笺,并以《江山风月册》归还,香生所寄。励甫夫人送,收茶。眉伯送,收茶。胡荣桂林一送,收茶。小雅送四肴、酒,酒收。文卿来。子原送菜、点。陈绸堂康祺来。得廉生、仲田初七信。送眉生兰花五盆。得心岸信,即复,交富仁坊。

十八日,丙戌(5月31日)　寅正雷电雨。送陈绸堂《年谱》、《墓志》、《贞烈编》、二沈书。辰初雷声殷殷,檐溜如绳。玉荀来。素服十件及衣帽送硕庭。瘦羊、济之来。为绸堂写《壬癸藏札记》书面。梯云送,收茶。李寿彭送,收莲心。晤眉生,未正归。振民、小雅、培卿来。长太看船。手复驾航,交许之珏。韩国祥送《杨氏书缉》及墨、茶、磁、屏等,还之,小亭之子。夜雨。南湾子四只,六十元。送眉生桂极大四棵。

十九日,丁亥(6月1日)　夜大雨达旦。玉荀来诊。三姑太太卅元、五姑太太十元、何姑太太十元、胡三林一。姑奶奶十元、陈芝泉太太卅元、董太太廿元、汪三太太廿元、三姑太太留轿子、沈亘师卅两。八姑太太前年。会[汇]艮[银]五十两,即送。雨中至百花见四叔、济之,留点心。嵩佺、广安来。荫甫送食物。眉伯来。许子原、任石芝来。广安送徐同柏、张石匏拓册、《十七帖》。汤鼎煊来。甲戌散。安徽建平，现起服。陆曜彩国祥收茶。吴培卿来。手复张东荣。

廿日，戊子（6月2日） 至娄门段泾浜辞墓，同仲午。送玉荀四十元、袍褂料、活计。函致叶先生行期。致瘦羊一函。玉荀来。狮林时轩卅周年，十月中预做。世锡之来送，却之。卫静澜招廿二，辞之。一府、三县、织造辞行。晤锡之、培卿。谭、李、王招廿二怡园，手书辞之。佩鹤来。韵和来并送廿元。彦侍来，再复静澜。瑜伯五十两，亘师来送，收。

廿一日，己丑（6月3日） 至界石浜辞墓，至双泾拜安、朱、黄老姨太太墓，巳初归。鲁岩来。序初、宪之、鲁芗处辞行。晤香禅，交东赈。百两、四므元。至百花贺叔父母。培卿来交二百五十元易艮〔银〕。朱福清礼四，玉。汪南官毓焕来。西圃未谷拓诗文、鲥，收。委员通判陈嵩屏来，荔秋堂弟。孙蕴荃来。辛芝、玉春送，收。

廿二日，庚寅（6月4日） 静澜处辞行。眉伯十六元、小畬十六元、仲全十六元。至百花，四叔留饭。至花桥拜别西圃伯、辛、春、硕、榴。访管叔壬、申季。费幼亭送百元，颂阁送。屺怀交仲午。静澜来，赠二沈书。陶民来，同。锡之送燕菜席。朱修庭来。陈嵩佺、费幼亭、培卿、文小坡来。史雨林来，又以散盘来看，伪。沈楚卿来。手复陈绅堂。手复静澜。

廿三日，辛卯（6月5日） 至义庄、钮巷石子街。拜祠。至百花颜巷拜别叔父母。谱琴送苏邻《十七帖》、参二枝、书簏二个。谱琴、怡琴、叔重来。四叔、济之、三弟、九弟、子开、辛芝、熙年、玉荀、广安来。陈伟杰来，号少奇。百花三人、侄来，《裕昆》三本。郭南池来。彦侍、序初来，二沈书。振民、序初、西圃、辛芝、谱琴、吉甫、安甫、鹤龄、子开、振民来。鲁芗、小雅来。吴子实来。笙鱼、丁经生兆基、小农堂兄、吴卓臣来。竟日。汪开福来。任石芝、魁文农来。培卿、瑜伯先押行李行。得芸台信。引之来。叶缉甫来照料。泉孙、汪干庭来。得仲田、心岸望日信。手复鲁芗、序初。沈楚卿来。致宪之信。眉生以李超琼子璈所赠《高丽王碑》四本送来。

【本日日记天头书"芒种,亥刻"。】

廿四日,壬辰(6月6日) 丑刻祀神。缉甫、广安来。寅正到舟,卯初中丞、织造、司道寄圣安。即用利川、救生两火轮拖带三舟。陶民舟送叶师、熙泉,在弟[第]三舟。眉伯已押行李昨日行。送至沪者培卿、瑜伯、小畬、陶、振、济。卯正宝带桥,窦、樊各统领带队送并演旱雷、水雷。魁太守、任大令舟送。巳初二过昆山,舟行无事,以李紫璈所赠《高丽广开土境王碑》阅一过,以眉生札粘上此碑。去冬为眉生跋此本,较余本多二百余字。子翱,济之同年,送横幅识别。培卿、济之、陶民、振民、瑜伯、小畬。未初过泗江口,未正过黄渡,副将余兴,参将张兴元来见。申初二野鸡墩。四下,二小火轮浅住。八下三刻,泊马头三景园。久之,熙、泉去,瑜、培来。胡芸台、黄承乙、邵小村来。十下钟睡。又王叔蕃、苏元瑞来,已睡未见。

廿五日,癸巳(6月7日) 丑正二起,寅刻答招商局、马眉叔、张敬甫、邵小村、莫善征、谢佩之、胡芸台、黄明府,皆不晤。小村来,挡驾,以无会客处也。卯刻上海晏轮船,计大餐间六间,一百六十两;官舱六位,九十两;统舱十一位,一百十八两八钱。马眉叔、张敬甫必欲见,见之。善征挡驾,托电致花农。胡芸台必欲见,见之。巳初济、瑜、畬、陶、振、祥、麟均辞去。昨眉叔派照料者吴茂春树斋,洞庭山人。培卿、王念劬来。又陆雨生。又帐房陆雨生。交培卿四百。小村送席,收。善征送书,收。黄承乙送书、茶,收,璧腿。福建道唐景星来,办开平矿者。袁恭宏来,未见。李铁琴来。葛绳孝、黄承乙来,未见。善征、小村又来见。芸台又送书件,收。申初又来见。四点钟展轮。

廿六日,甲午(6月8日) 夜风雨。善征所送《顾氏遗书》。顾观光,号尚之,精算学及校勘。黄承乙,号芝山,所送《明夷待访录》《思旧录》二书,以赠叶师。胡芸台所送书,点石斋之本:《子史精华》《康熙字典》《通鉴辑览》《篆书五经四书》。马眉叔送茶、腿、蜡,蜜枣。

由帐房今日送来。《武陵山人遗书》二部,以其一赠叶师。《六历通考》《九执历解》《回回历解》《算剩初编 续编 余稿(上下)》《九数外录》《神农本草经》《周髀校勘记》《伤寒论补注》《吴越春秋校勘记》《华阳国志校勘记》。今日东北风,挂帆三道,申初风大。

　　廿七日,乙未(6月9日)　丑刻过黑水洋。辰刻大雾,昨在熙泉房遇张鸿禄<small>叔和</small>,广东道,佑之亲家,即办南漕与局员朋比者,闻合肥亦知之也。曾闻之广安,云即流氓。今日可抵烟台。十二点钟,舟中具餐。焯时鱼、羊排骨、火腿旦、鸡粉、薯子、糖油点心、鸡旦糕、甜鸡旦饭、红酒、梅子酒、加非茶。见其船主,名安忒碌。又杨望洲之二子,同张叔和北上者。<small>寿棠、寿棣。</small>三点钟到烟台,六点钟开行。东海关道方又民汝<small>翊</small>来,秋谷同年。税务司和德持片请安。张叔和送,收。茶使一元。午后晴。

　　廿八日,丙申(6月10日)　有风,不大。二点钟进大沽口,丁汝昌、方伯谦来见,申正在马家口浅住。申刻花农来接,以小轮一带一小太平。亥刻到招商局,八小船,付花农二百六十两,次日付。合肥同窗及司道等见于局。

　　廿九日,丁酉(6月11日)　答客。窭斋处长谈,合肥亦来谈,即至合肥处,留饭,同窭斋。盛杏荪、周玉山、张樵野、汪子常来。季士周、万培因来。严小舫信存来。朱其诏来。窭斋又来。朱伯华来。胡云楣来。章洪钧来。申初刻合肥又来,即开行。天津县陈以培送席,盛杏荪、黄花农送席。锡席卿持千辞行。合肥以小火轮送行。窭斋赠子璋钟拓,又一小钟拓本。藻〔燥〕热而不雨,盖此地不雨久矣。司道以下又送行,挡驾。窭斋又送鲥鱼、点心。申刻至红桥,小轮浅住,辞去。炮船送。七下钟泊北仓口,行三十里。

　　三十日,戊戌(6月12日)　三点钟雨即止。自红桥以上,粮剥〔驳〕船停者栉比,闻海运前日起程矣。挂帆而行,仍用牵,水浅故也。作福箴亭、彭仲田、心岸信,俟到通发。辰初二过浦口,已行三十里。午初小雨。午正过杨村,有队接。据云已行六十里。提督王恒凤、武清县李均豫接，均辞谢。席还杨村巡检路聪奎。未初二又小雨。过香庄，申初过禹垡，申正过大渔庄。酉初晚晴。酉正三泊蔡村。

五月壬午朔，己亥（6月13日） 寅初开行。晴。取眉生所赠《高丽广开土王碑》阅之，即李子翱物也，较余所藏本多前数行二百余字。开行李单，大小衣箱九十五只。铜器、书画、磁器箱一百九十只。木器、花卉、零星四百五十件。挂帆行。晴。巳正过河西务。属武清。午后已热，舟小，日光甚遍，水以上愈浅。云拟泊香河，香河去顺天一百二十里，河去城八里。戌初二泊此。

初二日，庚子（6月14日） 寅初开行，寅正二舟搁浅。阅《石湖田园杂兴诗》，其书酷似元度、元长，俊爽可喜，盖同出于沈传师者也。午过漷县马[码]头。闻长年云，前年八月，自张家湾以下之苏家庄冲开河一道，至通可近三十里。未初二过长莹，未正二榆林庄，申初二苏庄。舟子饭半时许，由苏庄后出新河。热。西正二过张家湾至五家里窑，向来粮船候提于此。至通卅余里，知州高建勋差接。

初三日，辛丑（6月15日） 丑正三开行。凡夏日舟居，晨则东晒，夕则西晒，非巨舫不可耳。辰初二询之，云去通州八里。凡水内有泡起处，或云下有泉眼。巳初二抵通。舟泊东门外。复兴店门首。薛抚屏、东门。郝近垣、南门。高星槎来见，即答，并往唁八妹及其嗣子李老六，午初归。遣安福进城分送各函福、彭、心岸。及兰荪函，又胡子英一函。炮船二回去，赏十四两。邀叶师、眉伯、熙年、泉孙至东门外福兴馆吃面，用钱二千一百文。

初四日，壬寅（6月16日） 丑刻自通起程，辰初尖双桥，遇兰荪所借之车马。巳初到寓，心岸、仲田俱来。仲田为收拾房屋，心岸为具一日之食。午正往访兰荪，遇锡之。申刻兰荪留饮，叔平往访，同坐，上灯后归。叶师、熙年、泉孙、眉伯俱到。

初五日，癸卯（6月17日） 叶师处贺节。行李昨日发，今日进城。心岸、凤石、席卿、汪范卿、胡子英、子牧来。发南信，四叔、济之、振民、陶民、三姊、辛芝、谱琴。附熙泉信。莱山来，菱舟、缉廷、康民来。

初六日，甲辰（6月18日）　先君生忌。兰荪、经伯来。子英来。容方、斗南、峰琴、莆卿来。蔚庭来。秋樵、安圃、小山来。张振卿英麟来。

初七日，乙巳（6月19日）　承厚、龚颖生、陆之干、心岸来。凤石、沈曾植、子英来。陆宝忠、仲复、秋坪、蔚若来。张赓飏翰卿来。胡子英、二百，又二百七两，又七十两。王道文、劳启捷来。江介夫来。松寿泉送酒席。菱洲来。

初八日，丙午（6月20日）　张成勋麟阁来。寄窓斋信交眉伯。仲田、郑听篁、长允升来。又黄花农信交眉伯。晤兰荪。李擢英、赵展如、雷瀛仙、廷用宾、陈雅农来。孙燮臣、张子青来。钱心伯、马东垣来。王引昌席收。

初九日，丁未（6月21日）　眉伯赴津。承厚、张成勋送酒席，玉。张赓飏酒席，玉。亚陶、六希、高紫峰来。何寿南崇光、会东樵、松春泉来。吴炳和来。徐致靖、敬子斋来。五下钟，苏拉广林送安折来阅并牌子一个。子斋送酒食，收。《功顺堂》：兰荪、仲饴、少山、廉生、佩蘅、益吾、莆卿、叔平。

【按：五月初九日和初十日之间，书"光绪十一年乙酉日记"。】

五月初十日，戊申（6月22日）　请安。辰正二召见于养心殿。奉上谕："仍在南书房，署兵部尚书。钦此。"壶天点心。谢客，申正归。晤佩蘅、子青。刘博泉来。

十一日，己酉（6月23日）　具折谢恩。入直。上大高殿时应宫祈雨，碰头，常服，挂珠，有风雨缨。谢客。晤楠南、仲华。伟如来。晤兰荪。星叔来。

十二日，庚戌（6月24日）　入直。到任。巳初。雨辰正作，午后晴。谢客，伟如不值。子英来。二百，簠二。郝近垣送先著四。

十三日，辛亥（6月25日）　入直。送近垣、抚屏《功顺》一。谢客。书田、寿昌、佩蘅、树南送席,花农送肴点。云阶、高紫峰来。皞民、康民来。

十四日,壬子(6月26日) 入直。寅正大雷雨。到署,遇云阶。锡菊泉恩来,沂州守,送以扇、对。谢客。朗斋送马。得南信。

十五日,癸丑(6月27日) 入直。送紫峰屏、对。向含英购抓笔二。次日还之,换一支。晤兰荪。子英来。

十六日,甲寅(6月28日) 入直。到署。派写小西天等处扁九面。晤廉生,谢客。丹初、花农来。

十七日,乙卯(6月29日) 直日。派写六字真言一件、十一言对二付。晤廉生,送以钮《说文》《西夏纪事本末》。耆彬语堂来。子英来。阶平来。二百。寄济之、培卿、广安、振民信,眉生信,又讷生、瘦羊信。得杨敦。崔。

十八日,丙辰(6月30日) 入直。到署。谢客。热。子静来。子英来。

十九日,丁巳(7月1日) 入直。晤廉生。谢客。以《功顺》《左补》《孔注》《士礼居》《眉山》《百宋》《纪要》送伯希。以平斋题跋《尺牍》。送廉生。以《晒书堂集》《证俗文》《笔录》四种送叶先生。以《左补》《孔注》《眉山》送兰荪。安徽、江苏公局先辞,寿蘅招辞。李次青来。叔平来,以《左补》《孔注》《西夏》《眉山》《石湖田家石刻》《秋室先生集》送之。仲田来,次青送其集并《南岳志》。

二十日,戊午(7月2日) 入直。到署。谢客。晤心岸,遇朗斋。小雨。耆语堂送土宜。得讷生信,即复,为南官事。雨中答次青。晤兰孙。耆语堂送土[土]宜。陆寿门送磁四色。送崧镇青对、屏、席。送朗斋对、幅、《滂喜》。崔阶平来,留《石田集》,还《胡传》。石查以二水画索百金,还之。夜雨达旦。

二十一日,己未(7月3日) 入直。晤廉生。石查来。昨子英来,百。伯嗣敦之直也。寄清卿专[砖]拓六纸,交子静。

二十二日,庚申(7月4日) 入直。到署。遇达峰。德静山来。

子牧来。朗斋送石燕《刘平国石刻》、烟壶一枚。博古来。杨。

二十三日,辛酉(7月5日)　入直。是日本是祈雨,改廿五。招师。派写慈宁花园贴落一件。答静山,晤廉生,博古杨姓来。心岸、马子祥、五十。子英来。送心岸、子静、子牧、熙年、泉孙、斗若横幅。

二十四日,壬戌(7月6日)　入直。到署。谢客。发培卿、谊卿、彦侍信,又眉生。午初访兰荪不晤。送莼《左补》《孔注》《功顺》《西夏》《说文古本考》。送兰《眉山》、《墨妙》、平《尺牍》、《茶香丛钞》。日赤。

二十五日,癸亥(7月7日)　入直。晤廉生。直日。上是日谢雨。得竞如信,十四日发。子英来,以煦堂羊首卣来,索四百,还之。陈梅村秉和来。

【按:本日日记天头上书"小暑,辰正二,六月节"。】

二十六日,甲子(7月8日)　入直。到署。遇达峰。心岸偕朗斋来。博古杨来。马子祥以一彝、十小币、一策马来。彝者盉也,山农物。子英来。夜风,小雨。

二十七日,乙丑(7月9日)　入直。晤兰荪。松子久长来。马子祥来。

二十八日,丙寅(7月10日)　入直。到署。答于荫霖。博古杨姓来。二百五十二两,清。崔阶平以宋小字《礼记》看。笔彩来,得莫宴均信。复四叔、济之、竞如、辛之、硕庭、振民信。酉刻大雷雨。

二十九日,丁卯(7月11日)　入直。晤廉生。廿八,李氏妹来,心岸、子静、子牧俱来。胡子英、崔阶平来。亥大雷电雨。

六月癸未朔,戊辰(7月12日)　入直。派写河南淅川扁一面。到署。贺朗斋桂抚。发南信。笔彩来、二百。子英来。心岸来。申刻阵雨未成。子初大雷雨达旦。

初二日,己巳(7月13日)　冒雨入直,辰正冒雨归。交子静寄清卿、合肥《功顺》各一,又送秋坪《功顺》及土宜,送斗南土宜。懋勤刘送鼻烟，回以二百千。李兰孙送顶好鼻烟二瓶一匣。马子祥来，付百卅千，清。酉刻雨。

初三日，庚午（7月14日）　入直。阴雨。到署。午初大雨如注。子英来，羊首卤三百。雨未正后又大。送兰孙苏刻二纸、近人二纸、板桥一纸、平斋二纸。大厅及西厢漏，申酉雨更大，至夜止。

【本日日记天头上书"初伏"。】

初四日，辛未（7月15日）　入直。直日。晴。命拟船上三字、四字、七言、五言扁、对各十二分。崔阶平、石查来。苏来。

初五日，壬申（7月16日）　入直。发下《忠义传》。到署，遇云阶。酷暑。子英来。

初六日，癸酉（7月17日）　入直。晤廉生。热。

初七日，甲戌（7月18日）　入直。到署。复芍庭。福篆亭、伟如来。马东垣来。陆寿门来。热。

初八日，乙亥（7月19日）　入直。晤廉生，赠伯熙拓十六纸。文锦如来。马子祥、胡子英来，子英送看方爵。热。

初九日，丙子（7月20日）　入直。文宗诞辰。到署。晤兰苏。石查来，以《江山风月图》属乞张吉人篆。廉生乞益甫《丛书》二函。永宝送看《方舆胜览》，还之。申正大雨。

初十日，丁丑（7月21日）　入直。出西华门，谢客数家。复清卿、谊卿，交全太盛寄。得济之、陶民、谱琴、广安、瘦羊、竹年信，又振民信，初一发，即复，十三发。子英、阶平来。苏来。联纲、佛升额来。

十一日，戊寅（7月22日）　入直。派写仪凤舸等扁、对七件。晤廉生。到署，遇云阶。子英、阶平来。阶平送看百衲《史记》。子英议卤、爵。十字。得清卿信，再复拓本十纸，交全泰盛。叔美画廿两。《三生同听一楼钟》十二。交阶平裱。

十二日，己卯（7月23日）　入直。直日。昨派写对俱改小字，字不及一寸。心岸来。子英、阶平来。子英五百，卤、爵六数。杨荫北来，书扇以赠。

【本日日记天头上书"大暑，丑正初"。】

十三日，庚辰(7月24日)　入直。夜起甚凉。唁恭邸子澂贝勒，送幛纸四篓。唁孙燮臣，悼亡。到署。晤兰荪。

【本日日记天头上书"中伏"。】

十四日，辛巳(7月25日)　入直。晤廉生，手复仲饴。到署。心岸昨署黔抚，今日来，留饭去，云今日住黄酒馆。寄清卿卣拓一交子牧。得培卿信并会[汇]艮[银]五百七十五两，曹平。送廉生涿字小币一。电报叶荔裳十三故。秋坪招庆和堂看荷，辞之。发南信。笔彩来。殷秋樵、朱一新来。

十五日，壬午(7月26日)　入直。加班。壶天遇秋坪、芷庵。贺廖仲山、白桓主试。小雨。送心岸召对。晤兰荪。文山、子英来。苏来。博古来。潘峄琴来。子英再来。

十六日，癸未(7月27日)　入直。到署。贺心岸不值。许鹤樵来。寄清卿拓本六：单钟一、爵二、方爵一、延煦堂卣一、一字盦一，交信局寄。博古、子英来。

十七日，甲申(7月28日)　入直。晤廉生。答鹿滋轩、朱一新数家，又李次青、王益吾。苏来。还一爵，"父"二字。留一料壶，五十千。笔彩持仲殷敦来。永宝持阳父卣盖来。阶平百四十两。票。益吾来。热甚。送心岸五律一章。送益吾书八种。酉刻后大风雨，竟夜小雨未止。送芷庵土宜。

【本日日记天头上书金文""。】

十八日，乙酉(7月29日)　入直。阴雨，到署。顾若波沄《半舫听雨图》七两。交子英。松壶《三生同听一楼钟》画帧裱直二两，交阶平，敦直五十两，全清。李次青来，尚欠阶平廿六两。顾缉廷来。子初后雨。

十九日，丙戌(7月30日)　丑初冒雨入直。晤廉生。得四叔、济之十一信。笔彩来，百两。敦尚欠廿两。

二十日，丁亥（7月31日）　入直。到署，遇达峰、小云。直日。顾井叔来。酷暑。送伟如寿礼、对，七十。送沈鹿苹母吴太恭人六十对、席。子英、马子祥来。曾树椿怡庄来，丙子乡试复试一等第四，兵部员外。

二十一日，戊子（8月1日）　入直。酷暑。派三海船上扁、对各一，又窗格眼春条十余件。复清卿十五信，交心岸。作眉生、培卿、谊卿信，即发，又作四叔、济之信，又曲园。

二十二日，己丑（8月2日）　入直。到署。酷暑。送李次青对、幅、《功顺》，送秋樵对、冨［幅］。酉刻雨，微雨竟夕。

二十三日，庚寅（8月3日）　入直。寅初小雨。兵部加班，带领引见五班。雨午初未止。阶平来，百。售铜鼓。

二十四日，辛卯（8月4日）　入直。派写"沪尾""天后"扁。到署，遇达峰。晤兰孙。心岸来，留饭。裕竹村来。惇邸及内监皆蓝袍，以花衣前一日也。子英来，以拓本五十五张属装册，携竟［镜］一。

二十五日，壬辰（8月5日）　入直。辰初宁寿宫听戏二十九刻。未正三散。得清卿、讷生信。复讷生、竹年，又振民。

二十六日，癸巳（8月6日）　递如意，赏还。辰初上御乾清宫受贺。蟒袍、补褂、罗胎帽，御前万丝帽。辰正，宁寿宫听戏二十八刻，申初散。赏如意、磁铜、袍褂、荷包、铜手炉等八件。从兰孙借孙高阳字，即还。又前数日借赵侪鹤尺牍，即还之。

二十七日，甲午（8月7日）　入直。到署。晤兰荪。得高崇基信。复清卿，内拓本六纸，交心岸。送朗斋团扇二。

【本日日记天头上书"立秋，酉正二"。】

二十八日，乙未（8月8日）　入直。晤廉生。晤仲华。留饮。萧小虞允文来。石查来。笔彩来。发南信。王曾仁号潞泉，振录之子，送骡。花农来。

二十九日，丙申（8月9日）　入直。到署遇达峰。上诣太庙，乾清门侍班。罗胎帽、花衣、补服。复曲园，借《三侠五义》，交花农。穆特亨额来,号琴舫。连日仍热,早凉。胡子英来。

七月甲申朔,丁酉(8 月 10 日)　入直。答立山、熙敬。贺于太夫人寿。陆和让景濂来。笔彩来,一敦还之。夜子初雨。

初二日,戊戌(8 月 11 日)　丑正冒雨入直。送伟如请训。直日,到署。雨不止。送叶师赆五十两。又交邵小村信及书对,荐张福也。子英来,闻崔阶平去世,廿九日。张迪先篆"铜鼓斋"印,连石二金,交子英。石查送来二水画、鸿宝字。为李伟卿贻隽书扇、对。

初三日,己亥(8 月 12 日)　入直。晨大雾。上幸北海。晤廉生。会馆拜严子范兴杰,未晤,子范为鞠裳权馆也。鞠裳明日行,同心岸。晤心岸并送行。寄四叔托购各件及药物,付张福。复运斋、清卿,交心岸。又寄眉生信,交鞠裳,为沈小宛《荆公诗注》事。钱匊常,请子范、二侄、仲午陪。心岸来,留饮三杯。崇地山招初四,辞之。容方、子牧来。雨通宵不止。

初四日,庚子(8 月 13 日)　冒雨入直,冒雨归。遣人送心岸。闻停止北海二日。手复子静。

初五日,辛丑(8 月 14 日)　入直,泥涂难行。派写"牵牛河鼓天贵星君""天孙织女福德星君"神牌。送次青。访兰荪,途遇之。兰荪来。子英来,为容方写扁六面。松寿泉太史第一面。

初六日,壬寅(8 月 15 日)　入直。上诣南海。到署。酷暑。

初七日,癸卯(8 月 16 日)　入直。上诣南海。到署。酷暑。晤兰荪。苏来,付料壶五十千。董橒送川土宜,小楼润之之。朗斋送车马,伟如所用也。得奎乐峰信,送燕菜台席。酉刻大雨。

初八日,甲辰(8 月 17 日)　入直。藻[燥]热。上幸南海。访廉生,痢不晤,作书问之。子英来。

初九日,乙巳(8 月 18 日)　入直。到署。遇达峰、云阶、季瞻。藻[燥]热。容方来,得清卿初六日信。

初十日,丙午(8 月 19 日)　入直。直日。到署。以平斋《两罍轩尺牍》送益吾、伯熙、仲饴。仲饴信交廉生。子英、周鹤亭来。子正雨。

十一日,丁未(**8 月 20 日**)　入直。到署,遇达峰。答容方不值。送仲华《功顺》、碎铜、五铢、砖,晤兰孙。

十二日,戊申(**8 月 21 日**)　入直。藻[燥]热。作四叔、济之、伟如、培卿、辛芝、吴子重外廿元。信,即发。复清卿,内卣拓二纸,即发。又鞠常、辛芝,交泉孙。子英来,卣盖百。苏来,得振民信。

十三日,己酉(**8 月 22 日**)　入直,换蓝袍。藻[燥]热更甚。到署,遇云阶。饭艮[银]处点张兆兰。兰孙示清湘老人《乱叠奇峰打草稿》卷。索玩二水画、倪鸿宝画、尤子求《九歌》册。石查示黄石斋《周忠介神道碑》墨迹卷子。得济之、谱琴、瘦羊、陶民、振民、三姊信,初四发,复各信。作心岸信,共七函。申初刻雷雨。兰孙取观《高丽广开土境好太王碑》。

十四日,庚戌(**8 月 23 日**)　入直。派写郑金华母扁。中元祀先。晤廉生、永宝。崔来,阶平廿九去世。之弟,敦一还之,送对、书。于次棠荫霖、锡清弼良、又号梦如。裕竹村昆、耆语堂斌、萧小虞允文、穆琴舫特亨额、兰孙索观智永《千文》《平百济碑》。

【本日日记天头上书"处暑,辰正三"。】

十五日,辛亥(**8 月 24 日**)　入直。热。赏燕窝。到署。发南信共七函。子英来。酉刻容方来,已睡矣。

十六日,壬子(**8 月 25 日**)　入直。派写山海关海神庙扁。寄清卿,内奋立戈一、古陶二。夜雨。

十七日,癸丑(**8 月 26 日**)　入直。到署。晤兰孙。送还子英立戈奋,直云百金。子英来。兰孙借宋拓"四欧"去。徐亚陶、薛抚屏来。丹初送南园拓本。夜大雨。

十八日,甲寅(**8 月 27 日**)　冒雨入直。答薛黼平。答丹初退谷拓本。直日。藻[燥]热。容方、展如来。得培卿、芍庭信。

十九日,乙卯(**8 月 28 日**)　入直。到署。送子青退谷拓、《古泉丛话》。子青招廿一福寿堂，辞之。陈骏生其镰来。复芍庭交仲田。寄培卿信，内叶先生、心岸、辛芝信。叶先生五十金托仲田会〔汇〕寄并吴子重廿元前款。送骏生菜点二。骏送铜手炉、烛□二、酒二。

二十日，丙辰（8 月 29 日） 入直。加班。晤廉生。子英遣人送纪盇。凤石来，送到张伯颜《文选》，直六十。崔嘉桓来。

二十一日，丁巳（8 月 30 日） 入直。到署，遇徐小云。复涂伯音传德，交其子宗瀚并对一付、《洗冤》三种。于次棠来。

二十二日，戊午（8 月 31 日） 入直。热。派写信阳城隍扁。晤兰孙。答于次棠、冯伯申。得清卿信。酉初三雨。戌大雷雨。

二十三日，己未（9 月 1 日） 入直。到署。巳初大雨。午止。复清卿，内山农、运斋信。

二十四日，庚申（9 月 2 日） 入直。特派拟太极殿、体元殿、怡情书史、长春宫扁四十四面。笔彩来。陈骏生来。乙亥孝廉方正李乘时来，号秀峰，癸丑，汪少谷世泽之婿也。花农来，复曲园。

二十五日，辛酉（9 月 3 日） 入直。到署。得四叔、济之信，又彦侍信。含英来。王仁煦。

二十六日，壬戌（9 月 4 日） 入直。直日。李雨苍来。送谭叔裕宗浚《功顺堂丛书》《眉山》《墨妙》《百宋》《纪要》《士礼居》《洗冤》《全生》《贞烈》书件。又送梁星海鼎芬一分，交斗南交去。廉生送壮布一。晤兰孙长谈。树南招廿九。雨苍交李希哲信，送之《功顺》《眉山》《全生》。得清卿信并朱拓虢盘，即复之，送以小币拓本七纸。得菊常十七信。

二十七日，癸亥（9 月 5 日） 入直。派写长春宫等处扁十二面。答雨苍。徐小云送《经籍访古志》，送以《功顺》《左补》《孔注辨伪》《眉山》《全生》《洗冤》《士礼居》《贞烈编》。

二十八日，甲子（9 月 6 日） 入直。派写体元殿等处扁十六面、对四付。到署，遇季瞻。送凤石《左补》《孔注辨伪》《士礼居》《松壶》《全生》《百宋》《纪要》《贞烈》。兰孙借闲书五种，还二种。热甚。张橄来，未见，孝达子，号君立。

二十九日，乙丑（9 月 7 日） 入直。派写扁九面。晤兰孙，树南招，辞之。载瀛送来画二幅，号春园，惇邸四子。庞省三来。含英王仁煦。以卤阅，即苏姓送看者。

【本日日记天头上书"白露，戌正三刻"。】

三十日，丙寅（9 月 8 日） 入直。派写共三十八件，今日齐备。到署。答省三。发南信，四叔、济之、又二函。彦侍、鞠常、辛芝共六函。含英王仁煦来，付《毛诗》、盉价也。

八月乙酉朔，丁卯（9 月 9 日） 入直。派署臣款扁卅五件。恭代皇太后御笔扁四、对四交刻。赏帽纬一匣、大卷二联。风石山东学。仲田以艮[银]二百八十两还。得清卿信，即复，拓本十三纸，又竹朋拓本四纸。

初二日，戊辰（9 月 10 日） 入直。上欠安，看方请安。到署，晤廉生，晤容方。黎子俊嘉兰来，东莞人，陕西候府，攀镠之子。苏来，一伪盘，还之。方坤五连轸、陆凤石来。

初三日，己巳（9 月 11 日） 入直。请安看方。到署。兰孙署吏左。

初四日，庚午（9 月 12 日） 入直。子授亦入直，昨奉旨也。上幸北海，兵部直日，桥右侍班。贺子授。贵午桥来。陈善琨来，号昆玉，丁丑八旗教习。容方来，择初九日丑刻修山洞桥南。花农来。

初五日，辛未（9 月 13 日） 入直。风冷。上幸北海。晤廉生、兰孙。寄清卿拓本十五纸。收到印谱二函、柳门信、汉碑。二。王符五信乞对。一。

初六日，壬申（9 月 14 日） 入直。奉旨正考官。辰正入闱，晤监临乌少云、沈仲复，提调杨蓉圃。午初后叔平、薇研丈、星斋俱到。齐后拜监试、同考、收掌。收掌陈槐林、雷祖迪，监试阿光敦、吴协中。

【按：本日日记天头上书"凡入闱阅卷簿，以分房为主，再于各房

各页注明某字号。如贝字之类。计乡试各占一页可也。若以每字号分簿而以各房系之,则纷然难理矣。切记!切记!分房为簿,一房多不过占十页,会试则十八页耳”。】

初七日,癸酉(9月15日) 掣房。翁韬甫坐十八房,拟策题交庞䌹堂。翁斌孙应否回避?由至公堂奏。巳正奉旨:“毋庸回避。钦此。”安折杨定甫晨,丁丑。写。进呈、头场黄梅岑彝年,丙子。写,二场徐花农琪,庚辰。写,三场汪镜青概,庚辰。写。策,䌹堂三道,叔平策二道,农书、选举。其现成者。

初八日,甲戌(9月16日) 辰正命题,《大学》《论》《孟》《韵府》汤。到。洪右臣良品、李少东岷琛、赵佑申培因、中书,甲戌。黄梅岑彝年、黄仙培玉堂,甲戌。写题“实能容之”三句、“子华使于齐”一章、“孔子尝为委吏矣”一节,“尽放冰轮万丈光”。五分,印万二千纸,实到万一千三百八十一人。巳正写毕,申正刻成,子初送出。写者子初印毕,开门进内帘。

初九日,乙亥(9月17日) 经题、策题拟定,封恭缴御章、书籍,用黄签“光绪顺天乡试弟[第]壹大写。场题 臣潘祖荫等恭拟”,叔平书也。共四签,明日开门时呈递,与题筒同。《春秋》题薇翁斟酌至四日,恐人用《胡传》也。

初十日,丙子(9月18日) 辰正,外三擂鼓,内五点,进呈题筒,缴御章、书籍,递安折二件,内场先传点。写二场,涂海屏庆澜、庞䌹堂鸿文、黄梅岑、陈伯双懋侯。

十一日,丁丑(9月19日) 涂海屏、庞䌹堂、黄梅岑、徐花农、陈伯双写二场题。辰初安折回。叔平备饭并监试。辰正写题,午正刻毕。昨实到一万一千三百七十五名。酉刻印毕,戌正送题。“六二鸣谦贞吉”“先知稼穑之难,乃逸”“潜有多鱼”三句,“夏五月辛酉,公会齐侯,盟于艾隐公六年。”“祊之为言倞也”三句。腹疾。

十二日,戊寅(9月20日) 三场《论语古注》、《古逸史》、郑学、选举、《农书》,招三场写策安晓峰、张肖庵、杨定甫、于幼棠、吴郁生蔚若、孔少沾、汪镜清、江韵涛、翁韬甫共二席，薇研备饭。辰刻封题备安折，开门时呈递。三场题午刻交会经堂发刻，自去看之。腹疾。

【本日日记天头上书"三场此日十二。送刻已迟，须早刻。盖前二场皆五块板，此则二块，是以十四日宜催，至子正犹未印齐也"。】

十三日，己卯(9月21日)　进呈题筒、安折二件。辰正三刻开门，内传五点。巳初二刻进卷九百八十三本，条记刻成上堂。又进七百九十二本，未刻上堂，无荐卷。

十四日，庚辰(9月22日)　巳初，外传五鼓。安折回。卯正上堂，阅荐卷五十一本。酉初散。子正开门，送三场题。

十五日，辛巳(9月23日)　午后发三场题筒、安折。申正内传五点。昨进卷连前四千三百五十九本。今日阅荐卷四十七本。

【本日日记天头上书"秋分卯正初刻"。】

十六日，壬午(9月24日)　寅正，外鼓五。试者六十七人。发下宗室题书籍，即拟题，先刻前二行及诗均。未正大雷雨。阅荐卷三十七本。宗室递呈题荫写。

十七日，癸未(9月25日)　丑刻偕叔平刻文题、诗题。"序事"二句，"印沙鸥迹自成行"得"沙"字，薛昭蕴诗。申刻进内五点。呈题筒及安折，恭缴御章、书籍。小签叔平写。卯刻外传鼓。发题，亥刻三场安折回。阅荐卷四十一本。计共进卷一万八百四十八本。夜又进卷四百余本。寅正二百纸印齐，又印百张，不知何用。外间索八百张，弗可解。午正小雨。

【本日日记天头上书"共一万一千三百二本"。】

十八日，甲申(9月26日)　汉监临出闱。宗室卷进。六十七本。巳刻安折回。外鼓五。阅荐卷四十二本。分得宗室卷十七本。夜有风。

十九日，乙酉(9月27日)　阅荐卷五十一本。至公堂知照宗室中七名，宗室卷六十七本，请汪镜青写进宗室卷折一件，落卷加批签。风。

二十日，丙戌（9月28日） 知照至公堂宗室出榜日，粘名次，落卷加批签。阅荐卷四十四本，封奏折、安折卷。夹板。

奏为进呈试卷事：本年乙酉科顺天乡试，蒙恩派臣等为正副考官。八月十八日，据至公堂移送宗室卷六十七本，臣等公同校阅，谨遵钦定中额，选帖试卷七本，拟定名次，黏贴黄签，恭呈御览。命下之日，由至公堂拆去弥封填榜。为此谨奏。光绪十一年八月二十二日。

至公堂送来上谕：内有湘阴饰终。上谕一道。

二十一日，丁亥（9月29日） 辰刻内点五发安折、奏折及进呈宗室试卷七本。阅荐二十七本。二场已进七千余本。天已凉，可穿棉矣。

二十二日，戊子（9月30日） 安折回。午初雨即晴，未初后至公堂拆封填榜，发落卷。阅卷三十七本。开门知宗室中式名次。瑞贤、普懃、玉源、载昌、阿林、祥嫔、灵耀。已荐卷三百六十七本。

二十三日，己丑（10月1日） 阅荐卷十一本。午正题场阅毕，同考归房阅卷，共荐三百七十八本。

【本日日记天头书"二场一万一千二百五十三本"。】

二十四日，庚寅（10月2日） 夜风甚大，冷矣。属伯双、殷甫各看本房文。蔚若、絅堂来。属洪右臣看本房二本。伯双将改本交来。絅堂撤回贝字一本。于幼棠荐南皿四本。

二十五日，辛卯（10月3日） 换季。絅堂来交北皿一篇，发刻。殷夫来，交承字首、三、二文，发刻。张肖庵来商一本。

【本日日记天头上记"一房撤回贝一本"。】

二十六日，壬辰（10月4日） 肖庵房卷改来，交刻。叔平中皿一卷通场之冠。十一房。赵佑申合字一卷首、次二文刻。右臣来改文二本，尚有一文未来。十二房连二场荐一本，一贝。十五房连二场荐二本。一贝一南。叔平与星、薇商元卷改本及乾隆四十四年上谕。

【本日日记天头书"六房撤回贝一本"。】

二十七日，癸巳（10月5日） 二房、四房、六房、十四房、十五房二场荐卷来,来者又九房、七房、十二房、一房,共九房二场卷,又十一房、十七房。

【本日日记天头上书"十五房补荐南皿一本,二房补北皿一本,六房补荐贝一本"。】

二十八日,甲午(10月6日)　请监试、同考上堂,以房首交磨对。最迟十三房、八房,于。换季以来,天转热,夹衣犹挥汗,殆将雨也。十三房仍未齐。

二十九日,乙未(10月7日)　催三场。定房首最难,余处四房贝以易艺雷同易薇处北皿。薇处十四房始以越幅,继以三场淳化字,今日再易矣。午刻十三房二场卷仍未来也。十三房二场始来。

【本月十五日日记后贴有一张"供事名单":吏部书吏张全铭、户部书吏王学忠、兵部书吏丁世昌、刑部书吏张鉴、工部书吏董堃、都察院书吏童芬、能政司书吏金国瑞、大理寺书吏沈德培。】

九月丙戌朔,丙申(10月8日)　以诗付写。自廿八、廿九、初一,皆应自行磨对前十本及句读。拟第六、十二房。南皿次、三场极佳。荫处一房中皿、今日八房贝字、叔平处合字三场极佳。

【本日日记天头上书"八房补荐贝一本""寒露(午初三刻十分)"。】

初二日,丁酉(10月9日)　阅三场荐卷,已正尚有五房未来。商定奏稿一件。回次题事。申刻各房三场俱齐。吴时斋来商初四发中卷事。

【本日日记天头上书"六房补荐南皿一本"。】

初三日,戊戌(10月10日)　叔平重定前十本,奎、童处亦因之更。请写折二件,汪竞青。请写前十名批语、名次,黄枚岑、杨定勇、安晓峰、徐花农及汪竞青。午正请写,未初毕。钉连三卷,申初二毕。刻字匠应登科来钉,渠自道光乙巳即任是役。以大砖压。叔平中卷尚须定。晚在薇处三杯。

奏为进呈试卷事：本年乙酉科顺天乡试，蒙恩派出臣等为正副考官。入闱后准至公堂移送试卷一万一千二百十九本。臣等率各同考官悉心校阅，遵照例额，拟取如数。谨将前十名试卷酌拟名次，黏贴黄签，恭呈御览。伏候钦定。为此谨奏。光绪十一年九月初五日。

【本日日记天头上书"三房补荐南皿一本"。】

初四日，己亥（10月11日） 商定官字号中卷。巳初二刻定。北皿官已散。叔平有一本。绀堂来换贝一本。策四用均。申刻发安折、进呈卷卷箱十本、封奏一件、奏折一件。午初将各房中卷交监试发各房磨对，连不在内六本，共七十本。今日甚热，单袍褂犹挥汗。定本人名下副榜十六名，誊录本年加倍取，应每人取六十五名。风。

奏为请旨事：查乾隆四十四年顺天乡试，题为"子曰毋"三字。是科举人于德裕将"家宰"误认为"公臣"，语意与传注不合。钦奉谕旨训饬，并指出元魁卷中"国制天恩""御廪天家""诏禄驭富"等句通行，晓谕在案。今科次题为"子华使于齐"全章，各房所荐佳卷，以"此题为全章作法，与三字题不同"等语，作为波澜陪衬。若概行沙汰，则各卷中十居八九，几至不能如额。臣等公同商酌，除将误会题解，如乾隆年间于德裕之以"家宰"为"公臣"者，悉加摈斥外，若就注中"禄"字，仅止引用经书中字面，既于文体无妨，势不得不凭文录取。即如进呈前十卷中，间有"驭富""诏禄"字样，其应否取中之处，臣等未敢擅便，恭候钦定。谨奏请旨。光绪十一年九月初五日。

初五日，庚子（10月12日） 卯初小雨即止。风。定甫来换中皿一本，策第二、三不对题，骈文。

贝矜、八。八房、大。南阮、九十八。十二房、明。贝饭、二十二。十房、光。贝夕、七十四。七房、光。北纨、六十六。二明、南伦、四十五。三大、原第二。贝佳、四十六。十六大、原第一。满答、四十七。六明、合审、三十八。五、正。南阮、六十一。十五。光。

申刻开门，安折回，另有旨。戌刻开门，奉旨：准其取中。夜大风。

初六日，辛丑（10月13日） 絅堂、少沾、枚岑、花农、定甹、晓峰、海屏、蔚若来。风雨。吴时斋来，夜大风。

初七日，壬寅（10月14日） 风冷。中卷磨勘讫者，未初始有十四房送来，尚有四房未来也。弟[第]八房于直至戌正二始送来。此次各房均迟。

初八日，癸卯（10月15日） 卯正，钉连三卷，先从余处起，即印衔条，巳初毕。将中卷发各房加批。副榜亦即钉连三、印衔条。午初手填草榜，叔平、星翁为排次。二人唱名，一个书之。未初毕。各房加批申初交来。明日请写名次表。陈伯双、张肖庵、黄仙裴、枚岑、杨定甫、花农、蔚若、孔少沾、汪竞青、翁弢夫共十位。发条，于十一日叫车马来，于十二日子刻到贡院门。申刻叔平招薇丈、星翁同饮，酉刻散。付榜加批，酉初誊录，取定二百六十名，由薇处定。

初九日，甲辰（10月16日） 请同考十位书卷面名次，填闱墨名次。冷。辰初上堂，将各卷散归各号，同吴时斋。仍照草榜一一呼名，十卷一束，巳正毕。然后请十位上堂写毕，即写副榜名次。以复命折请汪镜青写。名次填讫时午刻，星斋装鼻烟。初五封奏及旨拟，明日移交至公堂。午后公服拜监试、各房及雷、陈二收掌，皆来答。写条。兵部笔帖式十二至本宅领复命折、安折。开发各单：书箱金等五十千，又抄文十千，又卅千家中取。刻字应登科二两，又刻字二两，又二两家中取。监试家人卅千，委官家人十六千，收掌家人十八千，剃头十二千，香厨十六千，堂皂八千，茶房八千，水火夫八千，搬行李四千。夜大风。

初十日，乙巳（10月17日） 发落卷。乌少云数日前云，能丑初填榜为妙，以是夜即须进呈御录也。阅报知换戴毡冠、绒领、绵袍褂。偕叔平手写榜字及晓谕。

十一日，丙午（10月18日） 丑初起候监临、提调、弹压、填榜，亥刻讫。子刻对御录讫。余及翁、童、吴、阿及同考仍宿闱中。

十二日，丁未（10月19日） 寅初出闱。兵部程志清、张畹九来，交以复命折、安折。兰苏、斗南、益吾俱来。凤石来，星叔来。门人张謇、玉源、恽毓嘉、尚其亨、延煜、延燮、马步元、许之荣、沈瑞芝、徐德贶来。芷庵、樵野、刚子良、嵩书农、王贻清、少沾、伯双来。

十三日，戊申（10 月 20 日） 上幸南海、皇太后过，均在德昌门外桥侧碰头。晤廉生、兰孙。玉均、延兰、赵执诒仪年、梁济、周行铎、连文渊、杨志立。门人王芝祥、刘常埭、王德祖、鹿瀛理、瑞贤、王守训、万勋、梁于渭、方孝杰、阿林、丁述曾、祥㻫、吕贤垫、沈曾桐来。

十四日，己酉（10 月 21 日） 入直。开发内廷节赏。上幸南海。赏大卷六件、帽纬一匣。缪小山、何棠光、于幼棠、志颜、黄仙裴来。门人王诒善、余诚格、启绥、孝昌、熊登第、恩麟、杨锐、项升、载昌、莹福、秦庆元、孝诚、钱骏祥、于宗□、陆钟岱、陆钟琦、任毓桢、熙元、屠寄来。朱琛、汪凤藻、欧阳衔、吴蔚若、张肇镳、耿士璟来。

十五日，庚戌（10 月 22 日） 入直。复清卿并寄谊卿墨、题名。发南信，四叔、济之、辛芝、瘦羊、广安墨十二本。复钟饴墨二本。晤廉生墨四本。尹良、崇良来。裕昌、郭恩赓来。容方、李丹厓来。林万涛、黄昌耀戊辰教习，瑞兰之子。来。尹良、崇良、水宝煜、瑞启、刘元辅、宝谦、琴。丰钟广、张毓蒉、蒋晋、蒋志廉、邓应潢、梅文明来。薛小云、涂海屏、陆蔚庭、钱子密、定成来。癸酉刑部。

十六日，辛亥（10 月 23 日） 入直。朗斋、花农、方作孚、王桐荫槐、郭光爝、吴昌坤、李景旸、陈景埻、张渭、郝植东、党佩蓬、刘津溥、傅世炜、颜钧、施启宇、常光斗、安国、蕴荃来。送伯双盂鼎拓、枚岑《左补》《孔辨》《全生》。

【本日日记天头上书"霜降，未刻"。】

十七日，壬子（10 月 24 日） 入直。晤兰孙。蒋式芬、张澂、艺芳来。右臣、少东、朱楹之、方孝杰、荣禧来，江仁葆、王焯来。

十八日，癸丑（10 月 25 日） 入直。送伯兮盂鼎拓本，又别拓三分交廉生，又杞侯盂拓本。继良来，前户部宁夏守，丁忧。寄清卿、杞侯盂拓。培卿墨一分。刘家荫来。胡来。三百。安晓峰、周庆榜、马亶望来。复培卿、鞠常。傅增淯来。陈智、郭、恩二司官发源寿。来。郭号少兰,恩号益堂。

【本日日记天头上书"培卿乞书节孝二分。扁,即寄去"。】

十九日,甲寅(10 月 26 日)　入直。换羊皮冠、黑绒领、珠皮袍褂。到署。汪同生来。复清卿、横幅。子静。墨四本。裕祥吉臣、杨星伯炳源、胡景桂月舫、癸。张一麟伯仁来。李春泽、张祖辰、濮贤慈来。

二十日,乙卯(10 月 27 日)　入直。兵部带引见五名。恭题皇太后画梅四幅。王隽颐山西县,癸酉。来。王莆卿来。寄知无信、墨,内心岸信、墨,交汪同生。冯学彦来。姜秉善、华学澜、瑜璞、豫咸来。

二十一日,丙辰(10 月 28 日)　入直。寄裕寿山墨、《左》、《孔》、信,交同生。胡景桂、锡良来。送子授《左补》《孔伪》《松壶》。容方来。董研秋之子维干来,号仲岩。

二十二日,丁巳(10 月 29 日)　入直。赠廉生《杨广乐太守碑》。凤石来。梁锦奎来。到署。午风,嵩书农来辞行。耿士璟小宋来辞行。董文伯檺来,□穆子。武景炘来。

二十三日,戊午(10 月 30 日)　入直。喑舜臣。董仲岩辞行。子英来,百。笔彩来。

二十四日,己未(10 月 31 日)　入直。晤廉生。荣福、黄壎、王锷、廷栋、汪同生来。杨定甫来。换银鼠褂。

二十五日,庚申(11 月 1 日)　入直。大风冷。派写恰克图关帝庙"德周泽洽"扁。陈恩荣、崔宜、杜华凤、章钰、昶赓勋、王芝理、董锡光来。鹿瀛理来。寄王鲁芗对、皮甬。济之墨四。胡来。百。

二十六日,辛酉(11 月 2 日)　入直。派写河南鹿邑汲县关帝庙、城隍庙"泽敷涡颖""三川保障"扁。胡来。振民墨,二。陈嵩伫盂鼎、墨,皆交眉伯,又陶民,二。又讷生、辛芝。

二十七日,壬戌(11 月 3 日)　入直。冷。眉伯行。刘文治、穆星沅、李嘉祥、小轩子。瑞麟、德寿来。胡来,借兰孙得天四言对交刻。廿九日以原本还兰荪。

二十八日，癸亥(11月4日) 入直。冷。寄彦侍墨、盂鼎、𬮿盂、唐墓志等共六纸。石查来，百。陈治宣、张元钰来，胡来、庞绚堂来。

二十九日，甲子(11月5日) 入直。爱吾庐晤兰孙。水宝煜来。得振民、嵩佺信，即复。换洋灰鼠。胡来。

三十日，乙丑(11月6日) 入直。祀先。上诣太庙，乾清门补褂侍班。崇文山来。到署。午刻微雪，后小雨。

十月丁亥朔，丙寅(11月7日) 直日。卯正二坤宁宫吃肉，补褂。晤廉生。李钟瓒来，菱洲子，副榜，号仲卣。李念兹来，刑部奉天司，来言刘若曾之贤，其盐山同乡也。朱锦云甫、陆绍周粹甫来。子英来。仲荣来。汉军九名。

【本日日记天头书"立冬，未刻"。】

初二日，丁卯(11月8日) 入直。派写长春宫水门扁、对十分。十八房请文昌馆，辞之。容方来。孙宝琦来，子授令郎也。十八房送文昌酒席，以送刚子良。夜大风。换染、艮[银]鼠、冠。

初三日，戊辰(11月9日) 入直。孙未。派写凝秀宫对一联。七言。派写阅是楼格眼三件。换白风毛。

初四日，己巳(11月10日) 入直。风冷。晤兰孙。吴树梅新直南斋来。容方又来，看动工处所。

初五日，庚午(11月11日) 入直。带吴颸辰入直。冷。惇邸送神肉第二次。胡子英来。朗斋、兰孙送礼。骏生送木瓜。文山送烛、酒、璧。杨蓉圃送酒、腿。

初六日，辛未(11月12日) 入直。昨戌刻职方因不戒于火，寅初到署，知已办折，本日奏，据称即时扑灭。万寿圣节，赏袍、帽料六个及帽纬。住壶天，仿仪征茶隐之例，闻冯伯申亦住对面房。午初到署，本日折，奉旨依议。约廉生来壶天，未初去。冯伯申来，其值班亦寓此也。廉生以位西注《四库总目》来阅，即还之。

初七日，壬申(11月13日) 入直。得济之、谱琴、三姊、清卿、广安信，即复。发谊卿、培卿、清卿、济之信，内仲午吉期事。刘姓来，并同郝贵来。

初八日，癸酉（11 月 14 日）　入直。晤兰孙。徐国桢、莪圃子。赵梦奇来，苏崇河来，新峰人。胡来。二百。邀石查，未来。

初九日，甲戌（11 月 15 日）　入直。购袁氏书：朱泽民《存复斋集》、《中吴纪闻》、《颜山杂记》、《陈伯玉集》、杨春刻。元板《瀛奎律髓》，共四十两。张天瓶"明月直入，清风徐来"小对刻成，送兰孙红、蓝拓各一分。共拓蓝五分、红八分。石查来，送一爵。秦钟简来，号舸南，新放兖州沂曹道，戊辰。法源寺书渐取回。

初十日，乙亥（11 月 16 日）　入直。皇太后万寿圣节。慈宁门行礼递如意，赏还。借兰孙申文定题王百谷《万年青》一幅、潘莲巢摹云东逸史《万年青》一幅，有梦楼题。付子英钩刻。王树堂隽颐来。胡子英来。百。郑钟清、郭升带去清卿、谱琴、济之信。夜大风。

十一日，丙子（11 月 17 日）　入直。孙未到。风。兵直日。斗南函致［至］，伊胞兄病故。

十二日，丁丑（11 月 18 日）　入直。梁未到。方长孺为刻三小印，皆不见工。午初到署，尚无人。石查送一银钺，有"□都司工"字，索五十两。字疑从平斋大钺集出者，还之。子英来，一敦。史族。还兰孙申文定题王百谷《万年青》一幅。武闱外场今日复命，耀、薛。内场明日放。本列翁、祁、孙子授，次日派祁、孙。孙莱山、徐东蘅、周心棠、梁斗南、恽、李端棻，共九人。李秀峰乘时来，孝廉方正，分发安徽。沈树人来。新举。

十三日，戊寅（11 月 19 日）　入直。还兰孙莲巢画《万年青》一幅。孙入武闱，梁未到。斗南借卅金。陆寿门送茶杯、壶四件。又张公束鸣珂寄林仁肇钟拓，并索《滂喜》丛书。

十四日，己卯（11 月 20 日）　入直。命拟水仙花盆上三、四、五、七言及五言、七言绝。招徐花农、骏生、泉孙写片，留饭。晚饯严先生。仲田来告，芍庭十三日亥刻去世。发清卿、谊卿、培卿、济之、谱琴、辛芝、竹年信。童薇研招十五日,辞之。胡子英来。百。张樵野来。

十五日,庚辰(11 月 21 日)　入直。晤廉生。严子范辞行。送黄枚岑《滂喜》一部,又高紫峰、嵩书农、刚子良、张樵野。陆寿门来,未见。子英来,属装自藏器拓四十三纸。马子祥故,助四十千。

十六日,辛巳(11 月 22 日)　入直。大风。写对五十付。送朗斋一联、一大司马石章。李恂伯癸酉。维诚、英荷亭煦山东主试。来。午正到署。

【本日日记天头书"小雪,午初一刻"。】

十七日,壬午(11 月 23 日)　入直。晤廉生,代购铲币廿枚,直百五十余。贺归陶氏三妹五十。大风。送兰孙《东津馆》《江山风月集》。刘芝田、刚子良来。裕厚来。严子万南归。

十八日,癸未(11 月 24 日)　入直。派写湖北房县关帝庙扁"筑江昭佑"四字。晤兰荪。子英来。世锡之家交来济之前月初四信件。

十九日,甲申(11 月 25 日)　入直。答樵野、芝田、芷庵。晤廉生,交百金足市平票,又十六金票。兵部直日。换戴本色貂帽貂领。博古送来《圣教》,励衣园物,良常跋,索二百,还之。王隽颐树堂、李乘时秀峰来。

二十日,乙酉(11 月 26 日)　入直。进内。上幸北海。兵部加班,奏事磨勘武乡试录一折。上过永安寺时侍班。本日吏部亦加班,兵部则到者惟余耳。得鞠常信,又至申江而返。发叶先生、济之、辛芝、瘦羊、广安、清卿、谊卿、培卿信。寄眉生挽联,送芍庭挽联。

廿一日,丙戌(11 月 27 日)　入直。请同考文昌馆,奎星斋办,及监临、提调、内收掌、监试、喜台班,酉初散。严范孙来,壬午复试,癸未庶常。得吴仲饴、彭渭川飞熊信。夜有流星,自东而西,西而东。

二十二日,丁亥(11 月 28 日)　入直。廉生又交来铲币、十三。斗检封一、小即墨二、竟[镜]二。送枚岑、伯双、右臣《陶堂集》《东津馆文集》《桐江集》《江山风月集》。增寿寺芍庭家得信成服,往吊之。

刘若曾、江容方、周龄、胡子英来。

二十三日，戊子（11月29日） 入直。上幸南海。晤廉生，交产[铲]币十五枚，直百四十金。余十金存用。梁斗南之兄开吊文昌馆，往吊之。得谊卿信。到署。张季直謇、殷秋樵、胡泰福、刘朴副榜。来。

二十四日，己丑（11月30日） 入直。以《滂丛书》《年谱》《小浮集诗文》《士礼居》《左补》《孔辨》赠张季直，又《慎庵诗文》，又《陶堂诗文》。又一分赠刘仲鲁若曾，并属季直代撰进呈录前序。连文渊来。胡子英来。

二十五日，庚寅（12月1日） 入直。兵部奏事。上幸南海。□未日。兵部加班奏武覆试，侍班。容方择本日辰刻，云海巢之西廊动工，即余从前之书房也。胡子英来。刘仲鲁、张季直来。夜大风。

二十六日，辛卯（12月2日） 入直。大风冷，子授未入直。是日系礼部直日，渠又权礼部也。子青属为菊垞书对，又送醇士画一幅。送杨蓉圃对、书、帽架、朝珠、合茶、莲心。胡子英来，还之二百。携一破盂来。宝森送《五伦书》、元板《纲目》，还之。得振民十二日信，并汪退谷墨刻，又《十三行》。

二十七日，壬辰（12月3日） 入直。兵直日，十五件二片。复凤石，交戴毅夫处。胡子英来。送仲田四十寿，石拓、帽纬、袍料、褂料、烛、酒、花袖共十件。

二十八日，癸巳（12月4日） 入直，孙未到，吴磨勘班，先散。寄张玉珊鸣珂《滂丛书》，交陆寿门。昨子英送看王孟津画一幅，绢本，即还之。大风冷。柴堦来。本科举人。赵宇文梦奇来，选广东大埔者。以《慎庵诗文》送廉生。曾培祺来，河南主考，号与九。

二十九日，甲午（12月5日） 入直。斗南销假入直。晤兰孙处，菊花犹甚好也。贺江容方选湖北盐道。廿七日去。昨外间喧传合肥有东坡海上之信，其实无是事也。发南信，济之、振民、辛芝、谊卿、培生、讷生、叶鞠常共七函。送左季高祭幛，交湖广馆，以楚人今日祭奠也。公请同考官,奎星斋办,派公分叁拾一两二钱。到署。未初一刻归。在署见礼部来文,知初一日内阁会议陈宝琛在江西学政任内请以顾亭林、黄梨洲从祀孔庙。廿五日在南海遇延树南宗伯及荫轩,谈此,意在驳之。苏来,伪匦一,玉壶、玛瑙壶料、八骏壶,还之。写对卅付,又共四十付。得柳门信,言初四进沙窝门。

【按:本月日记后附一开支单据:监试,每十千,共加十,付;委官,每四千,共加八,付;收掌,每六千,共加六,付;剃头,十二千,付;香厨,每四千,每加四吊,付;堂皂,四千,加四吊,付;茶房,四千,加四吊,付;水火夫,四千,加四吊,付。共九十六千又廿千。共领钱百叁拾千。】

十一月戊子朔,乙未(12月6日)　入直。派写韩江闸大王庙扁"镜清昭佑"。复柳门,并函致松寿泉、陆寿门。穆春厓来,文邦从来。辛酉川拔。

初二日,丙申(12月7日)　入直。送赵宇文文恭《年谱》《思补》《东津》《洗冤》。子英来,一卣盖"子孙父乙母癸",还之。对昨廿付,今廿付。得济之、陶民、眉伯信。昨得干卿信。

【本日日记天头上书"大雪,卯正一刻二分"。】

初三日,丁酉(12月8日)　入直。复李孟和福沂。承墨庄翰来,湖北主考。毛绳武来。得培卿、鞠常、瘦羊信,嵩佺信。

初四日,戊戌(12月9日)　入直。发南信,济之、培卿、嵩佺、陶民、鞠常、瘦羊、眉伯、干卿、辛芝。容方来。以《滂喜》及先刻《年谱》《思补》《东津》《功甫小集》《洗冤》《全生》送吴时斋。朱一新来。柳门到京。会户部奏二件。

初五日,己亥(12月10日)　入直。至阁遇兰孙。礼部奏顾、黄稿,画另议。派复勘各省岁科试卷。懋勤殿叔平来商,初二、初三俱来商,因顾、黄从祀事也。阅伯熙所拟奏稿,删改之。到署。风。吴缌臣遣人来告以痢,明日仍不能入直。刘纶襄来,汪柳门来。初八日祈雪。胡子英又送卤盖来。

初六日，庚子（**12 月 11 日**）　入直。复清卿、内得天四言对。谊卿。送廉生蓝拓得天对。直日。大风冷。

初七日，辛丑（**12 月 12 日**）　入直。济之托世锡之兄寄冬笋。陈嵩侄寄钮《说文》《三国证闻》《眉山诗案》，俱交到。在内见容方、柳门、崧锡侯。得张丹叔信。汪泉孙来。宝森来收拾书二种。送兰孙《三国志证闻》。得嵩侄信。以钮氏《说文校录》一送廉生，一送伯兮。边润民来。胡子英来。杨容圃来。胡子英送腊梅八小盆、梅二小盆。

初八日，壬寅（**12 月 13 日**）　入直。上诣大高殿祈雪，未刻仍迁回养心殿。先是以收拾天沟，八月中移毓庆宫也。济之交沈兰台。寄香稻一包，收到。廉生为代购三布、一幼泉。十两。

初九日，癸卯（**12 月 14 日**）　入直。到署，午正二散。赵寅臣来。

初十日，甲辰（**12 月 15 日**）　入直。天安门礼部朝房覆看各省试卷。答柳门、润民。写对五十付。子英来。百。加班奏事。亚陶来。宝森来，《中吴纪闻》装成。

十一日，乙巳（**12 月 16 日**）　入直。大风，刻好《万年青》二幅送兰孙。伯双送《常衮制诰集》二、《蓝高传集》、《东越文苑》、《马石山志》及《周易》，明报以《滂喜丛书》《士礼居》报之。【按："报之"衍。】

写对卅付。黄秀生群杰来。亚陶来诊姨太太。

十二日，丙午（**12 月 17 日**）　入直。招花农来。上欠安，看方请安。崧锡侯来。

十三日，丁未（**12 月 18 日**）　入直。上已愈，看方请安。唁庆邸绵佩卿，吊子腾。昨去世。候廉生不值。施小山人镜送"本日豁免江淮等处"谕来。

十四日，戊申（**12 月 19 日**）　入直。出城，城根遇兰孙。兵部直日。亚陶、树南、雷瀛仙来。写对六十付，又写廿付，共七十付。【按：原文如此。】王赓荣来，江西主考。唐椿森来，以睡未见。

十五日,**己酉(12 月 20 日)**　入直。上微受寒,仍看方请安。冬至夜祀先。对卅付,共三百六十付俱全。

十六日,**庚戌(12 月 21 日)**　入直。仍看方请安。冯文蔚来,已晚未见。

【本日日记天头上书"冬至,子初三刻"。】

十七日,**辛亥(12 月 22 日)**　入直。仍看方请安。晤兰孙。午初到署,未初散。答冯莲唐。微雪。雪至半夜止。

十八日,**壬子(12 月 23 日)**　入直。看方请安。壶天遇兰孙,会户部奏云南关边谏军一折。武库司沈维诚来。黄枚岑来。若农来。

十九日,**癸丑(12 月 24 日)**　入直。晤若农。若农送鼻烟,送以蒸食二合。送边润民对及家刻。李荆南送明日同乡谢恩折来看,送以家刻。胡子英来,百。属装册九十八开,又十九开、十三开。兰孙得吏右。送冯莲唐以家刻六种。得济之、谱琴、振民信,即复。送若农以家刻六种。孙幼轩来。

二十日,**甲寅(12 月 25 日)**　入直。同乡谢恩。壶天偕叔平晤兰孙。文叔平治、陈彦辅来。

二十一日,**乙卯(12 月 26 日)**　入直。偕翁、孙、孙、周、徐、盛、龙、奎、陈秉和议黄、顾从祀一折。年差始写"福"字四十、"出门见喜"等廿二件。得辛芝廿七信,即复。宝森来。十二两。诚勋来,号果泉。库司,坐粮厅差满。本日另议一折。奉上谕,大学士、六部、九卿、翰、詹、科、道再行详议。胡子英来。若农仍入直。

二十二日,**丙辰(12 月 27 日)**　入直。写年差"天佑皇清"、十三言、五言、"长寿"又"寿"八方。兵部直日。若农、柳门、钟宝僖来。冯莲堂来。送若农《左补》《孔辨》《士礼居》《百宋》《藏书纪要》。

二十三日,**丁巳(12 月 28 日)**　入直。写进上"福龙吉祥"四字五分、春条十二件。寄清卿拓本卅二纸,有铲币。送柳门《左补》《孔辨》《贞烈》《秋审》《松壶》《慎庵》《桐江》《东津》《功甫》《东古文存》《士礼居》。齿病,不见客。花农来。胡子英来,以金曰苣拓、王兰畦拓属裱。

二十四日，戊午（12 月 29 日）　入直。上祈雪大高殿。牙痛。发南信共七函，又运斋信。诚果泉劢送十色，受酒及茶、糟鱼。送廉生《籀经堂类稿》。沈叔眉源深来，送以《思补》《东津》《年谱》《秋审》《洗冤》《正学》六种。赵宇文梦奇来，送以前刻六种，又一分属转送朱丙寿。

二十五日，己未（12 月 30 日）　入直。年差余写一百十二件。兵部加班一件。傅云龙来，懋元，选司郎中。以内中节赏条幅三百卅件托斗南觅人书。胡景桂送《魏邹珍碑》《隋南和澧水石桥记》。答以文恭《小浮先生年谱》《思补诗集》《正学编》。胡子英来，鼎议定。以《籀经类稿》送伯兮，交廉生。刘燕臣来，云丁未刘毓敏之子偕程小泉之子来京，云号乙斋。

二十六日，庚申（12 月 31 日）　入直。朗斋处送席，本日请训也。午初到署，未初散。胡子英送鼎来。兰孙借书七种。

二十七日，辛酉（1886 年 1 月 1 日）　入直。上欠安，看方请安。柳臣送酒、食物及《说文统系图》，受之。廿五。廉生送汉专［砖］、大字竟［镜］拓吉羊语一纸，即付装。泉孙送《岁朝图》一幅，昨日其生日也。若农送朝珠、香牌、蜜饯。本日上谕，复王公官员俸饷一道。

二十八日，壬戌（1 月 2 日）　入直。看方请安。风。苑秋舫来。以新得鼎拓送廉生及伯兮。刘滋楷来，七十一名，承德。胡子英来，裱册送来。牙痛至今未愈。

二十九日，癸亥（1 月 3 日）　入直。看方，仍请安。漱兰来，适未归，送二十四金。沈叔眉送礼八色，璧。收笺。未刻上谕："工部尚书着潘祖荫补授。钦此。"花农来写折。花农再来。工部司务厅中卫来。黄仲韬来，送家刻各种。得济之、三姊信，鞠常信。

三十日，甲子（1 月 4 日）　入直。具折谢恩。贺阎、张。大拜。候莱山。吴耀臣来。朝房遇福箴廷，得协撰、司农，叔平调司农，芷庵补工尚，文山调太宰。各衙门官员谢复俸，本定今日，以堂衔更换，改定明日。额小山总理兵部。发南信，四叔、济之、三姊、培卿、谊卿、二函。鞠常。七函。柳门来,斗南送吕宋烟草,焚之以治牙痛。殷秋樵来,送以家刻七种。

十二月己丑朔,乙丑(1月5日) 入直。公折谢恩。乾清门外磕头。恭代御笔开笔,乾清、坤宁、养心殿"福"字四件。到工部任。贺额小山嫁女。拜客数家。梁经伯来。若农送一席,以送崧锡侯。得窠斋廿六、廿七二函。手复清卿,谢惠牙疼药。林维源来,号翻甫。
【按:本日日记天头上书"小寒,申正"。】

初二日,丙寅(1月6日) 入直。派管理火药局事务。晤兰孙。陈骏生送《岁朝图》一幅。漱兰送《习学记言》、《试牍》、茶料、漆合,收之。笔帖式廉兴、清平送谢折来看。廉生处存件取来七箱,送去各省闱墨五本。若农要顺天闱墨二本。芷庵来,送以家刻六种。工直日。再送朗斋席。

初三日,丁卯(1月7日) 入直,具折谢恩。答芷庵。吊子腾。外国新年会晤,弟[第]三班,偕福箴廷、续燕甫、沈中复。一点半德馆,二点和比馆,二点半美馆,三点英馆。申正后归,已酉刻。赏大卷。得李贡山璲信。

初四日,戊辰(1月8日) 入直。送张朗斋行。莱山招未刻,辞之。送兰孙《桐阴论画》二本。王可庄来。江容方来。午正到署,同芷庵,未正散。得清卿信,云初七到京,属为崇文门照料。

初五日,己巳(1月9日) 入直。派写丰宁县关帝庙"神咸普佑"四字。朝房遇兰孙、寿泉,以清卿进城,面托寿泉、荫轩、芷庵。赏耿饼。寄廉生件已取齐。手复凤石,交毅夫。初三熙续庄示牙痛方,昨已试之。昨容方一方有槐麻者,无从觅也。云染坊有,询之亦无。交斗南。六十四两。仲饴寄《捃古录》、酱菜,即复,并寄以朱拓《万年青》二种,交廉生。

初六日,庚午(1月10日) 入直。大风。遣人迎清卿并属壶天。壶天遇柳门,柳门送《说文统系图》裱好者二幅、《泰山》四纸、《琅邪》二纸。送柳门朱拓《万年青》二种。复伟如十八信,交沈子敦。胡子英来。得逢润古信。

初七日,辛未(1月11日)　入直。孙未。大风冷。朝房晤祥仁趾、清卿。午正到署,未初散。山东门人刘纶襄、李端遇、高彤瑄传潜、陈秉和、梁锦奎送酒席,送清卿。手复邹岱东,送以《左补》《孔辨》《士礼居》。得承惠信,河南府,号枫亭,即复。

初八日,壬申(1月12日)　入直。冷。上祈雪大高殿。奏事、批本、条对十五分乞寅臣令郎书之。清卿、朗斋来。王同愈来,胜之。胡子英来。郭升到,得谱琴、振民信,发南信。石查来。大衍。

初九日,癸酉(1月13日)　到火药局任。发四叔、济之、谱琴、振民、运斋、广安、辛芝、麟生信。晤清卿、兰孙。送阿小山克达春礼四色,《正学》《洗冤》二种。得李觉堂王守训乃其甥也。信。手复胡辑五,送家刻三种。手复朱少愚丙寿。朗斋信。

初十日,甲戌(1月14日)　入直。直日。大风冷。赏燕窝。皇太后赏福寿字,吏部引见时碰头,以赏回王公俸艮[银]故也。得济之十四信、谊卿二信、辛芝二信并《谱》凡例。刘家荫来,收程正伯送字卷,送《梦溪笔谈》,宋本也,还之,以已有也。

十一日,乙亥(1月15日)　入直。大风冷。汪柳门来,得阁学。内中送火锅、三两。帽珠。四个。阿小山克达春来。胡子英来。送柳门《功顺丛书》。得彦侍信、拓本。

十二日,丙子(1月16日)　入直。送刘樾仲家荫家刻六种。午正到署。二刻散。总署来文,知十四俄国会晤改于十六。写春联及云阶对件。惇邸又送素菜八色及蒸食,明日以朱拓四申、姚《万年青》,张得天对,《说文图》。及食物六色答之。

十三日,丁丑(1月17日)　入直。干冷。送方孝杰《丛书》四函,又《正学》等五种。李维诚、《洗》《正》二书。梁彤云、随张朗斋,工主。廷栋、徐亚陶来。胡子英来。汪柳门来。崇文阁以磨墨亭抄本全函来,索二百金,不成。荐之若农,若农得其书数种。

十四日,戊寅(1月18日)　入直。松寿泉招未刻,辞之。先后助斗南。百,又卅,又四十,又廿四。赠廉生十行本《尚书注疏》,汪孟慈物也。过黄。午后雪。复王符五,送以《思补》《蚕桑》二种。陈兆奎来,得隽丞信并古陶二件。得刘永锡信、沈守廉信。夜大雪。

十五日,己卯(1月19日)　入直。写御笔天喜神之神位、漏子。江容方来。牙痛。明日俄国会晤,已行文。感冒矣。松江守恩兴来,号诗农,本纪保举。雪至申后渐止。

十六日,庚辰(1月20日)　入直。赏"福""寿"字,引见时磕头谢恩。得仲良信,夑臣面交。是日俄国会晤,以感冒行文,不克到。大风冷甚。得豹岑信,余诚格送来,其甥也。廉生函来,欲同伯兮见招于廿二日前,告以齿病不能到。胡子英来,得季良父壶、杯,疑伪,与筠清馆不同。熙麟来。癸酉。工部笔政彦秀等送折七件来看。

【本日日记天头上书"大寒,巳正"。】

十七日,辛巳(1月21日)　入直。午正到署,未初散。慕慈鹤来。写"福"大十七件、小廿五件,对十一付。胡子英来。百。芍庭开吊文昌馆。

十八日,壬午(1月22日)　入直。斗未。斗南车翻马惊以致腰疾,又助斗南大衍。上诣大高殿谢雪。工直日。派题群仙祝寿画、"寿"字幅三件、竹梅幅三件。得鞠常信。

十九日,癸未(1月23日)　入直。斗未。上办事后幸北海。同乡谢恩。叔未。皇太后赏貂皮十张、大卷八个。晤兰孙。属若农书"足轩"扁。午正后南书房送来赏袍、褂料各一、帽纬一匣。若农即写扁来,且作赞甚工。得赞廷信。得王作孚信。

二十日,甲申(1月24日)　入直。斗未。上办事后幸北海。芷庵招廿一,辞之。送以文宗御笔对朱拓及《说文统系图》。送容方行,送以自书对及食物四色。贺柳门。是日巳刻工部封印。清吉甫到。苏来,胡来。大衍。夜雪达旦。

二十一日,乙酉(1月25日)　入直。晨雪。巳正后晴。上办事后幸北海。派写浙江海盐观音大士扁"自在真如"。斗南已愈，燮未。贺燮臣子完姻，送六两。晤廉生，见其崔青蚓《岁星图》及黄石斋、倪鸿宝大草直幅。又建义大造象一。兰孙索朱拓《万年青》二纸。容方来，明日行，并看马号等处。柳门送端木子柔疏稿来看，即还之。手复宗子林。胡子英来，携来一斝，八十。以宋本《唐子西集》付其重装，以年内为限。苏来，爵四十。宝森来，以元本《存复斋集》二本、《瀛奎律髓》交重装，限以年内得。方子听来。刘樾仲来，送《家语》《列子》《群书治要》。

二十二日，丙戌（1 月 26 日）　入直。赏黄米糖，以"福""寿"字乞若农署款。若农所箸[著]《撼龙注》《元秘史注》皆可传。石查来，百。以《道因碑》索售，廿四金，云朱子涵物也。以朱茮堂、秦谊亭《岁朝图》二幅属其重装。兰孙送阅倪鸿宝画石手卷，有吴荷屋跋，无上上品也。上幸南海。笔彩来，其帐帖还之。苏来，付五十两。昨爵四十。石查送来《丙戌岁朝图》，极工妙无比。泉孙送殿试策来看。戴绥之姜福来。冯开勋送韭、紫蟹、艮[银]鱼、回网鱼等，以送若农。

二十三日，丁亥（1 月 27 日）　入直。上幸南海。得驾航信。送柳门韭黄、腐干、香蕉、自制粽四色。松寿、伦五常来，即着伦查火药局。托若农在粤傤伙。送清卿食物及自制粽共四色。清卿来。子授来索《左传》，八十两。并言增价。兰孙索观石查画。得张南浦信。祀灶。甚冷。工部送廿五加班三件来看。

二十四日，戊子（1 月 28 日）　入直。清卿于本日请训，在内未见。上幸南海，末日。明日工部三件，二件报销，一件更换河道大臣也。闻吏部黄漱兰处分亦明日上。斗南送食物六色。伦梦臣查局来复。得子授复，《左传》八十两已交前途。《唐子西集》得自崇文阁。送寅臣令郎袍褂、磁茶壶、铜手炉。柳门送酒二坛、食物三色。胡子英来。大衍。李若农送粉角子。骏生送牡丹二盆。又泉孙、熙年送天竹、迎春、梅花、水仙各二盆。文邦从来。

二十五日，己丑（1 月 29 日）　入直。大风冷。工部加班奏事三件。传心殿与芷庵语。仲华开复处分。清卿送点石、盂鼎拓五纸。得济之、广安信,即复。又复彦侍信,即发。送清卿以文宗对、得天对、《万年青》朱拓二、袍褂等六色。廉生送《高君》《善业泥》《苏常侍》《景龙残石》各拓。送以盂拓、𠁿鼎拓。胡子英来画,得《岁朝图》,设色鲜明。漱兰降二级。清卿来。得春厓信。

二十六日,庚寅(1月30日)　入直。过年祀神。得鞠常信,即复,交熙年。松寿、继昌来,为琉璃窑事。伦五常来,孙子授招毓庆、南斋同事,以牙痛、胃痛辞未到。闻斗南亦不到也,叔平亦未到。以《高碧湄集》五部寄倪豹岑,交余诚格。胡子英来,《唐子西集》装好。宝森所装朱泽民集及《瀛奎律髓》亦装成。吴清卿遣人来拓齐镈钟。拓去三分。得成允信。都水司交到水利艮[银]百四十两。得香生信。得谭进甫信。

二十七日,辛卯(1月31日)　入直。赏貂皮、荷包、手巾。送若农《陶堂集》二部。贺廖仲山得兵右郎,即漱兰缺也。开发内廷赏条对。兰孙借《唐子西集》《中吴纪闻》《净土安养集》三种阅之。陈骏生来,送以《东古文存》、《年谱》二、《桐江集》四种。文书田来报,昨日去世。以拓本廿四纸交方长孺送方子听。得汪眉伯信。吴燮臣送云峰山拓廿种,又十八种及食物二、帽架一,答以汪退谷《十三行》、家集、《年谱》、《功甫小集》、《全生》、《秋审》、《东古文存》、《洗冤》等书,《正学编》一部。胡海帆翔林来,交到云楣信。发下狍鹿赏。胡子英来,铲币廿四个。

二十八日,壬辰(2月1日)　入直。得子健信。上诣太庙,乾清门蟒袍、补褂侍班。荫轩亦穿貂,见余等补褂乃易之。归时磕头。朝房遇露圃、树南、受之、小云、仲山、春厓、恩宝廷佑、芷庵,俱貂褂碰头。胡石查来。六十。访兰孙不值。开发内廷节赏。送芷庵、四叔花卉、拓本二幅、吉羊古拓横幅、申文定《万年青》、王良常《桃花源记》六幅。江槐庭来复查佑事。以币拓四送廉生阅。胡子英来,还铲币二枚、小币一、𠂤。梁币一、安邑币一、𧷜币一,俱伪也。得济之、初九。振民、眉伯、瘦羊信,李次青、程小泉信。答立豫甫、徐花农食物。朱咏裳善祥来。雪。

二十九日,癸巳(2月2日) 入直。赏荷包五个,恭代御笔福神、喜神、财神、贵神、天喜神之神位五分。开发苏拉。又黄酒馆自五月至今每月四十千,合艮[银]廿两,付之。梁经伯四十两。又太监料套红壶十两,藻草玛瑙壶珊瑚盖。廿两。苏来,十六两。廉生送来卣器盖拓,云陕周姓得奇物也,又郪爰拓。韩荫荼送花,答以文宗对、点石、盂鼎、得天对、《说文统系》、《思补诗》、《年谱》二、《正学》。花农来,八十。赏香橙。得文卿信。芷庵送,熊掌、鹅、野鸡、鱼、小鱼蟹,答盂鼎。以送仲华。竹村信,小村、谷宜信。以日本《群书治要》送廉生。胡子英来,一百三十二金,欠廿八金,产[铲]币直也。以叔ㅅ敦盖来,索百五十金。卅日付清。子英。

三十日,甲午(2月3日) 入直。赏"龙"字,懋勤殿跪春。军机到,同跪春,礼、额、阎、张、许、孙、李、梁、吴。上御保和殿,出乾清门时貂褂、蟒袍、挂荷包,谢恩并春帖子赏。军机未侍班,是日李耀奎一起,军机无。石查廿四两,《道因碑》。胡子英来。笔彩樊来。古竟[镜]十七两,付清。仲华送,鹿肉、奶饼冻、田鸡、艮[银]鱼六色。以鹿肉、田鸡送骏生。接灶,祀先。陈少希信。送莼客食物四色。莼客答食物四色,以送若农。子望信。

光绪十二年日记(1886)

光绪十二年丙戌正月庚寅朔,乙未(2月4日) 寅正进内,前门关帝庙拈香。辰初三慈宁门行礼。上御太和殿受贺,懋勤殿开笔,递如意,回赏。诣惇、恭、醇三处。夜雪。
【本日日记天头上书"立春"。】

初二日,丙申(2月5日) 入直。风冷。得张承燮信。军机团拜送席,辞。

初三日,丁酉(2月6日) 大风冷。请假,赏十日。函致芷庵。若农、斗南、燮臣来。发南信。

初四日,戊戌(2月7日) 叔父廿八寅刻去世,龙泉寺念经,成服。兰孙、柳门、申之、仲田、沈兰台、范卿、毅甫、莆卿、蕴苓、王胜之、蔚若、斗南、吴树芬、鹤巢、缉廷、李菊庄、张芝圃来。

初五日,己亥(2月8日) 祀神。复芷庵,派琉璃窑事。以骏生所送鹿肉、哈什玛二碗送若农。

初六日,庚子(2月9日) 得运斋电,问吉期。胡来。夜风。

初七日,辛丑(2月10日) 得青士信。斗南来,付以修理帐房费卅两。送若农钮氏《说文》。电复运。兰孙来,得成子中信。

初八日,壬寅(2月11日) 大风。子禾来。莆卿祖冥诞,法源寺。得辛芝十二月十四信,次日复。

初九日,癸卯(2月12日) 龙泉念经。漱兰、陶竟如、黄仲弢、杜庭璞、寅臣、芷庵、若农来,竟日。寄清卿信。

初十日,甲辰(2月13日) 复世锡之。琉璃窑。溥善、江槐庭。

十一日,乙巳(2月14日) 四叔二七,龙泉寺念经。江容方、翁斌孙、殷李尧、陆继辉、江槐庭、中衡、张正埼、吴燮臣、蔡世杰、汪泉孙、王孝玉、杨崇伊、连文渊、陈秉和、徐宝谦、徐琪、庞鸿文、吴荫培、子授、沈曾植来，方勉甫来。

十二日，丙午（2月15日）　加班奏事，注假。斗南、若农、廉生来。借《探路记》，即还。十五。都察院、安徽本日。九卿安徽馆。俱辞。

十三日，丁未（2月16日）

十四日，戊申（2月17日）　销假，入直。上出内右门，请安。谢东城客，送王莲塘《陶堂集》三部。

十五日，己酉（2月18日）　入直。辰正保和殿侍宴。蟒袍、补褂，共□【按：此处原文空缺。】人。斗南讲官班。送兰孙《点石》、盂鼎。

十六日，庚戌（2月19日）　入直。午正乾清宫廷臣宴，礼、额、恩、福、延、乌、锡、麟、昆、伯、阎、张、徐、翁、毕、许、潘，崇假。赏大卷、蟒袍、鼻烟、如意、花瓶。赏元宵。冷，壶饭。赏元宵。

【本日日记天头上书"雨水，子正"。】

十七日，辛亥（2月20日）　入直。谢客数家。晤兰孙。刘瞻汉来，胡子英来，四十。容方来。

十八日，壬子（2月21日）　入直。容方来借马。松寿、伦五常、蔡世杰、张正焴、中衡来。仲华来、征厚来。

十九日，癸丑（2月22日）　入直。得涂伯音信，自十五始，上办事后幸北海、南海，本日止。闻冯申之卒。

二十日，甲寅（2月23日）　入直。换染貂帽、正穿褂。发十四日济之信。

二十一日，乙卯（2月24日）　入直。卯刻开印，徐。辰初前到署。

二十二日，丙辰（2月25日）　法源寺念经。先君三周年，来客另纸记之。石查送看《潞公》卷。三百。

二十三日，丁巳（2月26日）　入直。谢西城客，吊申之。万德崇来,许仙屏来,送以《陶堂》廿部。

二十四日,戊午(2月27日)　入直。谢客。贺容方子棣圃忠振完姻。石查以古泉、《易》《诗》来。三百。

二十五日,己未(2月28日)　入直。工部奏派查桥梁,圈出。壶天晤兰孙。得辛芝十二月三日信,即复。子英来,寿平□松壶暂留。

二十六日,庚申(3月1日)　入直。宗树椿、鲁恒祥来。到署。午正得济、竹、麟、陶、振五信,即复。又寄辛、麟信,交熙年。

二十七日,辛酉(3月2日)　入直。工部直日。晤兰孙。李和生来。次日发济、竹、运信。

二十八日,壬戌(3月3日)　入直。未初到署,晤芷庵。

二十九日,癸亥(3月4日)　入直。派写承德府"檀城保障"扁一面。谈长庚来。石查料壶一、板桥画一。

三十日,甲子(3月5日)　入直。伦五常、赵鸿猷、石查百。来。苏、胡来。得丁介帆信。

【本日日记天头书"惊蛰,亥正二"。】

二月辛卯朔,乙丑(3月6日)　入直。崔冠卿、贺继元来。

初二日,丙寅(3月7日)　入直。王维城、王玉山来。

初三日,丁卯(3月8日)　入直。会馆祀文昌帝君。小雨微雪。复辛芝、鞠常、谊卿信,又致培卿,复清卿。刘世贤来。刘仲鲁、张季直来询团拜,告以期服。黄玉堂、阎志廉来。陈彦鹏、花农、柳门来。

初四日,戊辰(3月9日)　入直。坤宁宫吃肉,补褂。午正到署。冯琁、冯谦崇、袁际瀚、傅佩珩、王思明、泉孙来。续鉴、回长廉、瑜、琦。石查来。

初五日,己巳(3月10日)　入直。派东陵另案工程、敬、潘。西陵。松、毕。壶天坐,芷庵约商。三音布、各差到阁。斗南、宋震坤来。

得济之十二信,即复。

初六日,庚午(3 月 11 日)　入直。叔平商奏底,芷庵商缺。李坤、戊午。李崇谨、韩宗献、赵致中、陶步瀛、张庆昌、张礼来。

初七日,辛未(3 月 12 日)　入直。派写新民厅柳河神"安流告稔"扁。晤兰孙。成月坪来。步其高、门应麟、张芝圃来。复伟如。阿震之、子英来。

初八日,壬申(3 月 13 日)　入直。复亘之师,交仲田艮[银]卅两。薛如璋、丁方镛、刘培葛、毓芝、庆升、王惟勤、杨松龄、侯镇藩、周之骧、黄壎、霍汝堂、李崇儒、李村子。王锦荣、容方、柳门、赵恩澎、诚厚、松寿、梦臣来。

初九日,癸酉(3 月 14 日)　入直。派写兴化"晋安昭佑"扁。答芝圃,贺暉民。母六十。苏懋宗、孙鸿猷、刘锦荣、王绍唐、田鸿文太史桂、陈之炳来。复吴、叶信。得硕卿信,即复,交蔚若。

初十日,甲戌(3 月 15 日)　入直。到阁,无稿。观音院李问樵周年。蒋传燮、高焕、计履端、李伯川、李建章、郭维翰、心存来。

十一日,乙亥(3 月 16 日)　入直。到阁,画另奏。范嵩庆、刘腾跃来。唁陈梅村丁外艰。赵次山尔震、陈忠伟、李景侗、黄树桂、史菡、吴恒瑞、刘自然、王绍廉、癸未庶常,乙亥覆试。春生、王钧。

十二日,丙子(3 月 17 日)　入直。贺颂阁、月坪、次山,晤兰孙。到署。昆小峰十六[十八]到工尚任。刘彤隽、韩涛、王之鉴、副榜。赵寿之、杨绍宗、冯品、张肇魁、康倬、庄国贤、高寿祺、丁述曾、见过。谷连升、李世芳、杨启明、子英来。

十三日,丁丑(3 月 18 日)　入直。候序初。王玉泉、李荣、何其厚、癸酉。李福龄、张遇恩、何玉如来。颂阁来,留面,仍入直。子英来。

十四日,戊寅(3 月 19 日)　入直。发济之、广安、瘦羊、运斋、辛之信。玉衡来,郑德舆、赵曾棣、李德钧、方釜运、徐鄂、殷崇光来。

十五日,己卯(3 月 20 日)　入直。派写燕郊行宫等处扁廿七面。经伯、佟丙寅、许景堂、豫咸、徐桂林、赵毓奎、王履贤、吴曾瀛观澜、赵景新、岑次黯、吴骧骧襄来。

十六日，庚辰（3 月 21 日） 入直。顾、黄会议仍另奏。翁领衔。上谕，毋庸从祀。昨日事。唁廉生，答小峰及客。杜钟英、于式珍、胡濬、陶荣、赵昶、苏之纯、李家驹、杜彤、缪光笏、刘嘉琛、姜士隽、容藻芬、钟敬存来。清吉甫招，辞。

【本日日记天头书"春分，子正初刻"。】

十七日，辛巳（3 月 22 日） 入直。派写燕郊等对六件。候少荃。午刻到署。柳元俊、李炳章、殷柏龄、刘笃敬、何寅清、王镜溪、黄泽森、王恩瀚、武延绪、谭序初、子英来。送若鱼翅。

十八日，壬午（3 月 23 日） 入直。贺地山嫁女。昆到任。卯。大风沙。李棠、胡千里良驹来。己酉团拜，未去。

十九日，癸未（3 月 24 日） 入直。冷。吊申之。送序初联、幅、先集、《蚕桑》、折稿。送赵次珊同，并托带伟如信件。穆清舫特亨额放兖州，来见。梁湛泉、关胜铭、王廷槐来。穆送对、屏、《正学》《秋审》。朱仲我孔彰来，骏声之子。岑春泽云阶，彦卿子，新举。斗南送椒酱、橙豉，答黄精。送若农熊掌。

二十日，甲申（3 月 25 日） 入直。晤兰孙。送若椒酱。梁效成、韦佩琼、项同寿、张煦、招翰昭、罗贞元、梁寿祺、邓礼贤、杨崇伊、柯逢时、子授来。余昌宇道来，号澄甫。

二十一日，乙酉（3 月 26 日） 入直。贺莱山嫁女。工直日。石查、何维棣、王拱辰、□愚侄。马銮光、于钟霖来，带见。何达聪、王守训、王德忱、秦化西、保纯来。王松畦送《中吴纪闻》、文登石。

二十二日，丙戌（3 月 27 日） 入直。汤鼎烜、甲戌庶，大□□。仲韬、子元、韩启酉、钦子。左廷麟、唐烜、高拱桂、子英、张僖来，号韵舫，友山子。沙兆沿来。

二十三日，丁亥（3 月 28 日） 入直。到署辰刻。督修派松寿、江槐庭。少荃相来。复培卿、谊卿、鞠常信。刘同鹤俊叔来，博野撤任已久。吕定子、子英来。为若农木器托寿泉。陆馨吾来。

二十四日,戊子(3月29日)　入直。吊廉生,送幛、联、十两。乙酉团拜,未到,席二送序初、曲园。仲韬、子英来。工加班。

二十五日,己丑(3月30日)　入直。子英来,二百七十,西泉。小宇来。一百十,高。发清卿信,拓十三纸。竟[镜]五、釪一、敦盖一、临菑四朱一、五铢范一、戈一、泥封一。张宗德来,号少云,问畲之婿。

以下《东陵日记》。

【本月日记二十二日,二十三日间,书有"十八未来者尚四十二人"。】

三月初七日,庚子(4月10日)　巳刻归。兰孙来。汪瑜伯来。

初八日,辛丑(4月11日)　入直。雨。斗南分校。承敦甫厚来。陈日翔来,台湾凤台人,张星锷之门人。工主陈增玉来,江西,号吕如。朱琛来。子英、苏来。李仲若、王云清来。复伟如交折差。

初九日,壬寅(4月12日)　入直。到署。管廷鹗士一、廷献士修来。子英来,百五十,产[铲]币直。苏来,还其一盉。于钟霖来。

初十日,癸卯(4月13日)　入直,直日。陆继德馨吾来,苏来,子英来。百。

十一日,甲辰(4月14日)　入直。派写"般阳绥佑"扁。惇邸福晋上祭。答李菊圃。苏来,古器三,俱伪。阿克占来。

十二日,乙巳(4月15日)　入直。请安看方。云阶、子英来。

十三日,丙午(4月16日)　入直。请安看方。子英来,四十,石斋卷。刘宗藩来,其弟乙酉举人。辛白来。

十四日,丁未(4月17日)　入直。请安看方,到署辰初。薛师十五六到任。答定子、辛白。于钟霖、花农来,蒋嘉霖来,祥瑸来。热极。

十五日,戊申(4月18日)　入直。请安看方。大风冷,巳初雨。童德中、吕定之来。子英来。

十六日,己酉(4月19日)　入直。请安看方。陶子方来。胡子英来,四十。临菑小权、文信泉。李士鉁来。嗣香。丙子覆试,癸未庶。

十七日,庚戌(4 月 20 日) 入直。辰刻到署。答陶子方。子英来。

【本日天头上书"谷雨,午正初"。】

十八日,辛亥(4 月 21 日) 入直。值日。派查估河道,同敬信。瑞莆侯璋、李菊圃用清来,子英来。夜雨。司员松寿、溥善、小峰、伦、程志和乐庵。李若农借四欧碑。

十九日,壬子(4 月 22 日) 入直。请安看方。晤廉生。苏来,百七十,盉,付四两。子英来,还破壶、残戈、小币,倪画伪。发辛之、瘦羊、鞠常信,交熙年。松鹤龄来,李润均来。夜雨。

二十日,癸丑(4 月 23 日) 入直。朝房晤敬子斋。答云阶。贺徐小云招赘。吴荫培、王子献继香、袁渭渔宝潢来。庞鸿年、陈彦鹏、陈翼谋、阿克占、陈与同来。王诒善、潘誉征来。

二十一日,甲寅(4 月 24 日) 入直。请安看方,引见时请安。到署辰正二。邵小村、杨奎绶来。杨守敬来,送八种。孙翰卿、宋光裕、邹福保、顾有梁、胡廷琛、张宗德来。子英来,四十。西泉、倪字、陈戈。借仲若汉碑六。李福、汪凤瀛来。杨聪、杨锐来。

二十二日,乙卯(4 月 25 日) 同子斋查估西直、平则、西便、广安、右安门,未初归。屠寄、水宝煜、刘元辅来。苏来,伪敦一,还之。许子原、柳质卿、张清泰来。恩兴、子英来。林时甫维源来辞行。

二十三日,丙辰(4 月 26 日) 辰初到右安门官厅。子斋昨、今俱直日。辰正二同查永定、左安、广渠、东便、崇文、正阳、宣武门,未初归。韩镜孙送河豚白。西泉刻二印,润八两。子英来。

二十四日,丁巳(4 月 27 日) 卯初三抵朝阳门,同子斋查朝阳、东直、安定、德胜门,至松林闸止。巳正归。得济之、竹年、振民、瘦羊、小雅信。复吴清卿陈侯戈拓一、匈阳小币十三。

二十五日,戊午(4 月 28 日) 入直。看方传心殿,晤子斋。辰初到署。雨。刘倅婿来。

二十六日,己未(**4 月 29 日**)　入直。看方请安。工部直日。答瑞莘侯。邵小村、尹子威来。

二十七日,庚申(**4 月 30 日**)　入直。请安看方。第二方。有薛抚民、冯培之、杨保彝。子英来。再得运斋信,复。

二十八日,辛酉(**5 月 1 日**)　入直。请安看方。看廉生。刘锡璋、张焕章、子英来。

二十九日,壬戌(**5 月 2 日**)　入直。请安看方。到署辰正。

三十日,癸亥(**5 月 3 日**)　入直。上诣太庙,乾清门阶下请安。补服侍班,例也。御前惇邸、滢贝勒同。本日无方。答春厓。王绍曾、陈贞、柳门、子英来。送仲若果子狸。

四月癸巳朔,甲子(**5 月 4 日**)　入直。请安看方。到署,遇清吉甫。运斋到京,遣人照料,门上即往送二席。发济、竹、辛、振、鞠信,彦侍信。拓本九。发清卿信。杞盖一、敦盖一、东西周冷货、古泉十二、铢一。展如来。

初二日,乙丑(**5 月 5 日**)　入直。到署。请安看方。派复勘会试卷。答培之。以振民件托寄。赠培之屏、对、物件并小峰信。谊卿来。文小坡、吴本斋卓臣、子英来。

【本日日记天头上书"立夏,亥正三"。】

初三日,丙寅(**5 月 6 日**)　入直。到署,请安看方。发济之、培卿、景瞻、振民信。曲园、培之、子常、怡卿来。又振民书一包,交培之。

初四日,丁卯(**5 月 7 日**)　入直。直日。派查估天坛等处工程。同福珍亭。司员迈拉逊、中衡、江、张正焴。邓蓉镜来。汪濠生、胡景桂、高剑中、刘卓栻怿平,春轩子。来。

初五日,戊辰(**5 月 8 日**)　入直。看方。看廉生。陶子方来。

初六日,己巳(**5 月 9 日**)　入直。在奏事处阶上失跌。到署议张折,昆、薛、徐到,以事不至清师。汪瑜伯来。未初小雨。

初七日,庚午(**5 月 10 日**)　夜雨达旦。仲午过礼,大媒仲田、熙年。若农来。

初八日，辛未(5月11日) 行至顺治门而归，柳门来。

初九日，壬申(5月12日) 入直。与鍼亭、子斋面商查估。贺颂阁明日嫁女。

初十日，癸酉(5月13日) 入直。复奏闸堤工程一折。偕敬子斋。仲午巳正完姻，客来不备记。派盘查银库，睿、豫、肃、徐、麟、潘、奎、徐、薛、崇、礼。

十一日，甲戌(5月14日) 入直。会亲，吴氏桥梓、陆松生、柳门、仲山、仲山、松生俱辞。未正散。致清卿信并济阴等四十八纸。

十二日，乙亥(5月15日) 入直。到署。直日。查库，带联福、锡纶、崔国霖、何乃莹。假。候吴、江、廖，用大帖。

十三日，丙子(5月16日) 寅正起身，答谢惇邸。到署，行文礼部：俚尚志中式，磨勘阅卷应否回避？辰正查库四十万，午初散。晤兰荪。斗南来。荣塈芝田，军兵部旧属。来。江丽生来。瑜伯即日行。

十四日，丁丑(5月17日) 卯正二到署，辰正查库，日八十万，分早晚班，早班午初散。发济之、辛芝、瘦羊、广安、嵩佺信。文恒荣小坡来，以《功顺》、庄《疏证》、沈《石湖注》赠之，又寄嵩佺。尹次经来。

十五日，戊寅(5月18日) 卯正到署，辰正查库，席卿到，早班午初散。心存、曲园、锡清弼良来。吴树荼、易佩绅来。

十六日，己卯(5月19日) 入直。查库，早班午初散。雨。运斋、何唐生来。

十七日，庚辰(5月20日) 入直。派阅覆试卷。迈、江、张来。若农来。

十八日，辛巳(5月21日) 入直。派散馆拟题。《"王者之道如龙首"赋》，以题为韵。"珠宫含饴"，得"章"字。至礼部朝房覆勘、画奏稿，无应议。到署，辰刻查库，早班散。杨锦江、卢艺圃、陶濬宣来。鹿瀛理来，仲鲁、季直来。

【本日日记天头上书"小满，午正初刻"。】

十九日，壬午(5月22日)　入直。派阅散馆卷。昆、奎、祁、李、徐、孙、沈。译、额、敬二本。七十八本，一等卅二名，二等四十二名，三等四名。午初三散。佩蘅来。

二十日，癸未(5月23日)　入直。派殿试读卷，福、张、翁、潘、景、徐、廖、沈。事详《礼节日记》。

二十一日，甲申(5月24日)　朝服行礼后，住传心殿。

二十二日，乙酉(5月25日)　阅卷及各处卷。

二十三日，丙戌(5月26日)　定十本及黏签，交供事。

二十四日，丁亥(5月27日)　进十本。巳初召见并带引见十名，即至阁填榜。子英来。

二十五日，戊子(5月28日)　卯初二上御殿，传胪读卷官，班外。朝服行礼。状、榜、探归弟[第]，均未到。巳初到署。锡清弼来。横幅。邵硕甫、穆清舫、魏应枚丙之子。来。发南信，济、竹、鞠、辛、葵生。

二十六日，己丑(5月29日)　到署。晤廉生。巳刻查库毕，画稿。恩荣宴颂阁补服到。小畲来，住桥南，熙年、泉孙同住。发济、谱、三姊信。

二十七日，庚寅(5月30日)　入直。查库复命。皇太后赏蓝直径纱一匹、酱色实地纱一匹、银灰芝麻纱一匹、驼色直径纱一匹、漳纱二件、葛布二件、帽纬二匣、折扇二柄、燕窝一匣。到署，兰孙不值。晤运斋。徐致靖来。兰孙来。

二十八日，辛卯(5月31日)　入直，工部直日。赏袍褂料、纱葛、帽纬，引见时磕头。毕光祖枕梅、陈贞来。子英来。督修东便门下朝房，松、赵。送廉生古匋三百纸。

二十九日，壬辰(6月1日)　入直。派阅朝考卷。徐、昆、潘、祁、许、潘、李、徐、孙、廖、乌。申初散。送仲良书信交濠生，寄二姊信。

五月甲午朔(6月2日)　　入直。到署。以庄书、沈注寄鞠常，纱、葛、研、扇、笺送寅臣之子，席送运斋。严修、汪濠生、何世兄毓祥、子英来。沈曾桐来。缪祐孙、徐鄂、杨锐、赵之炯、曹再韩、运斋来。杨云清、华学澜凤章、史悠咸、乙酉。上官基来。

初二日，甲午(6月3日)　　入直。晤兰孙。赵展如来。苏连来三日，皆伪物，还之。送展如扇、对、书。复竟如。送沈子培、子封庄《证》、范《注》。送再同二沈书。又送廉生《高伯足集》四分。冯煦、柳门来。复王符五横幅。

初三日，乙未(6月4日)　　入直。派写大沽口海神、菩萨、天后扁底。辰初到署。陈日翔来，送以家刻并送张星锷。恽炳孙来。复彦侍，送庄、沈书。兰孙送烟，答以琴峰画册。陆寿门送纸，送以席。

初四日，丙申(6月5日)　　入直。辰初到署。得杜绍唐信。

初五日，丁酉(6月6日)　　入直。答东垣横幅。

【本日日记天头上书"芒种，寅初三刻"。】

初六日，戊戌(6月7日)　　辰初同福箴亭率司员查估天坛等处工程，巳正归。

初七日，己亥(6月8日)　　入直。直日。丁未张之万、徐宗杰树铭、李培祐请乐春园，辞之。许子原、梁权智益谦、教习。刘应熊、广东琼州，杜绍唐门生，言语不通。魏应辰、丙之子，与以驾航信并寄近刻书。陆寿门来。换麻地纱。

初八日，庚子(6月9日)　　入直。卯正三到署，晤兰孙。六点钟雨。子英、程乐庵志和、尹次经来。

初九日，辛丑(6月10日)　　入直。答善厚斋、立豫甫，贺艺圃漕督。运斋来，阿克占来。酉刻大雷雨。

初十日，壬寅(6月11日)　　入直。到署，巳初小峰方到。风。晤廉生。傅哲生来。寄窭斋信。卓臣来读。迈新甫来。目风吹红肿。

十一日，癸卯(6月12日)　　未入直。经伯写折，莲塘处上祭。

函致廉生,告以目肿。

十二日,甲辰(6月13日) 请假,赏十日。存斋寄《石林奏议》,即复并庄、沈、《东古文存》。运斋来。

十三日,乙巳(6月14日) 曾挚民、傅哲生送席。

【十三日日记后附有一张名单:袁遂、联福、江槐庭、陈丙森、张传懋、伊焕章、殷如璋、陈彝、许祐身、汪韶年。】

十四日,丙午(6月15日) 兰孙、胡、苏来。复仲饴。送以庄、沈、《东古》。阴。

十五日,丁未(6月16日) 苏来,鼎,百十两。寄振"寿"字,辛、榴官、菊常书件。交熙年、泉孙。

十六日,戊申(6月17日) 苏来。酬以五两。柳门取于氏书去。运斋来,得济、竹、辛、麇初六信,即复。

十七日,己酉(6月18日) 换亮纱、袍褂。花农、叔平来。热。

十八日,庚戌(6月19日) 斗南、若农来。热。喑菊常信。

十九日,辛亥(6月20日) 风。中、江、张来,迈已放。子英来。

二十日,壬子(6月21日) 次经来。山东马姓来,尹荐。派查估沟渠。同敬信。司员松、征、诚、启、梁、李润均、张叔焕、王瑾。

【本日日记天头上书"夏至,二十日戌正二"。】

二十一日,癸丑(6月22日) 江丽生来、松鹤龄来。寄廉生信并拓三百一。

二十二日,甲寅(6月23日) 斗南、兰孙、赵寅臣、联福、那益三、刘盛芸、曾挚民来。运斋来。尹彦钺子威,左仪。来。许子原来。子英来。托曾挚民带伟信、《寒香馆帖》、庄、沈、《东古》、《古泉话》。

二十三日,乙卯(6月24日) 销假,请安。直日,晤兰孙。庄钟济、叶在琦、冯芳泽、罗光烈、承德蔡金雍、王荫槐、贺沅、渠纶阁、黄绍曾来。周荟生、汪柳门来,荐程蒲孙孝廉炳铦于柳门。送曾扇、对、鼻烟。熙年、泉孙归。

二十四日,丙辰(6月25日) 入直。到署。葛振元、张星吉、阔

普通武、盛沅、杨森、李端榘、徐受廉、荣庆、瑞洵、吴庆坻、陈昌绅、梅
汝客、高熙喆、刘学谦、朱延熙、姚丙然、吴鸿甲、连捷、马芳田、周承光
分发主事。郑祖焕散。董宝诚、张南浦、张树德、丁丑誊录、浙。余赞
年、李焕尧、孙淙源、沈曾桐、黄子寿、福簶亭、徐世昌、杨天霖、韩培
森、陈遹声、江希曾、刘启彤、年伾。鹿瀛理、刘玉珂、刘安科、王讼桢、
姜自验、孔宪教来。胡来。

二十五日,丁巳(6月26日)　入直。答子寿、南浦。石镜潢、朝
考一等。王廷相、柯劭忞、林仰崧、李子荣、茂。倪继恒、林鉴中、张燮
堂、尹殿飏、彭述、陈志喆、华学澜、凌芬、孙锡第来。胡来。夜雨。

二十六日,戊子(6月27日)　冒雨入直。到署。子英来。付百
十两,二敦。

二十七日,己未(6月28日)　入直。换万丝帽。伟如信曾交
来。于齐庆、卞绪昌、拔。高观昌、丁良翰、刘樾仲、秦树声、新,工部。
宋滋兰来。

二十八日,庚申(6月29日)　入直。到署。雨。程蒲孙秉铦、恭
振奎来。复苻五,送团扇。亚陶、李襄廷经藩、沈惟善、宋育仁、心存
来。送心存八两。

二十九日,辛酉(6月30日)　入直。请皇太后安,看方。前五日
无起。杨福臻、癸未。格呼铿额、刘启襄、江德宣、工。王荣先来。为
眉生诗作序,寄其子赓猷。发济、竹、辛、鞫信,寄还熙泉家信。

三十日,壬戌(7月1日)　入直。请安看方。到署。李玮堂、刘
自然、刘果、礼。张元奇来。于书定议柳手□。

六月乙未朔癸亥(7月2日)　直日。陈厚德、秩卿子。周爱诹、
钟大椿、回长廉来。

初二日,甲子(7月3日)　入直。工部偕少云、小云考试,徐送军
机。"唐宋枢密使同不同论"。送八人:王彦威、马步元、继昌、张正
焴、胡淮铨、何乃莹、周暻、霍翔。谢崇基来。许子原、张钧铁斋侄孙,

宗德之侄,浙拔。来。夜雨。

初三日,乙丑(7月4日)　入直。请安看方。晨小雨。柳门六百,欠一。来。徐敏中来。叶大琛工主。来。何维栋。唐生之兄,送《颐素轩[斋]印存》。

初四日,丙寅(7月5日)　入直。请安看方。到署。晤兰孙。张树德来。复济之、竹年、广安、振民信,又熙年、泉孙。

初五日,丁卯(7月6日)　入直。请安看方。贺运斋移居。运来。还柳门一若,全清。

初六日,戊辰(7月7日)　入直。派阅卷,偕福箴亭、麟芷庵、薛云阶、徐寿蘅。辰正入闱,午刻俱到内。监试达崇阿仲叔、李士琨次瑶。晤专司稽查奎星斋。到时查察大臣昆、钱尚未到。雨。礼司员那桂、瑞珽、魁麟、李士瓒、赵庆𣂏、李浚送席,□四千。雨竟日。同人乞书扇。发南信,济、辛、振、麟生、彦侍,拓本十四纸。委员王恩爵。

【本日日记天头上书"小暑,未正一刻"。】

初七日,己巳(7月8日)　辰刻查察大臣送书籍,跪接。寿丈写刻一分,"辞达而已矣"。赋得"荷香雨过天"。天。印一千八百张。印至申初三毕。亥三送题,补服。实进一千八百张。其法五张一折角,五十张一束。考题纸亦省事。

初八日,庚午(7月9日)　安折二分,折一件。恭缴御章、书籍。出题处四书贴黄签。未初发安折,酉刻进卷,直、江西、湖南各廿本。夜,直百、江四十、湖二十。次早,直廿五、湖卅二、江西廿四、八旗廿六本。由监试分省。夜雨达旦。

初九日,辛未(7月10日)　雨晴,风。巳正安折回。阅直、江、湖卷毕,再阅八旗卷毕。余分三百廿七本。晨甚凉,午后热。同人彼此来谈。

初十日,壬申(7月11日)　晨阴。复阅各卷。夜子刻雷雨。云丈川二卷、余处江西二卷。以文论名士也。

十一日,**癸酉**(7 月 12 日) 饬吏粘签、填名次,诸公午亦阅毕。云丈尚未粘签。子初大风雷雨。

十二日,**甲戌**(7 月 13 日) 晨凉。是日包各卷,午初毕,归入进呈卷箱。三等卷不包,交礼部。箴亭招午饭。看覆命折、夹片、等第单,恭呈御览。委员王恩爵行奖励,拔委一次,书吏六名行文奖励。有安折。

十三日,**乙亥**(7 月 14 日) 辰初钱、昆二公进内,即交卷箱,出闱。陈容叔来,运斋来。容叔送《经苑》、椒山十二幅。

十四日,**丙子**(7 月 15 日) 入递安折、覆命折,又列衔礼王等公折,恳亲政后仍训政。又醇折,又伯等折。到署。柳门来,送柳门礼。十六行。福面商查估五坛一折,明日奏。

十五日,**丁丑**(7 月 16 日) 入直。偕福箴亭奏查估天坛等处一折。送柳门行。晤兰荪。夜大雷雨达旦。殷还浦来,托寄伟如信、艮〔银〕镶椰杯一匣。麓□、画、书四种。又省三信,《功顺》及闱墨。

十六日,**戊寅**(7 月 17 日) 入直。辰初至内,阅画再恳训政稿。到署,与小峰面商缮司去年十月马德寿、王恒起通永木植免税事,司员记过。掌印三吉布已去任。拔贡兰维烜、董系和来。王裕宸、余堃、高焕然、顾缉廷来。子英来。熙堂小币,百。

十七日,**己卯**(7 月 18 日) 入直。直日。晤兰孙。许子原来。仲韬、严子犹良勋、李华年、易子猷来。送黄子寿《功顺》及各书。

十八日,**庚辰**(7 月 19 日) 入直。礼王等公恳训政折,又醇王一折,又锡珍等,又润安等。辰正又大雨,藻〔燥〕热异常。答仲韬。雨时作时止。子英来。百,熙刀币清。大雷电,雨至子时止。徐望之来。号仲池,沈藻卿之姻。洗象。

【本日日记天头上书"初伏"。】

十九日,**辛巳**(7 月 20 日) 入直。雨。晤兰孙。芷庵、寿蘅、云阶招廿日庆和堂,辞之。

二十日,**壬午**(7 月 21 日) 入直。得鞠常信。花农、次经、陈兆葵、运斋来。寄廉生拓本百十三纸。

二十一日，癸未(7月22日)　入直。寄济之、竹年、瘦羊庄《疏证》。辛芝，内复鞠常、振民信，交小畬。明日行。又三姊信。檀浦、子英来。夜小雨。

二十二日，甲申(7月23日)　入直。到署。晤兰孙。答檀浦。小畬南归。松寿、承厚、启绍来。

【本日日记天头上书"大暑，辰初三"。】

二十三日，乙酉(7月24日)　入直。到署。复伟和[如]交天顺祥。夏慎大、段书云来。陆继煇、陈厚德来。

二十四日，丙戌(7月25日)　入直。大公所、醇邸、枢廷、户、工议筹办铜斤加炉鼓铸，午初散。孙子授、少云、莱山各以差未到。复廉生拓本十六纸。阴雨通夜不止。卢震、高廷修、祝维培、周儒臣、雅宾来。

二十五日，丁亥(7月26日)　宁寿宫听戏。大雨竟日。罗胎帽。辰初二入座，申初三刻散。住壶天。大雨连宵。作济、竹、振、辛、广安信。

二十六日，戊子(7月27日)　辰初三入座，上御乾清宫受贺。雨。檐下行礼，蟒袍、补褂、罗胎帽。递如意，赏还。宁寿宫听戏，三十二刻，申正散。工部田司启绍、锡来回事。寄廉生信。赏如意、袍褂料、帽纬、花瓶、手烟、洋漆盘、荷包八件。雨时作，甚大。仍住壶天。

二十七日，己丑(7月28日)　入直。徐、梁、吴不到。直日。因前二日推班，明日亦推班。住壶天。启、锡二君来，木税及匣坝事。发南信。

二十八日，庚寅(7月29日)　入直。同直一人未到。金鳌遇斗南。何奏篪、吴文坦、林景贤、王彦威、郑在德、杨家驹、运斋来。藻[燥]热。子英来。

【本日日记天头上书"中伏"。】

二十九日，辛卯(7月30日)　入直。上诣太庙，乾清门侍班、回班,雨湿衣冠。罗胎帽、蟒袍、补褂,上万丝冠,御前亦万丝。竟日雨。陈浏、袁玉锡来。田星五来。贺辉玉、范泽廉、赵寅臣来。张濂维来。

七月丙申朔,壬辰(7月31日) 入直。访兰孙不值。卫时勤静澜侄,副。来,欧阳柄荣、李华年、韩景琦、胡可愿来。卞绪昌来。董系和来。唐彝藩、岑春泽、宫子行来。

初二日,癸巳(8月1日) 入直。到署。晤兰孙。寄廉生泉币。刀。拓十五纸。兰孙借观椒山十二幅。勒深之、孙点来。徐森、夏书绅、章光国来。丁惟禔、惟晋来。

初三日,甲午(8月2日) 入直。辰刻偕子斋查估皇城右、左翼沟渠地面,午正散。陈萱荫、黄秉湘、甘大璋、迈拉逊、单启藩、胡裕培、孙子授、姚茂坤、于维锦、拔。尹次经、陈方鉴、沈允章、毛绳武来。复南信。

初四日,乙未(8月3日) 入直。遇子斋略谈。到署。田星五、卢咸顼来。寄窓斋拓本十五纸。

初五日,丙申(8月4日) 入直。子斋面定奏稿。送伯兮、荟生邵徐钟拓、伯兮鼎拓、泉拓五十一纸。又寄窓斋拓三纸。派写"牵牛河鼓天贵星君""天孙织女福德星君"神牌。贾裕师、陈吴萃、吴庭芝、王曾礼来。李棠、张云、廖玉犀来。

初六日,丁酉(8月5日) 入直。赏燕窝。到署,遇清、徐。王之桢、徐承焜、徐垚麟、倪锡庚、郭昭、暴蔺云、焦锡龄、王钧、千祺、贾纶稣、鲍增彦、姚炳熊、孙凤藻、程佑孙来。孙宝琦来。江肇丰、徐宗溥、祁晋暭、戴式蕃、陈芰荣来。庆元、倪度、胡远燦、陈霖。

初七日,戊戌(8月6日) 入直。直日,又木税一片。陆笃斋学源、董玉卿、吴增僅、党述、沈锡龄、叶振逵、陈寿昌、朱益藩、汪嘉棠、段书云、高焕然、刘其伟、张树冀、高蔚桢、曾鉴、张家照、龚世清、葛嗣棻、侯鉴涵、陈廷鉴来。李春浦、贺柏寿来。张砚秋、李廷飏来。侯维鹏来。

初八日,己亥(8 月 7 日)　入直。到署。覆奏沟渠、厢白、正蓝缓办一折,旨依议。梁经伯、陈澍霖、陈履喆、李梦莲、张文澜、耿葆清、童光海、姚惟寅、叶扬俊、王树鼎、雷补同、陈廷炘、邓莲裳、毕恩溥、孙诒绩、朱勋来。子英来。付四十。昨戌刻大雷雨。送隽丞、迈新甫、奉叔、彭旼、子惠对、扇、屏。

初九日,庚子(8 月 8 日)　入直。晤兰孙。陈庆萱、松寿来。子英来,十二。周锡光、谢鉴礼、周文桢、许福桢、吴鸿宾、张寿祺、卜永春来。送容叔、南园、祁文端朱拓及家刻。

【本日日记天头上书"立秋,子正初""末伏"。】

初十日,辛丑(8 月 9 日)　入直。在内画户部会奏稿。铜政。寄廉生拓本。剑、瓦四、瓮一。严子猷良勋来乞对。田智枚、罗邦彦、薛鸿光、申辚、何安行、陆寿臣、庶。张奎汉、吴海、李广年、王桂林来。王元之号伯恭,父莲塘,泗州人。来送诗文,省媤属来见。兰维烜来。酉正二刻雨。丑正又雨。

十一日,壬寅(8 月 10 日)　入直。到署。陈容叔、许子原、杜秉寅、尹兆麟、王泽霂、扈于高、曹垣、李清芬、刘汉、靳琦来。凌福添、周易、谢汝钦、伍亮寅、萧开启、夏同彝、叶意深、段友颜来。周绍瑄、邹兆麟、赵之蔺、卞绪昌、谢维喈、谢霖来,曹穗来。

十二日,癸卯(8 月 11 日)　入直。画户部复龙折片。戈炳琦、寅臣、李菊圃、子英来。方子听索十钟又七拓去。王炜来。

十三日,甲辰(8 月 12 日)　入直。到署。商应璧、癸酉副。徐花农、乞题"吉光萃羽""竹汀消夏"。曹竹铭来。赵世骏、王濬中、王安中、尤大镇来。函致昆小峰。张润来。丑刻雨。

十四日,乙巳(8 月 13 日)　入直。醇王等会奏泉法,旨依议。到传心殿晤昆、乌、徐,同到署。撤恩溥、馥桂主稿调司。藻[燥]热。何现璋、丁丑,香山,武。李有琨、叶承祖、周之济、陈正源、张世麟、宫兆甲、裘祖谔、小华子。启承斋、绍,调水司。子英来。刀四,直各十。夜大雨。送方子听拓廿八纸。

十五日，**丙午(8月14日)** 入直。卯正工部直日，侍班。昆注、清假。上诣奉先殿，随事蓝袍。晤兰孙，巳、午间大雨。再为子听拓廿六纸。得济、辛、麟、小畬信，即复，十六发。子原来。夜大雨。

十六日，**丁未(8月15日)** 大雨如注，行至半途而返。复王元之，送以家刻。复方子听，送埧。师蘐方尊拓寄仲饴，内若农字。交兰孙。

十七日，**戊申(8月16日)** 大雨。未入直。复方子听。陈隽丞来辞行。运来。午后晴。

十八日，**己酉(8月17日)** 入直。乘舆到署。拔贡团拜廿三才盛，辞。刘成杰来。

十九日，**庚戌(8月18日)** 入直。上幸北海，传办事后至廿四。齐语潚、李士珍、窦居恒、赵诒书。工部，新县。何现璋以其弟纶幸事求申饬之。王伯恭、胡子英、杨崇光来。即同颖。夜马号墙倒，毙一伤一。为子听索古匋拓。书"缀遗斋"。孙惠蔚语。

二十日，**辛亥(8月19日)** 入直。雨。内阁画上徽号稿。大雨竟日。水司在内请点派主稿、帮稿。李润均、赵尔震、曾鸿才、王豫修、许裕身。通夜雨。为子听拓古匋三百五纸。

二十一日，**壬子(8月20日)** 以雨未入直。送子听卤四十纸，答以拓廿纸。细雨竟日。陈兆葵来。送隽丞席。

二十二日，**癸丑(8月21日)** 未入直。送子听卤四十纸。容叔辞行，送以袍褂、纱料、雨缨。王□卿来。

二十三日，**甲寅(8月22日)** 入直。夜雨。程乐庵、宫子行来。

二十四日，**乙卯(8月23日)** 入直。送子行对、家刻、磁器、锡器。送朗斋椒山十二帧，交子行。徐开钦、运斋来。

【本日日记天头书"处暑，未正三"。】

二十五日，**丙辰(8月24日)** 入直。复李朗辰信，并寄还苏邻诗稿。陈庆祉来。号小田，新选松滋，己酉□子。启绍、那谦来看奏稿及癸未料估所稿。请三万。送盛伯兮、周荟生齐镈拓。前则邸钟、沇儿钟。

子英来。

二十六日，丁巳（8 月 25 日）　入直。小雨。辰初到署。梁旭培、刘植卿来。

二十七日，戊午（8 月 26 日）　入直。卜永春、王守训、德泰、放惠潮嘉道，刑属吏。陈廷炘、宜子望、文绰、邹兆麟、赵之蔺来。小宇交铲币五十。

二十八日，己未（8 月 27 日）　入直。辰初到署。子原来。夏慎大、袁玉锡、曹善臻、覆试未取。阿克占来。夜雨。

二十九日，庚申（8 月 28 日）　入直。雨。晤兰孙。雨竟日。

八月丁酉朔，辛酉（8 月 29 日）　入直。初五日上徽号。内阁会议来知德。得济、辛、麟、振、三姊信，即复。沈允章、蒋楷、曹景郿、毕光祖、孙治绩、高廷修来，刘应熊、施启宇、千祺、韩荫莱来。运来。

初二日，壬戌（8 月 30 日）　入直。直日，奏催金砖，二尺方，一千六、二千五。依议。韩鄂田荫棣来。李士芬、窦居恒、李焕尧、王小宇二百五十，五十铲。来。余赞年、子英来。

初三日，癸亥（8 月 31 日）　入直。卯正到署。卫时勷、姚丙然来。送荟生盂鼎拓。缪祐孙、董系和来。送荟生卣廿六、鼎一、盂一、尊一、戈一、杞敦一，若代香涛送荔。徐承焜、夏书绅来。送兰、运荔。

初四日，甲子（9 月 1 日）　入直。雨。辰初到署。周之济来。余诚格、李振鹏、沈维善、钮家焕来。李菊圃来。徐宗溥来。

初五日，乙丑（9 月 2 日）　入直。请上徽号公折。张星吉来。吴庆坻、荣堃来。号芝田，军兵属吏。华学澜来。运来。面交伟如五十。于钟霖来。宋育仁、龚世清、周承光、高熙喆来。

初六日，丙寅（9 月 3 日）　入直。晤廉生。到署遇少云。罗光烈、倪锡庚、李有琨来。送廉生汉石滕县出土拓、唐石拓一，又产［铲］拓五十五。送仲若汉、唐拓《马氏志》。各一。恭邸送《萃锦吟》。送兰蒸食四合。

初七日,丁卯(9月4日) 入直。派题皇太后御笔兰八幅、菊四幅。王裕宸来。送荟生卤拓全,又廿九纸。斝、盂、匜、盘。李子荣、李子茂、邓莲裳、段友颜、萧开启来。

初八日,戊辰(9月5日) 入直。到署。派写啤嘞埠关帝庙"如日中天"扁。邹福保、周荟生、叶承祖、党述、刘樾仲、齐功成来。送荟生九纸。孙综源来。徐子静来。

初九日,己巳(9月6日) 入直。派覆核朝审。晤兰孙。陈吴萃、方子听、运来。

初十日,庚午(9月7日) 入直。上诣奉先殿。工直日。内左门外侍班。王安中、景厚、刘卓栻、徐受廉、尤大镇、赵寅臣、吴炳来。赏帽纬一匣、蓝缎一匹、绛色缎一、驳色二、石青二、蓝片金缎一、紫片金缎一。

十一日,辛未(9月8日) 入直。到署。李士锷、窦居恒、冯煦来。送荟生钟拓三、敦十五,子听钟三。闻南屏病故,即往看仲田。史悠咸来。

【本日日记天头上书"白露,丑正二"。】

十二日,壬申(9月9日) 入直。开发内廷节赏。许子元、赵仲莹、孙蕴苓来。寄伟如石庵字并信,交仲莹。卢聘卿、初次。戴式藩来。

十三日,癸酉(9月10日) 入直。到署晤廉生,送子听敦拓十五,荟生簠、簋、盉拓十八纸。汪范卿来。李青士慕来,昨助以六十千。送廉生小币拓百纸。花农来,刘恩霖来。壬子,年侄,言南卿堂弟。得济、竹、麟生、泉孙、三姊信,即复并寄辛芝。子英来。八十。

十四日,甲戌(9月11日) 入直。命作荷花、墨莲诗廿首。陈六笙璃、花农来。运来。

十五日,乙亥(9月12日) 入直。赏瓜果饼。派写善福寺扁。贺运。子英来。廿。

十六日,丙子(9月13日) 入直。壶天遇兰孙。送子听斝、盂、般[盘]、匜拓,送荟方尊、二。壶、觯、觚拓。程乐庵来。

十七日,丁丑(9月14日)　入直。午到署。宜子望、成竹铭来。

十八日,戊寅(9月15日)　入直。直日。晤兰孙。徐宝晋来。赵寅臣、丁惟晋、许涵敬分发山东。来。

十九日,己卯(9月16日)　入直。晤廉生,遇伯熙。赵寅臣、刘卓栻来。夜风雨。

二十日,庚辰(9月17日)　入直。内阁会议《会典事例》折。会奏驳来知德从祀折。雨。晤廉生。巳正徐到署。雨竟日。李宪之来。

二十一日,辛巳(9月18日)　入直。答宪之、六笙。眉伯行。寄振民江料八骏壶。

二十二日,壬午(9月19日)　入直。命作竹石、墨竹廿首。壶天晤兰孙。叔平来谈。花农来。湖南通判赵长纶小溪来,为朱咸庚寄信。覆勘朝审折,复命。

二十三日,癸未(9月20日)　入直。题皇太后御笔兰一幅、菊三幅。到署午正。发济、竹、辛、振信。运来。席卿送冬笋。雨。

二十四日,甲申(9月21日)　入直。送周荟生敦拓、鼎拓全分。送伯兮拓全,与荟生同但无卤。

二十五日,乙酉(9月22日)　入直。辰正到署,取则例馆所编《事例》十九本,极薄。嘉庆至道光止。丁立干来,刘谨丞瑞琪来。交小宇。十四两,叔美画《秋山试茗》。李振鹏来。寄仲饴《古文疏证》《石湖诗注》,交廉生。刘雅宾来。

二十六日,丙戌(9月23日)　入直。晤廉生。直日。送荟生、伯兮甗、角、爵拓全分。送子听甗、角、爵五十五纸。崇地山来。孙凤藻来。

【本日日记天头书"秋分,午正三"。】

二十七日,丁亥(9月24日)　入直。晤兰孙。

二十八日,戊子(9月25日)　入直。天安门外朝审班,午正二散。

二十九日,己丑(9月26日)　入直。天安门朝审班,巳正散。到署。送伯兮卤拓八十纸,送荟生豆、觯、瓠、罍、鬲拓卅七纸,送子听卅六纸,同荟,送端木子柔、祁子禾《滂喜丛书》各一。方子听来。

三十日,庚寅(9月27日)　入直。晤兰孙。送伯兮豆、觯、瓠、罍、鬲拓卅七纸。得济、辛、麟、振信。子英、永宝来。午后风。

九月戊戌朔,辛卯(9月28日)　入直。贺吴雨轩、颂阁、孙燮臣喜事,曼生六旬。送荟生钟一、鼎五、敦十、盉一、卫壶、斧二拓本。送伯熙拓本,钟一、铎二、鼎三、敦十、尊一、壶一、盉一、鼎十九、斝一、盘一、方尊一、尊二。壶天遇兰孙、佩卿。张芑堂来,永宝来。即墨、安阳四字齐,共廿枚。陈六笙来,所赠面却之。

初二日,壬辰(9月29日)　入直。吊赵粹甫、彭南屏,送方子听,答张芑堂。永宝来,刘。子英来,廿。张詟叔俨来。

初三日,癸巳(9月30日)　入直。晤廉生,长谈至午初。到署。永宝来。

初四日,甲午(10月1日)　入直。派题皇太后荷花四幅、菊二幅。直日,督修。松寿、王瓒。永宝来,百卅。江丽生、王廉生来,子英来。

初五日,乙未(10月2日)　入直。龚颖生携一卤来,"且戊"二字,索直千金,即还之。徐庆安来,号月波。苏令、丁丑教习。

初六日,丙申(10月3日)　入直。晤廉生,长谈。午初到署。复张季直并卢艺圃,交张叔俨詟。子英来。

初七日,丁酉(10月4日)　入直。上欠安,请安看方。张叔俨辞行。雨。昨夜雨。南屏开吊。王伯恭来。李宪之来。子英来。

初八日,戊戌(10月5日)　入直。派题皇太后兰四幅、菊一幅,又绢幅一。臣款。发济、竹、麟、辛、谱、振、泉信,彦侍信。六朝二石。子英来。石二,六十付五十。初九云五十已可。玉双来。广东道。

初九日,己亥(10月6日)　入直。午初到署。派写顺德九龙神庙扁"人和年丰"。食壶天。访廉生。子英来。

初十日,庚子(10月7日)　入直。派题皇太后兰花八幅。壶天遇佩卿。启绍、志靖、海康、夏玉瑚、田其年来。送廉生尊拓。一伯、一荟。寄香涛《功顺》,无信。寄柳门拓二,交田星五。

十一日,辛丑(10月8日)　入直。壶天饭。晤廉生。午初到署。星五来,得陆存斋信。子英来。齐功成来,为题如琼女史花卉册首、卷首,其妇也。

【本日日记天头上书"寒露,酉初三"。】

十二日,壬寅(10月9日)　入直。直日。派题皇太后画兰四幅。晤兰孙。为李宪之题《摘椿果苋图》二绝句。《续考古图》送廉生、伯熙、若农。伯熙送一石,若农送蚨蚁。子英来。尊,百卅,清讫。佩蘅招廿二日。以期服辞。贺子授、朗斋两家婚嫁。

十三日,癸卯(10月10日)　入直。派题皇太后兰四幅、菊一幅。风。得振民信。省旃来,毛绳武来,运来。

十四日,甲辰(10月11日)　入直。派题皇太后画兰四幅。午初到署。壶天饭。晤廉生。善星垣来,煜辉来。拔,贵州知县。省旃假三百,告以无有。《续考古图》送若农、伯兮、廉生。

十五日,乙巳(10月12日)　入直。贺培卿子讷生完姻,函件交运。送伯兮、荟生拓本,尊一、扛头一。小宇送中勤盘拓本。送莆卿《续考古图》。王仁斋瑞麟来,山东道,壬子同年,仁堂之子。欧阳衔来。

十六日,丙午(10月13日)　入直。派题皇太后画菊三幅。晤兰孙。得济之、麟生信,即复,十八发。丹初七十,到门投刺。荟生未刻去世。来报。王荫槐来,子英来,陈庆祉来。季之子,松滋县。

十七日,丁未(10月14日)　入直。壶天饭。晤廉生。到署。送韩耀曾入学礼,纸墨、笔研、袍褂、印石、《思补笔记》。得鞠常信,九月十八葬。送以绯敬卅元,托培卿。又广安信,张安圃丁忧。孙慕韩来,《丛书》二分,一分送蓉生。韩耀曾来,号伯彭。吴卓臣、王伯恭来。王忠荫来。发济、麟、叶、广安、振民信。

十八日，戊申（10月15日） 入直。派写建昌城隍庙"龙山保障"扁。吊周荟生、张安圃。徐出闱。张芑堂来。李荆南方豫来执贽，却之，放黄州守。张子彝端本来，朱益藩来辞行，子英来。

十九日，己酉（10月16日） 入直。壶天饭。晤佩蘅，辞廿二日招。晤廉生。巳正到署。雨。送芑堂对、屏、书三种。

二十日，庚戌（10月17日） 入直。派题皇太后画荷一幅、菊二幅。晤兰孙。江丽生来。天坛等处覆估，添派启绍、景星、赵尔震、王瓘。子授来。

二十一日，辛亥（10月18日） 入直。大雾。送黄仲弢拓百四十七纸。徐宝晋来。永宝刘来。毕恒昌元版《欧阳》。送乌绍云眼药，送崇地山对、屏。子英来，十两。刘谨丞来，送对、屏、书。

二十二日，壬子（10月19日） 入直。壶天饭。为锡厚庵作序。晤廉生，借青蚓《岁星图》。大风骤冷，换夹衬衫。永宝刘来。

二十三日，癸丑（10月20日） 入直。上幸北海看箭，十六起，本日止。阴冷。兰孙借青蚓画。兰孙送看李复堂画册。若农借去《安南志略》《辍耕录》二部。一原本，一毛本。复陆存斋，又魏、齐二石拓本。

二十四日，甲寅（10月21日） 入直。派题皇太后画菊二件。壶天饭。晤廉生。午初到署。王小宇来，以崔青蚓《岁星》属钩刻。送成竹铭屏、对、书三。答谢运斋、斗南。杨凤梧来。陈厚德来。换羊皮冠、黑绒领、银鼠一套。仲弢作"丰"字考，送仲弢敦拓四十九纸。

二十五日，乙卯（10月22日） 入直。壶天与兰孙长谈。阴冷。若农送翅子鹌鹑羹。吴乃斌来。薇客之孙。子英来。得伟如八月廿日信，复伟如交沈子敦。

二十六日，丙辰（10月23日） 入直。阴雨。永宝刘来。邓小赤来。华凤章来。中衡、启绍、江丽生来。

【本日日记天头上书"霜降，戌正"。】

二十七日,丁巳(**10 月 24 日**)　入直。派题皇太后画兰四幅、菊一幅。壶天饭。寿蘅来。晤廉生。已正到署。花农来。

二十八日,戊午(**10 月 25 日**)　入直。阴雨。晤兰孙。发济之、竹年、辛芝、广安、振民信。得朗斋信。宝森堂送来《唐六典》。明板。永宝刘来。换灰鼠褂、黑袖头。

二十九日,己未(**10 月 26 日**)　入直。上出乾清门,补服侍班。派题皇太后画菊花上诗堂四幅,派题皇太后画钟馗上"来欢致福"四字、"光绪十二年九月二十九日御笔"字一行,又七绝五首。陆费煦号子石,老八之子,曾官教谕。来。得济之、竹年、三姊信,即复,明日发,并泉孙、广安信。竹年女适广安子,十月十九日喜事。又振民、辛芝信。永宝刘来。宝森来。

十月己亥朔,庚申(**10 月 27 日**)　夜雨达旦。冒雨入直。坤宁宫吃肉。共三十五人。绍祺未到,恩承、奎润、那殿试。卯正二刻,派题皇太后画钟馗一幅一轴。题二诗,又三诗臣款。雨至未正犹未止。

初二日,辛酉(**10 月 28 日**)　入直。壶天少坐。已正到署。运来。奉上谕:"潘着充会典馆副总裁。钦此。"正:额、阎、恩、张,副:锡、翁、延、乌、麟。

初三日,壬戌(**10 月 29 日**)　入直。公折谢恩。内阁具。派题皇太后菊四幅。晤兰孙。杨锦江来。乙酉连捷,县。成竹铭来辞行。子英来。得张承燮信。永宝来,以荐若农。送仲弢邴钟、齐镈拓本。

初四日,癸亥(**10 月 30 日**)　入直。引见时碰头谢恩,同乌达峰。还王小宇钱竹汀篆对。永宝刘来。汪范卿来。黄仲弢来。胡子英来。

初五日,甲子(**10 月 31 日**)　入直。上御太和殿,朝服谢恩。壶天同清卿饭。晤廉生。到署,送清卿一品锅。永宝刘来。子英来。

初六日,乙丑(**11 月 1 日**)　入直。派题皇太后画菊二幅。皇太后赏袍褂六、帽纬一。本部加班奏事。

初七日,丙寅(11月2日) 入直。派题皇太后画钟馗一轴二幅。一"福自天来",二"天中纪瑞、鸿福开云"。诗二首。汪太夫人八旬冥诞,清卿、谊卿、鹤巢、范卿、董彦和、徐花农、方勉甫、戴毅夫、王莆卿、杜四世兄、陶竟如、刘雅宾、彭仲田、蒋迪甫俱来。

【本日日记附书"杞伯敦、姑冯句鑃、晋公盦""送毛少爷银廿五两"。】

初八日,丁卯(11月3日) 入直。派写上海捐赈公所扁"心存济物"。壶天为兰孙写窗心十六幅。晤廉生。答谢清卿、谊卿、莆卿、江树昀、蒋迪甫、花农、毅夫。午初到署。复吴培卿,界石浜坟丁螾蛉养息,酌赏钱文事。永宝刘来。百两,鬲。送若农熊掌二对。王伯恭来。

初九日,戊辰(11月4日) 入直。派题皇太后菊一幅、兰四幅。皇太后赏菊一幅、兰四幅、袍缎四、锦二。世锡之信托仲韬,即作函。愙斋来借姑冯句鑃拓本一轴去。邬纯煆来。胡子英来。

初十日,己巳(11月5日) 入直。慈宁门行礼,递如意,赏还。拟南斋公谢折,若农写工部递。廉兴。永宝刘来。斗南来。方燕昭来,子贞之孙,养性之子,捐道江苏。小雨。

十一日,庚午(11月6日) 入直。公折谢恩。壶天饭,为兰孙书格眼廿九纸。晤廉、孙。午初到署。得济之、瘦羊、泉孙信,即复。函致辛之、广安。胡子英来。锡之交到香稻、古砖。又广安、鞠常信。复广安。

十二日,辛未(11月7日) 入直,晤兰孙。仲若送鹌鹑、蚝豉,答以汉画象[像]拓本。送世锡之席、酒票各一。永宝刘来。振民寄到笺五百张,即复。发南信。鹿乔笙来。

【本日日记天头书"立冬,戌正初刻七分"。】

十三日,壬申(11月8日) 入直。贺吴太亲母生日。晤愙斋、运斋、卓臣。晨阴小雨。子英来。卢咸琐来。夜雨达旦。永宝来。四十。

十四日,**癸酉(11月9日)**　入直。壶天饭,晤廉生。巳刻到署。细雨竟日。

十五日,**甲戌(11月10日)**　入直。为兰孙题文勤册观款。送仲弢拓本百五十六纸,送廉生新拓本五纸。永宝来,陈次亮炽来。

十六日,**乙亥(11月11日)**　入直。至天坛待珍亭。至午初皆不来告,冒雨而归。邓小赤来。

十七日,**丙子(11月12日)**　入直。徐蕙生、吴卓臣、朱蓉生来。子英来。得陈嵩侪信,茶壶、茶杯。

十八日,**丁丑(11月13日)**　入直。派题皇太后指画菊、兰二幅,十日指画于延春阁十思堂之南窗。各三诗。命全忠代书,以荫目疾不能作细楷也。壶天饭,候六舟,晤廉生。巳刻到署。岑春荣、运斋来。祝袁庭彦母寿。

十九日,**戊寅(11月14日)**　入直。晤兰孙。林万涛乙酉。来。赴唐景崧馆,送《笔记》《洗冤》《全生》,并送唐一分。得陈骏生信,云十一月月初来。子英来。廿两。🦶禽首半直。宝森来。

二十日,**己卯(11月15日)**　入直。派题皇太后画菊一幅。引见时碰头谢恩前赏画。若农借《鬼谷子》。江都秦刻。永宝来。还鼎一、敦一,皆煦堂物,真而不精,字俱蚀。

二十一日,**庚辰(11月16日)**　未入直。续估天坛,未正始归。珍亭及立豫甫欲留饭,辞之。得毛子静信,由六舟来。六舟来未直〔值〕。宝森、子英来。

二十二日,**辛巳(11月17日)**　入直。风。派题皇太后画菊一幅、兰四幅。壶天饭,晤廉生。巳正到署。子英来。永宝来。

二十三日,**壬午(11月18日)**　入直。派题皇太后画菊一幅、兰四幅。伦梦臣来。仲午生日,陶民甥来。得小畲信,云三姊病甚重。子英来。送仲弢方尊十三纸、壶拓廿三纸。

二十四日,**癸未(11月19日)**　入直。派写甘肃平凉城隍庙"仁敷鳞得"。派题皇太后画兰四幅。壶天饭,晤廉生。巳刻到署。贺子禾孙完姻。得济之、广安、振民、琴兄信，即复，廿五发。宝森、永宝来。

二十五日,甲申(11月20日)　入直。工直日。派题皇太后画兰四幅、画院画洋蝴蝶一幅。伦梦臣来，给团牌查局。永宝来，㪵禹索百七十两，面斥之而去。火药局奏验火药，派善庆、色楞额，定廿七巳刻查验。八额驸在假内，管局者只一人到。沈中复遣增盛木敞[厂]送大卓[桌]二个来，当即付直七十二千，并送汉画象[像]、六朝石、董帖拓本各一。宝森来，《读史管见》《百段锦》《广成集》还之。

二十六日,乙酉(11月21日)　入直。派写天坛斋宫十一言对："克践厥猷聪听祖考之彝训，无斁康事先知稼穑之艰难"。派题皇太后画兰四幅。晤兰孙。王松溪寄专[砖]拓，复谢交廉生。子英来。三破石，刘二□。兰孙借《梅花草堂笔谈》《人海记》二书。缮司主事倪士林送礼六色，却之。得仲饴信并《律例通》及酱菜，又丁少山唐石经《周易》。送六舟屏、对、《全生》、《洗冤》、《笔记》。宜子望同。

二十七日,丙戌(11月22日)　未入直。到火药局定巳刻。送三姊奠分卅元。发济之、小畬信。复仲饴《渌喜》二部、《石林奏议》二部、《陶堂遗集》二部、庄书、范注一部、六朝石拓二、造象[像]拓二、唐志一、董帖一，交其家人。子英来。造象[像]二、唐石一。

【本日日记天头书"小雪，酉初初刻"。】

二十八日,丁亥(11月23日)　入直。派写苏州城隍庙"崇台巩护"、长洲"茂苑垂慈"、元和"绣壤敷仁"、吴"胥山永固"扁。壶天饭，晤廉生。巳正到署。花农来。王小宇刻好崔青蚓《岁星图》。仲田四十，送袍褂、烛、酒。樊恭煦来。王元之、岑春泽来。子英来。

二十九日,戊子(11月24日)　入直。永宝来。《杜集》六十，刘须溪点，黄鹤注。㪵敦，百五十五。兰孙借《在园杂志》。永宝又来。杜集、㪵敦。火药局看折。天坛查估看折。王彦盛来。

三十日,己丑(11月25日)　入直。火药局奏办火药。偕箴亭奏天坛查估工程。珍亭至懋勤殿来谈。晤兰孙，以节赏屏、对各三百卅付托张蔚增，工主，广东人。交斗南。送若农明钞一纸。子英来。兰孙送黄花鱼四尾。

十一月庚子朔，庚寅（11 月 26 日）　入直。徐道焜来。复陆存斋，拓本百四十七纸交陆学源。复毛子静拓本卅八纸，交天成斋。陈六舟来。永宝刘来。汪范卿来。兰孙送蒸食。小宇送书"宝菊斋"额。

初二日，辛卯（11 月 27 日）　入直。壶天饭，晤廉生。到署午初。傅云龙懋元来索《滂喜丛书》，又"纂喜庐"额。宜子望、端午桥来。

初三日，壬辰（11 月 28 日）　入直。送若农《杨秋室集》二本。清卿来，以专[砖]拓四十纸去。永宝来。花农同欧阳鸿济来，号平叔。子英来，付六十。二造象[像]，一唐志。《来府君》连额。

初四日，癸巳（11 月 29 日）　入直。壶天饭。巳正到署。端方具呈辞山东差委。清卿请训，在内晤。遇伯兮。晤廉生。送清卿大理石一方、木器一筒及袍褂、食物等共十色。永宝刘来。付百两票，尚欠百五十五两。运斋、梁巨川济来。为黄仲弢《宁寿古鉴》稿本题签。前门始开行。

初五日，甲午（11 月 30 日）　入直。许鹤巢来。还清卿山农拓，又弟[第]二函，送虢钟拓。陈骏生自汴来。永宝来。

初六日，乙未（12 月 1 日）　入直。钱清卿，同坐者子千、谊卿、骏生、仲午、廉生，午正散。若农送《明稗类钞》来，即还。颂阁送《传奇汇考》看。得廿六南信，明日复。

初七日，丙申（12 月 2 日）　入直。派题皇太后画菊二幅、兰四幅。壶天饭。晤廉生，送爵、觚拓。巳正到署。发南信，济之、竹年、瘦羊、辛芝、广安、眉伯。润古至壶天，一凫尊，伪，一敦无字，还之。茹古以叔作宝尊彝残器来，直四十八两，一矛头八两。王伯恭来辞行。胡景桂、许子元来。以《滂喜》一部交胡景桂送定州王氏。以《笔记》《全生》《洗冤》送胡景桂。夜雪。闻世锡之去世。送欧阳平叔屏、联、《滂喜》《思补》《全生》。

初八日,丁酉(12月3日) 入直。大雪。送清卿行。晤兰孙。得伟如信。欧阳平叔来辞行。清卿来辞行。子英来。还若农《宝翰堂藏书考》一函,还颂阁《传奇备[汇]考》。王伯恭札,知清卿未与同行,即赠廿金。

初九日,戊戌(12月4日) 入直。派题皇太后画菊一幅,存成均。送伯希《滂喜》一部。送胡景桂月舫《滂喜》《功顺》各一部,属转交定州王灏。号文泉,其侄延绶禀贡,工屯田员外。沈楚卿廷杞来。骏生到即被窃,送以廿金。

初十日,己亥(12月5日) 入直。派题皇太后荷二幅、兰四幅。壶天饭,内阁画徽号稿。晤廉生。已刻到署。伦梦臣来。得李福沂信。

十一日,庚子(12月6日) 入直。工部直日。晤兰孙。大风。廷用宾来,放承德守。永宝刘来,付六十,欠一百五两。茹古来,一破器,四十八两;一戈,八两。付二十两。司务沈林来。中衡、江丽生来。

十二日,辛丑(12月7日) 入直。大风冷。具折请训。派题皇太后画菊四幅。伦梦臣以高慎德呈来。王延绶来,号青友,文泉之侄。子英来。付百两足,全清。李荆南来辞行。程乐庵来,复奏桥梁闸坝一折,看奏底。《传奇备[汇]考》四本还颂阁。在内晤子斋。

【本日日记天头书"大雪,午正初刻六分"。】

以下《东陵日记》。

十八日,丁未(12月13日) 巳正二刻归寓。程乐庵以南西门外桥座工程折来看。子英、永宝刘姓来。得张丹叔信。汪柳门寄到红木器,由粤海交到。伦梦臣来,画行查估大臣稿。程乐庵、那谦来。得南信。

十九日,戊申(12月14日) 大风冷。兰孙来。永宝刘姓来。发南信,济、竹、振、辛四函。又复硕庭、熙年、泉孙。许子元来。

二十日,己酉(**12 月 15 日**) 送子斋雉、兔、蜜、益母膏。送若农蜜、膏。蒋实英伯华来,骏生妹婿。李润均来。梁航雪、吴卓臣来。运斋、子斋、子英来。施小山来。廿四同乡谢恩。

二十一日,庚戌(**12 月 16 日**) 复命。派题皇太后画兰八幅。派题研海四字,二分。又诗二首。召见于东暖阁。到署。清卿来。劼刚来。

二十二日,辛亥(**12 月 17 日**) 入直。派写平谷县"瑞屏昭佑"匾。写年差"祥""喜"字四十件。吊世锡之。答劼刚、窭斋,晤兰孙。伟如寄《红崖碑》,即复,交折差。花农、王伯恭、宜子望来。永宝刘来。沈楚卿来辞行。崇文阁来,《周书》价五十金,尚未付。方汝翊来。子英来,以《红崖》交装。

二十三日,壬子(**12 月 18 日**) 入直。派写陕西太白庙"威宣招矩"四字,又写年差"福"字四十件。永宝刘来,携大栅栏一鼎一敦,索五百两。以磁州拓本全分送若农。吴炳和来,号协甫。乞书对及名刺。陆寿门送纸及夏布。梁航雪辞行,送以拓十七纸及驾航信,又崔青蚓画拓,又赠航雪十金。茹古送来三代吉金一匣,内阿武戈、汉铎、宋公佐阳幼衣斧及汉钩、黄小松、翁覃溪所题,皆伪也,即还之。岑春泽来,王同愈来。蔡宝善来,麟洲之孙。

二十四日,癸丑(**12 月 19 日**) 入直。同乡谢恩,偕叔平、颂阁乾清门叩头。年差恭代上进皇太后"福""寿""龙"等件。壶天饭,晤廉生。午初到署候小村。廉生处见宋板刘元起《后汉书》、十八字十行。明初本《元史》。亚陶来。永宝来,昨件议价不成,还之。又以鼎拓来,直二百。永宝又来。

二十五日,甲寅(**12 月 20 日**) 入直。写年差毕。晤兰孙。明日上诣斋宫。卯正二刻阅祝版,第一次南郊大祀。吴夑臣住寓中并招李、梁小酌。子英、永宝来。恽彦琦次远来。熊登第芙青来,乞写其父献县殉难对。豫东屏来。

二十六日,乙卯(**12 月 21 日**) 卯初二刻,上诣天坛宿斋宫,蟒袍、补褂，午正一刻侍班。瑞德堂翁、孙、徐、李、梁、吴同饭，艮[银]四两。方燕昭来。梦臣来。晨同梁、李、吴同去。永宝以鼎来。索二百。

二十七日，丙辰(12月22日)　入直。蟒去朝回，不侍班。工直日。派题皇太后画兰四幅。送荣公、迁公、英介臣总镇，交敬子斋初一带去，以答其食物也。敬子斋东陵收工，月朔请训。程乐庵来。永宝来，其鼎还之。得王益吾信。韩景琦来，南和拔贡。子英来。

【本日日记天头上书"冬至，卯初二"。】

二十八日，丁巳(12月23日)　入直。壶天饭，晤廉生。午初到署。张仲模楷来，新放汾州府。送清卿对、幅，礼六色、貂领袖、漆器、燕菜。方佑民对、屏、书三种，豫东屏对、屏、《功顺堂》，张仲模对、幅、书三种。谊卿送日本鲍鱼。永宝来。雷其蔚来，号质卿，西园之子，三。其兄台北府。顾芹来，台州拔贡，号楚英。邵小村来，送以席。子英来。

二十九日，戊午(12月24日)　率司员征、伦、程，又承修之中衡至右安门之石桥、莲花池之坝，又各处水簸箕收工。送子斋联、幅，送小村联、屏、《滂喜》，送福少农润联、屏、书三种。以日本鲜鳆送若农、斗南各二瓶。永宝、茹古来。海缵廷来。

十二月辛丑朔，己未(12月25日)　入直。派恭代皇上御笔开笔，"福"字四方。派题皇太后画菊花四幅。答海缵廷鼻烟、口蔴[蘑]、山查[楂]糕。寄济之信交清卿寄。子斋今日请训。迁公号俭斋，荣公号养之，名颐。英总镇名廉，号介臣。子英来，"千秋万岁"残瓦四枚。梦臣来复，带记名，又志彭、许仲韬钤身来。陈景墀来，文邦从来，清卿来。

初二日，庚申(12月26日)　入直。壶天饭。午初到署。晤廉生。江苏全省在安徽馆，苏府在长元吴馆请清卿，雪，不克到。傅云龙懋元、张端本子彝来。申后风宜，有冷意，连日大暖也。熊登第之父海珊名存瀚，祠堂对昨已写好，付之。本日递年差。吴燮臣覆带京察记名。工部记志彭、伦五常，不记溥善、征厚。今日有引见，碰头。

　　初三日，辛酉（12月27日）　入直。赏袍褂料各一。晤兰孙。风少觉冷。吴清卿本日请训，在内晤之。吴燮臣、陆寿门、高文翰、王遵文来。崇文阁来，送来《桂洲集》《救急良方》《□辨》《新论》，俱明本，还之。

　　初四日，壬戌（12月28日）　入直。同乡谢恩，翁未行礼。招清卿、谊卿。隆禹门面求拓本，许以年来。清卿赠全形拓本四幅。子英来。

　　初五日，癸亥（12月29日）　入直。卯正上诣奉先殿，出内右门，磕头谢恩。派题皇太后画兰四幅。壶天饭。巳刻礼部朝房覆勘各省学政试卷。到署，送清卿行。永宝来，鼎付一百，欠五十两。茹古来。一爵丹字，索八十金。缪小山来，送《顺天志》八套，正始、咸亨造像拓本各一分。子英来，还高文翰诗一部。

　　初六日，甲子（12月30日）　入直。工直日。送李小轩廷箫对、幅、书三种，现归德府，其子乙酉副榜。送仲韬对、屏、书三种，交子元。许子元来，赠以一联，春卿一幅。清卿来辞行，手赠旧料宝烧红烟壶一枚。茹古斋。又还廿两，尚欠十一两。又一铲币，五两。派宝泉局工程，同景善随带司员中衡伯权、景星月汀、启绍承斋、程志和乐庵、赵尔震铁珊、许祐身子原、木厂恒顺高慎德、聚丰种永顺。监修笔政德升、惠霖。

　　初七日，乙丑（12月31日）　入直。覆勘各省试卷覆命。赏耿饼。中衡伯权来。子英、王延绂来，送王文泉所刻书八套。号青友。

　　初八日，丙寅（1887年1月1日）　入直。壶天饭。午初到署。传心殿见景福庭。晤廉生。得朱少愚信。永宝来。付五十两。送仲饴朱拓《岁星图》，即复其寄《郭有道碑》、猴头蘑，交其家人。卓臣来。缉庭来。得德小峰信。

　　初九日，丁卯（1月2日）　入直。冷。送王文泉屏、对，"平为福"扁、《岁星图》朱拓。王青友联、幅。送敬子斋二菜二点。为张允勤再写

"留耕堂"扁,交廉生。送胡月舫景桂联、幅、"平为福"扁。卯正二上诣大高殿祈雪,阿克占来。子斋送点心四匣。夜大风大冷。

初十日,戊辰(1月3日) 入直。偕子斋奏闸坝收工折。寄仲饴对、屏幅。又若农对,交其家人赵姓。许子元来。子英来。运斋来。延树南子续弦送礼,未去。

十一日,己巳(1月4日) 入直。派题皇太后画菊四幅。壶天饭,晤廉生。午初到署。启绪、周暻递说议黄河见来文,醇王、军机、户、工、大公所合议河事见来文。十四日外国拜年。宝泉局十五午刻开工。永宝来。赏燕窝。王松溪寄乌鱼穗。润古送卣至壶天。一字。

十二日,庚午(1月5日) 入直。大风冷。晤兰孙。运斋为张度、朱涵等振册捐四十千。赵尔震来。绍秋皋夫人送以幛,未去。

【本日日记天头上书"小寒,亥刻二刻九分"。】

十三日,辛未(1月6日) 入直。磕头谢恩赏。壶天饭。午初到署,遇徐小云。十四日外国拜年,行文注感冒。陆寿门来辞行。志蔼云之孙毓麟来告廿三迎妆。送陆寿门点心四匣。送毓麟果席票、酒票。润古至壶天。杨士燮、周□、延清、赵尔震各有说帖。

十四日,壬申(1月7日) 入直。工部直日。派题皇太后画兰四幅。外国拜年未到。以感冒行文。派内仓工程,司员溥善、征厚、那谦、江槐庭、梁有常、李润均。溥善、征厚来。复胡辑五,送以对、幅。吴卓臣来。发南信,济之、竹年、辛芝、振民、泉孙。得叶贯卿信,未复,信函云十六行。王壬秋来,润古斋来,卣五十五两,全清。永宝来。得沈守廉信,未复,徐小云处来。江丽生来。木敞[厂]恒顺高慎德、同茂李达源来见。

十五日,癸酉(1月8日) 入直。派题皇太后画菊四幅。懋勤殿吃肉。大公所、醇邸、军机、户、工同议河务,未初散。徐小云、清吉甫、景福庭、二孙未到。宝泉开工未能去。子英、陈伯双来,得张沅清、林启信。江丽生、李慕来。

十六日,甲戌(1月9日)　入直。工加班。派写山东益都"福佑云门"四字。派写御笔底子"璇闱集庆""万方介寿寿无量,两度书春春倍长"。赏"福""寿"字,引见时磕头。壶天饭,晤廉生。午初到署。朱其焯来,丁丑教习,原名敏修。夜子正大雪。汪朝模送花四盆。

十七日,乙亥(1月10日)　冒雪入直。巳初雪犹未止。廉生送茶花一盆,遣人挑担往取。闻陆凤石丁忧。本生外。含英送花八盆。得岱东信,即复,赠联、幅、《石林奏议》《陶堂诗》《范注》《庄证》。得济之、瘦羊信,十一月廿三所发。世杰送蟒袍、螺钿对、笔墨、酒、惠泉。雪至申未止。得马东垣信,赠以联、幅。

十八日,丙子(1月11日)　入直。大雾。皇太后赏"福""寿"、朱拓御笔钟馗。壶天饭。巳刻到署。永宝来。付五十两。张端本来。十五日验放,补郎中。自十九至廿三日,上幸北海。子英来,以赏件交裱。得王锡九梦龄信,送联、幅。

十九日,丁丑(1月12日)　入直。工部加班。赏袍褂料、帽纬。卯正二上诣大高殿谢雪。巳初上幸北海,出神武门,磕头谢恩。巳正皇太后出神武门,磕头谢恩。酉初熙麟来,江丽生来,张尧农来,豫东屏来,得邓蓉镜莲裳信。王青友延绂来并文泉书、《平播》《明史纪事》二部,索去广阳底本。运斋来。阴,小雪时作时止。

二十日,戊寅(1月13日)　入直。封印未去。小云去。内仓开工未去。跃年请假五日。巳正散时雪又作。贺运斋五旬,先二日往贺。晤兰孙。写江小云清骧寿对,庚子年伯,江丽生之父也。子英来。付四十,爵欠十两。瓦器六件,欠十两。卓臣来送阅振济劝捐信稿。欧阳衔来。

二十一日,己卯(1月14日)　入直。派恭代御笔"龙"字一方、"虎"字一方。壶天饭,晤廉生。巳初到署。大风甚冷。送若农肚鸡鳆一碗、熏鱼一盘。得合肥信、成月坪信。廿四俄国拜年,行文云感冒。花农来。茹古来。缪小山来,得李维诚信,得颂臣信,得王作孚信、裕禄信。

二十二日，庚辰（1 月 15 日） 入直。派管理沟渠河道。工加班，议复黄河分流会奏。肃邸送火锅、四菜、二点，即送朱曼伯。总办：松、溥、启、伦、江、程。添赵亮熙。监督：申、阿、志、张、王、许。添景星、梁有常。茹古斋来。付廿两，全清。得李希莲信。以案上姜所送蒸食四合送兰孙。启绍来。

【本日日记天头上书"监修：彦香、陆保、钱良"。】

二十三日，辛巳（1 月 16 日） 入直。甚冷。晤兰孙。张蔚增代书联、屏，润敬卅两交斗南。经伯润敬五十两。今年端节、中秋俱未送，且写信不及十函，信亦均未答也。李金镛来，号秋亭，吉林知府。张仲模、朱曼伯来。赏黄米糕。熙麟来。永宝来。济阴一，二两。崇文阁来。付五十两，尾三十两。运斋、斗南来，斗南放山东。送李秋亭对、幅。

二十四日，壬午（1 月 17 日） 入直。赏大卷八个、貂皮十张。答贺斗南。送仲华、芷庵、昆小峰节礼并答肃邸。中伯权、江丽生来。子英来。五十两，裱价。陈骏生送花四盆，蒋伯华送花八盆，运斋送花二盆，许子元送花四盆。得豫东屏信。笔政智龄来，得迈新甫信并乞书对二付。益珍斋来。付四十两，欠廿余两。送蒋伯华联、幅、食物。胡翔林来，得云楣信。

二十五日，癸未（1 月 18 日） 入直。阴冷。送立豫甫山节礼。恒顺送花八盆。李秋亭来，送以书三种。仲田送牡丹、碧桃四盆。吴载勋求助，以廿千，梅梁之孙也。若农以曹庭杰《东北边防要略》来看，即还。得李殿麟、邵小村信。送若农节礼。

二十六日，甲申（1 月 19 日） 入直。冷。送德静山节礼。晤兰孙。许子原来，并以方方壶、唐六如、王雅宜手卷来看。王介艇廉来，新放凤颖泗六道，送以《洗冤》《全生》《思补》三种。仲华送节礼，答以联八言、七言及屏四幅。松鹤龄寿来，病甫愈，未见。王赓荣来，新选广西浔州府。德静山寿来，新放浙运使。艮[银]六两，料黄烟壶直，还太监黄元庆。尊一字模糊，还子英。索直四十两，还以十六金。崔国霖来,号春江,辛未,安徽。李莼客礼四色,吴均金礼四色。冯开勋送艮[银]鱼等物。

二十七日,乙酉(1月20日)　丑刻祀神。入直。开发内廷节赏。赏貂皮、荷包、手巾。同乡谢恩,翁、钱、廖未到。壶天饭,已正到署。兰孙送窝窝头、薄饼、银鱼,又为锡之代刘毅斋乞书对。送敬子斋礼四色,《岁星图》一幅。亚陶来,仲韬来。得济之、辛之、振民、眉伯信,柳门、杨艺芳信。

二十八日,丙戌(1月21日)　入直。派卯正恭代御笔福神、贵神、喜神、财神之位五分。神及本年本月本日本时至德尊神。辰初上至中和殿阅祝版、蟒袍、补褂侍班。若农貂褂来,属换之。回时磕头谢荷包赏。至壶天,开发艮[银]票廿四两二纸。一十六两,一八两。子斋送节礼。盛伯熙送牡丹、梅花各四盆,答以食物四色。答花农四色、《岁星图》一幅。答亚陶四色、汪范卿食物四色。得程小泉信,答以对、幅。顾缉廷食物四色。孙燮臣送酒二坛。宝森来。付十六两。得许仙屏信。子授以所书《心经》属代交进。

二十九日,丁亥(1月22日)　入直。上诣太庙,始亲行礼,不侍班。派拟九言对切钟馗者。何润甫乃莹来,送《岁朝图》一幅。其女所画。徐花农来,送以大衍。得毛凤清,即荐于顾缉廷。运斋、李小轩来。得振青、朗斋、胡芸台信。永宝来。杨苏拉来,交付五十四名赏项。姚柽甫送菜四。赏狍鹿等,领到。赏荷包大小,领到。李莼客答礼四色。

三十日,戊子(1月23日)　入直。赏"龙"字。上御保和殿,出乾清门时貂褂、蟒袍,不站回班。谢荷包赏、"龙"字赏。阁未到。答运斋。贺兰孙元旦生日。陈少希信。胡子英一品锅。永宝来。付四十两,欠卅三两。送骏生十二金。复朗斋信,送以香光手卷。运斋、斗南来。祀灶,祀祖先。益珍四十两。全清。

晚清珍稀稿本日记

主编——

徐雁平
马忠文

潘祖荫日记

（下）

〔清〕潘祖荫 著

蒋云柯 蒋伟平 整理

凤凰出版社

光绪十三年日记(1887)

　　光绪十三年丁亥正月壬寅朔,己丑(1月24日)　　子正入内,前门关帝庙拈香。辰初三慈宁门行礼。辰正三太和殿行礼,懋勤殿开笔,递如意,赏还。诣惇、恭、醇,午正三刻归。若农送鼻烟,以吴闰生菜四色答之。阴而不冷。

　　初二日,庚寅(1月25日)　　入直。壶天饭,临帖三幅。辰正三到署。军机处送席。

　　初三日,辛卯(1月26日)　　入直。发信,济、竹、辛、麟、振。赵寅臣来。

　　初四日,壬辰(1月27日)　　入直。游汇东来。送运席。

　　初五日,癸巳(1月28日)　　入直。大雾,有雾凇。派拟四川西充等处扁七面。晤兰孙。复柳门交运斋。函致清卿。申初雪,入夜未止。中伯权来。

　　初六日,甲午(1月29日)　　入直。雪止而未晴。派写"南岷昭佑""绥边赐福"扁二面。派拟四川新津等处扁五面。德静山送鹿尾等四色。仲饴寄果子狸、松腿。子英来。

　　初七日,乙未(1月30日)　　入直。派写"威振西川"扁。派题皇太后御笔画菊四幅。上诣太和殿看祝版,乾清门侍班,补褂。复卫之、二姊信,交汪范卿寄。复仲饴,交公柜盐店,内拓本八纸。仲午拜年。

　　初八日,丙申(1月31日)　　入直。派题皇太后御笔画兰四幅。壶天饭,晤廉生。巳正到署。安徽九卿团拜,分廿吊,以疾辞之。子元来。许仲韬、王伯恭来。

　　初九日,丁酉(2月1日)　　入直。都察院团拜,未去。送昆小峰太夫人七旬晋六幛、对、烛、酒。子英来。

初十日,戊戌(2月2日) 入直。总理衙门外国会晤,未去。晤兰孙。工部加班奏事。卓臣来。得王忠荫荩臣信。子英来,以二水绢直幅来看,"翠阁丹楼不计重"绝句,索十二金,暂留。

十一日,己亥(2月3日) 入直。懋勤殿跪春,发下春帖子赏。运斋来。

十二日,庚子(2月4日) 卯初二,祝版。上诣祈谷坛,午初斋宫侍班,蟒袍、补褂、染貂帽。瑞德堂颂阁东,未刻散,同翁、孙、孙、南斋四人。马东垣来。

【本日日记天头上书"立春,巳刻"。】

十三日,辛丑(2月5日) 入直。壶天饭。派拟山西洪洞等处扁。辰正二到署看折。明日加班。斗南来。晚招谊卿、子千、棪甫、伯华、骏生、卓臣同饮,借棪甫厨。得丁介帆信。

十四日,壬寅(2月6日) 入直。派写"惠普西河"扁。晤兰孙。赏元宵。杨艺芳、胡子英来。

十五日,癸卯(2月7日) 入直。皇上亲政。辰初二慈宁门行礼,巳初太和殿行礼,俱朝服。午初保和殿侍宴,蟒袍、补褂、染貂帽,子禾同坐。到家未初。晚约运斋、卓臣、子千、经伯、骏生小酌。恩诏各加一级。十七日由内阁公折陈谢。

十六日,甲辰(2月8日) 入直。壶天饭。午正赐廷臣宴,乾清宫先碰头,门槛内谢加级恩,即磕头入座。东边:额、恩、福、锡、乌、麟、昆、绍祺。西边:伯、阎、张、徐、翁、毕、许、潘。赏如意、蟒袍、磁瓶、袍褂、鼻烟并撤膳以赐。是日酉初月食。得丁芥帆、李次青信。

十七日,乙巳(2月9日) 入直。内阁办公折谢加级恩。大风冷。上于本日幸南、北海,至廿日止。得南十二月廿日信。

十八日,丙午(2月10日) 入直。风冷。祝昆小峰大空栋鄂太夫人寿,同颂阁俱到。安徽馆团拜十九日,辞之。复济、竹、广安、辛芝、瘦羊、硕庭、熙年、泉孙、振民、眉伯。

十九日，丁未（2 月 11 日） 入直。同颂阁、若农、燮臣公饯斗南，用桎甫厨，午正散。

二十日，戊申（2 月 12 日） 入直。上召见于东暖阁，换染貂帽、白风毛褂。工部廿六请，辞之。中衡、松寿、溥善、那谦、志彭、启绍、征厚、诚镇、阿克占。黄花农来，送以对、屏、席。晤兰孙。大风。

二十一日，己酉（2 月 13 日） 入直。花农送伊祖《爱庐行述》、诗集并鱼翅、香肠等食物。杨渭春士燮来。刘培送熊掌。

二十二日，庚戌（2 月 14 日） 入直。壶天饭。巳初到署。候豹岑。王壬秋索书扁曰"紫琅玕馆"，对曰"连苔上砌无穷绿，王母桃花千遍红"，即书之。又乞叔平书。刘橚仲来，卓臣来，张竹辰来。

二十三日，辛亥（2 月 15 日） 入直。答竹晨。送斗南。招兰孙饮，有桎甫、骏生陪，午刻。徐花农来。斗南来，属赠张蔚增、子高对、幅各一，去年冬写赏对者也。杨渭春来，为王伯恭筹家用四十金，属渭春交。子英来。

二十四日，壬子（2 月 16 日） 入直。晤兰孙。何寿南来。何云裳荣阶来。得御史，丁丑。小宇送《武梁祠》拓本。王伯恭来，运斋、秋樵来，得仲良信。

二十五日，癸丑（2 月 17 日） 入直。派拟天津等处扁。晤廉生，遇朱澂。壶天饭，午初到署。豹岑来，得子仲信。

二十六日，甲寅（2 月 18 日） 入直。派写"百流归德"扁。工部奏随扈，派乌。吴卓臣、许子元来，子英来。

二十七日，乙卯（2 月 19 日） 入直。工部直日。晤兰孙。遇筠庵，即送筠庵明日行。江丽生来，得伟如信并雄精杯，即复。得济之、振民、陶民初六信，即复。明日发。

二十八日，丙辰（2 月 20 日） 入直。派写善果寺扁。晤廉生。到署午初。樊恭煦来。

二十九日，丁巳（2 月 21 日） 入直。派恭题皇太后画兰四幅。徐花农来。

三十日，戊午（**2 月 22 日**）　入直。徐念馥来，号桂芬，新斋丈之铭之孙。崔国霖来，宜子望来，江丽生来。

二月癸卯朔，己未（2 月 23 日）　入直。坤宁宫吃肉，卯正二刻仲羖、再同、砚秋来看书，申刻散。招伯兮、廉生并骏生。

初二日，庚申（**2 月 24 日**）　入直。派写赏勋贝勒五十"宗潢受祜"扁。壶天饭。午初到署。雷其蔚来，王壬秋来，中伯权、张尧农来，胡子英来。

初三日，辛酉（**2 月 25 日**）　入直。长元吴馆祭。大雪。文昌同兰孙招豹岑及枉甫，庖人则李、姚二家共为之，颇佳。徐亚陶来。午后雪止。闻内中云，昨酉初东方天关。

初四日，壬戌（**2 月 26 日**）　入直。命拟怀仁县等处扁。午初到署。壶天饭，晤廉生。冯开勋来，其子冯国琛，滁州吏目。运斋来。

初五日，癸亥（**2 月 27 日**）　入直。工部直日。兰维垣来，为其姊李兰氏节烈。乞文。

初六日，甲子（**2 月 28 日**）　入直。西陵行宫扁、对、帖落等共八百余件。廖炳枢来，号紫垣，教习，乾州判，文恪孙，父铭勋。胡月舫来。得驾航信。盛伯熙借去《铜琴铁笛斋瞿氏书目》［《铁琴铜剑楼瞿氏书目》］。

初七日，乙丑（**3 月 1 日**）　入直。派题皇太后御笔画兰一幅二首。壶天饭，晤廉生。巳初到署。胡子英来。得张祥会信，庚午优，敦煌县。

初八日，丙寅（**3 月 2 日**）　入直。祝运斋夫人寿。阴有雪意。卓臣来。子英来。运斋来。夜大雪。子授出内庭。

初九日，丁卯（**3 月 3 日**）　入直。递西陵扁、对、奏片。辰初上诣中和殿看社稷坛祝版，补褂侍班。壶天饭。巳初到署。晤兰孙。梁有常、钱骏祥来，冯开勋及伊子国琛来。付以关山信。辰初雪止，夜大雪。

初十日,戊辰(3月4日)　入直。大雪寅刻起,巳正未止,未初仍未止。函寄清卿交谊卿。得济之、竹年、振民、泉孙廿二信,即复。又广安、辛芝。胡子英来。

十一日,己巳(3月5日)　入直。辰初一,上至中和殿阅文昌祝版,补服侍班。派写善缘寺、广灵寺扁。派写黄新庄、秋闱等处扁三十余。四。松鹤龄、若农、陆蔚庭来。胡子英、兰维垣来。程乐庵来。

十二日,庚午(3月6日)　入直。派写半壁店、梁各庄、永福寺等处扁四十余六。面。辰初一,上至中和殿阅关帝祝版,补服侍班。赏香橙。叔平来,至殿寻若农话。壶天饭,问廉生病,晤。巳正到署。翁鹿卿、曾荣,刑部。子英来。颂阁送熊掌,交骏生。

十三日,辛未(3月7日)　入直。直日。奏改派随扈大臣派潘祖荫。派写扁四面、帖落八件。又乌拉布之母请旌。送朱曼伯席,德静山、屏、联、普洱茶、沧酒、蜀锦二端。运斋来。子英来。匀敦,百卅金。夜雪。

十四日,壬申(3月8日)　入直。派写佛堂二件,对十六付,又派拟皇太后逐日写吉祥四字。玉印一还小宇。得毛子静凤清,即复交提塘。永宝来,一觚🐟字,屡来矣!索廿两,还之。

十五日,癸酉(3月9日)　入直。派拟嘉义县等处扁。壶天饭。辰正到署。晤兰孙。中伯权、徐花农来。陈贯生冕来。得硕卿信。子英来。

十六日,甲戌(3月10日)　偕福珍亭续估先农坛。复硕卿交运斋。得南信,顺、济、辛之。

十七日,乙亥(3月11日)　入直。派题皇太后画兰四幅。工部加班四件。篴亭至懋勤殿面商折稿。吊乌绍云。复顺伯、济之、辛芝、二函。小畬。陶民夫人去世,属济之送十元。剪足指爪。江槐庭来。辰正后雨,午正后大风。陈恒庆来,得九兰信并拓本。运斋来。

十八日,丙子(3月12日)　入直。壶天饭。巳正到署。陆钟岱来,补学正。叔平送汤纪尚《纪事》稿。再寄顺伯、培卿。以冠英贫老,寄廿金交运斋寄。复梁于渭,交法华寺本宅,又清卿,交谊卿。复陈九兰并《功顺》及《籀斋外编》三本,交陈屯田恒庆。

十九日,丁丑(3月13日)　入直。赏大卷二。昨递西陵差使。箴亭往佔地坛。子英来。四寒。骏生烹熊蹯熟,拟明日招运、曹子千、卓臣、骏、桎、伯华并借姚庖。许子元来,王延绶来。

二十日,戊寅(3月14日)　入直。引见时磕头谢赏。巳初到署,招曹、吴、陈、蒋、姚同饭,午正饭。以叔平所助吴子重廿金,面交运斋,又顺伯信。手复斗南交折差。手复顾俊叔交王莆卿。

二十一日,己卯(3月15日)　入直。工部直日。东:麟、徐、那;西:昆、曾。又奏请宝源工程。晤兰孙。顾缉廷、运斋、张承熊来。

二十二日,庚辰(3月16日)　入直。派拟三海等处扁九十五件、对八十五件。候合肥。胡千里送书及物四色。

二十三日,辛巳(3月17日)　入直。派题皇太后画兰四幅。巳初到署。胡千里、阿克占、运来。朱其焯来。

二十四日,壬午(3月18日)　入直。递派拟三海、西园门等一百八十件。子英来。

二十五日,癸未(3月19日)　入直。派阅御史卷廿二本,同福、祁、童。张容华弟[第]一。巳正到署。岑春泽来。得镜如信。

二十六日,甲申(3月20日)　入直。同珍亭奏续佔地坛、先农坛工一折。工部加班二件。晤兰孙。复清卿,内拓本二纸。李少荃来。丁[江]丽生来。暗凤石并祭幛。

二十七日,乙酉(3月21日)　入直。派写"钧天普庆"等扁十面。丙午、己酉文昌、江苏财盛团拜,均未去。子英来。百。崇文阁元板《广均[韵]》《均[韵]略》送看。丁未张、徐二丈卅日福寿堂招。

二十八日,丙戌(3月22日)　入直。派写南海等处对十付。辰正到署。萧韶来,送以联、屏、书。运来。子英来。寄毛凤清《滂喜》交缉廷。送缉廷联、幅、礼六色。树南去世,来报。

二十九日,丁亥(3月23日)　入直。派写勤政殿对二付、帖落一件。贺庆邸五十寿,直其未归。得济之、瘦羊信,即复并辛芝一函,卅日发。卓臣来。

三十日,戊子(3月24日) 入直。派写瀛秀园扁一面。吊树南,廿八去世。唁席卿。内艰。福寿堂徐、张,丁未。请自往,辞之。时巳刻,主人尚未到也。发南信。丁立干来。顾桐华来。

三月甲辰朔,己丑(3月25日) 入直。上诣奉先殿。晤廉生。辰刻到署。晤兰孙。苏来。洪福来,号海如,求写扁,歙县人。吴栘香来。豹岑来。

初二日,庚寅(3月26日) 入直。贺仲华补都统。壬子团拜未到。为洪氏宗祠写扁、联。小宇信。张守巘、守峒同山来。林万涛来,赴台湾道唐纬卿幕。松鹤龄来,为衡司事。子英来。胡寿祺来,安徽解饷,孝廉方正。

初三日,辛卯(3月27日) 入直。辰刻到署。花农、缪橐岑、子英来。花农送菜。徐念馥来。

初四日,壬辰(3月28日) 入直。工部加班,带引见四排六名,奏事三件。换毡冠、蓝绒领、棉袍褂。晤兰孙。崔国霖来。德静山来。恽宝桢来。中、启、程、赵、许来。宝泉工竣,明日行文。派从耕大臣。肃、克、庆、徐、翁、奎、麟、潘、祁、熙、廖。奕枺后改派黄体芳。

初五日,癸巳(3月29日) 入直。巳正到署。丁[江]丽生送笪江上字卷。兰孙送食物。松鹤龄来。得培卿信。

十六日,甲辰(4月9日) 以上《西陵日记》。兰孙来。许子元来。运斋、小宇来。松鹤龄、伦梦臣来。陆廷黼来。伯权、乐庵来。子英来。

十七日,乙巳(4月10日) 入直。全牌子请安。工值日,户会议鼓铸,与福、翁懋勤殿谈。派拟永福寺等扁八面。得郭寿农树榕信。李润均来。苏来。宜子望来。薛尚义来,为欲得印结局。卓臣来,派查估雍和宫。后派翁、松。松、启、溥、征、那、江、程、赵亮熙、李润均。

江槐庭来。万际轩来，号云生，椒坡门人。杨渭春来。

十八日，丙午（4 月 11 日）　入直。晤廉生。巳初到署。晤兰孙。吴德贞来，癸酉、丁丑教习，分发河南。高文翰来，王守训来，陈景墀来，谢小洲来。

十九日，丁未（4 月 12 日）　入直。先农坛演礼。夏玉瑚来。沈曾桐、崔国霖、胡寿祺来。胡以阿藩、张枭信去。送沈曾桐昆季《功顺》二部。冯开勋送河豚，送兰孙。

二十日，戊申（4 月 13 日）　入直。派写随州"福佑唐城"扁。晤廉生。辰正到署。看廿二加班折二件。寄仲饴交廉生，索全拓。朱其焯来。寄悫斋高氏瓦罐拓九纸。

二十一日，己酉（4 月 14 日）　入直。派题皇太后菊花八幅。亚陶、鹿乔生来。张兆奎来，癸酉分发福建同知。高文翰来，付二百，尚欠二百七十三两。运斋来，胡寿祺来。傅云龙来索《功顺》《古籀疏证》。

二十二日，庚戌（4 月 15 日）　入直。上诣中和殿看祝版，乾清门补服侍班。午刻先农坛演礼，未初二散。工部加班。督修国子监，松寿、梁有常。子青云张钟赤。吴炳和来，直候补道，仲仙子。子英来言汉洗及刘之十石、四专[砖]，洗、大衍。石、专[砖]各五金。

二十三日，辛亥（4 月 16 日）　未入直。寅正二，上诣先农坛，辰正耕耤礼成，蟒袍、补褂。庆成宫庆贺，三跪九叩，序坐一叩，进茶一叩，辰正二散。吴蔚若来。运斋来，交张子青丈助吴冠英廿金，又顺伯、培卿函。黄花农来，子英来。洗大衍。付四十两，欠十两。阴晴错。

二十四日，壬子（4 月 17 日）　未入直。偕续燕甫及所带桂文圃、高寿农、文康孔总团刑司。及工部九人查估雍和宫工程。卯初去，辰初到，午初归。苏来，寄清卿瓦缶拓九纸交谊卿。徐念馥来。龚荫培来，号又勉，履中之子，蓟州，现署大兴。

二十五日，癸丑（4 月 18 日）　入直。上诣北海，至廿六日止。派写吉羊[祥]四字扁廿五分。工直日。韩镜孙送豚白，以赠若农。晤兰孙。送豚白。

二十六日,甲寅(4月19日)　入直。派写黄新庄行宫、卢沟龙王庙、永福寺等处扁八面。晤廉生。巳初到署。传心殿与燕甫商查估。寄刘仲良、崧锡侯屏、联,交徐桂芬念馥。高文翰来,二百卅两,全清。送对一付,彼送印谱一部。又为觅大兴护照一纸。若送南花菇。

二十七日,乙卯(4月20日)　入直。偕小峰、子斋、吉甫到署面商衡司一折。巳正散。廉生借《戚少保年谱》,送四虾、一砖。复济之、竹年、辛之、振民、广安、硕庭、熙年、泉孙。吴德贞来,要刘观臣信。发裕寿山信,交寿田。发江容方信,交子元交星叔,为顾允昌也。向花农索火腿。恽宝桢来,号钧石,伯芳之子,乞书"廉让堂"扁又对,所赠却之。花农送火腿二。子元十。征厚、启绪、松寿来。换季。

【本日日记天头上书"谷雨,酉初三刻"。】

二十八日,丙辰(4月21日)　入直。风,清明日风则无日不风。许子元来,交还容方信,交莱山。苏来。王莆卿、徐花农来。倪豹岑来。张丹叔来。子英来,洗付四十,欠十。

二十九日,丁巳(4月22日)　入直。上出乾清门,补褂侍班。风。偕续奏查估雍和,续召见。以高文翰《印邮》送骏生,以所得高瓦片、造象[像]砖拓十四纸送廉生。谢小洲送印合、搬指、磁烟壶、端研四色。丹叔送四色及书。

四月乙巳朔,戊午(4月23日)　入直。辰到署。答张丹叔、长少白庚、松森。苏来。瓦付十六两,欠四两。送廉生瓦缶拓九纸。吴德贞来取信去。

初二日,己未(4月24日)　入直。加班奏衡司吏吴启曾,交刑部。仲华来,留饭。冯莲塘来,得花桥信。陆继高来,号峻甫,少愿师之子。

初三日,庚申(4月25日)　入直。辰刻到署。子英来。

初四日,辛酉(4月26日)　入直。工部直日。晤兰孙。赵蔼臣时熙来选平乐府。得清卿信，黄戊拓一，即复造象[像]三、汉洗一、专[砖]四。

初五日，壬戌（4 月 27 日）　入直。借仲廷所得仰山古器拓二本，即还之。送又古匋拓、洗拓一、瓦拓六。缪右岑来。子英来，刘姓以窨，欲售十一石，真狡。得济之信，即复。并寄辛芝、振民、熙年、泉孙。高熙廷来视川学。张次云承熊来。

初六日，癸亥（4 月 28 日）　入直。辰刻到署。晤廉生，寄彦士信，内拓本卅二纸。王伯恭、吴卓臣来。

初七日，甲子（4 月 29 日）　入直。派题皇太后御笔画兰八幅。上召见。寄清卿函交运，运来。

初八日，乙丑（4 月 30 日）　入直。到署考张钟赤。其父名昀，河南粮道，己卯。恽钧石宝桢来，发安徽知府。屏、联送长少白庚、张丹叔联桂。王曾仁来，振录之侄。周生霖、高抟九来。子英来，付六十六两，刘三石十一件，全清。

初九日，丙寅（5 月 1 日）　入直。答周生霖、陈维周。送长少白屏、联、《思补》《洗冤》。风。癸酉、乙酉团拜，辞不赴。送席二以送张丹叔、谢小洲。又二席，一送陆峻甫，一送高抟九。延旭之煜来。陈庆禧来，号荣门，辛未庶常，选楚雄县。雷纬堂正绾来。

初十日，丁卯（5 月 2 日）　入直。答雷纬堂、旭之。冯开勋送河豚。梁经伯、兰维垣来。

十一日，戊辰（5 月 3 日）　入直。晤廉生。辰正到署。谢小舟来。子英来。运来。

十二日，己巳（5 月 4 日）　入直。上诣大高祈雨。工直日。张丹叔、素礼廷来，王艺庵遵文来，笔彩来。夜雨。

十三日，庚午（5 月 5 日）　入直。夜雨达旦。派写美属"冈州会馆"、关帝庙"海宇澄清"扁。得仲饴信及《郭有道碑》、阮对拓、子苾对拓。复仲饴匀敦、瓦缶、砖拓十五纸，《探路记》一部。雨竟尚不止。送廉生对六束。函寄清卿砖四方一匣、《穆宗集》一部，内钵拓七纸，拟交谢小舟寄。为谢小舟书屏、联。陈炽次亮改号用絜,属书对。雨竟日,止亥刻。

十四日,辛未(5月6日)　入直。辰正到工署,雨后道难行。王苌臣忠荫、彭如泉、溥孙、漱芳子。子英、孙胜非堪来。胡月舫来,以王氏丛书目呈阅,又一钟无字、三安阳币、一垣字泉,还之。酉刻雷雨数点。吴康寿幼乐送《黄叶村集》及土仪。

【本日日记天头上书"立夏,寅正二刻八分"。】

十五日,壬申(5月7日)　入直。晤廉生。以肴二点二送吴康寿。吴幼乐来,云号颐斋,慕驺之堂弟、时轩之联襟也。朱其卓来,分发河南。济寄阜长画元宝一、猪一。邹紫东交来。

十六日,癸酉(5月8日)　入直。户部会奏两局铸制钱存储备用一折。辰正到署。明日加班二件。看折。郭光燏来,乙酉举,分湖北县。运斋、冯莲塘来。子英来。

十七日,甲戌(5月9日)　入直。工加班二件。晤廉生。花农、子英来,瓦□,四两。发南信,济、竹、广安、鞠常。夜雨。

十八日,乙亥(5月10日)　入直。常雩大祀。午初上到斋宫,未初散。蟒袍、补褂。同直四人食瑞德堂。卓臣来。为子函写扇。晚大雷雨。

十九日,丙子(5月11日)　入直。黄建笎寄到济之寄来肺露,一滴无存。辰到署。运斋、邹紫东嘉来来。得济、竹、辛芝、瘦羊、泉孙信,即复。

二十日,丁丑(5月12日)　入直。工部直日,上幸北海,至廿四日止。笔彩来,鼎一。大衍。交运清卿信,内秦鼎拓一。小宇以两面武、两面安藏、一济阴、一安臧来,还之。子英以刘二之鼎来。派查估供用库工程。

二十一日,戊寅(5月13日)　入直。派写东台县"海安昭佑"扁。晤兰孙。贺莱山得孙弥月。笔彩来,鼎五十,清。以交鼎寄清卿,交运。

二十二日,己卯(5月14日)　入直。到署。查估松、启、景、程、赵尔震、何乃莹,书吏杨秀峰。寄时轩五嫂寿分八元,交熙年、泉孙,由济之会[汇]。又广安、振民各《月季花谱》一本。尚昌懋来,号仲勉。陆峻甫继高、子英来。子英来,运来。热。

二十三日,庚辰(5月15日)　入直。发南信并《月季花谱》八本,济、竹、辛、振、广、泉孙、瘦羊。又二本送若农、运斋,又四本送子青,骏生二本,兰孙一本。王念庭来送瓦一、铅人一、潘押一、拓一包,送以《谱》一本。又一送伯兮,一送廉生。子英来,付百,鼎直也。以刘二篑来,交去收拾。高熙廷、卓臣来。

二十四日,辛巳(5月16日)　入直。吊福绥庭。送廉生秦鼎拓一、伯熙一,念庭又瓦片拓一。苏来,为吴颐斋、赵蔼臣写屏、对。寄清卿拓并瓦片廿五纸。交运斋信写廿九日。曹福元来。

二十五日,壬午(5月17日)　入直。派管理八旗官学大臣,本日改早衙门。到署,属许子元写谢折。寄成竹铭信、对、横幅,容方信、《月季谱》、景梦寺陀罗石刻、崔子忠《岁星图》,均交陆峻甫继高。子元、峻甫、王艺庵来。

二十六日,癸未(5月18日)　入直。具折谢恩。阴小雨。晤徐荫轩,遇长允升。晤兰孙。王世骥来工部,号星寰,孝凤之子。陆钟岱来,要去《丛书》二部。子英来。

二十七日,甲申(5月19日)　入直。引见时碰头谢恩。辰正到署。贺季和、莱山嫁娶。长允升来,管学官。朱其焯来。张树冀京官。来。

二十八日,乙酉(5月20日)　入直。工部直日。荫轩来。运斋、孙诒绩来。长允升来。陈其敬来,号璞如,厢白,丁丑教习。

二十九日,丙戌(5月21日)　偕嵩犊山查估供用库并拜管学官,午正归。高勉之来,端午桥来。子英来,以刘姓铸子叔里姬篑来看。裁缝铺以阳文六字大敦来看,拓而还之。

三十日,丁亥(5月22日)　入直。派拟扁一百面、对九十五分。

候王文锦,到署。晤兰孙。王可庄、福少农来。曹秉濬来,曹秉哲来,鉴古来,袁姓,前博古。苏来。

　　闰四月朔,戊子(5 月 23 日)　入直。赴仲华招,同子和、荫轩、兰孙、子禾、小峰。归已申初。文卿来,鉴古来。角盖一、卤一,二百。拜管学文和、升允。

　　初二日,己丑(5 月 24 日)　入直。带引见宝源局六名、杨联桂一名、张钟赤一名。寄清卿角盖拓一,交运斋。鉴古袁来。付一百两足文。换实地纱文。

　　初三日,庚寅(5 月 25 日)　到镶黄旗官学,到者荫轩、洛英、允升、云舫、吉甫升允、礼云文、幼农福,午刻散。苏来。付瓦四两,全清。鼻烟。十四两。吴卓臣来,赵尔震来。

　　初四日,辛卯(5 月 26 日)　辰初至景山正黄旗官厅候敬子斋,率同司员分东西皇城沟道收工。到署。得辛芝、济之、振民信,即复,又寄清卿卤拓。若农来。鉴古来,一趸卤,索七百,不能成。

　　初五日,壬辰(5 月 27 日)　入直。派写鉴古楼、嘉柯殿等处匾廿面。朱其焞来,付刘芸臣信。骏生述及徐王子钟,云是柯太史托询,宜昌出土,去年杨守敬曾索直一千,须先付艮[银],恐难成也。吴卓臣来。鉴古来,一醇士伪卷,还之。德小峰来。

　　初六日,癸巳(5 月 28 日)　入直。工部直日。派写对七副。晤兰孙。复凤石交毅甫。恽钧石宝桢取阿笑山、张竹辰信。徐花农来,子英来。

　　初七日,甲午(5 月 29 日)　入直。到署遇生霖。端方来,鉴古来。子英来,篆议成,二百。未正后雨。

　　初八日,乙未(5 月 30 日)　不入直。雨。西四旗官学到任。厢红学头发胡同:管王仁堪、翰江澍;两厢蓝西斜街:管福棽、翰陈懋侯;正红报子胡同:管长萃、翰洪思亮朗斋。正黄祖家街:管高钊中、翰徐致靖。俱到。卯初到,已刻毕,冒雨而归。李经义来,号仲仙,少荃之侄,选永宁道。苏来。烟十刺,每刺卅两。鉴古来,议遇卣。得艺芳信,即复。运来。

初九日,丙申(5月31日) 入直。到署遇生霖。子元来。花谱。兰二本、陈四本、子元二本、小宇二本。小宇来。王穆之号仲皋,伯恭之弟。来。胡月舫送来鼎,伪。《宣公集》明板,还之。刀笔暂留。次日还。杨渭春来。赵增荣、子英来。

初十日,丁酉(6月1日) 寅正起身,卯刻到厢黄官学,文礼和、刘次方、钟洛英、王云舫、王可庄、高勉之、升吉甫、长季超先后到,福幼农后到。同饭。已正先散。欧阳润生霖来,河南降调府,丙午年,癸丑世谊。运来,鉴古来。得眉伯寄济、振、泉孙信。

十一日,戊戌(6月2日) 入直。到署,遇生霖。谢公祠答德小峰。问徐小云病。同敬子斋奏皇城左右翼查估收工折一件。苏来,得伟如信。天顺祥来,又八妹信,即复。鉴古来,卣。四百,先付四十。子英来。付簋足百两,欠一百。

十二日,己亥(6月3日) 入直。子刻雷雨。子青丈招福寿堂,辞之。晤廉生,得仲饴自公柜盐店寄来信并《溽南集》,即复并寄以簋、叔尊盖、匀敦、残甸二百两字,共四拓,又《月季花谱》一。午刻雷雨,至申止。端午桥来。

十三日,庚子(6月4日) 入直。遇生霖。到署时辰初二。晤兰孙。发郭树榕、益龄、绍石安、杨雪、朱丙寿、德泰、李璲信。王伯恭、王小宇来。鉴古来。付二百。发南信,济、振、二。泉、辛五函。

十四日,辛丑(6月5日) 入直。工直日。辰正小雨。汪范卿来,鉴古来。

十五日,壬寅(6月6日) 卯初到镶白官学,洛英、林赞虞、云舫、可庄、礼和、勉之、允升、吉甫、幼农到。饭后先散,午刻归。端午桥、孙胜非、孙子授来。小峰送礼。崔国霖来,鉴古来。又付足艮[银]一百。

十六日,癸卯(6月7日) 入直。寅正后大雨。入直,惟谷农到。晤廉生。还胥姓十九两。铸银章,又一两,丰货。到署,岑春泽来。苏来,二觯皆伪,还之。函致若农、文卿荐骏生、伯恭。子英来。

十七日,甲辰(6 月 8 日) 阴雨。与荫轩约定到正蓝旗学,王云舫、罗锦文郁田、荫轩、可庄不到。罗则翰林官查学,应到。辰正散。花农、伯恭、乔联宝号小鹤。来,送胜非屏、对。

十八日,乙巳(6 月 9 日) 入直。到署,同小峰、生霖派大婚典礼,司员满汉各四十员。午初散。候湛田。雍和宫报廿日全完。批镶白课卷。

十九日,丙午(6 月 10 日) 入直。传心殿晤子斋、燕甫。到署,晤兰孙。送湛田席。许仲韬来。

二十日,丁未(6 月 11 日) 查正白官学,管升允、翰林朱百遂未到。可庄、云舫、允升、勉之、洛英、礼云、幼农陆续到,饭后散。素礼庭来。湛田来。发济之、辛之、熙泉、硕、广安信。崔国霖来。

二十一日,戊申(6 月 12 日) 右安门石桥收工,子斋未去,拟明日奏,又供用库亦明日奏。方子严来。答许筠庵。晤兰孙。伯权、承斋、菉生、尧农同来。鉴古来。王艺庵辞行。

二十二日,己酉(6 月 13 日) 入直,工部直日。松森招廿六音尊,辞之。若农来,并晤骏生。惇邸送素菜点十色。手复荫轩,订五月三日面商。若农函询廿四召见事。复济、辛、振民,又致广安,再为仓石。批镶黄课卷。

二十三日,庚戌(6 月 14 日) 查估雍和宫收工,卯刻到,巳刻归,同续燕甫。赵尔震来,苏再来,鉴古来,卣盖、子孙、索六十。尹彭寿来。已睡,送壶、陶片廿一片。

二十四日,辛亥(6 月 15 日) 入直。派写"福佑恒农""惠溥茅津""威宣碛石"扁三面。到署。孙胜非、钮家焕来。笔彩来。许子元来。以《经籍访古志》属骏生抄其目。苏来。"玄中"二字伪,还之。不必见器,定为伪也。若农来。鉴古来。付四十两。

二十五日,壬子(6 月 16 日) 入直。偕续燕甫复奏雍和宫收工折。寄清卿一函，内次经所送伪壶拓一。徐子静、倪豹岑来。次经来。

二十六日，癸丑（6月17日）　入直。到署。子英来，以方子听、王念庭拓本交之粘册，申初交到。皇太后赏绛色缎一匹、绛色芝麻纱一、漳纱二、帽纬二、驼色缎一、驼地直径地纱一、葛布二、燕窝一匣、扇一柄。子英来。曹吉三来，新放河北道。

二十七日，甲寅（6月18日）　入直。引见时两斋磕头谢恩。梁经伯、启迪斋来。文卿来，得毛子静信。燥热。遣人问仲华足疾，送《月季花谱》。

二十八日，乙卯（6月19日）　入直。到署。换亮纱。候兰孙不值。赏袍褂料、葛纱、葛布、帽纬等十件。鉴古袁来、付足一百十两，尚欠十两。胡月舫来。运斋、子英来。

二十九日，丙寅（6月20日）　入直。到署遇生霖。晤兰孙。芷庵送八合，诚镇送八合，送仲华八合。

五月丙午朔，丁巳（6月21日）　入直。上看祝版，乾清门侍班，回时磕头谢赏。工部直日。升吉甫、刘次方来，方长孺来。赏角黍。若农、颂阁节礼，答之。又送飀臣。

初二日，戊午（6月22日）　入直。到署。巳初雨即止。润古来，以鼻烟一求售，还之。惇邸送奶卷二盘，以送兰孙。开发内廷节赏，又苏拉五十六分。

【本日日记天头上书"夏至，丑正二刻二分"。】

初三日，己未（6月23日）　未入直。至镶红旗官学与荫轩面商一切，洛英、礼云、云舫、允升、幼农、勉之、可庄、吉甫俱到。发去若农书，《说文建首》四百分、痧药等各十瓶、喉药廿分、万应定各十瓶。子英来。刻《说文建首》卅两，付清。又《全生集》八分交洛英。笔彩、苏来，方子听拓本。苏泉范均还之。王伯恭来。

初四日，庚申（6月24日）　入直。到署，遇生霖。送骏生廿两。

黄酒馆二百七十千。送方子严菜点八合。

初五日，辛酉（6月25日） 入直。贺节。运来。蒋文英礼玉，受家集，申甫之子。豹岑来。

初六日，壬戌（6月26日） 入直。晤廉生，小峰、绍云、莱山、吉甫、生霖俱到。大婚添派汉司员十人、满八人。得济、竹、辛、振四月廿八信，即复。又麟生信，问其跌伤也。子英来。若农《说文建首》八百份已齐。

初七日，癸亥（6月27日） 入直。晤兰孙。《说文建首》卅分、巴鱼子、凤头菜送若农。以《说文建首》四百分交洛英分致八学。送兰孙《虞恭公楹联集字》一分，徐小云一分，又《月季谱》。热而不雨。答蒋文英。号梦岩，申甫之子。笔彩来，铲币二，索廿五两一枚，还之。绍石安荣来见。夜大雷雨。

初八日，甲子（6月28日） 入直。派写"钧天普庆"、瀛秀园扁。到署，遇生霖。文卿来。夜雨。

初九日，乙丑（6月29日） 入直。工部直日。陈增寿来，骏生之兄。王伯恭来，索去《滂喜斋》一部。

初十日，丙寅（6月30日） 入直。朝房晤寿山。到署。辰正小雨。苏来。仲饴寄古砖六。余诚格来。

十一日，丁卯（7月1日） 入直。晤兰孙。梁航雪来，送琼州章鱼，即送若农，答其茶滓治癣。

十二日，戊辰（7月2日） 入直。到署遇生霖。子元来，亚陶来，曾景钊来，鉴古来。

十三日，己巳（7月3日） 入直。鉴古来，还其卣盖。昨以荔支、枇杷送兰孙。得熙年、泉孙、小渔信、火腿、月季花等件。卓臣来。

十四日，庚午（7月4日） 入直。到署遇生霖。复济之、泉孙、熙年、小畲、培卿、振民，又辛之。为培卿书"吴氏宗祠"扁等三件。申正雨数点。程藻安子名庆祺，号赓云，送茶、榄四色。得柳门信，《端州石室》一纸。

十五日,辛未(7月5日)　入直。上召见于东暖阁。巳初雨数点。吴德张来,田司,号廉泉。复柳门交谊卿,复凤石交毅甫。兰孙送荔支,送谊卿廿枚。运来。

十六日,壬申(7月6日)　入直。到署。复杨思赞同福,赠以拓百四十八纸又十六纸,交曾鸿章。仲华送惠泉水,答《欧虞公集联》。恽次瑷来。苏来,追鼎装座架,甚精,伪也,还之。杨同櫆来,已睡未见。

十七日,癸酉(7月7日)　直日,注差。到象鼻坑,厢白钟洛英管学、同人陆续到。巳刻散。陈冠生来,交之潘振声民表九十千,交文礼云药费十六两五钱。

十八日,甲戌(7月8日)　入直。到署遇生霖。兰孙招,同豹岑、湛田、子禾,未刻散。致程尚斋,为伯恭并文恭公三种。

十九日,乙亥(7月9日)　入直。到署,看加班折。伯恭来,送以十六两,云廿一行。

二十日,丙子(7月10日)　入直。加班奏大婚事宜黄面红里一折二片,彩绸、棕毛印片也。引上届成案请旨。倪世林来,号莱杉。廿六岁,豹岑之子。桎甫来。

二十一日,丁丑(7月11日)　入直。到署晤生霖。答廖谷士。晤兰孙。花农、卓臣来。热甚。廿四日上祈雨。

二十二日,戊寅(7月12日)　入直。寄清卿专[砖]拓三纸,交谊卿,得熙年、菊常信。杨同櫆来,号调甫,丁亥门生。

二十三日,己卯(7月13日)　入直。到署遇生霖。程庆祺来,号赓云,藻安之子。发南信,济、竹、辛、麟、振、硕、熙、泉各一,并若农《说文建首》一分。又寄鞠常信交运。

二十四日,庚辰(7月14日)　入直。卯正上诣大高殿祈雨。晤兰孙。热甚。送对、屏、扇,豹岑。送对、扇,湛田。又陈芙生增寿、欧阳润生、蒋梦岩文英、杨调甫同櫆,又廖谷士菜四色。

【本日日记天头书"初伏"。】

二十五日,辛巳(7月15日)　入直。工部直日。八旗官学阅奏稿,教习专以县周正折,乡全场准代馆、期服亦给假代馆奏片,定廿九日奏。运来。仲羖索沇鄹钟拓。热甚。督修大高殿。派松、王瓘。

二十六日,壬午(7月16日)　入直。到署遇生霖。彭仲田选甘肃秦安。属骏生校升吉甫所刻《左氏读本》以付官学,校出错字五十处。润古来,一觯一匜,皆伪。热甚。

二十七日,癸未(7月17日)　入直。王延矞来,为书《畿辅丛书》签面,是青友、文泉之侄。润古冰筒付十一两,欠四两。廖谷士来。热甚。日未。井十九度,土未。井廿二度八分,木辰。角五度一分,火申。参九度四十六分,金未。张四度五十一分,水午。鬼三度三分。

二十八日,甲申(7月18日)　入直。八旗官学送看一折一片。卯正二阵雨。到署,小云销假。雨中归。辰正三刻晴。陈芙生增寿来,得容方信。未刻又阴,雨至子刻止。

二十九日,乙酉(7月19日)　入直。召见于东暖阁。是日颂阁亦召见。晤兰孙。八旗官学奏事。许子元、梁航雪来。亥正后大雷风雨即止。

三十日,丙戌(7月20日)　入直。到署。复容方《岳雪楼鉴真帖》、《探路记》、自集《温虞》四、《说文建首》四,交其家人陈福。

六月丁未朔,丁亥(7月21日)　入直。晨晤可庄于黄酒馆。屏、对、扇、书,德小峰;对、横、扇、书,绍石安;对、横、扇、书,廖谷士。运来,裕寿山来。答陈建侯仲耦、王肇镇、陆费煦、程庆祺。岑春泽来。黄仲羖来,借去《积古》《筼清》两函。对、扇、《探路》、《岁星》,徐棣华鄂。函致荫轩,为江陵《四书讲义》,复以志在必成。梁航雪来。

初二日,戊子(7月22日)　入直。到署。陈仲耦来。汪范卿来。送寿山席。仲田来。

初三日,己丑(7月23日)　直日。到厢蓝学,荫轩、幼农、可庄、伯双、洛英、礼云先后到，未到者吉甫、云舫、勉之、允升期。未到【按：此处"未到"二字当为衍文】。区海峰辛未庶常。谔云来。豹岑、胡月舫来。送陈建侯仲耦对、横、扇。岑春泽送腿、酒。

初四日，庚寅（7月24日）　入直。到署。丑刻雨，黎明晴。题杨忠愍身后墨迹交月舫，其各跋尽可删，宜勒石谏草堂也。又不全宋板《诸臣奏议》，索制钱十千一本，还以一两一本。得仲饴信，已君盉拓一纸。得振民信。复仲饴信，《温虞碑集联》一分、沈儿钟拓一、遇卣拓一、子孙卣拓、斝盖各一，交仙源局。申初大雨。雨中复振民并济之、竹年、辛芝信，又广安、瘦羊。

【本日日记天头上书"中伏"。】

初五日，辛卯（7月25日）　入直。答裕寿泉、长寿山。道路已难行。厢黄头馆教习王楡英来并递呈。得清卿信，拓八十五纸。即复卣拓、簋拓。王益吾寄书五函。

初六日，壬辰（7月26日）　入直。传心殿晤荫轩，王楡英所递呈属云舫、可庄查办。王定夫肇镇来，任蒋桥信甫之婿。发南信。未刻寒暑表九十五度。夜雨。

初七日，癸巳（7月27日）　入直。辰正到署。兰孙送荔支。钦天二次封奏。花农来，运来。日，初四，午宫。井廿九度午。月，轸十一度辰。土，井二十三度未。木，角五度辰。火，井五度未。金，张十三度四十九分。水，井廿四度未。

初八日，甲午（7月28日）　入直。工部加班奏供用库一折。派福、徐。晤兰孙。午初大雨。卓臣来并培卿信。至夜四次大雨。

初九日，乙未（7月29日）　入直。卯正三到署。孔昭乾来。夜雨，子英来。

初十日，丙申（7月30日）　入直。雨时作时止。归途大雨。

十一日，丁酉（7月31日）　入直。工部直日。奏大婚彩绸核减三分之一折并开单，留中。次日发下依议。道路难行。子英来。爵大衍，未付。酉雷雨不大。

十二日，戊戌（8月1日）　入直。辰正到署。杨同楙来辞行。陈仲耦送自刻《篆隶说文提要》、荆溪银耳。得王益吾信，又大衍。江槐庭来。夜小雨。

十三日，己亥（8月2日）　入直。晤兰孙。复王益吾。梁经伯来。申初大雷雨。写复济之、振民、辛之、熙年、泉孙、硕庭信，广安信。子英来。夜雨。

十四日，庚子（8月3日）　入直。寅正时大雷电，冒雨而归。运斋来。文卿订定骏生，并函告其多开丸药扶阳、下淋之类。

十五日，辛丑（8月4日）　入直。辰初到署遇小峰。得南信，济、辛、镜如、瘦羊、小畲各函。发南信。得陆心源信及《金石学录补》。蒋梦岩文英来。寒暑表又九十六度。缪籛岑、陆蔚庭来。

十六日，壬寅（8月5日）　入直。再函郑嵩龄。齐梅孙功成来。复陆存斋，寄以《建首》、《温虞》、盂鼎、铸簠、遇卣一、古匋九。海康来，瑞亨之子，工部员外，号仲安。曹朗川来。寒暑表九十三度。

十七日，癸卯（8月6日）　不入直。到正蓝官学。勉之、荫轩、幼农、吉甫、云舫、洛英、礼云先后到。季超期服，可庄《心经》差未到。赵尔震来。以飞龙丹各三瓶交八学，又荫轩三瓶，交子授静澜信，商方升。寒暑表九十七度。

十八日，甲辰（8月7日）　入直。派拟万寿山前后殿三字、四字廿面。辰正到署。蒋梦岩文英来。苏来，爵二，还其一。父己不真。一字小而模糊，索一枚六十金也。函致静澜，为孔广镜接前任亏空事，交孔昭乾。子英来。大衍。

十九日，乙巳（8月8日）　昨夜大雨不止。入直，冒雨而行，辰止。工直日，奏大婚减成之彩绸、棕毛交苏、杭织造，彩绸各一万一千五百匹，棕毛交江督，廿二万五千斤。赏燕窝。夜大雨五次。

【本日日记天头上书"立秋，卯初三刻十二分"。】

二十日，丙午（8月9日）　雨时作时止。征厚、程志和来。夜雨不止。

二十一日，丁未（8月10日）　入直。辰初到署，看廿三加班二折一件、两库月折一件，核覆古北口练军等项。送卓臣对："桂宫修月夸金管，兰砌怡云咏玉笙。"送骏生："万里槎游推博望，百层楼上属元龙。"归途遇雨。得程尚斋、廖谷似信。夜雨。

二十二日，戊申（8月11日）　入直。连雨五日不晴。手复程尚斋，《说文建首》《温虞公字联》《月季花谱》各二分。赵蔼臣来辞行。

二十三日，己酉（8月12日）　入直。工部加班奏事。寄清卿河间辽经幢、《金石学录补》、《温虞集联》、《月季花谱》，交蒋梦岩。送骏生对。太白廿三辰初二刻二分入辰宫翼七度。殷秋樵、佛升额、阿克占来。

二十四日，庚戌（8月13日）　入直。辰正到署，遇小峰。运来。仲田来。送卓臣喜礼。□四两。

【本日日记天头上书"末伏"。】

二十五日，辛亥（8月14日）　阅是楼听戏，辰初入座，三十二刻，未正三刻散。住壶天，罗胎冠。廉生来。

二十六日，壬子（8月15日）　递如意，赏还。辰初上御乾清宫受贺。阅是楼听戏，辰正入座，三十三刻，申正二刻散。赏如意、帽纬、袍褂料、花瓶、手炉、蓝料碗、荷包八件。仍住壶天。廉生、伯熙来。

二十七日，癸丑（8月16日）　入直。小雨。徐、吴未到。晤兰孙。得南济、竹、辛，辛又四函，飞龙、《唐赋》等件。飞龙千六包，《唐赋》二百，即复即发。卓臣来。午又雨。张僖来，号韵舫，友山之子，玉山之侄也，捐福知府。得友山信。

二十八日，甲寅（8月17日）　入直。本日推班。辰初雨。恩铭来，号新甫，癸酉山东同知。杨渭春来。

二十九日，乙卯（8月18日）　入直。上看祝版，乾清门侍班。罗胎、花衣、上万丝，辰初到署。小雨。长允升来。交去飞龙百分、《唐律》十部。运来，刘佛卿岳云来，熊登第来。初三各学俱飞龙百分、《唐赋》十本。

七月戊申朔，丙辰（8 月 19 日） 入直。工直日，遇仲华于朝房。辰巳间又雨。函致容叔，《岁星》《石湖》《温虞》《月季》。复凤石。陆寿门送纸二束。雨竟夕。

初二日，丁巳（8 月 20 日） 入直。上自本日至初六办事后至北海。上召见东暖阁。王青友、崔国因惠人。来。

初三日，戊午（8 月 21 日） 到厢红官学，可庄、洛英、允升先到，荫轩、吉甫、勉之、云舫后到，幼农、礼云未到。巳刻散。换罗胎帽、蓝纱袍。饯骏生、卓臣，长元吴馆共饯，洪、彭、顾、孔未到。陆寿门来。午后雨。

初四日，己未（8 月 22 日） 入直。辰初到署。

初五日，庚申（8 月 23 日） 入直。派写赏张之洞匾"筹边锡福"，派写"牵牛河鼓天贵星君""天孙织女福德星君"神牌。芷庵、文卿来。裴大中浩亭来，上海令，送以对、幅、书，安霍邱人。对、屏、书，谭文卿。对、幅、书，谭进甫、姚莘甫。对、《洗》、《全》，恩新甫铭，又张僖韵舫。友山之子。

初六日，辛酉（8 月 24 日） 入直。辰初雨。晤兰孙。送湛田行。得清卿信，拓廿纸，复即交运斋，内古匋拓廿二纸。送寿山扇、对、书。送世振之扇、对、书。雨至申初未止。夜雨达旦。

初七日，壬戌（8 月 25 日） 以腹疾未入直。许子元来。得济之、辛芝、麟生信，即复，初十发。缪祐孙懋岑来。夜又雨。

初八日，癸亥（8 月 26 日） 入直。辰正到署。小雨。孙子与点、骏生、卓臣辞行。苏来，烟一刺，廿两。花农来。

初九日，甲子（8 月 27 日） 入直。工部直日。仲父母八旬冥诞，龙泉寺念经。骏生行，送珊瑚盖兰花烟壶、蓝玻璃壶各一枚。鲍孝愉号仲馀，花潭子，盐大使。

初十日，乙丑（8 月 28 日） 入直。招文卿、仲田、谊卿、范卿。

答谢谊卿。曹朗川来。

十一日,**丙寅(8月29日)** 入直。上召见东阁,归途雨。派写惠孚寺扁。初十日。上自本日至十六幸南北海。交仲田。济:鼻烟、燕窝;辛:《欧虞恭公集联》及祁对等;振民:书籍[籍]及陈仲耦等拓、河间经幢等拓。送仲田对、扇、书。文卿十八日行,与卓臣偕十二日行。午未后大雨至夕止。卓臣来辞行。

十二日,**丁卯(8月30日)** 入直。朝房晤黎莼斋。晤兰孙。裴景福来,号伯乾,浩亭子。拔,刑。亥进士。户。

十三日,**戊辰(8月31日)** 入直。辰初到署。肃邸赠拓本六纸,报以二百七十一纸。黎莼斋来。胡子英来。

十四日,**己巳(9月1日)** 入直。柯逊庵来。姚厨。十两又卅余千。

十五日,**庚午(9月2日)** 入直。端午桥来。大顺广道罗锦雯来。黎莼斋送书,送以席。送莼斋扇、对、七言、八言。屏四幅。

十六日,**辛未(9月3日)** 入直。辰初到署。送莼斋对、二。扇、屏。送孙广云对、七。《全生》。送方子岩对、《功顺》、《全》、《洗》、《年谱》。陆寿门锡康来。

十七日,**壬申(9月4日)** 工部直日。注差。到厢黄官学,惟高勉之未到,巳刻散。运来。恩新甫铭来辞行。曾景钊送鼻烟、《宋题名》、绍兴十六。《陶集》。二,俱明板,明翻本。

十八日,**癸酉(9月5日)** 入直。伏魔寺吴太翁冥诞。晤兰孙。裕寿山来。子宜来。方子岩来。孙子与来。送子宜食物。子宜送腿、茶、印谱、扇。

十九日,**甲戌(9月6日)** 入直。辰刻到署。小雨。运来。复曲园并为《茶香三抄》书面,交花农。陈浏来。

二十日,**乙亥(9月7日)** 入直。工部加班,朝日坛一件。查估徐桐、敬信。刘幼丹心源来。送《年谱》《思补诗》《全》《洗》《唐律赋抄》。胡子英来。八妹来。

二十一日,丙子(9 月 8 日)　入直。派写徐州关帝庙"仁周淮泗"扁。蒋伯华来、苏来。付十两,欠十一两。发南信,济、辛、振,又交张福寄食物、参须。陈仲耦来。付姚厨二两。

二十二日,丁丑(9 月 9 日)　入直。辰正到署,遇吉甫。运来,得济之、辛芝、硕庭信,即发,廿五发。又瘦羊、硕庭信。

二十三日,戊寅(9 月 10 日)　入直。晤兰孙。小宇索《全生》《洗冤》。苏来。付四两,欠十三两。李泗渊一口杭音。来。据称壬子李焜之子,李润均堂弟。陈浏偕其舅湖南宁边县侯名扬号曜仙来,所赠却之。郝近垣来。

二十四日,己卯(9 月 11 日)　入直。贤良寺吊翁仲渊,其家人辞。辰正到署。巳初雨。苏来。付十两,欠三两。孙子与来。

二十五日,庚辰(9 月 12 日)　入直。雨。工部直日。林万涛来。缪籁岑辞行。陆寿门来。崇文门额己。

二十六日,辛巳(9 月 13 日)　入直。陆寿门来。

二十七日,壬午(9 月 14 日)　入直。辰初到署。晤兰孙。换麻地纱。谢元福来,辛巳翰林,江苏候补道。孙子与来。

二十八日,癸未(9 月 15 日)　入直。在内遇黎莼斋,荐孙子与。蒋伯华、汪范卿来。黄耀庭来。延曾来,有德静山信。

二十九日,甲申(9 月 16 日)　入直。送秋皋对、屏,答海棠、木瓜。还四十两,古月轩泥金红玻璃壶二两、明瓷碟二个二两、洋瓷碗五个七两、景泰砝蓝盆个五两、明霁红青花。嘉靖瓷一个。得清卿信,即复,交谊卿。

八月己酉朔,乙酉(9 月 17 日)　入直。辰初到署。孙子与来。送锡之屏四幅,答其《龙城石刻》。苏来。付十两,全清。又鼻烟廿两。刘佛卿函荐黎莼斋。运来。郝近垣送《郝氏丛[遗]书》全部。

初二日,丙戌(9 月 18 日)　入直。

初三日,丁亥(9 月 19 日)　入直。上看祝版。乾清门侍班。到署。明日直日。晤兰孙。鲍孝裕来。未刻运来。仲午生子,名树挛,字字甫,号孟多。张僖来,李润均来。兰维垣丙卿来。发辛、济、竹年信。是日翁仲渊开吊长椿寺,送分未去。

初四日,戊子(9月20日)　未入直。工部直日。注差。卯初到厢蓝学,复核教习之优生三人,各一讲、一六韵诗。识字一人、讲解一人,同人俱到。午正散。运来。孙子与来。得熙年信。

初五日,己丑(9月21日)　入直。晤兰孙。送莼斋七种各二分。许仲韬来。张钟赤来,号少林。送兰孙黄、白月季二。

初六日,庚寅(9月22日)　入直。辰初到署。得苑秋丞、张沆清信,济之汇《毛诗》信。汪子常来。胡寿祺来,与以何关山信。子宜来,与以静澜信。

初七日,辛卯(9月23日)　入直。会吏部覆胡俊章题本迟延一折。贺仲复,答子常。子常送月饼、火腿等件,答以扇、对、七言、八言横幅。得仲饴信,即复,赠以燕窝、云雾茶、金珀烟壶、镂金带板,交廉生处来价。江苏降补陈荣来,号朗山,理庵姑丈之侄婿也。

【本日日记天头上书"秋分,酉初二刻"。】

初八日,壬辰(9月24日)　入直。换实地纱。为征和斋厚书对、幅。汪眉伯来。兰孙、若农、芷庵送节礼,答之,并答颂阁、谊卿、飂臣。派覆勘朝审。复培卿交谊卿。

初九日,癸巳(9月25日)　入直。辰初到署。得宗子林信,答以屏幅、扇、联四事。孔昭乾来,得伟如信并八妹信,交天顺祥,即复。

初十日,甲午(9月26日)　入直。为黄耀庭作书致仲良、锡侯,交仲约。罗郁田、许子原来。运来。费德保来。苏来。廖炳枢来。写曾、左祠扁、对,寿蘅求。

十一日,乙未(9月27日)　入直。到署考张翊宸,亮基之子。奏留。散遇徐小云。龚颖生来交仰蘧信。开发内廷节赏,均由钱仍改归银。十千作一两。商言诗来,贵州峰琴门人误拜者。作济之、竹年、辛芝、麟生札。

十二日,丙申(9月28日) 入直。工部直日。赏帽纬、大卷六件。发南信。函致伟交子宜,子宜本日以知府引见。朝房见福珍亭,定十六收工。见荫轩。

十三日,丁酉(9月29日) 入直。晤兰孙。柽甫送菜四色,以其二送兰孙。付柽厨二两,付黄酒馆廿两。多付四两,归入下帐。得李贡山信,乐道堂送《萃锦吟》,答以《滂喜》四函。

十四日,戊戌(9月30日) 入直。懋勤殿设席,叔平过谈。

十五日,己亥(10月1日) 入直。子宜来,得济之、瘦羊、泉孙、陈容叔、骏生信。运来,即发济之、麟生、嵩佺、辛之、骏生、泉孙、小畬信。赏瓜果、月饼。又适得嵩佺信,即复,并题其缩临《九成宫》。延煜辞行。朱少愚信。

十六日,庚子(10月2日) 至祈谷坛收工并查海墁,未初方归。箴亭巳刻到。

十七日,辛丑(10月3日) 到正白官学,官学考梁步瀛之官学生、教习,不留。文礼云未到。马筱沅光勋来。酉刻雨。

十八日,壬寅(10月4日) 入直。辰正到署。十六改晚衙。连文渊来。陈冠生来。刘佛卿来。夜雨。付眉伯、松俊峰信并屏、联。

十九日,癸卯(10月5日) 入直。晤兰孙。覆勘朝审会奏。岑云阶春泽来,得彦卿信。午初三刻又雨。即止。王瑞麟来,沇之之子,号仁斋,自山东候补道来,去年九月十五曾见。

二十日,甲辰(10月6日) 入直。工部直日。若农来,徐花农来。王仁斋送礼六色,收茶叶、汴绸。

二十一日,乙巳(10月7日) 入直。召见。朝审班未去。眉伯辞行赴保定。清秘送来敦一、盖五字。杠头一。毕勋阁诏策来,孙帆之侄,孙济之内侄也。有静澜、济之信。得济、竹、辛、麟、硕信,即复。闻宝谷承鬯去世。又发振民信。运来,子英来。陈礽颐来,号朵峰,乙酉拔贡,住易州。闻郑州决三百丈。

二十二日,丙午(10月8日) 不入直。朝审上班,廿七起。巳正散。到署同徐小云。孙子与来。崔国霖来。清秘来。付一百五十两，全清。敦一、杠头一、錞于一。

【本日日记天头书"寒露，子初二刻五分"。】

二十三日，丁未（10 月 9 日） 不入直。寅初三赴地坛，辰初到。珍亭辰正来，散巳初。送乐初屏、联。苏来，一无字小铜器、二刺洋烟，还之。宝源昌来，三刺洋烟，一大二小。还之。送静澜屏、联、横幅，交子宜。联、《笔记》、《年谱》。陈卒峰、王仁斋。兰丙卿来。

二十四日，戊申（10 月 10 日） 入直。贺运卓臣完姻。晤兰孙。换戴暖帽。子宜来云廿六行，交以静澜屏、对、幅。宝恒昌来。一百两，鼎已付，欠共廿八两。欠一铜器五字，八两。烟。吴丹盟攀桂来，孝廉方正。陈景墀来。

二十五日，己酉（10 月 11 日） 入直。寅微雨。带宝源局监督引见，张翊宸、岑春泽引见。招刘佛青来。杨味春来，王忠荫、岑春泽来。褚仲约成博来，正蓝翰林官。运来。清秘、崔来，一鼎、一无字汉洗，还之。

二十六日，庚戌（10 月 12 日） 入直。贺续燕甫嫁女。晤廉生。辰正到署。江槐庭来，子英来。

二十七日，辛亥（10 月 13 日） 入直。叔平到懋勤殿谈。刘佛青、杨渭春来，子英来，胡翔林来。

二十八日，壬子（10 月 14 日） 入直。朝房晤叔平。沈守廉来。工部直日，叔平以折稿来商。

二十九日，癸丑（10 月 15 日） 偕叔平封奏。召见。兰孙招同子和、子禾、荫轩、锡之、仲华饮北学堂，申刻散。

三十日，甲寅（10 月 16 日） 入直。辰正到署。派写养心殿、毓庆宫帖落三件。命拟养心殿对七言一件。换夹袍褂。马筱沅来，运来。复清卿札，敦一、鼎一、杠头一。申刻大雷雨竟夕。

九月庚戌朔，乙卯（10 月 17 日） 入直。辰刻仍小雨。派写养心殿七言对一付。未正二雷。明日树孳侄满月,运丈抱剃头。

初二日,丙辰(10月18日) 入直。贺德公善嫁妹照公之子。晤仲复,长元吴馆苏府公请仲复,未初二刻散。子英来,以寿卿拓十二册属装六册。八月廿六交清卿拓一百十一张,廿七交山农拓一百廿九张。是日女客数席,男客未留。

初三日,丁巳(10月19日) 卯刻赴正黄学,辰初出题,考者七十二人。荫翁及诸君先后到,礼云未到,二散。得郭树榕信。

初四日,戊午(10月20日) 入直。奉上谕:"潘祖荫着兼管顺天府府尹。钦此。"辰刻到署,贺兰孙礼尚,谢运斋及同乡。王弗卿来。许子原来,属缮折。欧阳润生来,朱潽来。夜雨。

初五日,己未(10月21日) 冒雨入直。具折谢恩。朝房晤抟九,晤兰孙。世敬生春来,运来。发济、竹、辛、麟、振、熙年、小畚信。王忠荫、署粮马。杨春元、候县。查光太、治中。赖永恭、宛。张如梅、大。于文光经历。来见。张少林钟赤来。

初六日,庚申(10月22日) 入直。工直日。到顺天府任,晤抟九,候何小亭。陈伯庆送课卷来,七十三本,连清文。即交高勉之。县熊以功、鲁人瑞来,候补。王芝祥来,为祖蔡中和难荫事。郑沂丁酉、前治中。来,鲁南。子授来,飀臣来。

初七日,辛酉(10月23日) 入直。复培卿信交运斋。苏来。铲币二,还之。启迪斋、田季瞻、劳锡田心农来。高抟九来。王仁斋来,付以豹岑信。

初八日,壬戌(10月24日) 入直。辰初到署。兰孙来,密云高醴泉六十二岁。来。浙人。莼斋来,运来。

【本日日记天头上书"霜降,丑正一刻二分"。】

初九日,癸亥(10月25日) 入直。答戴毅夫、弗卿。铁香、邹咏春来。发辛、麟、济、竹信。许台身子衡、行二。许祺身行四,子。来,子元胞兄弟。苏来,铲二,廿二两。陶见曾来,曼生子。陈象瀛登甫,北厅。来,管近修琢堂,江宁南路,辛亥。来。

初十日，甲子（**10 月 26 日**）　入直。朝房晗福、李、徐、荫、翁、曾。到工部无人，招乐庵、菉生、寅臣来，商顺天号舍房屋事。金星在巳翼一度九分。发卫之、二姊信交汪范卿，又德静山信。送黎莼斋、王仁斋行。以王南陔《说文段注补》属刘佛青代作序，并赠以《功顺堂》，又《重论文斋笔录》一本以备考。中伯权衡来，仲韬、何小亭、梁锦奎、薛肃平来。

十一日，乙丑（**10 月 27 日**）　入直。朝房晗扬九。奏覆。勘黄院增添号舍折。谢客答仲韬、肃平诸君等，未晗。刘佛青、麟芷庵、何其翔现任大兴。来，仲韬来。

十二日，丙寅（**10 月 28 日**）　同乡谢恩。答汪子常。花农来，仲韬来，子英来，蒋伯华来，赵钦舜来。三河。

十三日，丁卯（**10 月 29 日**）　入直。高扬九至朝房商购买民房增号舍。答客王景贤、徐寿蘅等。王青友延绂来。苏来，十五两多五钱。鼻烟全清。以《唐大诏令》校抄善本交青友致文泉。王瑾、程志和来。

十四日，戊辰（**10 月 30 日**）　入直。工部直日。答客。荫轩招同兰孙、锡之、仲华、小峰、子禾，未刻散。恩良来。沈宗誊□、蔡寿臻、宛署昌。陈鸿保良来。中伯权来。

十五日，己巳（**10 月 31 日**）　入直。顺天府贡院奏勘估承修，饬工部。又买民房卅二户三百零半间，由薛奏款内拨价事。朝房晗扬九，又偕之与福、翁商河南发款原库平事。辰初到署。恩良来。得伯恭信。

十六日，庚午（**11 月 1 日**）　入直。晗廉生。杨锡元保定县，己未。来。许子元来，刘佛青来。刘兆璋来，补三河。复胡云楣及《说文段注订》序，交胡翔林寄。子英来。

十七日，辛未（**11 月 2 日**）　卯正起身，到镶白官学。洛英、吉甫、可庄、勉之、云舫、允升、荫轩陆续到。午正二刻归。陈镜清来，南路，山东人。运来。

十八日，壬申（**11 月 3 日**）　入直。工部加班四件。函致荫轩商厢黄管学。赖永恭来，张兆丰来，通州。范履福江西。来。宝垣查灾。得振民信。刘枝彦来。武进、涿州。欧阳霖来。

十九日，癸酉（11 月 4 日） 入直。答客。辰正到工署。俞彬来，荩臣来。

二十日，甲戌（11 月 5 日） 查正蓝官学。褚伯均、洛英、可庄、季超先到，云舫、勉之、幼农、吉甫、清锐、翻译后到。午正二散。苏来，岑春荣来，张如枚、马序东来，昆小峰来，赵仪年来。

二十一日，乙亥（11 月 6 日） 入直。送沈中复。张璞君来。复王伯恭，送对、帖，交杨味春。王芝祥来，龚荫培来，蓟州、福。朱联芳来，浙、湖、候县、通差。胡子英来。复眉伯。

二十二日，丙子（11 月 7 日） 入直。工部直日，黄折一件。招荫轩、兰孙、仲华、子禾、锡之饭。未正散。小峰辞。侄光宸、张邦庆、文安署。刘中瀚、固安。汤钊署香河。来。得辛三函、济一函、瘦羊二函，硕庭、小畲各一，即复。

【本日日记天头上书"立冬，丑初三刻"。】

二十三日，丁丑（11 月 8 日） 入直。阴雨。辰正到署。为成禄函致豹岑、子中，交仲华。为光宸函致静澜。博古袁来，借十两盘川。吴家王管来，带辛、济、竹、振信，即复之。佑之来辞行，原名福宸，号臻伯，今名光宸。

二十四日，戊寅（11 月 9 日） 入直。换羊皮冠、黑绒领、白袖头。寄星台为沈振铨，石门主簿，沈宝青所恳，交刘樾仲。送中复枝山大草手卷、犀尊一匣、沉香杯一匣，斗南送洋烟一匣。唐典来。题署香河。袁又来取六两去，连昨十六两。宫兆甲来。工，拔，求官。兰孙招往，即往晤。正蓝学送卷来，即写名次，发给《温虞集联》十九分。崔国因、文邦从来。欧阳霖来。

二十五日，己卯（11 月 10 日） 入直。工加班五件，顺奏事五件。蒋实英、杨味春、岑春荣来。运来。郝近垣、石赓臣、张驹贤、子英来。

二十六日，庚辰(11月11日)　入直。晤吴雨轩。增寿寺邵师九十冥诞。答运斋。苏来。以◨卣器，盖匣架全，挥之。换藏獭冠、爪仁领、银鼠褂。马序东、查光泰、裕寿泉来。雨轩、宋有恒苏州吏目。来。

二十七日，辛巳(11月12日)　入直。辰刻到署。晤兰孙。送裕寿泉屏幅、对、书及席。仲华招廿九，辞之。刘佛青来，运斋、王芝祥、李少东来。

二十八日，壬午(11月13日)　入直。丁予懃、戊午，永清。钟德绣、平谷。花农来。杨殿森送折看，举吴毓春为厢黄管学。

二十九日，癸未(11月14日)　入直。卯正二刻，上出乾清门，补褂侍班。官学处递折，旨依议。晤兰孙。运来。

十月辛亥朔，甲申(11月15日)　卯正二刻坤宁宫吃肉。奎润、松森未到。送兰孙行，遇锡之。清秘来。汉洗索皕，还之。

初二日，乙酉(11月16日)　入直。送兰孙登车。艺芳来送米十石。发济、竹、瘦羊、辛芝、振民信。子英来。付百。瓦罐二，四十；装潢直六十。陆寿椿来。荫廷，大城，浙。子青洋貂褂直卅五两，即付。

初三日，丙戌(11月17日)　辰初到厢红官学，可庄、荫轩亦到，洛英、季超、雨轩、吉甫、云舫、幼农、勉之陆续到。讷生去世，送幛、联。今日艾圃在增寿寺念经，一到换黑袖头、灰鼠褂。寄石查信，交静澜官封。王锡九书即复，答以对、屏。高姓文翰来，王言昌来，云南戊午、己未举，现查永清，去岁文安。袁遂来。吴县人，宝坻。运来、熊登第来。

初四日，丁亥(11月18日)　入直。顺天府奏二件。一通坝，一蔡寿榛获盗加一级。已初到工署，胡月舫、孙慕韩、徐棣华来，沈洁斋来。仍以道用。

初五日，戊子(11月19日)　入直。宝恒昌。付五十三两，又铜鼎一，全清。付姚厨郭。六两六钱，共付十两五钱。送沈洁斋对、席。童薇研招初六，辞之。送抟九对、屏。张璞君、文子义送礼，受之，余俱璧。长允升、王荩臣来。

初六日,己丑(11月20日)　入直。皇太后赏帽纬一匣、袍褂料六卷。李子和来辞行。高文翰来。苏来。兰孙家报托寄。

初七日,庚寅(11月21日)　入直。花衣。答李子和,送菜四色。答运斋、若农。姚石山渭生、礼咸以豹岑信来催银,即复以已发。蒋伯华来,索去豹岑信,言及蓬史。珣。王曾彦懿德曾孙。来,候补令。方照轩耀、刘渊亭永福来,博古袁又来。

初八日,辛卯(11月22日)　入直。辰刻到署。发南信,济、竹、辛芝、瘦羊、振民各函。复香涛、清卿交谊卿。函致子彝。苏来。追,百余字鼎一、水晶水注一、昌化笔架一,还之。兰孙固城初六官封。高文翰来,付三百两。凌道增来。候县,新,留顺,安凤人。马令清留。送方照轩、刘渊亭各一席。

初九日,壬辰(11月23日)　入直。朝房晤珍亭、仲华、子斋、受之、荫轩。许子原、唐典新任香河,辞行。来。刘渊亭送礼八色,受食物四色。巡检吴世长来,江宁人,门口村团防局。熊登第来,运来。

初十日,癸巳(11月24日)　入直。皇太后万寿。慈宁门行礼,递如意,赏还。祝季和五十。博古袁又来借钱,未付。谭澍来。前署武清,今办抚山东历城。其父兵部总署,名谭金照,举。

十一日,甲午(11月25日)　入直。派写"南极赐寿"四字漏子,命拟吉祥四字卅分。工直日,贡院派昆、许。发南信,济之、麟生、振民、辛芝。为兰孙发官封。子英来。一禀。

十二日,乙未(11月26日)　入直。仍是灰鼠袍褂。火药局明日奏派点放大臣折。派伯王芬车。同扎拉丰阿。十三日崇授之招饮于其寓。寄清卿韩涅阴币一,即旧所谓卢氏涅金。高文翰来,一匦三字,不精,十两。葛嗣溁来。拔,户,小京官,浙,嘉。

十三日,丙申(11月27日)　入直。派写吉祥话十分。辰正到署。崇受之招同子禾、仲华、小峰,未正散。子英来。

十四日,丁酉(11月28日)　入直。唁奎星斋,吊麟芝庵内艰。大风。管近修来。调东路。

十五日，戊戌（11 月 29 日） 入直。与抟九在爱吾庐长谈。吴德张来。花农来。袁来，一卤盖付四十，苗香共五十六。尹次经来，曹作舟来，顺义县绩溪人，海舫甲班，乙丑、庚辰。子英来。还其鬲，属作鼎座。

十六日，己亥（11 月 30 日） 入直。为劳莘农启田写对。天甚冷。为兰孙发官封，内致兰孙一函、张季直一函。苏来。一觯有阳文，索百廿两，还之。渭春、张子与来。高文翰来。付三百，欠六十。得许、张禀，平家曈合龙。通坝亦竣。

十七日，庚子（12 月 1 日） 到厢白旗官学时辰初。洛英、荫轩、勉之、雨轩、云舫、季超、吉甫俱到，幼农、可庄未到。苏来。运来。复抟九。

十八日，辛丑（12 月 2 日） 入直。会典馆奏事一折。辰正到署，毕勋阁诒策来，付静澜信，送对、幅。张汝梅来。粮厅到任。李屿三登瀛来，兰孙之侄。王咏霓来。谭澍来。六日辞。

十九日，壬寅（12 月 3 日） 入直。工部带街道引见。庆毓、隆恩、张炳琳、赵增荣、松寿、夏玉瑚、改泽、海福。又世华、锡鋆。直日。派写柳州真武庙"龙城神守"四字。许仲韬来，督修贤良祠。松寿、王瓘。德盛刘天枢、运来。高文翰来。

二十日，癸卯（12 月 4 日） 卯刻会典馆开馆，蟒袍、补褂。辰正伯王芬车到火药局。高抟九、查如江、曾景钊、赵以珦、熙麟、张子彝、王荩臣、高文翰清、胡子英来。

二十一日，甲辰（12 月 5 日） 入直。以前洋灰鼠。端方来火药局覆命。伯芬衔。刘枝彦来。涿州，为牛。临《书谱》五十张。为兰孙发信。

二十二日，乙巳（12 月 6 日） 偕犊山供用库收工。送善厚斋行。陈鸿保来，为牛。王继武来。候县，五批解饷。得济、竹、瘦羊、辛芝信，即复。恒寿来。临《书谱》五十张。

二十三日，丙午（12 月 7 日） 入直。派写潮白河神"潞堤保障"扁。召见东暖阁。朝房荫轩面商。福、钟任满。大雾。辰刻到署。吏张以廉手画。董荫堂署河西务。曹秉濬来。银号交广东电条。临《书谱》五十张。

二十四日,丁未(12月8日) 入直。以广电万金交拚九。顺府奏事。钱粮价、借旗租现审未完一案。岑春泽来。高慎德、刘天枢来。运来。

二十五日,戊申(12月9日) 入直。上诣醇邸。郑人瑞来,江西教习,直县。董荫堂来,署河西巡。绍。杨令春兄来。东安冬抚。

二十六日,己酉(12月10日) 入直。八旗官学奏报销折,旨依议。辰正到署。子英来。鼎作座,亭长专[砖]作座。为兰孙发官封。

二十七日,庚戌(12月11日) 入直。工部直日。偕嵩、申供用库查估完竣一折。火药局偕扎拉丰阿奏造夯药一折、演药一折。会典馆奏章程卅五则一折。赵尔震来,以请假折交去呈递。

二十八日,辛亥(12月12日) 具折请假,赏十日。子元、谊卿、廉生来。

二十九日,壬子(12月13日)

三十日,癸丑(12月14日) 遣人送世春。

十一月壬子朔,甲寅(12月15日) 发兰信。

初二日,乙卯(12月16日) 子元、谊卿来。赏香橙。

初三日,丙辰(12月17日) 廉生来。得兰信、南信。

初四日,丁巳(12月18日) 复清卿范拓廿六纸。

初五日,戊午(12月19日) 工部直日。子元、经伯、谊卿来。送周玉山席。

初六日,己未(12月20日) 续请,赏假十日。

初七日,庚申(12月21日) 发南信、兰信。得柳门信,十一复,范拓廿六纸。

初八日,辛酉(12月22日) 得伟如信,十一复。是日冬至。午刻宁河谢锡芬来。

初九日，壬戌（12 月 23 日）　瑞瑾号式良。子元、经伯来。

初十日，癸亥（12 月 24 日）　发伟如、柳门信。

十一日，甲子（12 月 25 日）　端午桥来。发兰信，子英来。

十二日，乙丑（12 月 26 日）　复锡之问疾。三河赵钦舜、仲华来。赵寅臣、长润、延清来。

十三日，丙寅（12 月 27 日）　工部直日，户、工会议张曜请帑一百八十七万修川字河折。松鹤龄、伦梦臣来。抟九送看冬抚完竣，并张、吴筹款一折，十六奏。子元、经伯来。

十四日，丁卯（12 月 28 日）　武清杨臻来，号益之。得仲田信，即复。午刻邹岱东来。

十五日，戊辰（12 月 29 日）　运来，小宇来，那益三来，程乐庵来。大风。

十六日，己巳（12 月 30 日）　大风。以续假折交笔帖式。发兰信，发南信，复广安。廉生、王振录来。

十七日，庚午（12 月 31 日）　续假。赏五日，寄清卿𪓫敦拓、柳门马曹拓四纸。李觉堂来，送以菜点。吴颿臣、吴谊卿、胡子英均来。

十八日，辛未（1888 年 1 月 1 日）　手书并拓本廿七纸寄李少云。又毛鼎、马曹寄毛子祥，交觉堂。得高均信。

十九日，壬申（1 月 2 日）　中伯权来。复容方散盘一、马曹二、古雪浪湖一。房山文邦从来。书房安槅扇。得朗斋信，库平五千两。

二十日，癸酉（1 月 3 日）　自复朗斋信并函致抟九。抟九来，即将五千库平面交，计千两五张，三百两一张。赵铁山来，盛伯熙来。

廿一日，甲戌（1 月 4 日）　经伯、子英、易实甫润〔顺〕鼎来。

廿二日 乙亥（1 月 5 日）　续假。函致荫轩得复。子元、江小涛德宝来，德宝来送看二戈，次日还之。运来。

【本日日记天头上书"赏假五日"。】

廿三日，丙子（1 月 6 日）　小寒。写济、竹、辛、麟、振、硕、熙、泉、小渔信。小宇送叔美梅并印"梅花喜神馆"木印。小宇来，还账三百。欠一百。毓臣来、二百。恩雨田来,子英来。六十。河南信初六日所发,内有桐西信。廿五发振民、小渔共十五函。

廿四日,丁丑(1月7日) 廉生、月汀、经伯、午桥来,补宝坻县汤钊川人。来。

廿五日,戊寅(1月8日) 笔政来领安折。乔生来送《石柱颂》。发南信。叔平、荫轩、运斋、若农来。

廿六日,己卯(1月9日) 销假。上召见,遇周玉山、李觉堂,遇荫轩。到署。运斋、王青友来。良乡陈臻伯、经伯、云阶来。代理永清王言昌来。发南信。钱锡寀来,杭人,甲午之孙。同乡谢恩。

廿七日,庚辰(1月10日) 恭代御笔漏子扁"一堂喜气""欢天喜地""福寿仁恩""福"字四十方。答宝、荣、高、徐、翁、孙、昆、敬。晤抟九、佩蘅、仲华。送玉山屏、联、《功顺》,幼甫《功顺》,云楣《功顺》,觉堂联、幅、集、笔。记。录。易实甫屏、联、集、《笔记》。刘樾仲、冯开勋来,三次送食物。钱青选来。涿州判。

廿八日,辛巳(1月11日) 入直。到署。答数家。冯梦花、汪仰山、补东安。徐琭、吴县、洞庭候补。查如江、朱子涵、董开沅来。运来、子英来。

【本日日记天头上书"汪仰山,号鲁瞻。徐琭,号晓珊。派坤宁宫十一言对、'长寿'字、'福'四十方"。】

廿九日,壬午(1月12日) 入直。工直日。送航雪拓本廿七纸。隆斌酉山来。潮守。经伯、胡月舫来。花农、运斋、王荩臣、谭澍来。

【本日日记天头上书"恭代上写漏子扁三面'又日新''矫轻警惰''寿比南山'。恭代御笔进太后吉祥四字扁五分。恭代御笔进太后'福''寿''龙'字红笺各一方,龙笺各一方"。】

十二月癸丑朔,癸未(1月13日) 何其翔、许子元、邹岱东来。子英来。复王振录,为函致子彝。

【本日日记天头上书"恭代御笔开笔，'福'字五方"。】

初二日，甲申（1 月 14 日）　入直。刘兆章来，湖北人，号玉田，署三河。赵钦舜来。三河，署永清。得兰仲诒信。王振钤、易实甫来。

【本日日记天头上书"派写盛京奉化'临潢普护'一面"。】

初三日，乙酉（1 月 15 日）　入直。顺天府奏资善堂并参谭澍。晤荫轩。送乌少云祖母入节孝祠。陈象瀛来。运斋、子英来。

【本日日记天头书"上祈雪，卯正后雪"。】

初四日，丙戌（1 月 16 日）　到正白学。荫轩假，幼农目疾。洛英、吉甫、吴雨轩、云舫、可庄、勉之、允升俱到。顺天府报雪二寸。工部引。

【本日日记天头书"见，均注差。熙麟来。赏袍褂料。派拟吉祥话各四十分，共一百六十份"。】

初五日，丁亥（1 月 17 日）　入直。递年差。辰刻到署。暴蔺云、尹子勘来。

初六日，戊子（1 月 18 日）　入直。送子勘菜。江韵涛来。张朴君来。得兰孙信复之。梁航雪来，廿金。运斋来，阿克占来。

【本日日记天头上书"呈递吉祥话一百六十分"。】

初七日，己丑（1 月 19 日）　入直。顺天府京察过堂，一等查光泰。晤仲华，候云阶。汪仰山鲁瞻、李卓如焕来，薛云阶来。

初八日，庚寅（1 月 20 日）　工直日。注差。巳刻工部京察过堂，未正散。得南信，发南信。济、辛、麟，内为立山祭幛。许子元来，汤钊、补宝坻。杨春元来，皆解饷。丁予懃戊午举人。来。前永清，撤。

【本日日记天头书"玉粒纳神仓，辰时同季和、拵九。共五谷二表七斗九升五合二勺"。】

初九日，辛卯（1 月 21 日）　入直。经伯来。龚右勉来，交郑东甫关书。运斋来。

【本日日记天头书"派写四字吉祥语共百六十分"。】

初十日，壬辰（1 月 22 日）　入直。晤廉生。刘佛卿来。启承斋、端午桥、夏渭泉来。张子虞来。运斋来,复清卿鼎一、戈一。李秋亭金镛来。

十一日,癸巳(1月23日) 入直。送秋亭菜点。子勖辞行。子英来。夜雪。

十二日,甲午(1月24日) 入直。大雪。朱潜、李云从、辽幢八。胡子英、鼎白。欧阳衔来。协修。

十三日,乙未(1月25日) 入直。顺天府报雪。又贡院恳加拔一千五百两。为查如江作序。宝佩蘅、曹再韩来。

【本日日记天头上书"召见,抟九亦见,第二起"。】

十四日,丙申(1月26日) 入直。辰刻到署。李焕带崧锡侯、延旭之信。文贡三琳来,质夫之弟,行四。赵之营来,丁丑,涞水人,厢蓝。潘光祖裕堂、杨味春来,胡子英来。五十。

十五日,丁酉(1月27日) 入直。晤荫轩兵部朝房。端午桥来。

十六日,戊戌(1月28日) 入直。李卓如来,王莅臣来,往蓟州审王姓占崇公地一案。

十七日,己亥(1月29日) 入直。航雪、延清来,增校对八人。张钟赤来。

十八日,庚子(1月30日) 入直。

【十六至十八日日记天头书:"派写广教寺斗子匾,派写河西务'流安岁稔'匾。""工部带引见成霨一名。""赏福寿,引见进磕头。""派写'功存垂瓟''谷城保障''寝城淳佑'扁。"】

十九日,辛丑(1月31日) 入直。顺天府月折,八旗官学保正白。保锡銮,钟署。厢蓝保吴,厢白保蒋艮。辰刻到署,点协修、校对各十人。蒋实英来,运斋来,曾景钊来。

【十九日日记天头书"派恭书御笔'延年益寿'漏子"。】

二十日,壬辰(2月1日) 入直。子原、岑春泽云阶来。候管学官蒋仲仁。发樵野信。吴子蕉浚宣来。

二十一日,癸巳(2月2日) 入直。发南信。运斋来。连捷仲珊,丙戌。来。

【本日日记天头上书"皇太后赏'福''寿'字、大'龙'字。懋勤殿跪春。菜山假。卯刻进《春山宝座芒牛图》,同挬九,朝服。礼部薇研照料。发下春帖子赏,赏大卷八件、貂皮十张。派充经筵讲官,具折谢恩"。】

二十二日,甲辰(2月3日)　入直。沈子培、丁立干桐生来,仲华来。

二十三日,乙巳(2月4日)　丑初起身,祀灶。陆天池钟岱来。廉生交大德《汉书》,索二百八十金,还之。仲仁来,陈景墀来。

二十四日,丙午(2月5日)　入直。文安张邦庆来。

二十五日,丁未(2月6日)　入直。招客二席,未正散。

二十六日,戊申(2月7日)　入直。花农来写折。陆天池来,为《杜诗》二匣事,东樵一物。怀柔李天锡丙子、丁丑。耀初贵州。来。子原、石赓臣来。东安。何心泉德源来,少东之门生,云南人,发贵州教习、知县。

二十七日,己酉(2月8日)　入直。赏荷包、貂皮、手巾。节赏开发。派写福、喜、财、贵之神位及"本年本月本日本时太岁至德尊神"。吴觏臣、王子范、运斋、江菉生来。花农送画,月舫食物,子原送花。

二十八日,庚戌(2月9日)　入直。补褂、蟒袍。上阅祝版,回时碰头。寅初敬神。请客,未初散。风冷。

二十九日,辛亥(2月10日)　冷。赏大小荷包,还黄酒馆九两四钱,欠一两四钱。晤廉生,还二百三十四两,欠卅六两。经伯来。梁航雪来。

【本日日记天头书"赏燕窝。上诣太庙,不侍班"。】

三十日,壬子(2月11日)　入直。赏"龙"字。上御保和殿,出乾清门时貂褂、蟒袍,叩头谢不站回班。夜祀先。

【本日日记天头书"派写'福寿绵长''人寿年丰''新年大喜''新春大喜'漏子"。】

光绪十四年日记（1888）

光绪十四年戊子正月癸丑朔月，甲寅（2月12日） 寅正关帝庙拈香，慈宁门行礼，太和殿行礼，懋勤殿开笔，递如意，赏还。候三邸，未初归。

初二日，甲寅（2月13日） 入直。吴闿生招，辞。官封发黄花农、刘芝田信、兰孙信。

初三日，乙卯（2月14日） 入直。辰初雪。

初四日，丙辰（2月15日） 入直。皇太后派题寿福禄图十二幅。上派写吉祥四字漏子十一件。雪颇大。子原来。

初五日，丁巳（2月16日） 入直。拜年。未刻顺天报雪。

初六日，戊午（2月17日） 入直。同乡谢恩。到署，沈宗暮来，范履福来，补良。陈镜清来。拜年午初。发兰。

初七日，己未（2月18日） 入直。皇太后派题寿星十七首、朱鹤二首。拜年午初。启绪、袁遂来。

初八日，庚申（2月19日） 巳正二上诣祈谷坛，侍班，花衣、补褂、染貂冠。瑞德同李、吴，未初散。拜年。运来。吴葆长、良县丞，江宁。马、涿。张、大。赖、昌。蔡宛。来，拊九来。李云从来，十六。以航雪信。

【本日日记天头上书"雨水"。】

初九日，辛酉（2月20日） 入直。辰初上自坛回。辰正二上阅太庙祝版，侍班，补服。周承先晓渐、汤钊来。郝近垣、西。张璞君、通。唐典香。来。管近修来，谢锡芬、高醴泉来。雪二寸。

初十日，壬戌（2月21日） 入直。派写"邛城昭佑"扁。晤廉生。会典馆拈香。子青招福寿堂，未正行。陈象瀛、陈寿椿、赵钦舜来。子英来，文子义来。

十一日，癸亥（2 月 22 日） 入直。派题皇太后画鹤八首、凤五首。辰刻到署。龚右勉、刘枝彦来。顺天报雪，大雪。

十二日，甲子（2 月 23 日） 入直。刘兆章来，三河。王言昌、刘中瀚、许仲韬、李天锡来。曹作舟、谢裕楷来。徐琭、常荣通州粮马通判，华堂，理藩。来。樊庆寅来。癸酉，房山教。

十三日，乙丑（2 月 24 日） 入直。顺天府奏雪。高召见。顺天团拜，同抟九招机、户、内、颂阁、受之、云阶共四席，到三席，申正先归。大雪。劼刚招十五福寿，辞。

十四日，丙寅（2 月 25 日） 入直。啫子斋。谢锡芬、沈宗荟、胡月舫来。招运子千、伯华、芾、范、彦和。

十五日，丁卯（2 月 26 日） 入直。顺天报雪深透。辰正保和殿宴，蟒袍、补褂、染貂帽，巳初三散。何德源基来。礼贤丞。马序东、龚右勉、汪仰山来。

十六日，戊辰（2 月 27 日） 入直。壸天，麦花五个。午初二乾清宫廷臣宴，午正散。礼、额、恩、福、锡、奎、乌、昆、伯、张、徐、翁、许、潘。赏如意、蟒袍、瓶烟、袍褂并席。子英、百，鼎，欠五十。张邦庆、文。唐典、香。赖永恭、昌。文邦从房。来。

十七日，己巳（2 月 28 日） 入直。上召见。晡抟九朝房。辰正到署，刘兆章来。殷秋樵、阿振之来。松寿鹤龄来。顺天奏春抚三万石。

十八日，庚午（2 月 29 日） 入直。派题皇太后画凤诗二首。熊登第来，方惟提来，罗鼎焜广西，武清，其父安肃县。来。夜雪。

十九日，辛未（3 月 1 日） 入直。小峰慈寿，送烛、酒。张正焴、杨臻，武。志彭来。蔡鹤君、寿椿、阿振之、中伯权来。

二十日，壬申（3 月 2 日） 顺天府演耕。贺小峰太夫人寿，未刻归。征厚、启绪、徐琪、王忠荫来。

二十一日，癸酉(3月3日)　入直。周承先来，运来。

二十二日，甲戌(3月4日)　入直。皇太后赏画松鹤一幅。派题寿福禄图十四首。九卿团拜，以家忌不到。到署，点派伦五常所遗各差。子英、小币卅，欠册。鲁人瑞、熊以功来。得南信，即发。

二十三日，乙亥(3月5日)　入直。派题鹤十幅。奉上谕："照旧供职。钦此。"招王文锦、徐会□、蒋艮、王仁堪、高钊中、曹鸿勋、李培元、若农、飔臣、抟九，颂阁辞。未初散。

【本日日记天头书"惊蛰，巳正一刻十二分"。】

二十四日，丙子(3月6日)　入直。派题梅一幅、兰三幅、鹤三幅、凤三幅。王锡九遣价赵来，见之。钱锡宷、余塈川拔。来。招月舫、花农、子原、航雪、寅臣，经伯辞。

二十五日，丁丑(3月7日)　入直。派题皇太后画凤一、鹤二、荷花七，共十幅。王青友、冯梦华来。张兆珏来。号和，怙山之子。蔡右年、何其翔、蔡寿臻、荣恒候州。来。俞志贤来。

二十六日，戊寅(3月8日)　入直。公折谢恩，引见时碰头。派题皇太后荷花十一幅。巳初到署，得兰孙十七信，即发。徐寿蘅招湖广馆，辞。冯开勋来，号春浦，送许文恪对、幅及《洗冤》《全生》《产宝》。姚虞卿来，桐城通判，伯昂，石甫侄孙。杜锡九来。廉生荐。古泉十一、宝刀一、齐刀范二，付以十七两九钱。

二十七日，己卯(3月9日)　入直。工部直日。派题皇太后画兰八首、梅一首、鹤二首、凤一首，共十二幅。鲁人瑞来。代理怀柔。颂阁以京察未到。闻步军统领衙门出示大钱权成。

二十八日，庚辰(3月10日)　入直。曹福元、丁予懃来。金倅铨来，代理霸，号霞堂，杭人。赵钦舜、署霸。罗鼎焜武清。来，黎荣翰来。

二十九日，辛巳(3月11日)　入直。昆小峰、吴蔚若来。王苍臣来辞，往顺义那王氏一案。

三十日，壬午(3月12日)　入直。顺天府封奏一件。派题皇太后画鹤四幅、寿星跨鹤一幅。召见。辰刻到署。子英来。四十。邵实甫来。贵东道。

二月乙卯朔,癸未朔(3 月 13 日)　入直。卯正二刻坤宁宫吃肉,辰初三至顺天府演耕,午正散。崔惠人来。刘锡元来。保定。

初二日,甲申(3 月 14 日)　入直。谢裕楷来、新派发审、陕人。丁予憨来,署顺义。运来。得镜如信,为领道照。信五纸,实收【按:实收,指官库收纳银两后所发给的收据。】三纸,交运斋。由百川通来,薛黻平来。运又来。

初三日,乙酉(3 月 15 日)　入直。发南信、济、竹、辛、麞、振、熙。清卿信,拓二纸。赵梦奇。刘枝彦来,署大兴。查如江来,子英来。五十,全清。

初四日,丙戌(3 月 16 日)　入直。辰刻到署,范履福来。宛、平验梁正德来,赴良乡本任,尚练氏一案。得兰孙、仲饴信,复之。初六发。二百四十里,梨园领村。

初五日,丁亥(3 月 17 日)　入直。上看社稷祝版,补服侍班。唔子青丈之子同苏去世。朝房晤挗九,工直日。端午桥来,陈小亭来。

初六日,戊子(3 月 18 日)　卯正赴厢白官学,蒋、钟俱在。吴、吴、王、王、长、高、荫轩先后到,福幼农亦到。已正散。杜锡九来,念庭父乙觚,还之。还胡戈一、剑一。蔡鹤君来,范履福来,禀辞。子英来,张如枚来。

初七日,己丑(3 月 19 日)　入直。上阅朝日坛祝版,补服侍班。是日忌辰。得济、辛、麟生、硕庭、小渔、广安信,即复。寄麟《郭有道碑》。

初八日,庚寅(3 月 20 日)　入直。派题皇太后画鹤六首、凤二首。寅刻上诣朝日坛,过会典馆,应侍班,以有差。偕李、吴,均未去。已初到署。祝运斋夫人寿。刘枝彦、运斋来。

初九日,辛卯(3 月 21 日)　入直。曾廉访鈇来。沈宗暮来。冯锡仁星垞以谭文卿信来。

初十日,壬辰(3月22日) 入直。晤廉生。赵松峰、中伯权、江葇生来。为东甫函致王禹臣。言昌。

十一日,癸巳(3月23日) 先农坛视农器。派拟扁、对四百余件。送曾怀卿对、屏。复绥之。若农来,子英来。

十二日,甲午(3月24日) 入直。卯正上视文昌祝版,补服侍班。辰刻到署。派拟船名十二、殿名十、洋楼四字十二。许子元、李耀初天锡来,以东甫事告之。子英来。三百廿,欠卅。顺天府会奏保甲。送曾怀卿席。

十三日,乙未(3月25日) 入直。辰初上看关帝庙祝版,补服侍班。皇太后派题菊二幅、牡丹二、玉兰一、梅一、蓉桂一、荷花二,又洋楼三字扁十二分。工直日。何德源心泉,教习,贵知县。来,廿四日交以伟如信、许朱拓。陆天池来。吊张同苏。看缪小山,到门,其仆辞。庞国珍来,号小芙,训导,其父掌运。

十四日,丙申(3月26日) 顺天府演耕,辰初到,午初散。曹作舟来,调临城,赵州属。韩景琦来,乙酉直拔,山西。丁振铎来。辛未,巩昌守,徇卿。

十五日,丁酉(3月27日) 入直。派拟洋楼三字、四字扁各十二面。熙麟来。送梦臣、怀卿、实孚、三皆以屏。韩景琦少蔚对。蔡鹤君来,翁道鸿来,号仪臣。恩雨田来。

十六日,戊戌(3月28日) 入直。派题皇太后画梅一、菊一、兰一、藤花一。派写"安澜舲"三字。乌达峰、奎星斋、清吉甫、兴诗海、景藜庭招十七文昌,辞。运来,马信芳、同。芮家荃目。禀留袁遂。

十七日,己亥(3月29日) 寅正赴正黄学大考八旗。钟、徐致靖先到,长、吴、吴、王、王、高、蒋后到。未初先散。中伯权、松鹤龄、吴鳃臣来。石赓臣右皋来。

十八日,庚子(3月30日) 入直。派从耕。睿、郑、克、锡、曾、续、孙、麟、潘、松、黄、廷禧十二人。辰正到署。琉璃,中衡、张正煿。满派联福、王瓘。冯寿松号鹤巢。来,浙湖州,前固安。长允升来,袁镜荪来。

十九日,辛丑(3月31日)　入直。唁顾皞民、康民。王小宇、高抟九、沈宗蓍来。寄辛芝,《说文统释》《音同字异辨》,许文恪、仁师朱拓二分、汉专[砖]二分。又瘦羊、硕庭汉专[砖]二分。兰维垣来,送沧酒。杨味春来。

二十日,壬寅(4月1日)　入直。到署。唁伯双。招伯兮、廉生、佛青、梦华、子培、小宇、仲戣、天池,辞者再同。丁予懃、李润斋来。

二十一日,癸卯(4月2日)　入直。工部直日,带引见景星、那谦、清朴、伊凌河、毕棠、区谔良等。杨传书奏留。送陆梅孙、天池对、幅。派题皇太后画耄耋富贵一、松鹤一、荷花二、山水二、寿星鹤二、桐凤四、竹凤一、海屋添筹一、灵仙祝寿一、松鹤一,共十七件。陈瑞伯鸿宝来。

二十二日,甲辰(4月3日)　入直。晤廖谷似朝房。派题皇太后画路丝[鹭鸶]一、柳燕一、松鹿一、牡丹一。蒋芝庭嘉霖来,朱子涵来,子英来,廿,欠十。曾景钊来,执小门生礼,所赠宋本《国语》、鼻烟、研、《书谱》皆却之。赵钦舜、庞国琛来。寄青士对、屏,又庞小芙索豹岑信。

二十三日,乙巳(4月4日)　入直。派写霞曙楼贴落二件。得兰孙、仲饴信,廿六复,又豹岑信。运来。华尧封来,已七十八。隆斌、汪范卿、恩雨田、马锡之序东来。寄清、柳[卿]拓本交运。运办寿器。九十。

【本日日记天头上书"清明,申初一刻二分"。】

二十四日,丙午(4月5日)　入直。寄清、《阳明集要》《说文统释序》《音同义异辨》《悲盦诗》,许拓"雪浪"。柳,《探路记》,三书同,许、雪同。交隆酉山。送对、《洗》《全生》。辰刻到署,廿五安徽团拜,辞之。邵实孚积诚辞行,交伟如信并人参。王叔贤继武查通州地案,辞行。运来。

二十五日,丁未(4月6日)　入直。派写"惠洽丹川"扁面。顺天府奏月折,开复谭澍。先农坛演耕。同孙燮臣、抟九、何小亭饭。心存佺、锡聘之来,廖谷似来。

二十六日,戊申(4月7日) 入直。派题皇太后画鹤一、蟹二。唁薛云阶,答谷似、尧封。杨味春属作《颜氏》《春秋》二书序,书还之。付之。送梁航雪拓本二纸。运来,苏来,赵寅臣来,韩景琦来。交刚、张、嵩。《笔记》《□集》《洗冤》。送华尧封席。

二十七日,己未(4月8日) 辰初天坛、先农坛收工,午初散。箴亭因丰泽园侍班未到。心存寄到济之信件。若农送烟,还,二次。子元、鲁人瑞卸怀柔。来,运来,张少林来、梦臣、再同来。

二十八日,庚申(4月9日) 入直。查估偕箴亭,覆命。派写扁六十三面。已写四十四。未正三刻小雨。先农坛演耕。上阅视祝版,乾清门补服侍班。换毡冠、棉袍褂,摘白袖头。得济、竹、振、麟、信,即复。廿九发。麟拓二分,又辛信。冯春圃送河豚、黄花鱼。

二十九日,辛酉(4月10日) 寅正二上诣先农坛,辰初礼成。荫以从耕,抟九进鞭兼接鞭。得仲饴望日信官封,初一复,交兰孙。杨味春来。

三月丙辰朔,壬子(4月11日) 入直。派写扁三十三面,对一副。晤廉生,到署。端午桥来,杨增来,卸武清、房山缺。心存来,运来,曾怀卿来。仓尔爽来,号隽臣。茌平。谭澍、董开沅来。崔惠人来。

初二日,癸丑(4月12日) 未入直。卯初正红旗查学,长、吴、洪、钟、吴、高、王、蒋、王先后到。巳初先散。石右皋、刘竹坡、陆天池、吴荫培来。岑云阶、王茇臣来。竹坡属题吴柳堂遗墨。

初三日,甲寅(4月13日) 入直。派写扁二面、上南。对廿三副。龙泉寺伯父母十周年。沈絜庵来。谢裕楷、王曾彦来。解郑二十六万销差。癸酉、乙酉文昌团拜,辞之。送仓尔爽隽臣、廖谷似席,送沈洁斋席。李云从来,赵国华菁衫来,乙酉门人恩□号丹来之父。运来。

心存侄搬住桥南。小雨,未至申。

初四日,乙卯(4月14日)　入直。顺天府奏雨二寸。辰刻到署。答赵菁衫、沈洁斋。大雨,午后止。

初五日,丙辰(4月15日)　入直。顺天府奏雨四寸。送赵菁衫席。张益禧小沧,癸丑,名。文澜之子。来,王禹臣言昌来,卸永清。朱卓英来。送赵菁衫对、书,送华尧峰对、书。

初六日,丁巳(4月16日)　入直。派写"养正毓德"及南、上蜡笺扁。晤抟九,长允升来,张璞君来,华瑞安学澜来。复绥之交运斋。寄瘦羊,送再同。拓八十二纸。

初七日,戊午(4月17日)　入直。到署。许子元来,乐庵来,地山来,江菉生来。

初八日,己未(4月18日)　入直。直日。派题皇太后兰二、鹤二、诗八首。发南信,辛、麟、济、竹、振、曲园。寄清卿造象[像]十二纸。寄郭寿农、田星五、赵梦奇信。卫荣庆来。阴通判,广阳江人,佐邦之孙。赏袍、褂料各二端。

初九日,庚申(4月19日)　入直。派题皇太后梅五、菊一、松芝一、海屋一、鹤二,共十首。江苏团拜才盛馆,未到。送如江、玉亭、鹤君、竹坡对、幅,送天池拓,送佛青、梦华盂鼎拓。张兆珏来,东安春抚。徐孙麒承祖来,张肇镰来,逸群,府经,宝坻春抚。陈小亭来。

【本日日记天头书"谷雨,子初三刻一分"。】

初十日,辛酉(4月20日)　入直。到署。派题皇太后松二、梅二。玉亭、竹坡、鹤君来。胡蕲生聘之、蔡右年松峰来。花农来。

十一日,壬戌(4月21日)　入直。派题皇太后梅花四。工加班,奏帝子库事。运来,发南信,济、瘦羊。得石查信并《岁朝图》,即复,并钚拓十纸交其家。李佐周桢来。湖南。

十二日,癸亥(4月22日)　入直。派题皇太后梅花七。贺运、清秘,答李桢。曾景钊陶山来,朱敏斋靖甸,戊午、乙未。来,蒋醴堂嘉霖来。

十三日，甲子（4月23日） 入直。麟芷庵六旬正寿，送烛、酒。送翁仪臣道鸿席。雨。李端遇鸿正来。

十四日，乙丑（4月24日） 入直。顺天府报雨一寸。辰正到工部署。朱联芳来，浙县通帮审。鹤巢来，赵菁衫、蔡世杰来，吴树棻来。

十五日，丙寅（4月25日） 入直。运斋来。祝莆卿祖母七十，莆卿、天池、陈瑞伯来。己酉十九团，又福箴亭、师、曾、嵩、中、巴敦甫、崇星阶福寿堂招。赏袍褂料、大卷四联。崔惠人、武幼毅景炘，乙酉付。来。

十六日，丁卯（4月26日） 入直。派题皇太后竹四、梅二、海屋添筹一、山水三。复镜如电。安徽馆同颂阁、生霖、抟九、子授、燕甫，劳恺臣庵，燕甫承办票演。共四十两。

十七日，戊辰（4月27日） 到厢蓝官学，吴运长、徐荫轩、高、吴、蒋陆续到，王云、王可未到。卯刻雨，午初止。复清卿，有觚蔡轩赠。拓。送天池拓本。赵钦舜、霸州。王彦威来。李佐周来。

十八日，己巳（4月28日） 入直。辰刻到署。隆书村文来，长宝道。张赓飏来，范履福六吉、许仲韬、王茞臣来。

十九日，庚午（4月29日） 入直。派题皇太后画梅五、兰二、竹二、菊二。江亭、子禾招，同荫轩、漱兰、寅臣，申初散。送仓隽臣、徐孙麒、朱敏斋对、幅，劳凯臣对、扇。得济、辛、麟、子宜、小畚信。己酉才盛、箴亭福寿堂，均未到。

二十日，辛未（4月30日） 未入直。顺天府五营合操，巳刻归。送天池拓六十一纸。得仲饴十二月十四信，复交兰孙函中。

二十一日，壬申（5月1日） 入直。派题皇太后画荷三、兰三、凤二、鹤三。韩培森、浙庶。运来。寄石查信并为书幅四。

二十二日，癸酉（5月2日） 入直。工引见二名。彦秀、龙保。到署，运来，谷似来，仲韬来。寄镜如照六张，交运交念劬。

二十三日，甲戌（5月3日） 入直。送廖谷似行。送天池廿五纸。发南信，济、瘦羊、辛、子宜、小畚、鞠常、泉、硕、熙。马东垣、丁予憨来。长麟正黄。诗农来。杨保彝来。

二十四日，乙亥（5月4日） 入直。工直日。贺劼刚嫁女。才盛馆丁未招，陪尧封，申初散。亚陶来，运来。寄清卿信、十布拓、"三百古钵斋"扁。

二十五日，丙子（5月5日） 入直。唁姚柽甫。庞泽銮、省三子，号芷阁。暴蕳云来。蔡鹤君来。赵执诒、崔惠人来。

【本日日记天头书"立夏，巳正一刻十一分"。】

二十六日，丁丑（5月6日） 入直。顺天府奏事。到署，阅熙麟课卷八本。沈宗骞来。送查如江孙完姻烛、酒。

二十七日，戊寅（5月7日） 入直。管学正黄奏派长麟。贺乐初杭州将军、诗农正黄管学。仓隽臣来。宜子望、刘兆章三河。来。复李少云希哲。赖永恭来。昌平。

二十八日，己卯（5月8日） 入直。送佩卿行。王青友、熙小舫来。金蔚堂铨来。卸霸州，完五十余件。答林维源时甫对、屏、《功顺》，交许国荣。花农、佩卿来，送佩卿扇、对。王荩臣来。冯开勋送河豚。

二十九日，庚辰（5月9日） 入直。运来。中江来，即派二人迎提金砖。午正启缓解一千五百砖并以崧镇青信来，即往见中江。柯逊庵、四百。胡月舫来。松鹤舲来。江苏解砖委员何东桥。浙宁波人。

三十日，辛巳（5月10日） 入直。上阅祝版，乾清门侍班。派题皇太后画竹三、梅二、菊一、寿意瓶花四。得南信，济、竹、麟。廿九。寅臣来。

四月丁巳朔，壬午（5月11日） 入直。到署。许子原来，得伟如信。二月廿七。杨崇伊、石赓臣、王瑾来。朱潙来，未见。

初二日，癸未（5月12日） 入直。工部带引见。直日。内廷节扇送赵、梁写。陈瑞伯、熊寿篯号聃仙，登第兄。来。文子义来。

初三日，甲申（5月13日） 常雩大祀。午初上诣斋宫，蟒袍侍班,未初散。得振民信。寄吴枚庵《杂抄》。郭树榕鼻烟。徐、李、吴同食瑞德堂。

初四日,乙酉(5月14日) 子刻张姨太太去世。花农来,写假折。运斋来,发南电、南信。工部团拜,辞之。未刻大敛。复仲田信。伯衡、范卿来。手复欧润生。

初五日,丙戌(5月15日) 请假,赏五日。

初六日,丁亥(5月16日) 运斋、陆淡吾、抟九、华尧封、范卿、陈瑞伯、代东安。莆卿、杜庭璞、廉生、何福海、江苏道。镜波、丙午、庚戌。王青友、吴蔚若来。廉生来,以李少云拓本及彦士拓本去。韩荫棻、荫棣、张钟赤、刘枝彦、蔡寿臻来。中江来。运斋及陶氏昆季、董彦合、心存送三。彭氏昆季、胡月舫、伯华均来。

初七日,戊子(5月17日) 发伟如信官封。飈臣、寅臣、兰维垣、朱靖藩、石赓臣、罗鼎焜来。石、罗祭席,璧。致仲饴交兰,十一发。

初八日,己丑(5月18日) 以安折交笔帖式。得竟如信,照已到。即复,并清卿信,为志嘉。高文翰来。四,廿。

初九日,庚寅(5月19日) 具折请安。派写惇叙殿等对九言、八言、七言三分。箴亭面商凤舆。到署。陈瑞伯、查如江、朱敏斋来。得兰孙卅日信。手复豹岑、吾山交兰孙,又钟饴。十一。

初十日,辛卯(5月20日) 西苑门跪迎皇上,卯初皇太后。卯初二蟒袍、补褂,递如意,赏收。辰初散。丑正二在奏事房遇衍圣公孔令贻。运来,写神主。吴蔚若来。江丈清骧、孔燕庭令贻来。

十一日,壬辰(5月21日) 入直万善殿。本日为始。工直日。同人俱至关防衙门面商凤舆,并看礼器面册。内务府图取归工部。巳初散。汪仰山、韩文钧子衡、高文翰四清、刘启祥、光福人,菊常中子。高晋墀用年侄帖,又北河州同大帖。来。龚幼勉、杨蓉浦来。

十二日,癸巳(5月22日) 入直。到署。送对、扇、书何镜波、彭伯衡,送对、幅陆澹吾,送对、书韩子衡。复济、辛、振、硕,发南信二次,并复李佐周桢。杨增,房山。来。管琢堂来。能谷来。

十三日,甲午(5月23日)　入直。朝房晤抟九。顺天奏王宏裕、王玉升一案,春广、春二、普明、普玉一案。原参奎家五虎。画十八奏稿。会都会馆二百六十三所。点主,范卿、心存。相题。送袍料。

十四日,乙未(5月24日)　卯刻殡于龙泉寺。到者陶、董甥、蒋伯华、王莆卿、心存、能谷。辰正三回吉。

十五日,丙申(5月25日)　入直。召见。派写颐年含和殿扁、七言对七付。函致康民,请赴宝坻。函致兰问桎事。关兴槎送橙,前送分,璧。王小宇来。王荩臣、陈小亭来。致高阳信为桎甫。发南信,复济、竹年、麟、广安。

十六日,丁酉(5月26日)　入直。龙泉寺开吊。辰正到,申初归。

十七日,戊戌(5月27日)　入直。派阅考试试差卷,同福、张、锡、徐、昆、童、徐、孙、乌,午正散。途中遇雨。伯武赴通。顾康民来,属赴宝坻。宝坻事函复抟九。李云从来,付十两。复航雪。张揾琴肇镳来,致意施子英、章定庵、袁敬孙。

十八日,己亥(5月28日)　入直。派写扁六面。晤抟九,遇燕甫、箴亭、芷庵。会都奏会馆。到署,遇吉甫。陈冠生来。黄再同、张叔俨督、林文伯绍清来。朱子清、熙小舫、吴蔚若、花农来。王世骥来。派帮稿上行走。复抟九宝坻及北路缺。

十九日,庚子(5月29日)　入直。工直日。答抟九,晤答如江。黄秉湘、卞绪昌、敬子斋来。函致如江,为送元卷事。官学奏留正红管学官长萃。

二十日,辛丑(5月30日)　入直。派查库,同睿、豫、澍、滢、奕、谟、奎、麟、乌、续。高霞轩醴泉来。王小宇、联福来。石赓臣来。潘衍桐、崔国因来。

二十一日,壬寅(5月31日)　入直。陈祐曾阜,寿卿孙。发南信,济、竹、瘦羊、辛、振、顺伯、吴子重,内子青廿两,叔平廿两,余廿两,共六十两,由济之交。刘竹坡来。

二十二日,癸卯(6月1日)　入直。杨增来,到房山本任。汤钊来,宝坻,前香河,有案。李翰芬来,少骏,广东人。柯逊庵来,运来。

二十三日,甲辰(6月2日)　卯正到署,辰正二查库起,午初散。四十万。潘峄琴来,查如江来,谢星海来。

二十四日,乙巳(6月3日)　卯正二查库,辰正二散。每日二班,八十万。长允升、刘佛卿、陆天池来。

二十五日,丙午(6月4日)　卯正查库。巳初散,与上同。荫轩招明日,辞之。含英王姓来,夏味春来,杜锡九来,一爵、一造象[像],直四十。未正交。赏直径纱四匹、漳纱二件、葛布二件、帽纬二匣、扇一柄、燕窝一包。复仲饴,又刘茝臣,交兰。

二十六日,丁未(6月5日)　卯正查库,辰正二四十万。函唁谢绥之并幛,交电报局。恩雨田八合以送芷庵,又黄绢二,又为装鼻烟。冯梦华来。得王振录、复之。严书麟信。知王振铃去世。杜锡九来付。五十四两,五刀。据云张独鹣一鼎、岁。一觥郑日高。肯出售,须一器五百。张少林来。岑彦卿幛、如意。五月廿八日。

二十七日,戊申(6月6日)　卯刻赴库,巳刻散。许仲韬、石赓臣、刘中瀚、蒋伯华来。赵以瑚来。

二十八日,己酉(6月7日)　卯初到署,卯正赴库,辰正二散。曹福元、张璞君来。陆蔚庭来。杨昧春来。彦卿六十寿送幛、如意。赐寿"绥圻锡祜"。

二十九日,庚戌(6月8日)　卯初赴库,辰正散。许子元、吴光奎广员,新湖广道。来。得兰孙十八、仲饴信,初一复。李桢佐周、熙小舫来。

三十日,辛亥(6月9日)　卯初赴库,辰正二毕。共五百四十五万余两,盈余四万七千二百廿五两。徐铨、王继武来。棍噶札拉参胡图克图嘉木巴图多普来。【按:棍噶札拉参,晚清甘肃著名转世喇嘛,又名嘉木巴图多普。胡图克图是清政府给予的封号。】宜子望来。刘竹坡来。为周祠函致叔平。赏袍褂料、葛纱、葛布、帽纬等十件,如例。廿八日未写。换亮纱。王荩臣来。运来。函培卿。

五月戊午朔,壬子(6月10日)　入直。查库弟[第]一次,复命。开发内廷节赏。发南信、济、竹、辛、羊、振。岑云阶送彦卿信来,李秉时来,解棕毛,弟[第]一批。赵寅臣来。放贵主考。

初二日,癸丑(6月11日)　入直。夜雨达旦。辰正到署。陈协桂来,号映垣,秋谷门生。杨味春、许子元来。王碑估来,付九两八钱。梁航雪所荐。航雪来,十八金。王宝璐来,号子诜,辛芝亲家,仙庚之堂弟,山西静乐。庞绚堂来。

初三日,甲寅(6月12日)　入直。顺天府奏雨一寸。于六部公所晒拓九。梁经伯卅金。送陈映垣扇、对,赵绍平润笔、袍褂、纱葛。送黄泽臣席。

初四日,乙卯(6月13日)　入直。润古来,鼻烟廿两,全清。笔彩来。四两,两峰五端。以焦秉贞画送劼刚并索其画。含英王姓来,裴六古钵,造象[像]。陆天地[池]来。张少林送司寇良父敦、中姬鬲,还之。劼刚来。申刻地震。赏角黍。

初五日,丙辰(6月14日)　入直。派写"洛学心传"四字扁。福建。张肇镶来。送扇、对四分交张。子英、敬孙、定英、一琴即张。为宝坻办工好,以奖之。赏角黍。含英王姓来。裴六古钵,三千六。造象[像]二,三百。此外陶片十七、砖一、竟[镜]二、幺布一,索昂,初七还之。

初六日,丁巳(6月15日)　入直。辰正到署。顾缉廷来。

初七日,戊午(6月16日)　卯正查内库,四十万,未正三散。竹坡、岑云阶,郝近垣来,回心泉长房来。湖山县,送联、幅。

初八日,己未(6月17日)　卯正查内库,分早晚班,巳初廿万,先散。运斋来,黄祖徽来,廉生来。

初九日,庚申(6月18日)　卯正赴库,午初毕。看折。含英王姓来。付一百七十两,欠廿两未付。

初十日,辛酉(6 月 19 日) 王秉谦吉甫,候通判,通帮审,常州人。来,誊录出身。冯梦华来,景方升来。海运差。

十一日,壬戌(6 月 20 日) 复命。寅正上看祝版,乾清门补服侍班。辰初到署。子元、启承斋、沈退庵守谦来。得窟斋信,内陈子良拓四十纸,答以古器、造象[像]、瓦陶、汉画象[像]六十一纸。唐典来。香河,号子逌,求写对。

十二日,癸亥(6 月 21 日) 唁袁镜堂夫人。杨彦槩鸿度来,石泉之子,江苏道。寄伟如伽南十八子、搬指、沈香、暖手、蛇总管、镯,交寅臣。张謩来。发南信,济、竹、羊、振、泉孙。

【本日日记天头上记"夏至,辰初一刻"。】

十三日,甲子(6 月 22 日) 卯初查缎库,睿王祭关庙未到,辰初散。刘常棣来,乙酉副,山东。号鄂亭。黄溆兰来,福主。熊寿篯来。

十四日,乙丑(6 月 23 日) 卯初查库,辰初散。天池来,松寿、征厚、中衡、惠裕、王瑾、许祐身来,柯逊庵来。寄黄花农信。

十五日,丙寅(6 月 24 日) 卯初查库,辰初看折,散丑正。小雨数点,卯初亦然。天池、运斋来。冯寿松来。派审卓公、芸公争窑一案。明日工部加班彩绸、棕毛、绣片三折,注差。罗鼎煜、武清。冯梦华、殷吉阶前文安,戊辰、丁卯。来。

十六日,丁卯(6 月 25 日) 工加班奏事。以德小峰信交张叔彦并季直书。送天池拓四十二纸。又陕专足费十两。连昨,面交,共廿两。梦华来。

十七日,戊辰(6 月 26 日) 因钦天监奏大婚回避字样,复命改迟一日。送对、幅、屏。黄泽臣、谢星海。送对、幅、扇。燕甫。蒋伯华、端午桥、李秉时来。岑春泽、佛升额来,得伟如信。

十八日,己巳(6 月 27 日) 入直。查缎库复命。辰刻到署。送古丽泉扇、屏,送杨彦槩鸿度联、屏、扇。陶子方、周小卿承先、汪范卿来。

十九日,庚午(6 月 28 日) 卯正查颜料库,辰初散。鲍承诏来,花潭侄。范履福来。

二十日,辛未(6月29日)　卯正查库,辰正散。看稿。臻侄来。

二十一日,壬申(6月30日)　工直日,注差。派督修銮驾库仪卫。启、海、梁、许、高、种。黄泽臣来。丁惠深、丁宝英来,雨生之子孙。寒暑表可度。

二十二日,癸酉(7月1日)　入直。查库完竣复命。辰初到署。派题皇太后画寿星四轴、松鹤二轴、菊花一轴。岑春荣来,缪小山来。发南信,济、竹、羊、辛、振、鞠。

二十三日,甲戌(7月2日)　入直。派题皇太后画鹤三轴、凤二轴、山水一轴。周克宽容阶、甘肃考。冯寿松、运来。伟如五十两付之。晤小荃。候伯双、梦华。经伯、何金魁来。星垣、少梅之戚。复伟如交天润祥。

二十四日,乙亥(7月3日)　入直。派题皇太后凤三轴、鹤二、山水一、荷一。辰到署,送小荃席。复马芝生又寿山函,又函致静澜,又世敬生为戴、何。复胡石查,协兴昌。拓本十一纸。

二十五日,丙子(7月4日)　入直。梦华来。西正二大风扬沙。

二十六日,丁丑(7月5日)　入直。进福华。派题皇太后画云仙一轴、海屋一、鹤二、凤一、荷一。上祈雨。派拟仪鸾、福昌殿扁五十余件、对八件、帖落一千余件。运来,联福来,宝恒昌来,爵还之。苏来。留烟。

二十七日,戊寅(7月6日)　入直。旨:"择优拜奖,毋许冒览。钦此。"顺天府奏事。朝房晤抟九。辰刻到署。

二十八日,己卯(7月7日)　入直。静默寺候耕娱不值。尹子威彦钺、余尧衢肇康来。丁予懃、查如江、徐花农来。济对、屏,竹对、幅,辛屏,振对,麟幅。

【本日日记天头上书"小暑,丑初三刻"。】

二十九日,庚辰(7月8日)　入直。工直日,天池来。

六月己未朔,辛巳(7月9日)　入直。辰刻到署。张一琴、王言昌、张子彝、捐守,□署。耕娱来。送通永镇唐沅圃、吴乐山扇对。

初二日,壬午(7月10日)　卯刻赴厢红官学,王、长诗农、长允升、徐荫轩、吴、王、高、蒋续到。吴雨轩未到,午初散。溥善、长润、徐道焜来。□张缺,祝□。王定夫肇镇、中伯权、乐庵来。员外陈传奎、徐道焜。

初三日,癸未(7月11日)　入直。派写仪鸾殿、福昌殿等处扁十四面。赵尔震来。曾纪寿号岳生。来,交莼斋寄皇《义疏》,即复,寄以《石湖诗》《古籀文补正》《月季花谱》及许文恪、仁山师拓。得清卿书,拓三纸。即复,寄拓九纸。申刻雨。交王肇镇世敬生信。

初四日,甲申(7月12日)　入直。派写对二分。顺天府报雨一寸。朝房晤挕九。辰正二到署。伯武明日行。得南信,廿五。即复,济、麟、泉,交伯武。苏来,润古。胡子英、崔惠人来。

初五日,乙酉(7月13日)　入直。派写横幅五件。伯武归。得兰孙廿六、仲饴廿日信,即于次日复并豹岑、吾山信。寿门送印书纸。浙江道黄祖经来。号子畬。顾康民、刘竹坡来。

初六日,丙戌(7月14日)　入直。上诣大高殿祈雨。发南信,济、竹、辛、羊、振。陶子方、章定庵署宝坻。来。夜雨。

初七日,丁亥(7月15日)　入直。辰正二到署。蒋伯华、杨味春、高挕九来。夜风雨。

初八日,戊子(7月16日)　入直。工部直日,带引见三名。廷桂、恩溥、严庚辛。顺天府报雨,并奏蔡寿臻补北路同知。旨依议。朝房晤挕九。派写寿光门扁一面。酉初大风雨。

初九日,己丑(7月17日)　入直。上诣寿皇殿,卯正事下即散。顺天府奏雨。陆寿门来。王竹溪来,王振录之堂兄,山东,从九。潘莱章来,号季英。许子元来。藻[燥]热。

初十日,庚寅(7月18日)　入直。藻[燥]热。增修銮仪卫添派。松墀、程志和,商人德盛刘天枢、益升刘常荣。夜雷雨达旦。蔡鹤君、梦华来,十二日行。

十一日,辛卯(7 月 19 日)　入直。藻[燥]热。王伯恭来。

十二日,壬辰(7 月 20 日)　入直。顺天府奏雨四寸。朝房晤挊九。寄张公束《功顺堂》,并谢其高安铜器,并托觅交寿门。送耕娱食物十匣、对、扇、幅。

十三日,癸巳(7 月 21 日)　入直。上诣大高殿报谢。藻[燥]热。凌秋生道增来,通州派审。得济、竹、辛信,即复,又凤石信。吴飀臣来。得藻安子程康祺寄来信件。飀臣典浙试,谢恩。

十四日,甲午(7 月 22 日)　入直。辰正二到署。送耕娱。王荙臣、胡子英来。

十五日,乙未(7 月 23 日)　入直。顺天会都奏棉衣。朝房晤挊九。花农、陈仲鹿芝诰、刘焌川候县。来。候周玉山来,玉山来时已睡。耕娱来,十七子青招福寿堂,辞。

十六日,丙申(7 月 24 日)　入直。工直日。溥善、端方来。

十七日,丁酉(7 月 25 日)　入直。到正白学,陆续俱到。胡湘林来。宋育仁来。吴德张来。

十八日,戊戌(7 月 26 日)　入直。派写宁寿宫扁一、天庆堂。对六付。派题皇太后梅花四、山水一、鹤一轴。辰初到署。陈瑞伯、赵松峰来。送周玉山席。

十九日,乙亥(7 月 27 日)　入直。派题皇太后荷二、梅二、松一、菊一轴。惇邸招廿日庆和,以期辞。寿门来与小峰信,送以《秋审》三本。送点心四匣,又玉珊信、《功顺》。陈弼侯与闰来。谢端甫裕楷,固安。来。王曾彦、石右皋、施之博来。夜雨。

二十日,庚子(7 月 28 日)　入直。派题皇太后梅三幅、松一幅、凤一幅、寿星鹤一幅。端午桥、欧阳鸿济来。利见之子。酉初大风雨即止。三侄女来住。送廿四属《贯垣纪事诗》廿四本。姚虞卿来。派审礼部官地案,送以《年谱》《秋审》二书。

二十一日,辛丑(7 月 29 日)　入直。派题皇太后梅二轴、松芝一轴、海屋一轴、寿星一轴、山水一轴。国子监朝房遇叔平，石阙门内新收拾者。辰初到署。寄兰孙、仲饴信。江梅生澄、殁叔之弟。刘泉孙侄婿用宾。来。刘侄婿之子来住，为之名曰"荫福"，曰"荫礼"。

二十二日，壬寅（7 月 30 日）　入直。工部加班，引见五名。祝、区、陈、徐、魏。顺天报雨月折。官学奏革生广福欧［殴］辱教习赛崇阿交部。运来，林绍清、张兆珏来。仲约典江试。銮仪卫工程，旨仍承修。

二十三日，癸卯（7 月 31 日）　入直。派写北海、镜清斋等处扁七面。派写仪鸾殿对一付。启、程、松墀、海康、许子元来，留子原饭。张一琴来。酉初大雷雨雹，戌刻止。

二十四日，甲辰（8 月 1 日）　入直。上办事后还宫。若农、可庄仍进内。以碰头故，办事后向不碰头。沈赓虞凤韶来，仲复侄，苏候补守。花农来，毕光祖来。

二十五日，乙巳（8 月 2 日）　入直。宁寿宫听戏，辰正入座，未正一散，三十刻，罗胎冠。住壶天，燮臣约便饭。顺天府奏得雨深透。晡抟九。

二十六日，丙午（8 月 3 日）　辰初二，上御乾清宫受贺。辰正入座，三十二刻，申刻散。宁寿宫听戏，罗胎冠。赏如意、帽纬、袍褂料、花瓶、手炉、漆盘、荷包。晨晡抟九。龚右勉来，得南信。十六。壶天叔平便饭。大雷雨，戌初起亥初止。函商抟九，即复。

二十七日，丁未（8 月 4 日）　入直。卯正到署，发南信，济、竹、麟、辛、硕、振、鞠常。姚虞卿来。查礼部地复。

二十八日，戊申（8 月 5 日）　入直。推班。夜戌刻雨。

二十九日，己酉（8 月 6 日）　入直。龚右勉、徐寿兹受之、丁惠深切臣、丁宝英芝田、汤钊来。子刻大雷风雨。

三十日，庚戌（8 月 7 日）　入直。上看祝版，花衣雨帽，乾清门侍班。雨中到署。范履福来。沈久龄司狱、璞君、丁予懃、王言昌、尹彦钺、运来。

【本日日记天头书"末伏，立秋，午初三刻"。】

七月庚申朔，辛亥（8月8日）　入直。卯初二上太庙礼毕，办事后回南海。交尹子威朗斋信。江梅生澄来交静澜信，初四行。王仁东煦庄来接署厢红。恩雨田、查如江来，面订初六金台并钱、凌二令。韩子衡文钧来，交清卿信。钟拓。

初二日，壬子（8月9日）　銮仪卫查工，同司员六人。送丁切臣、芝田扇、对、书并卞颂臣、奎乐峰信。复清卿，内钟拓。并属"松鹤""梅花喜神"扁额。沈郑孙宗蕃、唐典、李天锡、赖永恭来。武俊民用章、长允升来。刘佛青来。孙调吏右，徐转左，汪升右台署。

初三日，癸丑（8月10日）　入直。辰初到署。文子义、陆天池来。

初四日，甲寅（8月11日）　到厢红官学，王煦庄接管，同人先后到，巳刻散。柯逊庵、高抟九、陆梅孙燮和、谢裕楷、崔惠人、马序东来。得南信，济、振，廿六。顺天奏事，声明官学。

初五日，乙卯（8月12日）　入直。工直日。派写"牵牛河鼓天贵星君""天孙织女福德星君"，派拟扁五十四、对四。内阁画会议上徽号奏稿。巳刻后雨时作时止，夜雨达旦。青友、张玉亭、竹坡、鹤君、子原来。

初六日，丙辰（8月13日）　金台院试因雨大不果，封题交查、凌二令。发南信，济、辛、麟、振。

初七日，丁巳（8月14日）　入直。派写桐城、定远、舒城扁三面。贺柳门工右。寄清卿剑拓。查如江、钱亮臣来。子刻小雨。

初八日，戊午（8月15日）　入直。巳刻小雨，午刻大雨。伯兮来，长季超来，王苕臣来。雨不止。

初九日，己未（8月16日）　入直。到署。王宜仁来，振录之子，号文珊。李燕昌来，广抚乙未。福太之孙。陈弼侯与阎来。运来。

初十日，庚申（8月17日）　入直。派写芳华楼扁十一面。

十一日,辛酉(8月18日) 入直。派写芳华楼对一付,帖落六张。蒋实英、罗宗鎏、乙酉顺德副。朱联芳、文邦从、周玉山来。

十二日,壬戌(8月19日) 入直。辰初到署。送伯熙、季超扇各一。运来,王芰臣来,又来。韩鉴来,号季仙,丙辰本房,韩钦之弟,行四。守。

十三日,癸亥(8月20日) 入直。工直日。上诣醇邸。周生霖、荣恒、蔡鹤君、陆天池来,交千五。

十四日,甲子(8月21日) 入直。候抟九不直。贺星叔,答洛英。运来。张树德雨人、送对、幅。联福、小宇、抟九来。张一琴来。委固安。夜丑初雨。

十五日,乙丑(8月22日) 入直。派写赏醇王扁四面、九言对二付、七言对二副。上诣寿皇殿。本日换罗胎冠、蓝袍。林文伯绍清、钱亮臣、张少林、张子复祥敬,乙酉川拔。来。子原来。刘竹坡、薛黼平来。

十六日,丙寅(8月23日) 入直。派写泰山扁一面,吉林关帝、城隍、龙神扁三面。召见。到署。旨:交部议叙。顺天奏宛、良、房、涿、固安被水,并捐艮[银]千两。运来,朱子涵来。张雨人、张兆珏、施子英、袁敬孙、张一琴、黄子畲祖经来。施、袁、张各送横幅。

【本日日记天头书"处暑,丑正一刻三分"。】

十七日,丁卯(8月24日) 不入直。到正蓝旗官学,同人陆续至。煦庄以生疖未到。工部笔政来领折。查如江、陆天池来。

十八日,戊辰(8月25日) 入直。具折谢恩。朝房晤抟九,特来面商一切。汪仰山、董开沅来。

十九日,己巳(8月26日) 入直。引见时碰头,谢恩。晨雨甚密,入夜未止。伟如电,捐顺灾五千,伟如三电捐万。

二十日,庚午(8月27日) 入直。由福华门较近,惟顺治门须卯初开耳。发南信,济、辛、麟、振、鞠、熙、伯武。汪仰山、蔡鹤君来。岑云阶来捐千。张翰仙汝梅来。河南人,记名道,袁午桥幕□。

二十一日,辛未(8月28日)　入直。工直日。奏催苏织造绣片,限八月。连文冲来,为庄、程三人要札,至涿掖浮尸。吴瀚涛广需来、永宝来。三百,欠五十,叔向敦。黄子畲祖经来,得振民信。如江、杨春解艮[银]赴房。兰丙卿来。

二十二日,壬申(8月29日)　入直。运来,张兆珏来。徐叔粲来,昌彦。琴舫之弟,得芹[琴]舫信。王延绂来。捐二百。金铨、陈兆葵复心、涂宗瀚、号培亭,伯音之子。杜绍唐来。培庵。

二十三日,癸酉(8月30日)　入直。派写体顺堂原同和殿。扁一面。以户部一千函致抟九备文领。刘幼丹心源、王羰夫彦威、熊以功、鲁人瑞、王裕宸来。

二十四日,甲戌(8月31日)　入直。以荫轩愿学一百信,函致抟九备文领。张树德雨人来,付星台信。岑云阶来。三函致抟九,一周小棠祠,一奏门头沟等处,一查朱原函。连冲叔文澜、凌秋生来,董开沅来。谢绥之电复。

二十五日,乙亥(9月1日)　入直。发南信,辛、麟、济、振、硕、伯武。林绍清、李燕昌来。

二十六日,丙子(9月2日)　入直。顺天奏煤路、黔捐、棚座。八月八日领题。月折。奉旨:"依议,知道了。"朝房晤抟九、小亭,钱亮臣、朱子涵、葛树堂来。

二十七日,丁丑(9月3日)　入直。辰刻到署。徐世昌菊存、张赓飏来。

二十八日,戊寅(9月4日)　入直。颂阁招同劼刚、冠生、丙卿。钱青选来。涿州判。鲁人瑞、署顺。熊以功署固。来。顾缉廷来。赏燕窝。

二十九日,乙卯(9月5日)　入直。招梅孙看古器并天池、蔡松庵、经伯、月舫。连文冲、运斋、姚维锦、林履庄康甫、蔡鹤君来,送《庄》。郑兴贵肖轩。对、幅。办善举,连之友。

八月辛酉朔,庚辰(9月6日)　入直。刘焌、庄佩兰、号萼衔,丙午,邠之侄孙。办善举回,送对、幅。双泰来。优贡,荫方之子。复黎莼斋、孙子与以崔青蚓《岁星图》。丁予懃、王梦龄、王焕黼臣、震钧右廷、二人俱吉人邀。刘朴乙酉副,丁。来。杨春元来。

初二日,辛巳(9月7日)　入直。顺天奏芦沟粥厂提前一月、周祠一折一片。奉上谕一道。辰刻到署。柯逊庵、胡月舫、潘峄琴、恩雨田、张玉亭来。天池、味春、王伯恭、姚虞卿、陈小亭来。运来。

【本日日记天头书"白露,未正一刻六分"。】

初三日,壬午(9月8日)　入直。招劼刚、颂阁、冠生、丙卿、周承先、黄煦、杨容圃、张少林、薛黼平。陈琇莹来。

初四日,癸未(9月9日)　入直。候抟九并见查、蔡、张一琴。殷谦、杨荫北来。葛树棠、查宛,西庄。李少东、许子原、钱亮臣、熙麟、张一琴、管廷鹗、孟宪彝、金台弟[第]二。裕德、崇受之、王之春号爵棠,广东臬。来。仲仁假归。函致一琴。与子英专理煤路。

初五日,甲申(9月10日)　到厢蓝官学,仲仁以假未到,荫轩诸公先后到,仲仁缺,王怀馨明德署。岑云阶、刘宜侍朴,荐潘衍桐。来。罗鼎焜、韩鉴、刘焌、房山常述、苏振常来。

初六日,乙酉(9月11日)　入直。派写"金门保障""泽普瀛壖"扁。本日还宫。到署。程全保受之、谢裕楷、崔惠人、许子原、劳锡田、荣仲华、王丕釐、何崇光来。运来。

初七日,丙戌(9月12日)　入直。刘竹坡、谢端甫、曾景钊、运斋、胡廷干、户部郎。刘佛青来。奉上谕:"户部尚书着兼署。钦此。"廷寄二道。

初八日,丁亥(9月13日)　入直。丑刻请题,卯刻发下。谢恩。上出乾清门,补服侍班,还宫时磕头。题下,借莱山轿至贡院,跟班、轿夫赏十四两。已挤极。工直日。奏督修国子监省口库工程。文庙神库,五百三十七两八钱八分八厘。工价制钱三百十九吊八十口一文。松寿、梁有常、高慎德。谢端甫来。廷寄二道。人犯札大、宛,私铸委管近修。

翁道鸿、高汝瀚、壬子，口宠之子，典史。陈小亭来，派沟渠河道大臣。徐花农来，查如江来，周生霖来。子英来。

初九日，戊子（9 月 14 日）　入直。到署。到户部任。小雨即晴。谢端甫来，用印。蔡鹤君来。广银万到，昨交如江。百川通。今日香涛电到，即复电交鹤君。上今日用膳后还西苑。王梦龄来。

初十日，己丑（9 月 15 日）　入直。至兰孙寓。谢端甫来监印，交还查如江送卷费，九县共廿六两。又送劳薪甫横幅，又送李筱泉对、幅、扇、《功顺》。孙幼轩纪云来，交送刚、张、嵩等书。如江来，交去库上钥匙。收广电万金。拜熙孙、子授。

十一日，庚寅（9 月 16 日）　入直。答受之，拜嵩、曾，答莱山，谢端甫来监印。到户部。宜子望、王言昌来。发兰孙、清卿、子英官封。袁廷彦来。皇太后赏帽纬、大卷六件。

十二日，辛卯（9 月 17 日）　入直。户直日。到工署。杨琪光号仲琳，性农子，有集，江苏道。来，端甫来用印。蔡鹤君、刘竹坡、蒋嘉泉来。李菊圃、岑云阶来。得陈与昌信，接廷寄。杨天增。

十三日，壬辰（9 月 18 日）　入直。到户。雨。谢令用印。候张吉人。雨竟日。

十四日，癸巳（9 月 19 日）　入直。派写"白檀绥佑"扁一面。到工、户部。谢令用印。丁立钧、陆梅孙、天池、汪眉伯来。林文伯、李燕昌来。运来。辛芝电飞龙丹，十七寄。

十五日，甲午（9 月 20 日）　入直。交连冲肃药四匣。赏瓜饼。谢令用印，送对。送杜培庵绍唐对、幅、酒、腿、肴二，送王爵棠之春八合，经伯廿四两。

十六日，乙未（9 月 21 日）　入直。户加班，工直日。到户部，吉人来，谢令用印。发李、吴官封。诣王怀馨郧阳馆。发辛、济、麟、振、竹信。联福、龚荫培、刘焌来。

十七日，丙申（9 月 22 日）　到镶白旗学，荫轩先到。王怀馨明德初到任，余均续到，勉之尚未来。巳初散。到户部，谢令用印。石右皋、蔡鹤君来。王小宇、杜培庵绍唐、汪仰山来。寄香涛《经籍访古志》《天文算法纂要》，拓本一百廿二，交杜培庵。王宜仁来，符五之子。岑云阶来。手复谢、岑彦卿。得伟如信。端午桥来。

【本日日记天头上记"秋分，子初一刻三分"。】

十八日，丁酉（9 月 23 日） 入直。户加班，到工户。于文光领印。劼刚、张祥龄、连捷、林康甫履庄、岑太阶来。蒋锡年来。苏令，解饷。丙午年侄，又铭之甥，号少庵。文仲瀛海来。送少庵对、幅、书。送涂宗瀚。号培亭。点心、书，许字。

十九日，戊戌（9 月 24 日） 入直。公所晤抟九。交岑七千。到户部，张邦庆、庄佩兰来。廉生、沈宗暋、荣恒顺义毓公地亩。来。俞志贤来。

二十日，己亥（9 月 25 日） 入直。丑正雨。户直日。刘焌、顺义毓公府案。赵诒书、蔡鹤君、葛树棠、高家园振荒。方勉甫、丙卿来。

二十一日，庚子（9 月 26 日） 入直。到户部。尹子威来。陶惟坦仲平来。赵庆椿、癸酉副。寿丞，又铭子。张少林、马序东来。夜雨。

二十二日，辛丑（9 月 27 日） 入直。到署。徐寿昌川县。号鹤年，莞圃之侄。来。许子原、薛尚义、廿七同乡谢恩。范履福来。

二十三日，壬寅（9 月 28 日） 入直。招张吉人、连聪肃、王廉生、王小宇、黄仲弢、尹子威、蔡松庵、陆梅孙、天池，吉人辞。张兆珏来。

二十四日，癸卯（9 月 29 日） 朝审上班，午初散。工直日，户奏事、注差。林文伯、赖梓谊、查如江、李天锡、汪宪哲、癸酉。陆天池来。

二十五日，甲辰（9 月 30 日） 朝审上班。到户部同小峰。多介川来。曾景钊、张少林、张朴君、龙云生、宋育仁来。

二十六日，乙巳（10 月 1 日） 入直。贺乌少云，晤抟九福寿堂。子青招，申初先行。刘竹坡、潘应奎号璞臣，云名绍经号箬舟之曾孙。来。江莱生来。

二十七日，丙午（10月2日）　入直。派写"松亭惠普""妫川昭佑""泽周上谷"扁三面。派拟颐和园等处扁三百八十余面，对如之。朝房晤抟九。到工部、户部，谢端甫来。顺天府奏事，复施、张。

二十八日，丁未（10月3日）　入直。派阅宗室覆试卷，同徐、麟。一等二、宝熙。二等三、三等二。到户部，凌道增来。王伯恭、高醴泉来。手复子英。

二十九日，戊申（10月4日）　入直。派题皇太后朱墨拓菊廿二幅、竹四幅、梅八幅。到户。朱潽、汪朝模、运斋、丁予懃、杨谦柄子英，丙午，七十余。来。手复子英、一琴。

【本月日记中附片一：光绪十四年十月初五日，钦奉慈禧端佑康颐昭豫庄诚皇太后懿旨："皇帝寅绍丕基，春秋日富，允宜择贤作配，佐理宫闱，以协坤仪而辅君德。兹选得副都统桂祥之女叶赫那拉氏，端庄贤淑，着立为皇后，特谕。"】

【本月日记中附片二：光绪十四年十月初五日，钦奉慈禧端佑康颐昭豫庄诚皇太后懿旨："原任侍郎长叙之十五岁女他他喇氏着封为瑾嫔。原任侍郎长叙之十三岁女他他喇氏着封为珍嫔。钦此。"】

九月壬戌朔己酉（10月5日）　入直。户加班。到工到户。晤兰孙。蔡寿臻、冯开勋、子名国琛。冯寿松、龚又勉、崇善、宗室举，复试第二。胡月舫来。

初二日，庚戌（10月6日）　入直。到户。宝瑞臣熙来。寄胡云楣书二种，《探路》、王夫之《四书讲义》。拓三种，文湖州东坡竹题跋。交眉伯。谢端甫、蒋锡年、杨荫北来。

初三日，辛亥（10月7日）　正黄会考八旗，同人陆续俱到。未刻散。葛树棠、张少林、王毓藻来。

初四日，壬子（10月8日）　入直。派写颐和园等处扁三十二面。到工，到户。晤兰孙。张璞君、汪宪哲来。

【本日日记天头上书"寒露，卯初一刻四分"。】

初五日,癸丑(**10 月 9 日**)　　入直。派写玉澜堂等处扁三十□【按:此处原稿空缺。】面。到户。朱善祥咏裳来。吴广霈瀚涛、岑云阶、余尧衢肇康、方勉甫、赖梓宜、姚虞卿来。

初六日,甲寅(**10 月 10 日**)　　入直。到户。派写扁五十面。送勉甫,晤兰孙。溥善、长润、徐道焜来。崔惠人、王伯恭、端午桥来。送杨蓉圃、潘峄琴、陈芸敏、裕寿田、柯莘庵、朱咏裳、樊介轩、黄霁亭煦、王子蕃、胡月舫对、幅。送惠人、伯恭横幅。

初七日,乙卯(**10 月 11 日**)　　入直。户直日。派写扁四十五面。海康来。

初八日,丙辰(**10 月 12 日**)　　入直。派写大字直幅廿二件。到户,到工。樊介轩、蒋伯华来。林文伯、查如江、蔡卿云户福司。湖北,年侄。秋谷门生。属助潘应奎璞臣十金。许子原、高挎九、恩雨田来。

初九日,丁巳(**10 月 13 日**)　　入直。派写扁、对及舟上者六十一件、"福""寿""喜"卅件。到户。龚右勉来,刘麒祥号康侯,霞仙之子,劼刚妻弟。来,丁惟褆来,许子原来。

初十日,戊午(**10 月 14 日**)　　入直。册宝、玉牒起身,期服不朝衣。贺王鲁芗、孙莱山、嫁女孔公。刘康侯。晤廉生。候劼刚。发南信,济、辛、麟、振、硕、泉、熙、伯武、鞠常、广安。

十一日,己未(**10 月 15 日**)　　入直。户加班。工直日。到户。晤兰孙。花农、王怀馨、王继武、刘诒英、开生之子。何其翔来。

十二日,庚申(**10 月 16 日**)　　入直。派拟报恩楼改名。紫竹苑。到户。贺孔公完姻。欧阳鸿济、陈源、居庸关课吏。郝近垣、丁予懋、徐仲文来。交施子英雷公散四匣。二百四十付。

十三日,辛酉(**10 月 17 日**)　　入直。到工,到户。吴福茨引孙放浙宁绍道。王春沛为王兆兰求致窊斋信。来。胡月舫来,带去《说文部首》百部。芷庵来。发信施子英,丹三百瓶。

十四日,壬戌(**10 月 18 日**)　　入直。雨。朝房晤芷庵、荫轩、席卿。到户。运来。赖永恭、管廷鹗、刘焕来。

十五日，癸亥（10月19日）　入直。大风。刘枝彦、回涿任。杨士燮来。中举。

十六日，甲子（10月20日）　入直。朝房晤抟九。派写天镜楼扁一面。到署。晤兰孙。刘心源、张肇镛、熙麟、庞鸿书、尹殿飏、庶常。张广偕来。

十七日，乙丑（10月21日）　到镶红官学，同人俱到，已正散。顺天府自请议处，因成昌误编满官也。奉旨依议。窦居恒、湖北云拔，县解饷，付以伟如信。刘纶襄、张预来。陈寿椿来、新补京县。张邦庆来。武清委审。

十八日，丙寅（10月22日）　入直。内大臣公所晤芷庵，为西直门角楼工程。即复查估事。答芷庵，贺叔平。发济、辛、振、广安，均墨一，又瘦羊、竹年。多介川、葛嗣溁来。

十九日，丁卯（10月23日）　厢蓝旗查学，同人俱至。吴杨香代。来，江、洪、徐三翰林官来。子授请为其夫人题主。子原、花农、仲毁来寓办对联。张翰仙汝梅来，石江道。送对、幅、屏、席。徐仲文来，抄对五本。刘枝彦来。涿州禀辞。

【本日日记天头书"霜降，辰正初刻十分"。】

二十日，戊辰（10月24日）　入直。到工署。潘峄琴、柯逊庵、石右皋、翁叔平、陈芸敏来。

二十一日，己巳（10月25日）　入直。派写同豫轩七言对一付，臣款。贺莱山子中式。晤兰孙。阿振之来。

二十二日，庚午（10月26日）　入直。卯正上奉皇太后颐和园。工部加班，红、黄飞金。十三，二两。手复仲饴，函致清卿、豹岑、荩臣。徐寿昌鹤年来。函致嵩锡侯。徐寿蘅招湖南馆，辞之。送徐鹤年对、书。查如江、宜子望来。景月汀来。放苏粮道。发窭斋。送峄琴行。

二十三日，辛未（10月27日）　入直。卯初一起儿下，即散。

二十四日,壬申(10月28日) 入直。卯初一起儿下,即散。壶天少坐,到署。招张吉人、许子元、徐花农、刘佛卿、梁经伯、黄仲弢、朱子涵,惟子原辞。刘幼丹来,送《滂喜》。

二十五日,癸酉(10月29日) 入直。晤兰孙。王伯恭、左念谦、沈郑孙、张如枚、王曾彦、周兆元三人同来。启绍、杨士燮同来。

二十六日,甲戌(10月30日) 入直。颂未入直。命拟龙王殿扁八面。到署,许子原、崔惠人来。林文伯、殷谦、窦居恒、拔,湖北。周学熙纪之、许子原、孙子授、马序东来。

二十七日,乙亥(10月31日) 入直。工直日。顺天奏事。派阅覆试卷一百十七本,同张、徐、乌、麟、孙、徐、廖,二[一]等卅二,二等四十八,三等卅七。未正三散。顺奏宝垣案保举夹片,奏施、袁、章三人,又奏派监临夹片、孝子齐古魁旌表、粮价月折。阴雨竟日。得王益吾信并寄《续皇清经解》一箱。

二十八日,丙子(11月1日) 入直。阴雨。派写广润祠、龙王殿扁二面。发南信,济、麟、辛、竹、谢绥之、熙、硕、泉、振、叶鞠常。顺天府送来二十七日奉旨:"着派潘祖荫入闱监临。"复窒斋。王伯恭、徐仁铸肇甫、恩雨田、王芨臣、中伯权来。运来。

二十九日,丁丑(11月2日) 入直。晤兰孙。曾光岷蜀章、葛树棠、查双绥玉阶、葛嗣溁来。

三十日,戊寅(11月3日) 入直。上看祝版,乾清门补服侍班。换海龙冠、抓仁领、银鼠褂。为滁州吏目冯国琛函致阿小山,交冯开勋。刘兆章三河。来。丁予懃来。刘中瀚、卸固安。段升瀛。覆一等,官学司事。

【本月日记后附名单:张小枚、王曾彦、郑沛溶、府□。周兆元、典。清岑年、县丞。蒋士楫、县丞。姚绍原、主簿。吏赵鸣谦、内帘典史陈鸿焘。】

十月癸亥朔,己卯(11月4日) 寅正二上诣太庙,卯正二坤宁宫吃肉。晤箴亭及内务府各位。交后邸对百四十六付。颂病，未入直。朝房抟九面商通州署事。发南信，济、辛、振。闱墨五本。程祖福听彝，容伯孙、雷补同、王芠臣、张璞君、檀玑斗生来。汤钊来。其子中式。

初二日，庚辰（11月5日）　入直。派写湖南善化城隍"定湘王"扁、"威宣式遏"扁一面。晤兰孙。汤铭勋象九来执贽，却其金。钊子，新举。复二姊，交范卿。胡来。

初三日，辛巳（11月6日）　正黄旗查学，三翰官江、洪、徐、清翻译。及八管学官俱到，午初散。潘应奎号璞臣来，助川资十四两，连前廿四两。得王振录、严小云信，即复。永宝来。蒋伯华、高汝翰来。要湛田信、青士信。

初四日，壬午（11月7日）　入直。到署。郑邸招吃肉，未去。叶培勋来执贽，新举，三等。永元之子。南雄人。豫泰建侯、扬廷甥。孙传兖稼生侄。皆一等。来。鲁人瑞来。康祖诒上书，号长素，友之国器从孙，自称南海布衣。发南信，济、辛、麟、振、硕、熙、泉。征厚、张赓飏、萧万有、姚虞卿、刘焌来。

【本日日记天头书"立冬，辰初三刻一分"。】

初五日，癸未（11月8日）　入直。指示皇后日期，递如意二柄，赏收。花衣。叔平至懋勤殿来谈。皇太后赏帽纬、大卷六件。会馆招，筱荃辞，月汀未去。送施少钦、二。陈咏南、陈竹坪、王心如对，交施子英。复吴培卿。花农来。运斋、王继武、李天锡、查如江来。松寿、中衡、启绍、江槐庭、何乃莹来。施则敬、凌道增、张肇镳、俞廷献、杨增来。王梦龄、陈鸿保来。景月汀来。

初六日，甲申（11月9日）　入直。丑刻雨。皇太后赏袍褂料二件。冒雨入直。仲午得一女，名慎淑，字曼寿。运来。

初七日，乙酉（11月10日）　入直。晤兰孙。答运斋。徐慧生宝晋、连聪肃、施子英、张一琴、范履福、徐东甫来。

初八日，丙戌（11月11日）　入直。到署。复南信，济、竹、辛、麟、振。康祖诒、金铨、陈与冏来。

初九日，丁亥（11 月 12 日） 入直。张允言伯讷，安圃子、张汝梅翰仙来。永宝来。箟、鬲，共六五十。送翁仪臣、景月汀对、幅。

初十日，戊子（11 月 13 日） 入直。派拟后邸斗方七面，交福篏亭。皇太后万寿，慈宁门行礼，递如意，赏还。张一琴、王伯恭、王瑞麟、伯兮来。

十一日，己丑（11 月 14 日） 入直。晤抟九，留饭。贺佩蘅、月汀。奉懿旨：后邸演龙亭、彩亭。偕内务府大臣先暂坐启承斋家，午正聚，未正散。高汝翰、兰丙卿、凌秋生、张一琴来。丙卿带去清卿信。

十二日，庚寅（11 月 15 日） 入直。到署。许子元、沈郑孙、李筱泉、陈寿椿来。

十三日，辛卯（11 月 16 日） 辰正入闱。主考徐桐、徐树铭。监试文杰显侯、牟荫乔朵山，收掌郭薰之、张鸿谟，外帘刘家模、胡钟驹、刘果、汪文衔，弹压副都统安兴阿，四围监试端良简臣、成斌雨峰、吴光奎巨园、燕起烈舜卿，提调何小亭先后到。本日提调、监试核对名册。印□记号。得王继善电，为陈煦元会〔汇〕艮〔银〕事，即复。晚会同校核名册。提调、四围。戌初毕。

十四日，壬辰（11 月 17 日） 寅刻起，卯刻叫门，进生兵五百四十一名。辰正三，叫内帘门发题，午刻完场。安副都统及收掌二人出闱。进内帘。主考聘假，兵部移送中额数目、清单送内帘。四围御史于弥封后填写弓、刀、石、头、二、三号及印双单好，亥正毕。送卷入闱，告荫轩、寿蘅以中额，凭兵部折并行文问揭晓日期。

【本日日记天头书"共五百四十一本，满十六本，合二十本，夹十七本，民四百八十八本"。】

十五日，癸巳（11 月 18 日） 内帘定十七日揭晓。至公堂将日期移会顺天府。兵部分札治中、照磨、司狱，明早请印入闱。看御录，看安折、复命折，发条叫车。委员张如枚、吏赵鸣谦记大功。余拔委。

十六日，甲午（11月19日）　卯刻送印入闱。内帘阅卷未竟，云须午刻叫门。治中查光太来谈。送本入阁照磨。曹送印。午初进内帘填榜，戌初毕。校对进呈录，亥正一毕。提调房四两，本房二两。余共四十吊。夜雨数点。

十七日，乙未（11月20日）　卯刻出闱。送康祖诒长素八金，并允其伯祖友之国器作志。函致抟九。鹤巢通州讲席。约经伯来写复施、王川如、陈煦元、竹坪信。海康、子元、经伯、抟九来，松、中、征、溥、启、夏、蔡、江、许同来。运来。

十八日，丙申（11月21日）　入直。复命。引见时请安。到署晤兰孙。长允升来。徐荫轩、张玉亭、端午桥、许鹤巢、许子元来。苏来。付八两，欠十四两。

十九日，丁酉（11月22日）　入直。换洋灰鼠。朝房晤抟九、荫轩、兰孙、芷庵、子斋。永宝刘来。付一百五十两，欠五百。运斋、子元、惠人来。岑云阶来。

【本日日记天头上书"小雪，寅正三刻三分"。】

二十日，戊戌（11月23日）　入直。舟行有冰。朝房晤芷庵、子授、仲华。偕受之、仲山在门神库看凤舆。瑞辑五霖，吉林道，刑京察一等。来。周小卿承先、李筱泉、王廉生、姚丙然、庶常。许仲韬、子原、叶善堂永元、贵枭。杨谦柄子英、丙午。廖仲山、徐寿蘅来。

二十一日，己亥（11月24日）　入直。到署。派拟钟粹宫、体顺堂扁百五件，七言、五言对四十件。发南信，济、辛、振、麟。抟九、仲韬、如江、王煦庄、张璞君来。

二十二日，庚子（11月25日）　入直。朝房晤小峰、小云、抟九。会仓场奏王恕园米石。招兰荪、荫轩、锡之、仲华、子禾辞。凌秋生、金钰、张一琴、赖子宜同来。岑云阶来。熙麟来。复王符五，有崔子万钟若信。

二十三日，辛丑（11月26日）　入直。候燕甫，晤廉生。丁述曾、乙酉。施子英、张少林、赵松峰、张一麈、杨培号殿臣，广仁堂总董，候选州同。来。送子英花翎一支。

二十四日，壬寅（11月27日） 入直。直日。朝房晤箴亭、兰孙、子斋、小峰、小云、受之、燕甫。工部捐五百助南赈。函致抟九为南赈。杨云鹏之母遣抱具呈，告以私宅不应收。高允五千。唐继勋次舫、湖南，覆试一等。俞廷献、王延韑、江箓生来。陈秉和石卿、孙锡第、小宇、夏槐卿宗彝、湖北盐道、前元和县。端午桥、徐花农来。

二十五日，癸卯（11月28日） 入直。到署。晤兰孙。清朴来，为连书巢自华手书致窓斋交聪肃。

二十六日，甲辰（11月29日） 以火药局未入直。卯初施子英、杨启臣来。辰初为八妹季女执柯，适王晓林曾孙、王敬熙濂舫孙、王承陛韫和子王祖仁。乙酉副榜，豫生，慕韩。福寿堂子青招，未正二先行。张英麟、张一琴来。得南信。

二十七日，乙巳（11月30日） 入直。工加班，顺月折报雪一寸。招小山、南皮、星叔、莱山、小峰、小云、燕甫、抟九、颂阁、仲山，子青、燕甫辞。

二十八日，丙午（12月1日） 入直。派写钟粹宫扁十二面。至内务府公所，候凤舆呈览。午初二偕箴亭、敦甫、星阶、受之率总办等瀛秀园候。旨：甚好！未初散。蔡鹤君来。

二十九日，丁未（12月2日） 入直。派写体顺堂对十四面。到署。晤兰孙。永宝刘。付百，□无厚。罗光烈、抟九、彭述来。

十一月甲子朔，戊申（12月3日） 演凤舆，伯王同行，内务府及工部同人俱到。巳正一刻自后邸同昆、徐、清、崇。至乾清门，午正二刻至乾清门阶下止，同徐、崇。祝劼刚五十寿，同额、张、许、孙、徐、续，颂阁承办。遇仲华，酉正先散。住壶天。

初二日，己卯（12月4日） 入直。派写奉天"福芘辽东""威宣渤海"扁二面。派写钟粹宫前后殿对六付。纳彩礼，以期服未到。张璞君、陆梅孙、连文冲、曾景钊、姚虞卿、蔡世杰、李贻隽来。

初三日,庚戌(12月5日)　到厢黄官学,荫轩先到,同人后续到。考国子监保送岳森、万祖恕、李泽兰三名,午初散。清朴、鹤巢、陈忠伟仲彦、子原、联肃来。

初四日,辛亥(12月6日)　入直。派拟承德府滦平县匾。晤兰孙,招伯兮、午桥、小宇、梅孙、天池、仲弢、佛青、鹤巢、廉生,未正二散。复香涛,复窗斋。发南信,济、麟生、筱雅、辛之、伯武、振民、沈藻卿翰、广安、硕庭、凤石信,又崧中丞、龚道仰蘧、景月汀信。连文冲救生会,高允凑一千之数。

【本日日记天头书"大雪,子初三刻一分"。】

初五日,壬子(12月7日)　入直。派写滦平县龙神庙"泽周燕乐"匾一面。王氏作媒送妆,同汪范卿。梁经伯、运斋来。丁、杜、张同席。至王宅,袁敏孙、何山亭子、厥禧。彭子嘉同席,未刻散。复林康甫,付以窗信。

初六日,癸丑(12月8日)　入直。派写德孚寺匾。火药局奏派演放,克王芬车。寅毕。至王氏,往返二次,未正礼成。于文光来,交芦沟救生会顺属捐四百两。得刘芝田信,埃及古文。

初七日,甲寅(12月9日)　入直。晤兰孙。戴兆春、李若农、熊以功、金铨来。永宝、润古苏来。梁航雪来,赠廿两并袍褂料、大卷,送过棉皮袍一套。

初八日,乙卯(12月10日)　入直。至仲华内大臣公所,遇兰孙,留饭。到署,叶匊常、朱延熙来。

初九日,丙辰(12月11日)　入直。派拟宝坻县匾三面。贺若农、可庄。甥婿王慕韩祖仁回门。王青友来,以钮树玉校《急就章》、刘玉麏《尔雅补注》付之。王曾彦、周克宽、甘主。谢端甫、宜子望、王可庄、孔少沾来。手复仲田。

初十日,丁巳(12月12日)　火药局会同克王芬车演放,八额驸未到。王继武来。永宝刘来。付一百两,付三百五十两,欠三百。魏晋桢、运斋来。

十一日,戊午(12月13日) 入直。带引见七排街道。本贯托佛观屠仁守呈兆太。中夏、赵诒书、荣禧、殷李尧来。复刘汝翼。号献夫,以其到任,递履历也。苏来。言鼎直五百五十两。复杨艺芳送米。派写天台"赤城显佑"扁一面。孙传衮来。本年举,选福永春州同。

十二日,己未(12月14日) 入直。到署。冯梦华来。苏来。付廿八两,欠十两。大鼎五百五十两,腊月初五日付。李经畬、陆天池、沈曾桐来。

十三日,庚申(12月15日) 入直。火药局奏事。工加班。晤兰孙。胡子英、李云从来。张一琴来。

十四日,辛酉(12月16日) 入直。上欠安,看方。阴有雪意。吴荫培、杨士燮来。手复张朗斋、倪豹岑。

十五日,壬戌(12月17日) 入直。上欠安,看方。到署。招叶鞠常、李若农、黄再同、盛伯熙、王可庄、刘佛青、冯梦华、王廉生、黄仲弢、王弗卿、陆天池,申初散。

十六日,癸亥(12月18日) 入直。上召见,办事后还宫。蟒袍、补褂,西华门接驾。内廷不接驾。招佩蘅、子青、二桐、燕甫、受之、颂阁,受之辞,颂阁未正三先行,申初三刻散。

十七日,甲子(12月19日) 厢蓝旗官学同人陆续俱到。仍煦庄代可庄,未准假也。午初散。查如江、张一琴、张发祥、曾任广西,已革捐复。王祖仁来。李云从、胡子英来。

十八日,乙丑(12月20日) 巳正后上诣天坛斋宫,蟒袍、补服侍班。瑞德堂约叔平、燮臣、劼刚、颂阁、仲约,临时辞荫轩、兰孙。

【本日日记天头上书"冬至,十九日酉初一刻"。】

十九日,丙寅(12月21日) 入直。上辰刻还宫。至门神库看凤舆事件,银色改黄色,遵旨办理。晤兰孙,王瑞麟来。化堂子。李云从来,二百十四两,付清。一匦。皇父匦。胡来。

二十日,丁卯(12月22日) 入直。工直日。海康、徐受沅、亚陶孙。许子元来。胡永宝来。

二十一日，戊辰(12月23日)　入直。派写大草十张，张一字，字一丈。诚、敬、鹤、庆、清、净等字。到署。赖永恭、陈忠伟仲彦，送以对二及书。曹福元、崔惠人，送笔二匣。胡子英来。

二十二日，己巳(12月24日)　入直。工加班。派题皇太后御笔墨拓钟馗廿幅、菊廿幅，又派写"龙""虎"二大字各廿幅。胡来。百，李伟卿一觯、一觚。黄祖徽、陆梅孙来。陈小亭来。

二十三日，庚午(12月25日)　厢红学可庄见及，同人俱到，未初散。永宝刘来。付一百，欠一百，叔向敦欠五十两。

二十四日，辛未(12月26日)　入直。函致豹岑、恕斋、曼伯。承枫廷恩、沈退庵、吴燮臣、张一麐来。顺天奏事。晤抟九朝房。

二十五日，壬申(12月27日)　入直。派写"鹤""禧"真、草各二大字。到署，苗玉珂来。分发顺天。赴劫刚招，同颂阁、仲山，午散。函致杨鹄山，为铁路事。送叶善堂、沈退庵、夏槐卿对、书。

二十六日，癸酉(12月28日)　入直。晤兰孙。岑云阶春烜、濮贤懋来。

二十七日，甲戌(12月29日)　入直。到署。蒋伯华来。王青友、运斋、张一琴来。

二十八日，乙亥(12月30日)　入直。工直日。永宝刘来。百两，欠五十两。高醴泉、叶善堂、许子元、章定庵、马锡之、吴庆坻、郑焕、永南同知、陟山，吴人。夏槐卿来。

二十九日，丙子(12月31日)　天坛收工，松、启、中、继、江、程、王、赵俱到。沈铭勋、绍人，久在直。徐花农、恩雨田、章定庵、端午桥、镜、泉。黄仲弢、交二百十金，还《后山集》直，四函，荷屋物。王芑臣来。

三十日，丁丑(1889年1月1日)　贤良祠收工。松鹤龄、王小宇。匠:刘天枢。丁予懃、刘樾仲来。

十二月乙丑朔，戊寅(1月2日)　入直。派写恭代上进皇太后吉祥四字、"福""寿""龙""虎"等四十四件。到署。仲韬来，熊以功、王荩臣来。

初二日，己卯（**1 月 3 日**）　入直。派恭代上进皇太后"含和颐性"扁，"太平有象圣人寿，垂拱无为天下春"对，漏子、"福"字四十方。晤兰孙。申初雪即止。大风。

初三日，庚辰（**1 月 4 日**）　到正蓝学，荫轩等以次俱到。可庄外症，煦庄到，午初散。外国拜年，行文不到。苏来。仲师鼎三百两，欠二百五十两。大风，冷。王春溥来，付以愙斋信、拓本五纸。李天锡来。

初四日，辛巳（**1 月 5 日**）　入直。大征礼。入直者蟒袍、补褂。派写坤宁宫十三言对一付、"天佑皇清"一件、"拜斗"二件、"长寿"一件、"祥喜"七件、"福"廿件、"寿"十件。发倪豹岑、刘谨丞信，为洧川姚礼咸石珊。徐兆丰乃秋来。得御史。

初五日，壬午（**1 月 6 日**）　入直。派写钟粹宫甬子门三字扁四面。栖兰闺、齐紫宸、被天和、保泰和。苏来。二百五十两，又一鼎五十两，全清。胡来。陆蔚庭、姚虞卿、连聪肃来。

初六日，癸未（**1 月 7 日**）　入直。工直日。派写兴国州"惠周荆雉"一。招若农、飀臣、再同、廉生、小宇、子封、子培、仲弢、抟九来同坐。郭授先来，杨增来。赏袍褂料各一。

初七日，甲申（**1 月 8 日**）　入直。派写永和、景仁、钟粹宫"迎禧""迎祥""出门见吉"等件。陈小亭、王言昌、解杨云用。徐受沅、付倪信。熙小舫要芍目方、喉药。来。

初八日，乙酉（**1 月 9 日**）　工引见三名，注差。玉粒入神仓，偕抟九、季和、小研。与抟九同饭，午刻散。石赓臣、陆梅孙、天池、范履福、运斋来。卞柳门来，得清卿信，有拓，即复。

初九日，丙戌（**1 月 10 日**）　入直。到署。手复胡清瑞，送联、扁、书。刘樾仲、王莆卿来。

初十日，丁亥（**1 月 11 日**）　入直。工加班三件。晤兰孙。吴荫培来。王青友、端方、启绍、俞志贤、葛树棠、陈景墀、张一琴来。复杨鹄山，苏四之子。赵子俊来。胡来。

十一日，戊子（1 月 12 日）　入直。顺封奏一件，又奏事。奉上谕一道。张兆丰、罗鼎焜、刘家荫、刘枝彦来。

十二日，己丑（1 月 13 日）　入直。派写"福佑桃山""青关泽普"扁。子原来。苏、赵来。付以虞初、克鼎直也。运斋、彭沛涵六、查如江来。

十三日，庚寅（1 月 14 日）　入直。上祈雪大高殿。雪。到署。刘兆璋来。三河。岳森来。苏、赵来，付四十两。行。

十四日，辛卯（1 月 15 日）　入直。顺天奏雪一寸。工直日。杨春元来。胡来。外国拜年，注感冒。复绥之电。

十五日，壬辰（1 月 16 日）　入直。顺天府又奏雪三寸。官学奏留王仁堪。寿蘅招，同兰孙、徐荣。

十六日，癸巳（1 月 17 日）　入直。赏"福""寿"字。寅初贞度门焚，延及太和门、昭德门俱焚。申初归。住壶天，同兰孙、若农。廉生来。丁际瑞来，范履福之表弟。

十七日，甲午（1 月 18 日）　入直。引见时磕头谢恩。顺天府奏月折及纸张。丁予懃来。永宝、张一琴来。彭涵六沛、运斋、张少林来。

十八日，乙未（1 月 19 日）　入直。到署。明日封印，巳刻。遇小云。徐宝谦、杨葆光、苏盦、李宪之来。

十九日，丙申（1 月 20 日）　入直。招荫轩、兰孙、仲华，辞者豫锡之、祁子禾。发南信，内有彦侍、广安。汤钊来。赏袍褂料、帽纬。

二十日，丁酉（1 月 21 日）　入直。晤廉生。荫轩招，同露圃、仲华，兰孙辞，未初散。孙国培来。县，新分顺。仲韬、江莱生、程乐庵来。邱泰来来，乞梅少岩信。乙酉同年，仲堪之侄，号铁生。

二十一日，戊戌（1 月 22 日）　入直。大公所福、嵩、师、巴、崇会议旨交太和门等处查估事，小峰先行。抟九至朝房晤商甄别事。李泽兰佩秋、南学所取弟[第]三。凤林韵生，刑京一，颍守。来。皇太后赏大卷八件、貂十张。张安圃、仲弢、赵松峰、张一琴、运来。

二十二日,己亥(1月23日) 入直。晤兰孙。祝运斋寿。许仲韬来。松寿、程志和、查如江、徐琪、李天锡。

二十三日,庚子(1月24日) 入直。皇太后赏"福寿"字、"虎"字、"鹤"字、朱拓"鹤"字。在内晤篯廷。到署。吴广需来。胡来,付百两。赏燕窝,赏黄米糖。翁道鸿来,付仲良信。刘瑞年、昉叔子,号云舲。江槐庭来。

二十四日,辛丑(1月25日) 入直。豫山、翁斌孙、岑春煊来。顺天府甄别三员,刘兆章、丁予懃。另补黄祖周。革。杨云鹏交直督。朝房晤抟九。以下廿五日。许仲韬、冯寿松、补东安。王言昌、补永清。胡翔林来。

二十五日,壬寅(1月26日) 入直。派写江西安义"龙安昭佑"扁。上派写"凤""鹤"二字漏子。题画徐、李、吴,各用诗三首。工加班九件。

二十六日,癸卯(1月27日) 入直。徐、李、吴、吴各用诗八首。皇后仪驾卤簿呈皇太后御览。陈设东长街大成左门。基化门对过。巳刻皇太后驾过,磕头谢恩,同福、嵩、巴、崇光、崇礼、清、徐树铭。赏御笔。手复培卿、胡云楣。笔彩来。付五十两。玉酒杯、上乘轿。卅六两,铜锅二两。王梦龄、杨春元来。陆天池来。七十两,付梅孙。

二十七日,甲辰(1月28日) 入直。命将两斋题御笔画卷阅一遍有无错误,覆奏。上诣中和殿阅祝版,补褂、蟒袍侍班。同乡谢恩。到署。许子原、苗玉珂、高抟九、灵耀、乙酉、宗室。李云从来。明酒杯、《韩仁》、《尹宙》、《张猛龙》、《李仲旋》,共卅两。胡子英来。二百两,连其伪敦五字者。

二十八日,乙巳(1月29日) 入直。上诣太庙。皇太后赏梅、莲、松三幅,赏大小荷包。派写"秀容昭佑"扁一面。山西,共五面,误作四。梁经伯、卅两。龚荫培来。李莼客。卅两。晤廉生。邢兆英子杰、车局委员。徐琪来,送以大衍。殷谦来。再复吴清卿。李云从、胡子英来。

二十九日,丙午(1 月 30 日) 入直。上派写"鹤"字、"寿"字大草各一幅,臣款。赏"龙"字。上御保和殿,出乾清门时貂褂、蟒袍,叩头谢恩,不站回班。盛伯熙。邵钟,名世之数。董昌洗一字,最多以酬其劳。子原送花及灯屏。陈冠生、吴运斋、陆寿门、张仁黼、江槐庭、刘家荫来。祀先。

光绪十五年日记（1889）

光绪十五年己丑正月朔，丁未（1月31日）　是月丙寅寅正关帝庙拈香，辰初三慈宁门行礼。辰正太和殿行礼。懋勤殿开笔，递如意，赏还。兰孙赏寿，请陪天使同仲华。座有莱山、星叔，佩蘅后至。未正二刻归。

初二日，戊申（2月1日）　入直。派拟河南龙神庙扁。候太平主人，拜年数家。恽次瑗、姚虞卿、曾劼刚、劳心农、许子原、徐花农来。

初三日，己酉（2月2日）　入直。卯正懋勤殿跪春，青老未到。颁春帖子赏。派写河南"德水安流"扁。派写隶字"福"字、"寿"字大幅。明日顺天进春山宝座，以斋官侍班，不克到。

初四日，庚戌（2月3日）　上诣天坛宿斋宫。巳正，蟒袍、补褂侍班，未初归。凌道增来。高抟九、绍葛民来。

【本日日记天头书"立春，亥初三刻五分"。】

初五日，辛亥（2月4日）　入直。拜年午刻归。运来。

初六日，壬子（2月5日）　入直。会典馆随到行礼。拜年巳刻归。陈小亭来。

初七日，癸丑（2月6日）　入直。拜年辰刻归。

初八日，甲寅（2月7日）　入直。派题皇太后画梅上八字一幅。晤廉生。石赓臣、钱锡宷、卸、文安。钟德辅、平谷。赖永恭、文安。李天锡、唐典、范履福、鲁人瑞来。子英来。五十两，裱二。笔彩来。卅两。

初九日，乙卯（2月8日）　入直。上看祝版，乾清门侍班。派题皇太后仿汤正仲梅幅隶书诗一首，又一幅隶书"罗浮真影"四字。逯凤图来。新选良乡训导，癸酉门生。熊以功、江菉生、程乐庵、张璞君来。屠义容候补县，送以《洗冤》。来。

初十日，丙辰(2月9日)　入直。乾清门架彩，是日始皇后千秋，花衣。发下马文璧画竹、宋《鱼藻图》、明人《雪兔图》阅看，次日覆奏。蔡寿臻、北。杨锡元、杨增、赵钦舜、冯煦来。胡子英来。李云从来。

十一日，丁巳(2月10日)　入直。派写"鹤"字旁七言对一付。召见于东暖阁。到署，张璞君、张泽汉青、主簿办、千军台。马序东。顺天报雪二寸。高召见。

十二日，戊午(2月11日)　入直。工部加班。派题皇太后画梅诗一首，画荷隶书四字"香天自在"。壶天烧鸭。九吊。曾劼刚招，未正二先行。陈鸿保来。云挖河事。

十三日，己未(2月12日)　入直。派题皇太后画梅二幅各四字，"百花朝上""蓬莱群玉"。隶书。此颂阁昨所题，并命李、吴分题之。晤兰孙。刘竹坡、杨子英谦炳、文子义来，运来。晚招运子千、心存看花炮。

十四日，庚申(2月13日)　入直。派题皇太后画仿汤正仲梅七绝一首。隶书。莆卿值班不到。招运子千、伯华、花农、王祖仁豫生、范卿、彦和看花炮。端午桥所送。谢裕楷、王荩臣来。

十五日，辛酉(2月14日)　入直。派书"懋德嘉绩"扁一面，军机拟赠醇王。又题黄筌《久安图》上"益州名画"隶四。潘祖荫谨题。又题皇太后画松一幅，隶，七绝一首。皇太后赏御笔仿汤正仲一幅。辰正保和殿宴，蟒袍、补褂，巳初三散。谢锡芬、张督、许子原、陈鸿保、文邦从、殷秋樵、陈小亭来。赏元宵。

十六日，壬戌(2月15日)　入直。派拟上送醇邸扁、对，并篆"皇太后御览之宝"。午正，礼、额、恩、福、钧、奎、马、麟、昆、嵩、伯、张、徐、翁、许、孙、潘。乾清宫廷臣宴，未初三散，赏如意、蟒袍、瓶烟、袍褂并席。松、中、许、王至壶。壶天烧鸭,后兰孙亦至。章定庵、张一琴来。云燿来。汪柳门来。

十七日,癸亥(2月16日) 入直。派恭代上御笔"受天百禄"扁一面,"千欢万喜膺天庆,五福三多保真和"对底子。贺子青、大拜。荫轩、协。莱山、刑尚。燮臣、吏右。寿蘅、工右。柳门、工左。查尔崇峻臣、乙酉。张邦庆、吴淖、刘兆璋、陆锡康来。

十八日,甲子(2月17日) 入直。派题皇太后画梅雪。诗二首,隶书。顺天捐扬赈一千两、工部五百两。壶天请柳门烧鸭。兰孙来,一谈而去。福寿堂、子青丈招。

十九日,乙丑(2月18日) 入直。祝小峰太夫人寿。壶天烧鸭。罗鼎焜、海康来。惇王化去。发南信。江建霞来。

【本日日记天头书"雨水,酉初三刻七分"。】

二十日,丙寅(2月19日) 入直。换海龙冠、白风毛。招仲约、吉人、小宇、鞠常、再同、廉生、佛青、梦华、可庄、仲弢、弗卿、柳门、沈子培、子封、鹤巢、张子与、毓臣、子原,辞者伯熙、刘幼丹心源、连聪肃文冲,未刻散。是日花衣始,皇太后赏大卷各一件、普洱茶大团一。张渭、乙酉。李燕昌、殷秋樵来。交一千两。丰荷亭仲泰来。

二十一日,丁卯(2月20日) 入直。派写"果行育德""进德修业"扁二面。派题张之万山水一幅七绝一首,又团扇七绝三首,皆隶书。是日开印。秋樵来。交五百两。孙宝琦来,崔惠人、松寿来。复豹岑、吾山。

二十二日,戊辰(2月21日) 入直。到署。端午桥、许子元、星叔、谢锡芬来。为子原执柯书帖。以前任军机奉懿旨:"交部议叙。钦此。"又交片廿四谢恩。夜雪。

二十三日,己巳(2月22日) 入直。顺天奏春抚粮价。晤抟九朝房。启绥、刘焌、屠义容、查如江、冯开勋其次子国珊、运斋来。

二十四日,庚午(2月23日) 入直。具折谢恩,黄面红里折。派写四川"资中昭佑""凤鸣惠普""福庇垫江"扁。皇后进妆。晤兰孙

朝房。顺天奏雪二寸。晤抟九朝房。太和殿演礼未到。珍嫔、瑾嫔
进妆，廿五进宫。仲约得少詹。夜雪。为子原执柯，在仲山寓备席，坐
有冠生。同经伯至寓以帖交八妹。曾景钊来。岑春煊、高赓恩、江年
伯清骥、陆伯奎宝忠来。

【本日日记天头上书"朱潘、陈镜清、谢裕楷、姚虞卿"。】

二十五日，辛未(2月24日)　入直。到署。皇后进妆，共二日。
许子原、刘培、陆寿门、蒋伯华来。雪犹未止。

二十六日，壬申(2月25日)　入直。壶天烧鸭。未初上至慈宁
宫行礼，御太和殿行奉迎礼，朝服。以总办衔名交枢廷。郑嵩龄、岑
春煊来。风。晤抟九□朝房。晤兰孙、仲华传心殿。顺天奏雪三寸。

二十七日，癸酉(2月26日)　入直。寅刻皇后进宫。派拟河南
襄城尉氏扁二面。递如意二柄，赏收。刘子澄齐浔、户，新廉知府。许
仲韬、方右民汝翼、江藩。刘幼丹、兰孙、岑云阶、余肇康来。手复豹
岑。风冷。

二十八日，甲戌(2月27日)　入直。上诣寿皇殿。派写"康阴
保障"扁一面。祝星叔夫人五十。奉懿旨："赏加太子太保衔。钦
此。"并传旨，卅日谢恩。又工部堂官加二级。王青友、韩荫棣、王继
武、刘瞻汉、乙酉。吴渔川永、张少林、麟芷庵、运斋、陈寿椿、新，宛平。
经伯、杨圣清癸酉、山东孙彦臣信。来。

二十九日，乙亥(2月28日)　入直。同人公祭惇邸。阿克占、
海康来。

三十日，丙子(3月1日)　入直。具折谢恩，又工部公折谢恩。
答谢醇邸。刘齐浔来执贽，子原、梁仲衡、郝近垣、岑云阶、运斋、汪柳
门来。杜九、高文翰、李云从来。

二月丁卯朔，丁丑(3月2日)　入直。上看祝版。乾清门侍班。
蟒袍、补褂，回时碰头谢恩。到署。高文翰来。名世。交薛云阶。一
百六十两，古敦。李云从来，付廿两，全清。得南信，运斋来。

初二日，戊寅(3月3日)　入直。推班四日。皇太后派长春宫听戏。巳初入，碰头谢恩。花衣、补褂，赏茶食二次，饭二次。御前三人，伯、庆、克。军机五人，礼、额、穆、许、孙。内务府五人，柏、嵩、师、崇、巴。谟、滢、澍、泽、伦、侗，惠王府二人载润、载淇。及荫共廿二人。酉初散。住壶天。

初三日，己卯(3月4日)　入直。卯正慈宁宫行礼。辰正太和殿行礼，归政颁诏。巳初长春宫听戏，酉初散。茶食二次、赏饭二次。仍住壶天。递如意，赏收。太和行礼时与抟九略商公事。星叔招初四，主宾皆公事，改期。

初四日，庚辰(3月5日)　入直。辰正慈宁宫行礼，太和殿行礼。大婚庆贺颁诏。长春宫听戏，巳初入座，酉正散。赏茶食二次、饭二次，赏素菜四碗。仍住壶天。

初五日，辛巳(3月6日)　入直。至传心殿遇星斋、伯熙，闻太和殿筵宴停止。即进内，知上欠安。午初长春宫听戏，酉正二刻散。赏茶食二次、饭二次。赏茶一匣，赏活计一匣、大卷二件。仍住壶天。派拟奉天关帝庙扁三面。若农、小宇来壶天。同枢内相商，每人五十两，奏事八两，南六两。

初六日，壬午(3月7日)　入直。工直日，同人均晤。吉甫未至。派写"挹娄昭佑"扁。至传心殿晤抟九、兰孙，复仲良、星五、驾航。运斋、李宪之、余诚格、宜子望、查如江、丁予懃、吴蔚若、朱子涵椷舆、世鹤之子。姚虞卿、陈兆葵来。祝运斋夫人五旬。

初七日，癸未(3月8日)　入直。朝房晤篑亭、叔平、子斋、子授。招抟九、劼刚、刘渔川、颂阁、冠生。张泽、梁航雪、范履福来。夜大雪。

初八日，甲申(3月9日)　入直。工部奏请旨保举人员。至传心晤小峰及同人兰孙、仲华。王维度、壬戌副，年六十。张一琴、王梦龄、周之骧、乙酉。刘佛青来。

初九日，乙酉(3月10日)　入直。晤兰孙。运斋、王怀馨、高寿农、许仲韬、王廷相、热河、庶常。牛瑗、辛丑、树梅之子。裴鸿逵、造象[像]同十三石。二专[砖]一石。工。碑估季姓来。

初十日，丙戌(3月11日)　入直。壶天烧鸭。许星叔招，冯梦华来。松、中、启、征来。

十一日，丁亥(3月12日)　入直。到署，同人均到。议保案，午正散。查如江来。徐寿蘅、成子中来。裴仪卿来，八百。送以对。季来。八两，石二。

十二日，戊子(3月13日)　入直。上视关帝庙祝版，乾清门补服侍班。派拟河南武陟扁。兰孙来。送伯熙、廉生拓。高装之物。冯梦华、宗树楷、乙酉。徐花农、程乐庵、松鹤龄、中伯权来。

十三日，己丑(3月14日)　入直。工部奏保举。派拟江西、德化等处扁。派写河南"安澜普佑"扁。派题皇太后画蒲匋[葡萄]二幅。派拟颐和园龙王庙二字扁十六面。发下旧抄本《通鉴辑览》校阅。松中程、张钟赤、岑春煊、陆蒪和、辞行，同豫东屏，山西去。朱靖藩、海康、启绍、端方、许子原、征厚、夏玉瑚、高次峰、王瓘、何乃莹、素麟来。寄清卿拓本廿余纸。汉专[砖]瓦。

十四日，庚寅(3月15日)　入直。工直日，代奏司员谢恩。派写江西"宝丰昭应"扁一面。派题皇太后画蒲匋[葡萄]一、雪梅一。派阅覆试卷，麟、潘、孙、薛，午刻入闱。知贡举贵午桥、孙燮臣，内监试载存、义门，甲子举。杨晨，未刻。委员郑沛溶。钦命题到，南向跪接。提调詹鸿谟、徐堉送席。晚同人招，同两监试饭。丑刻二印出题一千二百张。"君子哉若人"至"取斯""挥毫落纸如云烟"，仙。大风。

十五日，辛卯(3月16日)　花衣。三日。巳初出题纸一千一百张，实到八百九十人，临点不到十五名。大风。晨起为孙夫人撰墓志表。进卷二百二十三本。写对四十五付。递如意，赏收。

十六日，壬辰(3月17日)　阅卷至午刻毕。兵部团拜，辞。

十七日，癸巳(3月18日)　一等百本，二等三百本，三等四百五十八本，四等廿一本，不列等一名。贴黄签，墨笔填名次。午招芷庵、云阶、子授、存义门、杨定甫饭。黏黄签，墨笔填卷背名次，包封缮折。写名次，午刻始戌初毕，包封折件，亥刻毕。

十八日，甲午（3月19日）　辰初出闱。寄清卿造象［像］、十九。汉专［砖］、隋专［砖］各一纸。送再同《好大王碑》。叶跋旧本。许子原、李兰孙来。

十九日，乙未（3月20日）　入直。覆命、请安并谢十六加级恩，引见时碰头。蒋伯华、赵铁珊、王松溪、陈冠生、吴瞻菁、陈小亭、张璞君、许仲韬、任文卿、其昌之子，承允。刘次芳、陆申甫钟琦、张若麟来。招梁、梁、许、许、沈、柳门、廉生、佛青、梦华、建霞、花农、再同、鞠常来校书，便饭点心。酉初散，校未竟。

二十日，丙申（3月21日）　入直。派题皇太后蒲桃［葡萄］一幅、梅树一幅。校书者鹤巢、冠生、子原、经伯、鞠常、仲弢、佛卿、梦华、子培、子封、柳门、建霞、花农、再同、廉生。蔡厨二席。王延绂、王彦威、潘骏文、余肇康、章炳森、覆试一等六。王毓芝来。为外帘回避。

二十一日，丁酉（3月22日）　入直。派题皇太后竹、牡丹一幅、梅花一幅。祝仲华寿。亚陶来。己酉团拜才盛。不到。徐小云、续燕甫、廖仲山招粤东馆。江建霞，一等廿二。章定庵、贺涛来。

二十二日，戊戌（3月23日）　入直。派题皇太后蒲桃［葡萄］着色二幅。壶天烧鸭，兰孙来长谈。子青丈福寿堂，申初归。赵松峰、端午桥、周学海、复。郑怀陔、复。陈翼谋来。章定庵来。

二十三日，己亥（3月24日）　入直。派题皇太后着色蒲匋［葡萄］、松各一幅。款"敬仿世祖章皇帝笔意，光绪己丑仲春下浣御临"。又敬观世祖章皇帝《九天垂露》一幅。到署。复容方，并赠拓本八十七种。刘若曾、赵元益、新阳，刻莞圃所藏书。陈日翔、沈尔裕、栾城、沈师次子。赵仪椿、年复。陶荣长、盛京随任。诗农、张荫椿、复弟［第］一。成守正复弟［第］十。来。吴廷献、广东，复。恽毓嘉、乙酉。水宝煜来。

二十四日，庚子（3月25日）　入直。派题皇太后松、荷各一幅。昨题蒲桃［葡萄］。大约赠醇邸。□□宝样共九方。派复试阅卷。题

"夫明者"二句,诗"园花玳瑁斑",沈佺期《春闱》。福、翁、李、麟、昆、嵩、许
筠、孙授、贵、汪、廖,申正散,一等八十名,二等一百六十名,三等二百
四十七名,四等七名,三等之邱肇熙改四等一,四等之饶有容改三等。
后复片奏申明。得振民信。荫轩娶孙息,送礼桂、莲。舫夫寿,送礼。

　　二十五日,辛丑(3月26日)　入直。派题皇太后蒲桃[葡萄]一
幅,松一幅。工部带引见三名。彦奇、棋、森涪。直日。安徽馆九卿团
拜。午到申散。李润均、吴纬炳、研诏孙婿。蔡金雍、徐嘉言、宗舜年、
新复。汪柳门、何维棣、麟芷庵、李春泽来。柳门昨日请训西陵。

　　二十六日,壬寅(3月27日)　入直。派题皇太后画松一幅。顺
天奏事,遇抟九。蒋式瑆来。箸生,庆弟之一。伯熙、柳门、上陵。劼
刚、郑权、林国赓、二人新复。裕祥、查如江、岑春煊、陈贞、徐鄂、汤震、
新复。戴锡钧、交二千二百两并田信。宾兴。项同寿来。刘业芳来。张
祥龄来。张联恩来。诗舲之孙。阿克占来。周士廉、史菡来。乙酉。

　　二十七日,癸卯(3月28日)　入直。皇太后赏御笔蒲桃[葡萄]
一幅。到署,明日上驻跸西苑。安徽团拜辞之。宗湘文、武延绪、祝
维培、拔。王裕宸、邹道沂、张裕馨、柳廷诏、三覆。许子原、吴骥骧、王
诒善来。亚陶来。

　　二十八日,甲辰(3月29日)　顺天府演耕,抟九留饭,巳初散。
祝露圃相七十。王宝璋、费念慈、庄国贤、刘兆璋、刘元辅、王瑾、王以
慜、杨谦柄、文小坡、中伯权、夏寅官、复。盛沅、袁镇南、熙麟、许子
原、张宗德、小渔姊夫。王绪祖、刘子雄复。来。

　　二十九日,乙巳(3月30日)　入直。吊童薇研。王彦威、何官
尹、丁惟禔、李仁堂、徐树锷、兰孙、熙麟、张季直、马文苑、远林之侄。
朱子涵、王振声、顾思义、许子原、黄漱兰来。

　　三月戊辰朔,丙午(3月31日)　入直。会内务府奏太和门查估
事。坤宁宫吃肉。先农坛演耕。带见小门生。熙年来示。石赓臣来。

　　初二日,丁未(4月1日)　正黄旗学会考官学生百廿九名,同人

俱到，谊卿未到。秦石麟来。启绍来。寿蘅、左念谦湖南馆，辞。工部团拜粤东馆，辞。复济之、竹年、辛芝、谱琴、硕庭、泉孙、瘦羊、小渔、振民。复清卿、培卿。沈维善、陈遹声、李传元、黎宗葆、端方、刘滋楷、梁寿祺、何镇、汪柳门来。

初三日，戊申（4月2日） 入直。丰泽园演耕。以府尹进鞭，余无执事，未到。派写"泽溥开城"扁一面、皇太后蒲桃［葡萄］一幅。王振录来。黄璸、候知州、煦子。柳元俊、乙。沈瑜庆、乙。王岩、葵元。罗鼎焜、武。戴毅夫、朱孔彰仲我、单启藩、地山孙。胡廷琛、罗贞元、乙。李耀初、张兆珏、吴世珍、甲辰、七十九。朱子涵、尤先甲、张祖辰、乙。张肇镳、家陞荣。年已五十四。

初四日，己酉（4月3日） 入直。至仲华直庐，同露圃、兰孙、颂阁、仲山少坐。到署。答尤鼎甫、卓臣、润卿。吴大琳润卿、陈人龙、卢沟巡检。王维城、乙。许子原、俞陛云阶青、赵昶、乙。吴荫培、恩雨田、张元奇、刘学谦、杨锐、乙。梁航雪、王伯恭、方长孺、赵增荣、端方、梅汝鼎、潘誉征、熙麟来。

初五日，庚戌（4月4日） 入直。工直日。寅正办事后，上看祝版至奉先、寿皇殿。南斋及军机未侍班。先农坛礼部演耕。蒋仲仁、蒋式芬、二秦来。

【本日日记天头书"清明，亥初三刻十二分"。】

初六日，辛亥（4月5日） 入直。丑刻进内听宣。奉旨副考官，同兰孙。西苑门领钥匙，余先行。午刻入闱，兰孙、仲山、小峰俱到齐后，拜监试、同考、收掌。收掌王文毓、凌福添。监试桂年、洪良品。晚兰孙处饭。

初七日，壬子（4月6日） 掣房。第一房刘心源拟策题、经题。晚招兰孙、小峰、仲山小酌。大风。

初八日，癸丑（4月7日） 卯初二刻钦命题"子曰：行夏之时"四句，"取人以身"二句。曰"子不通功易事"至"于子"。诗题"马饮春泉踏浅沙"，泉。郎士元诗。兰孙、小峰、仲山分写题，余写二分，共五分。辰正刻。实到六千九百九十六人。戌正刻成,子初送出七千有余。内帘先传点。晚各人数簋,招二监试饮。

初九日,甲寅(4月8日)　以策题五道及进呈策题五道、安折、名次分请刘幼丹、倪覃园、黄松泉、曹次谋、星槎、吴栘香、邵伯英。小峰招晚饭。又请刘幼丹、倪覃园来,更换策题二道,原《仪礼》《元史》二道换经史二道。祁文端之旧。

初十日,乙卯(4月9日)　校定策题,以经有"元鸟"字,仍用《仪礼》。请覃园诸君俱来,以安折交栘香。已初以策问五道交内监试桂、洪二君发刻。午后各手写二场"交也者"二句、"帝曰:咨女二十有二人"一句、"眉寿保鲁"二句、"齐高偃"一节、昭十二年。"是月也"至"蓬筐"。

十一日,丙辰(4月10日)　请十八房上堂,分三次以外帘交进陈文属分捡出。午正后刻二场题。戌仍招二监试饮,仍每人四簋。子初送题。为补褂。夜雨。房考钟君言本年水不佳,告子涵。

【十一日日记后附:刻字房,卅千,加四两,己丑;刷印,卅千;供事,四十千,加四两;监家人,十二千;收掌,十二千;委员,八千;扫堂、茶听差六名,十八千;剃头,八千;乡厨,十六千;搬行李,四千。共百七十八千。】

十二日,丁巳(4月11日)　阴风。邵伯英写二场进呈题纸,酉刻成。三场题戌刻刻成。会经堂刻。三场仪礼、史学、兵制、管子、藏书、源流题纸明日乃进。

十三日,戊午(4月12日)　三场题纸外帘送进。未刻进呈二场题筒、安折二件,内五点叫门。夜进卷五百五十九本。

十四日,己亥(4月13日)　辰刻花衣上堂,酉正散。荐廿一本。安折回。未刻进九百卅五本。亥正送三场题,共六千八百五十张。二场同。夜进九百六十二本。

十五日,庚申(4月14日)　阅荐卷四十七本。午后进卷六百六十六本。卯正花衣上堂,酉正三散。连前三千一百廿二本。亥刻。

十六日,辛酉(4月15日) 卯刻上堂,未刻进呈三场题筒、安折二件,花衣。酉初散。阅荐卷三十八本。进卷一千四百十二本。

十七日,壬戌(4月16日) 子初起写题"知者乐水"二句,"燕得新泥拂户忙"。泥。兰孙备点心。试同桂月圆。印百六十张。卯正送题,宗室实到卅二人。卷头场到齐,实到六千六百十六名。辰刻安折回。阅荐卷四十七本。以一房、二文。十房、十一房共四文交加圈发刻。二场进八百六十六本。

十八日,癸亥(4月17日) 寅初进宗室卷卅二本,内一本未完卷。分得八本。卯正上堂,酉正二散。阅荐五十三本。

十九日,甲子(4月18日) 卯正上堂,酉正二散。阅荐四十三本。至公堂来文,明日未刻送朱批,宗室中三名。午后风,进宗室卷折。吴栘香写落卷加批黏后。外帘送黄花鱼。午后大风。

二十日,乙丑(4月19日) 卯正上堂。午后封奏折、安折。卷有夹板。卷为进呈试卷事。本年己丑科会试蒙恩派臣等为正副考官,三月十八日据至公堂移送宗室卷三十二本。臣等公同检阅,谨遵钦定中额,选贴试卷三本,拟定名次,黏贴黄签,恭呈御览,伏候钦定。命下之日,由至公堂折封填榜。为此谨奏。光绪十五年三月二十日。未刻送宗室卷。阅卷四十一本。酉正一散。午后风。

二十一日,丙寅(4月20日) 卯正上堂。已初安折回。至公堂拆封填榜。发落卷二十九本。二场卷进齐。希廉、瑞贤、宝丰。阅荐四十本。午后风。

【本日日记天头书"谷雨,卯初二刻五分"。】

二十二日,丁卯(4月21日) 卯正上堂。阅荐卷廿九本。酉初散。酉正雷雨。明日撤堂,共荐卷三百五十九本。第五房二场卷经文后默写,首场起讲与首场不符,知照外帘开门重行核对。又墨卷刻字较前次缩小,饬重刻。

二十三日,戊辰(4月22日) 阅荐十一本。邵伯英、十七。王惺斋、三。熙小舫四。来商文。晚兰孙邀看钟静丞房文。次日荐,抑之。

二十四日，己巳（4月23日）　洪右丞送诗来并银鱼、鱼面。核各省卷。阅荐六本。

二十五日，庚午（4月24日）　阅荐一本，连二场一本。覆十六、十二、十五、九、一、七、十一、十四、十八、六、五、十三房二场卷一百卅一本。伯英、幼丹来。兰、峰、仲来。甚热，夜大风。

二十六日，辛未（4月25日）　换季，大风。覆一、二、三、四、五、六、七、八、九、十、十一、十二、十四、十五、十六、十八房二场卷。一百卅本。元卷商尚未定。午后又风。宗室廿七覆试。廿八阅卷。翁、许。

二十七日，壬申（4月26日）　请十八房上堂，以房首卷交本房磨对。幼丹来。阅二场卷八十二本，三场卷第六房六本。又风。计连补荐共三百八十一卷。

二十八日，癸酉（4月27日）　伯英、右丞来。阅二场卷卅二本，二场齐。核定应中光字卷及备卷数，开单交兰孙。三场卅四本。

二十九日，甲戌（4月28日）　兰孙属改试帖十二首。兰二首，小峰二首，仲山四首。阅三场百六十三本。昨外帘送鸭，招兰孙、小峰、仲山晚饮。夜大风。折已备好。一进卷十本折，一覆命折。

三十日，乙亥（4月29日）　大风。阅三场卷百四十九本，尚有未到者共三本。十六房。仲山、兰孙、幼丹、杨香来。

四月己巳朔，丙子（4月30日）　十六房三本来，三场来齐。辰刻小雨。未刻上堂定卷，申刻散。

初二日，丁丑（5月1日）　已刻发中卷各房磨对，未刻进呈卷订三连，以石压之。请覃园、星槎、次谋、伯英拟批阅。上谕：知钤榜派祁世长。

初三日，戊寅（5月2日）　仲山处直隶卷“钦命”“四库”三抬作双，本房三。乞改中兰处卷，兰来商。子虞来。午后覃、星、次、伯四君写批。酉初毕。朱子衡来。朱以滇卷过八百字，后又止。子虞欲刻苏诚七三一本,刻字铺告以来不及。兰孙又属改诗二。阅抄知已换单衣。此处仍棉。

初四日,己未(5 月 3 日)　未刻发安折十本并缴朱笔及木匣,向无,此次有。前数日军机行文来索,即行文至公堂交还该处。丑刻小雨。诗交刻。兰孙、仲山屡核之。十一房、十六房、十房、十八房卷来。巳刻封十卷及钥匙,良久乃毕。

初五日,庚申(5 月 4 日)　安折回。闻钟静丞、曹星槎俱感冒。右臣来,以纸索书,余赠其海棠诗后七绝。张肖庵来,十房磨对来,尚有八房。

初六日,辛酉(5 月 5 日)　怡庄来。巳刻上堂,订三连卷并印衔名,随钉随印,交本房加批。十一、十三房卷未来,直至未刻曹、钟二房卷方来。钟卷、光处二卷尚未磨。静臣病,右臣助之也。至戌刻加批来者十三房,未到者五房,此次特迟。发车马条。

【本日日记天头上书"立夏,申正一刻"。】

初七日,壬午(5 月 6 日)　将填草榜,十二、十三、十六房至辰正未来,且有未起者。未正卷始齐。兰孙房中。将各卷分各省。余手自书之,草榜。申正三毕。请十位上堂明日事。写名次。幼丹、惺斋、怡庄、覃园、松泉、次谋、次方、杪香、伯英、肖庵、郁斋。书吏写小签,戌初方毕。同兰孙、小峰、仲山小饮,子初散。各备誊录廿本。

初八日,癸未(5 月 7 日)　请十位写名次。午后公服拜监试、同考、收掌。末发落卷。开发,刻字卅千、刷印卅千。加四两。供事四两,加四两。监试、家人十二千。收掌、十二千。委员、八千。扫堂、茶烟听差、六名、十八千。剃头、八千。香厨、十六千。搬行李,四千。共一百七十八千。提调、大所家人。各六千。请次谋写晓谕及榜字。向应鼎甲写。午后大风,又小雨戌刻止。

初九日,甲申(5 月 8 日)　丑初起,候知贡举、提调、弹压、监试填榜,事毕后供事写誊录卷面。寅正子禾到,随带满、汉司员二人。外监试四人俱到。卯初填榜,子正始毕,并发誊录卷交吏写名次。

初十日,乙酉(5月9日)　丑刻家人以车马来,提调与大所、朱子涵、张一琴、王曾彦及堂上委员及粮厅、大、宛俱来送行。寅初到家。谊卿、廉生来。门生来六十余人。

十一日,丙戌(5月10日)　入直,请安。覆命折由礼部递。兰孙办。召见,至午门谢恩。四人俱到。房考三人、刘次方、刘幼丹、邵。贡士、会元外十余人,赴宴止考官四人到。护宴大臣崇礼、右侍郎宝昌礼毕即行。

十二日,丁亥(5月11日)　入直。工加班奏太和门廿万。及山东速议培堤卅万。移民事。至西苑门与小峰商,以水利分半与署任。答子青。王承陛来,付清卿信、闱墨。王青友、姚虞卿来。节赏扇、对,交寅臣乃郎及子原,乞转托共三百四十五分。发南信,济、辛、谱、竹、振、麟,并墨。硕、泉。

十三日,戊子(5月12日)　入直。得朗斋电,收顺助万。官学奏管学蒋仲仁、王怀馨充补。到署。唁谊卿夫人五七。以水利千五百交启送荫轩。

十四日,己丑(5月13日)　入直。顺天府奏事,春抚完竣片、助山东赈。晤兰孙。苏培芝、赵生杰来,付四千,欠二千。与以护照。

十五日,庚寅(5月14日)　入直。徐、李、陆、吴均以公不入直。派拟镜清轩等处扁八十余、对四十余。为伯恭索抟九信,致凤颖道王廉。并自致赵展如,荐伯恭凤阳书院山长。考试差以莳卿回避。胡子英来。

十六日,辛卯(5月15日)　入直。卯初上诣大高殿祈雨。到署。永宝来。若农送洋玉兰四盆。

十七日,壬辰(5月16日)　到厢红官学,会晤王怀馨、仲仁、煦庄,代可庄。云舫、可庄、谊卿、洛英、署玉、季超、雨轩、荫轩先后到。惟长诗农未到,巳刻散。

十八日,癸巳(5月17日)　工直日,注差。庆和堂会齐,同受之、寿蘐、柳门、犊山至后十刹海醇邸新府、砖塔胡同西口外顺承王府,遵旨前往丈量,午散。才盛馆会榜团拜。明日东四牌楼十条胡同对过廉公府、台基敞毓公府。

　　十九日,甲午(5月18日)　入直。派阅散馆卷,同李、孙莱山、孙子授、廖、徐、许筠庵、汪。一等孙锡第等卅五名,二等凌彭年等四十名,三等沈维善等四名,午正三散。

　　二十日,乙未(5月19日)　派殿试读卷,恩、徐、李、许、潘、祁、孙、薛。

　　二十一日,丙申(5月20日)　朝服行礼,后往传心殿。

　　二十二日,丁酉(5月21日)

　　二十三日,戊戌(5月22日)

　　二十四日,己亥(5月23日)　卯刻召见并带引见,即至阁填榜。荫轩邀传心殿饭。

　　二十五日,庚子(5月24日)　卯初上御太和殿,读卷大臣及执事人员行礼。到署。归第。在广西老馆。銮庆胡同辞。皇太后赏酱色实地纱一、石青实地纱二、漳纱二、驼色实纱、帽纬、折扇、葛布、燕窝。到谢公祠、李鸿逵。李木斋粤东新馆。李钟钧、刘世安。

　　二十六日,辛丑(5月25日)　入直。工直日。公所晤福师、嵩昆该班。及清、徐、汪,面商太和门事。派写北海镜清轩等处扁廿面。杜来,付五十两,《崔瑶墓志》。凤石来。带见癸未举□等。

　　二十七日,壬寅(5月26日)　入直。顺天府奏请加王恕园米石。皇太后派题葡萄三幅。朝房晤抟九。

　　二十八日,癸卯(5月27日)　入直。八旗官学奏陈秉和、管学冯庚期满。开发内廷节赏。发南信,济、竹、辛、麟、志晖鄂生、广安、彦侍、曲园。又崧镇青,又松峻峰、周子山、朱敏斋为陆和让景濂事。赏袍褂、葛纱、葛布、帽纬共十卷。

　　二十九日,甲辰(5月28日)　入直。皇太后派题葡桃[萄]一幅。派朝考阅卷,张、翁、麟、昆、潘、祁、许、许、嵩、宝昌、廖、沈。一等八十,二等百八名,三等百十名。申初散。谊卿来。柳门来。

　　三十日,乙巳(5月29日)　入直。到署遇柳门。工部发电伟如。派中程昌平丈量城楼木植。晤兰孙。

　　五月庚午朔,丙午(5月30日)　入直。皇太后派题葡桃[萄]三幅。赏苏叶饺。遇箴亭,言昨日发电事。得南信。发南信,济之、瘦羊墨十本。

　　初二日,丁未(5月31日)　到厢白旗官学,勉之、署玉、怀馨。可庄、雨轩、诗农、谊卿、仲仁、荫轩陆续到。王云舫、钟洛英及新任之陈梅庄秉和未到,巳初散。考教习二人,陈培兰、湖北。祝康祺,题"丹之治水也愈于禹",赋得"艾人"。人。午刻皇太后赏御画山水团扇一柄、御笔山水一幅。

　　初三日,戊申(6月1日)　入直。到署,遇柳门,再发电催伟如。

　　初四日,己酉(6月2日)　入直。粤东新馆公请知举、同考、铃榜、内外监试、收掌,小峰承办。共卅余人,到廿余,八席,剩一席送兰孙。松江来,得黔电。酉正散。颂阁乞假十日,撰《齐孝子碑》。

　　初五日,庚戌(6月3日)　入直。赏粽子。中程自昌平来。

　　初六日,辛亥(6月4日)　不入直。先君冥诞,龙泉寺念经。

　　初七日,壬子(6月5日)　入直,遇箴亭。到署遇柳门,发电伟如交总署。子原来。高文翰。二戈、一戚、一钺、廿一尖足、一差阴。

　　初八日,癸丑(6月6日)　入直。遇箴亭。晤柳门。谢客。

　　初九日,甲寅(6月7日)　入直。昨奉交片,邯郸迎铁牌,委张邦庆。子良来,荐文小坡、张子复洋务局,又言龙景昌。抟九放湖南藩,来。

　　初十日,乙卯(6月8日)　入直。派拟闲章四字七十余件。到署,复伟如。会典奏提调延熙、总纂鄂昌。

　　十一日,丙辰(6月9日)　入直。派题皇太后松鹤一幅。候抟九、子良,得伟如复电。寄清卿大鼎、大钟拓,官封。

　　十二日,丁巳(6月10日)　入直。派题皇太后山水一幅、蒲桃

［葡萄］一幅。工直日，奏昌平城楼一折。江程来，已睡未见。夜丑初雨。

十三日，戊午(6 月 11 日)　入直。派题皇太后山水一幅、菊一幅。寅正雨，卯正后止。朝房晤箴亭。松、中、江、程留便饭，商折底。裴来。《毛诗》。

十四日，己未(6 月 12 日)　入直。顺天报雨二寸。晤抟九、箴亭、小峰。到署。晚左子荣来。

十五日，庚申(6 月 13 日)　入直。卯正后雨数点即止。官封递交涿州刘竹坡齐孝子庙文，仲约书并篆额。寄愙斋壶、汉单于砖，又四专［砖］、四造象［像］、二戈共十二纸。

【本日日记天头上书"陈"。】

十六日，辛酉(6 月 14 日)　入直。工部、内务府会奏太和门及四处府第报事，附片贵抚潘捐大木五十四根。晤兰孙。张允言、朱潏、吴淖来。渔川之兄。

十七日，壬戌(6 月 15 日)　至厢黄官学会晤。荫轩、陈梅村俱到，惟可庄、仲仁未到。顺天府报雨。奏明赴学。昨奏。奉旨："依议，毋庸拆卸。钦此。"奏片贵州抚潘捐木五十四根，奉旨："赏收。钦此。"

十八日，癸亥(6 月 16 日)　入直。卯初上祈雨大高殿。朝房遇兰孙、署子禾总宪。芷庵、小峰。到署，发电黔中。

十九日，甲子(6 月 17 日)　查厢白旗学，同人及翰林官陆续到。午初散。范履福、于文光禀称铁牌二十日到。工加班带引见。注□。

二十日，乙丑(6 月 18 日)　入直。得南信。上用膳办事后还宫。工直日。发南信，谱、题名三种。济、辛、麟、泉、振。热甚，九十九度。

二十一日，丙寅(6 月 19 日)　入直。派题皇太后牡丹二幅。昨皇太后赏普洱茶等三种。夜亥正雨。高奏铁牌到光明殿。派高迎也。

二十二日，丁卯(6 月 20 日)　查正白学，煦庄、允升未到，午刻散。雨未止。冠生来。主楚南试。

二十三日,戊辰(6月21日)　入直。丑正上诣地坛。到署。顺天奏雨三寸余。夜雨自戌至子。

【本日日记天头上书"夏至,未正初刻八分"。】

二十四日,己巳(6月22日)　入直。大同乡公请刚抚军才盛馆,未到。

二十五日,庚午(6月23日)　入直。顺天府奏雨三寸有余,又粮价一折,又保举郑工解饷人员一折,又修理贡院一片。朝房晤挦九。到会典馆看书十卷。奉上谕:"廿七日报谢请奖一折。"奉上谕:"吏部议奏。"

二十六日,辛未(6月24日)　入直。到署,派夏守所遗各差。江苏馆同郡请刚抚、刘臬,未初散。挦九派送铁牌来晤,大雷雨。

二十七日,壬申(6月25日)　入直。丑初大雷雨,冒雨入直。进西长安门、西苑门。派恭代上亲笔邯郸龙神庙扁"宣泽善霖"。卯正雨止。

二十八日,癸酉(6月26日)　入直。顺天府奏雨透足。挦九送铁牌请训,遇之西长安门。工直日。送挦九席。

【本日日记天头上书"许祜身、王延绂、夏时泰、会章、高涵和、含英、李砚田、屈承栻、刘允恭、薛贺图、魏秀琦"。】

二十九日,甲戌(6月27日)　入直。派写皇太后画壶卢[葫芦]一幅、荷花一幅。于文光送印来。挦九送铁牌往邯郸。荣恒来监印。于文光送印。工部加班,奏前门石路工程。

六月辛未朔,乙亥(6月28日)　入直。到署。

初二日,丙子(6月29日)　入直。热甚。发南信交伯武、能谷。济之顶靴、竹年食八件并《洗冤》等,振民、书九本。谱琴、□启单。辛芝。启蒙。荣心庄来。

初三日,丁丑(6月30日)　入直。朝房晤荫轩、兰孙、叔平、柳门、劼刚、寿蘅。荣心庄来。经伯来。

初四日，戊寅（7月1日） 入直。朝房晤徐、李、麟、廖。到署。伯武归。贺经伯子完姻到京。心庄来。

初五日，己卯（7月2日） 未入直。荣心庄来。张子青招福寿堂，申初散。王同鼎来。安福。

初六日，庚辰（7月3日） 入直。朝房遇兰孙、叔平、受之、小云、小研。本科团拜，因祈雨由前月初八改于本日，未正到。热极，即行。

初七日，辛巳（7月4日） 入直。派题皇太后菊花一幅。派阅优贡卷七十四本。翁、许、潘、宝。一等廿六名，二等廿八名，三等二十名。心庄来。工直日，奏太和门、国子监、右宗府三件，太和门留中。

初八日，壬午（7月5日） 入直。晤兰孙。心庄来。未刻雨。

初九日，癸未（7月6日） 入直。卯初上诣奉先殿、寿皇殿。心庄来。为洪右臣撰《古文尚书辨惑四种》序。

初十日，甲申（7月7日） 入直。同考公请粤东馆，申初散。心庄来乞写扇、对，送陈协楏珙璋，秋谷门人。扇、对、食物。

十一日，乙酉（7月8日） 入直。呼子涵来。心庄来。助朱敏修大令月二金。写折交鹤巢。张子俊辞行。

十二日，丙戌（7月9日） 入直。派题皇太后牡丹一幅。热极，雨竟日。若农典浙试。

十三日，丁亥（7月10日） 入直。工部加班，带引见二名。蔡世杰、英绵。贺若农典浙试。夜雨达旦。

十四日，戊子（7月11日） 入直。朝房遇荫轩、兰孙、漱兰。观音院谊卿夫人百日。心庄来用印。

十五日，己丑（7月12日） 入直。派题皇太后梅竹一幅。晤兰孙。申刻雨。工直日遇青丈，言吴冠英事。

十六日，庚寅（7月13日） 入直。到署。长安门迎叔平。心存辞行，明早行。蔼卿来。

十七日,辛卯(7 月 14 日)　镶红官学会晤,煦庄、谊卿先来,荫轩同人续到,巳正散。心庄来用印。

十八日,壬辰(7 月 15 日)　入直。心庄来用印。

十九日,癸巳(7 月 16 日)　入直。上欠安,看方请安。晤兰孙。抟九由豆店还嘉兴寺。送伟如貂帽沿、人参,交张华廷济辉。并送扇、对、幅、书。心庄来。

【本日日记天头上书"张济辉"。】

二十日,甲午(7 月 17 日)　入直。看方请安。夜雨。心庄仍来。

二十一日,乙未(7 月 18 日)　入直。不看方,上已大安。朝房晤抟九、生邻。起身途中有雨。

二十二日,丙申(7 月 19 日)　入直。顺天府奏事二件。阴雨。欧阳平叔来,付德小峰、方右民信。

二十三日,丁酉(7 月 20 日)　入直。工直日,月折阿勒楚喀公仓一件。寅初一刻至西长安门,甚雨及之。夜小雨达旦。

二十四日,戊戌(7 月 21 日)　入直。细雨,辰正晴。到署。发南信。培、济、冠英廿两。辛芝、竹年、瘦羊、复斋、志恢、振民。上办事后还宫。

二十五日,己亥(7 月 22 日)　入直。派写养心殿贴落一件。宁寿宫听戏,巳初入座,申初散,廿三刻,罗胎冠。住壶天。招柳门、廉生、屺怀、鞠常、建霞,酉刻三分散。夜雨即止。

二十六日,庚子(7 月 23 日)　入直。递如意,赏还。宁寿宫听戏,辰正入坐,三十刻七分,申初三刻散。赏如意、帽纬、袍褂料、花瓶、手烟、漆盘、荷包。酉初后雷雨。

二十七日,辛丑(7 月 24 日)　入直。得窗斋书,内有崔廷桂所得钟拓,戊钟也。即复交谊卿,内钵拓一、壶拓一、鼎拓一。一字羡。胡子英、苏来。

二十八日,壬寅(7 月 25 日)　入直。到署。

二十九日,癸卯(7月26日)　入直。小雨。晤兰孙。进《续考古图》《续复古编》《清爱堂款识》《百汉碑砚斋》册。未申间阵雨三次。胡来。大衍,尖尾币六。子原来。夜大雨达旦。

三十日,甲辰(7月27日)　入直。雨不止。上看祝版。花衣,乾清门侍班。

七月壬申朔,乙巳(7月28日)　入直。上礼成还海。派顺天乡试,偕文治监临。庆和堂贵、孙二知举招,偕兰孙、小峰,巳正散。甚雨及之。启、端、赵来。为清卿奏报销事。王、陈来,为大小所委员事。答拧九。

初二日,丙午(7月29日)　入直。顺天奏放棉衣及七月十四考试翻译事。到署。

初三日,丁未(7月30日)　到正蓝旗官学,荫轩及管学官俱到,诗农该班。答幼亭、凤石。福寿堂南皮相国招,未正二散。

【本日日记后附书三条:"吴三大人、汤汝和、李光斗、连文冲""启绍、端方、赵尔震、林绍清、冯寿松、王忠荫、陈寿椿、张树德""潘诵炳、吴三大人、汤钊"。】

初四日,戊申(7月31日)　入直。工直日,发培卿信。发南信,济之、辛之、竹年、谱琴、振民、硕庭、泉孙。送子良扇、对、袍褂、燕菜、鼻烟、茶、腿。送联肃横幅。送南皮寿桃等件。

初五日,己酉(8月1日)　入直。晤文叔平。途遇兰孙,言请监临印事。子良来面交吴树楷。太医,出去看□表。夜大雨。

初六日,庚戌(8月2日)　入直。派写"牵牛河鼓天贵星君""天孙织女福德星君"神牌。到署。晤兰孙。发电报,辛、济,配飞龙夺命丹。

[初七日],辛亥(8月3日)　入直时微雨,辰初后愈大。送尹子勗席。

【按:"初七日"三字上,又写"尹彦钊"。】

初八日,壬子(8月4日) 入直。发下宋人《戏猿图》,递奏片。到会典馆看书十卷。陆费杰,五嫂之侄。刘齐浔前携香涛信,尚未行,告以无增加语。寄香涛克鼎,交张瑞麟。霁亭侄。

【本日日记天头上书"张王□"。】

初九日,癸丑(8月5日) 甄别金台书院散卷一千一百卅四本,委员张玉亭、于文光,大、宛二县张兆珏、王曾彦、屠义容。

初十日,甲寅(8月6日) 入直。会典馆奏画图功课。派题皇太后画鱼诗堂二幅。到署。酷暑已二日。复仲饴交廉生,内拓本五纸。得南信。以伟如信交梦华。言及冯守熹鹏。

十一日,乙卯(8月7日) 入直。官学奏李弟恺奖叙。发南信,济、内鲁岩廿元。辛芝、瘦羊、福臻、谱琴。

【本日日记天头上书"立秋,酉初二刻三分"。】

十二日,丙辰(8月8日) 入直。上出西苑门。工直日,补褂侍班。清、徐未到。晤兰孙。潘岑年等查号委员来。

十三日,丁巳(8月9日) 入直。派写北海"得性轩""得性楼""兴旷""云岫""崇椒""邻山书屋""抱冲室""亩鉴室"等扁八面,"明玉舫"扁一面,"桂树小山菱叶槛,荷花世界藕丝乡"对一。到署。

十四日,戊午(8月10日) 入直。丑刻雷电,冒雨而行。工部加班,带庆元、张润、贾裕师引见。

十五日,己未(8月11日) 入直。卯初上诣奉先、寿皇殿。申初雨,夜雨达旦。

十六日,庚申(8月12日) 入直。到署晤兰孙。署仲仁管学事。余连莘棣堂,丙子癸未,钮之戚。来。送叔平点心、小菜,晤于朝房,十八南归。

十七日,辛酉(8月13日) 未入直。正红官学同人俱到,巳正散。刘朴来。乙酉副。

十八日,壬戌(8月14日) 入直。微雨。幼丹来,为周树模索朗斋信。李祖廉,宝章之子,小泉外孙也。杨味春取少荃信去。

十九日,癸亥(8 月 15 日) 入直。夜中雨时作时止,辰间小雨不已。到署。

二十日,甲子(8 月 16 日) 入直。工直日。顺天府奏事。朝房晤抟九。

二十一日,乙丑(8 月 17 日) 入直。派题皇太后画《岁寒图》一幅、梅花一幅。晤承季荣、仲华。答月江,贺栘香。顺天府祝抟九寿,未初散。

二十二日,丙寅(8 月 18 日) 入直。晤兰孙。

二十三日,丁卯(8 月 19 日) 翻译场末日,查贡院之始。藻〔燥〕热。

二十四日,戊辰(8 月 20 日) 入直。函致黄花农,为仲午扶柩事。函致文叔平,贡院改辰刻查。得荣叔、椒坡、小峰信。樵野埃及不到。

二十五日,己巳(8 月 21 日) 入直。派题皇太后荷花一幅。到署,送外帘,严庚辛改李岳瑞,以后派外帘存记奖励。仲韬交到樵野寄石三方。

二十六日,庚午(8 月 22 日) 偕文叔平查贡院。赴南皮宅观剧。松寿等来,为题本讹字。

二十七日,辛未(8 月 23 日)

二十九〔八〕日,壬申(8 月 24 日) 至子元处作伐。又至全浙馆,李氏暂居,铁琴之女适子原。再至许寓,未正二散。风石假十日。

二十九日,癸酉(8 月 25 日) 入直。派题皇太后松二幅、竹一幅。会典馆看书十卷。到署。晤兰孙。复椒坡、云楣、容叔。

八月癸酉朔,甲戌(8 月 26 日) 入直。

初二日,乙亥(8 月 27 日) 入直。龙泉寺庶母张恭人念经观音院。吴谊卿夫人初四南归。朱焯成来交德小峰信,交其家,颂阁托。

初三日,丙子(8 月 28 日) 入直。谢柳门、廉生、建霞、屺怀、凤石,均不晤。晤兰孙、谊卿即送行。得南信。

初四日,丁丑(8月29日)　卯刻同叔平查贡院,巳正散。仲午奉张恭人柩归葬。发南信,辛、济、谱、麟、振、伯武、泉、硕。松魏来,为黑龙江印文事。子木携去朗斋信。以耕娱幛联、如意杯交子涵。

初五日,戊寅(8月30日)　入直。派恭代皇太后赏醇王扁一面、十一言对一付、上送醇王扁一面、十一言对一付。赏燕窝。到署,晤兰孙。

初六日,己卯(8月31日)　卯初入闱。余详《监临日记》。

十八日,辛卯(9月12日)　辰初出闱。兰孙来。

十九日,壬辰(9月13日)　入直,复命。请安到署。晤兰孙。开发内廷节赏。徐、吴到迟,未见。

二十日,癸巳(9月14日)　入直。朝房遇露圃、兰孙、子斋、仲山。礼直日。小云谈许久。答邵小村,送以席。

二十一日,甲午(9月15日)　沈宝青要松镇青信。交刘家荫。
【本日日记天头上书"端方"。】

二十二日,乙未(9月16日)　卯初入闱,巳正出闱。崇受之招观剧其家,辞之。复钟饴,函致张南浦、陶子方,为涂伯音传德,交其子宗瀚。

二十三日,丙申(9月17日)　入直。工直日。督修内阁大堂松、许、高慎德。木植一折留中,旨准免税。袁鹤洲要南浦信。晤兰孙。查如江回任,朱子涵署顺义。得伟如电,送兰孙看。

二十四日,丁酉(9月18日)　入直。到署。以伟如电交松寿,似应归承修处办。徐寿蘅招观剧湖南馆,未初到申初归,遇子青、小山、莱山、小村、抟九,甚雨及之。申刻雷雨中祈年殿灾,雨竟夜。

二十五日,戊戌(9月19日)　入直。顺天府月折又振山东旱一片。辰刻,同篯亭、星阶、受之、柳门,上谕馆复估太和门工程。庭柱石。象皮石、须弥座二者设法归安。仍小雨。

二十六日,己亥(9月20日)　入直。壶天烧鸭。晤廉生,遇幼樵。燕甫招观剧。礼、庆、额、张、孙、荣、师、廖、颂、拣俱在，不及摆席先行，已申刻矣。

二十七日，庚子（9 月 21 日） 入直。答幼樵，贺安圃，访兰孙不值。换单袍褂。召见。

二十八日，辛丑（9 月 22 日） 入直。派覆勘乡试卷。到署。岑毓宝来，号楚卿，彦卿之弟，新放云臬。袁鹤洲携去张南浦信。

廿九日，壬寅（9 月 23 日） 入直。卯初二上看祝版，由海内，不侍班。酉刻，上祭月坛。鹤巢代看。星渠讲舍卷交去。刘竹坡刻成《齐孝子碑》。吴京培，浙解，驾木，吴文节族侄孙。潘号梅园，清河道。

三十日，癸卯（9 月 24 日） 入直。派写宝匣盖计二百余方。

九月甲戌朔，甲辰（9 月 25 日） 入直。工直日，公所遇箴亭、柳门、受之。到会典馆晤兰孙。华承沄，号漱石，天津人，浙江县誊录，门生。征厚贽礼，却之。四十两。李崇洸，稼门之侄。发信。午、济、竹、麟、振、谊。

初二日，乙巳（9 月 26 日） 入直。正黄旗会考，八旗一百廿一名，乡试四十四名，不到者十四名。会晤时补考。

初三日，丙午（9 月 27 日） 入直。王肇铉，送点心、菜。任蒋桥侄壻。端方来，催办祈年查估稿。

初四日，丁未（9 月 28 日） 入直。顺天府奏审讯坛户孙荣德、魏连升、王德升三人杖八十、枷号一个月一折。奉旨，改杖百，枷两月，余依议。得南信，鹤巢代看八旗卷。发去《四礼翼》《齐孝子碑》廿分。朝房遇拣九。是日考荫，派麟、李、黄。

初五日，戊申（9 月 29 日） 入直。到署，催祈天〔年〕殿查估、承修各折。发南信。午，济、谱、运、振。

初六日，己酉（9 月 30 日） 入直。覃园要小峰信。江程来，定祈年稿。

初七日，庚戌（10 月 1 日）　入直。送陈阜火腿、茶叶，寿卿之孙也。

初八日，辛亥（10 月 2 日）　入直。子元来。聂道丙峰之子，号仲芳。

初九日，壬子（10 月 3 日）　入直。工直日，奏祈年殿查估及承，又奏太和殿等处石阶之工程。派偕福锟查估太和殿等处石阶及库房等处工程。朝房遇仲华，又芝庵来。随带司员及用木厂带去单。派祈年殿工程同麟书，又旱河工程一折。奉旨着管理大臣查勘修理。

初十日，癸丑（10 月 4 日）　入直。

十一日，甲寅（10 月 5 日）　午后带印入闱。

【按：缺九月十二日（10 月 6 日）日记。】

十三日，丙辰（10 月 7 日）　子刻出闱。遣人询叔平，云十一到上海，因风大未上船。发南信，济、午、辛、振、谱、麟各墨一本。

十四日，丁巳（10 月 8 日）　入直。复命。午门谢恩。至顺天府偕主考叔瀛饭于抟九，巳初堂阙谢恩，三跪九叩礼，礼成，一跪三叩礼。公所遇芝庵、兰孙，子斋、抟九、荫轩、□公、寿蘅、小云、露圃、篴亭。举人到者李鸣鹤、张维彬二人。朝审未到班。

十五日，戊午（10 月 9 日）　入直。派代御笔颐和园等处扁卅四方。壶天烧鸭。十四吊。赴抟九、仲华招观剧，归未刻。中伯权要朗斋信，手书付之。

十六日，己未（10 月 10 日）　入直。派代御笔扁卅五方。朝房晤兰孙、星斋、漱兰。到署。送李贵馔食八色。送聂仲芳席。送中伯权八色并朗斋信。

十七日，庚申（10 月 11 日）　入直。工直日。派写颐和园等处扁廿二面。晤小峰。

十八日，辛酉（10 月 12 日）　入直。派写颐和等处对十一副，篆无量寿佛上宝样八分。招抟九、覃园、寿农、李润均、爰臣、凤石小饮。芝庵、司员九人来见。派祈年工程。

十九日，壬戌（10 月 13 日） 到厢蓝官学韵涛署，允升、诗农、煦庄、雨轩、梅村、勉之、荫轩先后到。知王怀馨、蒋仲仁丁，余赞堂联英，署仲仁缺者。病故。拟送二金。仲仁拟请幼丹署。贺醇邸五十，送如意。

二十日，癸亥（10 月 14 日） 入直。壶天少坐。到署。晤兰孙。遣人问叔平。付刘朴朗斋信。付彭沛、刘献夫信。津□道。付覃园、小峰信。付曾光岷，为张子复与刚子良信。候刘幼丹。杨荫北来。松吟涛招观剧，辞。

二十一日，甲子（10 月 15 日） 入直。顺天府奏王之杰卷弥封官张立德误封，请将弥封及监临分别议处。偕芝庵奏祈年殿廿四午刻动工挖土。又偕箴亭至太和殿、中和殿、保和殿、熙和门、协和门库房及国史馆、磁器库等工查估。付蒋伯华、耕娱信。

二十二日，乙丑（10 月 16 日） 入直。芝庵约公所谈。答芝庵。

二十三日，丙寅（10 月 17 日） 入直。召见。到署。

二十四日，丁卯（10 月 18 日） 祈年殿动工。钦天监择午时，偕芝庵前往。司员十八人，工匠十五家。闻叔平本日午刻到京。

二十五日，戊辰（10 月 19 日） 入直。派阅顺天复试卷一百三十三本，每人十七本。麟、李、孙、潘、徐、礼。廖、吴、徐、工。午正散。陆寿门来。夜大雨。得来文，知廿八卯刻填榜。

二十六日，己巳（10 月 20 日） 入直。晤箴亭，知同奉廷寄查办事件。寄张公束鸣珂、邹殿书凌瀚拓本二百五十张、近刻书三种。答邹殿书徐铎之画。派松程查办，福派成安、步军总门。海福。毓秀宫晴岩堂郎中。

二十七日，庚午（10 月 21 日） 入直。派题皇太后画松二幅。奏事他他。寻箴亭，不及待。是日，上还宫。礼部朝房大磨勘，自寅至卯不见人而归。属将稿送画。叔平来。送黄季度绍宪拓本二百余种。顺天府奏事，粮价、缉捕月折。丁崇雅号鹿村。解卿来，高邑实缺。武监临郝好善乐施。高文锡粥厂。

二十八日,辛未(10月22日)　丑正起身至贡院小所,副都统吉恒恩光旋到。卯初叫内龙门填榜十名,散已辰正。晤叔平,遇星叔。

二十九日,壬申(10月23日)　卯刻赴外火器营旱河看工。箴亭以派读卷未到。自北新桥看至三孔桥,午刻归。

【本日日记天头书"霜降,未初三刻十分"。】

十月乙亥朔,癸酉(10月24日)　入直。卯正二坤宁宫吃肉。到会典馆阅书十卷。到署。殷秋樵来,王兆淳来,要李筱泉信。复清卿并拓,铎一。

【本日日记天头上书"曾监、孟丕振"。】

初二日,甲戌(10月25日)　入直。工部带引见三名。文明、陈恒庆、冯芳植。兰孙来。传讯刘二,关防衙门。

初三日,乙亥(10月26日)　入直。三所晤箴亭面商,即手书交松程,属于申刻到福宅。

初四日,丙子(10月27日)　入直。上至箭亭武殿试技勇。仲午弟到京。三所晤箴亭,商定奏稿,初六日具奏。许仲韬、子原、梁经伯、许鹤巢、徐棣华、仲午同便饭。为廉生题《海岱人文》二册,内一册冯文毅家书也。

初五日,丁丑(10月28日)　入直。上御太和殿,朝服行礼。朝房与箴亭商定奏稿,明日入奏。知明日赏寿派武备院卿文璧,武传胪。许、梁、汪、松程来。

初六日,戊寅(10月29日)　巳刻上还海。上派武备院卿文璧赐寿扁一面、对一副、"福""寿"各一方、寿佛如意。蟒袍大卷八、小卷十六件。皇太后加赏"长寿"字一张、"福""寿"各一方。御笔赐款画松一件,如意元金四、妆缎二、闪缎二。巳刻到,恭设香案叩头祗领。陪天使兰孙、柳门、凤石、飀臣。是日覆奏崇文一折。内廷言明恭迎天使,不入直。未初礼毕。

初七日,己卯(10月30日)　入直。具折谢皇太后、皇上恩二折。皇太后赏帽纬、大卷六件。谢醇邸。晤兰孙。受之、劼刚来。子涵来。

初八日,庚辰(10 月 31 日)　入直。壶天小坐。到署。办事后上还宫。

初九日,辛巳(11 月 1 日)　入直。壶天小坐。仲华处面。谢客未初归。

初十日,壬午(11 月 2 日)　入直。辰初二皇太后万寿,慈宁门行礼。谢客午初归。贺星叔、仲韬。仁师孙女于归李子和之孙。夜半雨。送吾山。礼物、《丛书》。得南电,为水灾,即复。

十一日,癸未(11 月 3 日)　入直。函致抃九,闻拟请假。壶天少坐。雨成小雪。送寿门食物、袍褂。为尹仰衡恭保作序。发南信,济、竹、谱、运斋、培卿、广安、泉孙、硕庭、陶民、振民,济信内有百廿元,寄秋谷夫人,答其十二汉碑也,皆三松物。雪愈下愈大。恽彦彬来,为水灾事。告顺一万、荫一千。得浙公信,为水灾事。

十二日,甲申(11 月 4 日)　入直。雪未止,顺天报得雪六寸。兰孙之子熊儿放定。汗生夫人正寿,湖南馆。张吉人来商江浙赈,仲山来亦为此。

十三日,乙酉(11 月 5 日)　入直。壶天少坐。到署。

十四日,丙戌(11 月 6 日)　入直。顺天府奏江浙水灾,拔各一万,荫捐一千。高请假。奏请应行接办监临事宜。奉旨着行即办赈捐一折。奉旨依议。

十五日,丁亥(11 月 7 日)　巳刻入闱。主考颂阁、东甫,弹压子斋,外场监试讷清阿、英朴厚三、胡泰福岱卿、张炳琳书林,内监试富亮、何荣阶,内收掌李有荣、王得禄,外帘吴海、杨森、李焕尧、张桂林,本日提调、监试会核名册。得工部禀,捐千两分江浙振,即批示。与颂阁、东甫面商。行文兵部问中额,有疑须定。戌初封门,用戳记。提调、监试会同,戌刻毕。共六百廿五名。夜微雨。
　　【本日日记天头上书"立冬,未初二刻六分"。】

十六日,戊子(11月8日)　寅刻起,卯刻叫门,进生兵六百二十五名。巳初刻叫内帘门发题。四围监试、御史于弥封后填写弓、刀、石,头、二、三号及双单好[号],亲笔填写,例不假手书吏。去年成斌误填,致误中三十六名也。宿字园张春华,自称张振华,问其三代,均不符,振华当是未到,不知卷票何以在春华手也。列字园王世臣一本乃治中误掣,即令更正。王玉珍未带卷票,后补。大风晴。午初放牌,未初毕。子斋及受卷吴、杨留闱,帮弥封也。四围监试直至子初方毕,开门时考官已睡矣。

十七日,己丑(11月9日)　甚冷。辰受卷、弥封官出闱。为人书对六十余分。

十八日,庚寅(11月10日)　发车马条。内帘定廿日揭晓。至公堂将日期移会顺天府、兵部、吏部,今年来问有考试耳。分札治中、照磨、阴阳、学分、护印、请录等差,十九黎明入闱。看御录,看安折,覆命折。赵鸣衡四两、记功二次。工房二两,张如枚等照去年记大功及拔委,分别奖励。余共四十千。

十九日,辛卯(11月11日)　卯初起,卯刻治中印送来。前日颂阁面言,午刻叫门,巳刻进内帘填榜,申初毕。校对御录,戌正中百六十八,填好六十八。毕。写南信,济、辛、麟、振、运斋,内各电。出闱即发。必须早叫门,以缮写御录甚迟。

二十日,壬辰(11月12日)　寅初出闱。

二十一日,癸巳(11月13日)　入直。监临复命。派题皇太后临徐霖《蟠桃》一幅,又《仙人松鹿》一幅。答子禾。

二十二日,甲午(11月14日)　入直。工直日。尹仰衡、筱泉信。冯培之、小峰信。彭季群、筱泉信。

二十三日,乙未(11月15日)　入直。到署。恽毓嘉送重刻李申耆地图及书。

二十四日,丙申(11月16日)　入直。顺天奏粮价月折。附片,周小棠专祠。抟九续假十日。

二十五日,丁酉(11月17日)　入直。火药局奏派点验火药。派漪贝勒、德明。晤兰孙。刘瞻汉为其父嘉树诸城调滕江事,为函致朗斋也。

二十六日,戊戌(11月18日)　入直。派题皇太后画《九芝枸杞》二幅。偕箴亭奏三殿查估一折。偕荫轩奏正白、厢白刘心源、高钊中管学一折。朝房晤荫轩,又晤箴亭、见祈年殿样子。叔平、子授、东甫、受之。手复朗斋。天暖化冻,海已撤船三日矣,因化冻,仍有船承应。

二十七日,己亥(11月19日)　入直。望洲来,送以点心二、菜二。徐致靖来送祝。

二十八日,庚子(11月20日)　入直。阴。

二十九日,辛丑(11月21日)　入直。到署。

三十日,壬寅(11月22日)　入直。工带引见街道厅麟趾、周天霖等八名。江槐庭补郎中。委员吴京培、万中培解木引见,以劳绩候补班补用。递牌错,误与小峰,皆交部议处。

十一月丙子朔,癸卯(11月23日)　丑正入直。卯初上还宫,内廷不蟒袍、补褂,接驾换貂褂。薛保桓慕淮、保楹分发苏。诒澍。

初二日,甲辰(11月24日)　入直。小雨。寅正退直。壶天少坐。天明后贺仲饴。晤拧九,拟五日假。

初三日,乙巳(11月25日)　大风冷。新鲜胡同正白学会荫轩同到,到者刘幼丹、陈梅村、长诗农、高勉之。待之午初,余俱未到。

初四日,丙午(11月26日)　查正蓝官学,刘、陈先到。长诗农、长允升、江韵涛、高勉之、吴玉轩续到。翰林官陈、洪到。王煦庄生疝。及六翰林官均未到。午刻散。发南信,运斋一。又发南信,济、辛、谱、麟一。部议。六月。旨准抵销。

【本日日记附五条:"卢秉政、王忠荫、潘骏、陆润[庠]""陆润庠、潘绍诒、薛葆桓、刘如辉、丁体常""李润均、许祐身、杨寿枢""张景藩、

吴淖、黄槐森”“那谦、继昌、张兆丰、傅云龙、徐树铭”。】

初五日，丁未**(11月27日)**　入直。引见时碰头谢恩。晤兰孙。得彭颂田信、皮统。

初六日，戊申**(11月28日)**　入直。奉廷寄，昨日事。今日画派王曾彦赴通。朱子涵来，署北同也。壶天少坐，天仍未明。郭号仲饴，嵩焘筠仙之孙。

初七日，己酉**(11月29日)**　入直。壶天少坐，天仍未明。以兰孙函示寿农。

初八日，庚戌**(11月30日)**　查厢黄旗官学，长允升先一日到。王煦庄生疟，刘幼丹未到。翰林官徐、陈、清、洪俱来。广惠寺杨滨石开吊。何师范交清卿、陈芙生增寿信，即手复。

【本日日记天头上书“张联恩、潘骏”。】

初九日，辛亥**(12月1日)**　入直。工部直日。东、西陵派。荣、汪。壶天少坐。付潘骏以崧镇青信、李谷怡宝章信。

初十日，壬子**(12月2日)**　入直。壶天少坐。到署。范先轸病，请开缺，助以六十金。

十一日，癸丑**(12月3日)**　入直。派题皇太后松鹿一幅、桃榴佛手一幅。天安门磨勘，未去。晤兰孙。壶天少坐。子英来，裱廿一，钟、镈、铎五。

十二日，甲寅**(12月4日)**　入直。官学奏教习傅晋泰二次期满，照章归候补班用一折。壶天少坐。手复谊卿，《粥说》卅本。潘骏号朴庭，送潘朴庭对、食物。

十三日，乙卯**(12月5日)**　入直。会户部奏东河以拨抵两道减存款准一年折。以张彦谱捐千两交凤石。

十四日，丙辰**(12月6日)**　火药局漪贝勒、德铭点验火药，巳刻散。苏振仲华。二百两。

十五日，丁巳**(12月7日)**　入直。以仲华二百交凤石，为凤石代筹岁晚经费百两。壶天少坐。到署。孙寿臣徐季和门生，初分顺天。

帮刘滋楷四两。乙酉门生,门有八彦。

十六日,戊午(12月8日) 入直。吴仲饴引见,捐苏振千两,又先垫千两。壶天少坐。为徐国桢黄廷写合肥信,尧圃之子也。复景月汀,又豫东屏。复智龄。已派徐国桢、赞臣。尧圃子要合肥信。松子久经伟如保举。废员勿引见。

十七日,己未(12月9日) 入直。工直日。为邱泰来函致朗斋。火药局奏造夯药四万、铜轮十万。松筠庵、锡之招,兰孙办。荫轩、仲华到,子禾未到。发南信。梁叔之子苦极,送廿元交济之,又竹、辛、麟《担粥说》十九本。奉廷寄,端良折一件。

十八日,庚申(12月10日) 入直。到正蓝学,梅村先到。季超、幼丹、诗农、荫轩、雨轩、勉之以次到。煦庄、韵涛未到。韵涛先据辞管学。子涵来辞,不见。

十九日,辛酉(12月11日) 入直。召见于乾清宫。

二十日,壬戌(12月12日) 入直。顺天府奏拿获高二等一折。旨依议。壶天少坐。到署,大冷。复谊卿,书廿本。内辛、济贺年。

二十一日,癸亥(12月13日) 入直。派题皇太后画竹二幅。大风冷。闻六舟到。若农复命。

【本日日记天头上书"长萃"。】

二十二日,甲子(12月14日) 入直。冷。晤陈六舟。答若农。经伯来交伟如电。张佩绪号曼农。

二十三日,乙丑(12月15日) 入直。壶天少坐。送仲饴对、幅、书、屏、《丛书》各书俱全、燕窝、普洱茶、鼻烟、袍褂料。闻其廿五六行也。吴鳃臣假廿日。三续。

二十四日,丙寅(12月16日) 入直。六舟召见。壶天少坐。到署,晤兰孙,索笔二支去。

【本日日记天头书"张肇镳"。】

二十五日,丁卯(12月17日) 入直。颂阁续假十日。工直日。会典馆书十卷。汴豹岑、谨丞、杓香、湛田、曼伯、谢星海、袁莘坡镇南、李芳柳晴阶、贾槐三联堂、濮青士、高袖海齐碑、谢折。交仲饴，廿七行。崧镇青、李宝章谷宜交梦华。手复朗斋，赠以董卷。齐碑、谢折。许林同见，谈陵差事，连言蓟书院考事。

二十六日，戊辰（12 月 18 日） 入直。退直时卯初三，起大风，冷。发南信，各谢折一本。辛、济、竹、谱、麟、振民、广安、彦侍、培卿、谊卿、硕庭、泉孙。子英、苏来。燕庭二匣，耳顺。

二十七日，己巳（12 月 19 日） 入直。顺天月折。六舟晤于朝房。壶天少坐。雅宾自陕来。六舟又来。

二十八日，庚午（12 月 20 日） 午初上诣天坛斋宫，蟒袍、补褂侍班。瑞德堂夑臣、柳门、若农、凤石，临时辞者叔平、劼刚、荫轩、寿泉，假。不到者颂阁、飂臣。未初散。苏来。付六十，燕庭古泉二匣，欠十七两。仲饴辞行，来日行。

二十九日，辛未（12 月 21 日） 入直。上寅正行礼，辰正还宫，午初至南海。

【本日日记天头上书"立冬，夜子初初刻"。】

十二月丁丑日，壬申（12 月 22 日） 入直。派代上开笔，恭进皇太后吉祥四字五分、"福""寿"等五十方。壶天少坐。同兰孙赴荫轩招，同锡之、仲华。

【本日日记天头书"屠义容、张兆珏、刘焌、联福、吴重熹、郝联薇、刘心源"。】

初二日，癸酉（12 月 23 日） 入直。恭代御笔"龙""虎"等，又十三言对、五言对、"长寿"字、"天佑皇清"等件。工加班，带引见三名。昆假。晤抟九、六舟。

初三日，甲戌（12 月 24 日） 入直。恭代御笔"福""寿"字等件，是日毕。壶天少坐。到署。

初四日，乙亥（12 月 25 日） 入直。工直日，奏事四件。龙泉寺礼忏。赏耿饼。陆太夫人七旬冥忌。王承陛及豫生、杜庭璞、汪范卿、汪柳来。

初五日,丙子(12月26日)　镶红旗官学会晤。荫轩、可庄、煦庄、允升、诗农、幼丹、陈梅村陆续到。雨轩以疾辞。高勉之迟到。王衍观,乙酉副榜,号正甫。邹凌瀚,高安秀才,号殿书。送以书、菜、点。

初六日,丁丑(12月27日)　入直。顺天奏资善堂请赏米石又棉衣七千余件放竣事。颂阁销假。

初七日,戊寅(12月28日)　入直。吏部下处晤荫轩、子斋、筠庵,与荫轩商请厢蓝管学官,请荣华卿太史庆,谊卿报满也。壶天少坐。晤兰孙。

初八日,己卯(12月29日)　入直。赏腊八粥。递年差。赏袍褂料各一件。壶天少坐,助张一琴五十两。

初九日,庚辰(12月30日)　入直。派恭代上进皇太后"珠宫颐悦"扁、"百五韶光增闰策,十千丰兆庆农书"对一联底子。壶天少坐,烧鸭,邀若农、凤石。可庄来,留饭。巳初皇太后还宫,隆宗门外甬路接驾,蟒袍、补褂。陶曼生奠五十两。

初十日,辛巳(12月31日)　入直。同乡谢恩。兰孙、六舟、郑芝岩、黄思永至壶天来谈。到署。李云从来。十六,清。

十一日,壬午(1890年1月1日)　入直。上派题博古花卉图一幅十方,分十人题,篆、隶、真、行各分任。壶天少坐,同凤石。吊抟九,六舟亦至,同商定折稿,明日入奏。

十二日,癸未(1月2日)　入直。顺天府奏前尹出缺。朝房与六舟长谈。吊曼生五十两。长椿寺,吊徐镜蓉,季和之弟。吊邵师母。

十三日,甲申(1月3日)　卯正赴先农坛,辰刻御米入神仓。到者六舟、左候、桐生。查、张、王、于到,谢病。工直日,注差,引见三名。程志和补□,周学熙奏留,李廷纬司务。贺庞绸堂子完姻。董系和来,号翥轩。送以家刻、近刻。手复清卿,交郏。复李次青。胡子英来。一百四十两。长少白赠汉瓦二,秦十二字瓦、汉九字瓦。川朴,即复。凤石来云,抟九家请题主。

十四日,乙酉(1月4日)　入直。壶天少坐。到署。以少白所赠瓦拓示廉生。复胡辑五。交大、宛百金以备抟九处公祭之用。又付子英。五十两,裱工。緎臣又续假十日。苏相瑞,癸丑、己亥,名颙子,号荣生,张光农舅。

十五日,丙辰(1月5日)　入直。风石未到。壶天少坐。再复清卿拓本十纸。又复清卿,赞其临散盘大字,石刻三函皆交其仆郝姓。复刘献夫汝翊。赵子俊来。

【本日日记天头上书"小寒"。】

十六日,丁亥(1月6日)　入直。赏"福""寿"字,引见时碰头。顺天奏粮价月折,因封印后不便奏也。朝房晤六舟。壶天少坐,兰孙来谈。福寿堂子青丈招,先至廉生处。福寿申初散,甫上席耳。

十七日,戊子(1月7日)　厢蓝官学会晤,允升先到,幼丹诸君陆续俱到,荫轩、勉之后到。午初散。李云从、胡子英、苏来。

十八日,己丑(1月8日)　入直。壶天少坐。兰孙来。张景藩年敬千金,璧之。到署。明日封印,辰刻。派题皇太后画《长春图》三幅。赵子俊来。夜大风。

十九日,庚寅(1月9日)　入直。是日辰刻封印。派题皇太后画《长春图》三幅。壶天少坐。若农以少詹封印来谈。访兰孙不值。赵求为其侄花凤驻京。提塘求南浦信,付之。张星炳,丁酉教习,学正。赏袍褂料、帽纬一匣。赵子俊来。付千二百,二鼎。又川资百,又敦六十。

二十日,辛卯(1月10日)　入直。壶天少坐。会典馆奏事。请画图上、添派各员。官学奏事。吴大澂报满,奏派荣庆。赵子俊来,又付一千。止欠四百,据云可算可不算。

二十一日,壬辰(1月11日)　入直。派题皇太后"新年大喜"二幅、"新春大喜"一幅、"时时见喜"一幅。壶天少坐。至顺天府为抟九题主,相题颂阁、风石。自送分五十金。又公祭发去百金,余四十二两□为绋敬。归途贺惠菱舫、毓晴岩、苏织造。豫东屏孙恩厚完姻。见铁希梅。胡子英、李云从来。

二十二日,癸巳(1月12日) 入直。皇太后赏大卷八件,貂皮十张。朝房晤荫轩、芷庵、子斋,芷庵约往谈也。晤兰孙。

【本日日记天头上书"赖永恭、荣庆"。】

二十三日,甲午(1月13日) 入直。派题皇太后画《长春图》一幅、《灵仙祝寿图》一幅。赏黄米糖。皇太后赏"福""寿"字、"长寿"字、御笔《长春图》一幅。壶天少坐。到署。明日加班,注感冒。

二十四日,乙未(1月14日) 具公折谢恩。工部加班,注感冒。俄国拜年,感冒未到。送鹿滋轩席、潘彬卿席、惠菱舫席、梁经伯修敬。六十两。李云从来。瑞古瓜瓢翠盖壶,十两。交若农遣詹事府递。

【本日日记天头书二条:"谢裕楷、谢锡芬、王忠荫""李润均、高蔚光、胡翔林、潘骏文"。】

二十五日,丙申(1月15日) 入直。朝房晤芷庵、子授。凤石。百两。飓臣昨销假。百两。复李小泉、张丹叔、刚子良。得伟如信,由官封来。发南信,济、辛芝、谱琴、振民、麟生、小渔、谊卿。复伟如,顺天官封递。送高寿农屏、对、横幅。苏。白付十两,洋烟廿两,还之。

二十六日,丁酉(1月16日) 入直。会典馆奏,以红纸张。壶天少坐。再复伟如,交顺天官封递寄。郭。卅两。手复王锡九、张璞君、胡芸楣。复张南浦、锡梦如良。

二十七日,戊戌(1月17日) 入直。派拟醇王福晋五旬寿扁、对二分,每分四分。壶天少坐。赏荷包、貂皮、手巾,领狍鹿。赏汤羊、野鸡。开发内廷节赏,屏、对。

二十八日,己亥(1月18日) 入直。派写恭代皇太后赏醇亲王福晋五十寿明年三月。"延康绯福"扁、"五福堂来观舞彩,九华灯下寿称觥"联句。卯初二上诣太庙,中和殿阅祝版,蟒袍、补服侍班,回时磕头谢荷包赏。壶天少坐,与兰孙谈。佩蘅散生日,送如意、烛、酒,未去。昨廉生交来山东人索售《王注苏诗》二函，内刘须溪补者下函三本之多，其直三百两。以比旧存二本，一缺弟[第]五，一缺弟[第]廿卷。以刘补书尚无如此之多，只好送还矣。王注已不如施。叔平以廿金得《施注》，虽不全，而在覃溪本之外，真奇物也。覃溪本曾在陈小舫处，今不[知]所归矣。胡子英来。

二十九日，庚子(1月19日)　入直。寅初二上诣太庙。派恭代福神、喜神、贵神、财神及本年□月□日□时【按：此处原稿空。】至德尊神之位。复朗斋，为姚诗富，交陈润甫同礼。复姚拾珊，又豹岑、谨丞信。复胡月舫。

三十日，辛丑(1月20日)　入直。赏"龙"字。辰初上御保和殿，出乾清门时貂褂、蟒袍，叩头谢恩，不站回班，寅刻事下。江苏同乡谢恩向在聚丰堂，今日凤石家备二席。送盛伯希奶饼、黄精、鹿角、果子膏，答其鹿尾四也。即以其二及黄精送兰孙。复严少云书麟。复崔子万钟若。复刘俊升。复成竹坪。子英来。百七十金，卣。祀先。许少墨送以袍褂料、帽纬、汤羊、山鸡。索面以代润笔。

光绪十六年日记（1890）

　　光绪十六年庚寅正月朔，壬寅月，戊寅（1月21日）　寅正关帝庙拈香，辰初三慈宁门行礼，辰正三太和殿行礼，懋勤殿开笔，递如意，赏还。候鉴园太平主人并拜年数处。兰孙处拜寿。柳门来。

　　初二日，癸卯（1月22日）　入直。到署。壶天少坐，兰孙来谈。六舟来。军机团拜送席，以送耆静生。安河库道。奉上谕："闰二月十六日谒东陵。"仲华送鹿尾，弟［第］二次。

　　初三日，甲辰（1月23日）　入直。顺天府奏拿获张四交刑部。又审讯潘少宣二件。晤六舟于朝房。小宇送鹿尾、哈什玛。仲华鹿尾送若农。

　　初四日，乙巳（1月24日）　入直。壶天少坐。拜年晤廉生、六舟，未初归。三日入直，未见徐、陆、吴。

　　初五日，丙午（1月25日）　入直。壶天少坐，兰孙来。西城拜年，巳正二归。

　　初六日，丁未（1月26日）　入直。派恭代皇太后赐七福晋寿扁、对，前尺寸大，此尺寸小。派拟赏滢贝勒卅旬寿扁等。为林康甫致中饴并复之。复王符九，又裕寿泉信，为沈倅宝善。复张翰仙汝梅。右江。为徐小云题石谷庚寅画山水。王、谢二令来，又交裕寿泉信。

　　初七日，戊申（1月27日）　入直。派题皇太后画鱼绢张一帧。

　　初八日，己酉（1月28日）　入直。工部加班，奏顺天乡试棚座等二折。绍葛民送鹿尾一，端午桥送鹿尾二。到会典馆。

　　初九日，庚戌（1月29日）　入直。同乡谢恩。上诣中和殿看太庙祝版，乾清门补褂侍班。得南信。赏燕窝。

初十日，辛亥(1月30日)　入直。寅初二上诣太庙。皇后千秋圣节，花衣。发南信，济、竹、麟、振民、小渔。寅初东华门得六舟信，即复。

十一日，壬子(1月31日)　入直。壶天少坐。到署。濮贤恒，号心如。

十二日，癸丑(2月1日)　入直。壶天少坐。丑刻复六舟信。辰初到府，晤六舟并约如江同谈。晤佩蘅。至劼刚处，其刘夫人六十寿，同张、额、许、孙、福、廖、徐、续、徐、翁公送。申初先行。

十三日，甲寅(2月2日)　入直。懋勤殿跪春。壶天兰孙来谈。都察院团拜，辞。徐寿蘅招湖南馆，辞。曾劼刚招观剧，昨已缴帖辞。赏元宵。发下春帖子赏。潘绍诒求仲饴信，付之。

十四日，乙卯(2月3日)　入直。上诣奉先殿，出内右门，磕头谢恩。壶天少坐。长椿寺汪柳门之封翁十周年。

十五日，丙辰(2月4日)　入直。丑刻偕六舟到内，准礼部来文。寅初三进春山宝座三分。辰初上诣保和殿筵宴。宴未到。惟南斋侍班，染貂帽、蟒袍、补褂。午初同枢廷送宝座。皇太后驾还，酬苑臣隆宗门外。小峰家祝其太夫人寿。湖南馆九卿团拜，辞。又顺天主考请监临，辞。

【本日日记天头书"立春，寅初二刻十分"。】

十六日，丁巳(2月5日)　入直。午刻乾清宫廷臣宴，未初二散。赏如意、蟒袍、瓶炉、袍褂、手炉并席。耆静生安求清卿信，付之。复子静。

十七日，戊午(2月6日)　入直。招赵寅臣、梁经伯、许子原、徐花农、陆申甫、天池、汪范卿、王豫生便饭，未刻散。

十八日，己未(2月7日)　入直。招伯熙、午桥、黄再同、王廉生、刘佛青、冯梦华、沈子封、子培、王小宇、王弢甫、黄仲弢、缪右岑、张子与、王葑卿、许鹤巢、许少嚣、李木斋、邹殿书，辞者施均甫。申初始散。

十九日,庚申(2月8日)　巳初上诣天坛宿斋宫,准午初驾到,蟒袍、补褂侍班。约叔平、燮臣、陆、李、吴,未到徐,辞者曾、汪。未初散。大风。

二十日,辛酉(2月9日)　寅刻进西长安门,上上祭。辰初上自斋宫还海。貂朝衣故事,貂朝至十五止。偕军机西苑门内接驾,蟒袍、补褂。公所遇叔平诸君。廿二才盛馆已丑房官公请监临,辞。廿四粤东馆工部司员团拜公请堂官,辞。小峰约本日观剧,以腹疾不果去。大风甚冷。

二十一日,壬戌(2月10日)　入直。换染貂冠、正穿褂。兵部团拜廿八,辞之,湖南馆。有冰床。手复六舟。夜大泻。李云从来。手复高云帆袖海、吴清卿。

二十二日,癸亥(2月11日)　入直。壶天少坐。到署。

二十三日,甲子(2月12日)　入直。张安圃祖母开吊。叔平招江苏馆,借蔡厨。答瑞德堂之约,到者孙、燮、徐、陆、吴,申初散。发电询吴母,翼日电,本日申刻去世。

二十四日,乙丑(2月13日)　入直。工部团拜,辞。朝房晤兰孙。礼直日。发南信,济、竹、谱、辛、麟、谊、振并救疫方八十五纸。启绍放承德,来见。

二十五日,丙寅(2月14日)　入直。派写回文屏八张,每张四样。以《琼玑碎锦》交凤石。会典馆看书十卷。传心殿晤六舟。太和殿演礼,遇可庄、荫轩、小云、建信、兰孙及诸君。为征和斋厚致书于耕娱。霸昌道德克精额来,号绍庭。邹殿书辞行。德道送礼,收食物,答以席。

二十六日,丁卯(2月15日)　入直。蟒袍、补褂。午初一上御太和殿筵宴,朝服。午正二礼成。传心晤六舟。

二十七日,戊辰(2月16日)　入直。工直日。顺天府月折。朝房晤兰孙、柳门、小峰、六舟。祈年监督启绍缺,派志觐。申刻雪。夜风。

二十八日,己巳(**2 月 17 日**)　入直。风冷。招六舟、徐东甫、王云舫、高勉之、王可庄、李润斋、张少玉、高熙廷,未初散。

二十九日,庚午(**2 月 18 日**)　入直。风冷。工部奏派随扈查道,派潘祖荫。顺天府奏雪及四路州县十月后得雪分寸。天安门磨勘班,未到。候兰孙未值。

【本日日记天头书"雨水,子初二刻十二分"。】

二月己卯朔,辛未(**2 月 19 日**)　入直。卯正二坤宁宫吃肉,白风毛补褂。到署。景善、清安、奎润、贵恒、兴廉招湖南馆,辞之。交风石廿八两。

初二日,壬申(**2 月 20 日**)　入直。恭进派写回文八幅。郑邸吃肉,辞。壶天少坐。子青丈招观剧,不及待坐席归。

初三日,癸酉(**2 月 21 日**)　磨勘试卷复命。注感冒,风石来诊。又发下回文各八幅。一黄一白。交风石五十两。手复陆吾山。

初四日,甲戌(**2 月 22 日**)　具折请假,赏十日。发南信、济、竹、辛、麟、谱、振民、小渔、泉孙、培卿、清卿、谊卿,并谢折四本、疫方四十纸。

初五日,乙亥(**2 月 23 日**)　兰孙、叔平来。

初六日,丙子(**2 月 24 日**)　工直日,注假。柳门、花农来。函致仲饴、吾山,交廉生。润古来。

初七日,丁丑(**2 月 25 日**)　闻范卿丁艰。手复江容方,交星叔。复贾槐三联堂。张一琴、胡子英、李云从来。

初八日,戊寅(**2 月 26 日**)　上诣社稷坛。六舟、子原、孙寿臣来。审李丰年案。王、谢、查俱来。

初九日,己卯(**2 月 27 日**)　润古来,付四十两鼻烟价。得朗斋信,水利已解。李云从来,卅两。念庭福字盖料壶。寿山来,送以席。

初十日,庚辰(**2 月 28 日**)　送奭召南良以席。兰孙来。送杨秋湄拓本四十五纸,索其《山右金石记》及吴鉴拓本,交豫东屏发官封。

端午桥、松鹤龄来。

十一日，**辛巳（3 月 1 日）**　王叔贤请假省亲。子原送折来看。得谊卿正月十五信。兰孙以叔平之《松桂堂米帖》有袁枢印及睢阳袁枢书《洛神赋》卷来阅，摹者王。

十二日，**壬午（3 月 2 日）**　上诣文昌庙。仲约来借《昭代丛书》。复六舟，送酱姜、密［蜜］姜。

十三日，**癸未（3 月 3 日）**　笔帖式来取续假折。发南信，济之、辛、谱琴、麟生、振民、谊卿、培卿、清卿。写十四日。

十四日，**甲申（3 月 4 日）**　具折续假，若农亦请假，旨赏十日。送刘谨臣席。熙续庄来，未晤。杨艺芳来二次，未晤。发济之信。

十五日，**乙酉（3 月 5 日）**　清朴、江槐庭、屠义容来。得何鸾书信。顺天送津贴百金。

【本日日记天头书"惊蛰，亥刻初刻六分"。】

十六日，**丙戌（3 月 6 日）**　子原、凤石来。汪范卿送十六两奠分。函致六舟。

十七日，**丁亥（3 月 7 日）**　经伯去世，送百两，交子原。柳门、花农、鹤龄、子原来。手复孙驾航、钱辛伯。手复向万鑅。广西梧州守。

十八日，**戊子（3 月 8 日）**　芷庵来，面商祈年并英绵初二奏留事。

十九日，**己丑（3 月 9 日）**　李兰孙、姚二吉、张幼和来。复劳辛农，并以寿泉信送阅。寿泉住定福，持帖往候。天暖。

二十日，**庚寅（3 月 10 日）**　晨阴，明日方出九。夜微雪，旋即大风，冷。

二十一日，**辛卯（3 月 11 日）**　风冷。子英来。付五十两，装裱直。

二十二日，**壬辰（3 月 12 日）**　工直日。冷。

二十三日，**癸巳（3 月 13 日）**　笔政送安折来。昨派管理沟渠河道大臣。换洋灰鼠一套。

二十四日，**甲午（3 月 14 日）**　入直。具折请安。派写"烟郊白洞"等扁三十六面。晤六舟。答星叔、吉甫、寿泉、仲华与诗海。啃额小山断弦。艺芳来。子英来。《内经太素》《万象名义》,共百金。

二十五日,乙未(3月15日)　入直。引见时请安。到署。答兰孙、子授、莱山、若农均不值。惠菱舫招菊儿胡同荣宅观剧,辞之。

二十六日,丙申(3月16日)　入直。答小峰、玉圃、叔平、艺芳、芷庵、凤石、寿山、刘荩臣。啃邵小村、汪范卿,面送范卿廿两。

二十七日,丁酉(3月17日)　入直。工部带引见三排。员:清朴、彦秀、济澂、龙保;主:丰培、联芳。是日礼部亦引见。

二十八日,戊戌(3月18日)　入直。皇太后赏大卷一套。风冷。壶天少坐。到署卯初。函致青丈。上还宫,建福宫行礼。孝全诞辰。管燠和、红生侄孙,应山县。董系和辞行。日夜泻十余次。

二十九日,己亥(3月19日)　入直。卯初二上诣中和殿看祝版,朝日坛。海军衙门会奏粤镇南、琼廉、琼州三折。炮台。

三十日,庚子(3月20日)　入直。工直日,注感冒。上诣朝日坛。换灰鼠一套,藏獭冠。

【本日日记天头上书"春分,三十日子初一刻七分"。】

闰二月朔,辛丑(3月21日)　到正黄旗官学会考,实到者百十名。荫轩、季超、兼诗农差缺。华卿、勉之、可庄、幼丹、梅村、雨轩、煦庄代可庄。俱到,午初散。

初二日,壬寅(3月22日)　入直。到馆。到署。送安圃行,送以对、幅、《丛书》、家刻。答樵野。子英来。《元公姬氏志》,四两。

初三日,癸卯(3月23日)　入直。于奉宸苑公所晤少荃,遇仲华、芷庵、宋庆。得南信,复济之、辛之、谱琴、瘦羊、小渔。

初四日,甲辰(3月24日)　入直。晤兰孙、陆树藩。存斋子,号毅轩。存斋寄来新刻书。李云从来,贤人像,二两。苏来,均还之。

初五日,[乙巳](3月25日)【按:此处"乙巳"二字似刮去,添写"吴士恺"。】正红官学查学。允升、勉之、华卿、清秋圃、徐子静、可庄、煦庄、蒋清篦、梁紫垣、陈梅村、陈聘臣、名珍。吴雨轩陆续到。巳刻先行,幼丹尚未到,已拟辞也。手复存斋,并《急就》、刘补注《尔雅》、《石湖诗注》、《齐孝子碑》、谢寿折。六舟再通信。函致仲饴。得济之、麟生、振民信。发南信,济之、绒、响鼓、上海膏、跌打损伤方。辛、谱、麟、振。

初六日,丙午(3 月 26 日) 入直。派写广仁寺扁。四体庙名。到署,湖南馆丁未团拜。张、徐公请。己酉团拜。李、许、仙屏到。才盛馆江苏团拜。许、徐、仁山到。巳刻壬子、癸丑公祭邵师母,子:李、许、潘;丑:瑞、麟、恩。申刻散。谢令、见。许慰祖来,适出门未见。海秋之子即小名虎儿者。

初七日,丁未(3 月 27 日) 答宋祝三。子青约毓宅观剧。孝廉潍县。于文中子和持曹竹铭信以殳季良壶盖来见,直七百五十。午刻赴毓宅,有曾劼、徐颂、续燕、汪柳、陈六、翁叔、孙燮臣、徐小云、廖仲山、福箴廷、巴敦甫,申初余先行。发南信。

初八日,戊申(3 月 28 日) 入直。工直日,督修宝泉局。安徽馆团拜,孙燮臣、方汝铭、郝同篦、高传循、徐家鼎、王嘉善招,未初到,未正先行。

初九日,己酉(3 月 29 日) 入直。答清秋圃。候兰孙未值。邓泽钖,壬子同年贤芬之孙。

初十日,庚戌(3 月 30 日) 入直。到署。督修宝泉局,松寿、李润均、恒顺。于文中来面定。

十一日,辛亥(3 月 31 日) 官学奏事,奏陆钟琦管正白学,幼丹御史缺。声明查学。卯初查厢红学,可庄、煦庄、勉之、秋圃、雨轩、华卿、梅村先后到,翰林官徐子静、管、陈、洪俱到,午初二散。赴季和招,仙屏、子禾、漱兰到,未初二散。付许梦鞠慰祖、江容方信。夜雨。

十二日,壬子(4 月 1 日) 入直。工加班,奏事四折一片。晤兰孙。再函致六舟,又张陈氏上控,遣弁押交府署。陈泽醴、新到辕,山西人,曾署直隶佐杂二次,现遇知县班。张芳标、山东改发河南知州,浙江人,号锦帆。许慰祖辞行，来并见。

十三日，癸丑（4月2日）　入直。顺天府奏雨未及一寸。招张樵野、曹竹铭、李若农、高寿农、陈冠生、吴飚臣、李锦斋、陆凤石，未初二散。午初后雪。复六舟。

十四日，甲寅　以下东陵日记。

【本日日记天头上书"清明，十六日辰初三刻二分"。】

二十三日，癸亥（4月12日）　以上东陵日记。

二十四日，甲子（4月13日）　入直。全牌请安，颂阁以病未到。闻劫刚仙去。派拟隆福寺各等处扁廿二面、对四付。

二十五日，乙丑（4月14日）　入直。天安门礼部朝房覆勘各省试卷，对笔迹。到署。徐子静河南小门生带见。于文中来。号子和，面交六百六。

二十六日，丙寅（4月15日）　入直。派阅各省覆试卷，徐桐、翁、许、嵩、潘、祁、徐郙、景善、廖、薛、汪、徐树铭十二人，申初二散。宝佩蘅招观剧，辞之。癸酉、乙酉团拜，辞之。

二十七日，丁卯（4月16日）　入直。顺天府月折三件一片，复奏牟荫乔修贡院墙折。工部带引见陈传奎、赵亮熙，宋承庠撤。同嵩犊山奏事处内谈良久。又同箴亭四君谈，知上欠安，请安看方，已而南、上两斋俱至矣。送邓华熙席，璧王朗斋席。曾劫刚廿二去世，今晨往哭之。傅竹农凤飏，振邦之子，带来仲饴信及汉砖五，甚大。

二十八日，戊辰（4月17日）　入直。请安看方。李小研来并带江南小门生，俱见之。百两，九人。送经伯奠分二百金，交子原。寄香涛拓本廿四纸、庄《古文疏证》、《石湖诗注》、刘氏《尔雅注》、钮氏《急就章补注》，交小赤。以曾沅浦信交邓泽钖，芗甫之孙也。汪道怡交杨思赞信，其婿也。龚心铭，仰蘧之子。俞陛云阶青，曲园之孙，交来其信并《茗[茶]香三抄》。蔡丞来言顺义张老一案、鲁人瑞怀柔徐鸿典一案。以葛氏送席送樵野。

二十九日，己巳（4月18日）　入直。请安看方。派写慈雪寺、松花寺、隆福寺扁十二面。工直日。泉孙到京,得济之信。

三月庚辰朔,庚午(4月19日)　入直。上大安,无方。晤兰孙。得仓隽臣信。

初二日,辛未(4月20日)　入直。六舟订定卯刻在朝房面晤。到署。子静来,得胡云湄信。

【本日日记天头上书"谷雨,午初一刻九分"。】

初三日,壬申(4月21日)　厢蓝查学,华卿、季超、勉之、申甫、煦庄、梅村、雨轩到,翰林官梁、杨、管、丁、洪、徐到,陈聘臣未到,巳正散。卷交徐子静代看。申初三刻接奉寄谕。复六舟。场差王曾彦病、谢锡芬病。

初四日,癸酉(4月22日)　正白旗官学会晤,陆申甫、高勉之、清秋圃、代诗农。陈梅村、长季超、荣华卿、吴雨轩、徐荫轩到,巳正散。可庄疾未到。上祈雨大高殿。

初五日,甲戌(4月23日)　入直。如江来为廷寄事、鹤龄案。庆海疾。溥善来,为祈年殿事。赵花风来,有赵生杰信,送"延年益寿"瓦一、毡二张。

初六日,乙亥(4月24日)　入直。上谕。顺天府递封奏一件。朝房晤六舟。知飑臣入闱。谭进甫来。

初七日,丙子(4月25日)　入直。到署。兰孙来。六舟送检举稿来,昨折中有误字也。大风竟日。得南信并上海膏卅贴。

初八日,丁丑(4月26日)　入直。工直日。派写颐和园对十付。晤六舟。候仲华,未能见。夜大风。得伟如信,赵伯章立来。

【本日日记附书"李中堂、张兆珏、劳肇光"。】

初九日,戊寅(4月27日)　入直。风冷。复六舟。复伟如。复仲饴交顺天府。发南信,济之、辛芝、谱琴、瘦羊、振民、培卿、清卿、谊卿。

初十日,己卯(4月28日)　入直。答谭进甫。自行检举"精力"

误"年力",请议处。旨依议。上诣建福宫行礼,孝贞显皇后忌辰。函致六舟,又濮君信。再复六舟。巳刻雨,未刻止。

十一日,庚辰(4月29日)　入直。顺天府报雨。六舟假五日。到署。送王朗清德榜对、扇、鼻烟、补子、活计、火腿、茶叶、帽纬。复曲园交子元。

十二日,辛巳(4月30日)　入直。上大高殿祈雨。如江自通来。张幼和禀辞。复六舟。

十三日,壬午(5月1日)　入直。复六舟。华卿来。刘兆璋来。署宁河。

十四日,癸未(5月2日)　入直。为李木斋题黄善夫之敬室本《后汉书》,与王廉生本同。《康成传》无"不"字,亦与碑合,佳本也。李伯馨经方,少荃子。二品补用道。王苣臣、于次棠荫霖来。

十五日,甲申(5月3日)　入直。到会典馆遇露圃。到署。昨鹤龄诸君查旱河,云下游已竣,上游四月可毕。陈其义来,骏生之堂弟。

十六日,乙酉(5月4日)　入直。工直日。朝房晤六舟。仲韬来。再函六舟。

十七日,丙戌(5月5日)　入直。派写颐和园乐寿堂九言对一副。得南信。

【本日日记天头上书"立夏,亥正初刻四分"。】

十八日,丁亥(5月6日)　厢蓝学会晤并补正黄会考,荫轩出题。华卿、申甫、梅村、秋圃、可庄、勉之、云舫、雨轩俱到,巳初散。鞠常来。发南信,济之、辛芝、瘦羊、振民、鲁岩。

十九日,戊子(5月7日)　入直。派写夕佳楼五言对二付。答裕泽生、叶鞠常,皆不晤。到署。复六舟。阮引传号申甫,文达曾孙,赐卿孙,其父恩光署吴桥,此次途中遇之。得芝泉子大源信,号砚田。以婚事求助。三百金,助以百元,即复,交刘传福。

二十日,己丑(5月8日)　入直。上连至南书房二日。谊园春

祭未去。郑邸招廿一日观剧，辞之。巳刻雨，微雷。未正后晴又雨，
至戌刻止。

二十一日，庚寅(5月9日)　入直。偕芝庵奏祈年殿用延楠木
一折。上祈雨大高殿。贺犊山嫁女寿山子。

二十二日，辛卯(5月10日)　入直。顺天府报得雨四寸。上御
太和殿受贺，无表。会典馆到者小山、露圃、星叔、芝庵、荫轩，恩麟先
行。四人同饭。晤廉生长谈。福寿堂南皮招，申初先行。

二十三日，壬辰(5月11日)　入直。公折谢恩诏恩。上诣寿
皇、奉先殿，道旁碰头，均蟒袍、补褂，不误。有补褂、蓝袍。误。到署。
毕芇村赴金华辞行，已七十矣。吴士恺付以崧镇青信。函致张幼和
为曹姓一案。蔡鹤君来，派审通州案。手复六舟。

二十四日，癸巳(5月12日)　入直。上幸颐和园，二十二日起。
皇太后幸颐和园，凡六日。晤兰孙。

二十五日，甲午(5月13日)　入直。工直日。卯初二上幸颐和
园。西苑门得六舟书，即复。才盛馆同乡接场。庚子团拜，辞之。发
南信，济之、又芝泉子大源事。辛芝、谱琴、瘦羊、振民信。

二十六日，乙未(5月14日)　入直。卯初上诣大高殿谢降。顺
天府月折，又三县绅公呈李均豫引见一折。晤六舟朝房。李均豫来，
知奉旨送部引见。延徐亚陶来为荆人诊。

【本日日记附书"灵耀、查光泰、徐树锷、刘启彤、阎维玉、朱缙"。】

二十七日，丙申(5月15日)　入直。到署。延亚陶。己酉公请
谭敬甫，辞之。送以扇、对、洋烟、竹帽架、茶、腿。鹤君来，通州事可
结。王之杰乃之春之弟。小亭来言赵连义案。曹善臻。镇江拔贡，丙
戌朝考门人。海军、县。

二十八日，丁酉(5月16日)　入直。上办事后还宫。答长诗
农。张一琴署粮厅。

二十九日，戊戌(5月17日)　入直。候德静山川臬。旨召见。
陈庆彬子均来送《阳三老石刻》。濮贤懋云依以青士信来。冯宝琳，己

丑庶常。端之子，文用古注。

三十日，己亥（5 月 18 日） 入直。卯初上看太庙祝版，侍班补服。到署。

四月辛巳朔，庚子（5 月 19 日） 上诣天坛斋宫，午正驾到。瑞德堂约翁、孙、松、汪、李、徐、陆，未刻散。雷而雨不大，小雨夜不止。仲客来，携克鼎册去。复六舟。

初二日，辛丑（5 月 20 日） 入直。卯正三上还宫。皇太后派拟赏万寿扁、对各一分。颂阁未到。再复六舟。复青士并克鼎、《滂喜丛书》，交其子云依贤懋、石珊贤恒。荐蔡厨于樵野。不收。濮贤恪来，号南如，青士长子。洞泻竟夕。

初三日，壬寅（5 月 21 日） 镶黄旗考监，送肄业生刘云龙等四名。吴雨轩、荣华卿、陈梅村、陆天池、王云舫、可庄、季超、诗农、勉之。腹泻，不及待荫轩，巳初散。风石来诊，服其方。夜仍泻。

【本日日记天头上书"小满，午初一刻十二分"。】

初四日，癸卯（5 月 22 日） 入直。派恭代皇太后赏皇上扁、对小底："受兹介福""祖武承五福五代，天庆膺多寿多男"。再复六舟。

初五日，甲辰（5 月 23 日） 查正黄学，诗农、天池、可庄、梅村、季超、雨轩、勉之、陈、杨、丁、管、徐到。辰正即行。贺若农得阁学。

初六日，乙巳（5 月 24 日） 入直。派写扁上款。光绪庚寅六月二十六日御赐。得南信。

初七日，丙午（5 月 25 日） 入直。贺风石讲官。二次。亚陶来诊。昨日。

初八日，丁未（5 月 26 日） 入直。顺天府覆奏查办张兆丰封奏一件。奉旨："张兆丰即开缺，交部议处。降三级调用。等因。钦此。"兰孙来。送小村行，至龙泉寺拜邵师母。送小村茶、腿、点心。

初九日，戊申（5 月 27 日） 入直。到署。龙泉寺壬癸公祭邵师母，到者芷庵、兰孙。亚陶来诊。巳正风。严令来枭司来访陶福中一案。伯武来,得南信。

初十日,己酉(5 月 28 日) 入直。工部带引见熙注差。十二名。
宝源局七名、满员外一名、补笔帖式二名。奏留笔帖式、库使各一名。发南信,
济之、瘦羊、辛芝、广安、振民、谱琴、培卿。

十一日,庚戌(5 月 29 日) 入直。工直日。同芝庵到天德木厂
看祈年殿样式。派查库同睿、庄、克、滢、恩、许、嵩、徐、汪,十六起。
看兰孙。丧女。贺莱山。发南信,济、辛、谱、瘦羊、振民各墨一本,
济、谱题名。风。

十二日,辛亥(5 月 30 日) 入直。卯初二上祈雨大高殿。朝房
晤莱山、午桥、筠庵、叔梅、季和、子斋、緦臣。碰头。劼刚开吊,送廿
两。晤刘康侯。以抟九墓志交高枏。

【本日日记傍书"张延鸿、潘宝琳、王继香、徐道焜、刘启瑞、荣
禧"。】

十三日,壬子(5 月 31 日) 入直。到署。李云从来,得其高似
孙《文苑英华纂要》四本。

十四日,癸丑(6 月 1 日) 入直。加班会户部奏张曜请四十万、
以户部支绌准廿万一折。带引见三名。陈传奎,正;赵亮熙,陪;宋承庠,
不许咨留。题送。答刘毓麟,未起。兰孙女殡龙泉寺,送纸锭。

十五日,甲寅(6 月 2 日) 入直。派写吉林"龙泉惠普"扁一面。
晤兰孙。手书致朗斋,为朱光绥之孙耀祖求赏荐事。手复陆存斋。
函致再同,为龙景曾事。函致仲饴。函致合肥,为通永道事。

十六日,乙卯(6 月 3 日) 查库起,滢贝勒有差,管库者昆、李未
满假。巳刻散。风。换麻地纱袍褂。到署。

十七日,丙辰(6 月 4 日) 入直。派阅覆试卷同徐、麟、翁、许、
嵩、祁、孙授、徐、颂、廖、薛、汪。一等七十二名、二等一百十名、三等
百廿六名、四等四名。申初散。

十八日,丁巳(6 月 5 日) 入直。工部加班,带引见二名。赵亮
熙、区谔良,郎中。顺天府奏查会馆。晤六舟朝房。查库睿、滢、徐到,

卯正开库。本库到兰孙、子禾、小峰。已初柳门到。已初散。

十九日，戊午(6月6日)　入直。会典馆奏章程一折，又奏留黄懋材一片。工直日。送郑绍忠对、扇、袍褂、帽沿、活计、火腿、茶叶。派阅散馆卷共九十名，同昆、李、贵、祁、许、孙、李仲约。一等四十三、二等四十四名、三等三名。题："白虎观论""五经同异赋"，赋得"盘云庆鹤下"，得盘字。李端诗。

【本日日记天头上书"芒种，丑正三刻十二分"。又附书"许铃身、施沛霖、汤钊、朱焯成、王忠荫"。】

二十日，己未(6月7日)　入直。查库，同滢、续、许、李、恩。已初散。复六舟。得少荃信，复驳查治中署道一函。手复方勉甫。吴义培号集生，少渠之兄，菉渠之子。

二十一日，庚申(6月8日)　派察看标识。恩、昆、岳琪、桂全、胡质洄。查库同庄、昆、祁、许、滢、孙，已初散。仲良、骝孙来辞行。送火腿、点心二匣。得刘献夫信，复之。得承厚信。

二十二日，辛酉(6月9日)　查库同庄、滢、恩、李、昆、祁，已初散。六舟来。先函致六舟。胡子英来。大碗一，碎纹。小碗三，一碎纹，二完。以南园对二，一赠一还。锦斋画马一，还之。

二十三日，壬戌(6月10日)　查库同昆、恩、李、孙、庄、滢，辰正二刻散。火药局。松、联、程、韩来。获案犯董气子。刑部传陈三、陈四，复部稿。硕卿归府引见。戌初雨即止。

二十四日，癸亥(6月11日)　到署。查库同昆、李、祁、滢、克、恩，孙后到。已初散。仲饴寄李俊民《庄靖集》，无信。汪如金，桐城候选训导，以刘海峰诗幅求题。

二十五日，甲子(6月12日)　卯初上御太和殿，朝服行礼。礼部朝房察看标识。顺天府宴及查库，以察看标识不到。江右乡祠文芸阁、福州馆吴肃堂、长元吴馆吴颖芝归第。未刻归。

二十六日，乙丑(6月13日)　入直。察看标识覆命。顺天府月折、夹片。宜荆水灾，据绅士任道镕等函拨艮［银］二千两。查库，庄、续、李、滢、昆、汪，辰刻散。为廖季平作所箸［著］《左氏》《公羊》序文二。皇太后赏蓝芝麻地纱一、灰色芝麻地纱一、绛色芝麻地纱一、石青芝麻地纱一、漳纱二、葛布二、帽缨二匣、折扇一柄、燕窝一包。施培曾，庚子之子。三品衔道员，用候府扬务同知。

二十七日，丙寅（6月14日） 卯初查库。庄、克、李、祁、恩、徐，巳初散。

二十八日，丁卯（6月15日） 查库毕，巳初散。滢以差未到。赏袍褂料、葛纱、葛布、帽纬共十件。

二十九日，戊辰（6月16日） 入直。查库覆命，同管库列衔。派阅朝考卷，同徐、翁、昆、许、贵、祁、孙、廖、汪、李、沈。一等八十，二等一百廿，三等一百十九，四等侯维鹏不完。题"贾谊、董仲舒论"，"拟赵充国屯田十二便疏"，赋得"松色带烟翠"。张渭诗，得"深"字。申初二刻散。菊常到馆。昨皇太后赏袍褂料各一、燕窝一包、普洱茶一团。热甚。

五月壬午朔，己巳（6月17日） 到厢红官学，可庄、申甫、华卿先到，梅村、勉之、诗农、季超并补查正黄学数名。后荫轩到，后雨轩到。巳初归。赏角黍，皇太后赏御笔画折扇一柄、团扇一柄。

【本日日记天头上书"日食，酉初"。】

初二日，庚午（6月18日） 入直。南书房连衔谢皇太后恩。上以方泽还宫斋戒，寅正后出西苑门。同磕头者荫轩、箴亭、松寿泉、南斋五人、兰孙，谢皇太后赏扇也。三所候箴亭，同估三所东西各处、寿康宫、英华殿等处围墙。开发内廷节赏及扇。发南信，济、辛、瘦羊、谱琴、振民并墨题名，硕庭拓、瘦羊拓。

初三日，辛未（6月19日） 入直。到署。招二席，莆卿辞，伯熙以病未到。

【本日日记版框外书"周志靖、徐致靖"。又天头上书"仲□、小宇、梦□、鞠□、冠□"。】

初四日,壬申(6月20日) 入直。上看祝版。乾清门侍班,补褂。送许少髯纱、葛、帽纬、荷包、铜香合、蕉扇,为写赏扇润笔。梁味三经伯润廿四两。复六舟。

初五日,癸酉(6月21日) 入直。丑刻上至方泽,卯正二还海。发镇青信,官封,为竹年。招硕卿、鞠常、秦吟燕、汪濠生、熙年、泉孙、福臻。

【本日日记天头上书"夏至,戌初三刻十二分"。】

初六日,甲戌(6月22日) 入直。晤兰孙。复钟饴,交官封。复六舟并《蚕桑实济》三十本。巽卿来。

初七日,乙亥(6月23日) 入直。寅正后微雨时作时止。到署。陈巽卿送扇及《裴岑碑》。冠生送二菜二点。王仲希曾彦来,云欲往东将母。

初八日,丙子(6月24日) 入直。孙锡康号小平,大津县。涂景涛号稚蘅来,将赴裕寿山处。又竹年《洗冤》、《秋审》、《全生》、《贯垣》、《大云》、《伐》、《蚕》、《籀》、《急》、《雅》、试贴。

初九日,丁丑(6月25日) 入直。裴仪卿来,圆足币十、小币、平阳等,五千,付百七十两。以《滂喜斋丛书》送涂景涛稚蘅。陈舫仙来,已五十九,曾沅甫有信。午刻雨。寄济、静涵石刻、《李秀》、《会试登科》,又《金台四集》《孙奇逢年谱》,又玳瑁镯、夏布。寄辛芝《锁院春吟》、叔母人参一两、夏布、阿胶。《会试登科》。寄谱琴同门卷八本,寄麟生秦权、唐墓志,又敦拓、《锁院春吟》。以上交福臻。又振民《金台》、《孙夏峰》、戚伯著《华山碑》。

初十日,戊寅(6月26日) 火器营旱河收工。至三孔桥松林村一带等处,寅正起身,巳正归。福臻南旋。函寿泉为高楷,交高柑。

十一日,己卯(6月27日) 入直。顺天府报得雨二寸。子英来。会典馆看书。公所晤六舟。到署。发南信,济、辛、九弟嫦,九月中办喜事。送六十元,属辛芝问济之取。又竹年、振民,又谱琴。散馆新进士引见单。再复六舟。发艺芳、仲芳官封。

十二日，庚辰（6 月 28 日） 入直。公所晤徐、李、麟、恩诸君。施培曾号翰臣，子以塘号朴斋。同知衔，苏候补县。施鲁滨福，号文波，朝考二等。复六舟。胡子英来。魁文农太守以卓异来。高仲珹送汉印十、九仙山拓。联何重以收贵州木来。合肥奏交工部收。张守炎。号星谋，海丰人。

【本日日记天头上书"陈宝璐、王、何、黄绍箕"。】

十三日，辛巳（6 月 29 日） 入直。绍葛民遣世善来，得南信，济之、辛芝、瘦羊。济之要荷包等件。

十四日，壬午（6 月 30 日） 入直，召见，晤兰孙。函致六舟。廉生荐王西泉石经来，未直。杨怀震补文安，甲戌进士，人书气。艺芳处送席。舫仙、右铭处俱曾送席。三复六舟，并言蚕桑事。小亭来，云六舟招之来，当为永霸盗案也，见时忘之。王西泉石经来，一玉上刻字，如《大吉买地记》，直五百。三古钵亦五百。姑留邢侗尺牍、廿七交子英十金。古戳一、溜金阗字圆足一，共百五十金，渠未肯。陈荫庭劢后第一次见。

十五日癸未（7 月 1 日） 入直。到署。志觐来，云熙续庄明日该班，不带引见。陆寿门来，云第十三次解饷矣。杨增云，房、涿民端午争水儿变。

十六日甲申（7 月 2 日） 入直。加班带引见。徐迪新，正；赵尔震，陪。主事高彤瑄补，笔政文廉、恩寿补，小京官曹垣留。江苏木植委员张履泰。手复六舟。

十七日乙酉（7 月 3 日） 正蓝官学会晤。巳初二刻散。手复六舟。吴梦淞淖来，欲荐德静山臬幕。子英来。付廿，刻笺，尚欠八两。廿七付十金，多二金。

十八日，丙戌（7 月 4 日） 入直。小雨不大，巳刻至午渐大，止三寸余。函致德静山，复六舟。张发祥自颁发誊黄又检验来。夜亥初又雨一寸。

十九日，丁亥（7 月 5 日） 入直。上诣大高殿求雨。顺天府报雨。三寸，又片，亥刻一寸。晤六舟、小峰、兰孙、仲华于公所。到署酉初三，雨即止。

二十日，戊子（7月6日） 入直。丑正三途中遇雨。发下国史馆《传》四本。卯初后又雨。得姚石珊信。酉刻又雨。亥刻又雨。乐庵丁艰。

二十一日，己丑（7月7日） 入直。传旨，要《桑蚕实济》几十部。太后前交懋勤殿，去年进四十部，上十部。卯正三刻又雨。上诣大高殿谢雨。雨竟日。子原来二次。

【本日日记天头上书"小暑，未初二刻四分"。】

二十二日，庚寅（7月8日） 冒雨入直。派恭代皇太后万善殿"龙象神通"扁一面。工直日。郑工料垛溢于旧二百余万，乞圣裁。雨至巳刻不止。未初三小止。细雨达旦。

二十三日，辛卯（7月9日） 以活计一匣寄济之。以郑板桥、祁文端拓小对、《党人传》、《弟子职音注［谊］》、钟广。《刘舍人子雄集》寄振民，交硕卿并送硕卿礼。子千到京。

二十四日，壬辰（7月10日） 入直。雇轿二日，到署，钱硕卿，陪者鞠常、子千、蔚若、柳门、凤石、屺怀、建霞，辞者莆卿。顺天报深透。王西泉石经来。二百金，古钵三，溜［鎏］金□字。

二十五日，癸巳（7月11日） 王澧，爵棠之弟，候补江苏府。瑞莆侯，江宁藩。

二十六日，甲午（7月12日） 入直。答瑞莆侯、王澧。送寿门点心八匣，小峰、右民信。送莆侯席，送李伯行扇、对、活计、帽纬、茶、腿。送福少农、福余庵席。送魁文农席。为宋芸子作《说文部首》序。以秦甥眷属进城，托立豫甫。丁麟年，凤年之弟。

二十七日，乙未（7月13日） 入直。到署。子英来。付廿。送陈巽卿扇、对、书、茶、腿。

二十八日，丙申（7月14日） 入直。文贡三送礼，瑞莆侯送礼。柳门以使吉林来。王馨庭赴山东来。汪肇煌、秦甥以昨门上为招呼也。手复艺芳。

二十九日,丁酉(7月15日)　入直。卯初雨,夜细雨。

三十日,戊戌(7月16日)　入直。丑初一刻冒雨起身,寅初一刻到,计大雨十一阵,至寅正一少止,时作时止。硕卿辞行。戌初大雨,至天明未止。

六月癸未朔,己亥(7月17日)　昨淋雨感冒,遣人召笔帖式锡霖来取请假折。雨未止,屋俱漏。细雨竟夕不止,水灾成矣。函六舟。

初二日,庚子(7月18日)　侵晓大雨一阵,具折请假十日。辰正三又大雨。徐寿蘅招湖南馆,以乞假来告。初三己丑团拜,辞之。初四苏府公请,陈舫仙、魁文农、李伯行、吴硕卿均来辞,德静山亦辞。助孙得之传凤百金,交凤石。以梁叔子子良事致文农,属为荐三邑征比馆。未正三刻笔帖式志臻来,赏假十日。一夜雨未止。函六舟。

初三日,辛丑(7月19日)　大雨已四日夜,水灾奈何! 雨至酉初止。函六舟,又再复之。

初四日,壬寅(7月20日)　三函致六舟,四、五致六舟。夜丑初又雨。

初五日,癸卯(7月21日)　卯初以千金函致六舟。发南信,济、辛、谱、麟、振、窓、运、竹年。再致六舟,三复之并看折稿。雨不止。送陈舫仙对、扇、《丛书》二、茶、腿。复艺芳。夜戌刻止。

初六日,甲辰(7月22日)　顺天奏大概情形。卯初复六舟,复艺芳。六舟来。奉旨:"民田情形迅速查明具奏。钦此。"计是日六舟六函,吉人三函。

初七日,乙巳(7月23日)　丑刻起小雨。上诣大高殿祈晴。吉人来。是日毓、王、丁、潘、川。得南信。山东以觚一、溜[鎏]金安阳一、殊布一,百金。还之。交廉生。

【本日日记天头上书"大暑,辰初□刻"。】

初八日,丙午(7月24日) 卯刻小雨,酉初又雷雨。得吉人信,三致六舟。酉刻又雨,旋晴,子初复大雨。四复六舟。

初九日,丁未(7月25日) 晨起再复六舟。雨未止。雨时大时小。

初十日,戊申(7月26日) 子刻大雨几阵,至晨未止,辰正大雨少止。四致六舟,一致吉人、一琴。午刻晴,申又阴矣。申由六舟交来廷寄。夜间雨三次。

【本日日记天头上书"朱潘"。】

十一日,己酉(7月27日) 上诣大高殿祈晴。子刻致六舟、一琴。戊子复张吉人、张一琴。致张光宇。求船。小宇交彦谟千金。以安折交笔政。

十二日,庚戌(7月28日) 顺天奏续报情形。一折二片。午搬至壶天。建霞、凤石、柳门来。复六舟又函致。入此月来唯此日未雨。然日辰有数点。

十三日,辛亥(7月29日) 入直。具折请安。到署,署内一片汪洋。复季和,郭绶先、谢锡芬、廉生、硕卿、荩臣来。奉上谕一道。奉廷寄一道。复季和。

十四日,壬子(7月30日) 入直。引见时请安。复张一琴。天池、徐树锷来。醇邸捐五千两,小米一千石,遣护卫呼圃礼来告以交府。姚令来,付大、宛四百,余所捐也。戌初复六舟。兵部街佐杂朱成受来见。先具禀为街道事,昨交沟渠河道处。复季和。

十五日,癸丑(7月31日) 入直。派恭代皇太后赏张之万扁。添题皇太后画桐凤四幅。答张笏臣国正、陈六舟。复季和信,自捐名世之数。派出万寿进膳。以百廿金交筿亭,进膳用。自二十日至初六,滢、澍、谟、濂、漪、润、瀛、津、泽、伯王、克王、庆王、礼王、额、张、许、孙、福、嵩、师、巴、崇、潘廿三人。陈小亭、查如江、廉生、伯兮来。

十六日,甲寅(8月1日) 入直。工直日。顺天府奏胡隆洵开缺。派题皇太后画竹凤一幅、松鹤五幅。公所晤六舟。又诣吉人晤。

十七日,乙卯(8月2日) 厢蓝旗官学到时一人未到,后始陆续到。辰正二刻散。杨艺芳为截漕六万请督呈稿。李燕昌来,船至马驹桥不得到。喑子禾断弦。交季和五百两,又托季和,雀儿市拐湾深坑,又至资善堂晤季士周、李仁基。上车时吉人、子涵、马、孙慕韩、张,又一位不识均到。五函致六舟。

十八日,丙辰(8月3日) 入直。晤兰孙。复吉人向万莲初借船事。二函复六舟。二函吉人。盛沅萍洲赴通,带艺芳、何际云信。戌刻雷雨。

十九日,丁巳(8月4日) 入直。借提督公所复六舟,遇叔平。归来函致六舟。巳初二刻雨。至未初二刻连复六舟共五函,复吉人,复一琴。

二十日,戊午(8月5日) 入直。六所候六舟几两时许。到署得吉人信,即复。笔彩来。付四十,欠廿。到庐州馆,答郭奇中,号绍亭。董荫堂来,付五百两,交一琴。

【本日日记天头上书"□潸、屠义容、玉焕、许祐身、□身、陆润庠、林绍清"。】

二十一日,己未(8月6日) 入直。六舟遣弁函致公所,万善殿手复。到会典馆看书。戌初复六舟。

【本日日记天头上书"张宗德"。】

二十二日,庚申(8月7日) 入直。聚丰堂苏府公请张笏臣,不克到。丑刻函致六舟。昨佛青函愿办赈六人。发下初六日万寿进膳赏,袍褂料、荷包二对。

【本日日记天头书"立秋,子初一刻"。】

二十三日,辛酉(8月8日) 入直。派恭题皇太后松鹤一幅。长椿寺王豫生请为太夫人点主。

二十四日,壬戌(8月9日) 工直日,顺奏事,注感冒。提督府、河道处、工部会议周天霖折。手复张朗斋。夜子刻大雨。

二十五日,癸亥(8月10日) 入直。先至万善殿,拟赏昆冈母等扁、对,后至四扇屏门、懋勤殿。他他纯一斋听戏,辰正入座。皇太后膳房饭,早晚二席,席六人,果卓[桌]一,甚丰。申正一散,三十三刻。谈问渠鸿銮来。复六舟、一琴。石赓臣来,未见。

二十六日,甲辰(8月11日)　入直。派写"春满笙陔"扁,递如意,赏收。南书房二两。开发听戏各款廿两、如意二两、膳房十两。因席甚丰,此次加颂阁,首□。纯一斋听戏,辰初二乾清宫受贺,已正二入座,共卅九刻,添二出。酉初一刻散。赏饭与昨同,果卓[桌]亦然。复六舟交吏刘文。送去。又函致六舟。庄佩兰来,号鹤衔。面属江槐庭函致六舟。招之出,庄已告假。复一琴。子刻复六舟。送瑞张德礼、张子青寿礼。

二十七日,乙丑(8月12日)　入直。辰初二纯一斋入直,卅三刻五分,申正二散。早晚二席,果卓[桌]与上同。函致六舟,复一琴、吉人,又荫轩,言鲁城村事,亦交六舟。刘佛青来即赴东安。又函致六舟。

二十八日,丙寅(8月13日)　入直。上还宫。到署。出城。吉人来。再复六舟交吏。赵文粹闻补宛平,号心笙。

二十九日,丁卯(8月14日)　入直。答裕泽生。拜谈广銮。吴兴馆。凌文曜曦亭、佛青、梦华来面商。仲韬、子元来。孙开华来。庚堂。

三十日,戊辰(8月15日)　入直。丑刻致六舟,卯刻复六舟。卯初二上看祝版,花衣,乾清门侍班。机未到。发南信,济、辛、绥之。

七月甲申朔,己巳(8月16日)　入直。寅刻上诣太庙,卯正还宫。辰初纯一斋听戏,入座,花衣。席果如前,卅四刻。申正一刻散。艺芳来长谈。致六舟。得一琴信三函。致六舟。初一、二,有侍郎共八十八人。

初二日,庚午(8月17日)　入直。卯刻小雨。辰正纯一殿[斋]听戏,卅四刻。申正三散,因雨赏饭听鸿楼三次,如前。午后雨更大,申散。赏如意、帽纬、荷包、花瓶、袍褂料、手烟、漆盘。雨甚大。顺天府奏开厂，初五芦沟。以谢寿折交青丈，以电四封交六舟。是日起补褂、紫袍。

初三日，辛未（8 月 18 日） 入直。巳初纯一斋听戏，席果如前。戌正一刻散。复六舟交吏，共三致。弟［第］二次内艮［银］五千两，弟［第］三次早设粥厂担粥。归。西边廿三人，东边廿八人。

初四日，壬申（8 月 19 日） 入直。派写"牵牛河鼓天贵星君""天孙织女福德星君"神牌。巳初纯一斋听戏，戌初散，席果如前，卅九刻。以听戏经费八十三两三钱交箴亭。戌致六舟、秋樵。函致艺芳，内凤石一电。

初五日，癸酉（8 月 20 日） 入直。巳初纯一斋听戏，入座，果席如前。戌正一刻散。复六舟。得佛青、梦华信。致仲华问病。

初六日，甲戌（8 月 21 日） 入直。辰正后，公所晤六舟。纯一斋听戏，入座，果席如前。戌正一刻到壶天，柳门来辞行。函致六舟，内滇电一。手复艺芳并恳作各函。手复一琴。

初七日，乙亥（8 月 22 日） 入直。仁曜门上出瀛台时谢进膳，初六派出进晚膳，一百廿两。赏。即前月廿二所发。巳初纯一斋听戏，戌初二刻散。巳初皇太后赏御笔桐凤一张、画扇一柄。莆卿拟折交金忠甫递。函六舟。发南信，济、辛、谱、窓、运、绥之。再致六舟。

初八日，丙子（8 月 23 日） 入直。贺南皮相国赏寿。出城，以上七日皆住壶天。答德静山，候秋樵。灾民到门，遣弁领至顺府。三函致六舟、一琴。聪肃来。何其坦。江西解木委员，谢绥之侄婿。具折谢皇太后恩。金台书院因谢恩及直日不克到，请查如江代。上诣醇邸。胡子英来，交善峰一百两，交一琴四百两。手复仲饴。申初大雷雨。兴升奉天尹，称旧属。

【本日日记天头上书"处暑，未初三刻九分""兴升号荣斋，旧属"。】

初九日，丁丑（8 月 24 日） 入直。卯初二上诣建福宫后诣醇邸。到署。丑函六舟、复一琴。酉复六舟。李成美方峻，贵州解木委员。

初十日,戊寅(8月25日) 入直。卯致六舟,又致一琴。已刻复六舟并发沅圃公信。六舟允西红门樊家祠开厂。吉人来。胡子英来,安平公所捐一百两。付讫。

十一日,己卯(8月26日) 入直。顺天会五城奏坍塌情形一折。工部带引见三名。张蔚增、清平、张联恩。晤六舟。公所看如江说帖,可行。送许仲韬对、扇、礼十色,送龚仰蓬对、扇、礼十色。张景荫等永乐店求助三千。补送李筱泉赏寿对。

【本日日记天头上书"恒寿号介眉,海韵楼之子"。】

十二日,庚辰(8月27日) 入直。上诣建福宫后至醇邸。到署。复六舟,为合肥信。又函致六舟为胡蕲生设厂事。五致六舟。刘樾轩[仲]家荫为杨若臣奎绶要曾沅圃信。梁于川济许以书启,每月四金。付王伯恭、江容方信。庄佩兰,号鹤衔。

十三日,辛巳(8月28日) 入直。公所晤兰孙、小峰、荫轩、燕甫。函致六舟。问芷庵病。属一琴电子英。发裕寿山、奭召南良、诚果泉瑞[勋]五百里排。缪小山得京察,召见。吉云舫召见。交庄四百两,盘川廿两。

十四日,壬午(8月29日) 入直。送仲韬行。十六行。晤兰孙。万善殿复六舟。函致艺芳又合肥,为袁遂。金台书院课卷发去。胡海帆来,交芸楣、芸台信、艮[银]票,又施少钦等八人公信、艮[银]票、符药。

十五日,癸未(8月30日) 入直。卯初前上诣奉先、寿皇殿。到署。手复芸楣、芸台。交一琴药:菩提丸二百、正气丸三百、午时茶二百,又雷公散一匣。交梦华菩丸三百、正气三百、午时茶一千,交子英同一琴。手复李小研。再致六舟,一解张陈氏,得六舟一复。酉正三复六舟。重阶号景荫,为贵州木料来见。吴京培解浙木来见。

【本日日记天头上书"吴京培,伯恭之岳""孟丕振自支县、武清归"。】

十六日，甲申（8月31日） 入直。工部直日。复六舟于松筠庵，又函致艺芳。陆学源交到存斋信。交黄慎之菩提丸三百、午时茶二百、雷公散二匣、飞龙丹廿瓶、正气丸三百。

十七日，乙酉（9月1日） 未入直。到正蓝官学，云舫、华卿、申甫、梅村、勉之、诗农、季超、雨村、可庄、荫轩同到，巳初散。候芷庵。

十八日，丙戌（9月2日） 入直。派写瀛秀园扁四面。上派写含元殿二付。到署，晤廉生，托发香涛、张蔼卿电。赴六舟招，同子密、凤石、堃岫，辞者张、续、徐、廖。总署四人。到时适遇莱山。西红门难民遣马弁送筹抚局。函致一琴。酉复六舟。亥正复大雷。得济、绥之电，为棉衣事，告以交花农。李请假十日。

【本日日记天头上书"范春棠"。】

十九日，丁亥（9月3日） 卯到火药局看围墙，冒雨归。送周□辉席、吴京培席。五百里牌致黄花农，为济、绥棉衣事。周号蕴甫，洞庭人。李木斋来辞行，送以食物四色。复六舟三次。

二十日，戊子（9月4日） 入直。派写含元殿帖落一件。在内复六舟一件。内有合肥、丁子祥二信。徐寿蘅招湖南馆观剧，辞之。复陆存斋并《仪顾堂题跋》作序，并克鼎、汉大砖拓本。二。

二十一日，己丑（9月5日） 入直。公所晤兰孙、仲华、叔平，又与箴亭面商复奏沟道一折。四致六舟。

二十二日，庚寅（9月6日） 入直。召见，到署。公所晤六舟。为孔繁朴函致仙屏。孔庆筠，绣珊之子。顺天府奏一折三片。

二十三日，辛卯（9月7日） 入直。以广东举人潘慈和痧气丸五箱，以三箱交六舟。函致陆存斋，汉画一、唐石十一。杨呈章程，准言薁可一万。梦华二百，黄秀伯二百。松江火药局，陆题、朗斋书。

二十四日，壬辰（9月8日） 入直。工直日。奏刑部工程四件又三件。公所晤兰孙、小云、续、庄。发南信，济、竹、谱、辛、绥之、窗斋、运斋。赵允中高文翰旧同事。以王廉生信携一匝、二古金饼、一陈日钵、圆足三枚、关字四枚、农器二件、竟［镜］一个、玉印一方来。先还玉印。二致六舟。

【本日日记天头上书"白露，酉初初刻二分"。】

二十五日，癸巳（9月9日）　入直。会典馆告以疾未去。到署。二致六舟。查、蔡递说帖并来见。赵允中来，付三百十两。蒋兹来，吉人门人，同办振者，号星吾，其言甚明白。

二十六日，甲午（9月10日）　入直。凤石假五日，因太夫人病也。到会典馆。周承先处送点心四匣。兰孙来。

二十七日，乙未（9月11日）　入直。顺天府奏事。公所问六舟，已先行。函致六舟。连发四函。复艺芳一函。

二十八日，丙申（9月12日）　入直。到署。函致六舟。得济之棉衣电，交如江、六舟。手复仲饴交如江，转呈六舟七千壹百六十两。一琴委宝坻。

二十九日，丁酉（9月13日）　入直。公所晤兰孙、叔平。璞君来。龚心铭来，仰蓬之子。杨味春自东安来，庄鹤衔自武清来。山农住樵野处。范卿赴广平看府学卷。赏燕窝。

八月乙酉朔，戊戌（9月14日）　入直。三函致六舟。为江北，又漕山东、浙来文三件。又派银，因三处粥厂。又派粮厅。得南信，济、绥，即复，济二函、绥之二函、辛一函、窭斋、运斋。赵文粹号心笙。

【本日日记天头上书"刘元识、靳介熙、□濬益"。】

初二日，己亥（9月15日）　入直。寅刻引见，磕头谢燕窝赏。到者唯臣及凤石。凤石是日销假请安。上诣醇府。为方孝杰、文安山长子函致杨西卿怀震。函致硕卿并《丛书》二部，交蔚若。四致六舟。璞君、六杏来谈。

初三日，庚子（9月16日）　上诣醇府。工直日，注查学。到厢红学。荣、陆、王、长、清、陈、吴、高、徐陆续到。二函致六舟。手复艺芳、张叔和鸿禄五百排。换实地纱。

初四日，辛丑（9月17日）　入直。到署。朱子涵、陈柱生来。

刘步元来交以小峰信，并发电乞江西米。初七来电许万石。

初五日，壬寅（9月18日） 入直。顺天府奏一折二片。公所晤六舟，又与露圃、小峰、仲华长谈。手复陈巽卿交吏。六舟是日奉上谕一道，又廷寄一件。连文冲言鹤衔索奉天米。万石或八千。函致六舟，云不可，许二千金。

初六日，癸卯（9月19日） 入直。大风。到黄酒馆祝嵩犊山五十赐寿。晤廉生。四复六舟。徐国桢来。尧圃子，现查三河。刘焌自文安交卸。刘元诚到江苏。寿农为史恩漕。联肃二次书。

初七日，甲辰（9月20日） 入直。换单袍褂。到署。上明日诣醇邸后还宫。函致裕泽生为姚礼咸石珊、徐受沅、亚陶孙。胡金泉丽伯、靳介熙凤杲子。赈出力。亚陶来诊。文芸阁来辞行。聂仲芳□洋捐事。姚锡珍宝田。刑主，称年侄，永清。

初八日，乙巳（9月21日） 入直。得六舟信于前门，归复。寅正上诣醇府，宫。还宫。亚陶来诊，又谆谆托其孙受沅，昨偕姚石珊及胡蕲已交泽生。兰孙来。

初九日，丙午（9月22日） 入直。壶天少坐。函致六舟。手复刘献夫汝翼。函致筱泉为谢小洲平柜埠事。杨艺芳来送节礼，答以席。赵文粹递说帖。谢裕楷到大兴任。孔庆筹来谢序文。

初十日，丁未（9月23日） 入直。上御中和殿，视社稷坛祝版。军机先散，不侍班。到署。

【本日日记天头上书"秋分，午初初刻六分"。】

十一日，戊申（9月24日） 入直。工直日。卯初上诣社稷坛。祈年殿工程处奏事请十成，火药局奏改配火药请。旨："知道了。"艺芳、如江、鹤君来，同定折稿，留点心。手复经莲珊。

十二日，己酉（9月25日） 入直。皇太后赏宫绸六匹、帽纬一匣。函致六舟。该班处晤仲华，遇露圃、叔、王、罗玉春。薛云阶送一甗来看，"晋司徒伯𢀖父作宝尊鼎"，照薛《款识》仿刻者，器真字伪，还之。

十三日，庚戌（9月26日） 入直。贺韩镜孙嫁女、袁际云子完姻、兰孙子放定。再复六舟。应德明号震伯，敏斋之子。徐仲文来，言曾道树奎事。沈铭勋到怀柔任。马积生放赈来。

【本日日记天头上书“陆景涌、徐道焜、马吉樟、应德明、刘岳云、沈铭勋”。】

十四日，辛亥（9月27日） 入直。顺天府奏事。晤六舟于公所。候费屺怀请作媒，归来请鞠常。开发内廷节礼。广盛即壶天。共廿一两，付叁拾两，多九两。午桥送来叔向敦。奏事，次日送来。奉旨：“知道了。”梁书祥云廿五日归。

【本日日记天头上书“梁书祥、朱滣、端方、蔡寿臻”。】

十五日，壬子（9月28日） 入直。赏瓜果。若农以《澹然斋小草》二函见示。晋陵张维枢子环，万历进士，文不足观。

【本日日记天头上书“李燕昌、朱联芳、刘启彤、朱滣、朱靖藩、志觐、崇莲、桑宷、赖永恭、刘兆璋、刘焌、陈佐仁”。】

十六日，癸丑（9月29日） 入直。雨，工部加班奏事。督修门神库工程，九百九十四两柒钱一厘，派午桥、小宇。工价制钱三百八十一串六百廿五文。公所晤溆庄、荫轩、露圃。树孳下定，大媒鞠常、屺怀。辰正来，即往女宅。复六舟，又函如江、子涵、心笙。谢姓止节孝。

十七日，甲寅（9月30日） 厢白官学会晤，可庄头眩未到。函致六舟。何其坦号梅阁来。刘焌、杨增、顺义。朱子涵来，交吴修敳信，并千两交筹抚局及胡道芑台信。李燕昌署固安，来见。

【本日日记天头上书“程文炳号从周，罗大春号景山”。】

十八日，乙卯（10月1日） 入直。公所晤季和、棉衣事。叔平。仓事。到署。督修派端午桥、小宇。种永顺。为张树德函致崧镇青。张号雨人，又字靖寰，丰润人。

十九日，丙辰（10月2日） 入直。工直日。贺佛六佑、伦贝子。答廖仲山、罗提军大春。再复六舟。以手书致芸楣，信交潘笏潭诵盛。

余思诏,号易斋,稻轩侄。送以对,办宝坻。刘毓珂。号璞斋,永昌守,大城人。

【本日日记天头书"曾彦铨、贵道。吴衡甫""马恩培号植轩,昌黎优"。】

二十日,丁巳(10月3日)　入直。会典馆阅卷不克到。再复六舟。函谢小峰交何其坦,号梅阁。送以对、书、茶、腿。常光斗。东安。

二十一日,戊午(10月4日)　入直。再致六舟,为张树侯宗德。函致芸楣,官封。子涵、心笙来。发吴伯庄、胡芸台、奭召南谢信。

二十二日,己未(10月5日)　入直。派写绮华楼玉竹室对一付、雷雨经纬符大易,耕桑纂组啄邻风。"福"字二件、"鸿禧"二件、"迎祥"一件。到署。公所晤叔平、荫轩、露圃、夔臣。梁味三书祥来,扶经伯枢归里,赠以二百金。自其没至此,前后共五百金。再致六舟。

【本日日记天头上书"梁书祥、蒋嘉泉、赵文粹、翁同龢、张度、杨靖、朱福春、项寿城、冯寿松、邹嘉年、赵文粹、查光泰、朱潽、蔡寿臻、启秀、朱联芳、汤钊、王仁堪、刘心源"。】

二十三日,庚申(10月6日)　入直。再复六舟,又台北电,又函致合肥为通永事。

二十四日,辛酉(10月7日)　入直。工部加班奏事二件,引见四排四名。公所晤仲华、兰孙,客拜园。二致六舟。羊房村难民来,函六舟,送亲帝庙济抚局,并函秋樵。安平公所如以三里路远则散米。子英来。造象[像],卅。

【本日日记天头上书"郭奇中、秦绶章、朱潽、赵文粹"。】

二十五日,壬戌(10月8日)　入直。到会典馆。壶天兰孙正寐,未见。小峰太夫人贺扁,未去,以疾辞之。致六舟。

【本日日记天头上书"寒露,酉初二刻二分""李光熙、徐本愚、凌道增、卫荣庆、李[季]邦桢"。】

二十六日,癸亥(10月9日)　入直。覆勘朝审覆奏。到署。王可庄来,为陈春瀛乞随李伯行事。查、蔡、朱、赵俱来。

二十七日，甲子（10月10日）　入直。工直日，奏事三件。督修都察院。至秋樵家，至则已行，适遇之途，邀之返寓并晤六舟。

二十八日，乙丑（10月11日）　入直。顺天府奏三折四片，广仁堂留，余依议："知道了。"公所晤六舟，叔平后至。赵回来。仲义。二罍二千，如寿峰之物。

【本日日记天头上书"陈泽醴、郭曾程、程全保、王曾彦、田我霖、松寿""朱潜、连文冲、王延绂、殷如璋、谢裕楷、潘民表"。】

二十九日，丙寅（10月12日）　天安门朝审班，午初归。发南信，济、辛、竹、运、绥、振、小渔。赵回来。付一千，旧欠四百。付如寿峰信，欠二千。三铲，一大二小，一无字。

【本日日记天头上书"阿克占、端方、海康、溥善、志觐、王忠荫"。】

三十日，丁卯（10月13日）　朝审上班，巳正散。吉人、赞臣、佛青交来票根，即交局。又少钦、刘兰阶芬电，即交局。复六舟夫人六十，送如意、幛、烛、酒。复刚子良、德小峰。

【本日日记天头上书"张度、毓俊、赵文粹、刘岳云、陈寿椿、王梦龄""王瓘、朱潜、凌道增、潘学祖"。】

九月丙戌朔，戊辰（10月14日）　入直。到署。以如寿峰柏托松鹤龄，欲连仓总。再复六舟。手书致寿泉，为凌道增枣强。为办大差。

初二日，己巳（10月15日）　入直。贺青丈嫁孙女、佛佑侄德善照书之子。完姻、兰孙子苻曾完姻。曼生长椿寺念经。丁崇雅来，号鹿村，得南信。三河难民妇百余，交资善堂遣之。孟宪彝、张渭。门人，永清。

【本日日记天头上书"丁崇雅、陈冕、孟宪彝、张渭"。】

初三日，庚午（10月16日）　上幸颐和园。会考八旗官学生，勉之未至，于未初散。丑刻再致六舟，再致筹抚局。

【本日日记天头上书"曾景钊、朱潜、溥善、王瓘、海康、联福、江槐

庭、赖永恭、李天锡、杨宗濂、查光泰、蔡寿臻、陈镜清、李培元、姚虞
卿"。】

初四日,辛未(10 月 17 日)　入直。派写浙江同善堂"乐善不
倦"扁一面。杨艺芳送小菜、栗子,明日答以席。送刘芝田。对,《丛
书》二、燕菜、木耳、绸缎、火腿、茶叶。

【本日日记天头上书"沈瑜宝、朱福春、姚虞卿、王梦龄、杨春元、
杨宗濂"。】

初五日,壬申(10 月 18 日)　入直。工直日。派拟宜年殿暖台
扁四分、对四分。六舟来,面商列字号棚座昨亥刻被焚折底。致朗
斋,交刘心源,为举人湖北萧懋晋。

【本日日记天头上书"谢裕楷、陈镜清、陈鸣秋、宁璿、陈彝、刘心
源、张维彬、徐致靖、准良""潘民表、王续榕、汪韶年、许祐身、何蔚
绅"。】

初六日,癸酉(10 月 19 日)　入直。顺大[天]府奏列字棚座烧
毁事又二片。以张陈氏案交朱潘。溥善五人来,为药库胡同沟。派写"瑶岛
云韶"扁、"金界笙簧"、"纨缦嵩云开福地,玳筵丝竹铿鍧雅"、"奏乐钧
天",又"龙翔",又"凤舞"二扁。公所晤六舟,晤叔平、孙燮臣。致朗
斋,为陆存斋、连涵季。赖永恭为三河灾民申斥之。杨、查、蔡、陈留
点心,为分散廿二万件棉衣事。

初七日,甲戌(10 月 20 日)　入直。派拟静宜园梯云书屋七言
对。致崧镇青,为沈瑜宝。号子美。刘兰阶芬,癸酉优贡,高淳人。绥
之请来办振,送肴及点心与对。又乙酉拔贡门人曹善臻要裕泽生信,
许之。徐仲文为韩文彬。二处送引见来。王辅臣散振完来。崔嘉枢
以讹诈讼事来,却之。

初八日,乙亥(10 月 21 日)　入直。函致六舟。派写香山正凝
堂对二付,臣款。"松飘晚翠摵金铎,竹荫寒苔上石梯",又"山岰水曲
亭三面,研北屏南栝万株"。又四字春条廿件、八字春条廿件。答刘
兰阶芬。艺芳来辞行。交马现龙千金。兰孙交来。复一琴。胡子英、

笔彩来。

【本日日记天头上书："李均豫、赵文粹、王言昌、鲁人瑞、陆学源、杨宗濂。""蒋家启、朱潪、庄佩兰、志觐、惠迪、曹秉哲吉生、桂霖。癸酉。"】

初九日，丙子（10月22日）　入直。上幸颐和园。沈父忠师龙泉寺念经，百龄诞也。晤其孙宗骞、宗珂。复艺芳、经莲珊、施少卿、金茗人福曾、蒋家启。同杜绍唐检送鸟兽，木斋之门人也。吴又五日，计廿日。陆以疾未入。面交庄尊衔各种药。

【本日日记天头上书"李崇洗"。】

初十日，丁丑（10月23日）　入直。陆以疾未入。公所晤李、翁、孙爕臣、崇受之、徐小云。到署。复六舟二。送文光席。李崇洗属作《李稼门诗集》序。

【本日日记天头书"霜降，戌初三刻"。】

十一日，戊寅（10月24日）　入直。带宝源局引见六名。得季和书，为棉衣事，即函致六舟，由六舟覆之。

【本日日记天头上书"李中堂、朱潪、石赓臣、张度、毓俊"。】

十二日，己卯（10月25日）　入直。凤石假十日。又复六舟，复季和。如江因入武闱来见。王积榕解棉衣来见。招商通局董事陈允颐乃陈德生之子，定子之甥也，湖南道。亚陶来诊。西黄村小营难民，安平。

【本日日记天头上书"徐宝谦、朱福春、查光泰、王绩榕、蒋寿龄、陈允颐、谢裕楷"。】

十三日，庚辰（10月26日）　入直。工部直日，在内函复六舟。发南信，济、辛、振、绥。礼贤难民，安干[平]。

【本日日记天头上书"庄佩兰、殷如璋、王瓘、联福、江槐庭、廷杰""江槐庭、徐宝谦、马恩培"。】

十四日，辛巳（10月27日）　入直。飙臣销假。致六舟。庄鹤衔来，允其江西米三千，次日六舟已批文，安收回。用宾长谈。难民鹅房六十余人,安平公所。次日,妇女三人送李光熙。

十五日,壬午(10月28日)　入直。复六舟。又函致为仲午失实收,请咨部补领。黄村西大洼共八十六人,送安平。复启承斋,送对二分及燕窝。杜芮,宝坻绅。松为禧麟函致玉山。

【本日日记天头上书"徐宝谦、松寿、蔡寿臻、杜世绅、芮家荃、王颂蔚"。】

十六日,癸未(10月29日)　入直。工部加班,带引见六名。满员外,满主贵州解木委员。三函致六舟。又四函,为曹善臻致裕泽生。黄村、南新庄难民送安平。

十七日,甲申(10月30日)　到正红官学,雨轩未到。午初散。二函致六舟送松筠庵。子涵来并告致六舟。礼贤难民送安平。送仲弢拓,有字。

十八日,乙酉(10月31日)　入直。到署。知六舟昨寓秋樵处,即日往晤,并借去《安吴四种》。六舟来。贵州李、方二委员来,与以伟如信。施启宇要朗斋书,面书付之。周志靖为其祖名窟事函致兰孙。六舟来。

十九日,丙戌(11月1日)　入直。换羊皮冠珠毛一套。发合肥、为凌今。胡云楣二函,四百。复许仙屏。手复赵展如。后村庄难民十余送安平。

二十日,丁亥(11月2日)　入直。难民天宫庄、怀房、宋家庄三处二百余送安平。以伟如信及东茗一匣交曾彦铨。何牧来。又通州交界白浮村廿余人,交何牧及顺天府。四函致六舟。

【本日日记天头上书"何其翔、季邦桢"。】

二十一日,戊子(11月3日)　入直。工直日,督修天坛神乐署等工。筹抚局陈朱先来,查、蔡及何牧后至,加何九千。王曾芩来,三河未放艮[银]、米,不必查。本欲明日演引见,以项寿臣不在京又止。五致六舟。难民二起交安平。

【本日日记天头上书"查光泰、朱潽、蔡寿臻、陈镜清、何其翔、王

曾彦"。】

二十二日，己丑（11月4日）　入直。陆凤石销假。送李伯行对、《功》《滂》、袍褂、活计、食物。发南信，以张福前日来带物，辛、济、振、绥之、清、培、谊。难民三起交安平。饮马井五十、韩家园七十、辛店十八。酉刻。马村□□八家，马家六十余。得存斋信、云楣信。

【本日日记天头上书"李燕昌、江槐庭、李润均、许祐身、谢裕楷、陆学源、胡翔林"。】

二十三日，庚寅（11月5日）　入直。黄村马房、五十余。黄村周家村、十余。贵家村、卅余。京南黄村大庄六十。交资善。三函致六舟。得艺芳信，即复。七致六舟。

二十四，辛卯（11月6日）　入直。带引见六名。彦秀、惠良、铁良、丰信、廉兴、英联。难民。天宫院百余名、王□庄七十余，交安平。陆梅村、天池送二厧，要得鹤龄仓总。前已荐如寿峰。

【本日日记天头上书"陆钟琦、陆燮和、李燕昌、张肇镳"。】

二十五日，壬辰（11月7日）　入直。派写英廉母"瑞洽兰笙"扁、牛师韩父"泽衍千城"扁。难民东黑垡村弍九处每一人、定福六十余人、黄村东南邢各庄六处四百余人交安平。二函致六舟。

【本日记天头上书："立冬，廿五日戌初一刻一分。""樊号和叔，孙顺义。纪，王文安。绅。"】

二十六日，癸巳（11月8日）　入直。顺天府奏事二折五片。晤秋樵、吉人。难民四起送安平。

【本日日记天头上书"樊觐玉、孙绍庭、吴京培、杨宗濂、纪春陵、王春魁、张肇镳"。】

二十七日，甲午（11月9日）　入直。上还宫。壶天少坐。至顺天署，演引见。晤如江、小亭、子涵。大风。黄村南八村难民五百余送安平。手复金莟人、经、施、王、陈十君。又手复子英，已往宝坻。午后雨，又云，又大风。如号寿峰。王东安，蒋礼贤。

【本日日记天头上书"如柏、蒋士楫、王曾彦、顾肇熙"。】

二十八日,乙未(11月10日) 入直。散直寅正,归寓天未明,已见冰。再致六舟。申仲来。难民五百余,安平。

【本日日记天头上书“姚虞卿、阮引传、清朴、江槐庭”。】

二十九日,丙申(11月11日) 入直。卯初二上看祝版,乾清门侍班。广会寺王茀卿祖念经。周懋琦来,号子玉。白庙、吴东店、海东墙。黄村东街、梁家务、九空闸、姚家坟、未善庄、长各庄五百廿余人,又东安十余。冷。难民三百余,安平。

【本日日记天头上书“周懋琦、陆燮和、张度、殷如璋”。】

十月丁亥朔,丁酉(11月12日) 入直。卯正二坤宁宫吃肉。麟、徐撤读卷官也。左安门郭家村百余人、赵村卅余、马道村百余人交安平。周子玉有信来,以其岳母信,徐宗□婿,徐子毓□。云即行,送《功顺堂丛书》。陈小亭、子涵、谢端甫、姚二吉来。礼贤难民随端甫去,宝坻难民送安平。再致六舟。专足飞递艺芳。助壬子同年张荣祝、孙传懋八金,交兰孙。问陈小亭,知其人与有戚,谢莘庵亦有戚。

【本日日记天头上书“海子红门一百余人,宝坻县十余人”“海子内南场二十余人,杨树底下十人,马公庄三十余人”“孟宪彝、常光斗、溥善、长润、徐道焜、清朴、江槐庭”。】

初二日,戊戌(11月13日) 入直。壶天复六舟一函。送周子玉《功顺堂丛书》,送罗景山大春对、帽沿、玉。活计、珊顶、玉。食物。查、蔡来,庄亦到,即令其同见六舟。以东安、宝坻灾民交局资遣。

【本日日记天头上书“查光泰、蔡寿臻、庄佩兰、兴升、孙钦晃”。】

初三日,己亥(11月14日) 到厢蓝学,以后轮到各学。徐、武殿读卷。高、诗农未到。巳散。吴遇之途。寅刻函致六舟。发南信,济、竹、绥之、谊卿。作仲芳信交张福。五致六舟。

【本日日记天头上书“朱溍、查光泰、王瓘、绍诚、何蔚绅、袁世廉、张景藩、联福”。】

初四日,庚子(11月15日) 入直。送绍葛民席、活计。袁世廉号清泉,小午、笃臣之侄。苏州十余庄递公呈,交如江带去。

初五日,辛丑(11月16日) 卯正二上御太和殿,朝服行礼。壶天六舟、孙燮臣来谈。粤兴隆若农招,同颂阁、凤石,吴鳃臣不至。

初六日,壬寅(11月17日) 注感冒。闻曾沅圃初二殁于任,许仲韬廿九去世,师门零落,为之怆然。皇太后赏大卷六件、帽纬。

初七日,癸卯(11月18日) 入直。到署。答兰孙、若农。子涵来。重拟折底、夹片。

【本日日记天头上书"海子东铁营十八人"。】

初八日,甲辰(11月19日) 入直。工直日。以黄村本街二百余交安平一粥,并四致六舟。子英来,为高寿农函致兰孙。

初九日,乙巳(11月20日) 入直。派题皇太后画松十幅。派篆"寿比南山""南山介寿"八篆字。至仲华该班处。至壶天。

初十日,丙午(11月21日) 卯正二上还宫。辰初二皇太后御慈宁宫,慈宁门行礼。三函致六舟。致崧镇青。

十一日,丁未(11月22日) 入直。派题皇太后御笔画松十幅。壶天少坐。到署。再函六舟。熙年偕张福南归。熙年用去二百金。

【本日日记天头上书"小雪,申正一刻十三分""朱潘、王曾彦、王瑾、陈懋侯、方濬益"。】

十二日,戊申(11月23日) 入直。壶天少坐。晤仲华、六舟、溆庄。艺芳住兴胜寺。送米。三河民卅余。

【本日日记天头上书"杨宗濂"。】

十三日,己酉(11月24日) 入直。送艺芳席。杨三河粥厂八千。函六舟。王曾彦带艮[银]、米赴东安。

十四日,庚戌(11月25日) 入直。阴。函六舟。至长椿寺,星叔、子原为仲韬设位。发南信,济之、辛之、振民、窦斋、运斋。手复仲饴、艺芳。子涵来。以通州得仁务难民二百交杨永清,津、河北廿人村禀交局,催速办。

【本日日记天头上书"端方、朱潘、杨宗濂"。】

十五日,辛亥(11 月 26 日) 入直。顺天府奏事,奉上谕,等因。钦此。到会典馆。公所晤六舟。叔平交来仲午花翎照。本年顺天所捐一千两。手复仲饴并拓本,又兰孙信。

十六日,壬子(11 月 27 日) 入直。壶天少坐。到署。溇崇复命。晤兰孙,函六舟。艺芳补通永道。

十七日,癸丑(11 月 28 日) 到厢红学会晤。长、长、王可煦、王、荣、陈、陆、吴、徐俱到,高不及待,午初散。再函六舟,六舟夫人前二日到,送以席酒。以鹅房、栗垡七十余人交安平。

十八日,甲寅(11 月 29 日) 入直。工部带见十二名。街道八,宝安、刘纶襄皆陪;满员外一;木委员三,吴京培、方□济、芝全。到顺府演引见。函六舟,火药局奏。点验派那王、漪。

十九日,乙卯(11 月 30 日) 入直。得振民信。

二十日,丙辰(12 月 1 日) 入直。派恭代皇太后御笔赐醇王新府匾七面:"庆霄淑景""降福受禧""辉光日新""嘉承天和""慧相澄观""乐善延年""云霞藻绘"。到署。督修正蓝旗。溥善、王瑾、□□。范卿、子英来。

廿一日,丁巳(12 月 2 日) 入直。阴有雪意。西苑门复六舟。有述旨片,昨交去看样。复济之、绥之。仲约假。

二十二日,戊午(12 月 3 日) 入直。

【本日日记天头上书"林绍清、朱潽、曾景钊、何乃莹、蒋寿龄、严暄、沈曾植、陈镜清、铭勋"。】

二十三日,己未(12 月 4 日) 入直。送松鹤龄对、书、十色。送陈右铭《丛书》二部。送廷用宾对、书、八色。发南信,济之、内助冠英廿、鲁岩廿。辛芝、振民、谊卿。

二十四日,庚申(12 月 5 日) 入直。受寒。壶天少坐。到署。得艺芳信。

二十五日,辛酉(12 月 6 日) 火药局会同那王彦图、漪贝勒点验火药。巳正三散。得施、袁、张信,即复。风石来诊,服药。

二十六日,壬戌(12 月 7 日)　具折请假,赏十日。

二十七日,癸亥(12 月 8 日)

二十八日,甲子(12 月 9 日)　凤石来诊。

二十九日,乙丑(12 月 10 日)　凤石来诊,周姓诊。

己丑恩科乡试监临纪事(1889)

附武乡试监临纪事

光绪十五年七月初一日(1889 年 7 月 28 日) 奉旨:"派出监临文治、潘祖荫。"回避侄志恂。

八月初四日(8 月 29 日) 偕叔平查贡院,遇荫轩、熙、续、庄,收工。

初六日(8 月 31 日) 卯正入闱。先约专司稽查黄漱兰到以启门,顺属自治中以次均到。补褂、朝珠拜五魁祠,拜井小亭提调。午刻到主考:荫轩、犊山、筠庵、子授。午刻到同考:寿耆、萨廉、王锡蕃、卢俊章、管廷献、康际清、刘纶襄、陆宝忠、江澍畇、丁立钧、陈与同、周克宽、吕佩芬、蒯光典、王贻清、胡泰福、董毓英、詹鸿漠。蒯到将□刻。内监试:文纲、张元普。监试:文敬明允、文英昌山、恩明远斋、金寿松元直、方汝绍阮堂、舒普海,新号。寿庆佑之、胡俊章筱山、林启迪臣、吴光奎浚。新号。外帘:王桂琛、启元、高继昌、赵尔瑨平之、丁宝铨、高增融、张立德聚垣、陈宗妩。发榜书:陈金台。孟滢、党庆奎,内收掌。杨苇、伍兆鳌,外收掌。严照藜、雷光第、胡裕培、李岳瑞、李本方、征厚、文鼐、彭厚。弹压:明秀、桂全。申刻始齐。堂上掣取官弥封,照章择派。余申刻至龙门外点誊录书手一千一百名,分派弥封、受卷、对读三所二百名,并派委员出紫榜贴至公堂。礼部监临印,先经托兰孙订定,照磨卯刻领到,不拜印,存满监临处。向汉收印,满存印钥。此次余以出闱,不如径送印也。顺天府将一、二、三场卷箱午到,书籍亦到。供给所将主考、同考应领金花、杯盘、表里并书籍送内帘,监临应领杯盘、金花亦送到。酉刻封外龙门,戌初封内龙门。未刻在堂上监视散卷吏将头场卷盖关防。派堂上听差八名。至亥正毕。余住东堂内帘，熟供给。赏誊录三百三十千。

初七日（9月1日） 卯正上堂，辰刻进单供给，偕叔平看誊录棚座。在大所后空地，打通对读所，以席隔断。□刻会同弹压、监试所官监视头场卷印坐号，严饬大、宛两县增号板五百件，棚座单层上紧设法。辰时选定号戳，旗号、官号在外。未时始毕，方请四所分四门盖戳，以一委员照料。共实数一万四千一百廿七本，用一万四千二百五十号，内旗号九百，官号一百三，扣除大号、第号七八间，小号、十号扣除一间，廿号扣除二间，盖戳毕。亥初三刻，饱场夜消二席。

初八日（9月2日） 寅正，正开贡院中门，持［抟］九京兆捧钦颁题匣，宗料题在内，余偕叔平跪接如仪。至公堂即送入内帘，在门外立递。荫轩四君在门内跪接进双供给。卯初俟搜检、接谈到，按四门点进士子。监试按四门散卷，补点者于四门内增四棚，添派委员八人。王继武、屠义容、姚学善、潘□年、龚琛、陈鸿焘、葛树棠、文焕。分门补点，共一万三千八百七十八名。酉刻毕，至收字，至号字，十五号盖戳。酉刻即派萧承恩、吴世长、张斌钰、倪承璐看用二场卷监临印。亥正二刻内帘送题纸计一万五千三百张。各委员领去一万四千一百五十张，来换者二张。赖字号大兴李思齐、大字号东莞袁福祥俱病狂，卷俱无一字，送大所盖戳。丑正二刻毕，散卷吏赏百千。余寅初少睡，子初换常服，不挂珠。是日王曾彦、程景濂病，号官张世保记。

初九日（9月3日） 卯初上堂，粥已熟，尝之佳。监视各号放粥。辰刻上堂，监视所官于二场卷面用坐号戳。申刻各号放饭，申刻号戳印齐。是日饱场，议定守堂。与叔平一时一轮。卯初下堂，治中进卷一万四千百二十七本。回避阴藻。五十一本，不到一百九十八本，实点进一万三千八百七十八本。自东西文场至后新号。文侍御查号，号官梁毓藻杨村巡检。误班，哓哓置辩，摘顶。李慈荣记过。

初十日（9月4日） 巳刻放头牌，午初二牌，午正三牌。人蜂拥不绝，至申正已放七千人。热甚，病者甚多。南中寄到飞龙夺命丹八百几十瓶,送入至公堂。寅正清场。仅睡一时半。收照出签。一万三千八百四十支。

十一日(9月5日) 寅正二刻上堂,知蓝榜尚未清出,责提调房带罪自效。辰初开点,申正毕,有卷票挖补者,关寿昌挖纪钜维卷而用之,纪钜维亦入场。士子广东米宝英猝中恶,不愿入场,交大所。冀州萧琨以心气虚生畏,交大所。请委员八人用监临印,子正毕。余及叔平查号,以张玉亭、萧承恩代。戌刻开龙门。荫轩言十三辰刻由内叫门。酉刻浓阴,大似作雨,幸而即止。实点进二场士子一万三千七百六十三名,贴出四十一名。内帘题纸一万五千张,各委员领去一万四千零四十三张。受卷所清数尚未清出。余仅睡一时半,自亥刻至子正。

十二日(9月6日) 寅正叔平上堂,余始归,睡一时。辰初上堂放粥,监视委员用三场坐号戳,以四所官均无暇也。亥正余由东文场查至新号,出见瞭望亭有二人,即交大所,一瓦匠,一枣茨匠。子正经四房,所官严照蘩、赵尔瑨称,失去湖南冯士杰头场卷东律五十号。丑刻二下堂。

十三日(9月7日) 寅正二上堂,卯初二放头排,辰放二场,内帘交出二场题筒并请安折二件,附监临请安折二件,一并捧交治中、经历转递,共进卷一千一百三十五本,寅正清场贴者十三人。讵开门时,尚有一赵姓永平府人在内。写紫榜。余仅睡一时半。十二子刻共进送弥封所墨卷一万三千七百七十三本。

己丑及门黄少瀛、高再尊、张心芸、丁衡甫、孟筱淳、杨若米、雷少初皆共事外帘,诗以纪之

去年管领菊花天,武监临。注到孙吴第几篇。春梦未忘桑下宿,秋风喜过竹林贤。好偕桐凤歌多士,更与槐龙结古缘。无限辛勤无限意,敢辞九夕未安眠。

十四日(9月8日)　卯初上堂。卯正接回折,均奉旨"知道了",即交内帘,跪接如仪。场门口与仲华略谈。又接谈处晤芷庵、辂甫。点进士子至申正齐,实点进士子一万三千七百三十五名。封门查号,号军窃物者多,士子喧闹终日,杖之重犹未快意。甚矣! 士习之嚣凌也! 实进头场卷四次,四千四百八十二本,弥封过誊一万三千七百七十一本。失头场墨卷三本,其二二场未到,其一冯士杰。本日封号交重誊。实进三场士子一万三千七百三十五名。

柬叔瀛二绝

　　记得丁年同校士,聚奎堂话夜深时。而今但有人琴感,回首前尘益可悲。

　　今秋弹指又槐黄,韦许追踪鬓发苍。长白当湖佳话在,好留韵事说东堂。

十五日(9月9日)　丑正上堂,寅刻内帘出题,领纸一万四千一百四十一张。散题毕,已日出卯正矣。监视放粥。外帘监试御史八人于三场事毕,掣四人出闱,即在堂上由监试自掣。辰刻监视宗室试卷钤盖关防,例由御史印坐号戳,用至公堂月台两旁坐号轮替守堂。文明允、恩、胡筱山、方沅堂。至子刻因士子拥挤过多,与监试、弹压商酌收卷放排,掣签留者文敬、寿庆、金寿松、胡俊章。申刻两监临约弹压、监试二席。实送弥封所二场卷一万三千七百四十六本。发委员薪水。贾之玉、王之瑛、李若兰因病扶出。

十六日(9月10日)　放头排后,继以二排三排,未天明已七千余矣。辰正内帘交出三场题筒并请安折,随监临请安折一并交治中,跪起如仪。申酉刻两弹压出闱,子刻清场,酌留委员接办翻译乡试,余令出闱,事毕下堂。共收三场卷一万三千七百□十□本,贴十八名,例赏誊录肉面钱。大、宛备每人折钱一吊。赏本房十吊,赏粮厅书吏百千,因遵谕办牌与旂一例,面允其赏。赏听事吏五十吊,赏散卷吏百千,又赏誊录三百卅千。书手中有善针者,盐山张绍曾。赏以十千。

十七日(9月11日)　庚寅卯初刻,弹压宗人克王入闱,稽查、接谈、换卷大臣俱到。点进宗室士子七十四名,即封号。宗人府章京一墨麟,一不知名。同委员查印号戳毕,叫内龙门领题纸,按号分散。卯正放粥,未刻放饭。宗人到,叫内帘门出题。戌刻放头排,亥刻放二排,子刻放三排,□刻清场,克王出闱。宗室试卷向由受卷官收齐,移交弥封官,即在堂上弥封。寅刻送内帘,事毕下堂。将宗室下场人数知照顺天府。卯正接回折,均奉旨"知道了"。监临送弹压宗人一席。

十八日(9月12日)　以安折及一折一片参受卷严照藜、赵尔瑨。交顺天府折官。辰初出闱,药交文叔瀛。

廿二日(9月16日)　卯初入闱,前一日属朱子涵进内,领宗室包呈卷、照磨、请印,卯正已到,即入闱填榜,并商遗失二卷补贴存案,一墨污一违式。跪发安折并宗室出榜折,交折官。赏誊录四百千。

廿三日(9月17日)　安折交贡院。

廿三日(9月17日)　【按:原文如此。】满监临会提调、监试奏寿庆因病请旨可否准出闱一折。旨:准其出闱。

廿八日(9月22日)　满监临会提调、监试奏编修卢俊章因病请旨可否准其出闱一折。旨:准其出闱。三十日病故。得至公堂来文,知十三日揭晓,十二日寅刻进内帘。

九月初三日(9月27日)　满监临奏三场完竣,实数共一万三千六百九十一本,誊录、对读等官俱出闱一折、满监临单衔安折。

十一日(10月5日)　午后带印入闱,与叔瀛商定委员奖励,即交提调房行文。

十二日(10月6日)　寅初偕叔瀛、小亭、胡筱山入内帘。文明允、英。金元直以病未去,将卷箱及应办查齐,带写榜吏同往,印及关防均安设主考之右。寅初三拆卷,申初二毕。唱名酉初毕,写榜戌初毕,副榜亥刻毕,缮录亦然。此次缮录,幸有胡筱山随写随校,否则必迟。提调房向不经意,录条于闲时,缮录后并不随手排定,以至对校榜时检寻不易，可恨。又落卷用府印，饭前饭后均不用，直至对榜后始用，遂至子刻。记之以为将来戒。丑初出闱。

奏为恭折奏闻事：恭照本年己丑恩科顺天乡试，奴才等奉命监临，于八月初六入闱，十六日将三场完竣及汉监临潘遵例先行出闱日期并宗室乡试揭晓缘由，先后恭折奏闻在案。所有乡试满、合、贝、皿、夹、丞、旦等号试卷，由受卷所按名收卷，送弥封所照例分编字号、戳印红号，除回避及点名不到并违式贴出、犯规扣除者不计外，共试卷一万三千六百九十六本，俱交誊录、对读，于八月二十八日全行完竣，先后分束移送内帘讫。其受卷、弥封、誊录、对读各所，均于本所事竣，先后令其出场。现在内帘定于九月十三日揭晓，奴才知会汉监临潘祖荫，于放榜前一日仍行入闱，同入内帘，公同拆名填榜后一同出闱。再，今届本年己丑科武会试应俟武会试完竣后，再行接办翻译乡试事宜，合并声明。所有三场进卷完竣缘由，理合恭折奏闻，伏乞圣鉴。谨奏。

移会至公堂为移会事，本堂具奏三场进卷完竣日期等因一折，于光绪十五年九月初三日具奏，本日奉旨："知道了。钦此。"相应钞录原奏移会贵监临查照可也。须至移会者计连钞原奏一纸。右移会钦命汉监临。

丑初开外龙门发榜，年老诸生折亦交治中，关防及印交各官分缴。

十四日（10 月 8 日）　复命。散直后同主考赴鹿鸣宴。班斋向西跪，行三跪九叩礼，礼成后受士子四拜。宴毕一跪三叩礼。到者李鸣鹤、庄维藩。

九月二十八日（10 月 22 日）　得至公堂文，卯初填榜，带印入闱。主考官清安、岳琪即日揭晓。是日丑正起身，寅正到小所，王令忠荫、张令肇镛俱在。副都统吉恒恩光亦至，俟治中查光泰领折回后叫门。晤文叔瀛、何小亭、凤□□牟荫乔叫内龙门，内监试德荫、徐树钧填榜，写御录。中十名。辰正始毕。

移会至公堂为移会事,准内帘定于九月二十八日填榜揭晓。移会到堂,除移会顺天府派员护印外,相应移会贵监临查照二十八日卯刻入闱,公同拆号填榜可也。须至移会者右移会钦命汉监临。

附:赐寿礼节

光绪十五年十月初五日(10月28日)　奉旨派出赍送上赏寿物。武备院卿文璧、内务府派出堂主事明绪、堂委署主事常山、堂掌稿笔帖式岳龄、堂笔帖式文淇、营造司员外郎文德、内管领锡庆,赏尚书潘祖荫六十岁生辰佛一尊、御笔对一副、御笔扁一面、御笔"福""寿"字各一张、三镶玉如意一柄、蟒袍面一件、大卷八匹、小卷线绉八件、汤绸八件。

皇太后加赏潘御笔"长寿"字一张、御笔"福寿"字一分、御笔画松树一张、三镶玉如意一柄、青元金二匹、蓝元金二匹、大红妆缎一匹、绿妆缎一匹、大红闪缎一匹、绿闪缎一匹。

赐寿前一日,内务府员役先来宅,踏看安挂"福""寿"字、扁额处所并演礼节。预备黄亭一座、彩亭三座,苏拉、抬搭人役。先日,奏事处请由内务府三卿内派一员为天使,另由该衙门拟派员外郎一员、内管领一员为副使。赐寿日将黄亭、彩亭预设于隆宗门外,俟由内赏赍物件交出,分安于亭内,派出天使及司员等随同照料。本家另备鼓乐,均穿驾衣,预迎于紫禁城外。届时本家于大门跪迎赏赍物件,安于寿堂案上。造办处员役将"福""寿"字、扁额安挂堂上,本家跪。天使将如意递过,本家跪接,安于案上,行三跪九叩礼毕,预设二席,让天使一席,副使一席。入座毕,即备送天使礼八色,副使礼四色。天使起座行,本家跪送于大门外。次日具折谢恩,服蟒袍、补褂,于召对时碰头谢恩。天使亦于是日具折覆命,并陈明所受礼物。

附录:送天使礼物:袍褂成套、补服成副、针砭成匣、九件。靴子成双、帽纬二匣、藏香二匣、徽墨二匣、端砚二方。送副使礼物:袍褂成套、针砭成匣、九件。靴子一双、帽纬一匣。送堂上笔帖试礼物:袍褂成套、针凿成匣。七件。送笔贴试礼物:针凿成匣。七件。

天使一位,副使二员,堂上笔帖试,临时现派,无定数,约四员。笔帖试,临时现派,无定数,约八员。彩亭前鼓手二十四名。苏拉处执龙旗、御杖、抬彩亭五十四名,一百千。头目六名,每四吊。领催四名。每六吊。营造司照料彩亭领催四名,每六吊。披甲六名,每名四吊。库掌一名,十二吊。照料领催三名,每六吊。照料彩亭头三名。每四吊。造办处备差候补催掌一名,十吊。委署达一名,十吊。柏唐阿四名,每八吊。领催四名,每六吊。头目三名。每四吊。随天使领催四名,每六吊。天使苏拉四名,每二吊。天使听事领催四名。每六吊。随副使领催二名,每六吊。苏拉四名。每二吊。堂上苏拉二名,每二吊。领催四名。每六吊。中正殿领催苏拉,六吊。随库司领催二名,每六吊。苏拉二名。每二吊。天使跟班四两、车夫二两。副使跟班八吊、车夫四吊。堂上笔帖试跟班八吊、车夫四吊。上驷院主事一员、笔帖试三员、鼓手酒钱五十吊。安扁对五十八吊。

名单:

内务府派出恭送上赏寿物堂主事明绪,袍褂、针凿。堂委署主事常山,袍褂、针凿。堂掌稿笔帖式岳龄,袍褂、针凿。堂笔帖式文淇,袍褂、针凿。营造司员外郎文德,针凿。一。苏拉处内管领锡庆、营造司档房笔帖式八员,针凿。八。领催八名、披甲八名、匠役十二名、营造司房库库掌十六员,针凿。十六。领催四名、头目四名、彩作头目四名、执打仪仗人八名、匠役五十六名、造办处催长一名、委署达二名、领催四名、柏唐阿四名、匠役十二名、苏拉处仓掌三名、领催八名、苏拉头目六名、苏拉六十六名。

附:武闱监临事宜

奏为请旨事,查向例:武乡试由臣衙门奏请于兼尹、府尹内派出一员监临。本年武乡试奉朱笔圈出臣高□□兹届入闱之期,臣高□□现因病悬恩赏假十日。臣潘□□应否行接办监临事宜,候旨遵行。谨奏。

十五日,丁亥(11月7日)　巳刻入闱。主考颂阁、东甫,弹压子斋,外场监试讷清阿、英朴厚三、胡泰福岱卿、张炳森书村,内监试富亮、何荣阶,内收掌李有荣、王得禄,外帘吴海、杨森、李焕尧、张桂林。本日提调、监试会核名册。得工部禀,捐千两分江浙振。即指示与颂阁、东甫面商。行文兵部问中额,有疑须定。戌初封门,用戳记,提调、监试会同,戌刻毕。共六百二十五名,夜微雨。

十六日,戊子(11月8日)　寅刻起,卯刻叫门进生兵六百二十五名。巳初刻叫内帘门发题,四围监试、御史于弥封后填写弓、刀、石、头、二、三号及双单好[号],亲笔填写,向不假手书吏。去年成斌误填改,误中三十六名也。宿字围张春华自称张振华,问其三代,均不符,振华当是未到,不知卷票何以在春华手也。列字围王世臣一本,三代有误,具呈更正。王玉珍未带卷票,后补。大风,晴。午初放牌,未初毕。子斋出闱,受卷留闱,帮弥封也。四围监试直至子初方毕,开门时考官已睡矣。

十七日,己丑(11月9日)　甚冷。辰正受卷、弥封官出闱。为人书对六十余分。

十八日,庚寅(11月10日)　发车马条。内帘定二十日揭晓。至公堂,将日期移会顺天府、兵部、吏部,今年来问有考。分札治中、照磨、阴阳、学分、护印、请录等差,十九黎明入闱。看御录,看安折,覆命折。赵鸣谦四两,记功二次,本房二两。张如枚等照去年记大功及拔委,分别奖励,余共四十吊。

十九日,辛卯(11月11日)　卯初起,卯刻照磨送印来。前日颂阁面言,午刻叫门。治中来,巳初进内帘填榜,申初毕。校对御录,戌正毕。写南信,济、辛、麟、振、运斋,内各电,出闱即发。必须早叫门,以缮写御录甚迟。

二十日,壬辰(11月12日)　寅初出闱。

附：武闱规则

士子往往托人领签，任意迟延以俟补点，拥挤非常，竟有至初九日丑、寅间尚未点齐入场，实属不成事体。本堂为此婉言相劝，幸勿故违。

又每届三场，士子往往醉饮，酗呼叫骂，又不肯等候十六放排时刻，先求出场，若有似此者，本堂惟有将该生等墨卷不发誊录，以示薄惩。三场辛苦，一举成名。若犯场规，能无惋惜？为兹苦口，期共谅之。

七月二十日以后，将各粥饭锅刷洗净，以十日为期。本部堂亲自看视。

一、誊录草率，随时重责。有疾病，赶紧发药医治。四日一赏，本部堂自行发给。

一、将东西各号画图样一大张贴砖门，刊刻小张，同卷票一同给发，庶考生一览了然，进龙门便易找寻。

一、内帘供应，本部堂一一亲看送进。

一、士子一粥一饭，本部堂定必先尝，如有不堪食者，立即重加惩办，决不宽贷。

一、内外帘及士子所用水，尤关紧要，已专派委员办理。而新添号舍等处，其井尤不疏通清冽。饬粮厅督饬在事官员，于十五日起，赶紧一律上紧淘清，勿迟勿误。

一、士子领照入签后，毋许出外。责成捕盗营应派四十名。

一、派补点委官员八名。另搭棚座于点名棚座之旁。

一、派委员四名或八名或六名，查明实在号数及号板，即饬令随同入闱，如有错误，先摘顶再参处。

一、工房于初一日应行将用各号实贴字样，候本部堂亲自查阅，如迟误，责革惩处。

一、新添号之粥锅断不敷用，赶紧添置。

一、至公堂刑皂由大、宛两县派正役入场,毋许顶替。

一、水夫高二先行严禁,毋许贡院附近居住,以免传递。

一、内供给所及添锅三口,新号舍约添二十口,赶紧办理,勿得迟误。

一、场应用各项煤炭、米面、木柴、灯烛、大宗食物务于八月初二进齐,不准于启闭龙门时陆续传添。

一、内供给所宜分派一二员驻新号委官屋内,以资照料。

一、弥封所号宜展宽以敷办公。考生一万五千人委官督同书手弥封,对号盖戳,事事均关紧要,胥防错误。工房书吏应让于弥封所,工房书吏即可于内供给所东西支盖群屋东边住,礼房及散卷听事吏西边住,栅栏为限止,如此呼应校灵。

一、委员候补者宜分等酌给薪水。由八两至四两。

一、士子点名于照壁后东西砖门并头二道龙门及附近各胡同口。将先点之省府先立长牌点何省何府,并添设大旐,上写某省某府,俾众共知而免拥挤。着治中、粮厅速议出简明告示,树立长牌并于各胡同口出告示。

一、贡院积土应行文承修大臣铲除净尽。现大、宛自行办理。

一、向来监临查贡院,大、宛二县花销家人等项。闻某次查贡院至七次,所费极多。此次本部堂家人、车役等如有需索,即行锁拿严惩。该县亦不得滥行支应。

一、本部堂送内帘米面食物等均自行发价。

一、本部堂赏给誊录书手等自行发给。

一、本部堂自带药料以便应用。此三者辛未知贡举曾办过。

一、外帘于二、三场题纸率行多领,且有封门后再开门补刷印,一经驳诘辄即词穷。此次若敢因补印题纸冒领多张,定将礼房重惩枷号,再行革退。

一、弥封坐号及红号册如有错误,定将承办官员严参,该书吏等加等治罪。

　　再外帘每次进食物等件及水，往往委员于出入处蒙混，据为己有，转以出售内帘。似此恶习，一经本堂查出，定予参革，以警无耻。其总办、粮厅等员难免徇庇之咎。

　　以此各节顺属内、外帘大小所官员，既经赔垫若干费、辛苦若干日，如有所犯，不唯无功可纪，且有犯必惩，轻则摘顶，重必斥革，凛之、慎之。勿谓言之不早也。

　　再倘能平安妥帖，本部堂自当从优奖励，断不能令官员、书役人等徒劳无功也。

　　定例：乡、会两试，士子饭食尽归糟蹋。谕各号官，于每场净场之后，督率号军随时打扫入一缸。

　　又场中例有告示及各号内所贴规例，三场毕后，谕号官于三场后督同各号官军一概取下，归在一处焚化。

　　又场中用水日复不少，岂能都是干净？士子食后每有腹泻等症。谕各号官，将每人所管水缸数目呈明，堂上给发贯仲、生姜放入水缸，可防患，亦是慎重疾病之意。

　　所谕委员、书吏之各条即着承办大小所录出，传谕知之，毋谓不教。

　　右《光绪己丑恩科乡试监临纪事》一卷"附武乡试监临纪事"，据先文勤公手稿移录。是岁公年正六十，以工部尚书兼顺天府府尹加太子太保衔，三月充会试副总裁，至七月充顺天乡试监临，九月十二日出闱。十月十五日复充武乡试监临，二十日出闱。公日记自光绪初具存，惟所载甚略，于当时国政大计俱慎而不言，盖不欲以自表也。斯编所记较详，有裨国故，敬重录传世，俾与秦辀、沈阳、东西陵诸记并垂不朽。稿末原附赐寿礼节及武闱规则，并录附以存掌故焉。

甲申六月侄孙承弼谨识

人名字号音序索引

凡　例

一、本索引是《潘祖荫日记》正文中人物姓名或字号的索引。

二、本索引以姓名为查阅主体，每一姓名都列为检索条目，姓名之后加括号注《日记》中出现的字、号、别名、习称、官称、简称、省称及其他代表人物的称谓。

三、凡《日记》中没有出现字号者，以人名为检索条目；凡《日记》中仅出现字号者，尽量检出姓名列入检索条目；凡《日记》中出现的称谓未能确知其为名、字、号，或暂未考知其名者，径列为检索条目。

四、《日记》中出现的人物字、号、别名、习称及其他代表人物的称谓，也列为检索条目，后列"见某某"，如"眉生　见李鸿裔"；日记中出现人物字号与姓相连者，仅以字号作为检索条目，如"李眉生"，以"眉生"而不是"李眉生"为检索条目。读者欲知《日记》中的"李眉生"为谁，省去其姓，即可检得。

五、《日记》中出现的人物的简称、省称等各种指代，通过上下文可能确知其人的，或虽不能确知其人，但出现次数较多的，也列为检索条目，如"颂"是"颂阁"的省称，即徐郙；"孙"是"孙莱山"的简称，即孙毓汶。

六、《日记》中同一人有不同称呼的，取其出现较多或现在通用的一种列为检索条目，其余的用"见某某"。如"岑春煊"，在《日记》中还作"岑春煊"、"岑春泽"（早年名）、"岑云阶"（字）。检索条目同时列"岑春煊（云阶）""岑春煊　见岑春煊""岑春泽　见岑春煊"。

七、《日记》中不同的人有相同的字号,除了分别列为检索条目外,无法确认归属的字号,也单独列为检索条目。如《日记》中以"小山"为字号的有"缪荃孙""额勒和布""阿克达春"等六人,除将六人姓名分别列为检索条目外,其不能明确归属的"小山",另列一检索条目。

八、索引后所列数字为该人物在《日记》中出现的年、月、日(以公元纪年为标准)。如:杨岘(见山)1881.4.22;1884.12.27;1885.2.9。说明杨岘,字见山,出现在《日记》1881 年 4 月 22 日、1884 年 12 月 27 日和 1885 年 2 月 9 日。

A

阿昌阿 1876.12.18

阿尔萨兰(廓然)1863.11.24

阿光敦 1885.9.14

阿克达春 1886.1.13,1.15;1887.5.28;1888.11.3

阿克占 1886.4.14,4.23,6.10,8.27;1887.1.2,2.12,3.17,8.12;1888.1.18;1889.2.28,3.27;1890.10.12

阿林 1885.9.30,10.20

阿小山、阿笑山 见阿克达春

阿振之 见阿震之

阿震之 1886.3.12;1888.2.28,3.1,10.25

蔼臣 见赵时熙

蔼卿 见张华奎

蔼人 1881.9.24

蔼云 见志和

艾尔杰 1863.3.22

艾圃 1887.11.17

艾庆曾 1863.3.22

爱廉 1876.12.18

爱新觉罗·阿济格(英王)1867.7.3

爱新觉罗·多尔衮(睿忠亲王)1867.6.3

爱新觉罗·福临(世祖、章皇帝)1867.6.3;1889.3.24

爱新觉罗·皇太极(太宗)1867.6.3,6.11,7.3

爱新觉罗·绵亿(南韵斋)1863.7.28

爱新觉罗·旻宁(文宗)1863.7.21,8.11,9.9,10.31,11.25;1875.10.22;1881.6.12;1885.7.20;1886.1.24,1.29,2.2

爱新觉罗·努尔哈赤(太祖)1867.6.11,7.3

爱新觉罗·玄烨(高宗、圣祖)1863.6.14;1867.6.1,6.11,7.3

爱新觉罗·奕諒(惇邸、惇)1881. 1.
30,2. 24,3. 20,4. 4,4. 9;1882. 10.
13,10. 17;1883. 2. 24,3. 7,3. 9;
1885. 8. 4,9. 7,11. 11;1886. 1. 16,
2. 4,4. 14,5. 3,5. 16;1887. 1. 24,6.
13,6. 22;1888. 5. 19,7. 27;1889. 2.
18,2. 28

爱新觉罗·奕朴 1887. 3. 28

爱新觉罗·奕劻(劻贝勒)1863. 11.
24;1887. 2. 24

爱新觉罗·奕䜣(恭、恭邸、议政王、
鉴园太平主人)1863. 3. 15;1879.
4. 14;1881. 1. 30,3. 22,4. 4,10. 1,
11. 2,11. 18;1882. 9. 4,12. 29;
1883. 2. 1,2. 8,2. 12,3. 9,3. 16;
1885. 7. 24;1886. 2. 4,9. 3;1887. 1.
24;1889. 2. 1;1890. 1. 21

爱新觉罗·奕譞(醇邸、醇王、醇府、
醇)1863. 11. 24;1867. 11. 9;1876.
12. 13;1881. 1. 30,2. 24,4. 9,4. 14;
1883. 2. 8,3. 9,3. 11;1886. 2. 4,7.
15,7. 19,7. 25,8. 13;1887. 1. 4,1.
8,1. 24,12. 9;1888. 8. 20,8. 22;
1889. 2. 14,2. 15,3. 1,3. 25,5. 17,
8. 30,10. 13,10. 30;1890. 1. 17,1.
18,7. 30,8. 23,8. 24,8. 27,9. 15,9.
16,9. 20,9. 21,12. 1

爱新觉罗·永琏(端慧皇太子)1877.
5. 3;1878. 4. 20

爱新觉罗·永琪(荣亲王)1876. 12. 14

爱新觉罗·永瑆(诒晋斋、成邸)

1863. 6. 25,7. 28,10. 14;1877. 5. 8;
1883. 6. 20,6. 25;1884. 3. 20

爱新觉罗·载淳(上、穆宗)1863. 2.
20,5. 4,5. 10,5. 14,5. 29,6. 6,6.
28,12. 4;1864. 2. 5;1865. 11. 5,11.
6,11. 7,11. 11,11. 12;1867. 3. 31,
5. 16,6. 28;1873. 3. 31,4. 2,4. 3,4.
4,4. 5,4. 6,4. 7;1875. 10. 16,10.
22;1876. 12. 13,12. 15,12. 18;
1877. 1. 18,5. 7;1878. 4. 25;1879.
3. 31,4. 17;1887. 5. 5

爱新觉罗·载湉(上、光绪)1875. 10.
17,10. 18,10. 19,10. 20,10. 21;
1876. 10. 5;1878. 9. 7;1879. 4. 4,4.
12,4. 13,4. 14,4. 15,4. 17,4. 18,4.
19;1881. 1. 30,2. 1,2. 7,2. 9,2. 19,
3. 11,3. 13,3. 31,4. 4,4. 20,4. 22,
4. 24,4. 26,5. 2,5. 7,5. 8,5. 14,5.
20,5. 26,6. 1,6. 2,6. 6,6. 7,6. 9,6.
13,6. 19,6. 25,7. 1,7. 5,7. 7,7. 13,
7. 14,7. 21,7. 22,7. 25,7. 30,8. 4,
8. 6,8. 7,8. 9,8. 15,8. 23,8. 31,9.
3,9. 8,9. 16,10. 2,10. 7,10. 10,10.
18,10. 26,10. 31,11. 21;1882. 1.
24,2. 8,2. 15,2. 18,2. 26,5. 10,5.
16,5. 26,6. 27,6. 30,8. 9,8. 13,8.
30,9. 5,9. 11,9. 17,9. 21,10. 13,
10. 21,11. 2,11. 10,12. 15;1883. 1.
4,1. 13,2. 5,2. 8,2. 16,2. 21,2. 28,
3. 3;1885. 2. 15,6. 21,6. 22,6. 23,
7. 7,8. 6,8. 9,8. 12,8. 15,8. 16,8.

17,9. 10,9. 12,9. 13,9. 17,9. 28,
10. 4,10. 10,10. 11,10. 20,10. 21,
11. 6,11. 26,11. 29,12. 1,12. 13,
12. 17,12. 18,12. 20,12. 26,12. 28,
12. 29;1886. 1. 1,1. 3,1. 12,1. 22,
1. 23,1. 24,1. 25,1. 26,1. 27,1. 28,
2. 1,2. 3,2. 4,2. 17,2. 22,3. 21,4.
1,4. 2,4. 3,4. 4,4. 5,4. 7,4. 8,4. 9,
5. 3,5. 28,7. 27,7. 30,8. 14,8. 18,
9. 7,10. 4,10. 20,10. 26,10. 28,10.
31,12. 19,12. 20,12. 21,12. 25,12.
29;1887. 1. 2,1. 11,1. 12,1. 21,1.
22,1. 23,1. 24,1. 30,2. 4,2. 7,2. 9,
2. 12,3. 1,3. 2,3. 3,3. 4,3. 5,3. 6,
3. 7,3. 8,3. 9,3. 25,4. 15,4. 16,4.
18,4. 22,4. 29,5. 4,5. 10,5. 12,6.
21,7. 5,7. 11,7. 14,8. 15,8. 18,8.
20,8. 29,9. 19,10. 20,11. 14,12. 9;
1888. 1. 9,1. 12,1. 15,2. 9,2. 10,2.
11,2. 12,2. 15,2. 19,2. 20,2. 28,3.
5,3. 17,3. 19,3. 20,3. 24,3. 25,4.
9,4. 10,5. 10,5. 13,5. 20,6. 20,7.
5,7. 14,7. 17,7. 21,8. 1,8. 3,8. 7,
8. 8,8. 20,8. 22,9. 7,9. 12,9. 13,9.
14,10. 4,10. 26,11. 3,11. 4,12. 16,
12. 17,12. 18,12. 20,12. 21;1889.
1. 2,1. 3,1. 12,1. 14,1. 26,1. 28,1.
29,1. 30,1. 31,2. 3,2. 8,2. 15,2.
16,2. 25,2. 27,3. 2,3. 6,3. 13,3.
24,3. 28,4. 4,4. 19,5. 1,5. 15,5.
24,6. 16,6. 18,6. 21,6. 23,6. 25,7.

6,7. 16,7. 17,7. 21,7. 27,7. 28,8.
8,8. 11,8. 30,9. 19,9. 23,10. 6,10.
21,10. 27,10. 28,10. 29,10. 30,10.
31,11. 23,12. 20,12. 21,12. 22,12.
30;1890. 1. 1,1. 18,1. 19,1. 20,1.
21,1. 22,1. 29,1. 30,2. 3,2. 4,2. 8,
2. 9,2. 15,2. 26,3. 2,3. 18,3. 19,3.
20,4. 3,4. 4,4. 5,4. 6,4. 8,4. 9,4.
10,4. 11,4. 16,4. 19,4. 22,4. 24,4.
28,4. 30,5. 3,5. 8,5. 9,5. 10,5. 11,
5. 12,5. 13,5. 14,5. 16,5. 18,5. 19,
5. 20,5. 22,5. 24,5. 30,6. 12,6. 18,
6. 20,6. 21,7. 5,7. 7,7. 23,7. 27,7.
29,8. 13,8. 15,8. 16,8. 22,8. 23,8.
24,8. 27,8. 30,9. 2,9. 15,9. 16,9.
18,9. 20,9. 21,9. 23,9. 24,10. 16,
10. 22,11. 9,11. 11,11. 16,11. 21,
11. 26

爱新觉罗·载漪(漪贝勒、漪)1889.
11. 17,12. 6;1890. 7. 31,11. 29,
12. 6

爱新觉罗·载滢(滢贝勒、滢)1886.
5. 3;1888. 5. 30;1889. 3. 3;1890. 1.
26,5. 29,6. 3,6. 5,6. 7,6. 8,6. 9,6.
10,6. 11,6. 13,6. 15,7. 31

爱新觉罗·载治(治贝勒)1863. 9.
30;1876. 12. 18;1881. 2. 12

安甫 1883. 6. 17,8. 24,8. 26,11. 18;
1885. 2. 15,2. 23,3. 8,6. 5

安副都统 见安兴阿

安国 1885. 10. 23

宝森（子青）1876. 12. 18；1881. 2. 9，
　2. 17，5. 18，5. 31，6. 3，6. 20，7. 2，7.
　3，7. 8，7. 12，7. 14，7. 25，7. 30，8. 2，
　8. 23，8. 24，8. 25，9. 7，9. 28，9. 30，
　10. 7，10. 29，11. 12，11. 13，11. 23，
　11. 25；1882. 1. 4，2. 14，2. 16，2. 23，
　3. 8，3. 14，5. 5，5. 20，5. 26，6. 2，6.
　18，6. 19，7. 9，9. 26，11. 8，12. 21，
　12. 30；1883. 1. 12，1. 16，1. 19，1.
　24，1. 26，2. 3，2. 7，4. 26，5. 5，5. 8，
　5. 16，5. 21；1885. 12. 2，12. 12，12.
　15，12. 26；1886. 1. 25，1. 30，10. 25，
　10. 26，11. 14，11. 16，11. 19，11. 20；
　1887. 1. 21

宝珊　见朱以鉴

宝笙　见庞钟璐

宝廷　见恩佑

宝廷（竹坡）1883. 3. 23

宝熙（瑞臣）1888. 10. 3，10. 6

宝玺 1867. 6. 4

宝珣 1858. 10. 2

保纯 1886. 3. 26

保三　见刘廷鉴

葆成 1876. 12. 18

豹岑　见倪文蔚

鲍步垣 1863. 9. 25，10. 29；1864. 1. 31

鲍承诏 1888. 6. 28

鲍光灼 1882. 11. 11

鲍花潭 1887. 8. 27；1888. 6. 28

鲍小山 1863. 11. 18，12. 15

鲍孝愉（仲馀）1887. 8. 27

鲍孝裕 1887. 9. 19

鲍增彦 1886. 8. 5

暴蔺云 1886. 8. 5；1888. 1. 17，5. 5

悲庵　见赵之谦

北楼　见江佐清

北苑　见董源

贝汇如 1885. 4. 30，5. 1

贝康侯 1883. 6. 11

贝伟如 1885. 2. 20

贝荫泰 1883. 6. 5

贝子木 1885. 5. 3；1889. 8. 29

笔彩　见笔彩樊

笔彩樊 1881. 4. 15，4. 16，4. 17，4. 23，
　4. 27，5. 14，5. 15，5. 16，5. 22，5. 28，
　5. 29，5. 30，6. 4，6. 7，6. 11，6. 19，6.
　25，6. 27，7. 2，7. 8，7. 10，7. 15，7.
　18，10. 3，10. 6，10. 18，10. 22，10.
　24，10. 26，11. 2，11. 6，11. 10，11.
　12，11. 13，11. 25；1882. 1. 9，2. 6，2.
　11，3. 11，3. 20，5. 2，5. 5，5. 6，5. 8，
　10. 5；1883. 1. 27，2. 7；1885. 7. 10，
　7. 12，7. 25，7. 28，7. 30，8. 8，8. 10，
　9. 2，10. 30；1886. 1. 26，2. 3；1887.
　5. 4，5. 12，5. 13，6. 15，6. 23，6. 27；
　1888. 6. 13；1889. 1. 27，2. 7；1890.
　8. 5，10. 21

毕保釐 1883. 6. 5

毕恩溥 1886. 8. 7，8. 13；1888. 7. 6

毕苇村 1890. 5. 11

毕赓言（戢堂）1858. 10. 19，10. 20

毕光祖（枕梅）1886. 5. 31，8. 29；

陈德生 1890.10.25

陈恩荣 1885.11.1

陈方鉴 1886.8.2

陈舫仙 1890.6.25,6.30,7.18,7.21

陈沣(兰浦)1863.9.5

陈凤阁 1858.10.23

陈孚恩 1858.10.2

陈福 1887.7.20

陈阜(祜曾)1888.5.31;1889.10.1

陈国鼎 1858.10.16

陈鹤云 1890.4.4

陈恒庆（屯田）1887.3.11,3.12;
　1889.10.25

陈闳 1863.6.24

陈鸿宝(瑞伯)1888.4.2,4.25,5.12,
　5.16,5.19,7.26

陈鸿焘 1888.11.3;1889.9.2

陈厚德 1886.7.2,7.24,10.21

陈淮桢 1883.6.5

陈槐林 1885.9.14

陈奂 1881.2.7

陈惠子 1883.11.20

陈吉士 1885.5.3

陈芰荣 1886.8.5

陈季之 1886.10.13

陈建侯(仲耦)1887.7.21,7.22,7.
　23,8.1,8.29,9.8

陈建勋 1883.6.5

陈介祺(寿卿、簠斋)1881.4.4,4.16,
　4.19,7.20;1883.7.10;1885.4.22;
　1887.3.12,10.18;1888.5.31;

1889.10.1

陈金台 1889.8.31

陈景墀 1885.10.23;1886.12.25;
　1887.4.11,10.10;1888.2.4;1889.
　1.11

陈镜清 1887.11.2;1888.2.17;1889.
　2.23;1890.10.16,10.18,11.3,
　12.3

陈九兰 1887.3.11,3.12

陈璚(六笙)1886.9.11,9.18,9.28;
　1890.3.27

陈康祺(纲堂)1885.5.30,5.31,6.4;
　1889.5.31

陈兰彬（荔秋）1882.5.26,12.17;
　1885.6.3

陈立 1883.12.29

陈良(鸿保)1887.10.30,12.6;1888.
　11.8;1889.2.11,2.14

陈亮畴 1858.10.2

陈琳 1863.7.1

陈霖 1886.8.5

陈浏 1886.7.30;1887.9.6,9.10

陈履喆 1886.8.7

陈懋侯(伯双)1885.9.18,9.19,10.
　2,10.15,10.19,10.23,11.28,12.
　16;1887.1.8,5.30,7.23;1888.4.
　1,7.2;1890.11.22

陈冕(冠生、贯生)1887.3.9,7.7,10.
　4;1888.5.28,9.4,9.8;1889.1.30,
　2.23,3.8,3.20,3.21,6.20;1890.
　4.2,6.23,10.15

陈名珍（聘臣）1883. 11. 20；1890. 3. 25，4. 21

陈鸣秋 1890. 10. 18

陈培兰 1889. 5. 31

陈其镳（骏生、骏）1884. 4. 18，4. 20，4. 23，12. 3；1885. 2. 19，4. 23，5. 19，8. 28，9. 2，11. 11，11. 20；1886. 1. 6，1. 28，1. 31，2. 3，2. 8，11. 14，11. 30，12. 1，12. 4，12. 15；1887. 1. 17，1. 23，2. 5，2. 7，2. 15，2. 23，3. 6，3. 13，4. 22，5. 15，5. 27，6. 7，6. 13，6. 15，6. 24，6. 29，7. 16，8. 3，8. 10，8. 12，8. 21，8. 26，8. 27，10. 1；1890. 5. 3

陈其敬（璞如）1887. 5. 20

陈其义 1890. 5. 3

陈启泰 1882. 2. 15

陈庆彬（子均）1890. 5. 17

陈庆禧（棨门）1887. 5. 1

陈庆萱 1886. 8. 8

陈庆镛（颂南）1883. 5. 19

陈庆祉（小田）1886. 8. 24，10. 13

陈人龙 1889. 4. 3

陈礽颐（朵峰）1887. 10. 7

陈日翔 1886. 4. 11，6. 4；1889. 3. 24

陈荣（朗山）1887. 9. 23

陈善琨（昆玉）1885. 9. 12

陈少希 1884. 2. 21，2. 22，2. 24，2. 28，2. 29；1885. 2. 12，2. 27；1886. 2. 3，4. 3；1887. 1. 23

陈师道（后山）1888. 12. 31

陈士杰（隽丞）1886. 1. 18，8. 7，8. 16，8. 20

陈寿昌 1883. 6. 6；1884. 8. 1；1885. 6. 25；1886. 8. 6

陈寿椿 1888. 2. 21，3. 1，10. 21，11. 15；1889. 2. 27，7. 30；1890. 10. 13

陈寿祺（珊士）1863. 2. 19，2. 20，2. 28，4. 16，5. 2，5. 26，6. 19，6. 29，9. 6，9. 17，10. 11，11. 15；1864. 1. 17，2. 6

陈澍霖 1886. 8. 7

陈嵩屏 1883. 6. 3，6. 5；1885. 6. 3

陈嵩佺 1883. 8. 26，10. 29；1884. 1. 23，1. 30，10. 3，12. 22，12. 23，12. 24，12. 27；1885. 1. 6，2. 5，2. 7，2. 9，2. 17，4. 6，4. 10，4. 11，4. 25，4. 28，5. 3，5. 7，5. 15，5. 16，5. 21，5. 22，6. 1，6. 4，11. 2，11. 5，12. 8，12. 9，12. 12；1886. 5. 17，11. 12；1887. 10. 1

陈廷鉴 1886. 8. 6

陈廷经（小舫）1883. 7. 19；1890. 1. 18

陈廷炘 1886. 8. 7，8. 26

陈廷彦 1882. 11. 17

陈同礼（润甫）1885. 5. 2；1890. 1. 19

陈维周 1887. 5. 1

陈伟杰 1882. 12. 23；1883. 6. 23；1884. 4. 5；1885. 5. 16，6. 5

陈文田 1881. 11. 3

陈吴莘 1886. 8. 4，9. 6

陈锡章（午亭）1884. 1. 4

陈象灏 1863. 4. 9，10. 4

陈象沛（绿樵）1863. 9. 27

陈象瀛（登甫）1887. 10. 25；1888. 1. 15，2. 21

陈小亭 1888. 3. 17，4. 19，5. 25，9. 2，9. 7，9. 13，12. 24；1889. 1. 8，2. 5，2. 14，3. 20，10. 6；1890. 5. 15，6. 30，7. 31，11. 9，11. 12

陈协椬（映垣）1888. 6. 11，6. 12；1889. 7. 7

陈悒驯 1883. 5. 24

陈琇莹 1888. 9. 8

陈煦（晓堂）1858. 9. 7

陈煦元 1888. 11. 16，11. 20

陈萱荫 1886. 8. 2

陈巽卿 1890. 6. 22，6. 23，7. 13，9. 18

陈雅农 1882. 9. 7；1885. 6. 20

陈延益（荣叔、容叔）1882. 2. 26；1884. 1. 14，4. 18，4. 23，9. 14，11. 20；1885. 1. 19，1. 26，2. 17，3. 8，3. 11，4. 22，4. 23，4. 30；1886. 7. 14，8. 8，8. 10，8. 21；1887. 8. 19，10. 1；1889. 8. 20，8. 25

陈研香 1881. 6. 9；1882. 8. 24，9. 7；1883. 5. 16

陈砚香 见陈研香

陈彦辅 1885. 12. 25

陈彦鹏 1882. 6. 24，10. 15；1883. 5. 19；1886. 3. 8，4. 23

陈彝（六舟）1886. 6. 14，11. 13，11. 16，11. 21，11. 26；1889. 12. 13，12. 14，12. 16，12. 19，12. 23，12. 31；1890. 1. 1，1. 2，1. 3，1. 6，1. 22，1. 23，1. 24，1. 30，2. 1，2. 4，2. 10，2. 14，2. 15，2. 16，2. 17，2. 26，3. 2，3. 6，3. 14，3. 25，4. 1，4. 2，4. 20，4. 21，4. 24，4. 25，4. 26，4. 27，4. 28，4. 29，4. 30，5. 1，5. 4，5. 7，5. 11，5. 13，5. 14，5. 19，5. 20，5. 22，6. 5，6. 7，6. 9，6. 20，6. 22，6. 27，6. 28，6. 30，7. 2，7. 3，7. 4，7. 5，7. 17，7. 18，7. 19，7. 20，7. 21，7. 22，7. 24，7. 25，7. 26，7. 27，7. 28，7. 30，7. 31，8. 1，8. 2，8. 3，8. 4，8. 5，8. 6，8. 7，8. 10，8. 11，8. 12，8. 13，8. 15，8. 16，8. 17，8. 18，8. 19，8. 20，8. 21，8. 22，8. 23，8. 24，8. 25，8. 26，8. 27，8. 28，8. 29，8. 30，8. 31，9. 2，9. 3，9. 4，9. 5，9. 6，9. 7，9. 8，9. 9，9. 11，9. 12，9. 14，9. 15，9. 16，9. 18，9. 21，9. 22，9. 25，9. 26，9. 27，9. 29，9. 30，10. 2，10. 3，10. 4，10. 5，10. 6，10. 7，10. 8，10. 10，10. 11，10. 13，10. 14，10. 16，10. 18，10. 19，10. 21，10. 23，10. 24，10. 25，10. 26，10. 27，10. 28，10. 29，10. 30，10. 31，11. 2，11. 3，11. 5，11. 7，11. 10，11. 12，11. 13，11. 14，11. 16，11. 19，11. 21，11. 22，11. 23，11. 24，11. 25，11. 26，11. 27，11. 28，11. 29，12. 2

陈以培 1885. 6. 11

陈翼谋 1886. 4. 23；1889. 3. 23

陈荫庭 1890. 6. 30

陈永春 1883. 6. 3

陈咏南 1888. 11. 8

陈余(德生)1858.11.11;1890.10.25

陈与昌 1888.9.17

陈与同(弼侯)1888.7.27,8.16,11.11;1889.8.31

陈与同 1886.4.23

陈逿声 1886.6.25;1889.4.1

陈源 1888.10.16

陈芸敏 1888.10.10,10.24

陈允颐 1890.10.25

陈泽醴 1890.4.1,10.11

陈增寿(芙生)1887.6.29,7.14,7.18;1889.11.30

陈增玉(吕如)1886.4.11

陈兆奎 见陈兆葵

陈兆葵(复心)1886.1.18,7.21,8.20;1888.8.29;1889.3.7

陈贞(亮伯)1883.4.27;1884.1.17,2.17;1885.4.12,5.31;1886.5.3,5.31;1889.3.27

陈臻伯 1888.1.9

陈正源 1886.8.13

陈之炳 1886.3.14

陈芝泉 1885.2.6,6.1;1890.5.7,5.13

陈志铨 1883.9.30

陈志喆 1886.6.26

陈治宣 1885.11.4

陈秩卿 1886.7.2

陈智 1885.10.25

陈忠裕 见陈子龙

陈仲鹿(芝诰)1888.7.23

陈仲蔚 1885.5.2

陈仲彦(忠伟)1886.3.16;1888.12.5,12.23

陈仲子(于陵)1880.5.14

陈众仲 1885.5.2

陈朱先 1890.11.3

陈竹坪 1888.11.8,11.20

陈柱生 1890.9.17

陈子良 1888.6.20

陈子龙 1883.11.14

陈宗妫 1889.8.31

陈卒峰 1887.10.9

陈佐仁 1890.9.28

柽 见姚柽甫

柽甫 见姚柽甫

成安 1889.10.20

成斌(雨峰)1888.11.16;1889.11.8

成霨 1888.1.30

成昌 1888.10.21

成邸 见爱新觉罗·永瑆

成孚(子中)1886.2.10;1887.11.8;1889.3.12

成林(竹坪)1867.5.31,6.25;1873.4.3,4.6;1876.12.18;1890.1.20

成禄 1887.11.8

成美 见李方峻

成守正 1889.3.24

成月坪 1886.3.12,3.17;1887.1.14

成允(竹铭)1886.1.30,9.14,10.21,10.29;1887.5.17

诚厚 1886.3.13

诚勋（果泉）1885.12.26,12.29;

25;1864. 1. 28;1881. 1. 30,4. 9,6.
9,8. 6,10. 31,11. 13;1890. 4. 28

慈禧（皇太后、太后）1863. 5. 26,11.
20;1864. 1. 10,1. 14,1. 28,2. 4;
1879. 4. 12,4. 13,4. 14,4. 18,4. 19;
1881. 1. 30,8. 9,10. 1,10. 31;1882.
1. 2,2. 11,2. 15,5. 30,6. 12,6. 14,
6. 22,6. 29,9. 13,9. 26,11. 3,11. 8,
11. 27;1883. 1. 6,1. 16,1. 26,2. 5,
2. 16;1885. 9. 9,10. 20,10. 27,11.
16;1886. 1. 14,1. 23,4. 1,4. 2,4. 3,
4. 4,4. 5,4. 7,4. 8,4. 9,5. 30,6. 30,
9. 4,9. 20,10. 1,10. 5,10. 7,10. 9,
10. 10,10. 11,10. 13,10. 17,10. 21,
10. 24,10. 26,10. 27,10. 29,11. 1,
11. 2,11. 4,11. 13,11. 15,11. 17,
11. 18,11. 19,11. 20,11. 21,12. 2,
12. 4,12. 5,12. 7,12. 16,12. 19,12.
22,12. 25,12. 29;1887. 1. 4,1. 7,1.
8,1. 11,1. 12,1. 30,1. 31,2. 21,3.
1,3. 2,3. 3,3. 4,3. 5,3. 6,3. 7,3. 8,
3. 9,3. 11,3. 17,4. 14,4. 29,6. 17,
11. 20,11. 24;1888. 1. 12,2. 2,2.
15,2. 18,2. 22,2. 29,3. 4,3. 7,3. 8,
3. 9,3. 12,3. 20,3. 25,3. 28,4. 2,4.
3,4. 7,4. 18,4. 19,4. 20,4. 21,4.
22,4. 26,4. 29,5. 1,5. 10,5. 20,7.
1,7. 2,7. 3,7. 5,7. 26,7. 27,7. 28,
7. 29,9. 16,10. 4,10. 26,11. 8,11.
9,11. 13,12. 24;1889. 1. 2,1. 3,1.
22,1. 24,1. 27,1. 29,2. 7,2. 8,2.

11,2. 12,2. 13,2. 14,2. 15,2. 17,2.
19,3. 3,3. 14,3. 15,3. 21,3. 22,3.
23,3. 24,3. 25,3. 26,3. 27,3. 28,4.
2,5. 24,5. 26,5. 28,5. 30,5. 31,6.
9,6. 10,6. 11,6. 19,6. 27,7. 4,7. 9,
7. 12,8. 6,8. 17,8. 21,8. 25,8. 30,
10. 21,10. 28,10. 29,10. 30,11. 2,
11. 13,11. 18,12. 3,12. 13,12. 22,
12. 30;1890. 1. 8,1. 9,1. 11,1. 12,
1. 13,1. 18,1. 26,1. 27,2. 4,3. 18,
4. 3,4. 4,4. 5,4. 6,4. 8,4. 9,4. 10,
4. 11,5. 12,5. 20,5. 22,6. 13,6. 16,
6. 17,6. 18,7. 7,7. 8,7. 31,8. 1,8.
8,8. 10,8. 22,8. 23,9. 25,11. 17,
11. 20,11. 21,11. 22,12. 1

次方　见刘次方

次芳　见刘次方

次舫　见唐继勋

次经　见尹次经

次亮　见陈炽

次谋　见曹次谋

次屏　1881. 8. 17

次青　见李元度

次山　见赵尔巽、恽世临

次珊　见赵尔巽

次棠　见于荫霖

次修　见孟晋瑛

次远　见恽彦琦

次云　见张承熊

赐卿　见朱敏修、阮福

从周　见程文炳

D

丁体常 1889.11.26
丁惟晋 1886.8.1,9.15
丁惟禔 1886.8.1;1888.10.13;1889.3.30
丁心斋 1863.5.28
丁孝廉 见丁丙
丁耀时 1863.4.9
丁予懃 1887.11.13;1888.1.20,3.10,3.14,4.1,5.3,7.7,8.7,9.6,10.4,10.16,11.3;1889.1.1,1.18,1.25,3.7
丁兆基(经生)1885.6.5
丁兆芩 1883.6.5
丁振铎(徇卿)1888.3.26
丁竹溪 1863.5.26,6.15
定安(九峰)1858.9.6,10.27,10.28
定庵 见龚自珍
定成 1885.10.22
定夫 见王肇镇
定甹 见杨晨
定甫 见杨晨
定轩 1885.5.19
定英 1888.6.14
定之 见吕耀斗
定子 见吕耀斗
东甫 1881.4.19,11,29;1888.3.22,3.24;1889.11.7,11.18
东甫 见景东甫、徐东甫、郑东甫
东涧 见钱谦益
东坡 见苏轼
东圃 1883.7.22
东樵 见会章
东荣 见张沆清
东山 1863.10.18
东野 见孟郊
东垣 见马东垣
东原 见戴震
东耘 1867.11.10,11.11
东丈 见衍秀
东之 见衍秀
董邦达 1863.6.5,6.14
董宝诚 1886.6.25
董醇(酝卿)1858.8.17;1863.4.19
董汇芳(香从、香丛)1858.8.23,11.11
董开沅 1888.1.11,4.11,8.25,8.31
董堃 1885.10.7
董妹 1883.3.7,5.26
董其昌(香光、董文敏、思白)1863.6.1,6.12,6.28,7.1,9.21;1885.2.12;1887.1.23
董气子 1890.6.10
董润(小楼)1885.8.16
董塄 1888.5.24
董太太 1885.6.1
董维干(仲岩)1885.10.28,10.30
董文涣(研秋、砚秋、研樵)1863.3.17,6.9;1864.1.26;1885.10.28
董锡光 1885.11.1
董系和(蓠轩)1886.7.17,7.31,8.31;1890.1.3,3.18
董彦合 见董彦和

冯芳泽 1882.11.13；1886.6.24

冯芳植（培之）1881.4.12，5.4；1883.
　　12.31；1886.4.30，5.5，5.6；1889.
　　11.14

冯庚 1889.5.27

冯光勋（伯申）1883.5.25；1885.8.
　　31，11.12

冯国琛 1887.2.26，3.3；1888.10.5，
　　11.3

冯国珊 1889.2.22

冯继尧（安洲）1867.6.8，6.9，6.10，
　　6.11，6.14，6.15，6.16，6.17

冯金鉴 1867.6.9；1885.4.17

冯开勋（春浦、春圃）1886.1.26；
　　1887.1.19，2.26，3.3，4.12，5.2；
　　1888.1.10，3.8，4.9，5.8，10.5，11.
　　3；1889.2.22

冯品 1886.3.17

冯溥 1889.10.27

冯谦崇 1886.3.9

冯镕（柳堂）1863.7.29

冯申之 1883.5.23；1886.2.7，2.22，
　　2.26，3.24

冯士杰（古堂）1867.6.9；1889.9.6，
　　9.8

冯寿松（鹤巢）1888.3.30，6.24，7.2，
　　10.5；1889.1.25，7.30；1890.10.5

冯文蔚（莲唐、莲堂、莲塘）1882.9.
　　14；1885.12.21，12.22，12.24，12.
　　27；1887.4.24，5.8

冯文毅 见冯溥

冯星垞（锡仁）1888.3.21

冯煦（梦花、梦华）1886.6.3，9.8；
　　1888.1.11，3.7，4.1，4.19，6.5，6.
　　19，6.24，6.25，7.2，7.4，7.18，12.
　　14，12.17；1889.2.9，2.19，3.11，3.
　　13，3.20，3.21，8.6，12.17；1890.2.
　　7，8.14，8.20，8.30，9.7

冯琬 1886.3.9

冯学彦 1885.10.27

冯玉春 1883.5.30

冯焘鹏 1889.8.6

凤 见凤辉堂

凤冈 见高梧

凤辉堂（凤）1881.3.4，3.7，6.12，8.
　　10；1882.10.27；1883.1.25

凤林（韵生）1889.1.22

凤年 见丁凤年

凤石 见陆润庠

奉叔 1886.8.7

佛伯恒（升额）1882.7.11，9.30；
　　1884.2.19，2.21；1885.7.21，8.12；
　　1888.6.26

佛六 见佛佑

佛青 见刘岳云

佛卿 见刘岳云

佛佑（佛六）1890.10.2，10.15

夫子 见孔子

伏敌堂 见江湜

芙卿 1863.8.15

芙生 见陈增寿

苻村 见汪苻村

26,12. 10,12. 26;1890. 1. 7,2. 17,
3. 21,3. 25,3. 31,4. 21,4. 22,5. 6,
5. 21,5. 23,6. 17,9. 1,10. 16

高枏 1890. 5. 30,6. 26

高庆龄(南郑)1881. 8. 17

高汝翰 1888. 9. 13,11. 6,11. 14

高汝瀚 见高汝翰

高慎德(恒顺)1876. 12. 13;1879. 4.
4;1883. 3. 8;1886. 12. 7,12. 30;
1887. 1. 7,1. 18,12. 8;1888. 9. 13;
1889. 9. 17;1890. 3. 30

高溎 1883. 10. 8

高士奇(江村)1863. 6. 6,6. 14

高寿农 1887. 4. 17;1889. 3. 10,10.
12,11. 29;1890. 1. 15,4. 2,9. 19,
11. 19

高寿祺 1886. 3. 17

高四清(文翰)1863. 9. 21;1886. 12.
27,12. 29;1887. 4. 11,4. 14,4. 19,
4. 22,11. 17,11. 20,11. 22,11. 26,
11. 30,12. 3,12. 4;1888. 5. 18,5.
21;1889. 3. 1,3. 2,6. 5,9. 8

高似孙 1890. 5. 31

高廷修 1886. 7. 25,8. 29

高万鹏(抟九、抟)1863. 10. 10,10.
15,11. 8,12. 26;1864. 2. 3;1882. 5.
15;1887. 4. 30,5. 1,10. 21,10. 22,
10. 27,10. 29,10. 31,11. 19,11. 29,
12. 1,12. 4,12. 8,12. 27;1888. 1. 3,
1. 10,1. 21,1. 25,2. 2,2. 19,2. 24,
2. 28,3. 5,3. 17,3. 31,4. 6,4. 10,4.

16,4. 26,5. 16,5. 23,5. 27,5. 28,5.
29,6. 12,7. 6,7. 12,7. 15,7. 16,7.
20,7. 23,8. 2,8. 3,8. 11,8. 21,8.
25,8. 30,8. 31,9. 2,9. 9,9. 24,10.
1,10. 2,10. 12,10. 20,11. 4,11. 14,
11. 20,11. 22,11. 24,11. 25,11. 27,
11. 30,12. 2,12. 26;1889. 1. 7,1. 9,
1. 22,1. 25,1. 28,2. 3,2. 22,2. 23,
2. 25,3. 4,3. 7,3. 8,3. 27,2. 29,5.
14,5. 26,6. 7,6. 9,6. 12,6. 23,6.
24,6. 26,6. 27,7. 16,7. 18,7. 28,8.
16,8. 17,9. 18,9. 20,9. 28,10. 8,
10. 9,10. 12,11. 3,11. 16,11. 24,
12. 23;1890. 1. 1,1. 3,1. 4,1. 11,
5. 30

高维翰(墨缘、高大令)1858. 8. 20,
8. 21

高蔚光 1890. 1. 14

高蔚桢 1886. 8. 6

高文锡 1889. 10. 21

高梧(凤冈)1863. 4. 17,5. 25,6. 18,
9. 22,9. 23

高熙廷 1887. 4. 27,5. 15;1890. 2. 17

高熙喆 1886. 6. 25,9. 2

高心夔(伯足、碧眉、碧湄)1881. 7. 1,
7. 4,7. 28,12. 31;1883. 9. 23;1884.
1. 8,3. 1;1885. 3. 27;1886. 1. 30,6. 3

高星槎 1885. 6. 15;1890. 4. 4

高袖海(云帆)1889. 12. 17;1890.
2. 10

高彦冲(小坡)1864. 1. 16

5,10. 6,10. 7,11. 13,11. 14,11. 16,
11. 20,12. 6,12. 7,12. 11,12. 13;
1883. 1. 10,1. 11,1. 12,1. 17,1. 26,
1. 28,2. 3,2. 6,2. 7,2. 16,2. 18

胡 见胡子英

胡春波 1884.4. 6

胡春及 1883.6. 28

胡岱卿(泰福)1885. 11. 29;1889. 11.
7,8. 31

胡凤丹(月樵)1863.2. 23,6. 18

胡淮铨 1886.7. 3

胡辑五 1882. 10. 7;1886. 1. 13;1887.
1. 7;1890. 1. 4

胡芰龄 1884.1. 20

胡晋兢(采庭)1884.1. 20

胡景桂(月舫)1885. 10. 26,10. 28,
12. 4,12. 30;1886. 5. 7,12. 2,12. 4;
1887. 1. 2,2. 28,5. 6,5. 31,6. 19,7.
23,7. 24,11. 18;1888. 1. 12,2. 8,2.
25,3. 6,5. 9,5. 16,9. 5,9. 7,10. 5,
10. 10,10. 17;1890. 1. 19

胡濬 1886.3. 21

胡俊章(筱山)1887. 9. 23;1889. 8.
31,9. 9,10. 6

胡可愿 1886.7. 31

胡丽伯(金泉)1890.9. 20

胡良驹 1883.4. 19,5. 30

胡林一(荣桂)1885.5. 30,6. 1

胡隆洵 1890.8. 1

胡聘之(蕲生)1888. 4. 20;1890. 8. 27

胡芑香(骏声)1883.12. 18

胡芑台 1890.9. 30

胡千里 1882. 9. 14;1883. 5. 5;1886.
3. 23;1887. 3. 16,3. 17

胡清瑞 1882. 9. 18;1889. 1. 10

胡荣宝 1863.3. 31

胡若卿 1883.6. 28,1884. 4. 6

胡三姑奶奶 1885.6. 1

胡寿祺 1882. 10. 28,12. 3;1887. 3.
26,4. 12,4. 14,9. 22

胡澍(石生、荄夫)1863. 3. 18;1864.
2. 3

胡体安 1882.10. 28

胡廷琛 1886.4. 24;1889. 4. 2

胡廷干 1888.9. 12

胡图克图 见棍噶札拉参

胡锡祜(心斋)1873.3. 31;1883. 1. 22

胡湘林 1888.7. 25

胡翔林(海帆)1886. 1. 31;1887. 1.
17,10. 13,11. 1;1889. 1. 25;1890.
1. 14,8. 29,11. 4

胡义赞(石查)1881. 4. 20,11. 15;
1882. 5. 1,6. 6,8. 5,9. 10,9. 13,9.
27;1883. 6. 20,6. 21;1885. 7. 2,7.
3,7. 15,7. 20,8. 8,8. 11,8. 22,11.
4,11. 14,11. 15,11. 18;1886. 1. 12,
1. 26,1. 27,2. 1,2. 3,2. 25,2. 27,3.
4,3. 5,3. 9,3. 26;1887. 11. 17;
1888. 4. 21,5. 1,7. 3

胡永昌 1883.9. 23

胡裕培 1886.8. 2;1889. 8. 31

胡燏棻(云湄、云楣、芸楣)1881. 9.

22,7. 23,7. 26,7. 27,7. 29,7. 31,8.
4,8. 9,8. 11,8. 14,8. 17,8. 19,8.
21,8. 24,8. 26,8. 29,10. 25,10. 30,
11. 1,11. 2,11. 3,11. 4,11. 5,11. 7,
11. 11,11. 14,11. 16,11. 18,11. 20,
11. 21,11. 24,11. 28,11. 30,12. 1,
12. 2,12. 3,12. 4,12. 7,12. 10,12.
12,12. 15,12. 24,12. 26,12. 28,12.
30,12. 31;1886. 1. 2,1. 10,1. 12,1.
15,1. 17,1. 20,1. 21,1. 24,1. 25,1.
28,1. 29,1. 30,1. 31,2. 1,2. 2,2. 3,
2. 9,2. 20,2. 28,3. 5,3. 12,3. 17,3.
18,3. 22,3. 27,3. 28,3. 29,3. 30,4.
11,4. 12,4. 13,4. 15,4. 16,4. 18,4.
19,4. 20,4. 21,4. 22,4. 24,4. 25,4.
26,4. 30,5. 1,5. 3,5. 5,5. 27,5. 31,
6. 2,6. 9,6. 15,6. 20,6. 23,6. 25,6.
26,6. 27,7. 17,7. 19,7. 22,7. 29,8.
7,8. 8,8. 11,8. 13,8. 18,8. 24,8.
30,9. 10,9. 12,9. 27,9. 29,10. 1,
10. 3,10. 4,10. 5,10. 6,10. 8,10. 9,
10. 13,10. 15,10. 18,10. 22,10. 29,
10. 30,10. 31,11. 4,11. 6,11. 8,11.
12,11. 14,11. 16,11. 17,11. 18,11.
21,11. 22,11. 23,11. 25,11. 28,12.
3,12. 7,12. 13,12. 15,12. 17,12.
20,12. 22,12. 23,12. 25,12. 28,12.
29,12. 31;1887. 1. 3,1. 8,1. 11,1.
13,1. 17,1. 19,1. 23,1. 29,2. 1,2.
2,2. 6,2. 15,2. 18,2. 24,3. 1,3. 2,
3. 4,3. 5,3. 6,3. 7,3. 9,3. 13,3. 18,

3. 21,3. 22,3. 26,3. 27,4. 9,4. 15,
4. 16,4. 21,4. 25,4. 27,4. 30,5. 3,
5. 6,5. 8,5. 9,5. 12,5. 14,5. 15,5.
18,5. 21,5. 28,5. 29,5. 31,6. 2,6.
7,6. 17,6. 19,6. 23,6. 26,7. 29,7.
31,8. 2,8. 7,8. 31,9. 7,10. 7,10.
12,10. 13,10. 18,10. 28,11. 1,11.
6,11. 10,11. 16,11. 25,11. 27,11.
29,12. 4,12. 10,12. 25,12. 31;
1888. 1. 4,1. 6,1. 11,1. 13,1. 15,1.
23,1. 24,1. 26,2. 21,2. 27,3. 4,3.
12,3. 15,3. 18,3. 23,3. 24,4. 3,5.
27,6. 14,7. 12,7. 22,9. 9,9. 13,9.
16,10. 3,10. 4,10. 16,10. 17,11. 5,
12. 15,12. 19,12. 21,12. 23,12. 24,
12. 28,12. 29;1889. 1. 6,1. 11,1.
15,1. 24,1. 28,1. 29,2. 7,2. 9,5.
14,7. 24,7. 26,12. 3,12. 18;1890.
1. 3,1. 4,1. 7,1. 11,1. 18,1. 20,2.
25,3. 11,3. 14,3. 22,6. 9,6. 27,6.
28,6. 30,7. 13,8. 23,8. 25,8. 28,8.
30,10. 7,10. 21,11. 9,11. 19,12. 1

鹄山 见杨鹄山

虎臣 见方炳文

虎儿 见许梦鞠

岵瞻 见林扬祖

祜曾 见陈阜

笏臣 见张国正

笏南(诵咸)1885. 3. 8

笏山 见易佩绅

笏潭 见潘诵盛

姜秉善 1885. 10. 27

姜女 见孟姜女

姜士隽 1886. 3. 21

姜桐冈 1863. 3. 23,5. 25,5. 26,6. 29,
7. 17

姜维（伯约）1858. 10. 28

姜遐 1858. 10. 29;1883. 7. 14

姜自验 1886. 6. 25

蒋传燮 1886. 3. 15

蒋达 1858. 10. 6

蒋迪甫 1886. 11. 2,11. 3

蒋凤藻（蒋氏、铁华馆）1885. 5. 5

蒋艮 1888. 1. 31,3. 5

蒋国桢（干臣）1885. 4. 13

蒋和叔 1858. 8. 29;1867. 6. 9,6. 10,
6. 15

蒋衡（拙老人、拙存）1863. 9. 21,
10. 14

蒋家启 1890. 10. 21,10. 22

蒋嘉霖（芝庭、醴堂）1867. 5. 26;
1886. 4. 17;1888. 4. 3,4. 22

蒋嘉栋 1867. 11. 7

蒋嘉泉 1888. 9. 17;1890. 10. 5

蒋晋 1885. 10. 22

蒋菊潭 1858. 10. 24

蒋楷 1886. 8. 29

蒋溥 1883. 6. 6

蒋清篦 1890. 3. 25

蒋日坤 1873. 4. 7

蒋汝传 1867. 6. 9

蒋汝偁 1867. 6. 9

蒋若讷 1858. 10. 24

蒋善谟 1858. 10. 15

蒋申甫 1887. 6. 25,6. 27

蒋实英（伯华）1886. 12. 15;1887. 1.
17,2. 5,3. 13,9. 8,9. 15,10. 28,11.
10,11. 21;1888. 1. 31,2. 25,5. 16,
5. 24,6. 6,6. 26,7. 15,8. 18,10. 12,
11. 6,12. 29;1889. 2. 13,2. 24,3.
20,10. 15

蒋士楫 1888. 11. 3;1890. 11. 9

蒋氏 见蒋凤藻

蒋式芬 1883. 5. 25;1885. 10. 24;
1889. 4. 4

蒋式理（箸生）1889. 3. 27

蒋寿龄 1890. 10. 25,12. 3

蒋文英（梦岩）1887. 6. 25,6. 27,7.
14,8. 4,8. 7,8. 12

蒋锡年（少庵）1881. 8. 27;1888. 9.
23,10. 6

蒋心香 1883. 6. 6

蒋增荣（少牧）1882. 11. 1

蒋芝庭 1867. 6. 30

蒋志廉 1885. 10. 22

蒋仲仁 1888. 2. 1,2. 4,9. 9,9. 10;
1889. 4. 4,5. 12,5. 16,5. 31,6. 15,
8. 12,10. 13

蒋拙庵 1863. 8. 26

蒋兹（星吾）1890. 9. 9

椒坡 见潘介繁

椒坡夫人（椒嫂）1883. 6. 27;1885. 4.
16,5. 10

经莲珊 1890.9.24,10.22

经生 见丁兆基

经笙 见沈桂芬

经相 1879.4.11

荆公 见王安石

荆浩(洪谷子)1863.7.2;1877.1.5

荆轲(荆卿)1858.11.17

荆南 见李方豫

荆卿 见荆轲

荆人 见汪氏

荆山 1863.8.28

菁衫 见赵国华

井小亭 1889.8.31

景 见景善、景廉

景东甫 1881.12.9

景方升 1888.6.19

景厚 1886.9.7

景君 1882.12.6

景廉(秋坪、景)1858.10.6;1879.4.
  11,5.12;1881.4.19,6.8,6.25;
  1883.2.17,2.26,3.19,3.24;1885.
  6.19,7.13,7.25,7.26

景陵皇贵妃 1886.12.7

景其濬(剑泉)1858.9.15,10.2

景琦 见韩少蔚

景瑞(景总镇)1876.12.13;1879.4.4

景山 见罗大春

景善(福庭、黻庭、景)1881.2.14;
  1886.5.23,12.30;1887.1.1,1.8,
  5.14;1888.3.28;1890.2.19,4.15

景叔 见汪景叔

景堂 见周介福

景王 1882.10.16

景西 见杨滉祖

景星(月汀)1879.4.14;1885.6.7;
  1886.10.17,12.30;1887.1.15;
  1888.1.7,4.2,10.26,11.8,11.12,
  11.14,12.6,12.8

景荫 见张重阶

景瞻 1883.6.8;1886.5.6

景瞻士(松仰)1863.11.24

景钊 见曾陶山

景总镇 见景瑞

竞青 见汪概

竞如 见陶竞如

竞如 见陶竞如

敬 见敬信

敬敷 见钦春煦

敬谷 1885.2.18

敬生 见世春

敬叔 见汪鸿祚

敬孙 见袁敬孙

敬太妃 1883.7.14

敬信(子斋、敬)1881.2.19,3.9,3.
  19,3.23,3.27,3.30,4.18,6.13,6.
  15,7.8,7.23,7.29,8.12,9.1,10.
  6,10.29,10.30,11.15,11.19,11.
  25,12.2,12.3,12.5,12.7,12.16,
  12.18,12.23;1882.1.6,1.8,1.30,
  2.14,2.21,3.16,3.28,4.5,4.20,
  4.26,4.29,5.11,5.13,5.22,7.6,
  7.7,7.8,7.9,12.4,12.10;1883.3.

K

开福 见汪开福

开生 见刘开生

开寿(眉卿)1858.10.13,10.16

凯臣 见劳启捷

恺臣 见劳启捷

康伯 1883.5.23;1884.2.28

康甫 见林履庄

康国器(友之)1888.11.7,11.20

康海 1863.6.14

康侯 见刘麒祥

康际清 1889.8.31

康缙 1858.10.17;1863.11.15

康楷 1858.10.23,10.25

康民 见顾康民

康寿 见吴幼乐

康有为(祖诒、长素、南海布衣)1888.
　11.7,11.11,11.20

康芝山 1863.3.14,9.16,10.12,12.5

康倬 1886.3.17

亢树滋(铁卿)1882.7.8;1885.2.8

柯逢时(逊庵、巽庵)1886.3.25;
　1887.9.1;1888.5.9,6.1,6.23,8.
　11,9.7,10.10,10.24

柯劭忞 1886.6.26

柯太史 1887.5.27

可庭 见继德

可庄 见王仁堪

克 见克王

克王(克)1887.3.28;1888.3.30,12.
　8,12.12;1889.3.3,9.11;1890.5.
　29,6.11,6.14,7.31

愙 见吴大澂

愙斋 见吴大澂

空海 1885.2.11

孔繁朴 1890.9.6

孔广镜 1887.8.7

孔广钟(醉唐、醉棠、赞唐)1879.4.7;
　1882.2.18;1883.4.3,4.4,4.11,4.
　18,4.28;1884.1.27;1885.5.25

孔怀民 1881.5.6

孔继煐 1863.3.23

孔经之 1863.8.1,8.3

孔令贻(燕庭)1888.5.20

孔庆筠 1890.9.6,9.22

孔少沾 1885.9.20,10.13,10.15,10.
　19;1888.12.11

孔生 1881.9.8

孔先生 1882.6.20;1883.3.30

孔宪莳 1863.3.23

孔宪教 1886.6.25

孔宪兰 1863.3.23

孔宪憼 1863.3.19,4.13,5.7,5.24,
　5.27

孔宪彝(绣山、绣珊)1863.2.22;
　1890.9.6

孔昭瑾 1863.5.6

孔昭乾 1884.3.5;1887.7.29,8.7,9.25

孔昭泰 1883.4.23

孔子(子、夫子)1858.9.14,10.4;1863.

兰苏 见李鸿藻

兰维烜 1886.7.17,8.9

兰维垣（丙卿）1887.2.27,3.5,5.2,
9.19,10.9；1888.3.31,5.17,8.28,
9.4,9.8,9.25,11.14

兰岩 1864.2.4

兰仲诒 1888.1.14

兰洲 见刘璈

郎士元 1889.4.7

郎世安 见郎世宁

郎世宁 1863.6.28

朗清 见王德榜

朗山 见陈荣

朗斋 见王朗斋、张曜、洪思亮、陈荣

劳启捷（凯臣、恺臣）1885.6.19；
1888.4.26,4.29

劳启田（莘农）1887.11.30

劳锡田（心农、辛农）1887.10.23；
1888.9.11；1889.2.1；1890.3.9

劳薪甫 1888.9.15

劳肇光 1890.4.26

老松 1863.6.12

勒深之 1886.8.1

雷 见雷祖迪

雷补同 1886.8.7；1884.11.4

雷光第 1889.8.31

雷其蔚（质卿）1886.12.23；1887.
2.24

雷少初 1889.9.7

雷西园 1886.12.23

雷殷 1881.6.9

雷瀛仙 1881.10.14,10.15；1885.6.
20,12.19

雷正绾（纬堂）1887.5.1,5.2

雷祖迪（雷）1885.9.14,10.16

冷枚 1863.7.2

梨洲 见黄宗羲

黎 见黎庶昌

黎光旦 1883.6.3

黎嘉兰（子俊）1885.9.10

黎攀镠 1885.9.10

黎荣翰 1888.3.10

黎庶昌（莼斋、黎）1883.10.14,12.
22,12.23；1884.2.27,3.1,10.3,
11.4,12.9；1885.1.16,2.20,5.11；
1887.8.30,8.31,9.2,9.3,9.15,9.
17,9.21,10.24,10.26；1888.7.11,
9.6

黎召民 1863.4.30

黎宗葆 1889.4.1

礼 见礼王

礼王（礼）1882.6.7,6.10,6.11；
1886.2.3,2.19,5.13,7.15,7.19；
1888.2.27；1889.2.15,3.3,9.20；
1890.7.31

礼云 见文礼云

礼之 见陆国祥

李 见李鸿藻

李白 1885.5.2

李宝臣 1858.8.21

李宝章（谷宜、谷怡）1883.6.20,6.
21；1884.10.31；1886.2.2；1889.8.

6.8；1885.6.9，6.10，6.11，7.13，
12.5；1886.3.22，3.28；1887.1.14，
3.4，3.16，3.20，5.30；1889.8.14，
12.8；1890.3.23，4.26，5.2，6.2，6.
7，6.28，6.30，8.27，8.29，9.4，10.
6，10.24，11.1

李鸿正（端遇）1863.4.9，5.11，5.25，
5.26，6.19，6.27，7.14，7.19，8.13；
1883.5.23；1886.1.11，1888.4.23

李华年 1886.7.18，7.31

李怀光 1858.8.24

李焕（卓如）1888.1.19，1.28

李焕尧 1886.6.25，8.30；1889.11.7

李辑五 1858.11.4

李季云 1863.6.12，6.14

李家驹 1886.3.21

李嘉宾（笙堂）1885.4.15，4.16，4.26

李嘉福（笙渔、笙鱼）1883.6.27，6.
29，8.2；1885.1.27，2.11，6.5

李嘉祥 1885.11.3

李稼门 1863.12.9；1889.9.25，10.23

李建章 1886.3.15

李建中（西台）1885.2.12，2.13

李介（介立、昆仑山樵）1867.7.3

李金铺（秋亭）1887.1.16，1.18；
1888.1.22，1.23

李经藩（襄廷）1886.6.29

李经方（伯馨、伯行）1890.5.2，7.12，
7.18，10.9，11.4.

李经义（仲仙）1887.5.30

李经畲 1888.12.14

李景 1881.2.11

李景侗 1886.3.16

李景旸 1885.10.23

李景曾 1883.6.5

李静山 1882.9.24，11.15

李菊人 1863.3.17

李菊庄 1882.11.13；1886.2.7

李橘农（传元）1882.11.8；1885.5.6，
5.10；1889.4.1

李觉堂 1886.1.13；1887.12.31；
1888.1.1，1.9，1.10

李均豫 1885.6.12；1890.5.14，10.21

李俊民 1890.6.11

李浚 1858.9.4；1863.8.11，1886.7.7

李潆 见李浚

李坤 1886.3.11

李焜 1887.9.10

李兰氏 1887.2.27

李朗辰 1886.8.24

李老六 1885.6.15；1886.4.9

李李村 1863.3.22，6.24，7.5，8.31，
9.22，10.20，11.2，12.8；1864.1.
12；1885.4.24；1886.3，13

李莲士 1858.9.1，11.3

李蓼生 1883.3.19；1885.4.30，5.18

李菱洲 1863.5.13，7.8，8.12，8.28；
1885.6.17，6.19，11.7

李隆基（明皇）1858.9.8

李梦莲 1884.2.17；1886.8.7

李岷琛（少东）1882.1.7，1885.9.16，
10.24；1887.11.12；1888.2.7，9.9

李鸣鹤 1889.10.8

李铭翰 1858.8.19

李慕(青士)1886.9.10;1887.1.8

李念兹 见李念仔

李念仔 1881.9.2,9.5,9.24,9.25;
　　1885.11.7

李臬 见李宪之

李培祐 1886.6.8

李培堃 1858.10.24。

李培元 1888.3.5;1890.10.16

李谦山(祝龄)1858.9.8,10.26

李清芬 1886.8.10

李清瑞 1858.10.17

李清照(易安)1885.3.18

李晴阶(芳柳)1889.12.17

李庆翱(小湘)1858.9.5,10.28

李庆葆 1873.3.31

李庆恩(铁琴)1885.4.24,5.30,6.7;
　　1889.8.24

李仁基 1890.8.2

李仁堂 1889.3.30

李荣 1886.3.18

李汝霖 1863.3.22

李润均(锦斋)1883.5.25;1886.4.
　　22,6.21,8.19,12.15;1887.1.7,4.
　　10,9.10,9.19;1889.3.26,10.12,
　　11.26;1890.1.14,3.30,4.2,6.9,
　　11.4

李润斋 1888.4.1;1890.2.17

李若兰 1889.9.9

李少华 1885.5.18

李商隐(玉溪生)1877.1.5

李尚迪(藕船)1863.6.2,6.3,6.9

李生华(春园)1858.9.12,9.17,10.24

李盛铎(木斋)1889.5.24;1890.2.7,
　　5.2,9.3,10.22

李士彬 1883.5.19,5.23

李士锷 1886.9.8

李士芬 1886.8.30

李士行(遵道)1863.6.26

李士瓒 1886.7.7

李士珍 1886.8.18

李士鉁(嗣香)1886.4.19

李氏妹 1885.7.11

李世芳 1886.3.17

李世民(唐太宗)1858.11.4

李世兄 1883.6.11;1885.2.8

李世倬 1863.10.14

李寿彭 1885.5.31

李树田 1863.5.7,5.16,5.30

李思齐 1889.9.2

李泗渊 1887.9.10

李崧 1882.10.18

李璲(贡山)1886.1.7;1887.6.4,9.29

李穟 1876.12.11

李唐 1863.6.26

李棠 1886.3.23,8.4

李天锡(耀初)1888.2.7,2.23,3.24,
　　8.9,9.29,11.8;1889.1.4,1.23,2.
　　7,4.2;1890.10.16

李铁眉 1858.10.19,10.21

李铁梅 1858.9.9

李廷瑞 1858. 10. 23

李廷纬 1890. 1. 3

李廷箫（小轩）1885. 11. 3；1886. 12.
　30；1887. 1. 22

李廷飏 1886. 8. 6

李维诚（恂伯）1882. 5. 16；1885. 11.
　22；1886. 1. 17；1887. 1. 14

李维翰 1858. 10. 2

李维堃 1867. 6. 5

李维祺 1867. 6. 5

李玮堂 1886. 7. 1

李炜（惺夫）1858. 9. 6，10. 12，10. 20，
　10. 24

李味生 1858. 8. 19

李文敏（捷峰）1881. 7. 27，7. 31；
　1882. 6. 15，6. 24

李文田（若农、仲约、仲若、芍农）
　1863. 7. 19；1864. 1. 24，1. 25，2. 2，
　2. 3；1882. 5. 30；1883. 4. 7；1884. 8.
　29，10. 23；1885. 5. 20，12. 23，12.
　24，12. 26，12. 27；1886. 1. 1，1. 5，1.
　6，1. 17，1. 23，1. 26，1. 27，1. 28，1.
　31，2. 3，2. 6，2. 8，2. 10，2. 12，2. 15，
　3. 24，3. 28，4. 11，4. 21，4. 24，5. 3，
　5. 10，5. 20，6. 19，8. 15，9. 3，10. 9，
　10. 11，10. 20，10. 22，10. 29，11. 3，
　11. 7，11. 5，11. 15，11. 25，11. 28，
　12. 1，12. 3，12. 15，12. 18，12. 24；
　1887. 1. 3，1. 14，1. 18，1. 19，1. 21，
　1. 24，2. 11，2. 28，3. 5，3. 6，4. 18，5.
　15，5. 26，6. 7，6. 13，6. 15，6. 21，6.

23，6. 26，6. 27，7. 1，7. 13，9. 24，9.
26，10. 6，11. 21；1888. 1. 8，3. 5，3.
23，4. 8，7. 30，8. 1，12. 9，12. 11，12.
17，12. 20；1889. 1. 7，1. 17，2. 19，2.
23，3. 6，5. 15，6. 13，7. 9，7. 10，12.
13，12. 14，12. 20，12. 30；1890. 1. 9，
1. 14，1. 23，3. 2，3. 4，3. 15，4. 2，4.
3，4. 4，4. 5，4. 11，5. 23，6. 6，9. 28，
11. 16，11. 18，12. 2

李问樵（问翁）1879. 3. 29，3. 30；
　1883. 3. 22，3. 27；1886. 3. 15

李希莲 1887. 1. 15

李希烈 1858. 8. 24

李希哲（少云）1885. 9. 4；1888. 1. 1，
　5. 7，5. 16

李锡珍 1863. 6. 30

李宪之（李梟）1885. 4. 1，4. 2，4. 16，
　6. 3，6. 5；1886. 9. 17，9. 18，10. 4，
　10. 9；1889. 1. 19，3. 7

李相 1890. 4. 7

李小研 1863. 8. 13，9. 5；1889. 1. 9，7.
　3；1890. 4. 17，8. 30

李晓文 1858. 11. 4

李秀 1890. 6. 25

李洵安 1883. 4. 7

李研卿 1863. 9. 5

李砚田 1889. 6. 26

李燕昌 1888. 8. 16，9. 1，9. 19；1889.
　2. 19；1890. 8. 2，9. 28，9. 30，11. 4，
　11. 6

李耀奎 1886. 2. 3

立山(豫甫、玉甫)1858. 11. 20;1863.
　8. 11,8. 16,11. 27;1883. 8. 30;
　1886. 2. 1,6. 10,11. 16;1887,1. 18;
　1890. 7. 12
立山　见崔国清
励甫夫人 1885. 5. 30
励衣园 1885. 11. 25
荔秋　见陈兰彬
枥园　见周亮工
郦　见郦道元
郦道元(郦)1858. 8. 28,9. 9
俪笙 1863. 8. 15
笠亭　见曹德元
连冲叔　见连聪肃
连冲肃　见连聪肃
连聪肃(文冲、文澜)1888. 8. 28,8.
　31,9. 5,9. 20,9. 28,11. 10,11. 28,
　12. 4,12. 6;1889. 1. 6,2. 19,7. 30;
　1890. 8. 23,9. 18,10. 11
连涵季 1890. 10. 19
连捷(仲册)1886. 6. 25;1888. 2.
　2,9. 23
连肖樵(文渊)1885. 10. 20,11. 30;
　1886. 2. 14;1887. 10. 4
连自华(书巢)1888. 11. 28
莲巢　见潘恭寿
莲舫　见于莲舫、桂清
莲公　见杨继振
莲裳 邓蓉镜
莲唐　见冯文蔚
莲堂　见冯文蔚

莲塘　见冯文蔚、王宗濂
莲舟 1881. 2. 2
联芳　见朱联芳
联福 1886. 5. 15,6. 14,6. 23;1888. 3.
　30,5. 30,7. 5,8. 21,9. 21;1889. 12.
　22;1890. 10. 16,10. 26,11. 14
联纲(幼农)1882. 7. 11,9. 30;1884,
　2. 19,2. 21;1885. 7. 21
联何重 1890. 6. 28
联俊 1882. 8. 22,8. 28
联少甫 1876. 10. 5,10. 7;1877. 6. 21;
　1878. 9. 20,1880. 5. 13,5. 20;1881.
　3. 7,5. 4,5. 6,7. 15;1882. 10. 3;
　1884. 2. 20;1885. 3. 8
联绶 1879. 4. 6;1885. 2. 11
联肃 1888. 12. 5;1889. 7. 31;
　1890. 9. 19
联薇　见郝近垣
联右辅 1884. 2. 19
廉公 1889. 5. 17
廉泉　见吴德张
廉生　见王懿荣
廉叔　见张裕钊
廉兴 1886. 1. 6,11. 5,11. 6
濂舫　见王敬熙
濂甫　见丁濂甫
良常　见王澍
梁　见梁耀枢
梁渤 1858. 10. 16
梁步瀛 1887. 10. 3
梁鼎芬(星海)1885. 9. 4

廖国士 1881.3.23

廖铭勋 1887.2.28

廖平(季平)1890.6.13

廖寿丰(谷士、谷似、廖)1881.2.2,3.
18,6.3,6.4,6.12,6.24,7.29,9.
28,12.11;1883.5.30;1887.7.11,
7.14,7.17,7.21,8.10;1888.4.3,
4.6,4.7,4.13,5.2,5.3

廖寿恒(仲山、廖)1883.5.11;1885.
7.26;1886.1.31,2.1,4.3,5.14,5.
15,5.23,6.1;1887.1.20,3.28;
1888.10.31,11.23,11.30,12.27;
1889.2.23,3.22,3.25,4.3,4.5,4.
6,4.7,4.28,4.29,5.2,5.3,5.6,5.
18,5.28,7.1,9.14,9.20,10.19,
11.4;1890.2.1,3.27,4.15,6.4,6.
16,9.2,10.2

廖玉埕 1886.8.4

林逋 1863.6.17

林方伯 见林扬祖

林国赓 1889.3.27

林海如 1884.1.8,1.21

林鉴中 1886.6.26

林景贤 1886.7.29

林开章 1881.12.9

林履庄(康甫)1888.9.5,9.23,12.7;
1890.1.26

林启(迪臣)1887.1.8;1889.8.31

林仁肇 1885.11.19

林绍清(文伯)1888.5.28,7.30,8.
22,9.1,9.19,9.29,10.12,10.30;

1889.7.30;1890.8.5,12.3

林天龄(锡三)1863.4.14;1882.11.8

林万涛 1885.10.22;1886.11.14;
1887.3.26,9.12

林维源(时甫、翙甫)1886.1.5,4.25;
1888.5.8

林扬祖(岵瞻、林丈)1858.9.6,9.8,
10.11,10.13,10.14,10.15,10.24

林仰崧 1886.6.26

林远村 1873.4.2

林赞 1887.6.6

林则徐(少穆)1883.6.20

林增华 1882.11.5

林丈 见林扬祖

林贞伯 1883.3.19

林丈 见林扬祖

林子鸿(兆禧)1858.10.18,10.20

林宗 见郭泰

霖宇 见吴惠元

廖 见潘钟瑞

廖生 见潘钟瑞

鳞生 1881.3.6

麟 见潘钟瑞、麟书

麟阁 见张成勋

麟生 见潘钟瑞

麟石峰 1858.9.6,10.13,10.19

麟书(芷庵、麟、芷)1858.10.2;1882.
6.1,9.4,9.5,9.6,9.7,9.8,9.9,9.
10,9.11,10.7,10.9,10.13,10.16,
10.25,11.2,11.29,12.16,12.25,
12.30,12.31;1883.1.30,2.27,3.

10. 24;1883. 3. 13,3. 14,4. 4;1886.
4.28;1888. 7. 29

刘渔川 1889. 3. 8

刘玉珂 1886. 6. 25

刘玉廖 1888. 12. 11

刘毓珂（璞斋）1890. 10. 2

刘毓鳞 1890. 6. 1

刘毓敏 1885. 12. 30

刘元诚 1890. 9. 19

刘元辅 1885. 10. 22;1886. 4. 25;
1889. 3. 29

刘元识 1890. 9. 14

刘月斋（登云）1858. 8. 27

刘岳云（佛卿、佛青）1887. 8. 18,9.
17,10. 4,10. 11,10. 13,10. 26,10.
27,11. 1,11. 12;1888. 1. 22,6. 3,4.
1,4. 19,8. 9,9. 12,10. 28,12. 6,12.
17;1889. 2. 19,3. 9,3. 20,3. 21;
1890. 2. 7,8. 7,8. 12,8. 14,8. 20,9.
26,10. 13

刘樾仲（家荫）1885. 10. 25;1886. 1.
14,1. 15,1. 16,1. 25,6. 28,9. 5;
1887. 2. 14,11. 9;1888. 1. 10;1889.
1. 1,1. 10,1. 12,1. 30,9. 15;1890.
8.27

刘云龙 1890. 5. 21

刘云生 1863. 7. 10,8. 26,9. 18,9. 19

刘允恭 1889. 6. 26

刘瞻汉 1886. 2. 20;1889. 2. 27,11. 17

刘兆章（玉田）1887. 11. 1;1888. 1.
14,2. 23,2. 28,5. 7,11. 3;1889. 1.

14,1. 25,2. 16,3. 29;1890. 5. 1,
9. 28

刘兆璋 见刘兆章

刘钲 1858. 10. 17

刘芝顺 1883. 5. 30

刘枝彦 1887. 11. 3,12. 5;1888. 2. 22,
3. 15,3. 20,5. 16,10. 19,10. 23;
1889. 1. 12

刘侄婿 见刘用杰

刘植卿 1886. 8. 25

刘中策 1883. 5. 23

刘中瀚 1887. 11. 7;1888. 2. 23,6. 6,
11. 3

刘竹坡 1888. 4. 12,4. 19,4. 20,5. 31,
6. 9,6. 16,7. 13,8. 12,8. 22,9. 12,
9. 17,10. 1;1889. 2. 12,6. 13,9. 23

刘卓栻（怿平）1886. 5. 7,9. 7,9. 16

刘滋楷 1886. 1. 2;1889. 4. 1,12. 7

刘子雄 1889. 3. 29;1890. 7. 9

刘自然 1886. 3. 16,7. 1

刘宗藩 1886. 4. 16

刘宗缙 1858. 10. 14

留侯 见张良

骝孙 1890. 6. 8

榴官（葵生、榴侄）1885. 5. 22,5. 24,
5. 25,5. 29;1886. 5. 28,6. 4,6. 16

榴侄 见榴官

柳 见汪鸣鸾

柳岑 1863. 4. 2,4. 3,4. 4,4. 5,4. 6,4.
7,4. 8,8. 17,8. 21,8. 22,8. 23,8.
24,11. 27,12. 22,12. 23

陆锡康（寿门）1882. 2. 14，2. 25；
　1885. 7. 2，7. 18，11. 19，11. 21，12.
　4，12. 6；1886. 6. 4，6. 8，12. 18，12.
　27；1887. 1. 6，8. 19，8. 21，9. 3，9.
　12，9. 13；1888. 7. 13，7. 17，7. 20，7.
　27；1889. 1. 30，2. 16，2. 24，10. 19，
　11. 3；1890. 7. 1，7. 12

陆襄钺（吾山）1858. 10. 17，10. 24；
　1863. 5. 31；1882. 12. 22，12. 28；
　1888. 5. 19，7. 13；1889. 2. 20，11. 2；
　1890. 2. 21，2. 24

陆小松 1883. 6. 8；1885. 2. 23

陆燮和（梅孙）1888. 4. 2，8. 11，9. 5，
　9. 19，9. 28，12. 4，12. 6，12. 24；
　1889. 1. 9，1. 27，3. 14；1890. 11. 6，
　11. 11

陆心源（存斋、陆）1883. 2. 3，5. 10，5.
　6，6. 29，6. 30，7. 4，7. 22，7. 23，9.
　21，9. 23，9. 24，9. 26，11. 26，12. 23；
　1884. 3. 1，3. 21，3. 22，3. 23，3. 26，
　7. 19，9. 7，10. 3；1885. 4. 27，4. 28，
　4. 30，5. 3，5. 4，5. 14；1886. 6. 13，
　10. 8，10. 20，12. 26；1887. 8. 4，8. 5；
　1890. 3. 24，3. 25，6. 2，8. 31，9. 4，9.
　7，10. 19，11. 4

陆馨吾（继德）1884. 2. 8；1885. 2. 2，
　5. 7；1886. 3. 28，4. 13

陆学源（笃斋）1881. 2. 2；1883. 10. 8；
　1886. 8. 6，11. 26；1890. 8. 31，10.
　21，11. 4

陆曜彦 1883. 6. 5

陆宇生 1882. 4. 19

陆雨生 1885. 6. 7

陆增祥（星农、星师）1881. 5. 8，11.
　14，11. 15；1882. 8. 8，8. 16；1883. 6.
　17；1884. 3. 14

陆之干 1863. 5. 18；1885. 6. 19

陆治 1883. 6. 6

陆钟岱（天池）1885. 10. 21；1887. 3.
　12，5. 18；1888. 2. 4，2. 7，3. 25，4. 1，
　4. 2，4. 12，4. 19，4. 25，4. 27，4. 30，
　5. 3，6. 3，6. 13，6. 23，6. 24，6. 25，7.
　8，8. 10，8. 20，8. 24，9. 5，9. 7，9. 19，
　9. 28，9. 29，12. 6，12. 14，12. 17；
　1889. 1. 9，1. 27；1890. 2. 6，5. 21，5.
　23，7. 30，11. 6

陆钟琦（申甫）1885. 10. 21；1889. 3.
　20；1890. 2. 6，3. 31，4. 21，4. 22，5.
　6，5. 7，6. 17，9. 1，11. 6

辂甫 1889. 9. 8

菉生 见江槐庭

鹿村 见丁崇雅

鹿名世 1882. 11. 20

鹿乔生 1886. 11. 7；1887. 4. 14；1888.
　1. 8

鹿乔笙 见鹿乔生

鹿卿 见翁曾荣

鹿瀛理 1885. 10. 20，11. 1；1886. 5.
　21，6. 25

鹿滋轩 1885. 7. 28；1890. 1. 14

逮凤图 1889. 2. 8

禄生 1885. 5. 10，5. 19

禄祥(锦堂)1858.10.17

禄祖 见潘希彭

路聪奎 1885.6.12

路振 1858.11.18

潞泉 见王曾仁

露圃 见恩承

吕大防 1858.9.9

吕达伊 1883.6.5

吕纪 1863.7.3

吕九霞 1863.10.24

吕偁孙(曼叔)1858.10.12

吕如 见陈增玉

吕望 1881.5.1

吕贤堃 1885.10.20

吕宪秋 1883.7.2;1885.2.14

吕筱苏(佩芬)1889.8.31

吕耀斗(定子、定之)1886.3.28,4.
17,4.18;1890.10.25

吕祖谦 1863.12.8

邵亭 见莫友芝

律升 1858.11.17

绿樵 见陈象沛、豫章

栾以绂 1864.1.5

伦 见伦五常

伦贝子 1890.10.2

伦五常(伦、梦臣)1886.1.27,1.28,
1.30,2.21,3.5,3.13,3.21,4.21,
11.18,11.20,12.5,12.7,12.13,
12.21,12.24,12.25,12.26;1887.
1.15,4.9,12.27;1888.3.4,3.27,
4.8,12.26;1888.3.4;1889.3.3

纶幸 见何纶幸

罗邦彦 1886.8.9

罗大春(景山)1890.9.30,10.2,11.13

罗鼎焜 1888.2.29,3.10,5.17,6.24,
9.10;1889.1.12,2.18,4.2

罗惇衍 1863.10.29

罗光烈 1886.6.24,9.3,12.2

罗嘉杰(少耕)1883.8.23,8.27,11.
21;1884.1.24,1.27;1885.2.9

罗孙云(锦雯)1858.8.22;1887.9.2

罗秀书 1858.10.18

罗玉春 1890.9.25

罗郁田(锦文)1887.6.8,9.26

罗贞元 1886.3.25;1889.4.2

罗宗鎏 1888.8.18

萝杉 1882.7.17

萝兄 1882.7.7

洛英 见钟佩贤

渃英 见钟佩贤

M

马 见马子祥

马步元 1885.10.19;1886.7.3

马称德 1858.10.23

马亶望 1885.10.25

马德寿 1884.7.3,7.4;1885.11.3;
1886.7.17

马东垣 1863.5.14;1883.5.12,5.13;
1885.6.20,7.18;1886.6.6;1887.
1.10,2.4;1888.5.3

N

15,3. 16,3. 20,4. 7,4. 23,5. 21,5.
22,7. 7,7. 8,7. 30,7. 31,8. 6,8. 7,
8. 9,8. 31,9. 1,9. 13,9. 30,11. 6,
11. 7,12. 18,12. 19,12. 20,12. 22,
12. 23,12. 26,12. 27,12. 31;1885.
1. 4,1. 7,1. 13,1. 14,1. 16,1. 17,1.
19,1. 26,1. 28,1. 29,1. 31,2. 8,2.
9,2. 13,2. 14,2. 15,2. 19,2. 20,2.
25,2. 26,3. 8,3. 15,3. 23,3. 26,3.
27,3. 28,3. 31,4. 2,4. 3,4. 10,4.
12,4. 14,4. 15,4. 17,4. 18,4. 20,5.
8,5. 15,5. 19,5. 24,5. 25,5. 30,6.
5,6. 12,6. 15,6. 16,6. 17,6. 19,6.
23,6. 24,7. 2,7. 5,7. 8,7. 11,7. 12,
7. 18,7. 23,7. 25,7. 26,7. 27,7. 28,
7. 31,8. 1,8. 4,8. 7,8. 11,8. 12,8.
13,8. 16,8. 21,8. 22,8. 28,10. 27;
1886. 1. 10,3. 12,3. 24,4. 11,6. 28;
7. 16,7. 24,9. 2,9. 9,9. 10. 22,12. 3,
12. 17;1887. 2. 19,6. 2,12. 22,12.
24;1888. 3. 25,4. 5,5. 11,5. 17,6.
21,6. 26,7. 2,8. 26,9. 22,10. 21;
1889. 5. 29,6. 1,6. 5,6. 8,6. 9,7.
16,8. 6,9. 17,9. 18,12. 8,12. 14;
1990. 1. 15,1. 16,4. 26,4. 27,10.
31,11. 2

潘希彭（禄祖）1883. 1. 12,4. 18

潘小畬（畬、渔、小渔）1863. 6. 8,6.
17,8. 3,8. 17,9. 1,9. 17,10. 16,10.
31,12. 7,12. 14,12. 15,12. 23;
1883. 8. 17,12. 14,12. 15,12. 19,

12. 21,12. 23;1884. 1. 12,1. 22,2.
20,3. 12,4. 3;1885. 2. 2,2. 15,3. 8,
3. 21,4. 25,5. 25;5. 29,6. 4,6. 6,6.
7;1886. 5. 29,7. 22,7. 23,8. 14,11.
18,11. 22;1887. 3. 11,7. 3,7. 4,8.
4,10. 1,10. 21,11. 7;1888. 1. 6,3.
19,4. 29,5. 3;1889. 3. 29,4. 1;
1890. 1. 15,1. 30,2. 22,3. 23,10. 12

潘协卿 1881. 4. 25

潘学祖（云生、芸生）1863. 7. 19,7.
31;1883. 11. 7,11. 8;1890. 10. 13

潘衍桐（峄琴）1883. 4. 30;1885. 6.
18,7. 26;1887. 9. 27;1888. 5. 30,6.
2,9. 7,9. 10,10. 10,10. 24,10. 26

潘奕隽（三松）1889. 11. 3

潘应奎（璞臣）1888. 10. 1,10. 12,11. 6

潘誉征 1883. 4. 10;1886. 4. 23;1889.
4. 3

潘通 1882. 2. 1

潘曾绶（大人、先君）1863. 6. 20,6.
21,8. 4;1881. 5. 10,9. 7,9. 8,9. 9,
9. 10,9. 11,9. 12,9. 13,12. 4;1882.
2. 2,8. 28,8. 30,8. 31;1883. 3. 1,5.
26,6. 10,6. 14,6. 16,6. 18;1884. 2.
18;1885. 3. 8,5. 27,5. 28,6. 18;
1886. 2. 25;1889. 6. 4

潘曾玮（四叔、叔父、季父）1863. 5.
17,5. 23,8. 13,12. 15;1881. 2. 5,3.
30,5. 21,5. 31,7. 28,8. 19,9. 15,
10. 22,11. 14,12. 7,12. 10;1882. 4.
2,6. 6,6. 21,9. 23,10. 3,11. 8;

1883.1.20,3.20,3.22,3.27,3.30,
3.31,4.5,4.6,4.16,4.29,5.6,5.
18,6.4,6.5,6.6,6.9,6.10,6.12,
6.14,6.19,6.20,6.27,6.29,7.4,
7.9,7.12,7.16,7.26,7.30,8.3,8.
12,8.17,8.19,8.24,9.1,9.10,9.
15,9.22,10.1,10.9,10.15,10.24,
10.31,11.1,11.10,12.1,12.26;
1884.1.3,1.6,1.10,1.12,1.15,2.
7,2.16,2.19,3.2,3.16,3.21,3.
27,3.31,4.4,4.13,4.18,7.23,8.
24,9.14,11.10;1885.1.12,1.31,
2.12,2.14,2.15,2.20,3.8,3.9,3.
23,3.25,3.29,4.2,4.15,4.18,4.
19,4.24,4.26,4.29,5.3,5.5,5.
11,5.14,5.18,5.27,5.29,6.1,6.
3,6.4,6.5,6.17,7.10,7.30,8.1,
8.12,8.21,9.3,9.8,10.22;1886.
1.4,1.13,2.1,2.7,2.14

潘曾沂(伯父)1858.10.2;1863.6.
20;1888.4.13

潘曾莹(二伯)1863.8.11,8.17,12.14

潘志恢 1883.6.5,6.6;1885.2.15,2.
16;1889.7.21

潘志晖(鄂生)1883.6.5,9.23;1884.
4.18,1885.2.18,3.8;1889.5.27

潘志绵(戗生)1883.6.5;1885.3.8,
3.11,3.17

潘志裘 1883.6.5;1882.10.24

潘志万(硕庭、硕)1863.4,13;1883.
6.5,6.15,6.20,6.22,6.25,6.29,

7.2,7.3,7.4,7.9,7.11,7.21,7.
30,8.8,8.20,8.27,9.7,9.10,9.
14,9.18,9.23,9.25,9.29,10.5,
10.7,10.17,10.20,10.22,10.25,
10.26,10.27,10.28,10.29,10.31,
11.1,11.7,11.17,11.24,12.6,12.
15,12.29,12.31;1884.1.7,1.8,1.
10,1.13,1.15,1.18,1.23,1.26,1.
27,1.31,2.12,2.26,2.27,3.8,3.
25,3.27,3.28,3.30,3.31,4.3,4.
5,4.9,4.14,4.17,4.22,8.26,9.
29,12.23;1885.1.8,2.10,2.25,3.
8,5.31,6.4,7.10;1886.12.14;
1887.2.10,4.20,6.11,7.13,8.2,
9.9,10.7,11.7;1888.1.6,3.19,3.
31,5.3,5.22,8.4,9.1,10.14,11.
1,11.7,12.6;1889.4.1,5.11,7.
31,8.29,11.3,12.18;1890.6.18

潘志恂 1889.7.28

潘志颖 1883.6.5,6.6,9.23

潘钟瑞(麟生、麟、瘦羊、香禅、香、麈
生、麈)1881.2.13,2.25,3.6,3.
30,4.8,4.12,7.7,10.8,10.31,11.
5;1882.1.10,1.23,3.8,4.2,4.3,
7.8,8.3,8.27,10.10,11.23,12.2;
1883.1.24,2.12,3.16,5.6,4.5,6.
5,6.8,6.28,6.29,7.3,8.4,8.21,
8.23,10.3,10.6,10.10,10.12,10.
17,10.26,11.14,11.22,11.27,12.
31;1884.1.5,1.7,1.8,1.9,1.14,
1.31,2.14,2.16,2.21,2.26,2.29,

3. 1,3. 5,4. 4,4. 24,7. 23,8. 10,12.
2,12. 5,12. 6,12. 23;1885. 1. 31,2.
4,2. 7,2. 8,2. 9,2. 10,2. 11,2. 16,
3. 8,3. 12,4. 24,5. 3,5. 17,5. 18,5.
24,5. 31,6. 2,6. 3,6. 7,6. 29,7. 21,
8. 22,10. 22,11. 26,12. 8,12. 9;
1886. 1. 13,2. 1,3. 1,3. 19,4. 2,4.
22,4. 27,5. 17,6. 17,7. 7,7. 22,8.
14,8. 29,9. 10,9. 27,10. 5,10. 13,
10. 14,11. 6,12. 2;1887. 1. 10,1.
26,2. 10,3. 23,5. 11,5. 15,6. 26,7.
13,7. 24,8. 4,8. 25,9. 9,9. 27,10.
1,10. 7,10. 21,10. 25,11. 7,11. 16,
11. 22,11. 25,12. 6;1888. 1. 6,1.
20,3. 15,3. 19,3. 31,4. 9,4. 16,4.
18,4. 21,4. 29,5. 3,5. 10,5. 25,5.
31,7. 7,7. 12,8. 4,8. 13,8. 27,9. 1,
9. 21,10. 3,10. 14,10. 22,10. 31,
11. 1,11. 7,11. 11,11. 24,12. 6;
1889. 4. 1,5. 11,5. 27,5. 28,5. 30,
6. 18,7. 21,8. 7,8. 29,9. 25,10. 7,
11. 11,11. 26,12. 9,12. 18;1890. 1.
15,1. 30,2. 13,2. 22,3. 3,3. 23,3.
25,4. 27,5. 6,5. 13,5. 28,5. 29,6.
18,6. 25,7. 21,6. 29

潘子册 1863. 6. 8

潘祖畴(叔九)1885. 2. 17,5. 31

潘祖年(仲午、年弟、弟)1883. 3. 30,
6. 7,7. 4;1884. 5. 14,5. 21;1885. 4.
2,5. 18,6. 2,6. 4,8. 12,11. 13;
1886. 5. 10,5. 13,11. 18,12. 1;

1887. 1. 30,9. 19;1888. 11. 9;1889.
8. 20,8. 29,9. 2,10. 27;1890. 10.
28,11. 26

潘祖谦(济之、济)1881. 2. 5,2. 6,2.
13,2. 20,3. 2,3. 6,3. 17,3. 21,3.
24,3. 30,4. 8,4. 12,4. 14,4. 18,4.
27,5. 2,5. 4,5. 7,5. 12,5. 18,5. 21,
5. 27,5. 31,6. 6,6. 14,6. 21,6. 22,
6. 25,7. 4,7. 7,7. 18,7. 20,7. 27,7.
28,8. 11,8. 14,8. 18,8. 19,8. 21,8.
31,9. 1,9. 7,9. 15,9. 21,9. 27,10.
2,10. 8,10. 12,10. 13,10. 16,10.
22,10. 28,10. 31,11. 5,11. 10,11.
14,11. 21,11. 27,11. 28,12. 7,12.
10,12. 17,12. 25,12. 27;1882. 1.
10,1. 23,1. 26,2. 10,3. 8,3. 14,3.
20,3. 27,3. 30,4. 2,4. 17,4. 23,4.
28,5. 1,5. 11,5. 21,5. 25,5. 28,6.
6,6. 21,7. 1,7. 2,7. 3,7. 6,7. 17,7.
29,7. 31,8. 16,8. 26,8. 27,9. 11,9.
23,9. 27,10. 2,10. 6,10. 11,10. 16,
10. 20,11. 8,11. 14,11. 22,11. 25;
1883. 1. 3,1. 20,1. 24,2. 12,2. 18,
3. 10,3. 11,3. 16,3. 27,3. 30,3. 31,
4. 1,4. 2,4. 5,4. 6,4. 16,4. 22,4.
26,4. 29,5. 6,5. 8,5. 11,5. 15,5.
16,5. 18,5. 19,6. 3,6. 5,6. 8,6. 13,
6. 19,6. 20,6. 25,6. 27,7. 5,7. 8,7.
9,7. 19,7. 28,8. 13,8. 26,9. 10,9.
21,9. 28,10. 1,10. 2,11. 1,11. 2,
11. 4,11. 17,11. 23,11. 24,11. 25,

12. 4,12. 10,12. 14,12. 15,12. 23,
12. 26,12. 31;1884. 1. 2,1. 10,1.
12,1. 14,1. 15,1. 19,1. 25,2. 16,2.
24,3. 4,3. 12,3. 19,3. 21,4. 3,4. 4,
4. 9,4. 16,4. 24,5. 17,8. 11,9. 16,
10. 15,11. 9,11. 29,12. 10,12. 23,
12. 27;1885. 1. 13,1. 17,1. 24,1.
27,2. 9,2. 15,3. 9,3. 13,3. 21,3.
25,4. 15,4. 18,4. 20,4. 24,4. 25,4.
29,5. 3,5. 4,5. 5,5. 11,5. 14,5. 16,
5. 18,5. 22,5. 26,5. 29,5. 31,6. 1,
6. 5,6. 6,6. 7,6. 17,6. 29,7. 10,7.
21,7. 30,8. 1,8. 21,8. 22,9. 3,9. 8,
10. 22,11. 1,11. 13,11. 16,11. 20,
11. 24,11. 26,12. 5,12. 7,12. 9,12.
12,12. 13,12. 24;1886. 1. 3,1. 4,1.
13,1. 14,1. 29,2. 1,2. 23,3. 1,3. 2,
3. 10,3. 19,4. 27,5. 4,5. 6,5. 14,5.
17,5. 28,5. 29,6. 17,6. 30,7. 5,7.
7,7. 22,7. 26,8. 13,8. 14,8. 29,9.
1,9. 10,9. 20,9. 27,10. 5,10. 13,
10. 14,10. 25,10. 26,11. 6,11. 19,
11. 22,12. 2,12. 14,12. 25;1887. 1.
7,1. 10,1. 20,1. 26,2. 10,2. 19,3.
4,3. 10,3. 11,3. 23,4. 20,4. 27,5.
7,5. 9,5. 11,5. 14,5. 15,5. 26,6. 1,
6. 4,6. 11,6. 13,6. 26,7. 4,7. 13,7.
24,8. 2,8. 4,8. 16,8. 25,8. 29,9. 8,
9. 9,9. 19,9. 22,9. 27,10. 1,10. 7,
10. 21,10. 25,11. 7,11. 8,11. 16,
11. 22,11. 25,12. 6;1888. 1. 6,1.

20,3. 15,3. 19,4. 8,4. 9,4. 18,4.
21,4. 29,5. 3,5. 10,5. 22,5. 25,5.
31,6. 10,6. 21,7. 1,7. 7,7. 12,7.
14,7. 21,8. 4,8. 11,8. 13,8. 27,9.
1,9. 21,10. 14,10. 22,11. 1,11. 4,
11. 7,11. 11,11. 24,12. 6;1889. 4.
1,5. 11,5. 27,5. 30,6. 18,6. 29,7.
21,7. 31,8. 2,8. 7,8. 29,9. 25,9.
29,10. 7,11. 3,11. 11,11. 26,12. 9,
12. 12,12. 18;1990. 1. 15,1. 30,2.
13,2. 22,3. 3,3. 4,3. 23,3. 25,4.
18,4. 27,5. 6,5. 13,5. 28,5. 29,6.
18,6. 25,6. 27,6. 29,7. 9,7. 21,8.
15,8. 22,9. 2,9. 3,9. 8,9. 12,9. 14,
10. 12,10. 26,11. 4,11. 14,11. 25,
12. 2,12. 4

潘祖同（谱琴、桐生、谱兄、谱）1858.
8. 14;1863. 4. 13,6. 5,6. 21,7. 23;
1883. 6. 7,6. 8,6. 30,8. 4,9. 12,12.
5;1884. 3. 12,3. 21,4. 3,5. 26;
1885. 1. 28,1. 31,2. 20,3. 8,3. 26,
4. 4,6. 5,6. 17,7. 21,8. 22,11. 13,
11. 16,11. 20,12. 24;1886. 1. 12,1.
13,5. 29,10. 5;1888. 2. 3;1889. 4.
1,5. 11,6. 18,6. 29,7. 31,8. 7,8.
29,9. 29,10. 7,11. 3,11. 26,12. 18;
1890. 1. 3,1. 15,2. 13,2. 22,3. 3,3.
23,3. 25,4. 27,5. 13,5. 28,5. 29,6.
18,6. 25,6. 27,7. 21,8. 22,9. 8

潘祖喜（怡琴、琴兄）1883. 6. 5,6. 13,
7. 21,10. 1;1885. 2. 12,2. 22,3. 8,

Q

R

商应璧 1886.8.12

上 见爱新觉罗·载淳、爱新觉罗·
载湉

上官基 1886.6.2

尚昌懋(仲勉)1887.5.14

尚其亨 1885.10.19

尚之 见顾观光

尚斋 见程恒生

芍农 见李文田

芍亭 见彭祖贤

芍庭 见彭祖贤

少安 见汪鸣和

少庵 见蒋锡年

少白 见长庚

少保 见戚继光

少东 见李岷琛

少苻 见汪兆曾

少符 见汪兆曾

少甫 见联少甫、汪沐懋

少耕 见罗嘉杰

少谷 见汪世泽

少华 见李少华

少林 见张钟赤

少梅 见戴燮元

少牧 见蒋增荣

少穆 见林则徐

少农 见福润

少朋 见广寿

少彭 见广寿

少奇 见陈伟杰

少钦 见施少钦

少卿 见施少钦

少卿 见丰麟

少渠 见吴少渠

少荃 见李鸿章

少山 见丁少山

少珊 见许少珊

少骏 见李翰芬

少涂 见刘继

少希 见陈少希

少霞 见志樾

少岩 见梅启照

少云 见李希哲、乌少云、张宗德、严
书麟

少沾 见孔少沾

少仲 1881.5.17

邵亨豫(汴生)1858.8.19,10.2;
1863.4.1,4.11,4.21,5.1,5.17,6.
9,6.18,8.23,10.9,11.5,11.7,12.
5,12.12,12.27;1864.2.4;1881.3.
12;1882.4.2;1889.11.4

邵积诚(实孚、实甫)1886.5.28;
1888.3.12,3.27,4.5

邵师 1887.11.11

邵师母 1890.1.2,3.26,5.26,5.27

邵硕甫 1886.5.28

邵松年(伯英)1889.4.8,4.11,4.22,
4.24,4.27;1889.5.1,5.6

邵懿辰(位西)1885.11.12

邵友濂(小村、晓村)1882.7.2,7.31;
1883.3.19,6.8;1884.2.8,3.5,5.
22,6.27;1885.2.11,6.6,6.7,8.

沈宗珂 1890. 10. 22

沈宗骞 1888. 5. 6；1890. 10. 22

慎夫人 1858. 9. 8

升额 见佛伯恒

升近堂 1882. 11. 10

升允（吉甫）1882. 11. 10；1887. 5. 23，
　5. 25，6. 1，6. 11，6. 21，7. 16

生甫 1885. 2. 15

生邻 1889. 7. 18

生霖 见周德润

笙堂 见李嘉宾

笙渔、笙鱼 见李嘉福

绳庵 1884. 1. 12

圣祖 见爱新觉罗·玄烨

胜非 见孙堪

胜之 见王同愈

盛懋 1863. 7. 3

盛宣怀（杏荪）1885. 6. 11

盛昱（伯希、伯兮、伯熙）1882. 4. 5，4.
　14，4. 13；1885. 7. 1，7. 19，8. 19，12.
　10，10. 25，12. 12，12. 30；1886. 1. 2，
　1. 20，8. 4，8. 24，9. 16，9. 21，9. 23，
　9. 26，9. 27，9. 28，10. 9，10. 11，10.
　12，11. 29，12. 4；1887. 1. 21，2. 23，
　2. 28，5. 15，5. 16，8. 15；1888. 1. 3，
　4. 1，8. 15，8. 19，11. 13，12. 6，12.
　17；1889. 1. 30，2. 19，3. 6，3. 13，3.
　27；1890，1. 20，2. 7，6. 19，7. 31

盛沅 1886. 6. 25；1889. 3. 29

盛植型（蓉洲）1883. 2. 25

盛洲（沅萍）1890. 8. 3

师夒 见张舜咨

师祁 见吴子选

诗海 见兴诗海

诗舲 见张诗舲

诗农 见恩兴、长麟

施 见施之博

施安生（曰霖）1858. 10. 17

施本 1858. 10. 13，10. 17

施福（鲁滨、文波）1890. 6. 28

施均甫 1885. 2. 11，4. 30；1890. 2. 7

施敏先 1881. 10. 2，1882. 11. 6，11. 13

施培曾（翰臣）1890. 6. 13，6. 28

施沛霖 1890. 6. 6

施启宇 1885. 10. 23；1886. 8. 29；
　1890. 10. 31

施启宗 1881. 6. 3，8. 28；1882. 4. 19，
　7. 8，7. 23，7. 28

施人镜（小山）1885. 12. 18

施少钦 1888. 11. 8；1890. 8. 29，10.
　13，10. 22

施少卿 见施少钦

施以塘（朴斋）1865. 11. 4；1890. 6. 28

施则敬 1888. 11. 8

施之博（济航、施）1881. 2. 2，3. 18，5.
　7，6. 4，9. 13；1888. 7. 27

施子英 1888. 5. 27，8. 23，10. 16，10.
　17，11. 8，11. 10，11. 26，11. 29

十弟 见潘祖颐

十洲 见仇英

石庵 见刘墉

石宝（文介）1867. 6. 29

石查 见胡义赞

石船 见金玉麟

石二 1858.11.4

石方涑 1884.2.21

石甫 1888.3.8

石赓臣（右皋）1887.11.10；1888.2.
7，3.29，4.12，5.11，5.17，5.30，6.
6，7.27，9.22，10.24；1889.1.9，2.
7，3.31，8.10；1890.10.24

石谷 见王翚

石湖 见范成大

石镜潢 1886.6.26

石君秀 1885.2.8

石林 见叶梦得

石鏖 见秦石麟

石麟 见秦石麟

石梅孙 1883.10.12，10.17；1885.2.8

石年 见沈钟

石卿 见陈秉和

石泉 见杨昌濬

石山 见姚礼咸

石杉 见姚礼咸

石珊 见濮贤恒、姚礼咸

石生 见胡澍

石涛（清湘老人）1885.8.22

石田 见沈周

石坞 1881.12.5

石裕绅 1863.4.8

石斋 见黄道周

石洲 1884.4.8

时甫 见林维源

时轩 1885.6.2；1887.5.7，5.14

实孚 见邵积诚

实甫 见邵积诚、易润［顺］鼎

史岑 1863.6.6

史陈善（雨林）1885.5.23，5.29，6.4

史恩漕 1890.9.19

史菡 1886.3.16；1889.3.27

史惟善 1883.6.5

史悠咸 1886.6.2，9.8

史藻 1885.5.23

士琨 见李次瑶

士礼居 见黄丕烈

士修 见管廷献

士一 见管廷鹗

士周 见季邦桢

世春（敬生）1887.10.21，12.14；1888.
7.3，7.11

世善 1890.4.3，6.29

世勋（锡之）1883.2.27，5.25，5.28，
8.24，8.25，8.27，10.2；1884.1.7，
1.22，1.27，5.28，10.2，11.22；
1885.2.7，2.8，5.9，6.2，6.4，6.16，
11.24，12.12；1886.2.13，11.4，11.
6，11.7，12.2，12.17

世振之 1887.8.24

世祖章皇帝 见爱新觉罗·福临

式良 见瑞瑾

式如 见文玉

适因 见吴咨

奭良（召南）1890.2.28，8.28，10.4

首调元 1863.3.22

树南 见延煦

树堂 见王隽颐、刘景韩

树庭 1885.3.8

树斋 见吴茂春

恕皆 1865.11.8,11.10

恕园 见王恕园

漱兰 见黄体芳

漱石 见华承沄

漱艺斋 见陶估

双绥 见查玉阶

双泰 1888.9.6

水宝煜 1885.10.22,11.5;1886.4.25;1889.3.24

顺伯 1881.9.7,10.23;1883.4.6;1887.3.11,3.12,3.14,4.16,1888.5.31

顺公 1863.6.27

顺庆 1881.11.3

舜臣 1885.10.30

舜卿 见燕起烈

硕 见潘志万

硕卿 见吴景萱

硕庭 见潘志万

司徒子临 1858.10.19,10.24

思赞 见杨同福

四弟 1883.6.10,8.17,10.31

四官 1883.9.15

四叔 见潘曾玮

四叔母(叔母)1883.7.4,8.24,9.17,11.1;1884.3.16,12.16;1885.2.26,6.3,6.5;1890.6.25

嗣香 见李士鉁

松 1881.2.23,2.25,3.8,3.13,3.15,3.24,3.26,3.30,3.31,4.1,4.2,4.3,4.10,4.14,4.15,4.18,4.19,4.21,4.29,5.2,5.28,6.6,7.5,7.22,8.11,10.24,10.26,10.29,11.8,11.16,11.18,11.20,12.2,12.5,12.6,12.21,12.22;1882.1.7,1.29,2.26,3.15,3.18,4.2,4.7,4.12,4.19,4.22,4.24,4.25,5.25,6.20,7.4,7.6,7.7,7.9,7.11,7.13,7.14,7.15,7.16,7.21,7.22,7.23,7.27,7.28,7.31,8.1,8.3,8.10,8.12,8.13,8.24,8.25,8.26,9.3,9.8,9.17,9.20,11.7,11.11,11.19,11.23,11.29,12.3,12.21,12.30;1883.1.9,1.19,2.16,2.24,2.27,3.12,3.24;1886.3.10,5.31,6.21;1887.1.15,4.10,5.14,7.15,11.15;1888.3.30,11.20,12.31;1889.1.11,2.15,3.11,3.31,6.11,9.17;1890.5.19,6.10,10.28

松 见松寿、松鹤龄、松中程

松宝 1881.2.9

松长(子久)1865.11.8,11.9,11.10;1882.6.22;1885.7.9;1889.12.8

松程 1889.10.20,10.28

松埄 1888.7.18,7.31

松楚珩 1881.6.16

松春泉 1885.6.21

松椿(俊峰、峻峰)1883.3.27;1887.

3. 4,10. 4;1889. 5. 27

松湉（寿泉）1885. 6. 19,8. 14,12. 6;
　1886. 1. 18;1890. 6. 18

松壶 见钱杜

松江 1889. 6. 2

松年 见刘松年

松坪 见孙如僅

松泉 见黄松泉

松森 1887. 4. 23,6. 13;1889. 2. 15

松生 见丁丙

松寿（鹤龄、鹤舲）1879. 4. 6;1883. 8.
　15;1886. 1. 27,1. 30,2. 21,3. 13,3.
　28,4. 21,4. 22,6. 22,7. 23,8. 8,10.
　1,12. 7;1887. 1. 19,2. 12,3. 5,3.
　26,3. 29,4. 9,4. 15,4. 20,12. 3,12.
　27;1888. 2. 28,3. 29,5. 9,6. 23,9.
　13,11. 8;1889. 1. 1,1. 23,2. 20,3.
　13,5. 13,8. 22,9. 18,10. 14,12. 4;
　1890. 2. 28,3. 7,3. 30,4. 23,5. 3,
　10. 11,10. 14,10. 28,11. 6,12. 4

松庭 1864. 1. 18

松魏 1889. 8. 29

松下清斋 见陆恭

松雪 见赵孟頫

松仰 见景瞻士

松吟涛 1889. 10. 14

松筠庵 1863. 3. 5;1889. 12. 9;1890.
　8. 31,10. 30

松中程 1889. 3. 14,1889. 5. 29,6. 3

崧椿 见松椿

崧蕃（锡侯）1885. 12. 12,12. 17;

1886. 1. 5;1887. 4. 19,9. 26;1888.
　1. 26,10. 26

崧骏（镇青）1882. 9. 22;1883. 3. 19;
　1885. 7. 2;1888. 5. 9;1889. 5. 27,9.
　15,12. 1,12. 17;1890. 5. 11,6. 21,
　10. 1,10. 20,11. 21

崧中丞 1888. 12. 6

嵩昆（书农）1883. 2. 25;1885. 10. 19,
　10. 29,11. 21

嵩良 1882. 6. 23

嵩佺 见陈嵩佺

嵩申（犊山）1887. 5. 21,12. 6;1889.
　5. 17,8. 31;1890. 4. 16,5. 9

宋承庠 1890. 4. 16,6. 1

宋冲（子浚）1858. 8. 28

宋光裕 1886. 4. 24

宋晋（锡蕃、雪帆）1863. 3. 18,4. 21

宋梦兰 1858. 10. 2

宋敏求 1858. 11. 18

宋培枏 1885. 4. 25

宋庆 1890. 3. 23

宋炪 1858. 10. 18

宋旭 1863. 6. 12

宋有恒 1887. 11. 11

宋育仁（芸子）1886. 6. 29,9. 2;1888.
　7. 25,9. 30;1890. 7. 12

宋震坤 1886. 3. 10

宋志濂 1858. 10. 20,10. 24

宋滋兰 1886. 6. 28

宋祖骏（伟度）1882. 5. 15,5. 24,6. 3,
　6. 12,6. 25;1883. 2. 7

汪景叔 1883.6.17,1885.3.8

汪同生 1885.10.26,10.27,10.28,
　10.31

汪九 1883.9.16,9.27,10.31,12.7;
　1884.1.7,3.16,5.18;1885.5.29

汪开福 1858.10.12,10,30;1885.6.5

汪开祺 1883.6.5,6.6,9.23

汪开提 1883.6.5,9.23

汪开祉 1883.6.5,1885.1.21

汪柳 1889.12.25

汪鲁岩 1883.6.8,6.9,7.6,8.21,12.
　21;1885.2.18,3.8,5.29,6.3;
　1889.8.7;1890.5.6,12.4

汪眉伯(眉)1881.2.20,4.18,9.15,
　10.12,10.13;1882.2.11,4.17,5.
　21,6.21,10.6;1883.1.24,2.12,3.
　30,4.20,4.21,4.23,5.17,5.30,8.
　10,8.17,9.21,9.24,10.12,10.28,
　10.31,11.30,12.13,12.14,12.15,
　12.19,12.21,12.23,12.31;1884.
　1.12,1.19,3.6,4.8,4.24,12.1,
　12.20;1885.1.26,2.15,2.27,3.8,
　3.11,3.27,4.11,4.20,4.22,5.10,
　5.22,5.29,5.30,6.1,6.4,6.6,6.
　15,6.16,6.20,6.21,11.2,11.3,
　12.7,12.9;1886.1.31,2.1,9.18,
　12.2;1887.1.20,2.10,6.1,9.24,
　10.4,10.7,11.6;1888.9.19,10.6

汪孟慈 1886.1.18

汪鸣和(少安)1858.8.20,11.15;
　1885.1.1,2.17

汪鸣鸾(柳门、柳)1881.2.13,9.22,
　12.10;1882.5.28,6.17,7.13,7.
　17,8.9,9.12,9.30,10.19,11.19,
　11.23,12.10,12.15;1883.1.3,1.
　25,2.2,2.6,2.25,3.1,3.15,3.25,
　4.4,4.9,4.10,4.18,5.12,5.13,5.
　23,6.7,6.18,8.9,9.22,10.22;
　1884.7.19,12.30;1885.4.7,5.26,
　9.13,12.5,12.6,12.9,12.10,12.
　12,12.15,12.27,12.28;1886.1.4,
　1.10,1.15,1.17,1.24,1.25,1.27,
　1.28,2.7,3.8,3.13,5.3,5.11,5.
　14,6.3,6.17,6.24,7.4,7.6,7.15,
　7.16,10.7,12.13;1887.1.20,1.
　28,7.4,7.5,12.21,12.24,12.31;
　1888.8.14;1889.2.15,2.16,2.17,
　2.19,3.1,3.20,3.21,3.26,3.27,
　4.1,5.17,5.28,5.29,6.1,6.5,6.
　6,6.30,7.22,8.28,9.19,9.25,10.
　29,12.20;1890.1.21,2.3,2.16,2.
　24,3.7,3.27,6.5,7.10,7.14,7.
　28,8.21

汪沐懋(少甫)1885.2.16

汪鹏 1885.2.19

汪七 1883.9.16,9.20,10.7,10.31;
　1884.1.6,5.14

汪启逨 1883.6.5

汪启新 1883.6.5,9.23

汪顷新 1883.9.23

汪泉孙(泉)1883.3.25,3.28,4.4,4.
　24,5.19,5.26,6.11,6.25,6.29,7.

王秉升 1883.6.5

王长申 1863.5.4

王昶（青浦）1858.10.29

王承陛（韫和）1888.11.29；1889.5.11，12.25

王承羲 1885.4.30

王宠（雅宜）1863.6.12；1887.1.19

王川如 1888.11.20

王春魁 1890.11.8

王春沛 1883.3.12；1888.10.17

王春溥 1889.1.4

王春庭（作孚）1882.4.5；1886.1.23；1887.1.14

王道文 1885.6.19

王得禄 1889.11.7

王得胜 1883.5.29

王德榜（朗清）1882.8.25，8.28，12.7，12.27；1883.2.23，3.5；1890.4.29

王德忱 1886.3.26

王德芬 1858.8.24

王德棻 1858.11.10

王德升 1889.9.28

王德祖 1885.10.20

王鼎（文恪公）1858.9.1

王兑 1858.10.19

王铎（孟津）1880.5.14；1885.12.4

王恩瀚 1886.3.22

王恩爵 1886.7.7，7.13

王锷 1885.10.31

王苻五 见王符五

王苟九 1890.1.26

王符五 1881.7.15；1883.5.13；1885.9.13；1886.1.18，6.3，6.29；1888.9.22，11.18，11.25

王黻 1863.6.12

王辅臣 1890.10.20

王纲 1858.11.4

王耕娱 1879.4.11；1884.3.2，3.24，3.27；1885.1.3，1.7，4.8；1888.7.7，7.9，7.20，7.22，7.23；1889.8.29，10.15；1890.2.14

王赓祺 1879.4.1

王赓荣 1885.12.19；1887.1.19

王拱辰 1886.3.26

王瑾 1886.6.21，10.1，10.17；1887.7.15，10.29，12.3；1888.3.30，5.11，6.23；1889.3.14，3.29；1890.10.13，10.16，10.26，11.14，11.22，12.1

王广寒 1863.3.19，5.13，7.1，8.6，8.31

王桂琛 1889.8.31

王桂林 1886.8.9

王衮（补庵）1881.3.9，6.26，7.10；1882.3.25，5.10，7.10

王国江 1882.2.26

王国镛 1882.11.17

王瀚桥 1867.6.9，6.10，6.12，6.14，6.15，6.16

王灏（文泉）1886.12.4，12.7，12.31；1887.1.2，1.12，7.17，10.29

11. 24，12. 19；1889. 1. 4，5. 16，6.
20，7. 14，10. 13，11. 26，11. 30，12.
10，12. 26；1890. 3. 21，3. 25，3. 31，
4. 21

王仁堪(可庄)1886. 1. 8；1887. 5. 22，
5. 30，6. 1，6. 6，6. 8，6. 11，6. 23，7.
21，7. 23，7. 26，8. 6，8. 21，11. 2，11.
5，11. 17，12. 1；1888. 1. 16，3. 5，8.
1，12. 11，12. 17，12. 19，12. 25；
1889. 1. 4，1. 16，2. 19，5. 16，5. 31，
6. 15，12. 26，12. 30；1890. 2. 14，2.
17，3. 21，3. 25，3. 31，4. 22，5. 6，5.
21，5. 23，6. 17，9. 1，9. 30，10. 5，
10. 9

王仁煦(含英)1881. 7. 8，9. 30；1883.
4. 23，5. 9；1885. 6. 27，9. 3，9. 7，9.
8；1887. 1. 10；1888. 6. 4，6. 13，6.
14，6. 18；1889. 6. 26

王荣先 1886. 6. 30

王蓉洲 1863. 9. 22

王榕吉(阴堂)1858. 8. 17

王瑞麟(仁斋)1886. 10. 12；1887. 10.
5，10. 6，10. 9，10. 23，10. 26；1888.
11. 13，12. 21

王绍廉 1886. 3. 16

王绍唐 1886. 3. 14

王绍曾 1886. 5. 3

王诜 1863. 6. 14，7. 2

王师德(懋斋)1863. 3. 20，5. 4；1885.
3. 22

王石经(西泉)1886. 3. 30，4. 26；

1890. 6. 30，7. 10

王时敏(烟客)1863. 6. 24

王士祺(渔洋)1858. 8. 30，9. 9，11. 12

王世臣 1889. 11. 8

王世懋 1863. 6. 6

王世骥(星寰)1887. 5. 18；1888. 5. 28

王世贞 1863. 6. 6

王守仁(文成、阳明)1884. 3. 1；1888.
4. 5

王守训 1885. 10. 20；1886. 1. 13，3.
26，8. 26；1887. 4. 11

王叔蕃 1885. 6. 6

王叔明 见王蒙

王叔贤(继武)1887. 12. 6；1888. 4. 5，
6. 9，10. 15，11. 8，12. 12，1889. 2.
27，9. 2；1890. 3. 1

王树鼎 1886. 8. 7

王树文 1883. 2. 18，4. 7

王恕园 1884. 10. 3；1888. 11. 25；
1889. 5. 26

王澍(虚舟、良常)1863. 9. 21，10. 14；
1885. 11. 25；1886. 2. 1

王思明 1886. 3. 9

王思沂 1867. 11. 7

王松畦 1886. 3. 26

王松溪 1886. 11. 21；1887. 1. 4；1889.
3. 20

王讼桢 1886. 6. 25

王颂笙 1881. 5. 4

王颂蔚(莼卿、芾卿)1881. 2. 5，2. 13，
3. 6，4. 14，10. 15，10. 16，11. 11；

1882.1.28,3.9,3.17,3.31,4.17,
4.23,5.19,7.11,9.29,11.11,11.
25,12.24;1883.1.29,2.11,2.21,
3.25,4.7,5.4;1887.7.26

王惺斋 1889.4.22,5.6

王序宗（西庄）1882.11.4

王绪祖 1889.3.29

王续榕 1890.10.18

王学忠 1885.10.7

王延绂（延黼、青友）1886.12.4,12.
7,12.31;1887.1.2,1.12,3.13,7.
17,8.20,10.29;1888.1.9,3.7,5.
8,5.16,8.12,8.29,11.27,12.11,
12.29;1889.1.11,2.27,3.21,5.
11,6.26;1890.10.11

王岩 1889.4.2

王衍观（正甫）1889.12.26

王彦超 1863.9.21

王彦盛 1886.11.24

王彦威（弢夫）1885.1.25,10.3;
1886.7.3,7.29;1888.4.27,8.30;
1889.3.21,3.30

王彦章 1858.11.18

王诒善 1885.10.21;1886.4.23;
1889.3.28

王宜仁（文珊）1888.8.16,9.22

王贻清（筱云）1881.5.5,8.4;1882.
6.23;1885.10.19;1889.8.31

王以慭 1883.4.11;1889.3.29

王艺庵 1887.6.12

王懿德 1887.11.21

王懿荣（廉生、王）1881.4.16,4.18,
4.19,4.22,5.5,5.11,5.13,7.19,
9.27,10.6,12.5;1882.1.17,2.7,
3.8,3.21,6.27,9.15;1883.2.6,3.
9,3.19,4.21,4.22,4.23,4.24,4.
25,4.26,4.27,4.29,4.30,5.1,5.
2,5.3,5.16,5.17,5.25,6.1,6.7,
6.18,6.26,6.30,7.12,7.19,7.22,
7.24,8.1,8.6,8.12,8.25,8.26,8.
31,9.12,9.13,9.18,9.23,9.29,
10.4,10.13,10.16,10.24,10.28,
11.2,11.13,11.16,11.19,11.21,
12.8,12.17;1884.1.1,1.8,1.11,
1.12,1.17,2.2,2.27,2.28,3.6,3.
8,4.11,4.12,4.27,5.20,5.30,6.
14,6.27,7.3,7.11,8.1,8.3,8.11,
8.13,8.14,8.21,9.7,9.8,9.25,9.
28,10.3,10.7,10.9,10.10,10.21,
10.28,11.16,11.17,11.28,12.29;
1885.1.29,1.30,2.4,3.3,3.5,3.
17,4.18,4.27,4.28,5.2,5.9,5.
10,5.15,5.25,5.26,5.30,6.21,6.
28,6.29,7.1,7.3,7.5,7.7,7.11,
7.17,7.19,7.20,7.22,7.25,7.28,
7.30,8.8,8.12,8.17,8.19,8.23,
8.29,9.4,9.10,9.13,10.20,10.
22,10.25,10.29,10.31,11.7,11.
12,11.21,11.23,11.25,11.28,11.
29,12.4,12.11,12.12,12.13,12.
18,12.29,12.30;1886.1.1,1.2,1.
6,1.9,1.18,1.20,1.25,1.29,2.1,

1863. 6. 6，6. 14，6. 17，6. 18；1883.
6. 25

文正　见刘墉

文质夫 1888. 1. 26

文治（叔平）1885. 12. 25；1889. 7. 28

文钟　见李伯英

文仲 1889. 6. 13

文子　见张璞君

文子义 1887. 11. 19；1888. 2. 21，5.
12，8. 10；1889. 2. 12

文宗　见爱新觉罗·旻宁

闻人诠 1890. 4. 3

问渠　见谈鸿鋆

问翁　见李问樵

问畬 1886. 3. 30

问月 1882. 8. 27

翁　见翁同龢、翁方纲

翁斌孙（弢夫、弢甫、韬甫）1885. 9.
15，9. 20，10. 2，10. 3，10. 15；1886.
2. 14；1889. 1. 25

翁道鸿（仪臣）1882. 1. 1；1888. 3. 27，
4. 23，9. 13，11. 12；1889. 1. 24

翁方纲（覃溪、翁）1863. 7. 28，9. 12；
1883. 2. 27，7. 14；1886. 12. 18；
1890. 1. 18

翁己兰 1883. 6. 11

翁六兄 1858. 8. 16

翁庆龙 1883. 6. 6

翁师 1863. 7. 2

翁师母 1864. 2. 7

翁同龢（叔平、翁、龢）1858. 8. 1，8.

14，8. 18，8. 21，8. 29，9. 14，9. 17，9.
19，9. 22，9. 28，9. 30，10. 3，10. 25，
10. 27，10. 29；1863. 6. 2，6. 4，7. 7，
7. 14，8. 1，8. 11，8. 22，9. 17，9. 23，
12. 14；1875. 10. 16，10. 18；1879. 4.
11；1881. 1. 30，2. 3，2. 4，2. 7，2. 14，
2. 24，3. 4，4. 16；1882. 8. 17，10. 13，
12. 15；1883. 2. 17，3. 1，3. 4，3. 16，
3. 19，3. 20，3. 24，4. 5，5. 18，5. 24，
6. 1；1884. 7. 20，8. 1，8. 31，9. 8；
1885. 1. 30，3. 30，6. 16，6. 21，7. 1，
9. 14，9. 15，9. 17，9. 19，9. 25，10. 4，
10. 8，10. 10，10. 11，10. 15，10. 17，
10. 18，11. 18，12. 10，12. 25，12. 26；
1886. 1. 4，1. 30，2. 19，3. 11，3. 21，
5. 23，6. 18，9. 19，10. 28，12. 11，12.
19，12. 21，12. 28；1887. 1. 20，2. 4，
2. 8，2. 14，3. 6，3. 12，3. 14，3. 28，4.
10，9. 30，10. 13，10. 14，10. 15，10.
26，10. 31；1888. 1. 8，1. 10，2. 27，5.
31，6. 9，7. 29，8. 3，10. 22，10. 24，
11. 8，12. 20；1889. 2. 15，3. 8，3. 25，
4. 25，5. 28，6. 30，7. 3，7. 4，7. 13，8.
1，8. 12，8. 20，8. 22，8. 29，9. 1，9. 2，
9. 3，9. 5，9. 6，10. 7，10. 14，10. 18，
10. 21，10. 22，11. 18，12. 20；1890.
1. 18，2. 1，2. 8，2. 9，2. 12，2. 23，3.
1，3. 16，3. 27，4. 3，4. 4，4. 7，4. 15，
5. 19，6. 4，6. 16，8. 4，9. 5，9. 13，9.
25，10. 1，10. 5，10. 11，10. 19，10.
23，11. 26

30;1888. 3. 19,5. 25,10. 14,10. 22,
12. 6;1889. 1. 20,5. 27,11. 3,12.
18;1890. 5. 28

吴重熹(仲饴)1863. 4. 8,5. 24,5. 8,
5. 27;1876. 10. 5,10. 7,11. 5,11. 7,
12. 11,12. 13;1877. 1. 2,1. 3,1. 6,
1. 10,5. 3,5. 8,6. 16,6. 21,6. 24;
1878. 4. 24,9. 20;1879. 4. 6;1881.
7. 20,11. 27,12. 14;1882. 10. 4;
1883. 2. 3,10. 24;1884. 8. 13,8. 14,
9. 7,10. 3;1885. 3. 2,3. 3,3. 5,4.
18,4. 27,4. 28,6. 21,7. 25,8. 19,
11. 27;1886. 1. 9,6. 15,8. 15,9. 22,
11. 21,11. 22;1887. 1. 1,1. 3,1. 29,
1. 30,4. 13,5. 5,6. 3,6. 30,7. 24,9.
23;1888. 3. 16,4. 4,4. 10,4. 30,5.
17,6. 4,6. 8,7. 13,7. 29,10. 26;
1889. 8. 6,11. 24,11. 28,12. 8,12.
15,12. 17,12. 20,12. 22;1890. 2. 2,
2. 24,3. 25,4. 16,4. 27,6. 2,6. 11,
8. 23,9. 12,11. 25,11. 26

吴淖(梦淞)1889. 2. 16,6. 14,11. 26;
1890. 7. 3

吴绰 1863. 3. 19

吴大澂(清卿、愙斋、恒轩、愙)1881.
5. 18,7. 24,11. 28,11. 29;1882. 3.
1,5. 3,5. 4,6. 27,6. 28,9. 15,10. 7,
10. 27,11. 15,12. 29;1883. 1. 6,2.
7,3. 19,3. 31,4. 3,4. 7,4. 11,7. 12,
8. 12,8. 19,9. 7,9. 21;1884. 3. 15,
3. 17,3. 22,3. 25,4. 22,4. 23,11.

22;1885. 3. 9,3. 10,4. 17,6. 10,6.
11,6. 20,7. 3,7. 13,7. 21,7. 22,7.
25,7. 27,8. 1,8. 5,8. 7,8. 12,8. 18,
8. 21,8. 25,8. 31,9. 1,9. 4,9. 9,9.
13,10. 22,10. 25,10. 26,11. 13,11.
16,11. 20,11. 26,12. 11,12. 28;
1886. 1. 5,1. 8,1. 9,1. 10,1. 11,1.
12,1. 13,1. 27,1. 28,1. 29,1. 30,2.
12,3. 8,3. 30,4. 27,5. 4,5. 14,6.
11,8. 3,8. 4,10. 13,10. 31,11. 2,
11. 3,11. 4,11. 8,11. 28,11. 29,11.
30,12. 1,12. 3,12. 16,12. 17,12.
23,12. 25,12. 26,12. 27,12. 28,12.
29,12. 30;1887. 1. 28,3. 4,3. 12,3.
20,4. 13,4. 17,4. 26,4. 29,5. 5,5.
12,5. 13,5. 16,5. 24,5. 26,6. 16,7.
12,7. 25,8. 12,8. 24,9. 16,10. 16,
10. 18,11. 22,11. 26,12. 18,12. 31;
1888. 1. 22,3. 15,4. 4,4. 18,4. 27,
5. 4,5. 18,6. 20,7. 11,8. 8,8. 9,8.
14,9. 16,10. 17,10. 26,11. 1,11.
14,11. 28,12. 6,12. 7,12. 26;1889.
1. 4,1. 9,1. 29,3. 14,3. 19,4. 1,5.
11,6. 9,6. 13,7. 24,7. 28,10. 24,1.
30;1890. 1. 3,1. 5,1. 10,2. 5,2. 10,
2. 22,3. 3,4. 27,7. 21,8. 22,9. 8,9.
14,11. 25

吴大根(培卿、佩卿、培)1877. 1. 3,1.
5;1881. 3. 10,5. 21;1882. 11. 23;
1883. 6. 5,6. 8,6. 14,6. 16,6. 18,6.
21,7. 10,7. 13,7. 22,9. 1,9. 18,9.

20,9. 21,9. 22,9. 23,11. 23,11. 25,
11. 26,12. 11,12. 13,12. 14,12. 17,
12. 18,12. 26;1884. 1. 3,1. 14,2. 7;
1885. 1. 29,2. 8,2. 12,2. 24,3. 8,3.
10,3. 26,3. 28,4. 3,4. 17,4. 27,4.
30,5. 1,5. 10,5. 15,5. 16,5. 17,5.
23,5. 27,5. 31,6. 1,6. 2,6. 3,6. 4,
6. 5,6. 6,6. 7,6. 29,7. 6,7. 25,8. 1,
8. 21,8. 27,8. 28,10. 25,11. 13,11.
20,11. 26,12. 8,12. 9;1886. 1. 4,3.
8,3. 28,5. 6,9. 28,10. 7,10. 12,10.
14,11. 3,10. 7;1887. 3. 12,3. 29,4.
16,7. 4,7. 28,9. 24,10. 23,1888. 5.
8,6. 9,11. 8;1889. 1. 27,4. 1,7. 21,
7. 31,11. 3,12. 18;1890. 2. 22,3. 3,
4. 27,5. 28,11. 4

吴大衡（谊卿、运斋、运、谊）1881. 12.
8,12. 9;1882. 6. 16,6. 17,6. 20,8.
9,8. 22,9. 6,9. 13,9. 20,10. 6,10.
10,10. 13,10. 19,10. 21,10. 23,10.
25,10. 27,11. 1,11. 6,11. 18,11.
23,11. 24,11. 27,11. 30,12. 3,12.
11,12. 16,12. 18,12. 21,12. 23,12.
29,12. 30,12. 31;1883. 1. 4,1. 6,1.
10,1. 17,1. 19,1. 20,1. 30,2. 1,2.
2,2. 6,2. 7,2. 11,2. 16,2. 22,2. 25,
3. 1,3. 8,3. 11,3. 12,3. 24,3. 25,3.
28,3. 31,4. 3,4. 4,4. 6,4. 7,4. 8,4.
10,4. 11,4. 12,4. 20,4. 23,4. 25,4.
27,4. 28,4. 30,5. 5,5. 8,5. 11,5.
16,5. 18,5. 20,5. 23,5. 25,5. 26,6.

1,6. 7,6. 13,6. 14,6. 18,6. 22,6.
24,6. 26,6. 30,7. 6,7. 12,7. 19,7.
24,7. 26,8. 1,8. 3,8. 5,8. 6,8. 7,8.
12,8. 19,8. 26,8. 31,9. 7,9. 12,9.
13,9. 23,9. 29,10. 4,10. 13,10. 16,
10. 24,11. 8,11. 12,11. 15,11. 25,
11. 27,11. 28,12. 5,12. 13,12. 14,
12. 21,12. 26,;1884. 1. 1,1. 2,1. 3,
1. 4,1. 7,1. 12,1. 13,1. 16,1. 19,1.
23,1. 25,1. 27,2. 20,2. 22,2. 27,3.
15,3. 17,3. 24,4. 1,4. 9,4. 16,4.
24,5. 1,5. 13,5. 16,5. 22,5. 28,6.
3,6. 18,7. 6,7. 7,8. 7,8. 25,8. 29,
8. 31,10. 3,10. 15,11. 5,11. 9,11.
24,12. 15,12. 17,12. 31;1885. 1.
14,1. 19,1. 24,1. 29,2. 12,2. 24,3.
9,3. 10,4. 19,5. 27,7. 6,7. 21,8. 1,
8. 12,9. 1,10. 22,11. 13,11. 20,11.
26,11. 29,12. 5,12. 11,12. 29;
1886. 1. 4,1. 13,1. 14,2. 9,2. 10,3.
2,3. 8,3. 19,3. 28,4. 30,5. 4,5. 5,
5. 19,5. 30,6. 2,6. 10,6. 13,6. 17,
6. 23,7. 6,7. 14,7. 21,7. 29,8. 16,
8. 23,8. 29,8. 31,9. 2,9. 6,9. 11,9.
12,9. 20,10. 10,10. 12,10. 21,10.
28,11. 2,11. 3,11. 8,11. 13,11. 29,
12. 1,12. 15,12. 23,12. 28;1887. 1.
3,1. 5,1. 12,1. 13,1. 16,1. 17,1.
22,1. 23,1. 27,1. 28,2. 3,2. 5,2. 7,
2. 16,2. 26,3. 2,3. 4,3. 7,3. 10,3.
11,3. 12,3. 13,3. 14,3. 15,3. 17,3.

6. 11，7. 17；1887. 4. 20，5. 23，6. 6，
6. 9，6. 26，8. 4，8. 13，10. 30，11. 7，
11. 27；1888. 3. 1，3. 2，7. 27，9. 30，
11. 25，11. 27，11. 30；1889. 1. 22，2.
18，3. 9，4. 5，4. 6，4. 7，4. 8，4. 28，5.
6，5. 11，6. 2，6. 12，6. 16，7. 28，8.
20，9. 30，10. 11，10. 14，11. 14，11.
22；1890. 2. 4，2. 9，2. 16，3. 16，6. 5，
7. 5，7. 12，8. 28，9. 17，9. 18，10. 3，
10. 8

小峰　见德馨、昆冈

小芙　见庞国珍

小韩　见谢琦

小鹤　见乔联宝

小匡　1863. 5. 17，6. 20，6. 21，7. 12，7.
30，8. 4，8. 14，11. 16，12. 3，12. 4；
1864. 2. 3

小李将军　见李昭道

小楼　见董润

小梅　见沈寿嵩

小农　1885. 6. 5

小平　见孙锡康

小坡　见高彦冲、文恒荣

小圃　见彭光誉

小卿　见周承先

小秋　见汤寿铭

小荃　1888. 7. 2，7. 3

小泉　见程绳武、李瀚章

小山　1863. 7. 31，10. 16，10. 20；1867.
6. 16；1881. 6. 1；1883. 8. 12，10. 24，
12. 17；1884. 1. 1，1. 11，1. 17；1885.

1. 10，6. 18；1887. 2. 28，11. 30；
1888. 11. 30；1889. 9. 18；1890. 4. 3，
5. 10

小山　见额勒勒和布、郑敦谨、鲍小山、缪
荃孙、施人镜、阿克达春

小松　见黄易

小宋　见何璟、耿士璟

小棠　见周家楣

小田　见陈庆祉

小汀　见全庆

小亭　见郑贤坊、陈小亭、何凤

小午　见袁保恒

小勿　见徐干

小湘　见李庆翱

小轩　见李廷箫

小雅　见潘馥

小岩　见钱莹

小研　见李小研

小渔　见潘小畲

小畲　见潘小畲

小虞　见萧允文

小宇　见王小宇

小沅　见任道镕

小云　1885. 7. 31；1886. 2. 1，7. 3；
1887. 1. 13，7. 18；1888. 11. 25，11.
26，11. 30；1889，1. 19，7. 3，9. 14，
10. 8；1890. 2. 14，9. 8

小云　见薛小云、王小云、严小云、江小
云、徐用仪

小韵　见沈小韵

晓村　见邵友濂

熊芙青（登第）1885. 10. 21；1886. 12. 20，12. 26；1887. 8. 18，11. 17，11. 23；1888. 2. 29，5. 12

熊寿篯（聃仙）1888. 5. 12，6. 22

熊文华 1858. 10. 16

熊以功 1887. 10. 22；1888. 3. 4，8. 30，9. 4，12. 9；1889. 1. 2，2. 8

修宝 1885. 3. 8

修伯 见朱学勤

修谷 1885. 2. 17

修庭 见朱幅六

秀峰 见李乘时

秀生 见黄群杰

秀田 见赵毓芝

岫亭 见羽士

绣山 见孔宪彝

绣珊 见孔宪彝

虚舟 见王澍

徐 1863. 6. 24，8. 5，8. 12；1881. 1. 31，2. 1，2. 14，3. 5，9. 21；1882. 1. 31，2. 12，4. 13，5. 2，5. 7，5. 12，6. 1，6. 7，7. 21，7. 22，7. 23，7. 25，7. 31，8. 10，8. 11，8. 14，8. 16，8. 17，9. 9，9. 11，9. 12，9. 19；1885. 12. 26；1886. 2. 19，5. 9，5. 13，5. 22，5. 23，6. 1，7. 28，8. 13，12. 21；1887. 2. 8，3. 15，3. 24，3. 28，7. 28，8. 16，10. 26；1888. 1. 10，2. 27，5. 13，5. 27，7. 30，8. 9，10. 3，10. 31，11. 6，12. 3；1889. 1. 26，1. 27，2. 15，5. 14，5. 18，5. 19，5. 25，7. 1，8. 8，9. 13，10. 19；1890. 1.

24，2. 1，2. 8，2. 12，3. 26，3. 27，4. 21，5. 23，5. 29，6. 4，6. 5，6. 14，6. 16，6. 28，9. 2，9. 16，11. 14，11. 28

徐 见徐琪、徐郙、徐桐

徐宝晋（慧生、惠生、蕙生）1882. 7. 25，7. 27；1883. 3. 9，5. 25；1885. 1. 14；1886. 9. 15，10. 18，11. 12；1888. 11. 10

徐宝谦 1886. 2. 14；1889. 1. 19；1890. 10. 25，10. 26，10. 28

徐本愚 1890. 10. 8

徐昌绪（琴舫）1863. 3. 14，3. 17，4. 26，8. 2，8. 4；1885. 8. 29

徐承焜 1886. 8. 5，8. 31

徐承祖（孙麒）1888. 4. 19，4. 29

徐传藻 1883. 5. 30

徐大令 见徐芝圃

徐道焜 1886. 11. 26；1888. 7. 10，10. 10；1890. 5. 30，9. 26，11. 12

徐德贶 1885. 10. 19

徐德沅 1882. 11. 5

徐迪新 1883. 3. 9；1890. 7. 2

徐棣华 1887. 7. 21，11. 18；1889. 10. 27

徐东甫 1888. 11. 10；1890. 2. 17

徐东蔺 1885. 11. 18

徐铎 1889. 10. 20

徐鄂 1886. 3. 19，6. 2；1889. 3. 27

徐夫人 1885. 5. 7

徐郙（颂阁、颂、徐）1863. 6. 21，6. 24，6. 27，6. 29，7. 4，7. 5，7. 12，7. 15，7.

22，11. 23，12. 5，12. 22，12. 30；
1889. 1. 13，1. 28，1. 30，2. 1，2. 14，
2. 19，2. 21，2. 23，2. 24，3. 1，3. 14，
3. 19，3. 21，3. 28，3. 29，3. 30，4. 3，
5. 11，6. 5，6. 26，7. 26，8. 24，10. 2，
10. 27，11. 26；1890. 2. 6，2. 26，3. 1，
3. 6，3. 7，4. 3，4. 17，4. 29，7. 7，8. 5，
8. 14，10. 18，11. 4，11. 25

许裕身 1886. 8. 19

许振祎（仙屏）1886. 2. 26；1887. 1.
　21；1890. 3. 26，3. 31，9. 6，11. 1

许之珏 1885. 5. 31

许之荣 1885. 10. 19

许子滨 1863. 12. 10

旭之 见延煜

序初 见谭序初

续 见续昌

续昌（燕甫、续）1886. 1. 7，4. 3；1887.
　4. 17，4. 19，4. 22，6. 10，6. 14，6. 16，
　10. 12；1888. 3. 30，4. 26，5. 28，5.
　30，6. 26，7. 10，11. 26，11. 27，11.
　30，12. 3，12. 18；1889. 3. 22，8. 29，
　9. 20；1890. 2. 1，3. 27，6. 7，6. 13，8.
　28，9. 2，9. 8

续鉴 1886. 3. 9

淑庄 1890. 9. 29，11. 23

煦堂 见延煦堂

煦斋 见英和

煦庄 见王仁东

薛 1881. 3. 2，3. 18，3. 20，3. 25，3. 30，
　4. 15，4. 17，8. 22，8. 30，12. 6，12.

12，12. 14，12. 16，12. 22，12. 29；
1882. 1. 27，2. 3，5. 6，5. 8，6. 21，7.
9，9. 16，9. 17，10. 10，11. 2，11. 12，
11. 15，11. 23，11. 27，11. 28，11. 29，
12. 8；1883. 1. 15，1. 29，2. 1，2. 4，2.
15，2. 21，2. 24，2. 27，2. 28，3. 1，3.
12；1885. 11. 18；1886. 5. 9，5. 13；
1889. 3. 15，5. 19；1890. 4. 15，6. 14

薛 见薛福辰、薛允升

薛保桩（慕淮）1889. 11. 23，11. 26

薛保楹（诒澍）1889. 11. 23

薛葆桩 见薛保桩

薛福辰（抚屏、翩平、黻平）1881. 7.
　17；1883. 3. 16，5. 26；1885. 6. 15，6.
　25，8. 26，8. 27；1887. 10. 26，10. 27；
　1888. 3. 14，8. 22，9. 8

薛福成（叔耘）1883. 1. 15

薛抚民 1886. 4. 30

薛贺图 1889. 6. 26

薛鸿光 1886. 8. 9

薛焕 1863. 10. 29

薛蕙 1863. 6. 14

薛铭 1858. 10. 18

薛浚 1858. 10. 15，10. 16；1863. 5. 7，
　11. 15

薛如璋 1886. 3. 13

薛尚义 1887. 4. 10；1889. 9. 27

薛师 1886. 4. 17

薛小云 1863. 11. 18；1885. 10. 22

薛允升（云阶、云丈）1886. 7. 7，7. 11，
　7. 12；1888. 1. 19，4. 7；1889. 3. 2；

杨茞 1889.8.31

杨福臻 1886.6.30;1889.8.7;1890. 6.21,6.25,6.26

杨广乐 1885.10.29

杨镐 1867.7.3

杨鹄山 1881.2.7,1888.12.27,1889. 1.11

杨怀震(西卿)1890.6.30,9.15

杨腥(春帆)1858.9.6,9.7

杨继盛(椒山、忠愍)1858.11.17; 1886.7.14,8.1,8.23;1887.7.24

杨继振(又云、铁云、莲公)1863.9.12

杨家驹 1886.7.29

杨锦江 1886.5.21,10.29

杨敬廷 1863.4.10

杨靖 1883.6.3;1890.10.5

杨奎绥(若臣)1886.4.24;1890.8.27

杨澧南 1863.7.31

杨联桂 1887.5.24

杨令春 1887.12.9

杨滉祖(景西)1863.9.21

杨名耀 1863.9.21

杨培(殿臣)1888.11.26

杨琪光(仲琳)1888.9.17

杨启臣 1888.11.29

杨启明 1886.3.17

杨谦柄(子英)1888.10.4,11.23; 1889.2.12,3.29

杨谦炳 见杨谦柄

杨秋湄 1890.2.28

杨秋室 1886.11.28

杨蓉圃 1885.9.14,11.11,12.2,12. 12;1888.5.21,9.8;10.10

杨蓉浦、杨容圃 见杨蓉圃

杨锐 1885.10.21;1886.4.24,6.2; 1889.4.3

杨若米 1889.9.7

杨森 1886.6.25;1889.11.7

杨上达(省斋)1858.9.12,9.17,10. 15.10.24,;1875.10.17

杨绍 1863.5.10

杨绍宗 1886.3.17

杨慎 1863.6.14

杨圣清 1889.2.27

杨士达(耐轩)1885.4.11

杨士燮(渭春、味春)1887.1.6,2.13, 2.15,4.10,5.31,8.17,10.11,10. 13,11.6,11.10,11.30;1888.1.26, 3.31,4.7,4.10,6.7,6.11,7.15,9. 7,10.19,10.29,12.16;1889.8.14; 1890.9.13

杨守敬(星吾、杨)1883.12.22,12. 23;1884.2.27,3.1;1886.4.24; 1887.5.27

杨寿棣 1885.6.9

杨寿枢(荫北)1881.2.6,2.11;1884. 11.15;1885.7.23;1888.9.9,10.6; 1889.10.15,11.26

杨寿棠 1885.6.9

杨树田 1881.9.25,10.18

杨澍鼎 1863.11.15

杨泗孙(杨、滨石、中鲁)1858.9.15,

10. 29,1863. 3. 1,3. 2,3. 4,3. 6,3.
7,3. 10,3. 11,3. 12,3. 13,3. 14,3.
16,3. 17,3. 18,3. 19,3. 21,3. 22,3.
23,3. 25,3. 26,3. 27,3. 28,3. 29,3.
30,4. 1,4. 2,4. 3,4. 7,4. 10,4. 11,
4. 13,4. 14,4. 15,4. 17,4. 18,4. 19,
4. 21,4. 22,4. 23,5. 10,5. 27,5. 28,
5. 30,6. 3,6. 7,6. 9,6. 10,6. 11,6.
18,6. 22,6. 29,6. 30,8. 25,12. 20,
12. 24,12. 25,12. 29,1864. 1. 1,1.
2,1. 4,1. 6,1. 8,1. 10,1. 12,1. 14,
1. 16,1. 18,1. 20,1. 25,1. 27,1. 29,
2. 6,2. 7;1877. 1. 3;1883. 10. 18;
1889. 11. 30

杨松龄 1886. 3. 13

杨苏拉 1887. 1. 22

杨苏四 1889. 1. 11

杨天霖 1886. 6. 25

杨天增 1888. 9. 17

杨廷璋 1858. 8. 30

杨同槑(调甫)1887. 7. 6,7. 12,7. 14,
8. 1

杨同福(思赞)1887. 7. 6;1890. 4. 17

杨望洲 1882. 8. 21,9. 13;1883. 10. 9;
1885. 6. 9;1889. 11. 9

杨霭 1863. 9. 21

杨巍 1858. 8. 30

杨锡元 1887. 11. 1;1889. 2. 9

杨先庚 1858. 10. 21

杨岘(见山)1881. 4. 22;1884. 12. 27;
1885. 2. 9

杨协卿 1863. 4. 1

杨性农 1888. 9. 17

杨雪 1887. 6. 4

杨雪门 1863. 6. 18

杨雪渔 1881. 11. 22;1883. 3. 9

杨雄 1858. 8. 31

杨秀峰 1887. 5. 14

杨延昭(六郎)1858. 11. 17

杨彦榘(鸿度)1888. 6. 21,6. 27

杨颐 1883. 5. 25

杨永清 1890. 11. 25

杨玉环(太真)1863. 6. 1

杨云鹏 1888. 11. 27;1889. 1. 25

杨云清 1886. 6. 2

杨增 1888. 4. 11,5. 22,6. 1,11. 8;
1889. 1. 7,2. 9;1890. 7. 1,9. 30

杨臻(益之)1887. 12. 28;1888. 3. 1

杨志立 1885. 10. 20

杨宗濂(艺芳)1881. 2. 6;1882. 9. 13;
1883. 7. 7,7. 8;1884. 3. 23,4. 10,4.
26,7. 27,8. 10,10. 3,11. 15;1885.
10. 24;1887. 1. 20,2. 6,5. 30;1888.
11. 16,12. 13;1890. 3. 4,3. 14,3.
16,4. 5,4. 6,6. 27,6. 30,7. 14,7.
21,7. 22,8. 2,8. 3,8. 16,8. 19,8.
21,8. 29,8. 31,9. 11,9. 16,9. 22,9.
24,10. 16,10. 17,10. 21,10. 22,11.
5,11. 8,11. 12,11. 23,11. 24,11.
25,11. 27,12. 5

杨祖德 1858. 8. 31

仰衡 见尹恭保

仰蘧 见龚仰蘧
养之 见荣公
尧封 华祝三
尧峰 见华祝三
尧农 见张正焴
姚宝田(锡珍)1890.9.20
姚丙然 1886.6.25,8.31;1888.11.23
姚炳熊 1886.8.5
姚长烜 1883.6.5
姚柽甫(柽)1882.1.7,11.27;1887.1.22,2.5,2.11,2.15,2.25,3.13,7.10,9.29;1888.5.5,5.25
姚二吉 1890.3.9,11.12
姚公麟 1883.6.6
姚觐元(彦士、彦侍、咫进斋)1883.6.5,6.16,7.22,9.18,9.23,12.31;1884.1.9,1.27,1.30,3.11,3.24,3.26,3.27,9.7,10.3;1885.1.1,2.5,2.7,2.9,2.15,2.18,3.6,3.20,4.18,4.19,4.20,4.21,4.22,4.24,4.25,4.28,5.8,5.10,5.16,6.2,6.5,7.6,9.3,9.8,11.4;1886.1.15,1.29,5.4,6.4,7.7,10.5;1887.4.28;1888.5.16;1889.1.20,5.27,12.18
姚克谐(海楼)1882.10.24
姚礼咸(石珊、石山、石杉、渭生)1882.11.27;1887.11.21;1889.1.5,1.9;1890.1.19,7.6,9.20,9.21
姚林 1882.8.27
姚茂坤 1886.8.2
姚鼐(姬传)1883.6.20
姚绍原 1888.11.3
姚莘甫 1863.4.13;1887.8.23
姚诗富 1890.1.19
姚拾珊 1890.1.19
姚绶(云东逸史)1863.6.17;1885.11.16
姚惟寅 1886.8.7
姚维锦 1888.9.5
姚锡均 1858.8.31,11.4
姚协赞 1881.12.13;1882.6.23,8.13
姚馨圃 1882.11.12
姚学善 1889.9.2
姚虞卿(伯昂)1888.3.8,7.28,8.4,9.7,10.9,11.7,12.4;1889.1.6,2.1,2.23,3.7,5.11;1890.10.16,10.17,11.10
姚允在 1863.6.5
姚致堂 1863.3.20,5.20;1885,5.2
姚宗谌 1885.4.30
曜彩 见陆国祥
曜庭 1885.2.18
曜仙 见候名扬
耀初 见李天锡
叶 见叶缉甫
叶伯英(冠卿、贯卿)1882.1.5;1886.3.6;1887.1.7
叶昌炽(鞠裳、鞠常、鞠、匊常、菊常、叶师、叶先生)1883.4.3,6.6,6.7,6.11,8.3,9.23,12.29;1884.1.21,10.3,10.19,11.18,12.23;1885.1.

1885. 9. 9；1886. 9. 4，9. 20，10. 26；
1887. 1. 11，1. 30，1. 31，3. 1，4. 29；
1888. 12. 24；1889. 1. 27，2. 14，3.
28，5. 31，10. 28，10. 29；1890. 1. 13，
6. 17，8. 22，11. 22，12. 1

御笔（道光皇帝）1886. 1. 24

御笔（光绪皇帝）1881. 3. 15，7. 2，7.
20，8. 9，11. 29；1882. 2. 16，2. 18，8.
28；1883. 2. 6，7. 2，8. 25；1886. 1. 5，
1. 19，2. 2，12. 25；1887. 1. 9，1. 14，
1. 21；1888. 1. 10，1. 12，1. 13，1. 31；
1889. 1. 28，2. 16，5. 31，10. 9，10.
10，10. 28，12. 23，12. 24

御笔（同治皇帝）1863. 2. 18，4. 29，5.
17，8. 5，8. 23；1864. 1. 7，1. 22，1.
28，2. 4

裕彬 1883. 5. 19

裕昌 1885. 10. 22

裕德（寿田）1883. 3. 20；1886. 4. 3；
1887. 4. 20；1888. 9. 9，10. 10

裕公 1867. 11. 9

裕厚 1885. 11. 23

裕昆（竹村）1882. 10. 9，10. 14；1885.
8. 4，8. 23；1886. 2. 2

裕庐 1881. 6. 2

裕禄（寿山）1883. 3. 19，4. 18；1885.
10. 28，1887. 1. 14，4. 20，6. 30，7.
21，7. 22，8. 24，9. 5；1888. 7. 3；
1890. 2. 27，3. 16，5. 9，6. 24，8. 28

裕瑞 1863. 10. 29

裕寿泉 1887. 7. 25，11. 11，11. 12；

1890. 1. 26，4. 6

裕堂 见潘光祖

裕祥（吉臣）1885. 10. 26；1889. 3. 27

裕泽生 1890. 5. 7，8. 14，9. 20，9. 21，
10. 20，10. 29

煜辉 1886. 10. 11

毓公 1888. 9. 24，9. 25；1889. 5. 17

毓俊 1890. 10. 13，10. 24

毓禄 1867. 3. 31，5. 16

毓清 1876. 12. 18

毓晴岩 1890. 1. 11

毓棨（棨贝子）1876. 12. 13

毓芝 见王毓芝

豫东屏 1881. 10. 6；1883. 4. 12；1886.
12. 20，12. 23；1887. 1. 12，1. 17；
1889. 3. 14，12. 8；1890. 1. 11，2. 28

豫恩厚 1890. 1. 11

豫甫 见立山

豫让 1858. 8. 31

豫山 见尤松镇

豫生 见王祖仁

豫泰（建侯）1888. 11. 7

豫锡之 1883. 3. 19；1889. 1. 20

豫咸 1885. 10. 27；1886. 3. 20

豫章（绿樵）1883. 4. 24

渊如 见孙星衍

渊亭 见刘永福

元度 见蔡卞

元长 见蔡京

元甫 1863. 11. 28

元好问 1858. 8. 21

张重阶(景荫)1890.8.26,8.30

张传懋 1886.6.14;1890.11.12

张春华 1889.11.8

张椿龄 1863.5.13,5.28

张莼生 1885.4.28

张从申 1883.10.7

张岱(陶庵)1880.5.14

张道进 1858.10.25

张迪先 1885.8.11

张独鹛 1888.6.5

张度(吉人)1885.7.20;1887.1.5;
1888.9.6,9.18,9.21,9.28,10.28;
1889.2.19,11.4;1890.7.22,7.23,
7.24,7.26,7.27,8.1,8.2,8.3,8.
4,8.5,8.12,8.13,8.25,9.9,10.5,
10.13,10.24,11.8,11.11

张端本(子彝)1886.10.15,12.26;
1887.1.11,11.22,12.4;1888.1.
13,7.9

张发祥 1888.12.19;1990.7.4

张芳标(锦帆)1890.4.1

张福 1885.8.11,8.12;1887.9.8;
1890.11.4,11.14,11.22

张富年 1884.4.29

张赓飏(翰卿)1885.5.22,6.19,6.
21;1888.4.28,9.3,11.7

张恭人(姨太太)1885.12.16;1888.
5.14;1889.8.27,8.29

张龚宇 1881.9.27

张观准(叔平)1863.7.7

张光农 1890.1.4

张光宇 1890.7.27

张广偕 1888.11.20

张桂林 1889.11.7

张国正(笏臣)1890.7.31,8.7

张瀚(季鹰)1877.1.17

张和斋 1858.10.14

张鸿 1864.1.10

张鸿禄(叔和)1885.6.9;1890.9.16

张鸿谟 1888.11.16

张怙山 1888.3.7

张华奎(蔼卿)1885.1.7;1889.7.13;
1890.9.2

张华廷(济煇)1889.7.16

张桓侯 1858.11.18

张焕章 1886.5.1

张辉山 1863.4.8

张蕙圃 1863.5.25,5.27,6.26

张即之 1863.6.5,6.25,8.25

张继高 1883.9.17

张家骧(子腾)1876.12.18;1877.1.
14;1882.5.24;1885.12.18;1886.
1.7

张家照 1886.8.6

张嘉贞 1858.9.4

张謇(季直)1885.10.19,11.29,11.
30,12.1;1886.3.8,5.21,10.3;
1887.11.30;1888.6.25;1889.3.30

张鉴 1985.10.7

张金铭 1885.10.7

张景藩 1889.11.26;1890.1.8,11.14

张敬甫 1885.6.7